Horst Hilpert

Das Fußballstrafrecht des Deutschen Fußball-Bundes (DFB)

De Gruyter Kommentar

Horst Hilpert

Das Fußballstrafrecht des Deutschen Fußball-Bundes (DFB)

Kommentar
zur Rechts- und Verfahrensordnung des Deutschen Fußball-Bundes (RuVO) nebst Erläuterungen von weiteren Rechtsbereichen des DFB, der FIFA, der UEFA, der Landesverbände des DFB

2., neu bearbeitete Auflage

von
Horst Hilpert
Präsident des Landesarbeitsgerichts a.D.
Vorsitzender des Kontrollausschusses des DFB
(bis 10/2007)

DE GRUYTER

Zitiervorschlag: *Hilpert* Fußballstrafrecht, 2. Auflage (2018), S. 48

ISBN 978-3-11-053505-1
e-ISBN (PDF) 978-3-11-053641-6
e-ISBN (EPUB) 978-3-11-053523-5

Library of Congress Cataloging-in-Publication Data
A CIP catalog record for this book has been applied for at the Library of Congress.

Bibliographic information published by the Deutsche Nationalbibliothek
Die Deutsche Nationalbibliothek verzeichnet diese Publikation in der Deutschen Nationalbibliografie; detaillierte bibliografische Daten sind im Internet über http://dnb.dnb.de abrufbar.

Satz: 3w+p GmbH, Rimpar
Druck und Bindung: CPI books GmbH, Leck
♾ Gedruckt auf säurefreiem Papier
Printed in Germany

www.degruyter.com

Vorwort (2. Auflage)

Dem Fußballsport ist eine Sportethik zu wünschen (Fair Play)

Seit der ersten Auflage dieses Werkes im Jahre 2007 ist der Fußballweltverband FIFA unter seinem Ex-Präsidenten Sepp Blatter zu einem mafiösen Gebilde geworden. An der Aufklärung der Korruption, Manipulation und der persönlichen Vorteilsverschaffungen sowie dubiosen Vergaben von Fußball-Topereignissen arbeiten derzeit Ermittlungsbehörden in aller Welt. Man registriert häufig einen Wechsel von Top-Funktionären aus der Fünf-Sterne-Suite in den Karzer. Ich möchte den Ex-Präsidenten Sepp Blatter, der rechtskräftig wegen verbotener Rechtsgeschäfte in seinem Amt durch die zuständigen Verbandsinstanzen – bestätigt durch den CAS[1] – verurteilt worden ist, durch den englischen Präsidenten Greg Dyke charakterisieren lassen: „Blatter kann nicht zwischen sich selbst und der FIFA unterscheiden. Er glaubt, es wäre ein und dasselbe, und das ist ziemlich traurig." Die Verfehlungen der FIFA-Oberen sind aber nicht unser Thema.

Bezüglich der in der zurückliegenden Zeit amtierenden DFB-Funktionäre liegen derzeit keine rechtskräftigen Gerichtsentscheidungen über Sachverhalte vor, die einer Ahnung durch die RuVO gebieten könnten. Einigen Verfahren sind zudem Rücktritte der Amtsträger zuvorgekommen.

Erfreulicherweise bleiben die in diesem Buch zu kommentierenden Verfehlungen im Spiel- und Rechtsbetrieb von der Kreisklasse bis zur Bundesliga und am Rande der internationalen Spiele mit deutschen Mannschaften davon unberührt. Die wichtigsten Vorankündigungen dazu gehören daher in dieses Vorwort.

In den vergangenen zehn Jahren hat sich im Fußball und damit im Fußballrecht manches verändert: Nicht nur bei den Umsatz- und Zuschauerzahlen der Profiabteilungen, sondern auch bei der Rechtsordnung des DFB, die wertvolle von dem IFAB angebotene technische Beweismittel übernommen hat. Auch die Beziehungen der staatlichen deutschen Gerichte zu den möglichen Rechtssuchenden des Sports bieten keinen Anlass zum Klagen. Jahrzehntelang hat sich der Bundesgerichtshof mit kaum einem Verfahren aus dem Fußballbereich befassen müssen. Bemerkenswert ist demgegenüber, dass das höchste deutsche Gericht in Zivilsachen im Kalenderjahr 2016 eine für ihn ungewöhnlich hohe Zahl von typisch sportrechtlichen Streitsachen zu beurteilen hatte: nämlich drei Verfahren:

- das Pechstein-Verfahren (BGH in SpuRt 2016, 163)[2]
- der Fall Wilhelmshaven (BGH in SpuRt 2017, 28)
- der Regress gegen den Fußballstörer (BGH in SpuRt 2017, 25)

1 CAS-Urteil vom 05.12.2016 in SpurRt 2017, 114

2 in diesem Verfahren droht eine Anrufung des Europäischen Gerichtshofs. Derzeit Pro und Kontra: Zwang zur Schiedsgerichtsbarkeit: Adolphsen und Mark E. Orth in Deutsche Richterzeitung 2016, 254 und 255

https://doi.org/10.1515/9783110536416-001

Vielleicht lässt die Zahl der BGH-Verfahren im Jahr 2016 einen Rückschluss auf die Bedeutung des Rechtsgebiets im Allgemeinen, wie auch für den Fußball speziell zu.

Wenn man die staatliche Gerichtsbarkeit und die Fußballjustiz einander gegenüberstellt, so hat letztere einen Vorsprung bei der Wahrheitsermittlung, um die sie jeder staatliche Tatrichter beneidet.

Der für das Weltfußball- und damit das DFB-Recht zuständige International Board hat nach jahrzehntelanger Zurückhaltung bei dem Einsatz der verfügbaren technischen Beweismittel in Fußballstrafverfahren in den letzten Jahren den Rubikon zur Wahrheit überschritten. Zunächst wurde der Fernsehbeweis zugelassen, sodann die recht aufschlussreiche Torlinientechnik, bevor schließlich 2017/2018 in verschiedenen Stufen (ab Saison 2017/2018 beim Spielbetrieb des DFB) der Videobeweis als wirkungsvolles Beweismittel im Sportgerichtsverfahren zur Erforschung der sportlichen Wahrheit für folgende vier Fallgruppen zugelassen wurde:

- Torerzielung (inklusive Abseitsfrage),
- Elfmeterszenen,
- Platzverweise,
- Feldverweise mit Spielerverwechslungen.

Beim DFB hat man die neue Technik intensiv erprobt und dabei nach der Devise Genauigkeit geht vor Schnelligkeit, der Mensch geht vor der Maschine gehandelt (halbjähriges Trainingslager der Schiedsrichter CBS in Köln).

Zukünftig wird zwar sicher nicht absolut alles richtig gelöst, aber doch das, was jeder Fan zu Hause am Fernsehschirm spätestens mittels Zeitlupe erkennen kann.

Im Sommer 2017 war der Confederations-Cup in Russland zur offiziellen Erprobung des Videosystems erklärt worden. Er wurde teilweise zur Korrektur von Feldverweisen von Spielern angewandt, kleine Schwächen traten bei der Feuertaufe des Videobeweises auf der großen Fußballbühne auf.

Aller Anfang ist schwer, es wird auch auf diesem Sektor noch viele Erprobungsmöglichkeiten geben, die dazu führen, dass der Videobeweis mit großem Gewinn für die Gerechtigkeit und Wahrheit im Fußball und ebenfalls zur Erleichterung der schwierigen Arbeit der Schiedsrichter herangezogen wird. Beim Endspiel um den Confed-Cup kam es so zu gröberen Fehlentscheidungen des Schiedsrichters. In der 63. Spielminute jagte der Deutsche Timo Werner dem Ball hinterher. Chiles Gonzalos Jara eilte ihm nach, ein Körperkontakt und Timo Werner lag angeschlagen am Boden. Der serbische Schiedsrichter Mazic gab zunächst Einwurf. Nach Studium des Videobeweises erkannte er, dass Jara den Ball ins Gesicht von Werner geschlagen hatte – d. h. eine klar rot-würdige Aktion. Mazic zeigte Jara die **gelbe** Karte. Auch diese Video-Entscheidung war falsch – aber nicht völlig falsch – solche Fehler sind spielimmanent.

Manchmal braucht der Schiedsrichter trotz aller Technik Sehhilfe.

Das Vorwort möchte ich schließen mit zwei besonderen Hinweisen:

Zur ewig sinnvollen Diskussion um das „Rätsel Handspiel“ soll auf die sprachlichen Widersprüche des Schiedsrichterkommentators Koppehel hingewiesen und der Appell an den Wortlaut „Absicht“ gerichtet werden, der entgegen mancher Praxis „fahrlässiges Handspiel“ nicht umfassen darf.

Allen Reportermeinungen zum Trotz liegt die richtige Antwort darin, **ob der Spieler das Handspiel wollte.**

Dieses Merkmal, das sich im Inneren des Akteurs abspielt, ist nach dem Geist der Regeln und den Gesamtumständen des Spielvorgangs mit Gespür für die Bewegungsabläufe in einem Fußballmatch durch einen geschulten Schiedsrichter festzustellen, und zwar endgültig – so die Regel 5 „Entscheidung des Schiedsrichters“.

Die viel verbreitenden Hilfskriterien sind Indizien, die durchaus geeignet sind, die Entscheidung des Schiedsrichters zu erleichtern. Es ist seine Kunst, zutreffend festzustellen, ob er auf Hand oder Nichthand entscheidet. Allein maßgebend ist, ob der Spieler **Hand gewollt hat oder nicht.**

Zum Abschluss des Vorworts soll zu einer Entschleierung der Rechtsprechung des Sportgerichts in seiner letzten Entscheidung in einem Einspruchsverfahren beigetragen werden. Wer mit einem Protestsachverhalt befasst ist, möge das Sportgerichtsurteil vom 28.10.2013[3] sorgfältig studieren. Möglicherweise hat das Gericht einen Schritt in die Zukunft zur Öffnung von Einspruchsentscheidungen aufgezeigt: Im Falle der **„Unerträglichkeit“** bzw. der **„Absurdität“** bei Festhalten an der Tatsachenentscheidung des Schiedsrichters.

Videant consules!

Bexbach (Saar), im Februar 2018 *Horst Hilpert*

3 Kiessling-Urteil in SpuRt 2013, 2910

Vorwort (1. Auflage)

„Von Gutenberg über Goethe bis Oliver Kahn,
es gibt viele, worauf Deutschland stolz sein kann."
(Jacques Rogge, 2003)

Als ich mich entschloss, dieses für viele provozierende Namenstrio aus dem Munde des IOC-Präsidenten an die Spitze des Werkes zu stellen, lag es mir fern, den Fußball-Titan Oliver Kahn gleichzusetzen mit den deutschen Geistesgrößen Gutenberg und Goethe. Ich wollte vielmehr als Vorspann für einen Kommentar zum Fußballrecht einen Fußballer mit Leib und Seele und gleichzeitig mit Weltruf (dreimal Welttorwart des Jahres) präsentieren. Er wurde von der DFB-Gerichtsbarkeit zu Recht verurteilt – er wurde zu Unrecht nicht verurteilt. Er war in seinem Tor Opfer von Würfen von Zuschauern hinter ihm – mit Golfbällen, Kastanien und mit ... Bananen. Die Fans titulierten ihn mit unflätigen Worten – er revanchierte sich manchmal verbal. Im Spiel lebte er seine Emotionen aus gegen Schiedsrichter, Gegenspieler – auch gegen Mitspieler. Insoweit war er ein Prototyp für die Fußballgerichtsbarkeit.

Die nachfolgende Kommentierung der Rechts- und Verfahrensordnung (RuVO) will zeigen, dass die Gerichtsinstanzen des DFB mittlerweile eine ständige Rechtsprechung entwickelt haben, die nationales und internationales Ansehen erreicht hat. Hinzu kommen die Urteile der Rechtsinstanzen der Landesverbände, gleichsam der Amtsgerichte der Fußballgerichtsbarkeit, die ca. 400.000 Verfahren pro Jahr bewältigen. Abgerundet wird die Rechtsprechungsübersicht durch die Judikatur der FIFA und der UEFA sowie das Recht der nationalen und internationalen Schiedsgerichte. Zu diesem weitgefächerten Bereich und den dazu gehörenden Verfahrensvorschriften soll ein Handkommentar präsentiert werden. Weil manchmal die Entscheidungen an schwer zugänglichen Stellen oder überhaupt nicht veröffentlicht sind, werden wichtige Passagen aus Urteilen ausführlich wiedergegeben, aber auch Schwerpunkte des Meinungsstandes aus der mittlerweile umfangreichen Sportrechtsliteratur breit dargelegt, sodass das Werk teilweise den Charakter eines Lehrkommentars hat.

In Deutschland ist Fußball ein Massenphänomen – es ist ein Land der Fußballfreunde und einer gleichen Zahl von Fußballexperten, die meinen, sie wüssten, wie die von ihnen am Fernsehen miterlebten Fußballvergehen gerecht abzuurteilen sind. Die DFB-Rechtsprechung, die zu kommentieren ist, hat damit Millionen von Kritikern im Lande.

Es ist ein Anliegen des Autors, das Buch im Geiste des Fair Play, einem Urprinzip des Rechts, zu erstellen. Der Sport ist im Zuge der Professionalisierung und Kommerzialisierung zu den Juristen gekommen. Diese haben nach einem längere Zeit dauernden Zweikampf zwischen Sport und Recht erreicht, dass der Deutsche Fußball-Bund in Sachen Fußballrecht „gut aufgestellt ist" (Udo Steiner).

Sportrichter und Verteidiger in Sportstrafsachen, Verbands- und Vereinsfunktionäre, Berufssportler, Schiedsrichter, Trainer, aber auch Journalisten finden in dem Kommentar und den angeschlossenen Erläuterungen den Einstieg in die Materie

https://doi.org/10.1515/9783110536416-002

„Fußballstrafrecht" in der Praxis mit den einschlägigen Rechtsquellen und den ergangenen Entscheidungen dazu nebst einem Überblick über wichtige damit zusammenhängende Rechtsbereiche.

An der Erstellung des Manuskripts und der äußeren Gestaltung des Werks haben Cäcilia und Jörg Kreutzer wertvolle Hilfe geleistet. Dafür herzlichen Dank.

Bexbach (Saar), im September 2008 Horst Hilpert

Inhalt

Abkürzungsverzeichnis

$	US-Dollar
£	Englische Pfund
€	Euro
a.A.	anderer Ansicht
a.E.	am Ende
a.F.	alte Fassung
aaO	am angegebenen Ort
ArbGG	Arbeitsgerichtsgesetz
BayVBl.	Bayerische Verwaltungsblätter
BG	Schweizer Bundesgericht
BGB	Bürgerliches Gesetzbuch
BGG	Bundesgesetz über das Schweizerische Bundesgericht
BGH	Bundesgerichtshof
BGHZ	Entscheidungen des BGH in Zivilsachen
BurlG	Bundesurlaubsgesetz
BVF	Berliner Fußballverband
CAS	Court of Arbitration for Sport (Sportschiedsgerichtshof des IOC)
CaS	Causa Sport (Sport-Zeitschrift)
CHF	Schweizer Franken
DFB	Deutscher Fußball-Bund
DFL	Deutsche Fußball Liga GmbH
e.V.	einstweilige Verfügung
EM	Europameisterschaft
EMRK	Europäische Menschenrechtskonvention
EuG	Europäisches Gericht 1. Instanz
EuGH	(Europäischer) Gerichtshof
FAZ	Frankfurter Allgemeine Zeitung
FDC	FIFA-Disziplinarreglement
FIFA	Fédération Internationale de Football Association (Internationaler Fußballverband)
FIGC	Federzione Italiana Gluoco Calcio (Internationaler Fußballverband Italiens)
Fn.	Fußnote
GAK	Grazer Athletik Klub
GG	Grundgesetz
GWB	Gesetz über Wettbewerbsbeschränkung
h.M.	herrschende Meinung
Hrsg.	Herausgeber
HS	Halbsatz
IFAB	International Football Association Board
IPRG	Schweizerisches Gesetz über das Internationale Privatrecht
lat.	lateinisch
LG	Landgericht
LOS	Lizenzordnung Spieler
MAV	Musterarbeitsvertrag
Milog	Mindestlohngesetz
m.w.N.	mit weiteren Nachweisen
n.F.	neue Fassung
NADA	Nationale Anti-Doping-Agentur

NADC	Nationaler Anti-Doping-Code
NJW	Neue Juristische Wochenschrift
OLG	Oberlandesgericht
OR	Schweizerisches Obligationsrecht
PHB	Praxishandbuch Sport von Josef Fritzweiler, Bernhard Pfister, Thomas Summerer
RPO	Rechts- und Verfahrensordnung (UEFA)
RSTS	FIFA-Reglement bezüglich Status und Transfer von Spielern
RuVO	Rechts- und Verfahrensordnung des DFB
scil.	Scilicet (= nämlich)
SFV	Schweizer Fußballverband
SFV	Saarländischer Fußballverband
SJZ	Süddeutsche Juristenzeitung
SpuRt	Zeitschrift für Sport und Recht
StPO	Strafprozessordnung
SZ	Süddeutsche Zeitung
TAS	Tribunal Arbitral du Sport (Sportschiedsgerichtshof des IOC)
UEFA	Union des Associations Européennes de Football (Europäische Fußball-Union)
VdV	Verband der Vertragsspieler
VersR	Zeitschrift für Versicherungsrecht
WADA	World Anti-Doping Association
WADC	World-Anti-Doping-Code
WFV	Schriftenreihe des Württembergischen Fußballverbands e.V. (mit Heft-Nr.)
WM	Weltmeisterschaft
WR	Wettspielreglement (Schweiz)
z. B.	zum Beispiel
ZIS	Zentrale Informationsstelle Sporteinsätze
ZPO	Zivilprozessordnung

Teil I Die Geschichte des DFB-Rechts und der DFB-Rechtsprechung

A. Einleitung

I. Die Erstfassung der Fußballregeln in Old England

Bei meinen Büchern zum Sportrecht in der Vergangenheit (s. letzte Seite dieses Buches) war es mir stets ein Anliegen, der Geschichte des Sportrechts als Wissenschaftszweig einen gebührenden Platz einzuräumen. In der zusätzlichen Rechtfertigung dafür bin ich nunmehr auf eine Erkenntnis von **Johann Wolfgang von Goethe** gestoßen. Er schreibt in „Meisters Wanderjahre II. Betrachtungen im Sinne der Wanderer“:

> „Das Beste, was wir von der Geschichte haben, ist der Enthusiasmus, den sie erzeugt!“

In diesem Sinne möchte ich mit dem nachfolgenden Abschnitt über die Geschichte des Fußballrechts und seiner Rechtsprechung in Deutschland Interesse an der Historie zu diesem Teil des Sports in den letzten 150 Jahren auslösen, wobei die Stufen und Variationen der Entwicklung samt ihren Darstellungen und Episoden in dieser Zeit fruchtbaren Ansporn zur Beobachtung und Analyse der Gegenwart darstellen. Der Startschuss hierfür fiel im Mutterland des Fußballs Old England am **26. Oktober 1863** in einer kleinen Londoner Kneipe, der *Freeman's Taverne*, wo der Englische Fußballverband (Football Association abgekürzt FA) gegründet wurde und für diesen gültige Fußballregeln festgelegt worden sind. Das Spiel mit der Hand wurde erstmals untersagt. Bei der geschaffenen Regelstruktur wurde die Zahl der Mitspieler festgelegt, die zuvor offen war. Die Spielfläche erstreckte sich vorher oft bis zum Eingangstor des nächsten Dorfes. Nunmehr wurde sie begrenzt auf die Länge einer Schussweite und in der Breite auf die Hälfte davon. Auch die Dauer des Spiels ist fixiert worden. Im Kampf um den Ball wurden Normen verfasst, die die Härten im Spiel beschränken und die Technik fördern sollten. Diese Regulierung war die Basis für die schnelle Fortentwicklung des Fußballs.

Beteiligt an dem Gründungsakt und der ersten Präsidentenwahl für die FA waren elf Vertreter von Schulen und Clubs. Bei der Regelfindung war heftig umstritten, wie hart bzw. zivil das Spiel sein durfte. Die Frage war:

> „to hack or not to hack“.

https://doi.org/10.1515/9783110536416-003

Das bis dahin übliche Hacking, der Tritt gegen die Beine, wurde in der neuen Regel ausgeschlossen. Verboten wurde auch das Festhalten am Trikot und das Beinstellen.[4] Das neue Regelwerk war zunächst recht rudimentär. Die Spielzeit war nicht generell festgelegt. Manchmal dauerte ein Match zwei bis zu drei Stunden. Erst 1871 wurde der Tormann eingeführt. Erstaunlicherweise waren in der ersten Zeit die Vereine ohne Referee ausgekommen.

II. Die Anfänge der Fußballrechtsprechung in Deutschland

Auf der Basis dieser verbindlichen und koordinierten Regeln in England begann die Expansion des Fußballs über den Kanal und auch nach Deutschland.

Die ersten Fußballklubs in unserem Land sind aus Pennälermannschaften hervorgegangen.[5]

Durch die Bezeichnung des Namens wollte man oft seine nationale Zugehörigkeit zum Ausdruck bringen: *„Borussia, Preußen, Westfalia, Germania"*.

Im Jahre 1875 hat der Braunschweiger Gymnasiallehrer **Konrad Koch** nach der Vorlage der englischen Rules die ersten Regeln für den Braunschweiger Schulverein geschrieben. Er hat sich durch sein grundlegendes Druckwerk *„Zur Geschichte des Fußballs im Altertum und in der Neuzeit"* um die Übernahme des Regelwerks von der Insel und dessen praktischer Auswertung verdient gemacht.

Ähnlich wie in England wurden auch in Deutschland zunächst die Spiele **ohne Schiedsrichter** ausgetragen. Damals verwarnten die Mannschaftskapitäne die „Fußballsünder". Erst 1887 führte man die Schiedsrichter als Spielleiter ein, und zwar zunächst für jede Spielhälfte ein Referee, später war es nur noch einer für das Spiel.

Er verkörperte nunmehr den Richter **im** Spiel. Man erkannte aber sodann, dass nicht alle Streitfälle des Matches auf dem Spielfeld sofort entschieden werden können, sondern eine Grenze geschaffen werden muss, nach der im **Nachhinein** – soweit das Prinzip der Tatsachenentscheidung es zulässt – eine Institution sich mit sportlichem Unrecht im Spiel befasst und gegebenenfalls einer Ahndung zuführen muss. Dafür war im Satzungswerk des neu zu gründenden DFB eine Grundlage zu schaffen.

III. Der Deutsche Fußball-Bund e.V. wird gegründet

Am 28. Januar 1900 wurde dieser Akt im Mariengarten in Leipzig von 86 anwesenden Vereinen vollzogen. Die Versammlung beschloss ein Satzungswerk zu schaffen, wonach, angelehnt an das englische Vorbild, auch in Deutschland die Struktur eines

4 *Zeyringer* Fußball, eine Kulturgeschichte, Frankfurt/Main, 2014, S. 28–31.
5 *Gehrmann* Fußball – Vereine – Politik. Zur Sportgeschichte des Reviers 1900–1940, S. 12.

pyramidalen Systems einer Selbstverwaltung durch die Klubs vor Ort bis zur DFB-Spitze entwickelt wurde.

IV. 1905 wird die FIFA gegründet

Der DFB tritt ihr bei. Wo immer man in der Welt in der Folgezeit hinkommt, der Fußball war schon da. Die FIFA schuf ein **Weltrecht des Fußballs**, das für seine Mitglieder – es sind bis heute 211 Nationalverbände – verbindlich galt.

V. Die Länderspiele des DFB – Spiele um die Deutsche Meisterschaft

Der DFB veranstaltete bis zur Jetztzeit im FIFA-Bereich fast 1000 Länderspiele. Zu Beginn des 19. Jahrhunderts gab es noch Anfangspannen, über die wir heute nur schmunzeln können:

- Das erste Endspiel um die Deutsche Meisterschaft war für halb fünf Uhr angesetzt; der wie in früheren Jahren des Kickens um den Titel verantwortliche Schiedsrichter war für das unentbehrliche Spielobjekt – den Ball – verantwortlich. Er gab kund, man möge sich gedulden, er habe Ball und Luftpumpe vergessen.
- Bei einem anderen deutschen Endspiel hatte der Veranstalter davon abgesehen, einen Schiedsrichter zu bestellen. Die Vereinsführung hatte überlegt, das Geld für dessen Kommen zu sparen. Am Spieltag seien doch so viele Fußballkundige zugegen, von denen sicher einer die Spielleitung übernehmen werde. So war es: Ein Vorstandsmitglied leitete im Straßenanzug das Spiel zur Zufriedenheit aller – und verlangte keine Fahrt- und Unterkunftskosten.
- Auf regionaler Ebene hat man bei den Vereinen schon früh erkannt, dass „Freundschaftsspiele“ (auch „Gesellschaftsspiele“ genannt) wenig attraktiv waren. Es ging bei ihnen schlicht um die Ehre. Ganz anders die Spiele um Meisterehren, die in der Regel am Sonntagnachmittag stattfanden und das Interesse der Zuschauer auslösten.
- Aberwitzige Begründungen wurden bei einigen Landesverbänden für das strikte Verbot von Pokalspielen gegeben. *„Weil es sich bei dem Pokal um einen Wertgegenstand handelt, der den Sport in die Nähe des materiellen Gewinnstrebens rückt und damit seinen ideellen Charakter verfälschen kann, wurden Spieler und Mannschaften mit dem Ausschluss aus dem Verband bedroht, wenn sie an Pokalspielen teilnahmen“.*[6]
- Gerade in Deutschland wurde noch lange Zeit dem Amateurgedanken gehuldigt. Am Amateurstatut wurde hartnäckig festgehalten. Dessen Verletzungen waren ein offenes Geheimnis. Vereinsstrafen wurden bei Verstößen ausgesprochen (Aus-

6 *Gehrmann* aaO., S. 24.

schluss des *FC Schalke 04* aus dem Spielbetrieb (1931) – Sperre des Spielers *Sepp Herberger* wegen Annahme eines Handgelds bei einem Vereinswechsel). Von dem Statut (bei hoher Dunkelziffer hinsichtlich seiner Verletzung) wurde im deutschen Fußball bis Ende der 60er Jahre in übertriebener Weise nicht losgelassen. Es war ein langer, steiniger Weg bis zur Normalität, bis auch im Fußball ein freies Spiel der Kräfte auf dem Geldsektor praktiziert wurde. Man hatte den richtigen Schritt gerade noch rechtzeitig vollzogen, bevor der Europäische Gerichtshof (EuGH) zu sprechen brauchte.

- Ein vorbildliches Fußballereignis spielte sich an einem Weihnachtstag 1914 in den Gräben der Kriegsfront im Westen ab. In der Mitte der beiden Fronten trafen sich zwei Unterhändler. Ihr Motto war:
  „We not shoot, you not shoot".
  Man nutzte die so vereinbarte Waffenruhe und besorgte einen Lederball. Auf einer kahlen Wiese trieben die „feindlichen Soldaten" den Ball hin und her gemäß den Fußballregeln. Ähnliches soll an christlichen Feiertagen an der Westfront mehrmals geschehen sein. Fast klingt es wie im Märchen.[7]

VI. FIFA nach dem 1. Weltkrieg

Als der 1. Weltkrieg zu Ende war, traten die vier britischen Verbände aus der FIFA aus, da sie nicht mit dem Feind im vergangenen Krieg „Deutschland" in einem Fußballspiel zusammentreffen wollten.

VII. Die Situation des Fußballs im Dritten Reich

Von 1933 bis 1945 wurde der Fußballsport unter einer strikten nationalen Führung verwaltet. Gleichwohl kam es nicht zu einer einheitlichen Liga für ganz Deutschland.

Im Jahre 1938 vollzog sich mit dem politischen Anschluss von Österreich an Großdeutschland ein grundlegender Einschnitt: Der österreichische Fußballverband musste aus der FIFA austreten und wurde dem DFB angeschlossen. Damit war sicherlich ein deutliches zahlenmäßiges Ansteigen von Fußballern mit nationaler Klasse verbunden. Sensationell scheiterte aber die von *Sepp Herberger* als Reichstrainer für die WM 1938 in Frankreich zusammengestellte „deutsch-österreichische Melange" bereits in der 1. Runde an der unterklassigen Schweiz. Die von der Staatsführung in Berlin aufoktroyierte Synthese im Verhältnis 6:5 bei der Mannschaftsaufstellung aus Wiener Schmäh und deutschem Kalkül funktionierte nicht.[8]

---

7 *Zeyringer* aaO., S. 39, 40.

8 *Gehrmann* 1930–1950, S. 92.

Nach wie vor war der Spitzenfußball in Deutschland **regional organisiert** und blieb ohne Spitzenliga insgesamt sechs Jahrzehnte lang. Das Führerprinzip hatte 1933 im ganzen Reich den Fußballalltag eingeholt. Man beabsichtigte damit, dass das Spiel und der Sport sowie die Leibesübungen für den Nationalsozialismus in Dienst genommen werden können. Um diesem Ziel Rechnung zu tragen, wurden die Vorsitzenden der Vereine „Führer" genannt. Der deutsche Sport war ein Spielball der Politik geworden. Glanzvolle olympische Spiele im Jahre 1936 (mit Superstar Jesse Owens) mit der größten Zahl von Medaillen die deutsche Sportler aller Zeiten je erreicht haben, leisteten Propaganda für das System in Deutschland.

VIII. FIFA nach dem 2. Weltkrieg mit drei Mitgliedern aus Deutschland

Dies waren der Deutsche Fußball-Bund (DFB), der Fußballbund in der DDR und der Saarländische Fußball-Bund (SFB).

Wie bereits im Dritten Reich ist auch für den **Sport in der DDR** der in diesem Werk thematisierte Begriff „Recht" in Anführungszeichen zu setzen. Der gesamte Sport war in den Herrschaftsbereich der Staatsregierung überführt worden. Mit großer staatlicher Förderung des Spitzensports wollte man das Ansehen der DDR in der Welt über den Sport nachdrücklich fördern, was auch teilweise gelungen ist.

So waren auch der nationale Fußball und seine herausragenden Spieler in den Fängen der Staatsorgane.[9] *Erich Mielke*, der Chef des Staatssicherheitsdienstes, war ein fanatischer Fußballanhänger. Er erdreistete sich nicht, als ein von der SED-Führung favorisierter Klub von einem nicht systemkonformen Verein überraschend besiegt wurde, nach dem Spiel in die Kabinen zu stürmen und seine Empörung über das Spielergebnis unnachgiebig zum Ausdruck zu bringen. Es kam gegen einen am Spielergebnis als Torschütze beteiligten Spieler zu einer Strafe, die in keinem Spielstrafensystem eines Verbandes vorgesehen ist: Er wurde mitten in der Saison zum Wehrdienst in der Nationalen Volksarmee (NVA) eingezogen.

Die unerfreulichen Verhältnisse zwischen Ost und West änderten sich mit dem Fall der Mauer 1989 und dem Einigungsvertrag 1990. Zuvor war die „kleine" DDR in vielen Sportarten zu einer sportlichen Weltmacht geworden.

IX. Das Saarland war Mitglied der FIFA

Das dritte Mitglied eines deutschen Verbandes in der FIFA war der 1948 gegründete *Saarländische Fußball-Bund* (SFB), der bis zum Jahre 1956 19 offizielle Länderspiele, darunter vier Qualifikationsspiele für die Weltmeisterschaft in der Schweiz 1954 – u. a. mit Deutschland – austrug.

9 *Leske* Die Enzyklopädie des DDR-Fußballs, 2009, S. 38.

Das Land an der Saar war nach dem 2. Weltkrieg praktisch politisch und wirtschaftlich in starke Abhängigkeit von Frankreich, mit französischem „Francs“ als Währung und einer Zollgrenze zwischen dem Saarland und dem restlichen Deutschland geraten. Die saarländischen Spitzenvereine im Fußball hatten im kleinen eigenen Land keine adäquaten Gegner. Sie spielten zeitweise in der Oberliga Südwest. Nach anfänglichem Widerstand wurde der *1. FC Saarbrücken* für die Saison 1948/49 in die Zweite französische Division „außer Konkurrenz“ aufgenommen, wo die Mannschaft souveräner französischer Meister der 2. Division wurde. Vom französischen Verband wurde im Hinblick auf die Leistungsstärke des Saarvereins der Aufstieg in die 1. Division ebenso wie der Verbleib in der 2. Division verweigert. Die „deutsche Konkurrenz“ war den Franzosen zu stark.

Unbestrittener Höhepunkt der saarländischen Fußballgeschichte war das WM-Qualifikationsspiel Saarland gegen Deutschland am 28. März 1954 im Saarbrücker Ludwigspark, das Deutschland mit 3:1 gewann und sich damit den Weg ebnete zur ersten Weltmeisterschaft beim Endturnier in der Schweiz 1954.

Nach der Saar-Abstimmung am 23. Oktober 1955 beschloss der Bundestag des SFB einen Aufnahmeantrag als Landesverband des DFB zu stellen. Der DFB-Bundestag befürwortete am 28. Juli 1956 in Duisburg die Aufnahme des SFB in den Deutschen Fußball-Bund. Damit endete die Mitgliedschaft des SFB im Weltfußballverband FIFA.[10]

X. Der DFB auf dem Weg zum rechtsoptimierten Verband

Zu den Zeiten jeweils nach den beiden Weltkriegen ist aus deutscher Sicht die erfreuliche Tatsache zu vermelden, dass der Schweizer Fußballverband jedes Mal die Öffnung zum internationalen Spielverkehr für unsere Nationalmannschaft mit seiner Nationalmannschaft vorgenommen hat. Hierfür ist unserem Nachbarverband ein Dank auszusprechen.

Im DFB-Bereich intern hat sich bis zur Wiedervereinigung im Jahre 1990 einiges von Gewicht ereignet. In der „Vor-Bundesliga-Zeit“ wurde die Lüge des Verbandes und seiner Vereine betreffend die Spieler mit Amateurstatus, aber Profieinkommen zunächst beibehalten. Am 24. August 1963 startete schließlich nach langen Geburtswehen die **Bundesliga** als einheitliches Fußballoberhaus in Deutschland. Sie hat sich seitdem als Volltreffer des Spielbetriebs des DFB entwickelt, und zwar in **sportlicher und in wirtschaftlicher** Hinsicht. In letzterem Sinne trat nach einigen Jahren eine kopernikanische Wende im deutschen Spitzenfußball durch Einführung des Privatfernsehens und weiterer ergiebiger Finanzquellen ein. Mit der Steigerung der Geldflüsse kam es auch zu Kehrseiten des Fußballglanzes.

10 Vorstehende Ausführungen folgen dem Beitrag von *Hans Peter Becker* Die FIFA-Zeit des Saarländischen Fußballs in Saar-Fußball 2015, S. 12–17.

XI. Der Bundesligaskandal I und seine Folgen bei der Rechtsverbesserung

Der sog. Bundesligaskandal I führte zum Wechseln von „schmutzigem Geld". In diesem Skandal (1971/72) wurden Siegprämien von Drittvereinen an Mitkonkurrenten zur Verfälschung des Wettbewerbes gezahlt; unter den Konkurrenten wurden **Kauf und Verkauf von Meisterschaftsspielen** praktiziert. Er löste eine Verfahrensflut vor staatlichen und Verbandsgerichten aus. Die Erkenntnisse daraus und die gewechselte Sportrechtsliteratur führte zu einer Überarbeitung der Satzungen und Ordnungen des DFB, so dass der Sportrechtsexperte *Udo Steiner* Anfang der 1990er Jahre erklären konnte, dass der Deutsche Fußball-Bund **„rechtsoptimiert"** sei. Der Skandal I hatte insoweit auch eine positive Folge: Aus der Schiebung zwischen korrupten Fußballprofis und der Manipulation von bestechenden Funktionären nach deren juristischer Bewältigung und einem harten **Kampf ums Recht** in den achtziger Jahren, entstand eine Reform des nationalen Fußballrechts, die in der Folgezeit in vielen Teilen Vorbild für Parallelregelungen bei FIFA und UEFA und deren Verbänden war.

XII. Der Bundesligaskandal II (Hoyzer-Affäre – 2004)

30 Jahre nach dem Skandal I kam es zu einer Serie von Rechtsbrüchen einer etwas anderen Art. Dieses Mal waren Schiedsrichter auf der einen Seite und private Wetter auf der anderen Seite an der Manipulation beteiligt. Kennzeichnend für die Vorgehensweise der Täter war das **Einkaufen von Spielergebnissen** durch Pfeifen des Schiedsrichters auf ein gewünschtes Ergebnis, wofür eine ansehnliche Gewinnsumme (insgesamt 1,95 Mio Euro) kassiert worden ist. Dieser Betrag ist aber Peanuts im Verhältnis zu den Geldern, die im wettwütigen China pro Jahr umgesetzt werden, nämlich rund fünfzig Milliarden Euro. Auf Einsprüche der benachteiligten Vereine hin wurde verbandsmäßig in Deutschland auf Spielwiederholung bzw. Punktverlust erkannt. Die Täter wurden von Sperren bis zum Ausschluss auf Lebenszeit verurteilt. Der Bundesgerichtshof (4. Strafsenat) hat die Verurteilung durch das Landgericht Berlin[11] (Strafen für die Haupttäter bis zu zwei Jahren und elf Monaten) im Revisionsverfahren bestätigt. Dieses Urteil ist in der allgemeinen strafrechtlichen Literatur wegen angeblicher Verkennung der Systematik der Betrugsvorschrift (Eingehungsbetrug durch konkludente Täuschung) von mehreren Autoren angegriffen worden. Mein Kommentar dazu: *„Roma locuta, causa finita"*.

Verbandsrechtlich hat der DFB auf einem Sonderbundestag am 29.04.2005 Rechtslücken, die beim Hoyzer-Skandal hinsichtlich des Spiels sowie des Strafensystems zu Tage getreten waren, geschlossen und Rechtsungenauigkeiten nachgebessert. Ferner wurde die Aufsicht über die Schiedsrichter verschärft. Diese Korrekturen waren neben denen beim Bundesligaskandal vorgenommene Änderungen die

11 BGH in NJW 2007, 792 nach LG Berlin – Az: Kls 42/05.

beiden wesentlichen Verbesserungen in Rechts- und Verfahrensordnung des DFB nach Einführung der Bundesliga. Der Verband handelte wie seine oberste Institution in der Welt jahrzehntelang nach der Devise, dass der Fußball seine große Beliebtheit vorrangig der Einfachheit seiner Regelungen und insbesondere der Beibehaltung der fixierten Regeln zu verdanken hat.

XIII. Internationale Änderungen

Für Änderungen des FIFA-Rechts ist der International Board (IFAB) zuständig, der dazu einmal im Frühjahr eines Jahres zusammentrifft. In der langen Geschichte der FIFA hat der IFAB u. a. vor längerer Zeit die Abseitsregel variiert, in jüngerer Zeit das Drei-Punkte-System eingeführt (drei statt zwei Punkte für den Sieg), außerdem die Strafaussetzung zur Bewährung eingeführt.

Eine quasi revolutionäre Veränderung vollzog „fußballintern“ das bekannte Urteil des Europäischen Gerichtshofes vom 15.12.1995 im Falle von *Jean-Marie Bosman.*[12]

XIV. Die Zulassung von technischen Beweismitteln in Sportstrafverfahren des DFB nach Gestattung durch die FIFA

Ein erster wichtiger Schritt durch Einführung des Fernsehbeweises in Sportstrafverfahren wurde von der FIFA ab der WM 1994 in den USA eröffnet, und zwar nur für Disziplinarverfahren, nicht aber für Spielwertungsverfahren. Im DFB-Bereich hatte man die Fernsehkamera bei beiden Verfahrensarten schon ab Ende der 1970er Jahre zugelassen.

Ab 15. Juli 2012 wurde ein sensationeller Fortschritt durch den IFAB eingeleitet. Man bot den Nationalverbänden zur Realisierung der Torlinienüberwachung drei technische Systeme zur Auswahl an, von denen der DFB sich für das **Hawk-Eye-Verfahren** (übersetzt Falkenauge) entschieden hat. Bei dieser Technik sind sieben Hochgeschwindigkeitskameras pro Tor auf dem Tribünendach installiert, um den Spielball in Tornähe ständig zu erfassen. Ist der Ball in **vollem Umfang hinter der Torlinie**, vibriert die Uhr des Schiedsrichters.

Die Gerechtigkeit im Fußball auf der Grundlage einer besseren Wahrheitsfeststellung im Sinne des Fair-Play-Gedankens hatte sich durchgesetzt. In einer weiteren technischen Revolution hat die FIFA zuletzt in mehreren Ländern versuchsweise das umfassendere System des **Video-Beweises** gestattet, und zwar konzentriert auf die Torerzielung (inklusive Abseitsfrage dazu), auf Elfmeter-Szenen, auf Platzverweise sowie Spielerverwechslungen. Die hierzu nötigen Feststellungen werden dabei nicht vom Schiedsrichter selbst, sondern von einem besonderen Beobachter getroffen, der

---

12 EuGH, Urteil v. 15.12.1995- C-415/93, Bosman, SpuRt 1995, 59.

den Schiedsrichter über seine Feststellungen informiert. Die Zukunft wird zeigen, ob diese weitreichenden technischen Errungenschaften im internationalen Fußball sich durchsetzen – dann wird sicherlich der nationale Bereich folgen. Solche schnellen Fortschritte habe ich dem IFAB gar nicht zugetraut.

XV. Die Erfolge der Deutschen Nationalmannschaft

Zum Abschluss der Geschichte des Deutschen Fußballs sollen die großen Erfolge seiner Nationalmannschaft herausgestellt werden. Viermal wurde Deutschland Fußballweltmeister: nach dem Sieg 2014 sind wir amtierender Weltmeister; nur Brasilien hat einen Titel mehr errungen. Gold und Silber gewannen die Frauen- und die Herrenmannschaft bei der Olympiade 2016 in Rio, außerdem den Confed-Cup 2017 und die U21-Europameisterschaft 2017 – eine Titelsammlung in jüngster Zeit.

XVI. Zuschauerzuspruch in den Bundesligastadien – Die wirtschaftliche Situation in Fußball-Deutschland

Im Jahre 2014 erreichte die Bundesliga einen Besucherschnitt von 42 344 pro Spiel; die Premier League folgt mit durchschnittlich 36 000 pro Partie. Der deutsche Spitzenklub FC Bayern München ist in der Geldliga auf Rang vier geklettert (592 Millionen Euro Umsatz in der Saison 2015/2016). Die deutsche Fußball-Liga hat in der Saison 2015/2016 **weltweit den höchsten Umsatz** erzielt: 3,24 MilliardenEuro. Der neue TV-Vertrag lässt weiteres Wachstum erwarten. 16 von 18 Vereinen erwirtschafteten nach Steuern schwarze Zahlen: der Gewinn belief sich auf 200 000 Millionen. Der Profifußball hatte davor im letzten Jahr 1,13 Milliarden Steuern abgeführt und 53 114 Arbeitsplätze unterhalten. Die Einnahmen der Bundesligisten beruhen in erster Linie auf fünf Säulen: Medien (933 Millionen Euro), Werbung (772 Millionen Euro), Transfers (532 Millionen Euro), Spiele (527 Millionen Euro), Merchandising (201 Millionen Euro).

In diesem gesunden Geschäftsmodell ist das oft kritisierte Einkommen eines Bundesliga-Profis möglich: Er verdient im Schnitt zwei Millionen Euro im Jahr.

XVII. Das Sportrecht in Deutschland

Fußball ist der Nationalsport der Deutschen. Unüblicherweise soll nach der Sportrechtsgeschichte des Fußballs erst hier der Begriff des „Sportrechts“ nach *Nolte* definiert werden:

> „Es erfasst das gesamte den Sport betreffende staatliche Recht (öffentliches Recht, Zivilrecht, Strafrecht). Zum anderen wird das selbstgesetzte Recht des Sports von dem Begriff umfasst: Es

findet sich in Satzungen und Ordnungen und betrifft die Rechte und Pflichten aller Beteiligten des Sports".

Das Sportrecht stellt sich als interessante Querschnittsmaterie zwischen Sport und Juristerei dar.

Nolte[13] hat zur Einordnung des Sports festgestellt, dass dieser kein Staat im Staat ist und die internationalen Sportverbände keine anerkannten Rechtssubjekte neben den Staaten der Welt darstellten.

XVIII. Die Autonomie des Sports

Verbandsrecht ist etwas Großes. Die Gesamtleistung des Instrumentariums der Autonomie des Sports ist grundgesetzlich verankert (Art. 9 Nr. 1 GG lautet: „Alle Deutschen haben das Recht, Vereine und Gesellschaften zu bilden".). Bei all dieser Durchdringung des Sports durch das Recht bleibt der Sport gleichwohl ein **anerkanntes Kulturgut.**

XIX. Der DFB heute (Rechtsprimus in der Welt)

Der 1900 in Leipzig von 86 Vereinsvertretungen gegründete Deutsche Fußball-Bund e.V. ist heute der größte Einzelsportverband der Welt. Nach und nach haben sich in Deutschland übergreifende Organisationseinheiten gebildet; dabei haben sich alle Spartenvereine unter dem Dach eines Spitzen- oder Dachverbandes zusammengefunden.[14] Typisch für das Organisationsgefüge des deutschen Fußballsports ist ein vertikaler pyramidenförmiger Aufbau[15] mit folgender Gliederung:

Sportler
Sportverein
Landesverband
Regionalverband
Bundesverband

Auf Weltebene steht darüber der Fußballweltverband (FIFA). Horizontal zu dem DFB ist dieser in Deutschland Mitglied des Deutschen Olympischen Sportbundes (DOSB) mi 61 Fachsportverbänden. Der DOSB hat keinerlei Weisungsbefugnis gegenüber den Bundes- und Landesverbänden.

---

13 Antrittsvorlesung am 14.4.2010 in Kiel.

14 *Gehrmann* aaO., S. 10.

15 *Haas/Mertens* Sportrecht – eine Einführung in die Praxis, S. 38.

Große Auswirkungen auf die Organisation und insbesondere auf die Funktionsweise des DFB haben seit dem „*Wunder von Bern*“ die zunehmende Kommerzialisierung und Professionalisierung des Fußballs genommen. Man kam im Spitzenbereich von der historisch bedingten Rechtsform des eingetragenen nicht wirtschaftlichen Vereins ab, da dieser für die eingetretene wirtschaftliche Situation nicht mehr passte. Dies geschah durch die Ausgliederung der Profi- und Marketingbereiche auf Tochtergesellschaften (meist in der Form der GmbH oder von Aktiengesellschaften) durch die führenden Vereine der Bundesliga, die wie wirtschaftliche Geschäftsbetriebe abliefen. Aufsichts- und Kontrollgremien wurden installiert,[16] meist durch einen dem Aktienrecht entliehenen Aufsichtsrat.

Der Fußball verkraftete allen negativen Vorhersagen zum Trotz auch das im Jahr 1995 ergangene Bosman-Urteil des EuGH, das den ablösefreien Wechsel nach Ablauf des Vertrages durch die Spieler ermöglichte. Der DFB hat mittlerweile sieben Millionen Einzelmitglieder. Rund 27 000 Vereine mit 180 000 Mannschaften sind organisatorisch zu bewältigen, wobei Sportler an der Basis (Breitensportler) und Leistungssportler unterschiedliche Aufgabenstellungen haben. Die DFB-Funktionäre versuchen gleichwohl, eine „Fußball-Familie“ zu bilden.

Um all die dabei auftretenden Probleme zu meistern, sind die vom DFB gesetzten Regeln anzuwenden. Nach dieser Primärzuständigkeit bedarf der Verband eines **Sanktionssystems.** In diesem ergeben sich Disziplinarmaßnahmen durch Gerichtsinstanzen, die gegebenenfalls zu vollstrecken sind. Dabei ist der Begriff „Gerichtsinstanz“ nicht ganz zutreffend, da es sich letztlich um Verwaltungsakte des Verbandes handelt. Umzusetzen sind auch „Entscheidungen auf dem grünen Rasen“ mit den am grünen Tisch auftretenden Fragen nach den FIFA-Regeln. In Deutschland wird die Bindung insoweit durch Vereinsmitgliedschaft, durch eine Satzungskette oder durch Regelanerkennungsverträge herbeigeführt.[17] Die für das Vereinsleben wichtigen Entscheidungen (Grundsatz- und Wesensentscheidungen) müssen dabei nach der ständigen Rechtsprechung des BGH[18] in der **Satzung** des Vereins selbst geregelt werden.

Die durch die Disziplinargewalt geschaffene „Rechtsprechung“ steht im Mittelpunkt dieses Werkes und ist mit allen ihren Auffächerungen im Hauptteil zu behandeln. Dort werden die Disziplinarstrafen, wie sie in der DFB-Satzung verankert sind, abgehandelt und wie sie unter Zugrundelegung der Disziplinartatbestände angewandt werden, wobei ein rechtstaatlich ausgerichtetes Verfahren (rechtliches Gehör als hohes Gut) die Grundlage bildet.

Eine Anpassung an internationales Recht ergibt sich dabei durch den Beitritt zum Weltfußballverband FIFA (1904) und dann später 1956 zusätzlich zum Europäischen Fußballverband (UEFA). Ersterer veranstaltet im Vierjahresrhythmus die Fußballweltmeisterschaft, letzterer alljährlich die für die Vereine und Verbände sehr ertrag-

16 *Haas/Mertens* aaO., S. 40.

17 *Haas/Mertens* aaO., S. 65.

18 Im sog. Reiter-Urteil in NJW 1995, 583 ff.

reichen Champion-League-Spiele. Kennzeichnend für die nationale Gerichtsbarkeit ist im FIFA Bereich, dass für sie der ordentliche Rechtsweg – *„falls nicht zwingendes jeweiliges staatliches Recht entgegensteht, ausgeschlossen werden muss"* und eine **Schiedsgerichtsbarkeit** zwingend ist (Art. 62 (3) FIFA-Statut). So obliegen alle internationalen Streitigkeiten dem Zuständigkeitsbereich von FIFA und UEFA der Court of Arbitration for Sport (CAS, französisch TAS). Der Court ist ein **echtes** Schiedsgericht und zwischenzeitlich zum Gralshüter des Sportrechts geworden.

Zum Ausklang der Sportrechtsgeschichte soll der Weg angesprochen werden vom Reichsgericht bis zur heutigen Rechtsprechung im Bereich des DFB, dessen Struktur dabei anzusprechen ist, ferner bei den Zivil-, Arbeits- und Schiedsgerichten (insbesondere bei dem CAS). Der DFB wird dabei im Grundlagenvertrag in dessen Präambel festgelegt.

Grundlagenvertrag
Präambel
„Zweck und Aufgabe des DFB ist es u. a., die Bundesliga und die 2. Bundesliga als seine Vereinseinrichtungen zu organisieren (§ 4 g DFB-Satzung). Im Wege der Strukturreform sind die lizenzierten Vereine und Kapitalgesellschaften der Bundesliga und 2. Bundesliga, die bis zum 28. April 2001 als außerordentliche Mitglieder des Deutschen Fußball-Bundes diesem unmittelbar angehörten, mit Wirkung ab der Spielzeit 2001/02 ausgeschieden. Sie haben einen eigenen Verband, den Ligaverband (Die Liga – Fußballverband e.V.) gegründet, der Mitglied des Deutschen Fußball-Bundes (DFB) ist und heute den Namen „DFL Deutsche Fußball Liga e.V. (DFL e.V.)" führt. Die besonderen Rechte und Pflichten des DFL e.V. und seiner Mitglieder sind in §§ 16, 16 a, b und c DFB-Satzung geregelt. Insbesondere ist der DFL e.V. berechtigt, die vom DFB zur Nutzung überlassenen Vereinseinrichtungen zu betreiben und die sich daraus ergebenden Vermarktungsrechte eigenverantwortlich und exklusiv wahrzunehmen bzw. zu verwerten.
Dies vorausgeschickt, begreift sich dieser Vertrag als Vereinbarung zur Ausgestaltung des Verhältnisses der Parteien, wie es in den jeweiligen Satzungen niedergelegt ist. Für diesen Vertrag und etwaige Folgeverträge gilt mit seinem gesamten Regelungsbereich das Schlichtungsverfahren gemäß § 16 d der Satzung."
Im Rahmen dieser Struktur übt der Deutsche Fußball-Bund eine Bandbreite vom Jugendsport, Hochleistungssport, Breitensport, Seniorensport aus (alles auch in der weiblichen Form).

Diese allumfassende und allmächtige Kooperation bedarf des Schutzes ihrer Mitglieder nach außen. Diesen gewährleistet der Staat und dessen zuständigen Gerichte durch „Anerkenntnis des **Ein-Platz-Prinzips**", des Oktroy der Regeln und der kartellmäßigen Struktur der „sportlichen Wettbewerbe".[19]

19 Grundlagenvertrag, S. 21.

Das erstgenannte Ein-Platz-Prinzip ist ein zusätzliches Kennzeichen für das Organisationsgefüge des DFB.[20] Danach nimmt jeder Sportverband jeweils nur **einen** Landes- oder aber Regionalverband auf. Eine gleichzeitige Mitgliedschaft in einer konkurrierenden „Verbandsfamilie" ist nicht zulässig.[21] Die Basis für diese Verbandsstruktur ist die gleiche, nämlich für alle Fußballspielenden verbindliche Regeln zu gewährleisten von den Faröer-Inseln bis zum Feuerland, von Südafrika bis Alaska.

Deutschland kennt seit den Zeiten des Reichsgerichts den **„Verein e.V."**. Eine Besonderheit dieses Rechtsformtyps ist die Haftungsbeschränkung und die eigene Rechtspersönlichkeit (ebenso in der Schweiz und in vielen europäischen Ländern). Im englischen wie im amerikanischen Recht wird der Sport in der Form der „unincorporated association" vollzogen, bei denen die Mitglieder persönlich für die Vereinsschulden haften. Demgegenüber sind die deutschen Strukturformen deutlich mitgliederfreundlicher.

Eine Interessenabwägung zwischen den am Sport Beteiligten und Dritten ist dabei geboten. Zu berücksichtigen ist insoweit das nachfolgende edelste Prinzip des Sports, das das Innenleben des DFB von der Spitze bis zum Basisverein lenkt – und zwar zusätzlich im Rahmen des zwingenden staatlichen Rechts:

Das Fair-Play-Prinzip

Inkorporiert ist insoweit dieses Prinzip, wobei der Sport stolz sein kann, dass er es nicht nur kreiert hat, sondern auch an den Staat weiterverliehen hat, der es dankbar angenommen hat und es bei passender Gelegenheit anwendet. Dieses Prinzip des Fair-Play ist als oberster Grundsatz der Sportverbände anzuerkennen, eine Art **höchstes Sportgrundrecht.** Eine Unterform dieser Grundidee ist der Gleichheitssatz: Nur dort, wenn für alle Sportler gleiche und einheitliche Bestimmungen für die Sportausübung gelten, sind sportliche Leistungen vergleichbar und damit bewertbar.[22]

XX. Besonderheiten des Fußballrechts in Deutschland

Überraschend ist in einem sportfreundlichen Land wie Deutschland, dass dem Sport keine verfassungsrechtliche Dignität in seinem Grundgesetz gegeben worden ist, wobei in den letzten 20 Jahren eine „Nachbesserung" durch Schaffung von sportbezogenen Staatszielbestimmungen in den Verfassungen der meisten Bundesländer erfolgt ist. In der Bundesverfassung ist immerhin in Art. 9 GG (Vereinigungsfreiheit) ein Grundrecht verankert, auf das sich der Sport ebenso wie etwa ein Kaninchenzucht- oder ein Gesangverein individualrechtlich und kollektivrechtlich stützen kann.[23] Ab-

20 *Nolte* Sport und Recht, S. 101.
21 *Haas/Mertens* aaO., S. 39.
22 *Haas/Martens* aaO., S. 19.
23 *Nolte* aaO., S. 86.

weichend von vielen europäischen Nationen hat der deutsche Gesetzgeber das Sportrecht nicht in sich geschlossen kodifiziert: so u. a. in Frankreich, Italien Spanien, Griechenland. In unserem Land ist auch schwerlich künftig mit der Schaffung eines geschlossenen Verbandsrechts zu rechnen. Einzelregelungen wie das Anti-Doping-Gesetz von 2013 sind die Ausnahme und bedürfen in unserer Rechtsordnung noch der Bewährung. Es bleibt wohl weiterhin bei der Zweispurigkeit bzw. dem Zwei-Säulenmodell zwischen dem staatlichen Recht einerseits und dem privatautonom gesetzten Verbandsrecht des DFB und der übrigen Spitzenverbände andererseits.[24]

In dieser Struktur ist es dem DFB aber sehr wohl gelungen, nach einem Powerplay ums Recht im Bundesligaskandal I Anfang der 70er Jahre, ausgehend von teilweise gravierendem Sportunrecht, eine moderne Sportrechtswissenschaft in Verbindung mit einer rechtsstaatlichen Sportgerichtsbarkeit zu schaffen. Der DFB ist zwischenzeitlich in seiner Rechtsordnung „gut aufgestellt".[25] Schweizer Rechtsexperten qualifizieren ihn als **„Weltmacht Nr. 1 des Fußballrechts"**.

Dabei stellte der DFB Anfang 2014 die Vorgabe auf, dass die Satzung und seine Ordnungen ohne Wenn und Aber einzuhalten sind. Er hat ein Neun-Punkte-Programm beschlossen, wonach Gewalt, Pyrotechnik und diskriminierende Verhaltensweisen durch die Rechtsorgane „täterorientiert" konsequent zu verfolgen sind – verbunden mit der Inregressnahme der Täter durch die Vereine. Der BGH hat durch Urteil vom 22.09.2016 nach unterschiedlichen Instanzentscheidungen diese für zulässig erklärt.

Zur weiteren Rechtsverbesserung hat der DFB auch das Spielervermittler-Reglement und seinen Mindeststandard festgelegt, der von den Vermittlern einzuhalten ist (s. Kommentierung zu § 60 RuVO).

Außerdem hat der DFB nach Inkrafttreten des **Mindestlohngesetzes** in gemeinsamen Gesprächen zwischen DOSB einerseits und der Bundesministerin für Arbeit und Soziales (BMA) *Andrea Nahles* anderseits, praktikable Lösungen und zumindest Rechtssicherheit gewährleistet (s. Hauptteil § 70).

Im Blickpunkt der Öffentlichkeit stand der Untersuchungsbericht durch die Anwaltskanzlei *Freshfields/Bruckhaus/Deringer*, die der DFB im Oktober 2015 zu den Umständen der Vergabe und der Finanzierung der WM 2006 in Auftrag gegeben hat. Entsprechend der Beschränkung im Vorwort der 2. Auflage dieses Buchs wird ein Eingehen auf den Inhalt des 361 Seiten dicken Gutachtens und eine Auseinandersetzung damit ausgespart (Auszüge des Berichts im Jahresbericht des DFB 2013 bis 2016, S. 72–81).

Außerdem hat der DFB durch seinen zuständigen Ausschuss eine Risiko-Analyse durchgeführt, die Schwachstellen in den risikoanfälligen Bereichen der Zentralverwaltung aufzeigt. Darauf resultiert ein Verhaltenskodex, in dem ethische Werte und daraus folgende Verhaltensweisen aufgezeigt sind. Dieser Kodex richtet sich an die hauptamtlichen Mitarbeiterinnen und Mitarbeiter des DFB und an alle ehrenamtli-

---

24 *Nolte* aaO., S. 19.

25 S.o. Steiner, S. 7.

chen Funktionsträger in dessen Gremien. Der DFB-Bundestag 2016 hat ihn nach dem Vorschlag des Präsidiums verabschiedet (s. § 46 a Satzung) und eine Ethikkommission eingerichtet, die die größtmögliche Transparenz und Neutralität wahren und jede Interessenverstrickung vermeiden soll (Compliance = Pflicht zur Regeltreue).

Für die neu zu bildende Compliance-Organisation wurde eine detaillierte Aufgaben- und Kompetenzbeschreibung durch das Präsidium erarbeitet. Dazu gehören zehn COMPLIANCE-Regeln, die nachfolgend abgedruckt werden:

1. Jeder DFB-Mitarbeiter im Haupt- und Ehrenamt ist grundsätzlich für die Übereinstimmung seines Verhaltens mit dem Regelsystem des DFB verantwortlich.
2. Wir bekennen uns uneingeschränkt zu einem fairen und rechtstreuen Verhalten.
3. Alle Mitarbeiter des DFB sind zur Einhaltung des Ethikkodexes verpflichtet.
4. DFB-Mitarbeiter halten geltende interne und externe Richtlinien ein.
5. Persönliche Interessen werden strikt von denen des DFB getrennt.
6. Interessenkonflikte werden offengelegt.
7. Für Anbieten und Gewähren oder Fordern und Annehmen von Geschenken und Einladungen ist die geltende Richtlinie zu beachten.
8. Betriebs- und Geschäftsgeheimnisse des DFB sind zu schützen.
9. Vermögenswerte und Eigentum des DFB sind zu schützen.
10. Personenbezogene Daten sind vertraulich zu behandeln.

Der DFB und sein Fußball hat zwischenzeitlich eine staatspolitische und gesellschaftliche Bedeutung erlang.

Wenn man ihn mit dem Straßenfußball vergleicht, den wir alle – die heutigen Stars und die jetzigen Fußballfreunde, Groß und Klein – irgendwann einmal mit großer Freude und ohne Schiedsrichter, ohne Tore und festgeschriebene Regeln praktiziert haben und der uns faszinierte –, dann vollzog sich eine Revolution des Sports.

Die Macht des DFB nach innen und nach außen ist bei diesem Regelungssystem umfassend aufgrund der ihm eröffneten Autonomie für ein selbstgeschaffenes Regelwerk. Seitens des Staats einschließlich dessen Gerichtsbarkeit wird bewusst Zurückhaltung gegenüber den Vereinen und ihren Verbänden ausgeübt (rechtsfreier Raum). Diese sind privatrechtlich organisiert. Sportliche Streitfälle können somit vor den staatlichen Zivilgerichten ausgetragen werden. Dies kann aber – was im Spitzenfußball der Normalfall ist – durch die Vereinbarung einer echten Schiedsgerichtsbarkeit abbedungen werden.

Das RG hatte zunächst eine große Autonomie der Verbände abgelehnt, dann aber seine Rechtsprechung diesbezüglich geändert.[26] In der ersten Hälfte des 19. Jahrhunderts wehrte sich allseitig – auch über die Zivilgerichtsbarkeit – die Volksbewegung, die sich unter Turnvater *Jahn* herausgebildet hatte, gegen die aus England gekommene Fußballbewegung, von vielen abfällig als „Fußtümelei“ bzw. „englische Krankheit“

26 *Nolte* aaO., S. 162.

bezeichnet. Der Siegeszug des Fußballs zum Volkssport Nummer 1 war aber letztlich nicht aufzuhalten.

XXI. Organisation des Lizenzfußballs in Deutschland

Sie ist gekennzeichnet durch ein Dreiecksverhältnis zwischen Vereinen, Lizenzspielern und DFB. Der Spielbetrieb wird von letzterem organisiert und ist im Wesentlichen im Lizenzspielerstatut und der Spielordnung geregelt.[27]

1. Das Rechtsverhältnis zwischen DFB und Lizenzverein

Dies besteht einerseits aus einer unmittelbaren verbandsrechtlichen, ferner einer lizenzrechtlichen Beziehung – außerdem schließt jeder Lizenzverein mit dem DFB einen Schiedsgerichtsvertrag ab. Zuständig zur Lizenzerteilung und –entzug ist der Ligaausschuss (12 Mitglieder aus beiden Ligen); er überprüft dabei die wirtschaftliche Leistungsfähigkeit.

2. Das rechtliche Verhältnis zwischen Lizenzspielern und deren Lizenzvereinen

Bis 1986 war aus steuerlichen Gründen eine Vereinsmitgliedschaft eines Spielers nicht zulässig. Der Grund dafür ist durch eine damalige Änderung der Abgabeordnung entfallen. Seitdem ist die Vereinsmitgliedschaft des Lizenzspielers während der Vertragsdauer nicht ausdrücklich ausgeschlossen, aber auch nicht zwingend vorgesehen. Sie ist vielmehr fakultativ – die Amateure und die Vertragsamateure müssen dagegen Mitglieder ihres Vereins sein.

Das Verbandsrecht statuiert eine Vertragsfreiheit im Sinne einer Inhaltsfreiheit, wobei die Einzelheiten durch einen standardisierten Arbeitsvertrag, den **Musterarbeitsvertrag** (MuAV) normiert werden.[28]

Herauszustellen ist, dass für das Rechtsverhältnis zwischen Lizenzvereinen und –spielern Kollektivvereinbarungen, anders als im sonstigen Arbeitsrecht, nicht bestehen, d. h. es existieren weder Tarifverträge noch Betriebsvereinbarungen. Die 1987 gegründete Vereinigung von Vertragsfußballern e.V. (VdV) ist ein nicht tariffähiger Berufsverband. Die nicht gegebenen Voraussetzungen sind die Tarifwilligkeit und die Streikbereitschaft; sie werden von Arbeitnehmerseite aber angestrebt. Zudem mangelt es dem VdV auch an der nach dem Arbeitsrecht insoweit erforderlichen „sozialen Mächtigkeit".[29]

---

27 *Rybak* Das Rechtsverhältnis zwischen dem Lizenzfußballspieler und seinem Verein, S. 32.
28 *Rybak* a.a.O., S. 37.
29 BAG in AP Nr. 25, 32, 34, 36, 38, 39 zu § 25 BGB.

Im Bundesligafußball gibt es zurzeit auch keine Betriebsvereinbarung. Mannschaftskapitäne und Mannschaftsräte sind keine nach dem Betriebsverfassungsgesetz konstituierten Organe. Sie werden – bei den einzelnen Vereinen in unterschiedlicher Form –beim Aushandeln von Prämien und bei beratenden Tätigkeiten eingeschaltet, haben aber keine gesetzlichen Befugnisse im Sinne des Betriebsverfassungsgesetzes.

In dem bereits erwähnten Musterarbeitsvertrag, einem Formularvertrag, wird in größerem Umfang verbindliches Recht für das Beschäftigungsverhältnis geregelt, wobei ausdrücklich die Satzung und die Ordnungen des DFB verbindlich anerkannt werden.

Prägend sind insoweit der Lizenzvertrag und die Schiedsvereinbarung. Der Lizenzspieler unterwirft sich ausdrücklich der Satzung und den Ordnungen des DFB und in der Folge dessen Vereinsgerichten (§ 3 Abs. 1 MuAV). Zusätzlich verpflichtet sich der Spieler vertraglich zum sportlichen Verhalten. Sanktioniert werden kann ein abweichendes Verhalten durch **Vertragsstrafen** oder durch vereinsrechtliche Regelungen (doppelte Verpflichtung des Spielers).

Voraussetzung für die Berufsausübung eines Lizenzspielers ist, dass er in doppelter Hinsicht an die Verbandssanktionen des DFB gebunden ist, nämlich an die Verbandsstatuten des DFB, und zwar zum einen gegenüber dem DFB, zum anderen gegenüber seinem Verein (Lizenzvertrag mit dem DFB – Arbeitsvertrag mit dem Verein), jeweils mit Unterwerfung gegenüber dem DFB-Ordnungswerk.[30]

Gemäß § 3a MuAV räumt der Spieler als Arbeitnehmer seinem Klub das ausschließliche Recht ein, sein Bildnis, seinen Namen, das von ihm gesprochene Wort sowie besondere fußballbezogene Persönlichkeitsmerkmale uneingeschränkt zu nutzen und zu verwerten.[31] Der Spieler muss den Vertrag akzeptieren, wenn er nicht ganz auf den Vertragsschluss verzichten will. Seine Vertragsfreiheit ist auf die Abschlussfreiheit beschränkt.[32]

XXII. Der Fußball als Teil der Kunst/der Kultur

Die Gesellschaft hat den Sport/den Fußball zum Gegenstand künstlerischen Schaffens gemacht, und zwar bei der Malerei, der Fotographie, dem Zeichnen, der Skulptur und der Grafik, durch das Theater und den Film (u.a. *„Ein Sommermärchen“* von *Sönke Wortmann* (2007), ferner die Poesie und die Literatur bis hin zum Fußballroman (z.B. *„Das Wunder von Bern“* von *Christof Siemer*, Köln, 2002).

Wenn man das Doppelwort „Fußballkunst“ bildet, so deckt sich dessen Bedeutung einerseits mit dem schönen, ja im Sinne des Wortes, dem „kunstvollen Fußball“. Es gab und gibt „kunstfertige Spieler“ wie *di Stefano*, *Pelé*, *Beckenbauer*, *Zidane*,

30 *Rybak* a.a.O., S. 44.
31 S. auch PHB/*Fritzweiler* S. 1010 – 1020.
32 *Rybak* a.a.O., S. 20.

Ronaldo und auch Ländermannschaften von Genialität wie Brasilien oder Ungarn in ihren besten Zeiten.

Ein brillanter Fußballer, aber auch gleichzeitig ein befähigter Schriftsteller war der Franzose *Éric Cantona*, ein Nationalspieler für Frankreich, der seine meiste aktive Zeit in der Premier League verbrachte. Er hat seine Weisheiten in seinem Werk *„La Philosophie de Cantona"* niedergelegt, das in Frankreich lange Zeit ein Bestseller war. Sein Verständnis über den Künstler im Allgemeinen formulierte er wie folgt:

> „Ein Künstler ist in meinen Augen jemand, der einen dunklen Raum erhellen kann. Es gibt keinen Unterschied zwischen einem Pass von Pelé und einem Gedicht von Rimbaud."

Ein Fußballfreund hierzulande, der *Cantona* gelesen hat, fabuliert:

> „Eine Glanzparade von Oliver Kahn vermittelt mir einen eben solchen Kunstgenuss wie ein Gedicht von Rainer Maria Rilke oder ein Prachttor, wie es Lukas Podolski im Spiel gegen England erzielte. Ein Tor mit dem Hinterkopf von Uwe Seeler fasziniert mich ebenso wie der Radetzky-Marsch von Strauß."

Künstlerische Kreativität wird oft der Nationalelf von 1972 beigemessen.[33] Mit ihr ist ein Bild verbunden, nach dem *Günter Netzer „als künstlerischer Mittelpunkt der Mannschaft aus der Tiefe des Raums kommt"*.

XXIII. Literatur im Fußballrecht

Seit *Gutenberg* mussten in Deutschland 500 Jahre vergehen, bis sich die rechtswissenschaftliche Literatur mit dem Fußball befasste. Zu den ersten einschlägigen Werken gehörte 1935 eine von *Stefan Nürk* verfasste Darstellung. Unter dem Titel *„Sport und Recht"* reüssierte *Fritz Werner* im Jahre 1968. Anfang der 70er Jahre erschien im de Gruyter-Verlag der Titel *„Sport und Recht"* von *Christian Schroeder/Hans Kaufmann*. Diesem Buch wird der Ansatz zur wissenschaftlichen Durchdringung der komplexen Materien attestiert. Es weist mit Nachdruck eine gewisse Geringschätzung durch die vorherige Rechtswissenschaft zurück und bemängelt ein augenfälliges Desinteresse an der Thematik bei den „oberen Kreisen". Grundlegend erreicht das Fußballrecht nach 1972 eine Schlüsselposition und eine wissenschaftliche Dimension. Führende Rechtswissenschaftler thematisierten die Rechtsprobleme der eigenständigen Vereinsjustiz und stellten die Drittwirkung der Grundrechte der Sportler bzw. den Grundsatz der Verhältnismäßigkeit als Leitlinien für die Sportrechtler heraus. Sie schufen einen Zusammenhang mit den praktischen Problemen des Sportrechtes. Namhafte Professoren und Rechtsanwälte haben nicht nur ihre Fußballschuhe zu

33 *Karl-Heiz Bohrer* in der FAZ.

freundschaftlichen Fußballwettkämpfen angezogen, sondern bedeutende rechtswissenschaftliche Analysen zu Themen des Fußballrechts verfasst und veröffentlicht.

Tagungen der Deutschen Richterakademie in Trier befassten sich in Vorträgen von Sportrechtsexperten mit neu aufgetretenen Rechtsfragen des Fußballsports. Ein grundsätzlicher Beitrag von mir in Trier betraf das Verhältnis „Vereinsrecht und staatliche Gerichtsbarkeit", sowie „die Problematik der Vereinsschiedsgerichtsbarkeit".[34]

Die dabei zu stellende Gretchenfrage ist, ob in all dieser Zeit des Rechtsfortschritts der Sport/Fußball ein **„Kulturgut"** geworden ist.

Das Bundessozialgericht begreift in einem Urteil vom 20. Dezember 1961 den Fußball als **Kunst** im Sinne des Art. 5 Abs. 3 GG.[35] Der Fußballfreund *Udo Steiner* hat diesem kunstrechtlichen Ansatz gegenüber Skepsis geäußert,[36] den Sport aber auch – juristisch betrachtet – primär als „kulturelles Phänomen" bezeichnet.

Kompetente Stimmen in der juristischen Literatur haben zwischenzeitlich Gegenposition bezogen.

Maihofer[37] hat in seiner Abhandlung über *„die kulturellen Aufgaben des modernen Staats"* den Sport zu den Sachbereichen, die an die Hauptbereiche des grundgesetzlichen Kulturstaats (Bildung, Wissenschaft, Kunst, Religion) angrenzen, bezeichnet und diesem damit zuzurechnen sind.

Steiner[38] betont zutreffend, dass *„im Fußball die Deutschen ihre Identität finden, jedenfalls ein Großteil von ihnen, der an der Unterhaltung durch diesen Sport ein bedeutendes emotionales Interesse empfindet. Dies erstreckt sich auf die Aktiven wie auch auf die Zuschauer"*.

Aus der Enthaltsamkeit des Grundgesetzes bezüglich des Sports lässt sich kein Argument gegen eine Einbeziehung des Sports in den Kulturbegriff ableiten. Andererseits ist ein Pro abzuleiten aus den vielen landesrechtlichen Staatsschutzbestimmungen zu Gunsten des Sports auf gleicher Stufe wie Bildung, Wissenschaft, Religion und Kunst, also den anerkannten kulturellen Werten. Überdies wird der Sport im Vertrag über die Herstellung der Deutschen Einheit – Einigungsvertrag – vom 31. August 1990[39] mit Teilbereichen der Kultur gleichgesetzt. So lautet die Überschrift zu Kapitel VIII des Vertrages: „Kultur, Bildung und Wissenschaft, Sport".

Vorstehende Argumente sind qualitativer Art. Der Sport, insbesondere der Fußball, kann aber darüber hinaus ein quantitatives Element hin in Richtung „Kultur" ins Feld führen. Lange Zeit waren die Aufführungen im Theater (incl. Schauspiel, Konzert) die Zuschauerattraktionen vor einem Publikum in aller Welt. Sie lösten bei diesem Genuss aus, was ein Indiz für Kultur bzw. Kunst darstellt. Eine quantitative Betrach-

---

34 *Hilpert* Werke in BayVBl. 1988, S. 161 ff und 198 ff.

35 SpurRt 1994, 126.

36 *Steiner* 4, S. 28.

37 S. 1226.

38 Zit. nach Focus 23/2004, S. 148,

39 BGBl II, S. 889.

tung ist ein weiteres Indiz für den Kulturcharakter des Spitzenfußballs. Dieser hat als Zuschauermagnet in der Welt das Theater abgelöst. Wenn beim WM-Endspiel 2014 über zwei Milliarden Erdenbürger die Fernsehübertragung verfolgt haben, so haben sie bis zum Übertragungsende dies genossen und sich am Spielgeschehen erfreut. Insoweit berühren wir wieder die *„Philosophie von Cantona“*, der die Freude am WM-Tor zum 1:0 von *Götze* einem anerkannten Literaturbeitrag gleich stellt.

Wenn der Fußball derzeit noch nicht nach allgemeiner Meinung ein Teil der Kultur sein sollte, so ist er sicherlich auf dem Weg dorthin. Einzelne sportliche Komponenten und Ausformungen sind derzeit schon klassische Kulturelemente, wie Ballett, Eiskunstlauf und Synchronschwimmen.[40] Meines Erachtens ist die Attraktivität des Spitzenfußballs ein Magnet, der in die Kultur inkorporiert wird. Er ist ohnehin ein Wunder der Lebensfreude und der Wesensbejahung.[41]

Ein Literaturkritiker wie Marcel Reich-Ranicki äußerte sich im Vorfeld der WM 2006 nüchtern: „Sport und Literatur sind nahe Verwandte, die sich ähneln. Das Sporterlebnis macht für viele Menschen die Kunst überflüssig. Sport ist Kunstersatz“.

In diese Reihe gliedert sich der DFB ein, indem er im Jahr 2007 die Gründung einer eigenen **Kulturstiftung** vornahm. Diese feiert mittlerweile „10 Jahre Jubuliäum“. Eine solche Institution ist weltweit einzigartig.

§2 (Stiftungszweck) der Satzung lautet:

„Zweck der Stiftung ist die Förderung von Kunst und Kultur, Wissenschaft und Forschung, Bildung und Erziehung sowie der Willensverständigung im Zusammenhang mit dem Fußballsport.

Sie unterstützt die Erreichtung und Erhaltung von Einrichtungen, die den vorgenannten Aufgaben dienen“. Sie nannte sich im Volksmund Autonama.

Unter dem Dach der DFB Kulturstiftung spielt offiziell die Nationalmannschaft. Jörg Berger, Hans Meyer, Uwe Rapolder, Detmar Cramer, Rudi Gutendorf und Jimmy Hartwig waren u.a. die Trainer der Mannschaft. Im Mai 2010 errang das Schriftstellerteam in Dortmund nach Elfmeterschießen den Europameistertitel im Autorenfußball, wobei mehr als 100 Autoren aus Schweden, Italien, Ungarn, England und Österreich mitwirkten – der größte Erfolg der Autonama.

Im Vorwort zur Festschrift des zehnjährigen Jubiläums der Stiftung schreibt Reinhard Grindel, der Präsident des DFB:

„Noch nie war der Begriff „Fußballkultur“ so geläufig wie heute. Das ist kein Zufall. Nach einer jahrelangen öffentlichen, medialen und wirtschaftlichen Hausse des Fußballs scheint sich in ihm ein Allgemeinverständnis auszudrücken, nach dem dieses Ballspiel längst mehr geworden ist als ein beliebter Freizeit- und erfolgreicher Mediensport.

Durch die Gründung der DFB-Kulturstiftung hat der Deutsche Fußball-Bund vor zehn Jahren dieser gesellschaftlichen und kulturellen Vielfalt Rechnung getragen und

---

40 *Stender-Vorwachs* Sport und Kultur, SpuRt, 201, S. 204.
41 *Gehrmann* aaO. S. 198.

eine Förder- und Diskussionsplattform für Menschen geschaffen, die über die Spielfeldgrenzen hinausschauen und -denken. Mit abwechslungsreichen Projektinitiativen, Kooperation und der Förderung vieler lokaler Vorhaben hat sie seitdem Akzente gesetzt, an Profil gewonnen, Anerkennung, Freunde und Partner gefunden.

Teil II Die Grundsatz- und Wesensentscheidungen des Fußballrechts in der Satzung des DFB

A. Einführung

Der BGH hat in ständiger Rechtsprechung[42] die Anforderung festgeschrieben, dass für das Vereinsleben bestimmende Entscheidungen, die sog. **Grundsatz- und Wesensentscheidungen**, in der Satzung geregelt sein müssen (§§ 25, 71 I 1 BGB) – insbesondere muss die mögliche Strafe in der Satzung aufgeführt sein.

Die entsprechende Festlegung haben die obersten Zivilrichter mit der Überlegung begründet, dass die Vereinsmitglieder, wie sie sich der BGH vorstellt, Idealtypen der beitrittswilligen Mitglieder sind, die sich vor dem Eintritt in den Verein anhand der von ihnen durchgelesenen Satzung über die ihnen drohenden denkbaren Sanktionen informieren, sie dabei wenigstens in groben Zügen erkennen können und ihr Recht akzeptieren. *Adolphsen*[43] fragt nicht zu Unrecht, welcher Sportler an den Verbandssitz eines internationalen Fachverbandes reist – im Fußball zur FIFA zu deren Sitz nach Zürich – um sich vor Ort nach dem Inhalt der Verbandssatzung in den Akten des dortigen Registergerichts zu erkundigen. Er sucht somit die **Schutz- und Warnfunktion** der Grundentscheidungen in der Satzung. Lebensnäher ist es wohl, dass die beitrittswilligen Mitglieder es versäumen, sich über den Inhalt der Satzung zu unterrichten. In diesem Fall müssen sie sich gleichwohl die entsprechenden Bestimmungen entgegen halten lassen, weil sie sich der Satzung konkludent unterworfen haben. Es wird also auf die **Möglichkeit der Information** abgestellt und der **Informationsschutz**[44] als wichtiger Grund für das Satzungsgebot angesehen. Dieses Abstellen auf die zumutbare Kenntnisnahme des Sportlers ist eine ausgesprochen praxis- und ergebnisorientierte Schlussfolgerung des BGH in dem *Reiter*-Urteil.[45] Aus diesem Zweck der Norm ist abgeleitet, dass nicht nur die drohenden **Sanktionen**, sondern die strafbewehrten **Verhaltensnormen** (Straftatbestände) zu den Wesensentscheidungen gehören.

Die Aufnahme der Straftatbestände in nicht zum Satzungsbestandteil erklärte Nebenordnungen ist hierfür nicht ausreichend. Andererseits können durchaus Verfahrensvorschriften und Konkretisierungen der Strafnormen wie auch weniger bedeutsame Angelegenheiten in nachrangigem Recht geregelt werden. Den Bedürfnissen der Praxis entsprechend deren unverzichtbaren Anliegen genügt es nach h.M., dass umfassende Obertatbestände wie die vom DFB gewählte Generalklausel *„alle*

---

42 Zusammenfassend im Reiter-Urteil, NJW 95 585.

43 *Adolphsen* Anforderungen an Dopingstrafen nationaler Sportverbände – am Beispiel des Falles Dieter Baumann, SpuRt 2000, 97, 11.

44 *Haas* SportR B II, Rn. 14; BGH, NJW 1995, 583, 586.

45 S. Fn. 42.

https://doi.org/10.1515/9783110536416-004

Formen des unsportlichen Verhaltens" (§ 44 Nr. 1 HS 1 Satzung) insoweit bestehen.[46] Sie sind ausreichende Grundlagen der Disziplinarstrafen trotz ihrer relativen Unbestimmtheit.

Diese Begriffe können sodann, wie beim DFB geschehen, in der Rechts- und Verfahrensordnung der Spielordnung pp. konkretisiert werden. Dabei ist auch kein Verstoß gegen den **Bestimmtheitsgrundsatz** gegeben. Bestimmbarkeit durch die zur Ahndung berufenen Organe reicht nämlich insoweit aus. Dabei werden die Weite und die Unbestimmtheit der Generalklausel durch die gemeinsame Überzeugung sowie durch Übung und Praxis ausgefüllt.[47]

Nach dieser Einführung werden nachfolgend die Grund- und Wesensentscheidungen des DFB in der Satzung abgedruckt. Auf § 44 Nr. 1 S. 2 Satzung wird wegen der dort aufgeführten Nebenordnungen, die Regelungscharakter haben, verwiesen.

B. DFB-Satzung

I. Auszüge aus §§ 1–19 der Satzung mit Begründungen

1. §§ 1–3 DFB Satzung

§ 1: Name, Rechtsform und Sitz

Der Deutsche Fußball-Bund (DFB) ist die Vereinigung der Landesverbände, Regionalverbände und der DFL Deutsche Fußball Liga e.V. (DFL Deutsche Fußball Liga), in denen Fußballsport betrieben wird. Der Deutsche Fußball-Bund ist der Nachfolger des im Jahre 1900 gegründeten Deutschen Fußball-Bundes mit dem damaligen Sitz in Berlin.

Der Deutsche Fußball-Bund ist ein eingetragener Verein und hat seinen Sitz in Frankfurt Main).

§ 2 Allgemeine Grundsätze

Der Deutsche Fußball-Bund ist parteipolitisch und religiös neutral.

Er tritt verfassungsfeindlichen Bestrebungen sowie jeder Form von diskriminierenden oder menschenverachtenden Einstellungen und Verhaltensweisen entschieden entgegen.

Satzung und Ordnungen des DFB gelten in ihrer sprachlichen Fassung für Frauen und Männer gleichermaßen.

§ 3 Mitgliedschaften

Der DFB ist Mitglied der FIFA mit Sitz in Zürich. Aufgrund dieser Mitgliedschaft ist der DFB den Bestimmungen dieses Verbandes unterworfen und zur Umset-

46 PHB/*Summerer* S. 243.

47 *Röhricht/Vieweg* Sportgerichtsbarkeit, S. 29.

zung der Entscheidungen seiner Organe verpflichtet. Insbesondere nachgenannte Vorschriften der FIFA sind für den DFB, seine Mitglieder, Spieler und Offiziellen sowie die Vereine und Kapitalgesellschaften seiner Mitgliedsverbände verbindlich: Statuten, Reglement betreffend Status und Transfers von Spielern, Ethikreglement, Disziplinarreglement, Reglemente für die internationalen Wettbewerbe und Spielregeln.

Pflichtspiele, Spiele und Wettbewerbe zwischen A-Verbandsmannschaften, die verschiedenen Nationalverbänden der FIFA angehören, zwischen Ligen dürfen nur mit Genehmigung der FIFA stattfinden. Das Bewilligungsverfahren richtet sich nach Art. 6, 7 und 10 des FIFA-Reglements für internationale Spiele.

Der DFB ist Mitglied der UEFA mit Sitz in Nyon (Schweiz). Aufgrund dieser Mitgliedschaft ist der DFB den Bestimmungen dieses Verbandes unterworfen und zur Umsetzung der Entscheidungen seiner Organe verpflichtet.

Nachgenannte Vorschriften der UEFA sind für den DFB, seine Mitglieder sowie die Vereine und Kapitalgesellschaften seiner Mitgliedsverbände verbindlich: Statuten, Grundsätze, Rechtspflegeordnung, Dopingreglement und die Reglemente für die europäischen Wettbewerbsspiele und die dazugehörigen Regelungen. Auf Artikel 59 bis 63 der UEFA-Statuten wird verwiesen.

Der DFB, seine Mitglieder, Spieler und Funktionsträger sowie die Vereine und Kapitalgesellschaften seiner Mitgliedsverbände sind der Vereinsstrafgewalt der FIFA und der UEFA, die durch die Nrn. 1. und 2. genannten Regelungen und Organentscheidungen einschließlich der Vereinssanktionen ausgeübt wird, unterworfen. Die Unterwerfung unter die Vereinsstrafgewalt von FIFA und UEFA erfolgt insbesondere, damit Verstöße gegen die vorgenannten Bestimmungen und Entscheidungen verfolgt und durch Sanktionen geahndet werden können.

Begründung zu §§ 2 und 3 Satzung:
§ 2 Satzung:
Die bisher verwendeten Begriffe *„rassistisch, verfassungsfeindlich bzw. fremdenfeindlich“* sind zum einen mindestens teilweise identisch und synonym.

Des Weiteren fehlt in der bisherigen Fassung der Satzung eine deutliche Positionierung gegen Gewalt an zentraler Stelle. Übernommen wurde der Wortlaut aus der Präambel der Ausbildungsordnung des DFB.

§ 3 Satzung
Die Änderungen und Ergänzungen passen § 3 DFB-Satzung an die aktuellen FIFA- und UEFA-Vorschriften an. Die Ergänzung in § 3 Nr. 1., Abs. 1 DFB-Satzung um das FIFA-Disziplinarreglement erfüllt die verpflichtende Übernahme zur Harmonisierung der Verbandsvorschriften im disziplinarischen Bereich gemäß Art. 146 FIFA-Disziplinarreglement.

Die Ergänzung von § 3 DFB-Satzung und eine neue Begründung zu Nr. 3 ist erforderlich, um sicherzustellen, dass die von FIFA und UEFA ausgeübte **Vereins-**

strafgewalt für die unterworfenen Personen aus der DFB-Satzung heraus erkennbar wird (so DFB-Begründung zu § 3 Satzung Anträge S. 54).

Die neue Fassung des § 3 Nr. 3 Satzung ist auch eine Folge der BGH-Entscheidung vom 20. September 2016[48] – Fall *SV Wilhelmshaven*. In diesem Urteil wurde die gegen den *SV Wilhelmshaven* durch den Norddeutschen Fußballverband (NFV) angeordnete Maßnahme wegen Nichtbefolgung von Entscheidungen der FIFA betreffend von dieser festgesetzten Ausbildungsentschädigungen im Zusammenhang mit dem Transfer ausländischer Profis in Höhe von 157.500 Euro aufgehoben. Insoweit hatte die FIFA-Disziplinarkommission u. a. einen Zwangsabstieg gegen SV Wilhelmshaven angeordnet und die Vollstreckung dieser Sanktion durch den NFV, dessen unmittelbares Mitglied der SV Wilhelmshaven ist, gegen Ende der Saison 2013/2014 durchgeführt.

In dem jetzigen BGH-Urteil wurde der Zwangsabstieg für unwirksam erklärt, weil der Beschluss des NFV nichtig sei. Er greife in das Mitgliedschaftsverhältnis des Klubs zum NFV ein, **ohne dass dafür eine ausreichende Grundlage in der Satzung des NFV vorhanden sei.** Dessen Satzung sähe keine Disziplinarstrafe bei Nichtzahlung von Ausbildungsentschädigungen vor. Eine individualrechtliche Unterwerfung des Klubs sei auch nicht erfolgt. Entsprechende Regelungen im DFB- und im FIFA-Recht seien unmaßgeblich, da der Klub in diesen beiden Verbänden nicht Mitglied sei.[49]

2. §§ 4–19 DFB Satzung

§ 4 Zweck und Aufgabe

1. (...)

2. Werte im und durch den Fußballsport zu vermitteln, unter besonderer Berücksichtigung

a) Der Förderung der Leistungsbereitschaft und des fairen Verhaltens (Fair Play) und ethischen Verhaltens von Spielern, Trainern, Betreuern und sonstigen Vereinsmitarbeitern und Funktionsträgern,

b) Der Pflege von Toleranz und Respekt und Anerkennung auf und abseits des Platzes,

c) der Verwirklichung der Gleichberechtigung von Mann und Frau,

d) der Förderung von Integration und Vielfalt und sowie der Verhinderung und Beseitigung von Benachteiligung aus Gründen der Rasse oder wegen Diskriminierung, insbesondere im Hinblick auf die soziale oder der ethnischen Herkunft oder eine behauptete „Rasse“, den Glauben, das Alter, des Geschlechts, der Religion oder Weltanschauung, einer Behinderung, des Alters oder die sexuelle Identität oder eine Behinderung,

48 BGH, Urteil v. 20.9.2016 – II ZR 25/15, CaS 2016, 339–338.

49 Die BGH-Entscheidung ist in SpuRt 2017 S. 9–14 von Orth mit beachtlicher Argumentation als in der Begründung wenig überzeugend besprochen worden.

e) **der Förderung von institutionellen und personellen Maßnahmen, die der Entstehung jeder Form von Gewalt vorbeugen und entgegenwirken, unabhängig davon, ob sie körperlicher oder seelischer Art ist.**

§ 4 Nr. 2
Begründung zu Buchstabe b) Satzung:
Der Begriff der Toleranz impliziert auf Ebene der themenbefassten Experten (z. B. der Antidiskriminierungsstelle des Bundes) eine wertende Aussage, dass man Vielfalt neben sich, aber nicht im System akzeptiere. Insofern bleibt der Begriff der Toleranz deutlich hinter dem Begriff der Anerkennung zurück. Es wird deshalb vorgeschlagen, den weitergehenden Begriff der Anerkennung zu verwenden.

§ 4 Nr. 2
Begründung zu Buchstabe d) Satzung:
Die Änderungen sind Folgeanpassungen aus dem Antrag zu § 2 Absatz 2 Satzung. Der Begriff der „Rasse" als solcher ist problematisch, weil er immanente, an „die Rasse" anknüpfende Unterschiede begriffslogisch voraussetzt. Deshalb spricht beispielsweise die Bundesregierung in ihrer Grundsatzerklärung auch nicht mehr von „Rasse". Einen entsprechenden Terminus benutzt in der jüngsten Antidiskriminierungsfassung auch die FIFA (FIFA „Good Practice Guide" zu Vielfalt und Antidiskriminierung). „Rasse" wird dabei in Anführungszeichen gesetzt, um deutlich zu machen, dass es keine menschliche Rasse gibt und der Begriff „Rasse" angewandt auf Menschen bereits rassistisch ist.

Zudem ist die soziale Herkunft ein häufiger Diskriminierungsfaktor und soll daher in § 4 Nr. 2., Buchstabe d) Satzung ebenfalls aufgeführt werden.

§ 6 Zuständigkeiten und Rechtsgrundlagen

1. **Der DFB regelt seinen eigenen Geschäftsbereich durch Ordnungen und Entscheidungen seiner Organe. Er erlässt zu diesem Zweck insbesondere folgende Ordnungen:**

a) **eine Spiel-, eine Schiedsrichter- und eine Jugendordnung,**
b) **eine Finanzordnung,**
c) **eine Ausbildungsordnung,**
d) **eine Rechts- und Verfahrensordnung,**
e) **eine Ehrungsordnung,**
f) **eine Geschäftsordnung für den Bundestag und den Vorstand,**
g) **ein DFB-Status für die 3. Liga**
h) **ein DFB-Statut für die Frauen-Bundesliga und die 2. Frauen-Bundesliga,**
i) **einen Ethik-Kodex**[50]

2. **(...)**

50 Der Ethik-Kodex ist im Anschluss an den Hauptteil „Kommentierung der RuVO" abgedruckt.

§ 17 Schiedsgericht

1. Streitigkeiten zwischen dem DFB und seinen Mitgliedsverbänden und Streitigkeiten der Mitgliedsverbände untereinander, die sich aus dem Mitgliedschaftsverhältnis ergeben, werden nach Ausschöpfung des verbandsinternen Instanzenzuges unter Ausschluss des ordentlichen Rechtsweges durch ein Schiedsgericht entschieden.
2. Das Schiedsgericht besteht aus drei Schiedsrichtern, von denen mindestens der Vorsitzende die Befähigung zum Richteramt haben muss.
3. Jede Partei ernennt einen Schiedsrichter. Die Partei, die das Schiedsgericht anrufen will, hat dies der anderen Partei unter kurzer Angabe des Sachverhalts durch eingeschriebenen Brief mitzuteilen und gleichzeitig einen Schiedsrichter zu benennen. Die andere Partei hat spätestens zehn Tage nach Erhalt der Mitteilung ihrerseits einen Schiedsrichter zu benennen. Erfolgt diese Benennung nicht, hat die anrufende Partei eine Nachfrist von weiteren sieben Tagen zu setzen, nach deren Ablauf sie die Benennung des zweiten Schiedsrichters durch den Präsidenten des für den Sitz des Beklagten zuständigen Oberlandesgerichts beantragen kann.
4. Die beiden Schiedsrichter haben sich binnen zehn Tagen nach der Benennung des zweiten Schiedsrichters auf einen Vorsitzenden zu einigen. Kommt die Einigung innerhalb dieser Frist nicht zustande und einigen sich die beiden Schiedsrichter auch nicht innerhalb einer Nachfrist von fünf Tagen auf einen Vorsitzenden, so wird er auf Antrag einer Partei von dem Präsidenten des für den Sitz des Klägers zuständigen Oberlandesgerichts ernannt.
5. Bei Wegfall oder Verhinderung eines Schiedsrichters wird der Nachfolger ebenso ausgewählt wie der Vorgänger.
6. Die Schiedsrichter sind bei ihrer Entscheidung an die Satzung und Ordnungen des DFB und seiner Mitgliedsverbände sowie die Vorschriften des materiellen Rechts gebunden. Soweit in den Satzungen und in den Ordnungen zulässigermaßen nichts anderes bestimmt ist, gelten für das Schiedsverfahren die allgemeinen Vorschriften der Zivilprozessordnung.

§ 17 a Ständiges Schiedsgericht, Court of Arbitration for Sport (CAS)

Der DFB verpflichtet sich, in den ihm unterstellten Spielklassen nach Ausschöpfung des verbandsinternen Rechtswegs anstelle der ordentlichen Gerichtsbarkeit eine Schiedsgerichtsbarkeit im Sinne der §§ 1025 ff. ZPO vorzusehen, soweit zwingendes nationales oder internationales Recht nicht entgegensteht.

Der DFB anerkennt den Court of Arbitration for Sport (CAS) mit Sitz in Lausanne (Schweiz) als unabhängige richterliche Instanz in internationalen Streitigkeiten und unterwirft sich den Entscheidungen des CAS, soweit zwingendes nationales oder internationales Recht nicht entgegensteht oder die FI-

FA- oder UEFA-Reglemente Ausnahmen zulassen. Eine inhaltliche Prüfung des Schiedsspruchs ist damit nicht verbunden.

Der DFB anerkennt weiter, dass der FIFA und der Welt-Anti-Doping-Agentur (WADA) gegen verbandsintern endgültige Entscheidungen in Dopingangelegenheiten, die der FIFA und der WADA umgehend vorzulegen sind, ein Berufungsrecht beim CAS zusteht.

§ 19 Allgemeines

1. (...)

2. Die Rechtsorgane des DFB sind:

a) Das Bundesgericht

b) Das Sportgericht

3. Der DFB bildet eine Revisionsstelle und eine Ethik-Kommission.

(...)

5. In die Organe, Rechtsorgane, Revisionsstelle und Ausschüsse des DFB können nur Personen gewählt oder berufen werden, die Mitglieder von Vereinen der Mitgliedsverbände sind und weder in Mitgliedsverbänden noch deren Vereinen eine hauptamtliche berufliche Tätigkeit ausüben, soweit die Satzung nicht Ausnahmen zulässt. Satz 1 gilt nicht für DFL Deutsche Fußball Liga. Für die Mitglieder der Ethik-Kommission gilt Satz 1 mit der Maßgabe, dass sie nicht Mitglied in einem Mitgliedsverband des DFB angeschlossenen Verein sein müssen.

(...)

9. Die Mitglieder der Rechtsorgane, Ausschüsse, Revisionsstelle, Ethik-Kommission und sonstigen Kommissionen des DFB sind grundsätzlich ehrenamtlich tätig. Ihnen kann eine angemessene Entschädigung für ihren Sach- und Zeitaufwand gewährt werden. Die Entschädigung kann auch in Form einer Pauschale erfolgen. Die Einzelheiten beschließt das Präsidium mit Zustimmung der Revisionsstelle.

II. § 5 RuVO

Die Überleitung von den Einleitungsnormen der Satzung zu den Vorschriften über das Sportgerichtsverfahren ist in **§ 5 RuVO** enthalten.

Zuständigkeit, Strafen, Einstellung

1. Die Zuständigkeiten und zulässigen Strafarten ergeben sich aus §§ 38–44, 46a der Satzung des DFB.

2. Sperren, die gegen Spieler verhängt werden, betreffen im Regelfall nur den Spielverkehr innerhalb des DFB. Sie erstrecken sich auch auf den internationalen Spielverkehr, wenn internationale Wettbewerbsbestimmungen

dies gebieten oder wenn dies wegen besonders verwerflicher Tatumstände im Urteil ausdrücklich angeordnet worden ist.

3. Für Geldstrafen, die gegen Einzelmitglieder und Spieler verhängt werden, kann der Verein des Bestraften von dem entscheidenden Rechtsorgan in Anspruch genommen werden.
Eine verhängte Geldstrafe ist vom Spieler zu zahlen.
4. Für Geldstrafen, die gegen Einzelmitglieder und Spieler im Zusammenhang mit Spielen um den Länderpokal der Frauen und Herren verhängt werden, kann der Landesverband des Bestraften von dem entscheidenden Rechtsorgan in Anspruch genommen werden.
5. In geeigneten Fällen kann der Kontrollausschuss mit Zustimmung des Sportgerichts das Verfahren einstellen, gegebenenfalls unter Bedingungen, Auflagen und einem Hinweis, dass das festgestellte Verhalten verboten ist und im Wiederholungsfall eine Anklageerhebung erfolgen kann.
Nach Anklageerhebung entscheidet das Sportgericht entsprechend Absatz 1 mit Zustimmung des Kontrollausschusses über die Einstellung.
6. Im Zuständigkeitsbereich der Ethik-Kommission gilt Nr. 5 entsprechend.

III. §§ 38–44, 46a, 50 der DFB Satzung mit Begründungen und Kommentierungen

§ 38 Rechtsorgane

1. Rechtsorgane sind das Bundesgericht und das Sportgericht; sie nehmen ihre Aufgaben nach den Bestimmungen der DFB-Satzung, der Ordnungen des DFB (§ 6), insbesondere nach dem Ligastatut, dem DFB-Statut für die 3. Liga, dem DFB-Statut für die Frauen-Bundesliga und die 2. Frauen-Bundesliga, den Anti-Doping-Richtlinien, den Durchführungsbestimmungen zur DFB-Spielordnung, den allgemeinverbindlichen Vorschriften über die Beschaffenheit und Ausgestaltung der Spielkleidung und den vom DFB geschlossenen Verträgen wahr.
2. Mitglieder des Bundesgerichts und des Sportgerichts dürfen anderen Organen und Ausschüssen nur angehören, soweit dies in der Satzung des DFB vorgesehen ist. Die Vorsitzenden und stellvertretenden Vorsitzenden müssen die Befähigung zum Richteramt besitzen. Die übrigen Beisitzer sollen diese Befähigung haben.
3. Die Vorsitzenden stellen für ihre Zuständigkeitsbereiche Geschäftsverteilungspläne auf.

§ 39 Sportgericht/Ethikkammer

1. Das Sportgericht besteht aus einem Vorsitzenden, einem stellvertretenden Vorsitzenden und 35 Beisitzern.
2. Der Vorsitzende und der stellvertretende Vorsitzende werden vom Bundestag gewählt.

Sechs Beisitzer werden vom Bundestag im Benehmen mit den Regional- und Landesverbänden gewählt (DFB-Beisitzer).
Sechs Beisitzer werden vom Bundestag auf Vorschlag der DFL Deutsche Fußball Liga gewählt. Darunter können auch Lizenzspieler sein.
Fünf Beisitzer werden vom Bundestag gewählt (Ethik-Beisitzer). Diese dürfen weder in einer wirtschaftlichen Beziehung noch in irgendeiner persönlichen Abhängigkeit zum DFB und seinen Tochtergesellschaften, dessen Mitgliedsverbänden und deren Tochtergesellschaften sowie deren Mitgliedern und Tochtergesellschaften stehen. Sie dürfen dort auch keine Funktion ausüben.
Drei Beisitzer werden vom Präsidium im Benehmen mit dem DFB-Spielausschuss berufen (Beisitzer für die 3. Liga).
Drei Beisitzer werden vom Präsidium im Benehmen mit dem DFB-Ausschuss für Frauen- und Mädchenfußball berufen (Frauen- und Mädchenfußball-Beisitzer).Drei Beisitzer werden vom Präsidium im Benehmen mit dem Schiedsrichter-Ausschuss berufen (Schiedsrichter-Beisitzer).
Fünf Beisitzer werden auf Vorschlag der Regionalverbände vom Bundesjugendtag gewählt und vom Präsidium berufen (Jugend-Beisitzer).
Vier Beisitzer werden vom Bund Deutscher Fußball-Lehrer dem Präsidium zur Berufung vorgeschlagen (Fußball-Lehrer-Beisitzer). Diese müssen im Besitz der Fußball-Lehrer-Lizenz sein.

3. **Das Sportgericht entscheidet in Fällen der mündlichen Verhandlung in einer Besetzung mit einem Vorsitzenden, einem DFB-Beisitzer und einem Ligaverbands-Beisitzer, vorbehaltlich der Regelung in Nr. 4.**
4. **In Verfahren im Zusammenhang mit Spielen von Mannschaften der 3. Liga und der Regionalliga wirkt anstelle des Ligaverbands-Beisitzers ein Beisitzer für die 3. Liga und Regionalliga mit. Ebenfalls wirkt anstelle des Ligaverbands-Beisitzers ein Beisitzer für die 3. Liga und Regionalliga mit, wenn in Verfahren nach § 17 der Rechts- und Verfahrensordnung des DFB (Einspruch gegen die Spielwertung) und § 18 der Rechts- und Verfahrensordnung des DFB (Verfahren bei Nichtaustragung eines Bundesspiels), die im Zusammenhang mit Spielen um den DFB-Vereinspokal der Herren stehen, eine Mannschaft der 3. Liga und eine Regionalliga-Mannschaft oder eine Mannschaft der 3. Liga oder der Regionalliga und eine unterhalb der Regionalliga spielende Mannschaft oder zwei unterhalb der Regionalliga spielende Mannschaften beteiligt sind.**
   In Verfahren im Zusammenhang mit Spielen von Frauen-und Juniorinnen-Mannschaften wirkt anstelle des Ligaverbands-Beisitzers ein Frauen- und Mädchenfußball-Beisitzer mit.
   In Verfahren gegen Schiedsrichter im Zusammenhang mit vom DFB und vom Ligaverband veranstalteten Bundesspielen wirkt anstelle des Ligaverbands-Beisitzers ein Schiedsrichter-Beisitzer mit.
   In Verfahren nach § 17 der DFB-Jugendordnung wirkt anstelle des Liga-

Beisitzers ein Jugendbeisitzer mit. Nr. 4., Abs. 2 bleibt unberührt. In Verfahren gegen Fußball-Lehrer und lizenzierte Trainer wirkt anstelle des Ligaverbands-Beisitzers ein Fußball-Lehrer-Beisitzer mit. Ausnahmsweise wirken in Verfahren gegen Trainer der Lizenzligen ein Ligaverbands-Beisitzer und ein Fußball-Lehrer-Beisitzer mit.
In Verfahren, die beim Sportgericht auf Antrag der Ethik-Kommission anhängig gemacht werden, wirken neben dem Vorsitzenden des Sportgerichts zwei Ethik-Beisitzer mit (Ethikkammer).
5. Das Sportgericht entscheidet durch den Einzelrichter in allen Fällen ohne mündliche Verhandlung. Die Einzelrichtertätigkeit wird vom Vorsitzenden, im Falle seiner Verhinderung durch seinen Stellvertreter oder einen vom Vorsitzenden benannten Beisitzer ausgeübt. Das Nähere regelt die Rechts- und Verfahrensordnung des DFB.

§ 40 Bundesgericht
1. Das Bundesgericht besteht aus einem Vorsitzenden, einem stellvertretenden Vorsitzenden und 34 Beisitzern.
2. Der Vorsitzende und der stellvertretende Vorsitzende werden vom Bundestag gewählt. Für die Wahl und die Berufung der für die Verfahren jeweils vorgesehenen Beisitzer gilt § 39 Nr. 2 entsprechend.
3. Das Bundesgericht entscheidet in einer Besetzung mit einem Vorsitzenden, einem DFB-Beisitzer und einem Beisitzer, vorbehaltlich der Regelung in § 39 Nr. 4.
4. Für die Zusammensetzung des Bundesgerichts gilt § 39 Nr. 4 entsprechend.
5. Das Bundesgericht entscheidet in Fällen besonderer Bedeutung mit einem Vorsitzenden, zwei DFB-Beisitzern und zwei Liga-Beisitzern. § 39 Nr. 4 gilt für eventuell zu ersetzende Beisitzer entsprechend § 39 Nr. 6, Absatz 2 gilt für Verfahren im Zuständigkeitsbereich der Ethik-Kommission entsprechend.

§ 41 Zuständigkeit der Rechtsorgane
1. Die Rechtsorgane des DFB bestrafen Verstöße gegen das DFB-Recht und entscheiden über Streitigkeiten nach dem DFB-Recht, soweit die Entscheidung nicht ausdrücklich einem anderen DFB-Organ vorbehalten ist.
2. Für die Entscheidung über einen Streit der Mitgliedsverbände innerhalb eines Regionalverbandes ist der jeweils betroffene Regionalverband zuständig.

§ 42 Zuständigkeit Sportgericht
1. Das Sportgericht entscheidet als erste Instanz, soweit nicht die erstinstanzliche Zuständigkeit des Bundesgerichts begründet ist.
2. Dem Sportgericht obliegt insbesondere:

a) die Rechtsprechung über Verstöße von Vereinen und Tochtergesellschaften der DFL Deutsche Fußball Liga und Spielern gegen die Vorschriften des Ligastatuts und der anderen Rechtsvorschriften des DFB und der DFL Deutsche Fußball Liga.
b) die Rechtsprechung bei sportlichen Vergehen in und im Zusammenhang mit Bundesspielen.
c) die Entscheidung über Einsprüche gegen die Wertung von Bundesspielen,
d) die Rechtsprechung in Verfahren gegen Fußball-Lehrer und lizenzierte Trainer gemäß den Bestimmungen der Ausbildungsordnung und der anderen Rechtsvorschriften des DFB,
e) die Rechtsprechung in Verfahren gegen Schiedsrichter gemäß den Bestimmungen der Schiedsrichterordnung und der anderen Rechtsvorschriften des DFB,
f) die Rechtsprechung gemäß den besonderen Bestimmungen in der Satzung und den Ordnungen des DFB. Ordnung im Sinne der Vorschriften des DFB ist auch das Statut der DFL Deutsche Fußball Liga gemäß § 16a Abs. 1, Nr. 3,
g) die Rechtsprechung in Fällen eines diskriminierenden und/oder menschenverachtenden Verhaltens gemäß § 50 Nr. 3., Abs. 3.

§ 43 Zuständigkeit Bundesgericht
Das Bundesgericht ist zuständig zur Entscheidung
1. Als Rechtsmittelinstanz
a) gegen Entscheidungen des Sportgerichts,
b) gegen Entscheidungen der obersten Rechtsorgane der Mitgliedsverbände, soweit eine Entscheidung für nachprüfbar erklärt worden ist und die Verletzung von DFB-Recht behauptet wird,
2. in Fällen des § 50 Nr. 3., Abs. 1 und in Fällen eines diskriminierenden und/oder menschenverachtenden Verhaltens gemäß § 50 Nr. 3., Abs. 2,
3. gemäß den besonderen Bestimmungen in der Satzung und den Ordnungen des DFB,
4. in erster und letzter Instanz
a) über einen Sachverhalt, der ihm erst in einem vor dem Bundesgericht anhängigen Verfahren bekannt geworden ist und mit diesem Verfahren im Zusammenhang steht. In diesem Falle kann das Verfahren an das sonst zuständige Rechtsorgan abgegeben werden,
b) über die Rechtmäßigkeit von Verwaltungsentscheidungen einer nach der Satzung oder den Ordnungen des DFB zuständigen Stelle des DFB,
c) über die Zuständigkeit eines DFB-Organs in Zweifelsfällen.

§ 44 Strafgewalt des Verbandes und Strafarten
1. Alle Formen unsportlichen und unethischen Verhaltens sowie Verstöße gegen die Satzung und Ordnungen des DFB und das Ligastatut werden verfolgt. Das Nähere regeln die Rechts- und Verfahrensordnung des DFB,

der Ethik-Kodex des DFB, die DFB-Spielordnung, das DFB-Statut für die 3. Liga, das DFB-Statut für die Frauen-Bundesliga und die 2. Frauen-Bundesliga, die DFB-Schiedsrichterordnung, die DFB-Jugendordnung, die Ausbildungsordnung des DFB, die Durchführungsbestimmungen zur DFB-Spielordnung, die Anti-Doping-Richtlinien des DFB und die ergänzenden Regelungen unterhalb der DFB-Ordnungen, insbesondere die allgemeinverbindlichen Vorschriften über die Beschaffenheit und Ausgestaltung der Spielkleidung und die Richtlinien zur Verbesserung der Sicherheit bei Bundesspielen.
Bei einem Feldverweis ist der Spieler bis zur Entscheidung durch das zuständige Rechtsorgan vorläufig gesperrt.
Zur Aufrechterhaltung der sportlichen Disziplin oder eines geordneten Rechtswesens kann durch den Vorsitzenden des zuständigen Rechtsorgans bei Verstößen gegen die Satzung und Ordnungen des DFB eine vorläufige Maßnahme ausgesprochen werden.

2. Als Strafen sind zulässig:
a) Verwarnung
b) Verweis,
c) Geldstrafe gegen Spieler bis zu € 100.000,00, im Übrigen bis zu € 250.000,00,
d) Verhängung eines Platzverbots für einzelne Personen,
e) Verbot auf Zeit – längstens drei Jahre – oder Dauer, ein Amt im DFB, seinen Mitgliedsverbänden, deren Vereinen und Kapitalgesellschaften zu bekleiden,
f) Sperre für Pflichtspieltage, auf Zeit – längstens drei Jahre – oder auf Dauer,
g) Ausschluss auf Zeit – längstens drei Jahre – oder auf Dauer,
h) Ausschluss auf Zeit – längstens drei Jahre – oder auf Dauer von der Nutzung der Vereinseinrichtungen des DFB einschließlich Lizenzentzug,
i) Verbot – bis zu fünf Spiele – sich während eines oder mehrerer Spiele im Innenraum des Stadions oder der Sportstätte aufzuhalten,
j) Entzug der Zulassung für Trainer auf Zeit – längstens drei Jahre – oder auf Dauer,
k) Platzsperre oder Spielaustragung unter Ausschluss oder Teilausschluss der Öffentlichkeit,
l) Aberkennung von Punkten,
m) Versetzung in eine tiefere Spielklasse;
n) Verbot auf Zeit – längstens auf drei Jahre – auf nationaler und internationaler Ebene neue Spieler zu registrieren.

3. Die Strafen können auch nebeneinander verhängt werden.
4. Mit Ausnahme der Strafen nach § 44 Nr. 2., Buchstaben a) und b) sowie von Ausschlüssen auf Dauer (einschließlich des Lizenz- bzw. Zulas-

sungsentzuges) kann die Vollstreckung jeder Strafe zur Bewährung ausgesetzt werden. Das Nähere regelt die Rechts- und Verfahrensordnung des DFB.

5. **Auflagen gegen Vereine bzw. Kapitalgesellschaften und erzieherische Maßnahmen gegen natürliche Personen (z. B. Auflagen und Bußen) sind zulässig.**

1. Begründung

In § 44 Nr. 1 wird zukünftig neben dem „unsportlichen Verhalten" auch das „unethische Verhalten" ausdrücklich unter Strafe gestellt. Ferner soll der Ethik-Kodex des DFB, in dem die zentralen ethischen Handlungsgrundsätze des Verbandes verankert sind, in § 44 Nr. 1 verankert werden.

2. Kurzkommentierung der in Bezug genommenen Satzungsregelungen §§ 38–44

Die einzelnen Regelungen sind im Wesentlichen aus sich heraus verständlich und bedürfen deshalb lediglich einer kurzen Kommentierung wie folgt:

§ 38 – Rechtsorgane

Der Aufgabenkatalog der Gerichte der 1. und 2. Instanz entspricht weitgehend der bereits erläuterten Vorschrift des § 2 RuVO und fügt als Grundlage der DFB-Rechtsprechung die DFB-Satzung und das gesamte in Nebenordnungen und Durchführungsbestimmungen geregelte nachrangige DFB-Recht und insbesondere auch das DFL-Ligastatut an.

In Nr. 2 Satz 1 des § 38 Satzung ist eine fast nahtlose Inkompatibilitätsregelung für Mitglieder der Gerichte in anderen Organen und Ausschüssen geregelt.

Im Hinblick auf das mittlerweile in juristischer Hinsicht keineswegs mehr einfache und durchsichtige DFB-Recht einschließlich seiner Einbindung in deutsches und internationales staatliches und Vereinsrecht müssen die Vorsitzenden und ihre Stellvertreter die Befähigung zum Richteramt haben (Nr. 2 Satz 2 Satzung). Die Pflicht zur Aufstellung von Geschäftsverteilungsplänen (Nr. 3) ist in § 38 Nr. 3 der Satzung definiert.

§ 39 – Sportgericht/Ethikkammer

Nr. 1 und 2: Das Sportgericht als Eingangsgericht setzt sich aus einem Vorsitzenden, einem Stellvertreter (beide sind vom Bundestag zu wählen) und 35 Beisitzern zusammen. Diese hohe Zahl, die bei der Zusammensetzung der Richterbank im Einzelfall Sorgfalt fordert, ist auf die Vorschlags- und „Im-Benehmen"-Vorschriften und insbesondere auf die Fachbeisitzer (Beisitzer für Frauenfußball, Schiedsrichter, die Jugend und die Fußball-Lehrer) zurückzuführen. Sie werden vom Präsidium berufen. Die sechs DFB-Beisitzer und die fünf Ligaverbands-Beisitzer werden dagegen vom Bundestag gewählt.

Nr. 3 und 4: Die Regelbesetzung in der mündlichen Verhandlung ist die Dreierbesetzung mit einem Vorsitzenden, einem DFB-Beisitzer und grundsätzlich einem Ligaverbands-Beisitzer. Die Ausnahme regelt Nr. 4, wo für die verschiedenen Verfahrensarten eine detaillierte Einzelregelung aufgestellt ist.

Nr. 5: Die häufigste Form der anfallenden Tätigkeiten ist die des Einzelrichters, der alle Fälle, die ohne mündliche Verhandlung entschieden werden, bearbeitet. Diese Aufgabe wird vom Vorsitzenden, im Verhinderungsfall durch seinen Stellvertreter oder einem vom Vorsitzenden benannten Beisitzer ausgeführt. Dieses Einzelrichterverfahren, das im Jahre 2001 eingeführt worden ist, hat sich zwischenzeitlich sehr bewährt und führt zu einer erheblichen Beschleunigung des Verfahrens.

§ 40 – Bundesgericht

In Frankreich rufen die Advokaten nach einem verlorenen erstinstanzlichen Prozess oft aus: „*Vive le deuxième étage!*" Bei der DFB-Berufungsinstanz, dem Bundesgericht, ist demgegenüber die Berufungsfreudigkeit recht niedrig. Sie liegt bei unter 5% der erstinstanzlich entschiedenen Verfahren, was für die begrüßenswerte Akzeptanz der Urteile des Sportgerichts durch Spieler und Vereine spricht.

Nr. 1–5: Die Besetzung und das Ins-Amt-Bringen der Richter geschieht entsprechend den Regelungen für das Sportgericht. In Fällen „von besonderer Bedeutung" entscheidet das Bundesgericht dagegen mit einem Vorsitzenden, zwei DFB-Beisitzern und zwei Ligaverbands-Beisitzern (Fünfer-Besetzung).

Aus der Rechtsprechung: Die Fünfer-Besetzung wurde im Januar 2005 einberufen, als ein Berufungsfall anstand, bei dem ein Spieleinspruch bei dem Oberligaspiel *FC Germania Dattenfeld* gegen *SV Straelen* am 12.8.2007 wegen deutlich zu niedriger Torhöhe zu verhandeln war. Diesem Fall war „besondere Bedeutung" beigemessen worden.[51]

§ 41 – Zuständigkeit der Rechtsorgane

Die Zuständigkeitsregelung in dieser Vorschrift ist im Zusammenhang mit den ebenfalls Zuständigkeitsfragen regelnden § 38 Satzung und §§ 2, 3 RuVO zu sehen. An dieser Stelle sind die Strafmöglichkeiten bei Verstößen gegen das DFB-Recht sowie die „Entscheidungen über Streitigkeiten nach dem DFB-Recht" insoweit angesprochen, als sie nicht expressis verbis einem anderen DFB-Organ vorbehalten sind (so kann der Vorstand eine Amtsenthebung eines DFB-Amtsträgers bei grober Pflichtverletzung oder bei Unwürdigkeit bis zum nächsten Bundestag aussprechen, § 32 Nr. 3 Satzung).

§ 41 Nr. 2

Ein Streit von Mitgliedsverbänden innerhalb eines Regionalverbandes ist durch den betreffenden Regionalverband zu regeln. Ein Umkehrschluss ergibt, dass eine regio-

51 Urteil des DFB-Bundesgerichts vom 23.1.2008.

nalverbandsübergreifende Strafsache durch die Rechtsorgane des DFB zu entscheiden ist.

§ 42 –Zuständigkeit Sportgericht

Die erstinstanzliche Zuständigkeit ist in dem Aufgabenkatalog des § 42 Nr. 2 Satzung festgelegt. Es ist dabei durch die Verwendung des Auffangbegriffs „insbesondere" noch ein Schlupfloch gelassen. Im Übrigen ist der Katalog in den Untergliederungen a) bis g) umfassend geregelt und enthält in einer groben Zusammenfassung die Rechtsprechung gegen Vereine, Tochtergesellschaften des Ligaverbands und Spielern nach den Vorschriften des Ligastatuts und des DFB- bzw. Ligaverbands-Rechts sowie auch die sportlichen Vergehen bei Bundesspielen, die Rechtsprechung gegen Fußball-Lehrer und lizenzierte Trainer sowie gegen Schiedsrichter. Eine Zuständigkeit des Sportgerichts ist insbesondere auch gegen die Wertung von Bundesspielen vorgesehen sowie für die Rechtsprechung in Fällen eines diskriminierenden und/oder menschenverachtenden Verhaltens nach § 50 Nr. 3 Abs. 3 Satzung des Kontrollausschusses.

§ 43 –Zuständigkeit Bundesgericht

Die primäre Zuständigkeit des Bundesgerichts ist die als Berufungsgericht, und zwar im Regelfall gegen Entscheidungen des Sportgerichts sowie gegen Entscheidungen der obersten Landesverbandsgerichte, die ihre Urteile für nachprüfbar erklärt haben (fakultativ!), wobei die Rechtsmittelführer die Verletzung von DFB-Recht behaupten müssen. Ferner hat das Bundesgericht gegen letztinstanzliche Landesentscheidungen bei Verstoß gegen allgemeinverbindliche Normen des DFB oder bei erheblicher Abweichung von der Rechtspraxis der Rechtsorgane des DFB das Wort (§ 50 Nr. 3 Abs. 1 Satzung in Verbindung mit § 43 Nr. 2 HS 1 Satzung). Außerdem ist das Bundesgericht zuständig bei einer entsprechenden Vorschrift im DFB-Recht. Schließlich hat es erst- und letztinstanzlich zu entscheiden über die Rechtsmäßigkeit der Entscheidung eines Verwaltungsorgans des DFB und über die Zuständigkeit eines DFB-Organs, wenn diese zweifelhaft ist. Selbstverständlich bleibt es auch bei seiner Zuständigkeit bei Sachverhalten aus bei ihm anhängigen Verfahren mit der Möglichkeit, dieses Verfahren an die zuständige Rechtsinstanz abzugeben. Seit dem Bundestag 2007 ist es auch zuständig bei einer Entscheidung eines Rechtsorgans eines Landesverbandes, falls diese diskriminierendes und/oder menschenverachtendes Verhalten zum Verfahrensgegenstand hatte, und zwar auf „Revisionsantrag" des Kontrollausschusses nach entsprechender Vorlagepflicht der Mitgliederverbände (§ 50 Nr. 3 Abs. 2 in Verbindung mit § 43 Nr. 2 HS 2 Satzung). In § 44 Nr. 1 wird zukünftig neben dem „unsportlichen Verhalten" auch das „unethische Verhalten" ausdrücklich unter Strafe gestellt. Ferner soll der Ethik-Kodex des DFB, in dem die zentralen ethischen Handlungsgrundsätze des Verbandes enthalten sind, in § 44 Nr. 1 verankert werden.

3. § 46a – Ethik-Kommission

Die Ethik-Kommission besteht aus dem Vorsitzenden und vier weiteren Mitgliedern. Die Mitglieder der Ethik-Kommission werden vom Bundestag gewählt. Sie dürfen weder in einer wirtschaftlichen Beziehung noch in irgendeiner persönlichen Abhängigkeit zum DFB und seinen Tochtergesellschaften oder einem seiner Mitgliedsverbände und deren Tochtergesellschaften stehen. Sie dürfen zudem keine Funktion im DFB oder einem seiner Mitgliedsverbände ausüben. Die Mitglieder müssen die Befähigung zum Richteramt besitzen oder langjährige Erfahrung in herausgehobener Funktion vergleichbarer Tätigkeitsfelder haben. Die Mitglieder können dreimal wieder gewählt werden, sollen allerdings nicht gleichzeitig aus ihrem Amt ausscheiden.

Eine Zuständigkeit der Ethik-Kommission besteht in Fällen, die der Integrität und dem Ansehen des DFB, seiner Mitgliedsverbände und deren Mitgliedsvereine oder des Fußballs schaden, insbesondere bei illegalen, unmoralischen und unethischen Verhaltensweisen, die einen geringen oder gar keinen Bezug zu Handlungen auf dem Spielfeld oder zum Spielbetrieb aufweisen.

Die Ethik-Kommission soll einen unabhängigen, transparenten und die Persönlichkeitsrechte der Betroffenen wahrenden Umgang mit Verdachtssituationen sicherstellen. Sie ist berufen, im Falle von möglichen Verstößen gegen Gesetze, die Satzung und Ordnungen des DFB, insbesondere den Ethik-Kodex, sowie interne Compliance-Regularien des DFB Untersuchungen zu führen, wenn Auswirkungen auf Vermögen oder Ansehen des DFB, seiner Mitgliedsverbände und deren Mitgliedsvereine oder des Fußballs zu befürchten sind.

Bei Verstößen von Spielern, Trainern und Funktionsträgern von Vereinen und Tochtergesellschaften sowie von ehrenamtlichen Funktionsträgern des DFB stellt die Ethik-Kommission Anträge zur Entscheidung beim Sportgericht. Näheres regelt die Rechts- und Verfahrensordnung des DFB. Bei Verstößen durch Mitarbeiter der DFB-Zentralverwaltung legt die Ethik-Kommission den Vorgang dem DFB als Arbeitgeber zur Entscheidung vor.

Die Ethik-Kommission ist berechtigt, im Rahmen ihrer Zuständigkeit gegen Entscheidungen des Sportgerichts Rechtsmittel einzulegen.

Eine Zuständigkeit der Ethik-Kommission besteht nicht, sofern nach der Satzung und den Ordnungen des DFB die Untersuchungen einem anderen Organ oder Ausschuss zugewiesen sind. In Zweifelsfällen oder Streitigkeiten über die Zuständigkeit entscheidet der Vorsitzende der Ethik-Kommission im Benehmen mit dem Vorsitzenden des anderen in Betracht kommenden Organs oder Ausschusses. § 43 Nr. 4., Buchstabe c) gilt bei Streitfragen hinsichtlich der Zuständigkeit der Ethik-Kommission entsprechend.

Die Ethik-Kommission kann sich eine Geschäftsordnung geben.

Begründung zu § 46a

In § 46a Satzung werden die Zusammensetzung, Aufgaben und Zuständigkeiten der Ethik-Kommission umfassend geregelt. Die Ethik-Kommission besteht aus einem Vorsitzenden sowie vier weiteren Mitgliedern, die sämtlich vom Bundestag gewählt werden. Diese müssen vom DFB und seinen Mitgliedern sowie deren Tochtergesellschaften unabhängig sein und dürfen in keiner wirtschaftlichen oder persönlichen Beziehung zu diesen stehen. Die Unabhängigkeit der Mitglieder der Ethik-Kommission stellt einen zentralen Baustein zur Stärkung der künftigen verbandsinternen Kontrollmechanismen dar.

Die Ethik-Kommission soll in allen Fällen, die der Integrität und dem Ansehen des DFB und seiner Mitgliedsverbände schaden, insbesondere bei illegalen und unethischen Verhaltensweisen, Ermittlungen aufnehmen können. Die Abgrenzung zur Zuständigkeit des Kontrollausschusses ist danach vorzunehmen, ob die zu untersuchenden Verhaltensweisen einen geringen oder gar keinen Bezug zu Handlungen auf dem Spielfeld oder zum Spielbetrieb haben (dann Zuständigkeit der Ethik-Kommission). Analog zum Kontrollausschuss ist die Ethik-Kommission in ihrem Zuständigkeitsbereich berechtigt, Untersuchungen einzuleiten und bei hinreichendem Tatverdacht Anklage zur Ethikkammer des Sportgerichts zu erheben.

Die Zuständigkeitsabgrenzung zur Ethik-Kommission der FIFA folgt aus Art. 27 des FIFA-Ethik-Reglements. Nach Art. 27 Abs. 4 des FIFA-Ethik-Reglements ist die FIFA-Ethik-Kommission für die Untersuchung und Beurteilung von Sachverhalten zuständig, die eine internationale (verbandsüberschreitende) Dimension haben und nicht auf Konföderationsebene zur Beurteilung gelangen. Für nationale Sachverhalte ist die Ethik-Kommission des DFB zuständig. Gemäß Art. 27 Abs. 5 FIFA-Ethik-Reglement kann die FIFA Untersuchungen in solchen Fällen allenfalls subsidiär an sich ziehen, wenn es der betreffende Mitgliedsverband unterlässt, ein Verhalten auf nationaler Ebene gemäß den geltenden Rechtsgrundsätzen zu verfolgen.

4. § 50 – Kontrollausschuss

1. Der Kontrollausschuss ist dazu berufen, die Einhaltung der Satzung und Ordnungen des DFB, der Anti-Doping-Richtlinien, der Durchführungsbestimmungen zur DFB-Spielordnung und der allgemeinverbindlichen Vorschriften über die Beschaffenheit und Ausgestaltung der Spielkleidung, insbesondere der Vorschriften der DFL Deutsche Fußball Liga, des DFB-Statuts für die 3. Liga, des DFB-Status für die Frauen-Bundesliga und die 2. Frauen-Bundesliga und der Ausbildungsordnung, zu überwachen und bei Verstößen nach Durchführung einer Voruntersuchung Anklage bei den zuständigen Rechtsorganen des DFB und der Mitgliedsverbände zu erheben.

Er kann Unsportlichkeiten verfolgen, die im Zusammenhang mit den Bundesspielen begangen werden.

Der Kontrollausschuss ist berechtigt, im Rahmen seiner Zuständigkeit gegen die Entscheidungen der Rechtsorgane Rechtsmittel einzulegen.

2. Dem Kontrollausschuss obliegt die Durchführung der ihm durch das Ligastatut und die

Ausbildungsordnung zugewiesenen besonderen Aufgaben.

3. Der DFB-Kontrollausschuss ist berechtigt, gegen abschließende Entscheidungen der

Rechtsorgane der Mitgliedsverbände des DFB einschließlich Verfahrenseinstellungen innerhalb von zwei Wochen nach Rechtskraft der Entscheidung im Mitgliedsverband das DFB-Bundesgericht anzurufen, wenn diese gegen allgemeinverbindliche Normen des DFB verstößt oder in der ausgesprochenen Rechtsfolge erheblich von der Spruchpraxis der Rechtsorgane des DFB abweicht.

4. Sofern die Entscheidung diskriminierendes und/oder menschenverachtendes Verhalten zum Verfahrensgegenstand hatte, sind die Mitgliedsverbände des DFB verpflichtet, diesen innerhalb einer Woche nach Ergehen der Entscheidung durch deren Überlassung zu unterrichten. Die Revision kann in diesem Fall vom DFB-Kontrollausschuss bis maximal vier Wochen nach Vorlage der Entscheidung beim DFB-Bundesgericht eingelegt werden.

Erklärt ein Mitgliedsverband auf Nachfrage des DFB-Kontrollausschusses schriftlich, dass er in Fällen eines möglichen diskriminierenden und/oder menschenverachtenden Verhaltens kein Verfahren einleitet, kann der Kontrollausschuss nach Durchführung einer Voruntersuchung Anklage beim DFB-Sportgericht erheben.

Teil III Ein Zweikampf zwischen Sport und Recht

A. Die Rechts- und Verfahrensordnung des DFB (RuVO)

§ 1 Grundregel

1. **Der Deutsche Fußball-Bund, seine Mitgliedsverbände, ihre Mitgliedsvereine und Tochtergesellschaften sowie die Spieler, Trainer, Schiedsrichter, Funktionsträger und Einzelmitglieder bekennen sich zu den Grundsätzen der Ethik, der Integrität, Loyalität, Solidarität und Fairness und sorgen für die Einhaltung dieser Grundsätze und für Ordnung und Recht im Fußballsport.**
2. **Spielern, Trainern und Funktionsträgern von Vereinen und Tochtergesellschaften – letzteren nur, wenn sie unmittelbar auf den Spielbetrieb einwirken können – ist es untersagt, auf Gewinnerzielung gerichtete Sportwetten – selbst oder durch Dritte, insbesondere nahe Angehörige, für eigene oder fremde Rechnung – auf den Ausgang oder den Verlauf von Fußballspielen oder Fußballwettbewerben, an denen ihre Mannschaften mittelbar oder unmittelbar beteiligt sind, abzuschließen oder dieses zu versuchen. Sie dürfen auch Dritte nicht dazu anleiten oder dabei unterstützen, solche Wetten abzuschließen. Sie sind verpflichtet, sich auf solche Sportwetten beziehende, nicht allgemein zugängliche Informationen oder ihr Sonderwissen Dritten nicht zur Verfügung zu stellen. Verstöße stellen eine Form unsportlichen Verhaltens dar. Spieler, Trainer und Funktionsträger von Vereinen und Tochtergesellschaften sind verpflichtet, es unverzüglich und unaufgefordert dem DFB mitzuteilen, wenn ihnen von dritter Seite die Manipulation eines Spiels ihres oder eines anderen Vereins (auf Sieg, Unentschieden, Niederlage oder Torergebnis etc.) gegen Geldversprechen, Geldzahlung oder andere Vorteile angeboten wird. Dies gilt unabhängig davon, ob der Spieler, Trainer oder Funktionsträger Geld oder andere Vorteile angenommen oder abgelehnt bzw. die Manipulation zugesagt oder nicht zugesagt hat. Verstöße stellen eine Form unsportlichen Verhaltens dar. Unsportlich verhält sich auch, wer den DFB nicht unverzüglich und unaufgefordert über Verhalten im Sinne des § 1 Nr. 2., Absätze 1, 2, Nr. 3. und § 6a Nr. 1., von denen er Kenntnis erlangt, informiert.**
3. **Schiedsrichtern (§ 13 Absatz 1, Sätze 1 und 2 der Schiedsrichterordnung des DFB) der Spielklassen, in denen Wettangebote gemacht werden, ist es untersagt, auf Spiele dieser Spielklassen zu wetten. Im Übrigen findet Nr. 2. entsprechend Anwendung.**
4. **Sportliche Vergehen, d. h. alle Formen unsportlichen Verhaltens aller in Nr. 1. genannten Angehörigen des DFB, sowie unethische Verhaltensweisen**

https://doi.org/10.1515/9783110536416-005

werden mit den in § 44 der Satzung des DFB aufgeführten Strafen geahndet.[52]

I. Leitideen

Seit der 1. Auflage des Kommentars sind gerade die vorher lange Zeit unverändert gewesenen Leitideen erweitert worden, indem die Grundsätze auf fünf erhöht wurden: Neu aufgenommen wurde der Grundsatz der Ethik in § 1 Nr. 1 RuVO und als Ahndungsgrund die Nr. 4 „unethische Verhaltensweise". Der Inhalt des neuen Grundsatzes ist in § 46a DFB-Satzung und insbesondere in dem Ethik-Kodex festgelegt. Dort erfolgt eine erste Kommentierung der neuen Rechtsinstitution, die mit „Tugend", „Redlichkeit" bzw. „Lauterkeit" in die Alltagssprache zu übertragen ist. Die nunmehr fünf Leitlinien überlappen sich wechselseitig teilweise. Dabei sollen die bisherigen vier Grundsätze einer Kurzkommentierung unterzogen werden:

„Integrität" steht für „Rechtschaffenheit, Lauterkeit und Souveränität",

„Loyalität" für „Solidität", „Charakterfestigkeit" und „Unbestechlichkeit",

„Solidarität" für „Zusammenhalt" und „Eintracht".

Der bisherige vierte Grundsatz „Fairness" ist das komplexeste und gleichzeitig edelste Prinzip des Sports. Es findet sich auch im staatlichen Recht in Art. 6 Abs. 1 EMRK und in weiteren staatlichen Rechtsbereichen. Dabei hat der Sport die von ihm kreierte großartige Idee des „Fair" den staatlichen Instanzen ausgeliehen.

Man versteht unter diesem Begriff im Sport „Anständigkeit", eine ehrliche, gerechte „Grundhaltung" sowie im Rahmen der Spielregeln ein kameradschaftliches Verhalten (Teamgeist). Ein Postulat des Sports ist es trotz des Erfolgsdrucks und des Leistungsstrebens, das Mogeln und Täuschen, insbesondere den Einsatz unerlaubter Mittel, wie Doping oder Manipulation zu unterlassen.

„Der Gedanke des „Fair" gibt dem Sport die Würde und die Größe",

m.a.W.: Über die Fairness wird der Sportler zum **Sportsmann.**

Der Sportler muss ferner als Ausfluss des „Fair-Play" mit den unvermeidlichen Fehlern und Schwächen des Schiedsrichters auskommen; ferner muss er mit Anstand verlieren können.

Der Altmeister des Sportrechts *Pfister*[53] weist interessanterweise und m.E. zutreffend darauf hin, dass der Inhalt des Grundsatzes der Fairness *„allerdings kaum konkret zu umschreiben sei"*. Jedenfalls soll das edle Prinzip des „Fair" die Regelbildung einschließlich deren Durchsetzung und Sanktionierung durch die Verbände positiv beeinflussen.[54]

---

52 *Hebeler* Das Staatsziel Sport- verfehlte Verfassungsgebung, SpuRt 2003, S. 221ff.

53 PHB/*Pfister* Einführung Nr. 24, Fn. 184.

54 PHB/*Pfister* Einführung Nr. 24, Fn. 184.

Das der RuVO vorangestellte Bekenntnis auf die genannten fünf Grundsätze gilt für den DFB selbst, seine Mitgliedsverbände (fünf Regional- und 21 Landesverbände sowie die DFL/§ 1 Nr. 1 Satzung) einerseits und die Spieler, Trainer, Schiedsrichter, Funktionsträger und sonstigen Einzelmitglieder.

Als Fazit des § 1 Nr. 1 RuVO ist festzuhalten, dass die Harmonisierung der fünf Leitideen den Sport widerspruchsfrei werden lässt und ihn komplettiert. Im sportlichen Wettbewerb kommen dabei spezifische Werte des Konkurrenzkampfes, nämlich Leistung und Chancengleichheit hinzu.

Der DFB schwört in § 1 Nr. 1 RuVO außerdem auf die Einhaltung von „Recht und Ordnung" im Fußballsport. Dieses Begriffspaar soll mit Leben erfüllt werden. In Art. 9 (1) GG ist die Legitimation des Staates hierfür enthalten.

II. Vereinsautonomie

Die darin grundgesetzlich verankerte Vereinigungsfreiheit umfasst und gewährt den Vereinen und Verbänden das Recht auf funktionsgerechte Betätigung.

Dieses Recht umfasst die Ausübung des Sports und dessen Organisation, ferner die Regelbildung sowie den Statutenerlass.[55]

Die Vereinsautonomie ist das Lebenselixier der Verbände und Vereine. Damit gestalten diese ihr Innenleben und treten mit der daraus abgeleiteten Ermächtigung nach außen auf. Sie bedeutet das Recht von Personen und Institutionen, die eigenen Angelegenheiten selbst zu regeln. Ihr Kernstück ist die **Satzungsgestaltungsfreiheit** in einem weitgehend rechtsfreien Raum mit der Befugnis, sein Haus selber sauber zu halten. Ihren einfachgesetzlichen Niederschlag hat dieses Recht in § 25 BGB gefunden, wobei die Freiheit auch das Recht zur **„eigenen Sportmoral"** umschließt, m.a.W. auch die Befugnis von allgemeinen Standards abweichenden Wertvorstellungen Geltung zu verschaffen: die Vereinssatzung – auch Statut genannt – kann den staatsfreien Raum mit eigenen sportspezifischen Werten und Maßstäben ausfüllen. Im rechtlichen Zusammenhang damit ist es konsequent, den Sportverbänden das Recht der Regeldurchsetzung mit einem eigenständigen Straf- und Disziplinarrecht zuzubilligen (§§ 2 ff RuVO). Damit ist auch die Legitimation gemeint, die Geltung der geschaffenen Regeln zu erzwingen. Innerhalb der garantierten **Autonomie** ist stets das Sport-Typische zu beachten. Nach der neueren Rechtsprechung haben die staatlichen Gerichte bei der Überprüfung einer Verbandsentscheidung die **Tatsachenfeststellungen** bei einer Vereinsmaßnahme zu kontrollieren, haben aber gleichwohl bei der Umsetzung derselben durch den Verein Zurückhaltung zu praktizieren und den Verbänden/Vereinen grundsätzlich einen **Ermessensspielraum** zuzubilligen.[56]

55 PHB/Fritzweiler I, 1, 21.

56 BGH in NJW 1997, 368; OLG Frankfurt in SpuRt 2001, 28 m.w.N.

So ist es auch ständige Rechtsprechung des **CAS** die Autonomie des Verbandes zu beachten und anzuerkennen, dass er seine eigenen Regeln aufstellen darf, ein Recht, welches in vielen Rechtstraditionen vom diesbezüglichen nationalen Verfassungsrecht abzuleiten ist und mit der vorstehenden Begründung auch breite Unterstützung gefunden hat.[57]

Unser Sport hat mittlerweile auch gefestigte europarechtliche Dimensionen entwickelt.

III. Die Sportrechtsprechung des EuGH

Ausgangspunkt ist, dass die Sportverbände aufgrund spezifisch sportlicher Gründe von den an sich bindenden Vorgaben des Europarechts abweichen dürfen.[58] Solche besonderen Gründe wurden bisher nur angenommen für die Bildung von Nationalmannschaften und für die Nominierung von Sportlern einer bestimmten Nationalität zu europäischen Wettbewerben.[59] Der EuGH hat sie verneint für den Ligaspielbetrieb, für den keine zwingenden Gründe für die Ausländerbeschränkungen der Sportverbände bestehen;[60] dies gilt auch für die Beschränkung drittstaatenangehöriger Sportler.[61] Der EuGH hat weder die von den Verbänden angeführte Nachwuchsförderung als Rechtfertigungsgrund anerkannt noch das Bestreben, durch die Pflicht zum überwiegenden Einsatz einheimischer Spieler eine bestimmte Identität der Vereine zu erreichen.[62] Der EuGH erkennt keinen relevanten Unterschied zwischen Spielern „aus anderen Regionen oder Stadtvierteln“, die in den Vereinsmannschaften eingesetzt werden, und Spielern aus Drittstaaten. *Breucker/Wüterich*[63] weisen aber darauf hin, dass die *Kolpak*-Entscheidung kein *„zweiter Bosman“* ist. Die Sportverbände können die ihnen zustehende Bestätigung der fachlichen Qualifikation im Rahmen der Erteilung der Arbeits- bzw. Aufenthaltserlaubnis von eigenen Kriterien abhängig machen.

IV. Sportwetten durch Sportler (§ 1 Nrn. 2 und 3 RuVO)

Diese Vorschriften sind als Folge des sog. *Hoyzer*-Skandals im Jahre 2005 in die RuVO aufgenommen worden und stellen das dortige Tatverhalten, erweitert um verwandte

57 CAS in SpuRt 2006, 30, 31.
58 EuGH, Urteil v. 15.12.1995- C-415/93, Bosman, Rn. 127.
59 Siehe Fn. 4; EuGH Slg. 2000, I 2549 ff. – Deliège.
60 Siehe Fn. 60, Rn. 128-137.
61 EuGH, Urteil v. 8.5.2003, SpuRt 2003, 1534 – Kolpak.
62 *Holzke* Die Gleichstellung drittstaatenangehöriger Berufssportler nach der „Kolpak“-Entscheidung des Europäischen Gerichtshofs, SpuRt 2004, 1, S. 6.
63 *Holzke* aaO., S. 13

Varianten durch Spezialvorschriften für Spieler, Trainer, Funktionsträger einerseits und Schiedsrichter andererseits unter Strafe. Die Verstöße werden ausdrücklich als eine Form des unsportlichen Verhaltens qualifiziert.

Der Haupttäter war *Robert Hozyer.*

Robert Hoyzer hat durch sein Fehlverhalten die ihm als Schiedsrichter obliegende Pflicht zur neutralen Spielleitung in gröbster Weise verletzt und dadurch dem Ansehen der Schiedsrichter groben Schaden zugefügt und den Fußballsport in Deutschland ins Mark getroffen. Hinzuzufügen ist, dass er für seine Manipulation eine „Entlohnung" in Höhe von rund 70.000 € von den Wettbetrügern erhalten hat, die diese in Höhe des Vielfachen des an *Hoyzer* gezahlten Betrages von den Wettern abkassiert hatten.

Immerhin sind vergleichbare Vergehen von Relevanz nunmehr mehr als zehn Jahre nicht mehr aufgetreten, obwohl sie in der weiten Sportwelt noch passieren. Nach meiner Einschätzung sind zumindest unsere Spitzenschiedsrichter gegen diese Seuche nachhaltig gefeit.

V. Die Neuregelungen im Einzelnen (mit Kommentar)

Für die Zukunft sind aus den Erfahrungen des Skandals gewonnene Erkenntnisse in spezifizierte Neuregelungen umgesetzt worden. Voraussehbar war jedenfalls selbst für einen Schwarzseher im DFB-Rechtsbereich ein Skandal im Schiedsrichterwesen bei den Spitzen-Referees von dem Umfang wie der *Hoyzer*-Affäre nicht.

Die im April 2005 geschaffenen Vorschriften untersagen das Wetten eines am Sport Beteiligten selbst oder durch vorgeschobene Dritte in Bezug auf Fußballspiele ihrer Mannschaften. Außerdem ist es Schiedsrichtern der Spielklassen, in denen Sportwettangebote gemacht werden, verboten, auf Spiele in diesen Klassen zu wetten. Die Vorschrift ist vergleichbar mit den „Insider-Regeln" in § 14 WpHG des Banken- und Börsenrechts, bis zu deren Einführung es auch lange gedauert hat. Der Schiedsrichter ist typischer Insider und hat deshalb besondere Verhaltens- und Sorgfaltspflichten.[64] Im Einzelnen ist der Text der Normen aufschlussreich und bedarf keiner weiteren Kommentierung.

Die vorgeschriebenen generellen Wettverbote für Schiedsrichter in Bezug auf Spielklassen, in denen Wettangebote erfolgen, sind geboten. Denn charakteristisch für die Teilnahme an Wetten ist die Unbestimmtheit des Ausgangs des Spiels, auf das die Wetten abgeschlossen sind. Wenn der Schiedsrichter nach einem Geldeinsatz auf das von ihm geleitete Match auf dem Platz die maßgeblichen Entscheidungen zu treffen hat, besteht die konkrete Gefahr, dass er bei passender Gelegenheit (Grenzfall im Spielablauf etwa bei einem Strafstoß, bei Abseits, bei einer Torentscheidung oder

64 *Fischer* Ist der schwarze Mann noch weiß? Über pfeifende Wetter und wettende Pfeifer, SpuRt 2005, 45 ff.

etwa einem Platzverweis) sein grundsätzlich weites Ermessen im Sinne eines gewinnbringenden Ergebnisses unbewusst oder gar bewusst einsetzt. Eine Dunkelziffer bleibt insoweit sicherlich in den Fällen der Nr. 3 RuVO bei Wetten nach Einschalten von Dritten, die in Kontakt zu einem spielleitenden Schiedsrichter stehen.

Aufschlussreich ist, dass immerhin seit der Neuformulierung der Norm keine spätere einschlägige Tat bekannt geworden ist mit Ausnahme eines Falles zu § 6a RuVO durch das Bundesgericht im Urteil vom 15.08.2017 (s.unten zu § 6a RuVO). Dies ist sicherlich eine Folge der strengen staatlichen und verbandsrechtlichen Sanktionen im *Hoyzer*-Verfahren und der Sensibilisierung aller Beteiligten auf die Problematik.

Zudem hat der DFB eine spezialisierte Institution der Überwachung des Wettsystems eingeschaltet: *Betradar*[65] bietet als zentrales Instrument ein Frühwarnsystem an. An DFB und DFL werden insoweit Unregelmäßigkeiten und Auffälligkeiten im Umfeld des Wettgeschehens in Echtzeit geliefert, wobei Angebotsabschaltungen, Startquotendifferenzen und Quotenwechsel bekannt gegeben werden. Es hat sich dabei herausgestellt, dass nicht Welt- oder Europameisterschaftsbegegnungen oder Spitzenspiele der Bundesliga gefährdet sind, sondern Partien unbekannter Mannschaften aus dem semiprofessionellen Bereich, bei denen sich plötzlich überraschende Ergebnisse einstellen.[66] Der Pilotversuch anlässlich der Weltmeisterschaftsendrunde 2006 in Deutschland wurde als erfolgreich bewertet, weshalb die FIFA im Mai 2007 beschlossen hat, das System weltweit zu institutionalisieren und künftig auszubauen. Auch die Schiedsrichter sind samt ihrem Umfeld mehr ins Blickfeld gerückt, insbesondere vor einem Spiel bzw. nach einem solchen mit Auffälligkeiten. Der DFB kann sich dieser Informationen aufgrund seiner verbandsrechtlichen Gewährleistungsfunktion für das Schiedsrichterwesen bedienen. Das praktizierte Frühwarnsystem liefert ihm die individuellen Wetteinsätze in anonymisierter Form, sodass datenschutzrechtliche Erwägungen nicht entgegenstehen.

Auch wenn man zu dem einschlägigen Urteil des BGH vom 15.12.2006 eine kritische Haltung einnimmt, stellen die angesprochenen Sportwettenfälle in hohem Maße sportliches Unrecht dar: sie sind jedenfalls nach § 1 Nr. 3, Satz 3 und 4 RuVO in Verbindung mit Artikel 44 Nr. 1 der Satzung **sportrechtlich** zu ahnden. Die entsprechenden Urteile des DFB sind auch rechtskräftig geworden.

Die bedeutsamen Fallgruppen des Sportwettbetruges, die im DFB-Bereich bisher auftraten, sind im geschichtlichen Rückblick in der Einleitung aufgeführt.

---

65 Interessanter Bericht von *Giebel* Frühwarnsysteme im Sportwettenbereich unter datenschutzrechtlicher Perspektive, SpuRt 2006, 7 ff.

66 *Villinger* Frühwarnsysteme im Wettbereich – ein wirksamer Beitrag zur Sicherung der Integrität des Fußballs CaS 2007, 384 ff.

VI. Neuregelungen des Staates

Der Staat hat nachgezogen. Am 9. März 2013 verabschiedete der Deutsche Bundestag das „Gesetz gegen Manipulationen und Betrug im Sport“. Insbesondere die Aufklärung um den von *Robert Hoyzer* und *Ante Sapina* initiierten Wettskandal hatte strafrechtliche Lücken aufgezeigt. Diese wurden jetzt geschlossen, so dass DFL-Präsident *Reinhard Rauball* festgestellt hat, dass das Gesetz *„ein wesentlicher Baustein für den Schutz der Integrität des Sports ist“*.

Sein DFB-Kollege *Reinhard Grindel* weist auf eine weitere wichtige Wirkung der Regelung hin:

> „Auf dem Sektor der Strafverfolgungsmaßnahmen kann die Staatsanwaltschaft mit ihrem effektiven Ermittlungsinstrumentarium, das dem Sport nicht zur Verfügung steht, wie Durchsuchungen und Telefonüberwachungen effektiv vorgehen“.

Als Sanktionen gegen Gesetzesverstöße drohen des Weiteren künftig Geldbußen und in besonders schweren Fällen Gefängnis bis zu fünf Jahren.

Damit die Staatsanwaltschaften nicht unter einer Flut von Fällen ersticken, werden Amateursport-Manipulationen vor dem Gesetz nur erfasst, wenn kommerzielle Wetten im Spiel sind.[67]

VII. Unsportliches Verhalten – unethisches Verhalten

In § 1 Nr. 4 RuVO sind neben den bisher aufgeführten **sportlichen Vergehen**, d.h. alle Formen unsportlichen Verhaltens, alle Angehörigen des DFB nunmehr über die **„unethischen Verhaltensweisen“** dieser Personen als strafbewehrt nach § 44 der Satzung erfasst worden. Dieser Begriff war bisher im Fußballstrafrecht nicht bekannt. Er erfasst einen spezifischen Bereich, nämlich einen solchen **außerhalb des Spielfelds bzw. des Spielbetriebs.**

Es liegt nahe, ähnlich wie bei der Umkehrung des Standardbegriffs des Sportrechts bzw. des sportlichen Verhaltens in die Generalklausel des Fußballstrafrechts „unsportliches Verhalten“ die Regelung der Ethik in ihrem Umkehrfall als Sanktionsnorm in Form des „unethischen Verhaltens“ zu interpretieren. Sie erfasst insbesondere die unmoralische und unloyale Verhaltensweise, die **keinen Bezug zum Spielbetrieb und zu Handlungen auf dem Spielfeld** aufweisen (s. Einleitung zu § 46 a der Satzung).

67 SZ vom 11.3.2013.

VIII. Die Selbstregulierungskräfte des DFB (Strafzwecke)

Die zu kommentierende Rechts-und Verfahrensordnung dient dazu, den Fußballregeln durch die Sportrechtsprechung mit ihren Entscheidungen zum Durchbruch zu verhelfen, die Strafe im Einzelfall gerecht festzulegen und dabei den ungeschriebenen Gesichtspunkten der General- und Spezialprävention Rechnung zu tragen.

Kontrollausschuss und Sportgericht sind bestrebt, die von dem fehlsamen Sportler gestohlenen Vorteile auf dem grünen Rasen am grünen Tisch zurückzunehmen, also durch Strafe dem Täter Leid zuzufügen und so die **Sportrechtsordnung wieder herzustellen.**

Die RuVO kennt die Spielumwertung, den Spielverlust, den Punkteabzug als Sanktionen gegen einen Verein, in Bezug auf einen Spieler die Sperre sowie die Geldstrafe als die häufigsten Reaktionen auf unsportliches Verhalten, auf Schiedsrichterbeleidigung, rohes Spiel, Tätlichkeit gegen den Gegner oder auch gegen den Schiedsrichter. So verwirklicht sich das Selbstbestimmungsrecht – und das Selbstverständnisrecht des DFB im staatsfreien Raum. Vorsicht ist dabei walten zu lassen, damit die Selbstregulierungskräfte des Sports nicht an ihre Grenzen stoßen (Gefahr bei der Doping-Problematik).

IX. Änderung der BGH-Rechtsprechung

Dessen Rechtsprechung hat sich seit der Mitte der 1960er Jahre geändert: Von dem liberalistischen Geist des Vereinsrechts des BGB geprägt, sah der Gesetzgeber um 1900 ein jederzeitiges Austrittsrecht des Vereinsmitglieds vor (§ 39 BGB). Von einem solchen freien Innenleben der Vereine konnte man bei den wirtschaftlichen Dimensionen des nunmehrigen Vereinslebens nicht mehr ausgehen.

Mit der dann einsetzenden **Professionalisierung und Kommerzialisierung** des Sportgeschehens ergab sich ein Bedarf nach Abhilfe, die der BGH in der Folgezeit in einigen Entscheidungen vornahm.

X. Voraussetzung für die Rechtssprechungstätigkeit ist stets eine Unterwerfung unter die Vereinsgewalt

Für die Gewährleistung eines Spiel- und Wettkampfbetriebs nach einheitlichen Regeln ist die Unterstellung des Athleten unter die Sanktionsgewalt des Verbandes erforderlich.[68] Da der Sportler in der deutschen Verbandsstruktur, insbesondere der des DFB, in der Regel kein unmittelbares Mitglied seines Verbandes ist, ist dessen Unterwerfung auf anderem Wege unter das geltende Recht des nationalen und interna-

68 Adolphsen/*Kreissig* Sportrecht in der Praxis, Rn. 216.

tionalen Spitzenverbandes erforderlich. Insoweit stehen verschiedene Arten der Unterwerfung zur Verfügung.

XI. Die statuarische Begründung der Vereinsgewalt

Diese ist die häufigste Form der Bindung an das Regelwerk des nationalen Verbandes (DFB). Sie erfolgt durch die Mitgliedschaft des Sportlers im Sportverein. Dazu geschieht im Fußball-Bereich eine mehrfache Satzungsverankerung, d.h. durch eine lückenlose Kette von entsprechenden Satzungsverknüpfungen über den DFB, die Regional- und Landesverbände bis hin zum Sportverein auf unterster Stufe. Durch seinen Beitritt zum örtlichen Sportverein unterwirft sich der Sportler dem Regelwerk seines Verbandes und anerkennt dadurch die Satzung des Vereins und die darin in Bezug genommenen Regelwerke der übergeordneten Verbände als für sich verbindlich an.[69]

Die insoweit vom DFB empfohlene Formulierung, wie die Umsetzung erfolgen soll, nämlich *„klar und bestimmt, widerspruchsfrei und verständlich"* sollte etwa wie folgt in § 3 DFB-Satzung in der Fassung von November 2016 lauten. Sie ist eine Folge des BGH-Urteils im Falle Wilhelmshaven[69a]. Auf Seite 53 der Begründung der Neuvorlage des DFB im November 2016heißt es: *„Die Ergänzung von § 3 Satzung um die neue Nr. 3 ist erforderlich, um sicherzustellen, dass die von FIFA und UEFA ausgeübte Vereinsgewalt für die unterworfenen Personen aus der DFB-Satzung heraus erkennbar wird."*

Aufgrund seiner Autonomie (Art. 9 (1) GG, § 25 BGB) baut der DFB eine eigene Strafgewalt über alle vom Fußball Betroffenen auf. Insoweit besteht die vorerwähnte lückenlose Mehrfachverankerung des Verbandsrechts durch einen pyramidenförmigen vierstufigen Aufbau vom Spitzenverband DFB über die Regional- und Landesverbände bis hin zu den Sportlern vor Ort. Über diese Satzungskette sind die Fußballspieler an der Basis nicht nur an die Bestimmungen des Vereins, sondern über die Brücke des Landesverbandes an die in das Vereinsregelwerk inkorporierten Verbandsregeln mitgliedschaftlich gebunden. Auf diese Weise haben sich über sieben Millionen Mitglieder des DFB dessen Satzung und seinen Ordnungen bis einschließlich der Fußballregeln der FIFA unterworfen.

XII. Individualrechtliche Unterwerfung

Von vielen Sportverbänden wird im Spitzensport eine gesonderte Regelung nach Mustervorlage mit Kaderathleten getroffen (z.B. durch „Athletenvereinbarung"). Zur

---

69 Adolphsen/*Kreissig* Sportrecht in der Praxis, Rn. 218.
69a Spurt 2017, 25 ff.

Erstreckung auf das nationale und internationale Verbandswerk führt dabei der rechtsgeschäftliche Einzelakt zur Unterwerfung des Athleten unter die Regelwerke der übergeordneten Verbände.[70]

Dieser führt eine kumulative Bindung herbei. Die Doppelbindung kann eine evtl. eingetretene Lücke bei Unwirksamkeit einer einzelnen Bindungswirkung korrigieren. Ein solcher Fall kann z.B. auftreten bei einem DFB-Pokalspiel mit einem „kleinen Verein", in dessen Satzung die oben beschriebene Unterwerfungserklärung versehentlich unterblieben ist.

In dem berühmten *Reiter*-Urteil hat der BGH[71] zwei weitere für die Praxis denkbare rechtlich unbedenkliche Wege aufgezeigt:

> „Die Unterwerfung unter die Disziplinargewalt kann rechtsverbindlich durch Teilnahme an einem nach der Sport- und Wettkampfordnung des betreffenden Verbands ausgeschriebenen Wettbewerb oder durch Erwerb einer generellen Start- oder Spielerlaubnis des zuständigen Sportverbandes (Sportler- bzw. Spielerausweis, Lizenz o. Ä.) geschehen, bei deren Erlangung der Sporttreibende das einschlägige Regelwerk des Verbandes anerkennt. In beiden Fällen muss der Sportler eine zumutbare Möglichkeit der Kenntnisnahme vom Inhalt des Regelwerks haben."

Das Zustandekommen des Vertrags richtet sich nach §§ 145 ff. BGB.[72] In dem Modell 1 gibt der Sportler seine Meldung zu einem konkreten Wettbewerb ab, der ausdrücklich nach der Wettkampf- und Disziplinarordnung des für die betreffende Sportart verantwortlich zeichnenden Verbandes und für den Fall ihrer Verletzung mit angedrohten Sanktionen ausgeschrieben ist; er erkennt sie damit als für sich verbindlich an. Die andere, in der Praxis häufigere Form rechtsgeschäftlicher Unterwerfung besteht darin, dass der Sportler auf seinem Antrag bei dem für seine Sportart zuständigen Verband eine generelle Sport- oder Spielerlaubnis (Sportler- oder Spielerpass oder Lizenz) erwirbt, bei deren Erhalt er verspricht, bei seiner sportlichen Betätigung die von dem Verband für die Ausübung dieser Sportart aufgestellten Regeln zu beachten und sich im Falle von Regelverstößen dessen Sanktionen zu unterstellen.

Dieser allseits begrüßten Klarstellung durch den BGH ist auch für den Rechtsbereich durch den DFB zu folgen: Dabei ergeben sich drei Adressaten der Regelung, nämlich die Vereine, die Spieler und die inaktiven Mitglieder der Vereine. Für die Rechtsfragen nur selten auslösenden sog. passiven Mitglieder besteht in der Regel eine statuarische Bindung an den Landesverband bzw. den DFB. Auf die gleiche Art wird die Regelungs- und Sanktionskette des Verbandes an die Vereine vermittelt. Zumindest bei den Amateurvereinen tritt dabei keine vertragliche Beziehung zum DFB hinzu. Sehr wohl setzt aber eine Teilnahme eines Vereins an den Spielen einer Lizenzliga den Abschluss eines „Lizenzvertrages des Vereins mit dem Ligaverband" voraus (§ 1 Lizenzierungsordnung – LO). Nach Durchführung eines Lizenzierungs-

---

70 BGH in NJW 1995, 583 ff; *Haas/Prokopp* Die Athletenvereinbarung - Der Athlet als stilles Mitglied des Verbandes (1. Teil), SpuRt 1996, 109-113.

71 BGHZ 128, 193 = NJW 1995, 583; OLG Frankfurt, SportR Nr. 11161.

72 *Haas* Sanktionen der Sportverbände, NJW 1996, 2351.

verfahrens erhalten in diesem Fall die **Vereine** bzw. die Kapitalgesellschaften eine Lizenz durch einen Vertrag mit dem Ligaverband (§ 1 Nr. 2 LO). Hierfür besteht eine Mustervorlage, in der der Teilnehmer sich *„ausdrücklich der Vereinsgewalt des Ligaverbandes und der des DFB (§ 1 Nr. 3 LOS) unterwirft"*. Die Vereinsgewalt umfasst die Satzungen und Ordnungen beider Verbände sowie deren Entscheidungen. Der Teilnehmer erkennt außerdem das internationale Schiedsgericht für Sport (**TAS/CAS**) als unabhängige schiedsgerichtliche Institution an.

Nach § 1 Lizenzordnung Spieler (LOS) erhält der **Spieler** die Lizenz durch einen Vertrag mit dem Ligaverband, in dem sich der Sportler der Vereinsgewalt des DFB unterwirft und sich verpflichtet, die Regelwerke des DFB und des Ligaverbandes zu befolgen. In diesem Dreiecksverhältnis Ligaverband/Verein/Spieler vollzieht sich in einem Geflecht von Regelungen der Spielbetrieb mit dem Spieler, wobei das Verhältnis Spieler zum Ligaverband doppelspurig auf die Liga- und die DFB-Statuten ausgerichtet ist. In § 1 Nr. 1 Satz 2 LOS wird klargestellt, dass ein Arbeitsverhältnis zwischen Ligaverband und Spieler nicht begründet wird.

Die Vertragsspieler (§ 8 Nr. 2 Spielordnung) und die Amateure (§ 8 Nr. 1 Spielordnung) dürfen in Lizenzspielermannschaften eingesetzt werden, wobei für diese beiden Spielertypen eine Mitgliedschaft im Verein Pflicht ist, während sie beim Lizenzspieler im Gegensatz zum früheren Recht – steuerliche Gründe waren insoweit maßgeblich – nicht mehr verboten ist. Daraus folgt für die Spielertypen, die das DFB-Recht kennt, dass

- Lizenzspieler,
- Vertragsspieler,
- Amateure

dem Regelwerk des DFB und seiner Sanktionsgewalt unterworfen sind, wobei bei den ersteren beiden diese Rechtsfolge verbandsrechtlich begründet wird, beim Vertragsspieler kumulativ zu einem Vertrag mit seinem Verein, beim Lizenzspieler in erster Linie und zwingend durch einen Vertrag sowie fakultativ bei möglicher Vereinsmitgliedschaft eventuell zusätzlich verbandsrechtlich. Alle die Fußball im organisierten DFB-Bereich von der Kreisliga bis zur Bundesliga spielen, stehen somit teils in einem mitgliedschaftlichen, teils in einem mitgliedschaftsähnlichen Verhältnis (so bei vertraglicher Brücke) zum DFB. Das auf diesem Weg für den Fußballspieler als verbindlich aufgestellte Regelwerk des Dachverbandes ist keine „Satzung zu Lasten Dritter", sondern umschreibt das Recht selbst, das dem Nichtverbandsmitglied zugewendet wird. Damit sind Begünstigungen und Belastungen für den Sportler verbunden, wobei erstere ganz oder teilweise durch den Verband bei sportwidrigen Handlungen dem Fußballspieler wieder entzogen werden können (Sperren).[73]

Der BGH hat im *Reiter*-Urteil die Frage nicht entschieden, ob der Sportler auch in der Trainingsphase an das Regelwerk seines Dachverbandes gebunden ist. Die Frage

73 *Haas/Adolphsen* Verbandsmaßnahmen gegenüber Sportlern, NJW 1995, 2146 ff., 2148.

ist aber eindeutig zu bejahen, da die leistungsorientierte Sportausübung auch in der Trainingsphase eine Bindung an das Regelwerk des Dachverbandes bedingt. Der DFB hat sich in seiner Satzung verpflichtet, ein Regelwerk für die einheitliche Ausübung des Fußballs aufzustellen; daraus folgt, dass sich die Sanktion auf das gesamte vereinsmäßige Fußballgeschehen, also auch auf die **Trainingsphase** erstreckt.

XIII. Das Rechtsproblem der dynamischen Verweisung

Im Zusammenhang mit der Unterwerfung unter die Vereinsgewalt taucht ein juristischer Meinungsstreit in Rechtsprechung und Lehre auf.

Der Terminus „dynamische Verweisung" bezeichnet den Automatismus in der Anerkennung und Geltung von Statuten und weiteren Regularien in Bezug auf Normen hierarchisch übergeordneter sportlicher Institutionen.[74] Die „dynamische Verweisung" dient dazu, weltweit einheitliche Regelungen – mit deren Erlass – ohne ausdrückliche Anerkennung im Einzelfall auf die hierarchisch abgestuften Ebenen einzuführen. Dies geschieht in der Weise, dass die Statuten eines internationalen Verbandes zum **Bestandteil der Statuten des untergeordneten Verbandes** erklärt werden. Die Bedenken gegen die Wirksamkeit einer solchen dynamischen Verweisung stützen sich auf eine vorgeblich **übermäßige Fremdbestimmung** eines Vereins, was gegen den Grundsatz der Vereinsautonomie verstoßen könne. Sie bedeutet nämlich, dass auch künftige Änderungen der Regel Satzungsbestandteile werden sollen. Die teilweisen Einwände gegen diese Verweisungswirkung gründen sich primär auf den Informationsschutz der Mitglieder. Dieses Argument hat im 21. Jahrhundert an Gewicht verloren, da die Sportverbände die Regelwerke jederzeit zum kostenlosen Download zur Verfügung stellen.

Anerkannt ist jedenfalls in Deutschland, wie auch in der Schweiz, dass dynamische Verweisungen im Rahmen einer **vertraglichen Unterwerfungserklärung** („Regelanerkennungsvertrag") zulässig sind. Beim DFB ist eine Verweisung auf die jeweiligen Regeln der FIFA vorgenommen worden. Dies ist im reformierten § 3 (3) Satzung in der Fassung des Bundestagsbeschlusses von November 2016 sogar in den Gesetzestext aufgenommen worden. Auf jeden Fall spricht für die Zulässigkeit einer dynamischen statt der statischen Verweisung das Gewicht des **Universalitätsprinzips des Weltfußballs**, das eine gleichzeitige einheitliche Geltung – von Feuerland bis Grönland, von Hongkong bis Lissabon – herbeiführt.

Die Austragung internationaler Spiele wäre ansonsten evtl. wegen unterschiedlicher Regelwerke erschwert. Diese angeführten Gründe sind ein weit höherrangiges Gut als der für das Verbot der dynamischen Verweisung genannte Informations-, Funktions- und Institutionsschutz.

---

74 *Scherrer* Ludwig, 2010, S. 98.

Seit dem *Reiter*-Urteil des BGH[75] ist keine obergerichtliche Entscheidung zu der Frage der dynamischen Verweisung mehr ergangen.

In der jüngsten den Problembereich berührenden BGH-Entscheidung zum Fall *Wilhelmshaven*[76] hat die höchste deutsche Zivilinstanz die zweifelnde frühere Antwort zu der Streitfrage der „dynamischen Verweisung" weiterhin offengelassen und für die Fallentscheidung als nicht relevant angesehen.

Das Nichtaufgreifen der nicht ganz eindeutig geäußerten früheren Meinung des BGH betrachte ich als Einschwenken auf die gegenteiligen Meinungen in der Literatur und das Gewicht der oben zusammengestellten Argumente pro „dynamische Verweisung". Wie sollte ein jeder Teilnehmer eines Fußballspiels die geltenden Regeln und deren Veränderungen aushandeln? Bei der millionenfach im Amateurspielbetrieb des Fußballs erfolgten dynamischen Verweisung geschieht dies zur Zufriedenheit wohl aller – sie wollen alle ohne rechtliche Komplikationen Fußball spielen.

XIV. Beendigung der Unterwerfung unter das Regelwerk des DFB

In § 39 BGB ist zwingend (s. § 40 BGB) das Recht zum Austritt des Mitglieds normiert. Diese Vorschrift ist verfassungsrechtlich durch Art. 9 (1) und (3) GG überlagert.[77] Für die statuarische Unterworfenheit wird überwiegend angenommen, dass der Austritt das Mitgliedschaftsverhältnis mit allen Rechten und Pflichten erlöschen lässt. Konsequent müsse bei der individualrechtlichen Bindung durch den actus contrarius (Rückgabe der Lizenz – des Spielerpasses) Gleiches angenommen werden.

Die DFB-Satzung sieht bei Austritt eines ordentlichen Mitglieds (Landesverbände, Regionalverbände, Ligaverband § 7 Nr. 2, § 9 Nr. 2 Satzung) ausdrücklich eine Kündigungsfrist von sechs Monaten zum Ablauf des Geschäftsjahres vor. Wenn man diese Auslauffrist auf die individualrechtlich begründeten Beziehungen zwischen Verband und Spieler durch Analogie überträgt, bestünde ausreichend Zeit und Gelegenheit, bei „einer Flucht aus dem Verein" auf obigem Weg nach Begehen einer Sportverfehlung ein Sportstrafverfahren durchzuführen. Wenn die in § 9 Nr. 2 Satzung vorgeschriebene Kündigungsfrist für ordentliche Mitglieder auf den Basisbereich nicht analog anzuwenden ist, ist jedoch in Ergänzung des bestehenden Rechtsverhältnisses zumindest eine angemessene Kündigungsfrist (schätzungsweise von vier bis sechs Wochen) zugrunde zu legen, was dem allgemeinen Rechtsgrundsatz entspricht, dass man sich von einem Dauerschuldverhältnis – so die Vereinsmitgliedschaft – nur bei Vorliegen eines wichtigen Grundes fristlos lösen kann. Eine solche Auslauffrist bietet Gelegenheit zur Durchführung eines Sportstrafverfahrens gegen ein „Noch-Mitglied". Für eine fristlose Vertragsbeendigung besteht bei den angenommenen Fallkonstellationen wohl

---

75 BGHZ 128, 193.

76 BGH, Urteil v. 20.9.2016 – II ZR25/15, SpuRt 2017, 25, 28.

77 *Reichert* Handbuch, Rn. 10, 11.

schwerlich Grund. Ein Eingehen auf die einseitige Kündigungserklärung des Mitglieds seitens des Verbandes, um einen Aufhebungsvertrag abzuschließen, ist bei Anstehen eines Vereinsstrafverfahrens nicht angebracht und nicht zu erwarten. Der Verband will vielmehr die Sanktionsgewalt im Interesse der Verfahrensdurchführung und der Wahrung der Gerechtigkeit beibehalten. Wenn dies – wie vorliegend dargelegt – zumindest für eine Zeitdauer von sechs Wochen möglich ist, steht eine solche Auffassung im Gegensatz zu der bisherigen Praxis der DFB-Rechtsinstanzen, die ein Erlöschen der statuarischen und individualrechtlichen Mitgliedschaft mit Zugang der Beendigungserklärung angenommen haben. Man hat § 10 Nr. 2 RuVO „ (..) *entzieht sich ein Betroffener durch Vereinsaustritt dem Strafverfahren, so wird dieses nach Erwerb einer neuen Mitgliedschaft eingeleitet oder fortgesetzt* (..)“ wörtlich interpretiert – so im *Hoyzer*-Verfahren nach Austritt eines Schiedsrichters bzw. eines Wettbetrügers. Zwingend ist dies wie dargelegt nicht.

1. Kontrolle durch die Rechtsprechung

In Deutschland nimmt der BGH[78] eine umfassende – Inhalts-, Tatsachen- und Substitutionskontrolle in Anspruch. Dabei werden die zivilrechtlichen Generalklauseln wie §§ 134, 138, 242, 826 BGB bei den Vereinsstrafen herangezogen. Hinzu kommt die Ausstrahlungswirkung der Grundrechte der Art. 2 (1), 9 (1), 12 (1) GG auf den autonomen Zivilrechtsbereich, bei Grundrechtskonkurrenz hat die Berufsfreiheit Vorrang vor der Vereinsautonomie.

2. Der Kampf ums Recht

Die vorstehend angesprochene Satzungs- und Ordnungsvorschriften hat der DFB, der mitgliederstärkste Sportverein der Welt, in Angriff genommen und sich ihnen in seinem „Kampf um ein optimales Vereinsrecht“ gestellt, wie in der Einleitung bereits berichtet worden ist. Es gelang dem Deutschen Fußballbund mit den staatlichen Gerichten sowie der Lehre einen „Friedensschluss“ zu vereinbaren. Es ist eine justizberuhigte Zone entstanden, auch die oft streitbaren Sport-Rechtsanwälte und die manchmal streitsüchtigen Hochschullehrer (u.a. *Burmeister*, der von der Versklavung der Fußballer durch den DFB sprach) haben sich auf einer sportlichen Ebene zu einer fairen Plattform des gegenseitigen Gebens und Nehmens zusammen gefunden. Die Judikatur des DFB ist dabei bedacht, keine Übermoral einfließen zu lassen. Sie hat den Geist des Grundgesetzes beherzigt.

Pfister[79] greift den Begriff des **„Sport-Typischen“** auf und sieht den Sport in seinem Kernbereich treffend als „speziellen Sozialwert“ an, in dessen Rahmen keine

78 BGH, Sportrecht 2000, 196.
79 *Pfister/Lorenz* S. 171 ff., 180.

Bindung an die weite Moral der pluralistischen Gesellschaft bestehe. *Steiner*[80] formuliert: *„Die sportrechtliche Entscheidung ist wegen der Eigenständigkeit des Sports gegenüber staatlichen Ingerenzen grundrechtlich geschützt."* Der Verein/Verband hat nach unserer Verfassungsordnung die große Macht, sein Innenleben selbst regeln zu können und zu dürfen. Zu diesem Normgefüge ist der Sport vom Breitensport bis zum Hochleistungssport ein hohes Gemeinschaftsgut auf europäischer, auf nationaler sowie auf landes- und kommunaler Ebene.[81]

XV. Rechtsprechung des DFB und der DFL § 2 RuVO

Für alle Vorkommnisse in den Bundesspielen und für alle Verstöße gegen die Spielordnung, den Ethik-Kodex, das Ligastatut sowie für die Anfechtung von Spielwertungen und Spielberechtigungen bei Bundesspielen, außerdem für finanzielle Streitigkeiten aus Anlass der Durchführung von Bundesspielen sind die Rechtsorgane des DFB nach dessen Rechts- und Verfahrensordnung allein zuständig.

Die Rechtsprechung gegen Lizenzspieler obliegt in jedem Falle den Rechtsorganen des DFB.

In § 2 RuVO ist in Verbindung mit § 38 Satzung eine umfassende Zuständigkeitsregelung für alle Rechtsstreitigkeiten des DFB getroffen.

Wegen der größeren Distanz und Unvoreingenommenheit der Richterbank ist für die Lizenzspieler **keine eigene Rechtsprechung** institutionalisiert, vielmehr ist sie den Richtern des DFB in deren richterlicher Unabhängigkeit anvertraut. Unbestritten von der Sportgerichtsbarkeit des Sports bleibt der Vorbehalt der staatlichen Gerichtsbarkeit in Art. 92 GG. Im Sport werden privatrechtliche Sanktionen durch seine Judikation als „Vereinsverwaltungsakte" verhängt, worüber die Anleihe bei den Begriffen des staatlichen Rechts (Beispiele: Vereinsstrafe, Sportgericht) nicht hinwegtäuschen kann.

Dabei erstreckt sich Ausstrahlung des deutschen Fußballrechts und seine Umsetzung durch die Rechtsorgane erster und zweiter Instanz nicht nur auf den nationalen Bereich, vielmehr ist das Fußballrecht des DFB zum Pacemaker des allgemeinen Sportrechts in der Sportwelt geworden. Zum Teil hat das DFB-Recht Vorreiterdienste geleistet zum Weltsportrecht und zur Weltsportgerichtsbarkeit. Das Prädikat „**Fußball ist der Motor des Sportrechts** in der Welt" wurde zu Recht verliehen.

---

80 *Steiner* Verfassungsfragen des Sports, NJW 1991, 2729.

81 *Tettinger* 10 Jahre Sport in der Verfassung des Landes NRW, SpuRt 2003, 45 ff.

XVI. Regelungsbereich

§ 2 zählt alle im Bereich des DFB denkbaren Verfahrensgegenstände abschließend auf. Man muss sich bewusst sein, dass davon betroffen sein können:

Über 7.000 000 Mitglieder (davon ca. 1/3 Jugendliche),
26.000 Vereine,
180.000 Mannschaften,
2.500.000 Spieler,
75.000 Schiedsrichter.
Weibliche Mitglieder sind knapp über eine Million in der Gesamtzahl enthalten.
Damit ist der DFB der mitgliederstärkste Sportverein der Welt.

XVII. § 3 RuVO Rechtsorgane/Kontrollausschuss/ Ethik-Kommission

1. **Zur Erfüllung der in §§ 1 und 2 genannten Aufgaben sind das Sportgericht, das Bundesgericht, der Kontrollausschuss und die Ethik-Kommission berufen.**
2. **Die Mitglieder des Sportgerichts, des Bundesgerichts und der Ethik-Kommission sind unabhängig. Sie sind nur dem geschriebenen und ungeschriebenen Recht des Sports sowie ihrem Gewissen unterworfen.**
3. **Die Mitglieder der Rechtsorgane, des Kontrollausschusses und der Ethik-Kommission haften nicht für Schäden, die durch ihre Entscheidungen oder Unterlassungen entstehen.**
4. **Der Generalsekretär, der Vorsitzende des Kontrollausschusses und die in der DFB- Zentralverwaltung für Rechtsangelegenheiten und Finanzen zuständigen Direktoren unterrichten in Fällen sportpolitischer Bedeutung aus ihrem Zuständigkeitsbereich unverzüglich jeder für sich oder gemeinsam schriftlich, in Textform oder in sonst dokumentierbarer Art und Weise die Mitglieder des Präsidialausschusses (Stand April 2008)**

Der Generalsekretär, der Vorsitzende des Kontrollausschusses und die in der DFB-Zentralverwaltung für Rechtsangelegenheiten und Finanzen zuständigen Direktoren unterrichten in Fällen sportpolitischer Bedeutung aus ihrem Zuständigkeitsbereich unverzüglich jeder für sich oder gemeinsam schriftlich, in Textform oder in sonst dokumentierbarer Art und Weise die Mitglieder des Präsidialausschusses.

XVIII. Zweispurigkeit des Verfahrens

Die Trennung von Strafverfolgungs- und Rechtsprechungstätigkeit ist im bundesweiten Sportbereich höchst selten: Eine vergleichbare Anklagebehörde haben der Deutsche Eishockey-Bund und der Deutsche Tischtennisbund. Eine solche Waffe, die auch in Eilfällen eine schnelle Eingreiftruppe darstellen kann (entsprechend der Einschätzung der preußischen Staatsanwaltschaft als die „Kavallerie der Justiz"), hat überraschenderweise auch nicht der Weltfußballverband (FIFA) – wohl aber die Europäische Fußballunion (UEFA). Es hat sich im DFB-Bereich bewährt, dass in Parallele zum staatlichen Strafprozess die Trennung von Strafverfolgung und Urteilstätigkeit durchgeführt ist. In Deutschland ist nach längerer Diskussion durch das Gerichtsverfassungsgesetz vom 27. 1. 1877 die Staatsanwaltschaft nach dem Muster wie in den meisten europäischen Staaten eingeführt worden. Die historischen Argumente für die Schaffung einer selbständigen Strafverfolgungsinstanz im Fußballsystem haben erhebliches Gewicht. Die erhöhte Garantie der Rechtsstaatlichkeit des Verfahrens rechtfertigt die verfahrensmäßigen Umstände und Erschwernisse. Das darin angewandte Postulat des „Fair Trial", das in Art. 6 der Menschenrechtskonvention seinen Niederschlag gefunden hat, beinhaltet den aus dem Sport kommenden Begriff des „Fair". Wenn somit dieses Prinzip dem Sport entliehen wurde und als Überschrift für staatliche Verfahrensgesetze herangezogen wird, sollte es auch von den Sportverbänden in deren Verfahrensrecht angestrebt werden. Die damit eng verbundene Forderung nach größtmöglicher Gerechtigkeit begründet die Rechtsmittelbefugnis des Kontrollausschusses des DFB. Vor allem soll aber durch diese Institution vermieden werden, dass ein allkompetenter Richter das Verfahren einleitet, betreibt und aburteilt, statt seine ganze Kraft auf die vornehme Richtertätigkeit der Urteilsfällung zu richten.[82]

XIX. Aufgabe des Kontrollausschusses

Dem Sportstaatsanwalt steht für die Verfolgung der Fußballvergehen ein ähnliches Instrumentarium wie im staatlichen Strafverfahren zur Verfügung: Er vernimmt bei Bedarf Zeugen und Beschuldigte, ermittelt durch schriftliche Anfrage, wenn angebracht durch Einholung von Sachverständigengutachten, wertet die Ermittlungsergebnisse aus, klagt an, plädiert in der mündlichen Verhandlung, erklärt Rechtsmittelverzicht, legt Rechtsmittel ein, stellt Verfahren ein (mit und ohne Auflagen).

XX. Vorzüge des Systems

Der zu erwartende Einwand, der Verfahrensgang – zuerst der Kontrollausschuss, dann die Sportgerichtsbarkeit – bewirke eine Komplizierung und damit eine erhebliche zeitliche Verzögerung des Sportstrafverfahrens, das Vorsperren und allwöchentlichem Spielsystem Rechnung zu tragen hat, ist unbegründet. Die Praxis des DFB zeigt, dass diese Besorgnis bei entsprechender Organisation der Rechtspflege unbegründet ist.

82 *Hilpert* Sportrecht, II, 16.

Unter Ausschöpfen eines streng beschleunigten Verfahrens sind über 90% der DFB-Strafsachen gegen Spieler binnen weniger als 72 Stunden (!) rechtskräftig abgeschlossen. Während somit auf Bundesebene der Kontrollausschuss unverzichtbar ist, ist eine vergleichbare Anklageinstanz auf unterer Ebene (Landes-, Bezirks-, Kreisebene) nicht realisierbar und nicht wünschenswert.

XXI. Situation der FIFA

Der Verfasser kann und will nicht Ratgeber der FIFA sein bei Überlegungen, ob sie einen Kontrollausschuss in ihr Rechtssystem einbauen will. Der frühere FIFA-Präsident *Joseph S. Blatter* hat Andeutungen in diese Richtung gemacht im Anschluss an die bedauerlichen Pannen bis zum endgültigen Anlaufen des Verfahrens gegen *Torsten Frings* (Deutschland) während der WM 2006, der sich nach dem Viertelfinalspiel gegen Argentinien in Berlin am 30. Juni 2006 zu einer Tätlichkeit gegen einen argentinischen Spieler hinreißen ließ: Obwohl äußerste Eile wegen des drei Tage später stattfindenden Halbfinalspiels Deutschland gegen Italien herrschte, gab die FIFA-Disziplinarkommission erst 40 Stunden (!) nach Ende der Begegnung in Berlin bekannt, dass aufgrund des Betrachtens neuer Fernsehbilder durch die Kommission doch Anhaltspunkte bestehen, dass *Torsten Frings „mit hoher Wahrscheinlichkeit aktiv in die Rangelei involviert war“*. Der FIFA-Boss erklärte: *„Ja, wir haben Nachholbedarf in der Auswertung von Fernsehbildern oder Evidenzen, die in einen Disziplinarfall gebraucht werden.“* Seitdem ist jedoch zu dieser Problematik weder seitens des IFAB noch seitens des FIFA-Präsidenten Weiteres verlautbart. Aufgrund seiner positiven Erfahrung bei seiner eigenen Tätigkeit in den letzten 40 Jahren würde sich der Verfasser freuen, wenn insoweit der DFB Geburtshelfer für einen Kontrollausschuss der FIFA sein könnte mit dem Ziel, der FIFA-Disziplinarkommission allein die Jurisdiktion zu übertragen, die Akkusation und die Vorermittlungstätigkeit aber einem Kontrollausschuss (die UEFA nennt ihn Disziplinarinspektor, Art. 21 b, 30 RPO).

Angesichts des Gegensatzes des in der Theorie weisungsabhängigen Kontrollausschussvorsitzenden und des unabhängigen Sportrichters kann ich konstatieren, dass in den letzten 30 Jahren meiner Zugehörigkeit zu diesem Gremium von Seiten der DFB-Spitze nie eine Weisung im Einzelfall erteilt worden ist. Ein Ergebnis der insoweit seit 20 Jahren geführten Diskussion ist dabei die in § 26 Nr. 1 RuVO geschaffene selbständige Berufungsmöglichkeit des Präsidiums bei Zweifeln an der Rechtmäßigkeit einer Entscheidung.

XXII. Unabhängigkeit der Rechtsprechung (Stellung der Sportrichter)

Ein wichtiger Prüfstein für die Rechtsstaatlichkeit eines Vereinsstrafverfahrens ist die Unabhängigkeit der Richter (§ 3 Nr. 2 RuVO) in persönlicher und sachlicher Hinsicht. Im Gegensatz zur staatlichen Justiz werden die Sportrichter nicht auf Lebenszeit, sondern auf eine zeitlich festgelegte Wahlperiode ins Amt gerufen. Eine Garantie der Unabsetzbarkeit und Unversetzbarkeit kann deshalb nicht gewährleistet werden. Aber auch staatliche Gerichte kennen Wahlzeitrichter – so z. B. bei den Verfassungsgerichten oder bei den ehrenamtlichen Richtern in den verschiedenen Gerichtsbarkeiten, ohne dass damit eine spürbare Beeinträchtigung der Unabhängigkeit der Rechtspflege zu registrieren ist. Die Sportrichter haben in der Regel keine Qualifikationsnachweise über die Ablegung der juristischen Staatsexamina zu führen, wobei aber zumindest die Vorsitzenden der Spruchinstanzen sowie alle Mitglieder des Kontrollausschusses des Deutschen Fußball-Bundes Volljuristen sein müssen. Selbstverständlich ist, dass die Beisitzer das gleiche Stimmengewicht wie der Vorsitzende haben.

Der DFB und seine Verbände sind bemüht, durch ihre Rechtsgrundlagen und die tatsächlichen Gegebenheiten eine Grundlage für die Unparteilichkeit und Unabhängigkeit der Richter zu schaffen. Dabei wird die persönliche Unabhängigkeit durch regelbare Randpunkte unterstützt, sie wird aber letztlich im Ernstfall nur durch den Richter selbst verkörpert. Den staatlichen Verfahrensordnungen nachgebildete Regelungen über Befangenheit oder Ausschluss von Richtern (§ 19 RuVO) sind zu begrüßen. Der bei der staatlichen Justiz gemäß Art. 101 (2) 2 GG garantierte Anspruch auf den „gesetzlichen Richter" (niemand darf seinem gesetzlichen Richter entzogen werden = justizielles Grundrecht) kann bei den Sportverbänden wegen der Ehrenamtlichkeit der zur Rechtsprechung Berufenen und der dadurch gebotenen Flexibilität der Verfügbarkeit nicht stringent gewährleistet sein. Nach § 38 Nr. 3 Satzung stellen die Vorsitzenden aber dennoch in Anlehnung an die Grundsätze der Geschäftsverteilungspläne nach dem GVG ebensolche auf, die die Heranziehung der Sportrichter nach abstrakten Kriterien vorsehen (gesetzlicher Sportrichter, vgl. Art. 101 (1) 2 GG). Ausnahmegerichte sind unzulässig. Die Richterbank darf nicht im Hinblick auf ein bestimmtes Verfahren verändert werden.

1. Weisungsfreiheit

Ein wichtiges Kennzeichen der Unabhängigkeit der Rechtsprechung ist die Weisungsfreiheit bei der Spruchtätigkeit. Diese beinhaltet umgekehrt die bereits ausgesprochene Folge, dass die Entscheidungen der Sportgerichte nicht durch andere Organe des DFB wie den Bundestag als höchste Instanz oder durch Angehörige der Exekutive aufgehoben oder abgeändert werden können.

2. Haftungsausschluss

Einen weiteren Schritt zur Unabhängigkeit der Sportrichter stellt die Freiheit von einer zivilrechtlichen Verantwortlichkeit für die Rechtsprechungsakte (§ 3 Nr. 3 RuVO) dar. Diese Freistellung in persönlicher Hinsicht wird ergänzt durch § 56 Satzung, wonach aus Entscheidungen der Rechtsorgane keine Ersatzansprüche hergeleitet werden können. Ähnliches ergibt sich aus dem Rechtsgedanken des § 839 (2) BGB, wonach der

Richter außer bei Rechtsbeugung nicht auf Regress in Anspruch genommen werden kann (Spruchrichterprivileg). Die Freistellung der Anklagevertreter ist anders als im staatlichen Recht ebenfalls festgeschrieben, was durchaus insbesondere im Hinblick auf das **ehrenamtliche Agieren** sachgerecht ist.

3. Normenkontrolle

Kaum geregelt ist im Verbandsrecht in Deutschland – so auch nicht beim DFB –, inwieweit die Sportrichter befugt sind, festzustellen, dass die von ihnen in einem konkreten Fall heranzuziehende Satzungs- und Ordnungsvorschrift unwirksam ist. Im staatlichen Recht ist eine richterliche Prüfungskompetenz gegebenenfalls über eine Vorlage an das Bundesverfassungsgericht eröffnet. Das Vereinsrecht ist trotz des Gewaltenteilungsprinzips im DFB jedoch von den Rechtsprechungsinstanzen jederzeit auf dessen Vereinbarkeit mit zwingendem staatlichem Recht, insbesondere mit den Grundrechten wie auch mit zwingenden DFB-Bestimmungen zu prüfen und dies **inzidenter** bei der Fallanwendung festzustellen. Der durch Art. 9 (1) GG in Verbindung mit § 25 BGB großzügig gewährleistete Freiraum für vereinsautonome Regelungen ist durch §§ 134, 138 BGB bei Verstößen gegen ein Gesetz oder gegen die guten Sitten eingeschränkt und durch den Grundsatz von Treu und Glauben (§ 242 BGB) beschränkt.[83]

4. Auslegung

Darüber hinaus obliegt den Rechtsinstanzen der Verbände bei Mehrdeutigkeit der Satzung oder unklaren Bestimmungen der Ordnungen die Auslegung derselben. Sie ist aus dem Empfängerhorizont heraus nach deren objektivem Erklärungswert vorzunehmen.[84] Dem Wortlaut kommt dabei aber eine erhöhte Aussagekraft zu, nicht jedoch Willensäußerungen der Gründungsmitglieder oder sonstigen Vorgängen der Entstehungsgeschichte.[85] Im Zweifel gewinnt der Sinn und Zweck der Regelung, aber auch deren systematischer Bezug Bedeutung. Der Vereinszweck und die Interessen der Mitglieder sind im Rahmen einer teleologischen Auslegung zu berücksichtigen.[86] Die Analogie (Anwendung auf gleichartige Fälle) und der Umkehrschluss (argumentum e contrario) sind außerdem bewährte Auslegungsmethoden. Da naturgemäß im Vereinsrecht kein perfektionistisches Regelungswerk besteht, kommt im Einzelfall der ständigen Verbandspraxis eine große Bedeutung zu.[87] Lücken der Satzung sind im

---

83 BGHZ 105, 306.
84 *Reichert* Handbuch, Rn. 86.
85 Ständige Rechtsprechung, BHGZ 47, 180; BGHZ 55, 381 ff.
86 BGHZ 47, 172, 180.
87 Ständige Übung, RG JW 36, 2387.

Wege der ergänzenden Auslegung zu schließen, wobei die in der Satzung selbst enthaltenen Regelungen zu einem sinnvollen Ganzen zu vervollkommnen sind.[88]

Bei den Regelungslücken sind die bewussten – sie bestanden von Anfang an, wobei der Ordnungsgeber gewollt eine Frage offengelassen hat (beim DFB kaum geschehen) – und die unbewussten Regelungslücken – der Ordnungsgeber hat ein regelungsbedürftiges Problem übersehen – zu unterscheiden. Nachträgliche Lücken können durch Änderung der Verhältnisse entstehen (z. B. in der Vergangenheit Wegfall des Amateurgedankens). Die Ausfüllung der Regelungslücke ist sinnvoll in möglichst enger Anlehnung an das geltende Recht vorzunehmen.[89] Dabei sind die Analogie bzw. die teleologische Reduktion, ferner § 242 BGB heranzuziehen, wobei unter Umständen mehrere Entscheidungsalternativen vertretbar sind. Insoweit kann auch eine Auslegung durch die Mitgliederversammlung oder das Verbandsgericht sinnvoll und hilfreich sein. Eine authentische Interpretation durch den Gesetzgeber, den Bundestag des DFB, ist rechtlich nämlich nicht verbindlich. Eine ausdrückliche Kompetenz könnte insoweit dem höchsten Verbandsgericht zur Satzungsauslegung übertragen werden (§ 25 BGB). Zu einer solchen Regelung ist es trotz häufiger Diskussion der Problematik bisher beim DFB noch nicht gekommen.

5. Nebenordnungen

Eine größere richterliche Prüfungsbefugnis besteht bezüglich der satzungsnachrangigen Vereinsordnungen und Durchführungsbestimmungen. Diese dürfen die in der Satzung getroffenen Grundentscheidungen und Leitprinzipien erläutern und näher ausgestalten. Insbesondere Wettkampfordnungen und Spielregeln sind Konkretisierungen der sportlichen Betätigung der Mitglieder im Rahmen der Vorgaben der Satzung.[90] Diese Nebenordnungen sind kurzfristig und situationsgerecht anpassbar, was z. B. bei der Doping-Liste im Hinblick auf die ständig sich erweiternden medizinischen Erkenntnisse geboten ist, damit die Strafverfolger den zumeist auch kompetent medizinisch beratenen Dopingsündern auf der Spur bleiben können. Diese Flexibilität wäre, wenn es sich dabei um einen Satzungsbestandteil handeln würde, nicht gegeben. Nebenordnungen können jedoch ohne Einhaltung der §§ 23, 71 BGB geändert werden. Es bedarf somit nicht der Eintragung ins Vereinsregister als Wirksamkeitsvoraussetzung.

Gerade im Sportbereich besteht oft das Bedürfnis, die Ordnungen internationaler Organisationen, insbesondere die weltweiten Spielregeln für das nationale Vereinsleben verbindlich werden zu lassen. Soweit in diesen Nebenordnungen Rechte und Pflichten der Mitglieder geregelt werden, müssen sie diesen zur Kenntnis kommen.[91] Bei Erlass neuer Ordnungen kann dies durch Aushändigung derselben an die Mit-

---

88 Vgl. BGH, NJW-RR 1990, 226.

89 BVerfGE 37, 81.

90 *Sauter/Schweyer/Waldner* Der eingetragene Verein, 19. Auflage, 2010, Rn. 151.

91 *Reichert* aaO., Rn. 430 a-c.

glieder geschehen bzw. durch Auslage in der Geschäftsstelle. Bei größeren Verbänden erfolgt die Information über Änderungen meist durch Veröffentlichung in der Vereinszeitschrift. Die Möglichkeit zur Kenntniserlangung muss jedenfalls eröffnet sein. Desinteresse des Mitglieds schadet dann nicht.

6. Gewohnheitsrecht

Vereinzelt hat sich in der DFB-Rechtsprechung auch dieses Rechtsinstitut als Rechtsquelle herausgebildet. Seine Entstehung erfordert zunächst eine lange dauernde tatsächliche Übung. Hinzukommen muss die Überzeugung der beteiligten Fußballkreise, dass das Gewohnheitsrecht auch Recht ist. Insoweit hat sich beispielsweise die allgemeine Auffassung zur Strafbarkeit der „Schwalbe" unter dem Gerichtspunkt des krass sportwidrigen Verhaltens in den letzten 15 Jahren von der ursprünglichen Nichtahndbarkeit ins Gegenteil verkehrt. Seit etwa 20 Jahren ist die vom Schiedsrichter nicht erkannte Schwalbe, die zum Tor führt, strafbewehrt. Diese Rechtsprechung ist in jüngster Zeit (Fälle *Vidal*, *Andreasen*, *Timo Werner*) in Frage gestellt worden. Dabei bleibt aber das Tor nach einem Elfmeter, der für die Schwalbe gegeben wird, Tor, obwohl die regelwidrige, ja betrügerische Erzielung in einem Bestrafungsverfahren gegen den schuldigen Spieler festgestellt worden ist (Tatsachenentscheidung).

Mit dem Gewohnheitsrecht eng zusammen hängt ein Gerichtsgebrauch bzw. eine ständige Rechtsprechung, die bei allgemeiner Überzeugung zum Gewohnheitsrecht führen kann. Bei grundlegender Änderung der Bezugs- bzw. Anknüpfungspunkte kann diese von den Sportgerichten für die Zukunft geändert werden.

Bei jeglicher Form der Rechtsfortbildung ist Zurückhaltung angebracht, da dadurch ein Eingriff in die Grundentscheidung des Satzungsgebers, also im Bereich der Legislative erfolgen kann.

XXIII. Grundrechtsüberlegungen

Angesichts der gesteigerten Kommerzialisierung und Professionalisierung besonders des Spitzenfußballs sind oft Grundrechtsüberlegungen anzustellen. Eine Interpretation des Vereinsrechts im Lichte der Grundrechte Art. 2 (1), 9 (1), 12 (1) GG stellt an die Rechtskenntnisse der urteilenden Ehrenamtler oft zu hohe Anforderungen. Eine gezielte Schulung der Sportrichter durch Verbandsjuristen ist insoweit empfehlenswert. Dadurch kann das maßgebliche (§ 3 Nr. 2 Satz 2 RuVO) geschriebene und ungeschriebene Recht des Sports vermittelt werden. Laienrichter, die nach Sachkompetenz zu berufen sind (§ 47 Abs. 3 Satzung), betonen bei der Rechtsfindung öfters, dass sie nach der RuVO „(..) *nur ihrem Gewissen unterworfen sind* (..)". Diese auch beim staatlichen Richtereid (§ 38 Deutsches Richtergesetz – „(..) *nach bestem Wissen und Gewissen* (..)") angesprochene Erkenntnisquelle des Richters darf naturgemäß nicht als Freibrief für eigene Rechtsfindung verstanden werden. Ein Sportrichter, der noch dem überholten Amateurbegriff anhängt, kann nicht, weil sein Gewissen ihm dies gebiete, einen Athleten verurteilen, weil er erhebliches Geld für die Mitwirkung in einem bestimmten Spiel (Startgeld) forderte.

Sportbezug

Der Sportler als „Gerichtsunterworfener" bei der Ausübung der schönsten Nebensache der Welt (*Ortega y Gasset*) darf Vertrauen auf seine unabhängigen Sportrichter haben. Er soll darauf bauen können, dass sie unter Beachtung des Geistes des Sports und insbesondere des Fair Trial-Gedankens schnell und urteilssicher Recht sprechen und dabei – wenn möglich – ein feines Gespür für das Gerechte entwickeln.

XXIV. Fachbeisitzer

Positiv wird bezüglich der Zusammensetzung der unabhängigen Richterbank von den „Gerichtsunterworfenen" empfunden, wenn ähnlich wie z. B. bei der Arbeitsgerichtsbarkeit ein Mitglied des gleichen „Standes" wie der Betroffene dem Spruchkörper bei der Entscheidung über ihn angehört. So sind nach § 39 Nr. 2 RuVO Frauen-, Jugend-, Schiedsrichter-, Fußball-Lehrer-Beisitzer zu ernennen, die in der Dreierbesetzung des Sport- bzw. Bundesgerichts die Rolle eines vollstimmberechtigten Beisitzers in entsprechenden Verfahren übernehmen.

Zwischenzeitlich hat der DFB jedenfalls auf der Seite der für ihn Rechtsprechenden eine Institution geschaffen, wonach die Zeit des Absolutismus bei der Rechtsprechung vorbei ist und der vom Befehlsempfänger zum mündigen Sportler gewachsene „Gerichtsunterworfene" eine den Geist des Sports beachtende und dem staatlichen Recht verpflichtete Rechtsprechung erwarten kann. Von Seiten des DFB besteht das Vertrauen in seine unabhängigen Sportrichter und darauf, dass diese Recht sprechen. Wenn es bei der Rechtsfindung zudem gelingt, dass dem Sport kein Schaden zugefügt wird, ist dies zusätzlich begrüßenswert.[92]

Anmerkung am Rande: Eine Verbesserung des Status der Mitglieder der Rechtsorgane und vielleicht auch von deren Qualität haben sich wohl die Initiatoren der auf dem DFB-Bundestag 2007 verabschiedeten Regelung des § 19 Nr. 8 der Satzung, wonach die Wahl in ein DFB-Amt *„nur bis zur Vollendung des 70. Lebensjahrs möglich ist"*, versprochen. Ob dieses Ziel auf dem eingeschlagenen Weg erreichbar ist, soll nicht von dem Verfasser als einer, der in eine „Ü-70-Mannschaft" einzuordnen ist, beantwortet werden, sondern von denen, die gemäß ihrem Alter noch das passive Wahlrecht haben.

---

92 *Hilpert* Sportrecht II, 27.

XXV. Gewaltenteilung

Eine sehr wichtige **institutionelle** Absicherung der Unabhängigkeit der „Rechtsprechung" ist die Trennung der Rechtsprechungstätigkeit von den sonstigen Verwaltungsaufgaben des DFB bzw. der Legislative, obwohl sie letztlich Vereinsverwaltungsakte setzt (s. oben § 2 XV, wo auf die Sprachanleihe dieser Verwaltungstätigkeit bei den Begriffen der ordentlichen Justiz hingewiesen ist). Das war nicht immer so. Beim DFB ist sie bereits in der 60er Jahren des vorigen Jahrhunderts eingeführt worden. Vorher war es den Klassenleitern übertragen, die überwiegende Zahl der Feldverweise abzuurteilen. Mittlerweile sind auch viele Landesverbände den Weg zur Gewaltenteilung gegangen. Nach den ursprünglichen Vorstellungen des BGB-Gesetzgebers ist dafür die Mitgliederversammlung berufen, wobei die Satzung aber die „dritte Gewalt" einem anderen Organ wie hier übertragen hat (§ 32 (1) BGB in Verbindung mit §§ 19 Nr. 2, 38 Satzung). In der Rechts- und Verfahrensordnung ist hierfür außer der in § 3 Nr. 2 RuVO normierten Unabhängigkeit die organisatorische Trennung und Selbständigkeit der Rechtsorgane bei der Entscheidungsfindung vorgesehen. Der Gewaltenteilungsgrundsatz gilt an sich nur für staatliche Entscheidungen, ist aber auch in Verbandsverfahren auf jeden Fall erstrebenswert[93] und wird beim DFB praktiziert. In dessen Satzung ist aber für die Gewaltenteilung anders als in § 79 (3) GG keine Ewigkeitsgarantie enthalten, die aber de facto besteht. Überdies ist in § 38 Nr. 2 Satz 1 Satzung eine Inkompatibilitätsregelung verankert, wonach Mitglieder des Bundesgerichts und des Sportgerichts anderen Organen und Ausschüssen grundsätzlich nicht angehören dürfen. *Buchberger*[94] postuliert als selbstverständliche Folgerung aus der Unabhängigkeit der Rechtsprechung, dass kein Verbandsgremium (auch nicht der Bundestag) die Entscheidungen der Rechtsorgane aufheben und durch eigene Ansätze ändern kann. Ähnlich dem Deutschen Bundestag, der, wenn seinen Mitgliedern eine Entscheidung des Bundesverfassungsgerichts nicht zusagt, allenfalls durch Politiker deplatzierte Äußerungen über das höchste Gericht in die Welt setzen kann, bleibt der Legislative allein die Möglichkeit eines neuen Gesetzes, das der misslichen Entscheidung den Boden entzieht.

XXVI. Zusammenfassende Wertung

Bei Betrachtung der Sportgerichtsbarkeit mag man bedauern, dass die zwischenzeitlichen Strukturveränderungen dem Spielerisch-Zweckfreien des Sports, dem mit dem Spiel erstrebten Sich-Lösen von den Zwängen des Alltags, dem lat. *„sportare"*, woher das Wort „Sport" kommt, zuwider laufen. Zwischenzeitlich hat der Sport durch

93 So jedenfalls Sportschiedsgerichts-Urteil vom 10.10.2002, SpuRt 2003, 212.

94 *Buchberger* Das Verbandsstrafverfahren deutscher Sportverbände – zur Anwendung rechtsstaatlicher Verfahrensgrundsätze, SpuRt 1996, S. 157.

die Einrichtung der Richterbank eine Institution geschaffen, die zeigt, dass die Zeit des Absolutismus der Verbände in der gelobten früheren Zeit vorbei ist und der vom Befehlsempfänger zum mündigen Sportler herangewachsene Gerichtsunterworfene sein Recht suchen und erhalten kann.

XXVII. Original-Begründung zu § 3 Nr. 4 RuVO

Der Sinn der nach dem Schiedsrichterwettskandal im Jahr 2005 eingeführten Regelung in § 3 Nr. 4. DFB-Rechts- und Verfahrensordnung war es sicherzustellen, dass in Fällen sportpolitischer Bedeutung Informationen auch dann an die in der Organhaftung stehenden Mitglieder des DFV-Präsidiums gelangen, wenn der DFB-Präsident und/oder der DFB-Generalsekretär die Weitergabe der Informationen unterlassen. Die aktuellen Vorgänge im Herbst 2015 haben deutlich gemacht, dass die Fassung des § 3 Nr. 4. DFB-Rechts- und Verfahrensordnung nicht ausreicht, um den Regelungszweck sicherzustellen, da der damals in der DFB-Zentralverwaltung für Rechtsangelegenheiten zuständige Direktor die Nichtinformation des für Rechts- und Satzungsfragen zuständigen Vizepräsidenten unter Berufung auf die durch ihn an den Präsidenten und den Generalsekretär erfolgte Information unterließ und im Ergebnis eine Unterrichtung des Präsidiums nicht erfolgte, weil Präsident und Generalsekretär die Informationen ebenfalls nicht weitergegeben haben. Die Neuregelung nimmt nunmehr zusätzlich den Generalsekretär in die Informationspflicht, stellt ausdrücklich die individuelle Informationspflicht des Generalsekretärs, des Vorsitzenden des Kontrollausschusses und der in der DFB-Zentralverwaltung für Rechtsangelegenheiten und Finanzen zuständigen Direktoren klar und erweitert die Informationspflicht auf sämtliche Mitglieder des Präsidialausschusses nach § 35 DFB-Satzung.

Man will nach meiner Meinung mit dieser neuen Formulierung Auslegungsstreitigkeiten über die Funktionsträger mit Meldepflicht herabmindern. Der Begriff „Fälle von sportpolitischer Bedeutung“ ist bewusst nicht definiert. Es sollen wohl insoweit die Erkenntnisse in den laufenden Verfahren beim Arbeitsgericht, Landesarbeitsgericht Frankfurt abgewartet werden.

XXVIII. § 4 RuVO

Vorläufige Sperre bei Feldverweis

Bei einem Feldverweis (Rote Karte) ist der Spieler bis zur Entscheidung durch die zuständige Instanz gesperrt, ohne dass es eines besonderen Verfahrens oder einer besonderen Benachrichtigung bedarf. Ausgenommen von der vorgenannten Regelung sind Feldverweise in Länderspielen, UEFA-Wettbewerben und weiteren offiziellen internationalen Wettbewerben. Auf Antrag des Kontrollausschusses kann der Vorsitzende des Sportgerichts einen Spieler, der in einem solchen Spiel des Feldes verwiesen worden ist, im Wege der einstweiligen

Verfügung vorläufig sperren. Die vorläufige Sperre kann im Wege der einstweiligen Verfügung auch auf andere Wettbewerbsformen (Futsal-, Ü- oder Beachsoccer) erstreckt werden. Eine zu erwartende, bereits erfolgte oder abgelehnte Bestrafung dieses Spielers nach den Bestimmungen der FIFA oder UEFA hindert nicht seine Bestrafung nach den Bestimmungen des DFB.

Bei einem Feldverweis (Rote Karte) in einem nationalen oder internationalen Futsal-, Ü- oder Beachsoccer-Spiel ist der Spieler bis zur Entscheidung durch die zuständige Instanz nur für Spiele der gleichen Wettbewerbsform gesperrt, ohne dass es eines besonderen Verfahrens oder einer besonderen Benachrichtigung bedarf. Auf Antrag des Kontrollausschusses kann der Vorsitzende des Sportgerichts einen Spieler, der in einem solchen Spiel des Feldes verwiesen worden ist, im Wege der einstweiligen Verfügung vorläufig für alle Wettbewerbsformen sperren.

§ 11 bleibt unberührt.

Erfolgt ein Feldverweis eines Spielers (Rote Karte) einer deutschen Mannschaft bei einem Spiel im Ausland, so kann bei der zuständigen Instanz beantragt werden, die vorläufige Sperre bis zur Ermittlung des Tatbestandes auszusetzen.

1. Vorsperre

Seit den Anfängen des Fußballsports ist ein wichtiger Grundsatz des Sportrechts, dass ein Spieler nach einem Feldverweis (Rote Karte) bis zur Entscheidung durch die zuständige Instanz gesperrt ist, ohne dass es eines besonderen Verfahrens oder einer Benachrichtigung darüber bedarf – dieses Institut der automatischen Vorsperre ist dem Fußball als schnelllebigem Wettbewerb nach Insiderauffassung im Hinblick auf die Chancengleichheit der an ihm teilnehmenden Vereine immanent, da das Rechtsverständnis für einen sportgerechten Ablauf einer Meisterschaftsrunde nicht zulässt, dass ein des Feldes verwiesener Spieler am folgenden Spieltag teilnehmen darf und dabei eventuell entscheidende Tore erzielt oder verhindert. Ein solches Grundverständnis ist im Rahmen der Vereinsautonomie (§ 25 BGB) als gerichtsfest (national und international) anzuerkennen. Die Vorsperre ist ein unbestreitbarer Bestandteil einer lex sportiva des Fußballs. Zu ihr gehört, dass nach ständiger Rechtsprechung des DFB die Vorsperre stets auf die endgültige Sperre angerechnet wird. In einem früheren Stadium des Verfahrens wird die eventuelle „Verurteilung" eines Unschuldigen durch die Vorsperre meistens dadurch verhindert, dass in strittigen Fällen binnen 48 oder 72 Stunden, jedenfalls vor dem nächsten Spieltag, eine Klärung in einer mündlichen Verhandlung anberaumt und durchgeführt wird.

2. Automatische Sperre für ein Spiel

Eine weitere Entschärfung der Problematik wird dadurch erzielt, dass nach FIFA-Disziplinarreglement (FDC) ein Feldverweis immer zu einer automatischen Sperre für das nächste Spiel führt (Art. 19 Nr. 4 FDC). Diese Vorschrift gilt zwingend für alle FIFA-Mitglieder und aufgrund des Universalitätsprinzips auch für den deutschen Fußball.

Eine bei den DFB-Gerichten bisher nicht bekannte Vorverlagerung einer Dopingsperre hat im Falle des englischen Radsportlers *David Millar* (Weltmeister im Zeitfahren 2003) der TAS akzeptiert, indem er eine Dopingsperre bereits vor dem rechtskräftigen Schiedsspruch laufen ließ, falls es dem Athleten de facto (wegen Inhaftierung durch staatliche Instanzen) nicht möglich war, den Wettkampfsport (konkret Start in der Tour de France) auszuüben. Die vom TAS gleichgesetzte De-jure-Verhinderung an der Wettkampfausübung entspricht der von den Rechtsinstanzen des DFB in ständiger Rechtsprechung praktizierten Anerkennung einer Vorsperre auf die endgültige Sperre.

3. Aufschiebende Wirkung eines Rechtsbehelfs

Teilweise wird in der Sportrechtsliteratur[95] das Institut der Vorsperre nach einem Feldverweis als rechtsstaatlichen Grundsätzen widersprechend angesehen, wenn ein vereinsinternes Rechtsmittel gegen eine vorläufige Sperre keine im Zweifel aufschiebende Wirkung hat, was beim DFB die Regel ist.

Die staatliche Rechtsprechung hat sich mit dieser Problematik befasst: Das Bayerische Oberste Landesgericht[96] lässt eine Ausnahme von der aufschiebenden Wirkung des Sportrechtsbehelfs dann zu, wenn die Vereinssatzung dies **ausdrücklich** vorsieht. Dies ist in § 44 Nr. 1 Satz 2 DFB-Satzung in Übereinstimmung mit § 4 Nr. 1 RuVO geschehen. Nach OLG Köln[97] widerspreche es rechtsstaatlichen Verfahrensgrundsätzen, wenn der sofortige Vollzug nicht auf solche Fälle beschränkt sei, *„in denen besondere Umstände dies rechtfertigen."*

Die DFB-Praxis sieht in ständiger Rechtsprechung das Regel-Ausnahme-Verhältnis umgekehrt. Sie lässt bei besonderen Umständen eine vorläufige Aufhebung der Vorsperre durch den Vorsitzenden (eventuell nach einem Antrag auf Erlass einer einstweiligen Verfügung oder auch von Amts wegen) zu, wenn dies zur Aufrechterhaltung eines geordneten Rechtswesens oder der sportlichen Disziplin notwendig ist (§ 21 RuVO). Von dieser Möglichkeit wird im Bundesligafußball höchst zurückhaltend Gebrauch gemacht. Ein solcher Ausnahmefall liegt dann vor, wenn Fernsehaufnahmen erhebliche Zweifel an der Täterschaft des Spielers wecken. Einzustellen ist das Verfahren auf jeden Fall dann, wenn die Videoaufnahmen einen offensichtlichen Irrtum des Schiedsrichters bei der Sachverhaltsfeststellung oder bei der Festlegung der Identität des Spielers (error in persona) ergeben. § 11 Nr. 3 und § 12 RuVO eröffnen bei den Gelb-Roten bzw. Gelben Karten diese Möglichkeit, was erst recht bei Roten Karten gilt – insoweit besteht aber keine ausdrückliche Regelung.

---

95 PHB/*Summerer* II, Rn. 275.

96 BayObLGZ 88, 170.

97 NJW-RR 1993, 89 ff., ebenso OLG Stuttgart, NJW-RR 1991, 891.

Wenn ein Verein bzw. ein Spieler gegen eine Vorsperre eines vom Feld gestellten Spielers (Rote Karte) das ordentliche Gericht bzw. das Schiedsgericht anrufen, kann der Verband mit den dargelegten rechtlichen Argumenten und unter Berufung auf die grundgesetzlich garantierte Vereinsautonomie (Art. 9 (1) GG) mit guten Erfolgsaussichten dem Antrag entgegentreten, da die von den Verbandsinstanzen aufrechterhaltene Vorsperre gerichtsfest sein dürfte, da der Spieler schwerlich glaubhaft machen kann, dass die Maßnahme unrechtmäßig ist.[98]

4. Sonderregelungen

Eine automatische Vorsperre tritt nicht ein bei Feldverweisen in Länderspielen, UEFA-Wettbewerben wie z. B. UIC und bei Hallenspielen. In eine Bestrafung fordernden Fällen kann der Vorsitzende des Sportgerichts aber auf Antrag des Kontrollausschusses eine vorläufige Sperre im Wege der einstweiligen Verfügung aussprechen. Klargestellt ist, dass eine Sanktionierung eines solchen Spielers durch UEFA bzw. FIFA eine weitere auch durch den DFB nicht hindert; allerdings dürfte eine Doppelbestrafung nur höchst ausnahmsweise angebracht sein. Die Strafe nach Gelb-Rot (Strafe für das folgende Spiel des gleichen Wettbewerbs, s. § 11 RuVO) bleibt unberührt.

5. Auslandsspiele

Weil bei Feldverweisen eines Spielers einer deutschen Mannschaft (Rote Karte) bei einem Freundschaftsspiel im Ausland die Aufklärung des Sachverhalts öfters sich schwierig oder nach der Erfahrung schier unmöglich gestaltet, kann beim Sportgericht beantragt werden, die Sperre bis zur Ermittlung des Sachverhalts auszusetzen (§ 4 Nr. 3 RuVO). In diesen Fällen wird nicht selten das Verfahren dann endgültig eingestellt, weil verfahrenstechnische Schwierigkeiten bei der Sachverhaltsermittlung nicht überwunden werden. Deswegen erscheint insoweit eine Vorsperre nicht opportun.

B. Fazit zu Teil III

Der Zweikampf zwischen „Sport und Recht“ kennt keinen Sieger: in der Fußballsprache endete die Begegnung **„unentschieden“**. Wäre es anders, wäre der Unterlegene Verlierer, was nicht sein soll. Unser Fußball ist ewiger Gewinner, unser Recht bleibt steter Sieger.

---

98 *Hilpert* Eilrechtsschutz im Sport, SpuRt 2007, 226.

Teil IV Allgemeiner Teil des Fußballstrafrechts des DFB

A. Einführung

Während beispielsweise das Bürgerliche Gesetzbuch (BGB) oder das Strafgesetzbuch (StGB) jeweils einen normierten Allgemeinen Teil enthalten mit Paragraphen, die gleichsam als Klammer vor den Hauptteil gestellt für diesen einheitlichen Regelungen treffen, fehlt ein solcher Vorspann bei der RuVO des DFB. Es erscheint daher sinnvoll, in einer Kommentierung zur RuVO diese Aufgabe zu übernehmen, d. h. die wenigen geschriebenen Normierungen allgemeiner Regelungen und die zahlreichen ungeschriebenen Grundsätze des Fußballstrafrechts in einem **Vorspann zum Besonderen Teil** zusammenzufassen.

Zu beginnen ist insoweit mit der kompatiblen Überleitung von der **DFB-Satzung** zum Fußballstrafrecht des Verbands, also mit § 44 der Satzung, der die Anbindung des Hauptteils des Kommentars an das höchste Verbandsrecht ist und damit an die Spitze eines virtuellen Allgemeinen Teils der Rechts- und Verfahrensordnung des DFB (RuVO) zu stellen ist.

Schon Adam und Eva erhielten den ersten Feldverweis. Zum breit gefächerten Spektrum des Strafenkatalogs im Fußball stellte ich in meinem Erstlingswerk[99] heraus, dass die bei ihm am häufigsten geübte Sanktionsart, der Feldverweis, einen berühmten Vorgänger hat, der auf die ersten Tage der Menschheit zurück geht und berief mich auf das Buch der Bücher: in diesem ist im Ersten Buch Moses im Alten Testament berichtet, dass ein Verweis aus dem Paradies gegen Adam und Eva nach deren Verfehlung ausgesprochen worden ist. Ob sie schon einen Ball hatten?

Die Strafe des Allerhöchsten war jedenfalls hart.

Ein Rechtsmittel für die beiden ersten Menschen gab es jedenfalls nicht. Das Paradies war sicher perfekt. Die Bibel berichtet auch noch nicht von einem Videobeweis.

B. § 44 DFB Satzung – Strafgewalt des Verbandes und Strafarten

§ 44

1. **Alle Formen unsportlichen und unethischen Verhaltens sowie Verstöße gegen die Satzung und Ordnungen des DFB und das Ligastatut werden verfolgt. Das Nähere regeln die Rechts- und Verfahrensordnung des DFB, der Ethik-Kodex des DFB, die DFB-Spielordnung, das DFB-Statut für die 3. Liga, das DFB-Statut für die Frauen-Bundesliga und die 2. Frauen-Bundesliga, die DFB-**

99 *Hilpert* Sportrecht und Sportrechtsprechung im In- und Ausland, 2007.

https://doi.org/10.1515/9783110536416-006

Schiedsrichterordnung, die DFB-Jugendordnung, die Ausbildungsordnung des DFB, die Durchführungsbestimmungen zur DFB-Spielordnung, die Anti-Doping-Richtlinien des DFB und die ergänzenden Regelungen unterhalb der DFB-Ordnungen, insbesondere die allgemeinverbindlichen Vorschriften über die Beschaffenheit und Ausgestaltung der Spielkleidung und die Richtlinien zur Verbesserung der Sicherheit bei Bundesspielen.
Bei einem Felderweis ist der Spieler bis zur Entscheidung durch das zuständige Rechtsorgan vorläufig gesperrt.
Zur Aufrechterhaltung der sportlichen Disziplin oder eines geordneten Rechtswesens kann durch den Vorsitzenden des zuständigen Rechtsorgans bei Verstößen gegen die Satzung und Ordnungen des DFB eine vorläufige Maßnahme ausgesprochen werden.

2. Als Strafen sind zulässig:
- **a) Verwarnung,**
- **b) Verweis,**
- **c) Geldstrafe gegen Spieler bis zu € 100.000,–, im Übrigen bis zu € 250.000,–,**
- **d) Verhängung eines Platzverbots für einzelne Personen,**
- **e) Verbot auf Zeit – längstens drei Jahre – oder Dauer, ein Amt im DFB, seinen Mitgliedsverbänden, deren Vereinen und Kapitalgesellschaften zu bekleiden,**
- **f) Sperre für Pflichtspieltage, auf Zeit – längstens drei Jahre – oder auf Dauer,**
- **g) Ausschluss auf Zeit – längstens drei Jahre – oder auf Dauer,**
- **h) Ausschluss auf Zeit – längstens drei Jahre – oder auf Dauer von der Nutzung der Vereinseinrichtungen des DFB einschließlich Lizenzentzug,**
- **i) Verbot – bis zu fünf Spiele – sich während eines oder mehrerer Spiele im Innenraum des Stadions oder der Sportstätte aufzuhalten,**
- **j) Entzug der Zulassung für Trainer auf Zeit – längstens drei Jahre – oder auf Dauer,**
- **k) Platzsperre oder Spielaustragung unter Ausschluss oder Teilausschluss der Öffentlichkeit,**
- **l) Aberkennung von Punkten,**
- **m) Versetzung in eine tiefere Spielklasse,**
- **n) Verbot auf Zeit – längstens drei Jahre –, auf nationaler und internationaler Ebene neue Spieler zu registrieren.**

3. Die Strafen können auch nebeneinander verhängt werden.

I. Strafaussetzung zur Bewährung

Mit Ausnahme der Strafen nach § 44 Nr. 2., Buchstaben a) und b) sowie von Ausschlüssen auf Dauer (einschließlich des Lizenz- bzw. Zulassungsentzuges) kann die Vollstreckung jeder Strafe zur Bewährung ausgesetzt werden. Das Nähere regelt die Rechts- und Verfahrensordnung des DFB.

II. Auflagen und erzieherische Maßnahmen

Auflagen gegen Vereine bzw. Kapitalgesellschaften und erzieherische Maßnahmen gegen natürliche Personen (z. B. Auflagen und Bußen) sind zulässig.

III. Strafbare Handlungen

1. Der Ethik-Kodex

In § 44 Satzung in Verbindung mit § 5 RuVO,ist auf dem Bundestag 2016 das unethische Verhalten für Taten außerhalb des Spielfelds und eines Spielbetriebs hinzugekommen. Es ist enthalten im Ethik-Kodex (s. Anhang 1). In diesem heißt es dabei u. a.:

> „Der DFB bekennt sich zu Qualität, Objektivität, Ehrlichkeit, Fairness und Integrität als zentrale Voraussetzungen für den gemeinsamen Erfolg."
>
> ...
>
> „Fair-Play ist für uns eine immerwährende Herausforderung und Verpflichtung."
>
> ...
>
> „Fußball ist mehr als ein 1:0."

2. Unethisches – unsportliches Verhalten

Im allgemeinen Strafrecht ist die Strafgewalt aufgebaut auf die Tatbestände, aus denen die Strafen resultieren. Hinzugekommen ist auf dem Bundestag 2016 in § 44 Nr. 1 S.1 neben der zentralen Verbotsnorm des **„unsportlichen Verhaltens"** die des **„unethischen Verhaltens".**

Ein Beispiel zur Abgrenzung von „unfair" und „unsportlich":
Die B-Jugend des *SV Elversberg* spielte in einem Meisterschaftsspiel der B-Jugendbundesliga an der Säbener Straße in München beim *FC Bayern.* Auf dem Spielfeld standen sich zu Beginn der Partie der Bayern-Rechtsaußen und ein Elversberger Abwehrspieler gegenüber. Der Münchner sagte zu seinem Gegner: *„Weiß Du, dass der FC Bayern für mich an Greuther Fürth eine Ablösesumme von 30.000 Euro bezahlt hat?"* Dem B-Jugendlichen aus dem saarländischen Dorf Elversberg verschlug es die Sprache. Das war die Absicht seines Gegenübers, diesem zu schaden: unfair, aber nicht unsportlich, so meine Wertung.

IV. Strafe

1. Urmeter des Strafens

Das Interessanteste, aber auch das Wichtigste im Sportstrafverfahren ist für Spieler wie für Vereine die Höhe der Strafe. Dabei ist die häufigste Strafform die Spielsperre, um die oft zwischen Verein/Spieler einerseits und Gericht/Kontrollausschuss andererseits gerungen wird.

2. Berechenbare Strafe

Die Kunst des Strafrichters ist es, die Strafe zu verhängen, die der Verein/Spieler aufgrund der bisherigen Sprachpraxis, die in Videoaufnahmen den Vereinen zur Verfügung steht, erwartet. Insoweit ist der erfreuliche Umstand zu registrieren, dass die in einem Fall zu erwartende Strafe weitgehend **berechenbar** ist und in der Bundesliga/2. Liga bereits am Montag nach dem Spielwochenende in einem Konsensualverfahren rechtskräftig verhängt wird. Die verbleibenden „streitigen" Fälle sind selten und werden in einer mündlichen Verhandlung vor dem Sportgericht geklärt. Dieser **schnelle Rechtsfrieden** wird von den Vereinen sehr geschätzt, da er dem Trainer die nötige Dispositionsfreiheit eröffnet.

3. Strafen auf Landesebene

Auf **Landesebene** haben es die Sportrichter schwerer. Sie sollen vor Ort und ohne das wertvolle Hilfsmittel Fernsehen ein Massengeschäft von 350.000 bis 400.000 Verfahren im Jahresschnitt bewältigen. Ein Hilfsmittel dabei ist, um der Verfahrensflut einigermaßen Herr zu bleiben und im Einzelfall den Sportler kein Unrecht widerfahren zu lassen, bei Fehlen von Strafschärfungsgründen die Mindeststrafe eines Sporttatbestandes als Regelstrafe zu verhängen. Dies führt zur Stabilisierung des Normbewusstseins und der sportlichen Grundhaltung der „kleinen Fußballsünder".

Vorstehend sind Amateure und Profis im gleichen Verband aufgeführt. Diese Einheit ist ein Kennzeichen und gleichzeitig ein großes Ziel des Deutschen Fußball-Bundes – anders als in vielen anderen Ländern der FIFA.

Auch im Deutschen Strafrecht fällt es nicht immer leicht, in dem Parallelogramm zwischen Gerechtigkeit und Rechtssicherheit die rechte Mitte zu finden. Insgesamt herrscht jedenfalls auf den Fußballfeldern weitgehend Rechtsfrieden. Die Zahl der Anfechtungen der Strafen vor staatlichen Gerichten (Schiedsgerichten) ist extrem niedrig.

An dieser Stelle braucht man den eigentlichen Urmeter des Strafens, den Verhältnismäßigkeitsgrundsatz, noch nicht abschließend auf seine Einhaltung zu untersuchen, da hierfür die konkrete Verfehlung im Rahmen des Besonderen Teils der RuVO (§§ 6–12) betrachtet werden muss. Bei einer gleichwohl hier bereits möglichen und auch gebotenen Prüfung, ob die in § 44 Nr. 2 Satzung vorgesehenen Strafarten bereits per se gegen das **Übermaßverbot** verstoßen, kommt man zu keinem Mangel.

Auch Geldstrafen gegen Spieler von bis zu 100.000 €, bis zu 250.000 € gegen Vereine oder sonstige Personen und Institutionen sind angesichts der Umsätze im Bundesligafußball bzw. der Spielergehälter teilweise in Millionenhöhe nicht übersetzt. Die Sanktionen unter b) bis m) des § 44 der Satzung sind zwar zum Teil weitreichend, beginnen aber durchweg mit dem Mindestmaß der konkreten Sanktionsart. Dieses oder höhere Strafen sind nach dem Grad des Verschuldens und nach den Gesamtumständen zu verhängen. Dies hat sich im Amateur- wie im Profibereich weitgehend bewährt, wobei die gesicherte **Spruchpraxis** eine wertvolle Leitschnur ist.

4. Spielstrafen – Disziplinarstrafen

Pro Spiel gibt es in weit größerer Zahl **Spielstrafen**, die die Richter auf dem Spielfeld, die Schiedsrichter, aussprechen und vollstrecken. Dies sind die Freistöße und die Strafstöße, die Eckbälle und Abseitsentscheidungen sowie Ermahnungen gegen Spieler, also Verstöße gegen die Fußballregeln, die § 44 Satzung nicht einmal erwähnt. Es handelte sich um spielleitende Entscheidungen des Referees, die zudem fast immer den Charakter einer unangreifbaren Tatsachenentscheidung haben (s. Fußballregeln).

Die **Disziplinarstrafen** – sie wirken über das Ende des einzelnen Spiels hinaus – werden durch die Anklageinstanz des DFB (Kontrollausschuss) und seine Sportgerichte verfolgt. Dabei ist vorweg klarzustellen, dass am Spielbetrieb des DFB drei Gruppen von Fußballspielern teilnehmen (§ 8 Spiel-Ordnung):

a) der **Amateur**, der aufgrund eines Mitgliedschaftsverhältnisses zu seinem Verein Fußball spielt und kein Entgelt erhält (allenfalls einen pauschalierten Aufwendungsersatz von bis zu 149,99 € im Monat);
b) der **Vertragsspieler**, der Vereinsmitglied ist und zudem mit seinem Club einen Vertrag geschlossen hat und über seine Auslagen hinaus geldwerte Leistungen bzw. Vergütungen von mindestens 150,00 € bezieht;
c) der **Lizenzspieler**, der einen Lizenzvertrag mit einem Lizenzverein oder einer Kapitalgesellschaft abgeschlossen hat und durch einen weiteren Vertrag mit dem Ligaverband durch die Lizenzerteilung zum Spielbetrieb gebunden ist; daneben haben Verein und die Lizenzspieler einen Arbeitsvertrag abgeschlossen (§§ 2 Nr. 2, 6 ff LOS). Durch den Lizenzvertrag mit dem Ligaverband unterwirft sich der Spieler den besonderen Benutzungsvorschriften von Deutscher Fußball Liga DFL und DFB. So ist eine zweiseitige Verpflichtung der Lizenzspieler auf die Liga- und auf die DFB-Statuten gewährleistet.

Die Deutsche Fußball-Liga ist der Zusammenschluss der lizenzierten Vereine und der Kapitalgesellschaften der Bundesliga und der 2. Liga. Durch die Spielstrafen des Schiedsrichters soll der Mannschaft, der der foulende Spieler angehört, zur Wiedergutmachung ein geeigneter Spielnachteil zugefügt werden. Zu diesem Ziel können bei Nichterfüllen von Auflagen durch die Liga gegen Lizenzspieler Vertragsstrafen (§ 11 Nr. 4 LO) verhängt werden. Die Jurisdiktion ist aber allein den DFB-Rechtsorganen vorbehalten. Zusammenfassend sind die Rechte und Pflichten der DFL in § 16 a) bis c) der Satzung normiert.

5. Reichweite der Strafgewalt – § 44

In § 44 Nr. 1 Satz 1 ist deckungsgleich mit § 1 Nr. 4 RuVO die pauschale Regelung enthalten, dass alle Formen des unsportlichen Verhaltens und sonstige strafbare Verfehlungen verfolgt werden. Damit ist die Grundsatzregelung in der Satzung verankert, die durch die Rechts- und Verfahrensordnung näher ausgestaltet wird. Hinzu kommt das in Nr. 1 Satz 2 Satzung im Einzelnen aufgezählte DFB-Recht.

Durch diese Regelung ist dem Grundsatz *„nulla poena sine lege"*, der häufig als Magna Charta des Straftäters bezeichnet wird, Rechnung getragen. Er gilt auch für das Recht der Vereinsstrafe, wie bereits das Reichsgericht[100] gefordert hat, das im Übrigen sehr zurückhaltend bezüglich der Prüfung von Vereinsstrafen war.(zur Entwicklung der Rechtsprechung des RG und des BGH bis zum Jahre 1967 s. oben § 1 Rn. 12).

In Nr. 1 Abs. 2 wird die zu § 4 RuVO kommentierte Vorsperre durch die Satzung legitimiert.

In verfahrensmäßiger Hinsicht folgt dann (Nr. 1 Abs. 3) die Zulassung von vorläufigen Maßnahmen im Eilrechtsschutzverfahren durch den Vorsitzenden, wenn dies zur Aufrechterhaltung der sportlichen Disziplin oder eines geordneten Rechtswesens geboten ist. Näheres dazu regelt § 21 RuVO.

6. Strafarten § 44 Nr. 2 Satzung

Er ist das Herzstück des Vereinsstrafensystems und zählt abschließend die zulässigen Strafarten auf, die auch nebeneinander verhängt werden können. Wie im Jugendstrafrecht sind ferner erzieherische Maßnahmen möglich (Auflagen, Bußen). Eine Geldbuße wird bei Spielern nur bei leichteren Vergehen, häufiger gegenüber bisher auch unbelasteten Funktionären mit großen Verdiensten um den Fußball bei einmaligen Entgleisungen, verhängt.

7. Strafenkatalog – § 44 Nr. 2 Satzung

Unter den Buchstaben a) bis m) werden 14 verschiedene Strafarten aufgezählt – von der Verwarnung bis zur Versetzung eines Vereins in eine tiefere Spielklasse. Falls man den Bestimmtheitsgrundsatz im Vereinsrecht für anwendbar erklärt (streitig), ist diesem jedenfalls Rechnung getragen. Die Obergrenzen für die einzelnen Strafarten sind bis auf die Fälle d), k) und l) jeweils bei den Geldbeträgen bzw. Ausschlussmaßnahmen genannt. Bei Fehlen einer Sanktion ist bei einem Eishockey-Meister-

100 RGZ 125, 338, 340.

schaftsspiel von dem Schiedsgericht des DEB[101] der Punktabzug durch den Verband für den schuldigen Verein (3 Punkte und 0:5 Tore) aufgehoben worden. Dem Verfasser erscheint diese Entscheidung spitzfindig, da mit dem Begriff „Punktabzug" zumindest ein solcher im einstelligen Zahlenbereich nach Treu und Glauben nach dem Verständnis eines fair denkenden Sportlers erkennbar gemeint ist. Vorsichtshalber sollte der DFB aber, um Streitstoff wie in dem zitierten Eishockey-Fall zu vermeiden, das Platzverbot für einzelne Personen und die Austragung von Spielen unter Ausschluss der Öffentlichkeit (Fälle d und k) nach oben begrenzen sowie die Höchstzahl der abzuerkennenden Punkte (Fall l) limitieren.

8. Spielsperre – § 44 Nr. 2 Satzung

Aus der Palette der Strafen wird im Fußballrecht am häufigsten verhängt die Sperre für eine bestimmte Zahl von Pflichtspieltagen, ferner die Sperre auf Zeit (bis zu drei Jahren) oder auf Dauer. Die Sperre für eine bestimmte Anzahl von Freundschaftsspielen ist in die Satzung bei einer Änderung der Bestimmung versehentlich nicht aufgenommen worden – sie wird aber praktiziert. Die Festlegung auf Pflichtspiele (Meisterschaftsspiele, Pokalspiele) macht die Sperre auch bei Spielpausen spürbar und ist frei von Zufallsfolgen (z. B. bei Spielausfällen).[102] Sie trägt dem Gleichheitsgedanken Rechnung, der bei unterschiedlichen Sperren von Spielern bei gleichen Tathandlungen verletzt scheint. Die Sperre ist der Ausschluss der Teilnahme des Fußballspielers an einem Spiel. Sie wird in der Regel am unteren Rand der für die einzelnen Tatbestände des Besonderen Teils des Fußballstrafrechts (§§ 6 – 12 RuVO) vorgesehenen Strafen eingeordnet.

9. Vereinsausschluss

Nicht genannt ist in dem ausgefeilten Sanktionsinstrumentarium des § 44 Nr. 2 Satzung der Ausschluss aus dem Verein. Es gilt aber insoweit der allgemeine Rechtsgrundsatz, dass alle auf Dauer angelegten Rechtsverhältnisse – wie die Mitgliedschaft in einem Verein – jedenfalls bei Vorliegen eines **wichtigen Grundes** einseitig mit dem Ausschluss des Mitglieds beendet werden können.[103] Dies ist demnach auch dann möglich, wenn der Vereinsausschluss nicht in der Satzung als Vereinsstrafe vorgesehen ist. Er ist ungeschrieben jeder Satzung immanent.

101 Schiedsspruch vom 27. 2. 2004, SpuRt 2004, 265.

102 Konstanzer Arbeitskreis, SpuRt 1999, 132: *„Eine Wettkampfsperre während der Wettkampfpause verfehlt ihre Wirkung."*

103 *Stöber* Handbuch zum Vereinsrecht, Rn. 197.

10. Vom „Geisterspiel“ zur Teilaussperrung

Nach § 7 Nr. 3 RuVO kann anstelle einer verwirkten Platzsperre eine Spielaustragung unter Ausschluss der Öffentlichkeit festgesetzt werden, falls dies aus besonderen Gründen zweckmäßig erscheint.

Der Ordnungsgeber dachte bei der Schaffung dieser Vorschrift primär an die Sanktion des „Geisterspiels“, also den Totalausschluss der Öffentlichkeit. Die Praxis kam aber schon bald auf den Gedanken, den Ausschluss nur auf den gefährdeten Teil des Stadions – meist den schwer zu überwachenden Stehplatzbereich zu erstrecken.

Nach schwerwiegenden Ausschreitungen der Anhänger des *1. FC Dynamo Dresden* beim Zweitligaspiel in Karlsruhe und ebensolchen Exzessen der Zuschauer von *Empor Rostock* beim Auswärtsspiel bei *Rot-Weiß-Essen* (2. Liga) wurde zum ersten Mal die Form des „eingeschränkten Geisterspiels“ gewählt. Das Urteil lautete im Falle Dresden auf Schließung der Stehplatzbereiche für ein Heimspiel. Im Falle Rostock wurden ebenfalls nur die Sitzplätze auf der Tribüne freigegeben, wobei für die bereits verkauften Stehplätze für diesen Bereich Gültigkeit beigemessen wurde. Dort ist eine weit bessere Kontrolle und ein schnelles Eingreifen bei Exzessen zu gewährleisten. Der Verlauf des Spiels war störungsfrei.

In der Literatur wurde diskutiert, dass bei Vereinsstrafen in der Satzung der vom Sportgericht vorgenommene Schluss *a maiore ad minus* nicht zulässig sein solle.[104] Es setzte sich aber der Standpunkt durch, dass diese minderschwere Ausschlusssanktion dem Schutzzweck des Postulats der Satzungsregelung in § 44 Nr. 2 k sowie in § 7 Nr. 3 RuVO durchaus gerecht werde. Wenn sogar nach der Satzung ein Totalausschluss der Rowdies vorgesehen sei, könnten auch nur die Stehplatzbesucher davon betroffen sein. Zudem kann man das „eingeschränkte Geisterspiel“ auch durch polizeiliche Präventivgedanken rechtfertigen, was zudem auch die Nichtmitglieder betrifft. Es handelt sich bei der Teilausschließung nicht um ein aliud zum völligen Zuschauerausschluss, sondern um ein zulässiges **wesensgleiches, aber qualitatives Minus** zum totalen Geisterspiel, das zudem ein Ausfluss des Verhältnismäßigkeitsprinzipis ist. Man denke daran, dass ansonsten beispielsweise in Dortmund ein Totalausschluss von 81 000 Zuschauern mit den gegebenen finanziellen Folgen erfolgen könnte. Späterhin wurde der Teilausschluss in verschiedenen Variationen je nach gefährdetem Teilbereich im ständigen Gerichtsbrauch praktiziert. Die gewählte Rechtsfortentwicklung ist mittlerweile Gewohnheitsrecht in Deutschland und unbedenklich. In der Türkei wurde sogar die Variante des Ausschlusses der Männer unter Zulassung von Kindern und Frauen praktiziert.

11. Kein Talionsprinzip – § 44 Satzung

Im Rahmen des vom DFB für alle seine Sportstraftäter aufgestellten abschließenden Sanktionenkatalogs könnte man die in der Öffentlichkeit bei Sportverletzungen von

---

104 *Schlosser* Vereins- und Verbandsgerichtsbarkeit, 1972, S. 57.

längerer Dauer immer wieder ins Gespräch gebrachte Erwägung anstellen, dem Täter das gleiche Übel zuzufügen, also die Sperre so lange andauern zu lassen, wie der Verletzte nicht spielen kann. Der Satzungsgeber hat sich aus guten Gründen nicht für dieses mosaische *„Auge um Auge, Zahn um Zahn“* als reines Zugeständnis an den Rachegedanken entschieden. Ein solches Talionsprinzip war teilweise Leitidee des öffentlichen Strafens im Mittelalter und ist bis vor kurzem auch bei einigen südländischen Fußballverbänden bei der Strafzumessung herangezogen worden; es ist der Sportrechtsprechung im DFB-Bereich fremd: Diese orientiert sich bei der Höhe der Strafe an dem konkreten Verschulden und an der Gefährlichkeit des Handelns des Verletzers, aber nicht an unverschuldeten Zufallsfolgen kraft unglücklicher Umstände.[105]

12. Strafaussetzung zur Bewährung (§ 44 Nr. 2 Satzung) – Widerruf der Strafaussetzung

Im staatlichen Strafrecht hat man erst rund ein halbes Jahrhundert nach Inkrafttreten der Erstfassung des StGB das Rechtsinstitut der Bewährung eingeführt. Im gleichen zeitlichen Abstand zur ersten Kodifikation hat man diese Rechtswohltat im Sportstrafrecht des DFB erstmals eingeführt. Bei der FIFA und bei der UEFA war dies bereits einige Zeit vorher geschehen.

Im staatlichen Strafrecht kann man die Bewährung bei Geldstrafen nicht verhängen, nach DFB-Recht ist eine Bewährung zulässig außer bei Verwarnung, Verweis und Ausschlüssen bei allen anderen Strafarten (§ 44 Nr. 4 Satzung). Auf Landesebene bestehen nach Einführung der Bewährung gewisse Schwierigkeiten bei der Überwachung der Bewährungsauflage in der Bewährungszeit.

Beim Vergleich zwischen staatlichem und DFB-Recht fällt auf, dass im Strafgesetzbuch eine **materielle Voraussetzung**, nämlich etwa eine günstige Sozialprognose aufgestellt ist, während § 7 a RuVO für die Aussetzung der Vollstreckung keine solche Vorbedingung aufstellt. Man wollte wohl bei dieser revolutionären Neuregelung bei der Einführung dieses Rechtsinstituts in der Praxis den dafür aufgerufenen Rechtsorganen einen möglichst großen Regelungsspielraum überlassen. In der Zeit seit Geltung des neuen Rechts haben die Sportgerichte von dieser Freiheit reichlich Gebrauch gemacht, und zwar sowohl in den Kombinationsformen bei der Spielsperre wie auch bei der mannigfaltigen Ahndung von Zuschauerausschreitungen im Stadion. Gerade bei letzter Form der Verfehlungen sind die Erwartungen an das Fan-Verhalten enttäuscht worden. Auf einige wegweisende Fälle wird im Besonderen Teil einzugehen sein.

---

105 *Hilpert* Sportrecht, II, 3 Rn. 77.

13. Geldstrafe – § 44 Satzung

Von Trainern und Fußballspitzenfunktionären wird bei Sperren immer wieder ins Feld geführt, dass man die Sünder nicht auf der Bank ihre Strafe absitzen lassen soll, sondern sie am Portemonnaie durch eine saftige Geldstrafe „büßen" lassen sollte. Wie die Spitzenclubs der Bundesliga insoweit die Relation zwischen Sperre und Geld sehen, soll dokumentiert werden durch das Verfahren gegen den Schalker Spieler *Lincoln*, in dem seitens des Clubs wegen dessen Tätlichkeit gegen den Leverkusener *Bernd Schneider* in der Saison 2006/2007 im Rechtsgespräch zwischen dem Kontrollausschussvorsitzenden und dem Verteidiger des Spielers vor Erstellung der Anklageschrift das Angebot gemacht wurde, statt der vorgesehenen Sperre von fünf Spielen eine Sperre für vier Spiele und 50.000 € (!) in Erwägung zu ziehen.

An sich könnte man an eine Kombination zwischen Sperre und Geldstrafe zum Auspendeln des Unwerts der Sportverfehlung durchaus denken. Ein Gegenargument ist aber trotz der Beteuerungen, man würde den Spieler seine Strafe **selbst** bezahlen lassen, die unter Insidern bekannte Nachgiebigkeit der Vereine, *„auf Drängen ihrer Leistungsträger"* doch die Bezahlung der Strafe aus der Vereinskasse vorzunehmen. Der Täter spürt dann eine solche Geldstrafe überhaupt nicht. Ein Vorschlag des Verfassers, am Jahresende eine verbindliche Erklärung des Vereins zu fordern, dass er die Strafe im Innenverhältnis zum Spieler **nicht** getragen habe, war nicht konsensfähig.

V. Strafzwecke

1. Ausloten der Strafzwecke

Wie im staatlichen Strafrecht stellt sich auch im Fußballstrafrecht die Frage nach der richtigen Sanktion im Einzelfall und den Gründen für deren Bemessung. Dem Fußballer ist es letztlich gleichgültig, ob die seinem Feldverweis zugrunde liegende Tat ein „unsportliches Verhalten", ein „rohes Spiel", eine „Tätlichkeit" oder bei anderen Geschehen eine „Schiedsrichterbeleidigung" oder eine „Schiedsrichterbedrohung" war. Ihm kommt es allein auf die Rechtsfolge an. Er fragt: *„Was steht unter dem Strich?"* – also was ist die konkrete Strafe? Dabei ist es sicher eine Fiktion, wenn man sich eine **Punktstrafe** als die einzig angebrachte Strafe für eine konkrete Tat vorstellt. Wie der staatliche Strafrichter findet auch das Sportgericht des DFB ausgehend von dem Strafrahmen im Besonderen Teil der Strafen (§§ 6ff. RuVO) die nach seiner Überzeugung gemäß den Wertmaßstäben der Einzelregelungen tat- und schuldangemessene Sanktion. Eine große Hilfe im Einzelfall ist dabei die Heranziehung der bisherigen **ständigen Rechtsprechung** der Sportgerichte zu vergleichbaren Verfehlungen. Wie von dem Amtsrichter gleichsam als Hausapotheke die Linie der bisherigen Judikatur verhängt wird mit Differenzierungen nach oben bzw. nach unten von einem Standardfall ausgehend, klagt auch der Kontrollausschuss in Orientierung an der bisherigen Strafpraxis eine Tat an, wobei in der Regel eine Strafe festgesetzt wird, die bisher nach ständiger Rechtsprechung verhängt wurde. Im Hinblick auf die von einem Millionenpublikum in Zeitlupenaufnahme und in vielfacher Wiederholung kontrollierbare Vergleichbarkeit von Feldverweisen ist eine höchst gleichmäßige Strafpraxis Glaubwürdigkeitsvoraussetzung – die relative Gerechtigkeit ist anzustreben.

2. Bedeutung staatlich anerkannter Strafzwecke und Strafzumessungserwägungen

Da die Sportrichter des DFB durchweg amtierende oder frühere Tatrichter des Strafprozesses sind, liegt es nahe, dass die anerkannten staatlichen **Strafzwecke** und **Strafzumessungserwägungen** bei der Rechtsfindung für Fußballer teilweise mitschwingen. Der Gedanke der Sühne für begangenes Unrecht ist dabei weniger bedeutsam, vielmehr dürfte Senecas berühmter Satz *„nemo prudens punit, quia peccatum est, sed ne peccetur"* oberste Richtschnur sein für die Disziplinarstrafen, die über den Ausschluss aus dem Spiel hinausgehen. Insoweit stehen general- und spezialpräventive Gesichtspunkte wie auch solche der sportlichen Resozialisierung im Vordergrund. Der BGH vertritt für das staatliche Strafrecht in ständiger Rechtsprechung[106] die **„Spielraumtheorie"**. Sie beruht auf dem Gedanken, dass man aus dem Schuldmaß zwar keine feste Strafgröße für eine bestimmte Tat finden könne, wohl aber einen gegenüber den gesetzlichen Strafvorgaben eingegrenzten Strafrahmen; innerhalb dieses sei in richterlicher Wertung die konkrete Strafe unter Berücksichtigung der anerkannten Strafzwecke zu ermitteln. Die verschiedenen Präventionszwecke können innerhalb des Spielraums zur Geltung kommen („Spielraumtheorie" des BGH). Sie können die Bestimmung der Strafe im Einzelfall dergestalt beeinflussen, dass z. B. aus Gründen der Generalprävention eine Strafe im oberen Bereich des Strafrahmens zu wählen ist. Die **Spezialprävention** richtet sich an den Täter, insbesondere an dessen Strafempfänglichkeit und Strafempfindlichkeit, die **Generalprävention** an die übrigen Fußballer des DFB-Spielbetriebs.

3. Aus der Rechtsprechung

Welche augenfälligen Auswirkungen der Strafzweck der Generalprävention haben kann, soll an einem Beispiel aus der Fußballgeschichte demonstriert werden.

Als Ende der 70er Jahre die DFB-Rechtsinstanzen die „Tätlichkeiten hinter dem Rücken des Schiedsrichters", die dieser nicht gesehen und deshalb auf dem Feld nicht geahndet hat, unter dem Gesichtspunkt des krass sportwidrigen Verhaltens mit empfindlichen Strafen ahndeten (acht bis zwölf Wochen Sperre), zeigte sich die abschreckende Wirkung schon nach weniger als zehn Präzedenzfällen. Da die Spieler sich mit einem heimlichen Foul, auf das der Schiedsrichter nicht blickte, vor dem Auge der unbestechlichen Fernsehkamera nie unbeobachtet fühlen konnten, wenn Schiedsrichter und Ball auch noch so weit entfernt sein mochten, sind nach der Ahndung mit spürbaren Strafen durch die Sportgerichtsbarkeit solche Fälle nur noch vereinzelt aufgetreten. Einer der Betroffenen erklärte bei seiner Vernehmung durch

106 BGHSt 10, 263; 20, 266; 29, 320.

den Kontrollausschuss, nach seinem versteckten Tritt sei ihm blitzartig der Gedanke gekommen, dass die Fernsehkamera hoffentlich seine Tat nicht konkret aufgenommen habe. Er habe sofort mit seinen Augen die Richtung der Fernsehkamera auszumachen versucht.

Heute bei 20 Kameras in einem Bundesligastadion ist diese Hoffnung auf Nichterfassen verschwindend klein. Damals zeigte sich, dass die generalpräventive Wirkung von empfindlichen Strafen bei den meisten der potentiellen Täter, die sehr wohl die Sportrechtsprechung von Berufs wegen aufmerksam verfolgen, diesen Gedanken schon vor dem Tritt oder dem Ellenbogencheck auslöst und die grobe Unsportlichkeit von vornherein verhindern half oder derzeit noch hilft.[107]

VI. Strafrahmen, Strafrahmenverschiebung, Strafmaß

1. Prinzip der Verhältnismäßigkeit

Ein entscheidendes Kriterium für die Höhe einer Strafe ist, ob die Schuldform des Vorsatzes oder der Fahrlässigkeit vorliegt. Die Fußballregeln – wegen ihrer Einfachheit allseits gelobt – sind dem Sportler bewusst und auch in der Handlungssituation wegen ihrer Klarheit eingedenk. Ein Fußballspieler, der einen Gegner mittels der sog. „Notbremse" von den Beinen holt, weiß, dass dieses Verhalten nicht regelkonform ist.[108] Überwiegend wird das Regelwerk des DFB/der FIFA (Fußballregeln und Tatbestände der RuVO) vorsätzlich verletzt. Die Fälle der Fahrlässigkeit – etwa in den verschiedenen Formen eines Foulspiels, das als unsportliches Verhalten nach § 8 Nr. 1 a RuVO zu ahnden ist – sind jedenfalls milder zu bestrafen. Dabei ist konkret der Gerechtigkeitsgedanke angesprochen, der über das **Prinzip der Verhältnismäßigkeit**, das aus dem Rechtsstaatsprinzip und aus dem Wesen der Grundrechte abzuleiten ist,[109] für die Strafzumessung entscheidend. In Form des **Übermaßverbots** ist dieser Grundsatz bei der Machtausübung im Verhältnis Verband zum Sportler, konkret bei der Verhängung von Vereinsstrafen, bei der Strafhöhe heranzuziehen. Das berufene Organ hat die geeignete Strafe auszuwählen, die einerseits zur Absicherung des Verbandszwecks und der Verbandsziele (Einhaltung der Spielregeln, Chancengleichheit, Schutz der körperlichen Integrität des Gegners) geboten ist, aber andererseits nicht übermäßig in diese Rechte und in die Sphäre des Sportlers eingreift. Dieser wird durch eine Sperre von der Ausübung seines Berufs (Art. 12 (1) GG) teilweise ausgeschlossen.

Insoweit ist in der Vergangenheit auf Landesebene in Sportstrafverfahren oft zur Wahrung von Formalien *„mit Kanonen nach Spatzen geschossen worden"*. Inzwischen ist auch bei diesen Fallgruppen eine Trendwende zu beobachten, da viele Verbände

107 *Hilpert* Sportrecht, II, 3 Rn. 79.
108 PHB/*Reinhart* VIII, 3 Rn. 62.
109 BVerfGE 23, 127; 29, 360; 70, 311.

nicht bereits bei kleineren **Formalverstößen** zur Höchststrafe (Spielverlust oder Disqualifikation) greifen, sondern mit maßvollen Geldstrafen auf die Einhaltung von sicherlich notwendigen Ordnungsvorschriften hinwirken, sofern diese keine materiellen Wettbewerbsbeeinträchtigungen bewirkt haben.

Ernsthaft ist der Verhältnismäßigkeitsgrundsatz bei Dopingverstößen im nationalen und internationalen Bereich zu diskutieren. Nicht zuletzt aus Abschreckungsgründen ist für diese Fälle eine empfindliche Strafe angebracht. Auch bei Berücksichtigung der Tatsache, dass ein Sportler lediglich eine zeitlich limitierte Betätigungszeit als Athlet während seines Lebens hat, ist eine Regelstrafe im internationalen Sport bei Ersttätern von zwei Jahren wohl nicht zu hoch, insbesondere, wenn bei Vorliegen von Strafminderungsgründen in geeigneten Fällen eine Ermäßigung auf ein Jahr in Erwägung gezogen werden darf. Ob im Wiederholungsfall eine lebenslange Sperre unabhängig von den Umständen des Falles auszusprechen ist, wie zahlreiche Weltverbände dies vorsehen, kann im Einzelfall durchaus diskutiert werden.

2. Inadäquate Kontrolle durch AGB-Vorschriften

Ein ernsthaft in Betracht zu ziehender Kontrollmaßstab sind die Vorschriften über die Allgemeinen Geschäftsbedingungen (AGB – §§ 305 ff. BGB). Nach zutreffender Auffassung des BGH[110] ist dies aber nicht rechtens, da ein Sportverband sich von dem *„typischen AGB-Verwender dadurch unterscheidet, dass im Verhältnis Verband – Sportler die Anwendbarkeit von Normen nicht nur im Interesse des Sportverbands, sondern auch im Interesse des Sportlers liegt"*. Die Kontrollvorschriften in den AGB beruhen aber darauf, dass der Anwender mit Hilfe der AGB vorrangig eigene Interessen verfolge. Im Sport ziehen Verband und Sportler **am gleichen Strang.**[111] Wegen der von einem grundsätzlichen Gleichlauf geprägten Interessenlage passen die AGB-Schutzbestimmungen auf die sportlichen Regelwerke und die darauf beruhenden Regelanerkennungsverträge **nicht.** Der BGH[112] wendet deshalb die §§ 305 ff. BGB nicht an, sondern prüft nach dem allgemeinen Billigkeits- und Gerechtigkeitsmaßstab des § 242 BGB, so auch die herrschende Meinung in der Sportliteratur.

3. Strafzumessung nach den Grundsätzen des § 46 StGB

Bei der Rechtsfolgenbestimmung im Fußball werden einem Praktiker aus der staatlichen Rechtspflege anlässlich der Einzelfallentscheidung sicherlich häufiger Argumente, Ansatzpunkte und Querverbindungen aus der Lektüre der strafrechtlichen Kommentare und der staatlichen Rechtsprechung in den Sinn kommen, die er als

---

110 NJW 199, 585, 586 (Reiter-Urteil); *Haas* SportR B II, Rn 24; *Petri* SpuRt 2003, 230 f.

111 *Röhricht/Vieweg* Sportgerichtsbarkeit, S. 35; a.M. *Dietz* 4. Interuniversitäre Tagung Sportrecht im Deutschen Olympischen Institut, SpuRt 2004, 44.

112 Siehe Fn. 92.

Fußballstrafrichter gewinnbringend heranziehen kann. Er macht sich dann für die noch junge Sparte „Sportstrafrecht" Erkenntnisse des parallelen staatlichen Rechts, die über Jahrhunderte gewachsen sind, zu Eigen.

Die Generalvorschrift des Strafgesetzbuchs für die Strafbemessung, der § 46 StGB, liefert insoweit reichliches Material. Vorweg steht der Obersatz, dass die **Schuld des Täters** die Grundlage für die Zumessung der Strafe ist. Das Maß des persönlichen Vorwurfs, den man einem Fußballsünder machen kann, ergibt sich im Fußballrecht meistens aus dem Tatbild und dessen Begleitumständen bzw. den Folgen im Einzelfall. Wer den durchgebrochenen Stürmer leicht am Trikot zupft, ist milder zu bestrafen als der Abwehrspieler, der dem Angreifer von hinten brutal „die Beine wegsäbelt". Wer im Mittelfeld ein Handspiel ohne Folgen begeht, dem wird lediglich eine Gelbe Karte – fünf Gelbe Karten führen zu **einer** Spiel-Sperre – durch den Schiedsrichter als Schnellrichter vor Ort gezeigt. Ein Sportstrafverfahren mit Anklage und Urteil wird nicht durchgeführt, sondern lediglich „Gelb" in einer **personenbezogenen Liste** notiert. Wenn eine Strafart allein nicht ausreichend erscheint, insbesondere, wenn sie im Grenzbereich zwischen einer niedrigeren und einer höheren Strafe anzusiedeln ist, wird oft kumulativ zur Sperre eine Geldstrafe ausgesprochen, was auch in manchen Fällen der Beleidigung des Schiedsrichters sinnvoll erscheint, um dem Spieler seine Unbedachtheit am eigenen Geldbeutel spüren zu lassen. Seit der Saison 2014/15 wird die Sperre **nebst** Geldstrafe durchaus häufiger praktiziert.

a) Maßgebliche Faktoren der Rechtsfolgenbemessung

Die **Rechtsfolgenbemessung** ergibt sich nach der gängigen Strafpraxis anhand einer Ganzheitsbetrachtung des Tatgeschehens und der Täterpersönlichkeit. Prägend für die persönlichen Verhältnisse des Betroffenen sind insbesondere etwaige **Vorbelastungen:** Die DFB-Rechtsprechung berücksichtigt dabei in der Regel nur die „Vorstrafen", die seit Jahresfrist verhängt wurden. Dabei wird eine frühere Verurteilung in dieser Zeitspanne schematisch als Grund für eine Erhöhung der ansonsten angebrachten Sperre um einen Spieltag herangezogen.

Selbst unter Sportrichtern ist umstritten, ob einem langjährigen Nationalspieler seine Verdienste um den deutschen Fußball strafmildernd angerechnet werden können. Ich möchte dies bejahen, kommt doch z. B. einem Ersttäter im staatlichen Strafrecht zugute, wenn er jahrzehntelang beim Roten Kreuz oder einer sonstigen gemeinnützigen Organisation tätig war oder sich andere hohe Verdienste um die Allgemeinheit erworben hat.

Ähnlich unterschiedlich bewertet wird unter Sportrichtern, ob eine dem Betroffenen zeitnah vor seiner Tat widerfahrene evident falsche Schiedsrichterentscheidung etwas entlastend angerechnet werden darf. Auf jeden Fall ist ein gewichtiger fußballspezifischer Strafminderungsgrund, wenn an einem Spieler unmittelbar vor seinem Fehlverhalten eine sportwidrige Handlung oder gar eine gewollte Provokation (Anspucken, Beleidigung) begangen worden ist (§ 8 Nr. 1 c HS 2 RuVO). Die Milderung kann in diesem Fall bis auf die Hälfte der angeordneten Mindeststrafe erfolgen: In ebensolchem Umfang ist dies nach der gleichen Norm bei einem sog. leichteren Fall möglich. Bei einer unter diesen Voraussetzungen begangenen Tätlichkeit kann die Sperre bis auf drei Spiele, bei einer Kumulation der Milderungsgründe, gar auf zwei Spiele herabgesetzt werden.

Die **persönlichen Verhältnisse** des Täters sind insbesondere bei der Verhängung einer Geldstrafe relevant. Bei einem Spitzenfußballer mit einem Jahresgehalt von mehreren Millionen Euro muss die Geldstrafe in einer anderen Größenordnung ausfallen als bei einem Zweitliga-Spieler mit einem Monatseinkommen zwischen 5.000 € und 10.000 €. Das staatliche **Tagessatzsystem** (§ 40 StGB), das in der Regel von dem Nettoeinkommen ausgeht, das der Täter im Durchschnitt an einem Tag hat oder haben könnte, ist insoweit ein Anhaltspunkt. Jedenfalls hat die Strafempfänglichkeit auch im Sportrecht eine gebührende Rolle zu spielen.

b) Festsetzung der Strafe innerhalb des Strafrahmens

Die von den im Besonderen Teil (§§ 6 – 12 RuVO) für die verschiedenen Tatbestände aufgestellten **Strafrahmen** stellen die generelle Vorwertung der von der Norm erfassten typischen Taten durch den Ordnungsgeber dar. Dabei wird aber der Regelfall nicht als rechnerische Mitte des Strafrahmens eingeordnet. Im Gegenteil erfolgt die Festsetzung der konkreten Strafe, wie im staatlichen Strafrecht, auch bei Fehlen von erheblichen Strafschärfungsgründen in der Nähe des **unteren Rands** des vorgeschriebenen Strafrahmens. Eine kontinuierliche Schwereskala ist dabei entwickelt worden und wird praktiziert. Beispiel: Ein Fall des rohen Spiels (§ 8 Nr. 1 b RuVO), das von vorne ausgeübt wird – der Gegner kann meistens die Wucht abmildern – kann, wenn folgenlos geblieben, mit der Mindeststrafe von zwei Spiele-Sperre belegt werden. Ein Angriff von hinten, z. B. in Kniehöhe mit beiden Füßen (sog. Blutgrätsche), ist dagegen wegen der größeren Gefährlichkeit bei einer Sperre im Bereich von vier bis sechs Wochen einzuordnen, letzteres besonders dann, wenn es zu einer Verletzung des Gegners gekommen ist. Eine Orientierung an den praktisch häufig vorkommenden Fällen ist dabei eine gute Hilfe. Wenn Tatfolge die Verletzung des Gegners für die restliche Dauer des Spiels oder gar für mehrere Wochen ist, liegen auch insoweit zu differenzierende Strafschärfungsgründe vor.

c) Nachtatverhalten

Das **Nachtatverhalten** ist ebenfalls gebührend zu berücksichtigen. Wenn ein Spieler, der den Schiedsrichter in unpassender Form beleidigt hat, sich bei diesem mit ehrlicher Absicht entschuldigt, ist dies zu seinen Gunsten zu bedenken. Als Kontrollausschussvorsitzender habe ich manchmal bei groben Schiedsrichterbeleidigungen vor der Fernsehkamera und somit vor einem Millionenpublikum darauf hingewirkt, dass ein Spieler, der bei einem entsprechenden Bekanntheitsgrad die Möglichkeit der Einwirkung auf den Fernsehsender hat, in einer späteren Sendung zur selben Sendezeit eine entsprechende „öffentliche“ Entschuldigung gegenüber dem beleidigten

Referee ausspricht, was für diesen eine größere Genugtuung darstellt. Schwer zu durchschauen ist dabei aber jeweils, ob es sich bei dem Spieler nicht in Wahrheit „nur“ um ein – von einem Vereinsfunktionär gesteuertes – Lippenbekenntnis ohne innere Einsicht handelt.

d) Strafmilderungsgrund Geständnis

Streiten kann man sich darüber, ob nicht im Bereich des Sports ein hartnäckiges **Leugnen**, das widerlegt ist, anders als im staatlichen Strafprozess strafschärfend bewertet werden darf, da ein fairer Sportler nach begangener Verfehlung nach sportlichem Ethos zu seiner Tat stehen sollte. Auf jeden Fall wirkt ein **Geständnis** auch im Fußballstrafrecht deutlich strafmindernd.

e) Sanktionen beschränkt auf Vereins- und Spielbetriebssphäre

Bei den Überlegungen zum **Strafmaß** ist stets im Auge zu behalten, dass Sinn und Zweck der Vereinsstrafe ist, die Aufrechterhaltung der Ordnung und die Funktionsfähigkeit des Verbandes, seiner Einrichtungen und Veranstaltungen sicherzustellen. Zur Wahrung des Eigenwerts des Sports kommt die **Wahrung der Chancen- und Wettbewerbsgleichheit** sowie des Ansehens des Fußballsports hinzu, ergänzt durch den Gesundheitsschutz der Spieler. Deswegen bleibt die Reichweite einer Strafbestimmung von vornherein auf die Sphäre des Vereins bzw. des Spielbetriebs beschränkt.[113] Grundsätzlich kann deshalb ein Verhalten des Regelunterworfenen außerhalb des Vereinslebens kein Anknüpfungspunkt für eine Sanktion sein. Heute wird dieses Prinzip beim DFB als selbstverständlich angesehen. In früheren Zeiten meinte man teilweise, dass z. B. im privaten Bereich erfolgte Trunkenheitsfahrten oder die Entziehung der Fahrerlaubnis oder etwa öffentlich erörterte Steuerhinterziehungen eines Fußball-Lehrers oder eines Nationalspielers unter Umständen zusätzliche Verbandssanktionen auslösen könnten. Solche Vorgänge im privaten oder im öffentlichen Bereich können nach dem gegenwärtigen allgemeinen Verständnis nur Auswirkungen auf die Vereins-/Verbandssphäre haben, wenn das Verhalten außerhalb des DFB den Vereinsfrieden stört oder das Ansehen des Vereins spürbar schmälert, ein Ansatz, der in der heutigen Zeit nur in seltenen Fällen eine Strafe für solche Verfehlungen trägt: etwa wenn ein Fußball-Lehrer wegen Handels mit Dopingmitteln bestraft worden ist.

f) Abwägungskriterien unter Berücksichtigung des Doppelverwertungsgebots

Aus den einzelnen Strafzumessungserwägungen hat der Sportrichter die für und gegen den Betroffenen sprechenden Gründe gegeneinander abzuwägen. Derselbe Um-

113 *Haas* SportR B II, Rn. 100.

stand darf dabei nicht zugleich mildernd und schärfend berücksichtigt werden. Eine von Revisionsrichtern gegenüber den Tatrichtern häufig erhobene Rüge ist, dass Merkmale des gesetzlichen Tatbestands nochmals bei der Strafzumessung berücksichtigt werden. Das **Doppelverwertungsverbot** greift z. B. bei einem Verteidiger ein, der eine Notbremse begangen hat. Es darf dann nicht zu seinen Lasten herangezogen werden, dass er eine gute Torchance des Stürmers vereitelt hat. Zulässig ist im Gegensatz dazu, dass zugunsten des Betroffenen berücksichtigt wird, dass der nach der Notbremse gegebene Elfmeter zum Torerfolg geführt hat. In ständiger Rechtsprechung ermäßigt das Sportgericht bei dieser Fallkonstellation die Strafe auf eine Spiel-Sperre, da im Endeffekt eine Torchance doch nicht vereitelt worden ist. Ein Rechtsfehler wegen Verstoßes gegen das Doppelverwertungsverbot ist z. B. auch gegeben, wenn die „Rücksichtslosigkeit" der Tat bei dem Tatbestand des rohen Spiels zum Nachteil des Sportlers verwendet wird, da sie Tatbestandsmerkmal dieses Sportdelikts ist. Sehr wohl – und das ist nur folgerichtig – kann aber eine **besondere** Rücksichtslosigkeit, also eine Steigerung des primären Normmerkmals, gebührend berücksichtigt werden.

Wenn Erkenntnismöglichkeiten hierfür vorliegen, kann auch die Strafempfänglichkeit des Täters in den Abwägungsprozess einbezogen werden oder auch das Vorliegen einer hohen Hemmschwelle bezüglich Wiederholungsfällen.

4. Das Urteil in Fussballsachen

Die häufige Typizität eines Tatbildes, das zudem durch eine Zeitlupe mehrmals reproduziert werden kann, erleichtert die Straffindung, da der Richter sich am Vergleichsmerkmal früherer abgeurteilter Fälle und deren Einschätzung durch den Vorrichter orientieren kann. So hat sich im Bereich des DFB eine Reihe von Regeltatbildern herausgebildet, die nach dem Gedanken *„Gleiches gleich behandeln, Ungleiches entsprechend seiner Ungleichheit ungleich"* mit der Videokamera verglichen und dann gleichmäßig geahndet werden. Die Kritik der Vereine geht aber ins Leere, wenn nur scheinbare Übereinstimmungen behauptet werden. Wenn die Vereinsvertreter aber die Einordnung in eine gefestigte Rechtsprechungslinie zu früheren Fällen nachvollziehen können, erleichtert dies die Akzeptanz der Urteile und führt dazu, dass Rechtsmittel unterbleiben.

Mehr oder weniger floskelhaft werden oft die Strafzumessungsgründe im Urteil formuliert. Es wird zur Begründung z. B. ausgeführt, dass bei Gesamtwürdigung des Unrechtsgehalts der Tat und des Grades der Schuld, der Fall im Hinblick auf den Durchschnitt der erfahrungsgemäß vorkommenden Taten bei der Strafe X einzustufen ist. Kritiker meinen insoweit, dass in diesen Fällen die wahren Strafzumessungsgründe ungenannt bleiben, und zwar seien sie aus verschiedenen Gründen – teilweise im Hinblick auf Rechtsmittelangriffe bzw. auf Schiedsklagen – gerade nicht angeführt.

Unterbleiben sollten gerade in Urteilen gegen Sportler moralisierende Erwägungen, die meistens nichtssagend und überflüssig sind, und damit fehl am Platze. Statt inhaltsleeren Formen wird von routinierten Urteilsverfassern oft die Strafzumessung kurz und knapp formuliert, was durchaus überzeugend wirken kann.

Im staatlichen Strafrecht sind die sog. Eventualbegründungen wie etwa die, dass das Gericht dieselbe Strafe auch bei abweichender Sachverhaltsfeststellung oder Rechtslage verhängt hätte, unzulässig.[114] Es ist empfehlenswert, von solchen Ausführungen, die wohl von einem Rechtsmittel abhalten sollen, in einem Urteil gegen Sportler abzusehen, da daraus letztlich auf Unsicherheit des Richters geschlossen werden könnte.

5. Grundsätzlich 2. Tatsacheninstanz in Fußballsachen

Überhaupt ist bei Urteilen in Fußballsachen Vorsicht und Ängstlichkeit bei der Formulierung der Urteilsgründe bereits deshalb nicht geboten, weil es als 2. Instanz eine Tatsacheninstanz und darüber keine Revisionsinstanz gibt. Das Berufungsgericht muss daher stets eigene Erwägungen zur Strafzumessung anstellen, wenn es die der Vorinstanz missbilligt. Zulässig ist dabei nach DFB-Recht (§ 27 Nr. 1 RuVO), dass eine Berufung auf das Strafmaß beschränkt wird.

VII. Strafbemessung bei mehreren Gesetzesverletzungen

Tatmehrheit – Tateinheit – Gesetzeskonkurrenz: Auch im Fußballrecht kann ein strafrechtlich zu würdigendes Verhalten eine oder mehrere Handlungen im Sinne der Strafbestimmungen darstellen oder umgekehrt eine Handlung den Tatbestand mehrerer Vorschriften erfüllen, was sich auf die Strafe auswirken kann.

1. Tatmehrheit und Gesamtstrafe

Eine **Tatmehrheit (Realkonkurrenz)** liegt nach § 53 StGB vor, wenn jemand mehrere Straftaten begangen hat, die gleichzeitig abgeurteilt werden. In diesem Fall ist eine **Gesamtstrafe** zu bilden, und zwar durch Erhöhung der verwirkten höchsten Einzelstrafe (Asperationsprinzip). Bei diesem weiteren Zumessungsakt werden die Person des Täters und die einzelnen Straftaten zusammenfassend gewürdigt (siehe § 53 (1) Satz 3 StGB). Im Fußballstrafrecht sind demgegenüber überwiegend Einzeltaten abzuurteilen. Jedoch kommt es gelegentlich aber auch zur Sanktionierung von mehreren selbständigen Taten, bei denen entsprechend §§ 53, 54 StGB eine Gesamtsperre oder eine Gesamtgeldstrafe gebildet wird.

Zu befassen haben sich die Sportgerichte des DFB auch mit einer Konstellation im Sinne der **natürlichen Handlungseinheit**, die an eine Handlungsweise anknüpft, welche sich für einen Dritten als eine einheitlich zusammengefasste Tat bei natürlicher Betrachtungsweise darstellt, auch wenn mehrere Tatbestände verwirklicht

---

114 BFHSt 7, 359; RGSt 70, 103.

sind.[115] So ist eine einheitliche Handlung anzunehmen, wenn ein durchgebrochener Stürmer zuerst geschubst, dann am Trikot festgehalten und schließlich durch eine Beinschere zu Fall gebracht wird. Hier liegt **eine** Tat vor.

2. Tateinheit

Tateinheit (Idealkonkurrenz) ist anzunehmen, wenn die tatbestandliche Begehungsweise mehrere Strafgesetze oder dasselbe Strafgesetz mehrfach verletzt, die in einem Teil zumindest partiell identisch sind.[116] Beispiel: Ein Spieler bespuckt den Schiedsrichter und nennt ihn gleichzeitig einen Idioten. Hier liegt eine Körperverletzung in Tateinheit mit Schiedsrichterbeleidigung vor. Nach § 52 (1) und (2) StGB ist bei Tateinheit auf nur **eine** Strafe zu erkennen **(Absorptionsprinzip)**, wobei diese nach dem Gesetz zu bestimmen ist, das die schwerste Strafe androht (im Beispielsfall die Tätlichkeit gegen den Schiedsrichter [§ 8 Nr. 1 d RuVO]: im Regelfall Sperre von sechs Monaten bis zu zwei Jahren). Entsprechend judiziert die Sportgerichtsbarkeit, wobei aber oft die tateinheitlich verwirkte geringere Strafart auf Antrag des Kontrollausschusses entsprechend § 154 StPO eingestellt wird, da die insoweit gebotene Strafe im Endeffekt sich nicht auswirkt.

3. Gesetzeskonkurrenz im Sportrecht

Lediglich am Rande zu bemerken ist, dass im Sportrecht auch die verschiedenen Unterfälle der **Gesetzeskonkurrenz** wie Spezialität, Subsidiarität oder Konsumtion auftreten. In dem Bemühen, in das Fußballrecht nur so viel Juristerei einzuführen wie nötig, werden diese Erscheinungsformen, die für Strafrechtsdogmatiker interessant sind, durch Verschweigen des mitverwirkten Tatbestands einer vernünftigen sportadäquaten Lösung zugeführt.

Anzumerken ist dabei noch, dass das DFB-Recht ausdrücklich weder die Rechtsinstitute der Tatmehrheit bzw. der Tateinheit nennt, gleichwohl in jahrzehntelanger Rechtstradition die geschilderte Strafbemessung in Anlehnung an das Strafgesetzbuch vornimmt. Man hätte angesichts des Schweigens der RuVO die praktikablere **Einheitsstrafe**, wie sie das Jugendstrafrecht und viele ausländische Strafgesetze kennen, anwenden **können.** Ansätze für einen solchen Reformschritt hat der Kontrollausschuss im sog. *Hoyzer*-Verfahren unternommen, indem er z. B. gegen *Robert Hoyzer* in Anlehnung an das UEFA-Recht eine Einheitsstrafe beantragt hat mit der weiteren Begründung, dass *„in der RuVO keine diesen Weg versperrende Regelung enthalten ist“*.[117] Die Rechtsprechung hat sich jedenfalls in Fällen der Tatmehrheit bisher nicht geändert.

---

115 BGHSt 16, 397; 26, 284.

116 BGHSt 27, 67; 33, 164.

117 Siehe Anklage im Wortlaut: *Hilpert* Sportrecht II, 2 Anlage 1, S. 94.

4. Notwendigkeit der Begründung im Urteil

Man mag sicher angesichts vorstehender umfassender juristischer Erwägungen zur Strafzumessung im Fußballrecht an den betagten Amtsrichter denken, der in den letzten Jahren seiner Berufstätigkeit judiziert, ohne noch einen Blick in einen Strafrechtskommentar zu werfen, und dabei nach allgemeiner Auffassung mit seinen Strafaussprüchen jedes Mal „ins Volle trifft“ und rundum ausgewogene Strafen verhängt.

Ähnlich kann man sich den ehrenamtlich für einen Landesverband an der Basis tätigen Sportrichter – gleichsam der „Amtsrichter des Sportrechts“[118] – vorstellen, der pro Woche eine Flut von Schiedsrichtermeldungen in Sperrstrafen umsetzt: Intuitiv findet er die „goldrichtige Strafe“.

Trotz solch begrüßenswerter Sonderfälle ist im Hinblick auf die Tragweite von Sperren mit oder ohne zusätzliche Geldstrafen gegenüber Fußballlizenzspielern eine juristische Ableitung und Begründung dieser für den Sportler und seinen Verein einschneidenden Sanktionen unverzichtbar – auch im Hinblick auf die Zweistufigkeit des Sportstrafverfahrens sowie ein durchaus mögliches Verfahren vor einem staatlichen Gericht oder einem Schiedsgericht.

5. Verbot der Mehrfachbestrafung, Art 103 (3) GG

Doppelbestrafung: Im Rahmen der Abhandlungen über die Strafe im Einzelfall ist auch zu prüfen, wie das Fußballrecht zu einer Doppelbestrafung durch staatliche Gerichte und/oder Sportgerichte bzw. auch nacheinander geschaltete Sportgerichte verschiedener nationaler oder internationaler Verbände steht. Eindeutig ist der Fragenkomplex zu beantworten, dass ein Regelverstoß von einem Fußballgericht in Deutschland nicht neu sanktioniert werden darf, wenn ein anderes Vereinsgericht des DFB bereits mit dieser Sache befasst war und eine Strafe rechtskräftig ausgesprochen hat. Aus dem in Art. 103 (3) GG (*ne bis in idem*) verankerten Verbot der Mehrfachbestrafung ist ein allgemeiner Grundsatz abzuleiten – fußend auf dem Rechtsstaatsprinzip und der Menschenwürde –, dass jedenfalls verbandsintern in horizontaler Hinsicht – im Rechtsweg ist dies anders – keine Doppelahndung zulässig ist,[119] was der DFB als ungeschriebenes Vereinsrecht im Sinne des Rechtsfriedens beherzigt. Verstöße sind nicht bekannt. Insoweit ist der DFB mit seinen Verbänden und Vereinen aber auch in das internationale Sportrecht eingeordnet. Dabei sind die internationalen Verbände keine Völkerrechtssubjekte, sondern juristische Personen des Privatrechts am Sitze ihres Verbandes, die von der dortigen Rechtsordnung ihre Autonomie ableiten. Dank ihrer Monopolstellung haben diese in einem äußerst begehrten Sektor eine wirtschaftliche und soziale Machtstellung erlangt, was insbesondere auf dem „Ein-Platz-Prinzip“ oder besser bezeichnet dem „Ein-Verbands-Prinzip“ beruht. Für

---

118 *Schickhardt* zitiert nach einem Plädoyer beim DFB.

119 *Nolte* Sport und Recht, S. 210.

jede Sportart gibt es nämlich nur **einen** Weltfachverband, der je **einen** nationalen Fachverband aufnimmt.[120] So setzen die Sportverbände ihre Macht – insbesondere auch die hier angesprochenen Sanktionen – durch, und zwar wie beim DFB nur im Rahmen **rein privatrechtlicher Einbindung.** In den letzten Jahren haben die internationalen Sportverbände, allen voran das IOC, eine einheitliche institutionelle Schiedsgerichtsbarkeit durchgesetzt (vgl. § 17 a DFB-Satzung, der den CAS als Rechtsmittelinstanz vorsieht), die sich sehr bewährt hat.

Strittig ist, ob eine Vereinsstrafe **und** eine staatliche Strafe kumulativ für die gleiche Tat verhängt werden können. Gerade der schon häufiger zitierte *Hoyzer*-Skandal zeigt mit aller Deutlichkeit, dass trotz des mit Nachdruck betriebenen Sportstrafverfahrens und der darin verhängten empfindlichen Sanktionen des DFB eine zusätzliche Bestrafung durch die staatlichen Strafgerichte unumgänglich war. Dabei ist die Annahme eines Hindernisses für die Strafgerichte wie auch in umgekehrtem Sinne **nicht** unumstritten. *Reinhart*[121] hat die Auffassung vertreten, dass zwischen den Sanktionen, die aufgrund des Verbandsstrafrechts gegen einen Spieler verhängt werden, und den Sanktionen des staatlichen Strafrechts ein aus Art. 103 (3) GG abzuleitendes Doppelbestrafungsverbot bestehe. Er meint, dass die naheliegende parallele Betrachtung zum herkömmlichen Nebeneinander von Kriminal- und Disziplinarmaßnahme im staatlichen Strafrecht wegen der Eigenart der Sportgerichtsbarkeit **nicht** gezogen werden dürfe, vielmehr gelte der Grundsatz „ne bis in idem" im Verhältnis Sportgerichtsbarkeit und staatlicher Gerichtsbarkeit uneingeschränkt: *„Die gegenteilige herrschende Meinung müsse deshalb im Interesse der Autonomie und der Rechtssicherheit für die Sportbeteiligten rasch revidiert werden."*

Diese Mindermeinung ist abzulehnen.[122] Die Annahme eines Hindernisses für das Strafen durch den Staat bei einer vorher erfolgten Vereinssanktion wäre anmaßend. Art. 103 (3) GG bezieht das Doppeltbestrafungsverbot nach seinem Wortlaut nur auf die „allgemeinen Strafgesetze". Unbedenklich ist aber, was oft geschieht, dass eine verhängte Verbandsstrafe vom Staatsanwalt im Rahmen seiner Erwägungen zu § 170 (2) StPO – Einstellung des Verfahrens – oder §§ 153, 153 a StPO (Einstellung wegen Geringfügigkeit bzw. gegen eine Geldbuße) berücksichtigt wird und folgerichtig auch bei Anhängigkeit eines Verfahrens bei Gericht bei dessen Einstellungserwägungen. Andererseits verbietet die Rechtsordnung **nicht**, Handlungen, die mit öffentlicher Strafe bedroht oder bereits abgeurteilt sind, unter eine privatrechtliche Strafe zu stellen. Auf keinen Fall ist darin der Vereinsgerichtsbarkeit der Weg versperrt, im reziproken Fall zu oben nach dem Tätigwerden der staatlichen Strafverfolgungsbehörde eigene Maßnahmen zu verhängen, auch nach Verfahrenseinstellungen der Staatsanwaltschaft; jedes andere Ergebnis wäre ein Eingriff in die Verbandsautonomie. Die

---

120 PHB/*Pfister* Einführung, S. 13 ff. und II 6 ff.

121 *Reinhart* Sportverbandsgerichtsbarkeit und Doppelbestrafungsverbot, SpuRt 2001, 45.

122 Eingehend zu diesem Meinungsstreit: Hilpert, Sportrecht, II 2, Rn. 35 – 36; Buchberger aaO., S. 175; ferner klar ablehnend: *Pfister* Rechtsprechung des TAS von 1986 – 1998, SpuRt 2007, 7 ff., Fahl, aaO., SpuRt 2001, 181 ff., der von der „Pseudostrafgewalt" der Verbände spricht; Reschke, aaO., S. 183

staatliche Rechtsordnung verbietet jedenfalls nicht, Handlungen, die mit öffentlicher Strafe bedroht oder bereits abgeurteilt sind, unter eine privatrechtliche Sanktion zu stellen. *Reinhart*[123] hat zwischenzeitlich eingeräumt, dass seine früher geäußerte Auffassung auf erbitterten Widerstand gestoßen und vereinzelt geblieben sei, er aber *„die These von der Geltung des Doppelbestrafungsverbots nach erneuter Überlegung aufrechterhalte"*. *Summerer*[124] erläutert anhand des „Falles *Hoyzer*" überzeugend das Nebeneinander von Verbandsstrafe und staatlicher Strafe und weist auf das häufige Beispiel aus der Praxis hin, dass der Staatsanwalt das nach einer Verbandsstrafe noch auszugleichende Maß an zu ahnender Schuld eventuell als gering im Sinne des § 153 StPO ansehen könne. Gerade dieser Ablauf wird von Sportlerseite sehr begrüßt, ist doch festzustellen, dass nach mehr oder weniger spektakulären Fouls auf den Bundesligaspielfeldern oft zunächst der laute Ruf nach dem Staatsanwalt ertönt oder in großer Zahl Strafanzeigen erfolgen.

6. Privatklageweg, § 376 StPO

Aus der Rechtsprechung: Am größten war die „öffentliche Aufregung" nach dem Foul von Norbert Siegmann an Ewald Lienen aus dem Spiel Werder Bremen gegen Borussia Mönchengladbach im Jahre 1978 mit einer klaffenden offenen Wunde am Oberschenkel von Lienen, die im Fernsehen aus unmittelbarer Nähe in Großformat gezeigt worden war. Eine Anklage Siegmanns ist nicht erfolgt, er wurde auf den Privatklageweg verwiesen.

Der Staatsanwaltschaft steht dieser strafprozessuale Weg der Eindämmung der Verfolgungsfälle zur Verfügung, nämlich das öffentliche Interesse an der staatlichen Verfolgung einer eventuellen Straftat zu verneinen (§ 376 StPO), weil *„eine Strafverfolgung kein gegenwärtiges Anliegen der Allgemeinheit sei"*. Kleinere „Straftaten", die in Kampfsportarten infolge Übereifer oder Unachtsamkeit geschehen, sind nicht immer zu vermeiden. Jedenfalls findet der aufmerksame Beobachter höchst selten eine Notiz, dass ein Fußballer strafrechtlich belangt worden ist, auch wenn dessen Verfehlung auf dem Spielfeld beim ersten Hinsehen im Fernsehen höchst missbilligenswert erschien. Direkte Vorsatztaten kommen zwar leider vor, glücklicherweise aber selten. Mittlerweile ist die Körperbeherrschung von Täter und Opfer im Spitzenfußball so ausgeprägt, dass bleibende Verletzungen als Folge von Körperverletzungen äußerst ausnahmsweise eintreten.

123 PHB/*Reinhart* VIII, 3 Rn. 108.
124 Ebenfalls PHB/*Summerer* II, 3 Rn. 258.

VIII. Reichweite der Spielsperren

§ 5 Nr. 2 RuVO: Ein Erstrecken der Sperren auf den **internationalen Spielbetrieb** tritt grundsätzlich nicht ein. Früher war dies anders. Die jetzige Praxis wird von Spielern und ihren Vereinen im Hinblick auf die oft engmaschigen Termine in der Champions League und im UEFA-Cup sehr begrüßt. Eine zwingende oder fakultative Ausdehnung auf den internationalen Spielverkehr der Vereine wäre bei entsprechender UEFA- oder FIFA-Regelung möglich. Bei „besonders verwerflichen Tatumständen" kann dies auch bereits durch DFB-Urteil ausgesprochen werden, was höchst selten der Fall ist (§ 5 Nr. 2 HS RuVO). Früher musste die Nichterstreckung ausdrücklich im Urteil angeordnet werden. In Angleichung an die Praxis anderer europäischer Verbände wurde, um unsere inländischen Spieler nicht zu benachteiligen, die jetzige Fassung eingeführt.

IX. Haftung für Geldstrafen

§ 5 Nr. 3 RuVO: Wegen Geldstrafen gegen Spieler oder Einzelmitglieder kann der Verein des Bestraften als Haftungsschuldner herangezogen werden. Die vorgeschriebene Pflicht des Spielers, die gegen ihn verhängte Geldstrafe im Ergebnis selbst zu tragen, ist eine der am meisten unterlaufenen Vorschriften im DFB-Recht. Die Vereine lassen sich oft breitschlagen, die Zahlung für ihren Spieler zu übernehmen, da *„er sich für die Mannschaft eingesetzt habe"*. Wenigstens lassen ein Teil der Vereine ihre Spieler zumindest auf Geldstrafen wegen Schiedsrichterbeleidigungen oder Ball-Wegschlagens „sitzen", da die Athleten jedenfalls insoweit sich im Zaum halten müssten.

X. Opportunitätsprinzip

§ 5 Nr. 5 RuVO: Hier ist das im modernen Strafrecht immer mehr verbreitete Opportunitätsprinzip in das Fußballstrafrecht übernommen worden. Die Einstellungsmöglichkeit durch zwischen Kontrollausschuss und Sportgericht abgestimmtes Vorgehen, mit oder ohne Auflagen, eröffnet eine größere Flexibilität bei der Ahndung. Voraussetzungen sind insoweit die Kriterien in §§ 153, 153 a, 154 StPO, nämlich u. a. „geringe Schuld", „kein öffentliches Interesse". Als Regel bleibt aber gleichwohl das **Legalitätsprinzip** (Verfolgungszwang, § 152 (2) StPO). Wie im allgemeinen Strafrecht ist das Akkusationsprinzip (§ 151 (2) StPO das notwendige Korrelat zum Anklagemonopol des Kontrollausschusses; (vgl. § 152 (1) StPO). Beim DFB ist dieses Recht bei Anzeigen von behaupteten Verstößen gegen DFB-Recht durchbrochen (§ 13 Nr. 1 c RuVO). Die Regelung in § 50 Nr. 1 Satz 1 Satzung klingt der Formulierung nach („ist") als strenges Legalitätsprinzip, wird aber in Nr. 1 Abs. 2 insoweit aufgelockert, wo für den häufigsten Anwendungsfall der Anklage, nämlich den der Unsportlichkeiten im Zusammenhang mit den Bundesspielen, die Verfolgung als Kannvorschrift ausgebildet ist.

Der geschaffene Freiraum wird bei Fällen geringerer Schuld, aber auch bei niedriger Unrechtshöhe nach pflichtgemäßem Ermessen entsprechend §§ 153–154 StPO umgesetzt. Durch die Beschränkung in Nr. 5 Satz 1 RuVO „auf geeignete Fälle" kann der Gedanke des Fußballspielens unter Verpflichtung auf den Fair-Play-Gedanken (DFB-Präambel in der Satzung Abs. 3 Satz 3) Einfluss gewinnen. In dem Fall des hinter dem Rücken des Schiedsrichters angegriffenen Spielers, der vor dem Angriff auf ihn eine „leichtere Vortat" begangen hat, ist nach der bisherigen Praxis des Kontrollausschusses ein Absehen von der Verfahrenseinleitung gegen diesen möglich, wobei in den meisten Fällen eine Strafbarkeit des [Kron]zeugen ohnehin nicht gegeben ist; anders die FIFA-Disziplinarkommission, die im Falle *Materazzi* gegen *Zidane* (WM-Endspiel 2006) die Verfolgbarkeit *Materazzis* wegen Beleidigung *Zidanes* **nicht** auf das hohe Niveau des krass sportwidrigen Verhaltens (§ 8 Nr. 8 RuVO) angehoben hat. Zwingend ist, nach Feldverweisen als Untergrenze nach FIFA-Recht eine Sperre und nicht etwa „nur" die Geldstrafe auszusprechen, da ein Feldverweis danach immer „zu einer automatischen Sperre für das nächste Spiel" (Art. 19 Nr. 4 FIFA-Disziplinarreglement [FDC]) führt.

XI. Aktuelle Entscheidungen

1. Trainer *Ancelotti* vergisst sich nach Anspucken durch Zuschauer in Berlin

Sachverhalt:

Am 17. Februar 2017 erzielte Bayern München bei Hertha BSC Berlin in Minute 5.59 der vom 4. Offiziellen angezeigten Nachspielzeit den 1:1 Ausgleich. Das Berliner Publikum war empört, über der vorgeblich zu langen Nachspielzeit. Beim Gang zu den Katakomben spuckte ein Berliner Zuschauer von der Tribüne aus dem Trainer von Bayern München *Carlo Ancelotti* auf den Kopf, der daraufhin den ausgestreckten Mittelfinger zeigte. Diese obszöne Geste wurde von der Fernsehkamera eingefangen.

Der Kontrollausschuss des DFB stellte das Ermittlungsverfahren wegen dieser Entgleisung des Trainers mit Zustimmung des DFB-Sportgerichts unter der Auflage ein, 5.000 € an die *Sepp Herberger Stiftung* zu spenden. Diese Vorgehensweise bei vergleichbaren Trainerverfehlungen wurde in der Vergangenheit von der Sportgerichtsbarkeit häufiger praktiziert – zuletzt bei einem ähnlichen Vorgehen des Trainers von Union Berlin, *Norbert Düwel*. Die Begründung, die diese Schritte rechtfertigt ist meistens nicht bekannt geworden. Sie sollen deshalb aus meiner Praxis als Kontrollausschussvorsitzender nachgeholt werden. Als Anklageinstanz habe ich in diesen Fällen im Ansatz den Kompensationsgedanken herangezogen, der im staatlichen Recht für die dort verwirklichte Körperverletzung in Tateinheit mit Beleidung (§§ 199, 233, 185, 223, 73 StGB) zur Straffreierklärung führen kann. Voraussetzung für diese **Kompensationswirkung** ist nach dem StGB, das die Beleidigung/Körperverletzung „auf der Stelle erwidert" wird, solange die Erregung infolge des Spuckens noch andauert. Wenn man die „Retourkutsche" von *Ancelotti* unter das staatliche Strafrecht subsumieren wollte, käme man unschwer zu einer möglichen **Straffreierklärung.**

Der DFB hat aber trotz seines grundsätzlichen Bemühens, sich bei seinem „Sportstrafverfahren" soweit wie möglich an das staatliche Strafrecht anzulehnen, in der Vergangenheit bei dem Kompensationsgedanken einen anderen Weg beschritten.

Das Ethos des DFB fordert von einem Sportsmann, insbesondere von einem Trainer, der insoweit nach der Ausbildungsordnung Vorbildfunktion hat, nach dem Fair-Play-Prinzip, dass er eine Beleidigung oder Körperverletzung an ihm gerade nicht auf der Stelle erwidert, sondern hinnimmt. Dies fällt manchmal schwer. Sollte er sich aber gleichwohl wie hier in der Erregung vergessen, bietet das **Opportunitätsprinzip** dem Kontrollausschuss mit Zustimmung des Sportgerichts nach Zahlung einer spürbaren Buße an eine wohltätige Institution die Einstellung des Verfahrens, falls ein Trainer nicht vorbelastet ist. Demnach ist Trainer *Ancelotti* straffrei geblieben.

2. Staatliches Aufenthaltsverbot bei einem Fußballspiel

Der Magistrat der Stadt Darmstadt erließ am 21.04.2016 eine für sofort vollstreckbar erklärte Allgemeinverfügung „Fußballbundesligaspiel zwischen dem *SV Darmstadt 98* und *Eintracht Frankfurt a.M.* am 30.04.2016 in Darmstadt" für Anhänger/Fans von Eintracht Frankfurt (erkennbar durch Fanbekleidung, Skandierung von Parolen und sonstigem Auftreten in der Zeit vom 29.04.2016, 19.00 Uhr bis 01.05.2016, 07.00 Uhr). Diesen wurde der Aufenthalt in einem bestimmten Bezirk des Stadtgebiets untersagt. Hiergegen beantragte der Antragsteller beim Verwaltungsgericht einstweiligen Rechtsschutz.

Dem Antrag wurde stattgegeben. Zur Begründung ist angeführt, dass das Aufenthaltsverbot mangels hinreichender Bestimmtheit und Verstoßes gegen den Grundsatz der Verhältnismäßigkeit rechtswidrig sei.[125]

XII. Der Fußball ist weiblicher geworden

In der etwas ruppigen Eishockey-Sportart ist es gestattet, dass Frauen und Männer zusammen in einer Mannschaft spielen – im Fußball nicht; dies gilt auch für Spiele von Frauen- gegen Männermannschaften.

Dieses Verbot geht zurück auf ein Schreiben der FIFA an den Italienischen Fußballverband (FIGC) vom 16. Dezember 2003, in dem es heißt:

> „Die Trennung von Geschlechtern auf professionellem Fußball-Level ist in kontinentalen wie in Fußball-Wettbewerben obsolet."

Dieser Entscheidung ging der Antrag des um keinen PR-Gag verlegenen Vereinspräsidenten des Serien-A-Clubs *AC Perugia*, *Luciano Gaucci*, voraus, der seine Fühler nach der deutschen WM-Torschützenkönigin *Birgit Prinz* ausstreckte, und sie für seine

125 SpuRt 2017, 42; NVwZ 2016, 1344.

Männermannschaft zu einem siebenstelligen Entgelt verpflichten wollte. *Gaucci*'s Argument: Frauen arbeiten auch am Fließband bei der FIAT gleichberechtigt neben Männern. Nach seiner Auffassung hätte spätestens der EUGH seinem Anliegen stattgegeben. *Birgit Prinz* schlug aber letztlich die Offerte aus. *„Als Glamour-Girl eigne ich mich nicht."*

Der Frauenfußball hat in seiner rechtlichen Behandlung auch durch den DFB verschiedene Entwicklungen durchgemacht. Noch 1958 war ein ausdrückliches Verbot für den Frauenfußball auf dem Bundestag des DFB erfolgt. Erst am 31. Oktober 1970 auf dem Bundestag in Travemünde wurde das Verbot außer Kraft gesetzt.

Seit 1974 ermitteln die Frauen ihren Meister (der erste war *TuS Wörstadt*). Eine Nationalmannschaft wurde aufgebaut und feierte 1982 ihr Länderspiel-Debüt – nach guter Tradition gegen die Schweiz.

Seitdem haben sich die internationalen Erfolge bei Welt- und Europameisterschaften bis hin zu der Goldmedaille bei den Olympischen Spielen 2016 in Rio de Janeiro eingestellt. Der DFB ist stolz darauf.

Die Frauen spielen Fußball – sogar ohne Sonderbestimmungen. Immerhin können männliche Schiedsrichter Frauenspiele pfeifen und – siehe da – weibliche Schiedsrichterinnen die Spiele von Männermannschaften leiten.

Gleichwohl überrascht es, dass in dem führenden Fußball-Land Spanien arbeitsrechtliche Klauseln in den Verträgen enthalten sind, die die führende Arbeitsrechtlerin *Maria José Lôpez Gonzales* als aberwitzige Regeln bezeichnete. Danach berechtigen Schwangerschaften den Verein dazu, Verträge einseitig aufzukündigen – etwa wie Doping oder vereinsschädigendes Verhalten in der Öffentlichkeit -.

Das strukturelle Problem sei dabei, dass das spanische Sportgesetz den Frauen-Spitzensport nicht als berufliche Tätigkeit einordne. Die spanische Zeitung *El Mundo* berichtet, dass eine junge Spielerin einmal wegen ihrer Schwangerschaft entlassen worden sei. Sie habe eine Depression erlitten und dann das Kind verloren.

Mittlerweile seien die spanischen Sportlerinnen in der Spielergewerkschaft AFE aktiv. Die **Anti-Schwangerschaftsklauseln** sind aus den Verträgen verschwunden.[126]

XIII. Schranken der Vereinsautonomie

Der BGH[127] hat für Strafen durch einen „sozial mächtigen Verband" – dazu zählen sicherlich der DFB und seine Landesverbände – erweiterte Kriterien aufgestellt für die Überprüfung über die bisherigen Maßstäbe hinaus, die in ständiger Rechtsprechung des RG und des BGH[128] galten: Die Inhaltskontrolle erfolgte darüber, ob:
– die verhängte Sanktion eine Stütze im Gesetz oder in der Satzung hat,

126 SZ 2.12.2016, Nr. 279.
127 BGHZ 128, 93, 110 = NJW 1995, 583, 587.
128 Urteil vom 30.5.1983, BGHZ 87, 337ff., 343 = NJW 1984, 918, 919.

- das satzungsmäßig vorgeschriebene Verfahren beachtet ist,
- sonst keine Gesetzes- oder Satzungsverstöße vorgekommen sind und
- die Maßnahme nicht grob unbillig oder willkürlich ist.

In der dies nochmals klarstellenden bahnbrechenden BGH-Entscheidung aus dem Jahre 1983[129] wird das Recht der Vereine, die Tatsachenfeststellungen unbeeinträchtigt von der gerichtlichen Kontrolle eigenverantwortlich zu treffen, im Hinblick auf die große gesellschaftliche Macht, die u.a. von Sportverbänden über ihre Mitglieder ausgeübt werden kann, eingeschränkt. Die These, die der Rechtsprechung bis dahin zugrunde gelegen hat, wird nicht aufrechterhalten, wonach die Mitglieder freiwillig durch ihren Eintritt in den Verein auf die Überprüfung des im vereinsrechtlichen Disziplinarverfahren festgestellten **Sachverhalts** verzichteten. Die Vereinsangehörigen sollten nicht für Taten verantwortlich gemacht werden, die sie nicht begangen haben. Der bis dahin auf diesem Bereich für die Vereine gegebene rechtsfreie Raum wurde damit aufgehoben und die gerichtliche Überprüfung auf die **Tatsachenermittlung** in Vereinsstrafsachen eröffnet. Dadurch werde die Vereins-/Verbandsautonomie keineswegs beeinträchtigt, da den Institutionen nur die Möglichkeit genommen werde, ihren Sanktionen Sachverhalte zugrunde zu legen, die sich bei objektiver, an rechtsstaatlichen Grundsätzen ausgerichteter Tatsachenfeststellung feststellen ließen.

Bei dieser Sachverhaltskontrolle erfasst die Überprüfung die Rechtswidrigkeit und das Verschulden.[130]

Gleichwohl bleibt dem Verein ein Bewertungsvorrecht bei der **Subsumtion**, also bei der Anwendung des Vereinsrechts auf den konkreten Sachverhalt. Das Tatbestandsmerkmal *„unkameradschaftlich, vereinsschädigend oder insbesondere unsportlich“*, obliegt der Beurteilung der Vereine. Insbesondere besteht eine Schranke, wenn die Rechtsanwendung des Vereins grob oder offenbar unbillig ist sowie willkürlich oder gegen die staatlichen Gesetze verstößt. Als Beispiel für eine offenbare Unbilligkeit hat die Rechtsprechung eine evidente Ungleichbehandlung zweier Mitglieder bei gleichem Sachverhalt angenommen.[131]

Diese volle Nachprüfbarkeit des Sachverhalts gilt nicht nur bei sozialmächtigen Verbänden, sondern bei jedem Verein.

Dessen Umsetzung durch die Verbände ist dagegen durch die Gerichte hinzunehmen, da es nicht deren Aufgabe ist, ihre Überzeugung an die Stelle derjenigen des häufig zeitlich wie fachlich tatnäheren Verbandsgerichts zu setzen. Vielmehr gelten ganz ähnliche Regelungen wie im Bereich der staatlichen Gerichtsbarkeit für das Verhältnis von Tat- und Revisionsrichter. Daraus folgt, dass das Schiedsgericht so

129 Siehe Fn. 89.
130 PHB/*Summerer* Rn. 437 S. 278.
131 wh. FN 131, Rn 439 S. 279.

lange **keine** eigene Beweiswürdigung vornehmen kann, als nicht gravierende Fehler festgestellt sind.[132]

Darüber hinaus hat der BGH den weiteren Schritt im Sinne einer rechtsstaatlichen Kontrolle des Vereinslebens und der in ihm ergehenden Vereinsakte in dem berühmten Reiter-Urteil vollzogen, in dem er bei Verbänden mit sozialmächtiger oder mit einer Monopolstellung deren Regelwerk nicht nur auf grobe Unbilligkeit oder Willkür, sondern

auch auf seine inhaltliche Angemessenheit nach § 242 BGB prüft. Aber auch nach dieser grundlegenden Entscheidung bleibt dem Verband – wie in der Entscheidung aus dem Jahre 1983 herausgestellt – ein Beurteilungsspielraum, der unter Berücksichtigung seiner Vereinsautonomie zu handhaben ist.[133] Bei Ausschluss eines Mitglieds ist dieser Ermessensspielraum des Verbandes ggf. enger zu begrenzen. In der Literatur wird teilweise eine volle Überprüfbarkeit befürwortet,[134] wobei die Tendenz zu einer weitgehend uneingeschränkten Tatsachen-, Subsumtions- und Strafzumessungskontrolle geht. Meines Erachtens werden dabei ohne Rückendeckung durch den BGH die oben fest verankerten Rechtsprechungsgrundsätze der 83er-BGH-Entscheidung ohne innere Berechtigung überschritten.[135] Selbstverständlich ist beim Abschluss der Inhaltskontrolle festzuhalten, dass zur Anwendung der Grundsätze vorauszusetzen ist, dass der Fußballer unmittelbares Mitglied des Vereins oder dieser Mitglied des Verbandes ist.

C. Resümee

Zusammenfassend kann festgestellt werden, dass das Rechtsfolgensystem des DFB (§ 44 Satzung)

- den Anforderungen der höchstrichterlichen staatlichen Rechtsprechung entspricht, indem es die Wesens- und Grundsatzentscheidungen in der Satzung regelt und den rechtsstaatlichen Mindestanforderungen Rechnung trägt;
- durch die Bandbreite der Strafarten in § 44 Satzung bleibt Platz gemäß dem dort verankerten großen Spielraum einerseits für Milde, wo geboten, aber auch für Strenge, wenn erforderlich, insbesondere für die **gerechte** Strafe (*suum cuique*) ohne Überreaktion im Einzelfall (Augenmaßentscheidungen);
- es trotz des unbestreitbaren Machtgefälles zwischen DFB und den Vereinen bzw. den Lizenzspielern nicht zu Überreaktionen geführt hat;

---

132 *Röhricht/Vieweg* Sportgerichtsbarkeit, RUS 22, 31; so auch Ständiges Schiedsgericht des DFB: Urteil vom 21.4.2005 im Verfahren LR Ahlen./. DFB; siehe ferner PHB/*Summerer* II 5, Rn. 328 und Fn. 695.

133 Urteil vom 28.11.1994, NJW 1995, 583, 585, Urteilsgründe I, 3 b.

134 Siehe Fn. 111: PHB/*Summerer* Rn. 333 und Fn. 704 mit weiteren Belegen aus der Literatur.

135 So auch *Adolphsen* SpuRt 2000, S. 101.

– die Rechtsprechung der DFB-Gerichte in den letzten 40 Jahren die *„Feuerprobe der Bewährung“* bestanden hat, wobei es auch auf Landesebene bei einer Verfahrenszahl von 350.000 bis 400.000 Vereinsstrafverfahren im Jahr nur zu einem Bruchteil von Freisprüchen durch staatliche bzw. Schiedsgerichte gekommen ist, weil ein dazu ausgebildeter Schnellrichter auf dem Spielfeld, der Schiedsrichter, die tatsächlichen Feststellungen für die Verfahren trifft und den Rechtsinstanzen übermittelt.

Die in der höchstrichterlichen Judikatur aufgestellten Kontrollmaßstäbe für sozialmächtige Verbände – solche sind der DFB und seine Landesverbände – werden umgesetzt, wobei insbesondere das Grundrecht der Berufsfreiheit und ganz besonders der Grundsatz der Verhältnismäßigkeit herangezogen werden. Fehlurteile nach Spruch durch staatlichen Gerichte/Schiedsgerichte sind pro Jahr an den Fingern einer Hand abzuzählen. Die traditionellen Selbstregulierungskräfte der DFB-Gerichtsbarkeit und weitgehend auch der Instanzen auf Landesebene haben sich um die Rechtsfindung in materiellrechtlicher und prozessualer Hinsicht mit möglichst gerichtsförmigen Erkenntnismitteln und -methoden bemüht und sich dabei am Geiste der Gerechtigkeit, Billigkeit und insbesondere der Fairness orientiert.[136] Die Vereine schätzen ihre Autonomie, die ihnen der Staat verliehen hat, der damit ihre Grenzen aufzeigen darf.

So wurde kein mächtiges Subsystem entwickelt, dem das *„Odium einer rechtsfreien Sondergerichtsbarkeit“* anhaftet. Das Erfreuliche zu dieser Einschätzung von *Vollkommer*[137] aus dem Jahre 1982 ist die heutige Erkenntnis von *Udo Steiner,*[138] dass der DFB eine **Binnenverrechtlichung** seiner Sportgerichtsbarkeit und seines Sports vorgenommen hat, wobei sich die staatliche Gerichtsbarkeit bis auf weiteres auf eine Art *„self-restraint-Formel in Sportgerichtsfragen“* festgelegt hat.

Sie können dabei gewiss sein, dass der Fußball sich im Spannungsfeld zwischen autonom bestimmter Eigenwelt und der gebotenen Verrechtlichung frei zum Wohl seines schönen Sports bewegen kann.[139]

Für seine Millionen Anhänger bietet er dabei Gewähr, dass sie ihren geliebten Fußball – weitgehend fair und sauber ausgeübt – genießen können. Sie dürfen dabei davon ausgehen, dass die auch im Fußball letztlich unvermeidlichen Konfliktfälle sportspezifisch und fair gelöst werden.

Die zu § 44 Satzung gewonnenen allgemeinen Erkenntnisse sollen im folgenden Teil VII anhand von Rechtsprechungsfällen nochmals *in concreto* umgesetzt und auch kontrolliert werden. Gerade diese Rechtsprechungsakte sollen für Sportrichter und Sportanwälte nützlich sein. Die Spruchpraxis der DFB-Gerichtsbarkeit zu kennen, kann beim Herangehen an jeden neuen Fall wertvolle Hilfestellung leisten.

---

136 *Hilpert* Organisation und Tätigkeiten von Verbandsgerichten, BayVBl. 1988, S. 203.

137 *Vollkommer* aaO., RdA 1982, 16 ff., 33.

138 *Steiner* Festschrift für Burmeister, 2005.

139 Adolphsen/*Rössner* Sportrecht in der Praxis, Rn. 3.

Teil V Materielles Fußballstrafrecht Hauptteil

A. Vorbemerkungen

I. Allgemeine Rechtsgrundsätze

Unter Auswertung des staatlichen Zivil- und Strafrechts soll im Folgenden untersucht werden, welche staatlichen Rechtsgrundsätze direkt oder kraft Analogie bzw. auf sonstigen Auslegungswegen, auf das Fußballstrafrecht anzuwenden sind, sowie inwieweit sie dem Sportrichter eine Interpretations- und Argumentationshilfe bei der Begründung von Strafmaßnahmen bieten. Sie können ihm nützlich sein, um die zu treffenden Sportgerichtsentscheidungen möglichst gerichtsfest zu machen. Dieser Weg des Ausleuchtens staatlicher Rechtsprinzipien auf ihre Verwendbarkeit für die Rechtsfindung der DFB-Sportgerichte kann nicht in die falsche Richtung lenken, weil das, was dem Staat als allgemeine Rechtsnorm nutzt, sicherlich bei Auswertung der staatlichen Rechtsprinzipien auch im Vereinsrecht eine wertvolle Hilfestellung bieten kann. Die Sportrichter können bei ihrer Suche nach der gerechten Strafe sich dabei sicher sein, dass der BGH keine prinzipiellen Bedenken gegen die Disziplinargewalt der Sportverbände hat, ja sogar eine gewissen (unbedenkliche) Geneigtheit zu der **„Faszination Sportrecht“**[140] zeigt, indem er begrüßenswerte richterliche Zurückhaltung bei der Beurteilung der Sportrechtsprechung übt. Dabei darf nie vergessen werden, dass Fußballrecht ein Teilbereich der allgemeinen Rechtsordnung in Deutschland ist, der für sich in Anspruch nimmt – was in seinem wichtigsten Teil, den Fußballregeln, weltweit unstreitig ist –, nämlich einfach und gleichbleibend zu sein. Es wird durch die Rechtsorgane des DFB in Deutschland angewandt und dabei in Vereinsverwaltungsakten („Sportgerichtsurteilen“) interpretiert. Im Durchschnitt fallen dabei pro Saison in der Bundesliga und in der 2. Liga ca. 30 Rote und 50 Gelb-Rote Karten an.

II. Massensport Fußball

Dabei vollzieht sich ein Phänomen, das – soweit ersichtlich – in vergleichbarer Weise bei sonstigen Rechtsfindungsakten nicht vorkommt:

Fußballrechtsprechung beruht meistens auf einem Tatgeschehen, das zeitgleich von einem **Millionenpublikum** vor dem heimischen Fernsehschirm wahrgenommen und dabei „vorverurteilt“ wird. Bei wichtigen Spielen liegen die Einschaltquoten über zehn Millionen. Der häusliche Betrachter wendet dabei bei Feldverweisen gegen Spieler aus ihm sympathischen oder unsympathischen Vereinen meist eine Schwarz-Weiß-Wertung an – etwa, dass der Feldverweis zu hart oder auf jeden Fall gerecht-

---

140 *Vieweg* Disziplinargewalt, SpuRt 1995, 97 ff., 99; *ders.* Faszination Sportrecht, 2007, S. 1.

https://doi.org/10.1515/9783110536416-007

fertigt war. Auf der heimischen Couch wird der Fernseher Zeuge der geahndeten Tat, oft mehrfach und in Zeitlupe. Er setzt bei bedeutsamen Spielen bzw. bei berühmten Spielern sein „Wissen“ und seine subjektive Wertung in eine Nachbetrachtung und -kommentierung etwa am Arbeitsplatz oder an der Theke um. Der Schiedsrichter ist dagegen ein Berufszeuge mit bester spezieller Ausbildung in dieser Funktion, der „Tatzeuge“ am Bildschirm weiß es angeblich gleichwohl oft besser als der Referee. Diese passive Beteiligung eines Massenpublikums ist ein Charakteristikum des modernen Leistungssports, insbesondere der Massensportart „Fußball“. Sicherlich ist es nicht ernst gemeint, von einem „Menschenrecht auf Fußball am Fernsehen“ zu sprechen,[141] Fernsehen ist für Fußballdeutschland aber unverzichtbar. Eine Folgerung aus diesem Phänomen der millionenfachen „Tatzeugen“ ist jedenfalls für die Verhängung der Strafen im Besonderen Teil des Fußballstrafrechts (§§ 6–12 RuVO) die unumgängliche Forderung nach größtmöglicher Gleichförmigkeit der Strafen bei gleichen oder fast gleichen Tatbeständen, ansonsten ein Akzeptanzverlust des Systems eintritt und der Rechtsfrieden in deutschen Landen empfindlich gestört würde.

Diese Kuriosität des „öffentlichen Tatgeschehens“ unterscheidet sich fundamental von der staatlichen Strafrechtspflege – dort würden die zur Entscheidung berufenen Richter oft nur zu gern sich ein Festhalten der Tat durch 20 Fernsehkameras aus allen Wahrnehmungssituationen – wie in den Bundesligastadien üblich – wünschen. Die Mitglieder der DFB-Rechtsorgane sind trotz dieser scheinbaren sicheren Beurteilungsgrundlage bei der Rechtsfindung froh und dankbar, sich an das staatliche Straf- und Strafverfahrensrecht sowie das Zivilrecht und das Zivilprozessrecht anlehnen und daraus „Honig saugen“ zu können. Hieraus folgt, dass mangels einer *„lex sportiva“* sich das Fußballstrafrecht – soweit wie möglich – an das staatliche Recht in Theorie und Praxis halten und eingebettet in dessen überlieferte Erkenntnisse weitgehend dessen Rechtsgrundsätze falladäquat anwenden sollte.

III. Reiter-Urteil des BGH

Auszugehen ist dabei von der im bereits mehrfach erwähnten berühmten *Reiter*-Urteil des BGH[142] anerkannten Zweispurigkeit der Bindung nach dem satzungsrechtlichen und/oder dem individualrechtlichen Modell. Letzteres benötigt man bei Änderungen der nationalen oder internationalen Rechtsordnung, falls man der angedeuteten Rechtsauffassung des BGH über die Unzulässigkeit der sog. **„dynamischen Verweisung“** folgt (siehe oben Teil III, XIII, S. 51). Sie bedeutet, dass auch künftige Änderungen der Regeln Satzungsinhalt werden sollen. Argwohn lösen dabei Änderungen aufgrund der späteren Willensbildung eines Dritten aus, so die Abänderungen der Fußballregeln oder die ständigen Anpassungen des WADC. Dann ist eine baldmög-

141 *Siedler* SpuRt 1997, 178 ff.
142 BGHZ 128, 93 ff. = NJW 1995, 583 ff.

lichste Angleichung der Ordnungen (eventuell auch der Verträge) empfehlenswert. Jedenfalls ist das frühere Streiten um die **formellen Voraussetzungen** der Bindung des Sportlers durch die BGH-Rechtsprechung in den Hintergrund getreten und auf den sachlichen Kern eines Tatbildes zurückgeführt worden **(Inhaltskontrolle).** Seit 1994 wird die Strafgewalt der Sportverbände nicht mehr ernsthaft aus formellen Gründen in Frage gestellt. Es geht seitdem meist nur noch darum, inhaltlich und unter Beachtung der verfassungsrechtlich geschützten Vereinsautonomie sachgerechte Grenzen aufzuzeigen und vernünftige Ergebnisse zu finden.

B. Rechtsprinzipien

I. Grundlegende Rechtsprinzipien

Nachfolgend werden vorweg im staatlichen Recht **bedeutsame Rechtsgrundsätze** auf ihre Anwendbarkeit auf den Sportbereich geprüft, wobei Teilaspekte von ihnen ansatzweise schon in Teil I angesprochen worden sind:
- Bestimmtheitsgrundsatz
- Verhältnismäßigkeitsprinzip
- Verschuldenserfordernis

Hinzu kommt eine Reihe von weiteren mehr oder weniger einschlägigen Rechtsprinzipien (s. unten.)

1. Bestimmtheitsprinzip

Es leitet sich aus Art. 103 (2) GG ab und gilt uneingeschränkt im staatlichen Strafrecht. Hinsichtlich des Vereinsrechts wird aber teilweise die Meinung vertreten, dass dieser Grundsatz auch dort zum Tragen kommt.[143] Wollte man dies im Fußballstrafrecht voll umsetzen, ergäben sich schätzungsweise über 100 Begehensweisen, die in konkrete Straftatbestände umgesetzt werden müssten. Der Standpunkt des überwiegenden Teils von Rechtsprechung und Literatur geht jedoch dahin, dass der Grundsatz im Vereinsrecht **keine** Anwendung findet.[144]

Für die Beachtung des Bestimmtheitsgrundsatzes wird vorausgesetzt, dass die betroffenen Mitglieder und Organe die Vereinsregelungen zur Kenntnis nehmen und verstehen können. Internationale Sportregeln müssten, soweit sie Satzungsqualität haben – also die Strafnormen – in das deutsche Vereinsrecht so transformiert werden, dass sie zum Satzungsbestandteil erklärt, der Vereinssatzung beigefügt und beim Registergericht eingereicht werden. Die bloße Bezugnahme auf Satzungen oder Re-

143 So *Reichert* aaO., Rn. 92; LG Leipzig, SpuRt 2005, 209 ff.
144 OLG München, SpuRt 2001, 64, 67, m.w.N.

gelungen anderer Organisationen (hier der FIFA, der UEFA, des IOC) genüge nicht.[145] Auch das Bundesverfassungsgericht[146] führt lapidar aus, Vereinsregelungen, *„die grundrechtsbeschränkende Wirkung haben, müssten rechtsstaatlichen Anforderungen an staatliche Normen, namentlich dem Bestimmtheitsgrundsatz, entsprechen"*. Ein Verein könne seine Autonomie nicht so weit selbst beschränken, dass er seine satzungsmäßige Ordnung von vornherein von der späteren Willensbildung eines Dritten abhängig macht.[147]

Bei der Lösung dieser umstrittenen Rechtsfrage, die für die Praxis von großer Bedeutung ist, erstreckt sich ein solches Erfordernis nicht nur auf die statuarisch unterworfenen Fußballer und Vereine, sondern auch bei vertraglicher Anbindung – etwa durch Lizenzverträge – auf die dafür geltenden Rechtsprinzipien, da das Nichtmitglied einem „echten Vereinsmitglied" gleichstehen, d.h. an die entsprechenden Regelungen gebunden sein soll.[148] Wenn man den Bestimmtheitsgrundsatz im Sinne der BGH-Rechtsprechung anwendet, ist jedoch auf einem anderen Weg eine spürbare Lockerung in der Auswirkung dieses verfassungsrechtlichen Gebots zu registrieren, falls man mit der insoweit überwiegenden Meinung bei der Einbeziehung eines anderen Regelwerks nicht dessen wörtliche Aufführung fordert, sondern eine **pauschale Bezugnahme** statt der wörtlichen Inkorporierung genügen lässt. Dabei wird in jedem Fall in prägnanter Formulierung verlangt, dass die Verweisung hinreichend klar und bestimmt, widerspruchsfrei und verständlich ist.[149] Grundsätzlich ist dieser Weg zu begehen, wobei aber m.E. zu wenig ins Blickfeld der Kritiker gelangt ist, dass es sich beim Fußballverbandsrecht – soweit es um den eigentlichen Spielbetrieb geht – um ein einheitliches **Weltrecht des Fußballs** handelt. Die Universalität der Fußballregeln gebietet Großzügigkeit bezüglich des Bestimmtheitsgebots des Art. 103 (2) GG für die Fußballvereine und -spieler. Falls der IFAB, das Entscheidungsgremium der FIFA für das Fußballrecht, bei seiner jährlichen Frühjahrstagung beschließen sollte, dass ein Feldverweis wegen eines Handspiels, das einen Torerfolg verhindert hat, mindestens drei Spiele Sperre zur Folge haben **muss**, muss nicht in Südamerika oder Australien diese Rechtsprechung praktiziert werden, weil es dort keinen Art. 103 (2) GG gibt, aber in Deutschland weiterhin auf ein oder zwei Spiele Sperre erkannt werden, weil die Satzung noch nicht „umgeschrieben" und eingetragen ist. Abgesehen davon, dass der jeweilige FIFA-Präsident sich beim DFB melden und bei Nichtanpassung der Strafpraxis empfindliche FIFA-Sanktionen androhen würde, ist dieses Universalitätsprinzip beim Fußball, das die Einheit der Regeln in der ganzen Welt auch nach dem Selbstverständnis des DFB fordert, ein gewichtiges Argument für die Auflockerung des starren Bestimmtheitsgrundsatzes in zweierlei Hinsicht:

---

145 *Reichert* aaO., Rn. 385.

146 NJW 1993, 2599, 2600

147 BGH, Reiter-Urteil, BGHZ 128, 93ff., 100.

148 *Haas* SportR B II, Rn. 2, 21.

149 *Haas* SportR B II, Rn. 17 m.w.N.; *Haas/Prokop* Aktuelle Entwicklungen in der Dopingbekämpfung, SpuRt 2000, 6.

- Zum einen ist bei den Bestimmtheitsanforderungen zu unterscheiden bezüglich des sanktionsbedrohten Verhaltens einerseits und der Strafen andererseits. Die Strafen, die Strafarten und -höhen müssen in der Satzung festgelegt sein, damit der beitrittswillige
  Fußballer sich informieren kann, was ihm im äußersten Fall droht; das ist in § 44 Satzung geschehen.[150]
- Eine wörtliche Aufführung des Straftatbestands in der DFB-Satzung ist dagegen mit der überwiegenden Meinung nicht zwingend.[151]

Es genügt der beim DFB gewählte umfassende Obertatbestand „alle Formen des unsportlichen Verhaltens", der als zu bestrafen aufzuführen ist, was wiederum in Nebenordnungen (hier in der Rechts- und Verfahrensordnung, RuVO) näher zu regeln ist. Dadurch wird dem Gedanken der Vorhersehbarkeit der Sanktionen für den Sportler, insbesondere aber auch den Bedürfnissen für das sportliche Leben unter Berücksichtigung des Universalitätsprinzips im Fußball angemessen Rechnung getragen. Ähnliche Begriffe als Ausgangspunkte sind z. B. „Verletzung der sportlichen Fairness" oder „das Ansehen des Sports schädigendes Verhalten". Sie können in Nebenordnungen als Auffangvorschriften konkretisiert werden, während die Grundsatz- und Wesensentscheidung in der Satzung niedergelegt ist.[152] Teilweise wird es erst aber dann als unbedenklich angesehen, wenn auf der Tatbestandsseite zwar mit generalklauselartigen Begriffen gearbeitet wird, diese aber der Transparenz wegen durch eine beispielhafte Aufzählung mehrerer Verhaltensweisen, die dadurch erfasst werden sollen, ergänzt werden. So könnten die in der Sportpraxis verwendeten *„vagen, verwaschenen Begriffe schärfere Konturen erlangen"*. Dies gelte vor allem dann, wenn es um gravierende Sanktionen gehe. Für einen Sportler sei nicht vorhersehbar, wann er einen „Dopingverstoß" oder einen Verstoß gegen *„anerkannte Grundsätze sportlichen Verhaltens"* begehe.[153] Meines Erachtens kann man von diesem strengen Maßstab leichter Abstand finden, wenn man das Universalitätsprinzip in die Argumentationskette einfügt als überragenden Rechtsgrundsatz, der die Einheit der Sportausübung ermöglichen soll, und ihm das nötige Gewicht beimisst. Nach diesen Gesichtspunkten, die alle durch das Grundrecht der Vereinsautonomie „grundrechtliche Weihe" erhalten, ist § 44 Satzung in Verbindung mit §§ 6–12 RuVO **gerichtsfest:** Die **Strafarten** sind vollständig in § 44 Nr. 1–3 Satzung verankert, die **Straftatbestände**, die diese Strafarten auslösen, befinden sich in der RuVO und in den Fußballregeln im Einzelnen anschaulich aufgelistet, wodurch in Art. 103 (2) GG gebührend Rechnung getragen ist. Man stelle sich vor, wenn man von einer statischen Verweisung ausgehen müsste und die dynamische Verweisung auch nicht in allgemeiner Umschreibung der Straftatbestände für zulässig erachtet würde: Eine vom Bundestag des DFB im No-

150 *Hilpert* Sportrecht II, 3, 76.
151 Siehe Nachweise in Fn. 127.
152 *Haas* SportR B II, Rn. 2, 16.
153 PHB/*Summerer* II 3, Rn. 256.

vember 2016 beschlossene neue Regelung käme vielleicht bei dem letzten der über sieben Millionen Mitglieder an der Basis, falls man die entsprechende Eintragung im Vereinsregister am Ende der Pyramide fordern würde, nach Jahren, vielleicht auch im Extremfall nie an. Fußball wird aber in der Zwischenzeit weiterhin gespielt. Diejenigen, die diesen Sport betreiben, haben in der Zwischenzeit längst von einer etwaigen grundlegenden Regeländerung der FIFA in den allgemeinen Medien Kenntnis erlangt und halten sich daran.

2. Verhältnismäßigkeitsprinzip

Dieser Grundsatz ist Bestandteil und Ausfluss des Gerechtigkeitsgedankens (suum cuique) und aus dem Wesen der Grundrechte abzuleiten.[154] Über die in Teil I gemachten Ausführungen über die Bedeutung und die Auswirkungen des Verhältnismäßigkeitsgrundsatzes für die abstrakte und konkrete Strafzumessung hinaus sollen seine Relevanz für sonstige Fragen des Fußballstrafrechts nachfolgend untersucht werden. Der Grundsatz, der aus dem **Übermaßverbot** abzuleiten ist, ist ein Grundpfeiler unseres Rechtsstaats. Er gilt auch im Sportrecht, konkret im Fußballrecht, zumal er auch ein Ausfluss des diesen beherrschenden Fair-Play-Gedankens ist. Konkret bedeutet dies, dass einerseits die zu ahndenden Verhaltensweisen (Straftatbestände) im Lichte des Prinzips (s. auch Art. 6 Abs. 1 EMRK „Fair Trial“) zu sehen sind, andererseits Art und Umfang der Fußballstrafen in einem angemessenen Verhältnis zueinander stehen müssen. Auf diesem Weg ist die schwierige **Suche nach dem Urmeter des Strafens** anzugehen. Plakativ ist bereits oben[155] das Übermaßverbot umgesetzt mit den Bildern:
- „nicht mit Kanonen auf Spatzen schießen“,
- stets „die Kirche im Dorf lassen“,
- kein „Auge um Auge, Zahn um Zahn“ (Talionsprinzip).

Das Rechtsprechungsorgan hat die verhältnismäßige Strafe auszuwählen, die sowohl zur Absicherung des Verbandzweckes und der -ziele (Einhaltung der Spielregeln, Chancengleichheit, Schutz der körperlichen Integrität der Gegner) geboten ist, aber andererseits nicht übermäßig in die Rechte und in die persönliche Sphäre des Sportlers eingreift. Bei Berufssportlern ist zu berücksichtigen, dass eine Sperre diese teilweise von der Ausübung des Berufs (Art. 12 (1) GG) ausschließt. Bei Amateuren greift die allgemeine Handlungsfreiheit (Art. 2 (1) GG) ein. Bei der Grundrechtskonkurrenz zwischen Vereinsfreiheit (Art. 9 (1) GG) hat aber Art. 12 GG den Vorrang zur Vereinsfreiheit (Art. 9 GG). Daraus zu ziehende Folgerungen sind etwa:
- keine Überbetonung von nebensächlichen Formalien beim Strafen,

154 BVerfGE 23, 127; 29, 360; 70, 311.
155 Teil I § 5 Rn. 58, 4c.

- keine allzu hohen Regel- bzw. Mindeststrafen beispielsweise bei Doping (zwei Jahre Sperre höchstens im Erstfall),
- keine Übermoral pflegen,
- keine Zufallshaftung durchsetzen,
- Differenzierung zwischen erstem und wiederholtem Verstoß,
- Abstufung nach der Schwere der Verfehlung (Bewertung ist Tatfrage),
- nicht das höchste Strafmaß anzuwenden, wenn eine mindere Sanktion ausreicht,[156]
- die Einschränkung sportlicher Aktivitäten muss zur Förderung eines verfassungslegitimen Ziels **geeignet, erforderlich und anmessen sein.**

Beispiele für die anschauliche Umsetzung all dieser Verhältnismäßigkeitserwägungen:

Wenn der bereits geschilderte heimische Zuschauer am Fernsehschirm beobachtet, dass der Fußballtrainer *Alexander Ristic* vor dem Spielanpfiff auf den Schiedsrichter-Assistenten zugeht und ihm zwei Bonbons reicht, schießt jemand, der eine Bestrafung wegen Bestechung eines Schiedsrichters fordert, über das Ziel hinaus. Es ist ein Gag, für den jede Strafe übermäßig, ja absurd ist. – Der den Sportverbänden eingeräumte Beurteilungs- und Ermessensspielraum (Art. 9 (1) GG) ist dabei nicht aus den Augen zu verlieren. Bei Geschenken an Referees ist höchste Vorsicht geboten, ob sie nicht über die Sozialadäquanz hinausgehen.

Oder ein Beispiel vom Mai 2008, als ich zufällig im gleichen Hotel wie die Mannschaft des damaligen Aufstiegskandidaten *Mainz 05* weilte: Wegen des schönen Wetters war vereinsseitig für die Mannschaft ein Abendessen im Garten des Hotels angesetzt worden. Vor Eintreffen ihres Trainers *Jürgen Klopp* nutzten die Spieler dessen Abwesenheit aus und bestellten und tranken Cola und Fanta. Als *Klopp* hinzukam, wies er darauf hin, dass dies wegen der zu bevorzugenden Vitaminsäfte verboten sei, und verkündete, dass jeder Spieler eine Geldstrafe von 50 € zu zahlen habe. Eine unkomplizierte Schnellrichterentscheidung ohne ausdrückliche Gewährung des rechtlichen Gehörs, die „sofort rechtskräftig wurde" – angesichts der Einkommenshöhe der Profis und der Wichtigkeit der Einhaltung des Ernährungsplans eine keineswegs unangemessene Strafe!

Die Einhaltung von Exaktheit und Genauigkeit der Sportregeln ist kein Verstoß gegen das Verhältnismäßigkeitsprinzip, sondern die Beachtung der Regeln.

Ein Beispiel aus der Leichtathletik: Wenn beim Endlauf der 4x100-m-Staffel bei Olympia der Schlussläufer des weit in Führung liegenden Teams um 5 cm die markierte Wechselzone überschreitet, ist die Mannschaft trotz eindeutig fehlender Relevanz des Fehlers für den Ausgang des Staffellaufs zu disqualifizieren.

Ein Beispiel aus dem Fußballrecht: Ein Spieler war mit einer Fußspitze im Abseits oder nicht – der Schiedsrichter darf nicht an das Übermaßverbot denken, wenn er Abseits pfeift und damit über Meisterschaft oder Abstieg in einem oder anderen Sinne

---

156 *Haas* SportR B II, Rn. 59 ff. und I.1, 10.

entschieden hat, was Millionen Euro mehr oder weniger für den betroffenen Verein bedeuten kann.

Ein bekennender Sportsfreund wie der Verfasser kann bei solchen Ergebnissen nicht die höhere Gerechtigkeit anrufen. Auch eine alles überwölbende, dem Zivilrichter zugebilligte Angemessenheitskontrolle nach § 242 BGB darf diese Sportergebnisse nicht antasten. Die dahingehenden Entscheidungen sind trotz ihrer oft millionenschweren Folgen einer knappen Entscheidung gerichtsfest. Und das muss so bleiben!

3. Verschuldenserfordernis bei Vereinsstrafen

Zwar hat der BGH in einem frühen Urteil[157] einmal entschieden, Vereinsstrafen erforderten nicht unbedingt ein Verschulden, wobei er einschränkte, dies gelte jedenfalls für die Verhängung „kleinerer" Vereinsstrafen. Beim Vereinsausschluss gilt diese Ausnahme von der Regel ohnehin.

Nach ganz herrschender Meinung[158] der Lehre in Deutschland setzt eine Vereinsstrafe Verschulden voraus. Es ist in der Form des Vorsatzes oder der Fahrlässigkeit (insoweit nur strafbar bei ausdrücklicher oder mittelbarer Aufführung in der Norm) gegeben und ist im Bereich des staatlichen Strafens eine rechtsstaatlich verbürgte Errungenschaft, die in § 15 StGB und Art. 6 II EMRK positiv rechtlich verankert ist. Sie darf im Sportrecht nicht einer voreiligen und schnell greifenden verbandsrechtlichen Ahndung geopfert werden (*nulla poena sine lege*). Eine satzungsmäßige Bestimmung kann nicht, auch nicht ausdrücklich, vom Erfordernis des Verschuldens absehen.[159] Eine das Verschuldensprinzip negierende Satzungsbestimmung sei unwirksam. Zumindest im Zuge der Dopingbekämpfung sind internationale, aber auch nationale Verbände der dahingehenden Versuchung erlegen, weil sie sonst bei der Dopingbekämpfung sich hilflos fühlten, und sind zeitweise dem Strict-liability-Prinzip gefolgt, das eine reine Kausalhaftung eines Schädigers im Haftungsrecht vorsieht.

Im deutschen Rechtskreis ist die strict liability ein Fremdkörper. *Röhricht*[160] stellt klar: *„Das auf die Ausübung der Vereinsstrafgewalt ausstrahlende Menschenbild und die Wertordnung des Grundgesetzes schließen die Verhängung einschneidender disziplinarrechtlicher Strafen gegen einen Menschen ohne dessen persönliche Verantwortung für den ihm zur Last gelegten Regelverstoß aus. Das individuelle Freiheitsinteresse ist höherwertiger als jeder Strafausspruch"*. Als Ausfluss des Rechtsstaatsprinzips gilt der Grundsatz der Unschuldsvermutung für die Sportgerichte des DFB. Eine andere Frage, die sich insbesondere bei Zuschauerausschreitungen und bei Dopingfällen stellt, ist, durch wen und auf welchem Weg der **Nachweis** des Verschuldens zu führen ist.

---

157 BGHZ 29, 352, 354.

158 Palandt-Heinrichs, aaO., § 25 BGB Rn. 14; OLG Frankfurt, SpuRt 2001, 159, 162; OLG München, SpuRt 2001, 64, 68; *Haas* SportR B II, Rn. 101.

159 *Haas* SportR II 3, Rn. 262.

160 *Röhricht/Vieweg* aaO., S.511.

Beim Verschulden ist wie im staatlichen Strafrecht zu differenzieren zwischen zwei Verschuldensarten: **Vorsatz** (= Handeln mit Wissen und Wollen) und **Fahrlässigkeit** (= Außerachtlassen der üblichen und erforderlichen Sorgfalt). Welche von beiden vorliegt, wirkt sich insbesondere auf die Strafhöhe wegen der unterschiedlichen Schwere der Schuld aus.

a) Ausnahme für Vereinsstrafen im engeren Sinne

Das Verschuldensprinzip gilt jedoch nicht für Vereinsstrafen im engeren Sinn, die **Disqualifikation** von Sportlern und Vereinen im Wettkampf. Dabei geht es um objektive Zulassungsvoraussetzungen, die ein Verschulden nicht zwingend voraussetzen.[161] Die Sanktion beschränkt sich in diesem Fall auf die Ausschaltung irregulärer Vorteile und dient der Chancengleichheit im Wettbewerb. Die bloße Disqualifikation ist anders als die in die Zukunft wirkende Sperre nicht zwangsweise mit einem dauerhaften (ethischen) Vorwurf belastet.[162]

b) Schuldstrafrecht vs. Kausalhaftung

Abschließend ist festzuhalten, dass das Fußballstrafrecht ein **Schuldstrafrecht** ist. Für die Tatumstände und die Tatfolgen ist der Sportler daher nicht verantwortlich, wenn ihm nicht zumindest Fahrlässigkeit vorzuwerfen ist. Auf die verschiedenen Irrtumskonstellationen wird unten einzugehen sein.

Gegenüber dem Standpunkt des überwiegenden Teils der Lehre hat das Bundesgericht des DFB die entgegenstehende Praxis der Kausalhaftung noch jüngst verteidigt. In der *Magdeburg*-Entscheidung[163] heißt es:

> „Die Rechtslage des DFB ist nicht anders als die der UEFA. Die verschuldensunabhängige Zurechnung von Fehlverhalten der Anhänger eines Vereins zum jeweiligen Verein wird, wie bereits mehrfach vom CAS sowie zuletzt auch von dem ständigen Schiedsgericht für Vereine und Kapitalgesellschaften für zulässig erklärt."

Der BGH hat in der *Wilhelmshavener* Entscheidung[164] die umstrittene Problematik der verschuldensunabhängigen Haftung eines Vereins für seine Anhänger **dahingestellt** sein lassen. Die Sportrechtswelt bedauert diese Entscheidung. Ich könnte mir vorstellen, dass ein Verteidiger bei der Sportgerichtsbarkeit des DFB nach dem Grundsatz: *„Qui tacet, consentire videtur"* eine höchstrichterliche Billigung der herrschenden Praxis daraus ableitet.

---

161 *Haas* aaO., B II 2, Rn. 91.
162 PHB/*Summerer* aaO., II, 3.
163 DFB-Gericht, Urteil v. 17.8.2016.
164 Urteil vom 30.9.2016 in SpuRt 2015, 25 ff.

II. Übernahme staatlicher Rechtsgrundsätze

Im Folgenden sollen außer den vorstehenden Prinzipien noch eine Reihe von staatlichen Rechtsgrundsätzen auf ihre Eignung für das Fußballstrafrecht und -strafverfahren beleuchtet werden. Der DFB hat insoweit ein Rechtsgebäude geschaffen, das anerkanntermaßen ein Vorbild für andere Sportverbände in Deutschland und über die nationalen Grenzen hinaus ist. Diese Sonderstellung konnte erreicht werden, weil seine Fußballjuristen bei ihrer Sportrechtsprechung stets die Nähe zum staatlichen Recht gesucht und das Fußballrecht weitgehend in das deutsche allgemeine Recht eingebettet haben. Sie verlieren dabei aber nicht aus den Augen, dass es fußballspezifische Fragen gibt, die die staatlichen Gerichte bewusst und gewollt den Fußballgerichten des DFB überlassen. Der Staat mischt sich also in sie nicht ein.

1. Gleichheit und Gleichbehandlungsgrundsatz

Nach Art. 3 GG sind alle Menschen vor dem Gesetz gleich. Im Einzelnen heißt dies, dass Frauen und Männer gleich sind (Gleichberechtigung, ein vorstaatliches Menschenrecht) und dass Personen, die anderen Personen oder Behörden in gleicher Rechtslage gegenüberstehen, Gleichbehandlung verlangen können. Der Gleichheitssatz verbietet, dass jemand wegen seines Geschlechts, seiner Abstammung, seiner Rasse, seiner Sprache, seiner Heimat und Herkunft, seines Glaubens, seiner religiösen und seiner politischen Anschauungen benachteiligt wird. Ein Teil dieser Grundsätze ist auch in **§ 2 Satzung des DFB** enthalten, der oben abgedruckt ist.

Insoweit fallen gegenüber den staatlichen Maximen die diskriminierenden und menschenverachtenden Verhaltensweisen auf, die in den letzten 20 Jahren leider im Sport von rechts- und linksextremer Seite her in manchen Stadien Einzug gehalten haben. Die FIFA und der DFB treten diesen Bestrebungen mit allen Mitteln entgegen. Der DFB ist bemüht, soweit es in seinen Kräften steht, den Gleichheitssatz konsequent umzusetzen. Er gebietet im Einzelfall, tatbestandlich Gleiches rechtlich gleich zu behandeln; Ungleiches kann jedoch entsprechend der Ungleichheit des Sachverhalts ungleich behandelt werden; dabei ist eine willkürliche, d. h. sachfremde Differenzierung verboten. Gerade wo Ermessensentscheidungen zu treffen sind und das Handeln stark von subjektiven Momenten bestimmt wird, wie beim Schiedsrichter auf dem Spielfeld, wird scheinbar öfters der Gleichheitssatz nicht eingehalten. Ideal wäre insoweit auch eine konsequente Gleichschaltung bei den Spiel- und Spielerstrafen durch den Referee: *„Aber wo Menschen handeln …“*. Ein aufmerksamer Beobachter am Fernsehen kann sich nicht des Eindrucks erwehren, dass Schiedsrichter bekannten Nationalspielern – sei es *Oliver Kahn* oder *Michael Ballack* – schon einmal statt einer Roten Karte „nur“ Gelb zeigen. *George Orwell* (*Animal Farm*, 1946) hat dies vorausgesagt, wenn er formulierte: *„Alle Tiere sind gleich, einige Tiere sind gleicher als andere.“*

Die DFB-Rechtsinstanzen und von ihrer inneren Einstellung aus seine Schiedsrichter, die eine große und dabei unangreifbare und unbeschränkbare Entscheidungsfülle haben, halten sich nach ihrer Intention strictissime an den Gleichheitssatz in Bezug auf das Regelwerk. Daraus abgeleitet wird als Grundlage ihres Handelns das Streben nach Gerechtigkeit – jedem das Seine – wobei insbesondere bei ausländischen und farbigen Spielern sowie früher bei Frauen – die Zeit ist aber vorbei – streng darauf zu achten ist, dass niemand diskriminiert wird.

2. Soll-, Muss-, Kannvorschriften

Der DFB differenziert in seinem Regelwerk und bei dessen Anwendung in Anlehnung an überlieferte Rechtstraditionen zwischen den drei genannten Vorschriftsarten.

Eine **Sollvorschrift** nennt man eine gesetzliche Bestimmung, die ein Tun oder Unterlassen zwar für den Regelfall vorschreibt, aber bei einem Verstoß gegen sie nicht ohne weiteres die Unwirksamkeit des Rechtsvorgangs herbeiführt. Den Gegensatz dazu bilden die Mussvorschrift und die **Kannvorschrift**, die sich von der Sollvorschrift nach oben bzw. nach unten durch den Grad der Verbindlichkeit abgrenzen.

3. Zwei-, Dreiteilung des Strafrechts

Im Gegensatz zum staatlichen Strafrecht kennt die Parallelregelung im Fußball nicht die **Zweiteilung** der Straftaten in Verbrechen und Vergehen, sondern nur eine Deliktsart mit einheitlichen Sanktionsarten. Auch hat der DFB, wie auch andere Sportverbände, nicht expressis verbis die traditionelle **Dreiteilung** des Strafrechts, wonach eine Straftat eine tatbestandsmäßige, rechtswidrige und schuldhafte Handlung ist. Der Tatbestand beschreibt dabei menschliche Handlungen in abstrakten Begriffen. Eine konkrete Handlung ist tatbestandsmäßig, wenn sie dieser abstrakten Beschreibung entspricht. Beispiel: Wer als Spieler den Schiedsrichter als „Blinden" bezeichnet, verwirklicht einen Tatbestand, nämlich den des § 8 Nr. 1 e RuVO.

Die beiden anderen Rechtsinstitute der Dreiteilung sind in der DFB-Rechtsordnung nicht ausdrücklich übernommen, gelten aber **ungeschrieben.** So muss jede Sportstraftat, um eine Strafe nach sich zu ziehen, der Rechtsordnung des DFB widersprechen, d. h. rechtswidrig sein. Auch die Schuld ist nicht gesondert in der RuVO angesprochen. Nach DFB-Verständnis ist sie bei einer Sportstraftat erforderlich. Die Tat muss dem Täter zum Vorwurf gemacht werden können, und zwar im Sinne eines umfassenden Schuldbegriffs. Somit ist ein Fußballsünder im Sinne der RuVO schuldig, wenn er die ihm angelastete Sportstraftat tatbestandsmäßig, rechtswidrig und schuldhaft begangen hat. Ob daneben auch verschuldensunabhängige Tatbestände rechtlich unbedenklich sind, ist heftig umstritten und wird bei der Ahndung von Zuschauerausschreitungen im Besonderen Teil zu behandeln sein.

4. Handlungsbegriff

Aus dem Vokabular des Strafgesetzbuchs ist weiter in dem Fußballstrafrecht der Begriff der Handlung nicht außer Acht zu lassen. **Handlung** im strafrechtlichen Sinne ist jedes menschliche Verhalten. Der Tatbestand umschreibt dieses so, dass beschrieben ist, ob ein geplantes Handeln strafbar ist. Keine Handlung liegt vor, wenn eine **Reflexreaktion** gegeben ist. Die Frage, ob „lediglich" eine Reflexbewegung vorliegt, stellt sich insbesondere im Fußball beim Handspiel. Es ist für den Schiedsrichter oft sehr schwer zu beantworten, ob dabei ein bewusstes Tun anzunehmen ist oder lediglich die Hand zum Ball geht, was kein allein entscheidendes Kriterium ist. Gefordert ist ein „absichtliches Handspiel", was aber bei einer Reflexhandlung, d. h. einem unbewussten Berühren des Balls mit der Hand, auch wenn diese dort hingeht, nicht gegeben ist (unten § 8 RuVO und Kommentierung zu Regel 12 der FIFA-Regeln).

5. Begehens- und Unterlassungsdelikte

Neben dem vorstehend beschriebenen Handlungsbegriff unterscheidet man im staatlichen Strafrecht zwischen **Begehungsdelikten** und **Unterlassungsdelikten.** Erstere beziehen sich auf ein aktives Tun und sind bei den meisten der „Fußballstraftatbestände" gegeben (z. B. Tätlichkeit, rohes Spiel, Schiedsrichterbeleidigung). Die Abgrenzung zwischen Tun oder Unterlassen richtet sich nach dem „Schwerpunkt der Vorwerfbarkeit".[165] Die Unterlassungsdelikte des Strafrechts untergliedern sich in echte Unterlassungsdelikte und unechte Unterlassungsdelikte.

Bei Letzteren hindert jemand durch Untätigkeit den Eintritt eines Erfolges nicht, obwohl er dazu verpflichtet ist, weil er eine „Garantenstellung aus Gesetz, Vertrag oder aus vorangegangenem Tun" hat: er hat rechtlich dafür einzustehen, dass der Erfolg nicht eintritt. Beispiel: Der Mannschaftsarzt, der gesehen hat, dass ein Fußballspieler des von ihm betreuten Vereins ein Stimulanzmittel kurz vor dem Spiel eingenommen hat und diesen nicht am Spielen hindert. Gleiches gilt in der vergleichbaren Situation für den Trainer oder den Vereinspräsidenten. Sie alle können wegen eines Dopingvergehens durch Unterlassung (§ 6 in Verbindung mit § 1 Nr. 4 RuVO) bestraft werden, wobei die entsprechende Rechtspflicht aus § 6 Nr. 4 RuVO folgt.

Echte Unterlassungsdelikte sind in den Tatbeständen ausdrücklich oder konkludent angesprochen (z. B. „nicht ausreichender Ordnungsdienst" oder „Nichtantreten zu einem Pflichtspiel" – § 7 Nr. 1 c, h RuVO).

6. Kausalität

Ein Spielfeld für Theorien stellt im allgemeinen Strafrecht die Kausalitätsfrage dar, insoweit kennt die strafrechtliche Praxis die **Bedingungstheorie** (oder Äquivalenztheorie genannt),[166] die über die **Adäquanztheorie** „obsiegt" hat. Erstere bewertet alle Bedingungen gleich, um dann erst auf der Schuldebene die gebotene Korrektur vorzunehmen. Letztere gilt im Zivilrecht, wo es zudem eine Haftung ohne Schuld gibt

---

165 *Fischer* Strafgesetzbuch, 55. Aufl., 2008.

166 BGHSt 1, 232; 2, 24; 61, 319.

(Gefährdungstatbestände), seit jeher. Nur die Folgen einer Tat sind zu vertreten, mit deren Eintritt nach der allgemeinen Lebenserfahrung vom Standpunkt des nachträglichen Richters gerechnet werden konnte. Die Bedingungstheorie, die mit der Conditio-sine-qua-non-Formel umschrieben wird, besagt, dass eine Handlung nicht hinweggedacht werden kann, ohne dass der Erfolg entfiele. Aber auch der rein zivilrechtliche Weg über die **adäquate Kausalität** (Definition: das Ereignis muss im Allgemeinen und nicht nur unter besonders eigenartigen, unwahrscheinlichen und nach dem gewöhnlichen Verlauf der Dinge außer Betracht zu lassenden Umständen geeignet sein, einen Erfolg der eingetretenen Art herbeizuführen) ist gangbar. Die **äquivalente Kausalität** kontrolliert ungewöhnliche Geschehensabläufe mit Hilfe des Verschuldens, wobei beide Theorien im Fußballstrafrecht zu praxisgerechten Ergebnissen führen. Die Äquivalenztheorie vergleicht den wirklichen Kausalverlauf mit dem hypothetischen, der sich bei Fehlen der Handlung ergeben hätte. Hypothetische Ursachen bleiben außer Betracht.[167] Bei Unterlassungsdelikten wird die Nichthinderung des Erfolgs dann dem Täter zugerechnet, wenn die unterlassene Handlung nicht hinzugedacht werden kann, ohne dass der Erfolg unterbliebe. Bei Zuschauerausschreitungen in den Bundesligastadien stellt sich häufiger die Frage, was anzunehmen ist, wenn die Vorfälle auch bei der geforderten Sorgfaltspflicht hinsichtlich der Vorsorge- und Überwachungsmaßnahmen mit Sicherheit eingetreten wären – ein Einwand, der oft von Vereinsseite gemacht wird, aber meistens eine Schutzbehauptung darstellt, manchmal aber die wahre Situation wiedergibt. In diesen Fällen ist eine Quasi-Kausalität zugrunde zu legen: Zu fragen ist, ob, wenn man die unterlassenen Vorsorge- und Aufsichtsmaßnahmen zur Einhaltung der Platzdisziplin hinzudenkt, mit an Sicherheit grenzender Wahrscheinlichkeit der Erfolg, d. h. die Ausschreitung der Zuschauer, gleichwohl nicht verhindert worden wäre. Ein Freispruch ist die Folge, was auch in einigen Fällen mit Zuschauerfehlverhaltensweisen durch die DFB-Sportgerichtsbarkeit so entschieden worden ist. In den meisten Fällen, insbesondere bei Begehungsdelikten, braucht der Streit zwischen den beiden Kausalitätstheorien nicht ausgetragen zu werden: Die Ergebnisse sind den Fußballtätern nach der Conditio-sine-qua-non-Formel ursächlich zuzurechnen. Bei der Prüfung der Schuld des Spielers und auch bei der Strafhöhe ist gegebenenfalls eine (teilweise) Korrektur vorzunehmen, die die Adäquanztheorie schon teilweise vorwegnimmt.

7. Analogie

Schwierig ist eine Antwort auf die Frage, ob im Sportstrafrecht das Analogieverbot gilt oder nicht. Es besteht im materiellen Strafrecht und bedeutet, dass jede Analogie **zuungunsten** des Beschuldigten unzulässig ist (*nulla poena sine lege* – § 1 StGB, § 103 (2) GG). Eine Analogie zugunsten des Täters ist gestattet. Die Strafe als der Hauptnachteil für den Angeklagten muss danach zur Tatzeit bestimmt sein und darf nicht

167 BGHSt 10, 370; 32, 37; 35, 118.

auf eine Anwendung einer Vorschrift auf einen ähnlichen Sachverhalt – wegen bestehender Vergleichbarkeit – gestützt werden. Die Grenzen zur auch im Strafrecht zulässigen Auslegung sind fließend. Der noch mögliche Wortsinn markiert die äußerste Grenze zulässiger Auslegung.[168] Die Entwicklung der höchstrichterlichen Rechtsprechung zum Begriff der „Gewalt" – ursprünglich nur bei Anwendung physischer Kraft auf das Tatopfer, derzeit wird auf die (körperliche) Zwangshaltung beim Tatopfer abgestellt – ist ein Schulbeispiel dafür. Dabei bereitet die Abgrenzung der analogen Anwendung von der unzulässigen Analogie oft in praxi Schwierigkeiten.

Ausdrücklich ist die Frage der Geltung des Analogieverbots im Fußballrecht von den DFB-Rechtsinstanzen noch nicht entschieden worden. Diese dürften aber bei Fällen, die im Schnittpunkt zwischen Zivil- und Strafrecht anzusiedeln sind, gut beraten sein, wenn sie sich für die Anwendung der strafrechtlichen Praxis entscheiden, da diese auch in der Verfassung ihre Absicherung gefunden hat (Art. 103 (2) GG). Übereinstimmung besteht jedenfalls insoweit, dass das Analogieverbot im Straf- und Zivilprozessrecht nicht gilt.

Beim DFB stellt sich jedoch die Problematik nicht in voller Schärfe. Die Auffangvorschrift des § 1 Nr. 4 RuVO bewahrt insoweit vor Schwierigkeiten. Obwohl die Spielmanipulation zur Tatzeit in den Fällen des *Hoyzer*-Skandals noch nicht wie dann seit Mai 2005 in § 6 a RuVO definiert war, wurden die beteiligten Spieler, Trainer, Schiedsrichter und Funktionsträger strafrechtlich belangt, und zwar nach der Auffangvorschrift des unsportlichen Verhaltens (§ 1 Nr. 4 RuVO) abgeurteilt. Diese Art „Regenschirmnorm" ist bei neu auftretenden Fallkonstellationen eine willkommene Verankerung einer gewollten Regelung, die dem DFB als einem Verband mit dem Recht zur autonomen Regelung seines Innenlebens (Art. 9 (1) GG) die Ahndung gestattet und auch bisher in der eingehenden Befassung in der Rechtsliteratur mit dem *Hoyzer*-Skandal von keiner Seite verwehrt worden ist.

8. Strafmündigkeit

Täter einer Sportstraftat wie auch einer Straftat im Sinne des StGB kann jeder Mensch sein, und zwar auch Kinder und Jugendliche, was im Fußball bei G-Junioren (sog. Minis), F-, E-, D-, C-Junioren zur Geltung kommt – im Gegensatz zum staatlichen Strafrecht, wo die **Strafmündigkeit** erst mit 14 Jahren beginnt. § 19 StGB bestimmt insoweit kraft unwiderleglicher Vermutung, dass ein Täter, der bei Begehung der Tat noch nicht 14 Jahre alt ist, **schuldunfähig** ist. Diese absolute Schuldunfähigkeit stellt ein **Prozesshindernis** dar.[169] Im staatlichen Recht können gegen diese Kinder nur vormundschaftsrichterliche Maßnahmen ergriffen werden. Im Fußball spielen von den Bambinis (Junioren unter sieben Jahren) bis zu Junioren mit vollendetem 18. Lebensjahr – in sieben Altersklassen gestaffelt – Jugendliche Fußball, wobei keine

168 BVerfGE 71, 114; 73, 235; BGHSt 4, 148.
169 *Fischer* StGB Kommentar, § 19, Rn. 2.

Strafunmündigkeitsregel besteht, jedoch nach § 10 Nr. 1 Jugendordnung *„bei Unsportlichkeiten in erster Linie Erziehungsmaßnahmen“* auszusprechen und Geldstrafen nicht zulässig sind. Andererseits überrascht aber, dass bei allen (!) Juniorenspielern, also auch für die Minis (Bambinis), **Sperren** zulässig sind, deren Höchstmaß auf zwölf Monate beschränkt wird. Diese Sanktionsart ist im aktiven Bereich eindeutig als „Strafe“ zu klassifizieren; sie ist die fußballspezifische Strafe per se.

Im Wege eines gesetzgeberischen „Tricks“ hat man in der Jugendordnung des DFB (§ 20) unter dem Oberbegriff „Erziehungsmaßnahmen“ auch die Sperre erfasst, sodass der fünfjährige Knirps, der heute, statt wie zu Urväterzeiten Klavier zu spielen, dem runden Leder nachjagt, trotz fehlender Strafmündigkeit im Sinne des staatlichen Rechts für fünf Minuten vom Feld gestellt werden oder wegen eines groben Fouls (z. B. Faustschlag ins Gesicht seines Gegenspielers) für eine Reihe von Begegnungen seiner Mannschaft gesperrt werden kann. Die Praxis passt sich aber insoweit sachgerecht an: Je jünger der Spieler, desto seltener wird eine Sperre ausgesprochen. Diese typische Fußballsanktion hat also bei den Vätern der Jugendordnung für Spieler im Jugendalter ambivalente Hintergründe: Sie soll „erziehen“ und ab einem fortgeschritteneren Alter auch „strafen“ können. Jedenfalls ist die Jugendordnung so zu interpretieren.

9. Täterschaft – Anstiftung – Beihilfe

Sie sind in §§ 25 – 27 StGB nacheinander geregelt.

a) § 25 Abs.1 StGB

Nach § 25 Abs. 1 StGB wird als **Täter** bestraft, wer eine tatbestandsmäßige und außerdem schuldhafte Tat selbst begeht – er muss allein sämtliche Tatbestandsmerkmale in seiner Person verwirklichen. Dies tut der Fußballspieler im Normalfall, der foult, spuckt, beleidigt, mit der Hand spielt oder gar manipuliert. Gerade bei der Manipulation wurde im DFB-Bereich beim Komplex *Hoyzer* die Handlungsform der **Mittäterschaft** praktiziert. Die Spieler bewirkten, dass es zum abgesprochenen Ergebnis kommt, die Wettbetrüger haben zuvor hinter den Kulissen die Fäden gezogen. Die Absprachen hinsichtlich des gewollten Ergebnisses, die Geldversprechungen, die eigentlichen Wettabschlüsse bis zum Einkassieren und das Verteilen der durch Betrug erlangten Gewinne – jeder Tatbeitrag ist dabei ein Teil der Tätigkeit aller und das Handeln der anderen eine Ergänzung des eigenen Tatbeitrags – das gemeinschaftliche Mitwirken an **demselben** Handeln ist somit gegeben. Grundlage der Mittäterschaft ist dabei das gemeinsame Wollen der Tat. Jeder haftet, soweit sein Wille reicht. Für einen über das gemeinsame Wollen hinausgehenden sog. Exzess eines Mittäters hat ein anderer Beteiligter nicht einzustehen. Die Verteilung der Tatbeiträge in den Grenzen des gemeinsamen Tatplans ist ohne Bedeutung, maßgeblich sind der gemeinsame Wille sowie die gemeinsame Herrschaft über die Tat.[170]

Ein anderer Fall: ein Verein, bei dem der Mannschaftsarzt, der Masseur und der Trainer vor einem entscheidenden Spiel fünf Spieler der Mannschaft dopen, wovon ein Spieler eingeweiht ist, die anderen vier nichtsahnend sind. Der Verein und die drei Offiziellen sowie der informierte Spieler sind Mittäter, die vier übrigen Spieler gehen mangels Vorsatzes straffrei aus. Eine mit einem Spiel unmittelbar zusammenhängende Mittäterschaft liegt etwa auch vor, wenn Spieler nach mehreren angeblichen oder tatsächlichen Fehlentscheidungen des Schiedsrichters gemeinsam das Spielfeld verlassen und damit schuldhaft einen Spielabbruch herbeiführen.

b) § 26 StGB

Anstifter ist, wer vorsätzlich einen anderen zu dessen vorsätzlich begangener rechtswidriger Tat bestimmt hat (§ 26 StGB). Er ist gleich einem Täter zu bestrafen. Der Entschluss zur Tat muss bei dem Angestifteten geweckt werden. Als Mittel der Anstiftung kommen in Betracht Drohung, Missbrauch des Ansehens oder Gewalt sowie die Herbeiführung oder Förderung eines Irrtums. Wenn ein Trainer oder ein sonstiger Vereinsfunktionär einem Spieler der eigenen Mannschaft Geld verspricht dafür, dass er den besten Spieler des Gegners durch ein bewusstes „Auf-dessen-Knochen-Gehen" kampfunfähig macht, ist bei Erfolgseintritt der Spieler Täter einer (gefährlichen) Körperverletzung nach § 223 a StGB, wobei der Fußballschuh ein gefährliches Werkzeug im Sinne dieser Vorschrift sein kann. Außerdem hat der Spieler eine Tätlichkeit nach Sportrecht (§ 8 Nr. 1 c RuVO) begangen. Die beiden Offiziellen sind nur der Anstiftung zur gefährlichen Körperverletzung nach dem StGB schuldig.

Im Fußballstrafrecht ist das Institut der Anstiftung nicht ausdrücklich angeführt: aber auch hier greift die Auffangvorschrift des § 8 Nr. 1 a RuVO ein: unsportliches Verhalten. In Fällen wie dem vorstehend Erdachten könnte aber je nach den Folgen der Tat bei dem Verletzten der Strafrahmen nach § 8 Nr. 1 a RuVO (Sperre bis zu sechs Monaten) nicht ausreichen.

c) § 27 Abs.1 StGB

Gleiches gilt für die **Beihilfe**, die anzunehmen ist, wenn jemand vorsätzlich einem anderen zu dessen vorsätzlich begangener rechtswidriger Tat Hilfe leistet (§ 27 Abs. 1 StGB). Eine Schuld des Täters ist nicht erforderlich (limitierte Akzessorietät). Die Abgrenzung zur Mittäterschaft und Anstiftung erfolgt auf der subjektiven Tatseite: Der Gehilfe muss zur Förderung der Haupttat tätig werden. Dabei muss die Haupttat ausgeführt werden. Das Mittel der Beihilfe ist gleichgültig- es gibt die psychische und die physische Beihilfe. Die in den Gesamtplan eingeweihten Geldboten in der *Hoyzer-*

170 *Fischer* StGB Kommentar, § 25 Rn. 6 ff.

Affäre – zum Teil ehemalige Spieler – sind Gehilfen im Sinne des staatlichen Strafrechts und – wie oben näher ausgeführt – wegen unsportlichen Verhaltens, aber in der Form der Täterschaft im sportstrafrechtlichen Sinne, zu bestrafen.

Bei diesem Ausweg im Fußballstrafrecht kommt es nicht auf die in den vergangenen 100 Jahren zum Strafgesetzbuch entwickelten verschiedenen Abgrenzungskriterien zwischen Täterschaft und Gehilfenschaft an. Zunächst ist die sog. Animus-Formel vom Reichsgericht[171] angewandt worden, dann hat der BGH zur Abgrenzung *„das Wollen der Tat als eigene“* herangezogen und gefordert, dass der Täter das Ob der Tat und deren Durchführung mit beherrscht, wobei die Maßstäbe der Tatherrschaft als Anhaltspunkt entscheidend sind. Im Zweifelsfall ist Beihilfe, damit im Fußballstrafrecht unsportliches Verhalten, anzunehmen.

d) Mittelbare Täterschaft

Im Strafrecht, nicht aber ausdrücklich im Sportrecht des DFB, ist eine weitere Form der Teilnahme bekannt, die **mittelbare Täterschaft**, die der staatliche Gesetzgeber wegen der Vielseitigkeit ihrer Formen selbst – wie der DFB – nicht definiert hat.[172] Das Wesen der mittelbaren Täterschaft besteht darin, dass der Täter nicht selbst die Tatbestandsmerkmale (oder jedenfalls nicht alle) verwirklicht, sondern sich dazu eines „Werkzeugs“, des sog. Tatmittlers bedient, der selbst weder Täter noch Mittäter ist – wegen Schuldunfähigkeit, wegen Irrtums, wegen Rechtmäßigkeit der Tat pp. Beispiel: Ein fanatischer Fußballanhänger beauftragt einen bekannten Spieler von *Hertha BSC*, für ihn auf der Geschäftsstelle dieses Vereins mit einem falschen 500-Euro-Schein zehn Eintrittskarten für das DFB-Pokalendspiel zu erwerben, was dieser tut, ohne dass jemand etwas merkt, weil man den Sportler gut kennt und ihm blind vertraut. Es liegt mittelbare Täterschaft in der Form des Tatbestandsirrtums beim Werkzeug (Spieler) vor: Der Hintermann, der die Tat beherrscht, verwirklicht den Tatbestand der Geldfälschung nach § 146 StGB und den des unsportlichen Verhaltens nach § 1 Nr. 4 RuVO – der Spieler ist mangels Kenntnis von der Fälschung schuldlos.

10. Rechtswidrigkeit

Die traditionelle Dreiteilung des Strafrechts hat der DFB nicht dadurch übernommen, dass er ein eigenes Tatbestandsmerkmal „Rechtswidrigkeit“ aufgestellt hat. Deren Definition ist einfach: Rechtswidrig ist eine Tat, wenn sie der Rechtsordnung widerspricht. Dieser Begriff ist im Zivil- und Strafrecht derselbe, sodass im Abgrenzungsbereich im Vereinsrecht beim Schnittpunkt zwischen beiden Rechtsgebieten insoweit keine Probleme auftreten. Was das Zivilrecht erlaubt, ist auch strafrechtlich nicht rechtswidrig. Im

171 RGSt 37, 58.
172 *Fischer* StGB Kommentar, § 25 Rn. 4.

Sportrecht könnte aufgrund eines spezifischen Rechtsverständnisses in Form einer eigenen Sportmoral vielleicht eine Abweichung denkbar sein (s. unten C).

Die Rechtswidrigkeit wird durch die Verwirklichung des Tatbestands indiziert, d. h., wer so handelt, wie der Tatbestand es beschreibt, handelt in der Regel rechtswidrig.

a) Rechtfertigungsgründe

Dies ist ausnahmsweise nicht der Fall, wenn sog. **Rechtfertigungsgründe** eingreifen. Diese Unrechtsausschließungsgründe sind dem Gesamtbereich der Rechtsordnung zu entnehmen. Hauptsächlich sind insoweit im Fußball interessant: Notwehr (§ 32 StGB), zivilrechtlicher oder strafrechtlicher Notstand (§§ 228, 904 BGB, 34 StGB), Pflichtenkollision, Einwilligung, erlaubtes Risiko. Außer dem objektiven Vorliegen eines Rechtfertigungsgrundes muss der Täter dabei mit entsprechender Willensrichtung handeln (subjektives Rechtfertigungselement). Im Wesentlichen kann insoweit auf die zahlreiche strafrechtliche Literatur verwiesen werden.

Herausgegriffen werden soll aus den Rechtfertigungsgründen außer dem Notwehrparagraphen (nachfolgend d) der Fall des rechtfertigenden Notstandes. Wenn in einem dicht besetzten Bundesligastadion auf die bis zu den Fluchttoren gelangten Zuschauer von hinten auf die davorstehenden Besucher massiver Druck ausgeübt wird, der sogar Lebensgefahr für diese auslöst, ist das Öffnen der Fluchttore in Richtung Stadioninnenraum nach § 34 StGB gerechtfertigt. Ein nicht gerechtfertigtes Vorverhalten des Platzvereins kann aber gleichwohl in dem Nichtverhindern dieser Situation vor ihrer Entstehung gesehen werden und eine Bestrafung u. U. rechtfertigen.

b) Der Fall Torsten Frings

Ein klassischer Fall der Rechtfertigung, nämlich das eventuelle Eingreifen des Notwehrparagraphen, wurde bei der WM 2006 bundesweit heftig diskutiert, nämlich der Fall *Torsten Frings:*

Nach dem Argentinien-Spiel (Sieg Deutschlands durch Elfmeterschießen nach Verlängerung) kam es zu Rangeleien zwischen Spielern beider Mannschaften im Bereich des Mittelkreises, die von argentinischer Seite angefangen worden waren und von wechselseitigen Beschimpfungen begleitet wurden. Im Rahmen dieser Geschehnisse ereignete sich zwischen dem Deutschen *Torsten Frings* und einem argentinischen Spieler nach den maßgeblichen Feststellungen der zuständigen FIFA-Disziplinarkommission[173] folgender Sachverhalt:

> „... worauf es in zeitlich kurzen Abständen zu Rangeleien zwischen Spielern und Offiziellen beider Delegationen auf dem Spielfeld kommt. Dabei ist unzweifelhaft zu sehen, dass sich Torsten

---

173 Originalurteil vom 3. 7. 2006, abgedruckt in *Hilpert* Sportrecht, IV a.E.. = S. 251.

> Frings einer Gruppe mit etwa 10 Spielern und Offiziellen beider Teams nähert und sich den Weg freimacht, um ins Zentrum dieser Gruppe zu gelangen. Sekundenbruchteile, nachdem der Spieler Frings das Gruppenzentrum erreicht, wird er von der Hand eines argentinischen Spielers, der sich in der Gruppenmitte aufhält, leicht an seiner rechten Hals-Wangenseite berührt. Unmittelbar darauf versetzt Torsten Frings mit seiner linken Hand dem argentinischen Spieler einen klar sichtbaren und gezielten Faustschlag an dessen rechte Kinnseite ..."

Die Kommission bewertete dieses Verhalten mit dem lapidaren Satz „... *was als Tätlichkeit zu qualifizieren ist*". Dagegen ist bei dem zugrunde gelegten Sachverhalt an sich nichts einzuwenden. Obwohl die Strafsanktion denkbar milde war und die FIFA-Mindeststrafe von zwei Spielen Sperre und 5.000 CHF Geldstrafe verhängt wurde, wobei sogar für ein Spiel (es wäre das WM-Endspiel gewesen) – so das Spiel um den dritten Platz – **Bewährung** bewilligt wurde, löste sie in Deutschland hohe Wellen der Empörung aus. Angesichts der Vorgeschichte des Urteils (s. Darstellung in *Hilpert* Sportrecht, IV, Rn. 7 ff. und Urteil S. 251 ff.) stellte sich in diesem Fall die Problematik des Urteils in einer angestauten Öffentlichkeit mit polemischer und teilweise einseitiger Berichterstattung in den deutschen und italienischen Printmedien.

Im Rahmen unseres Themas „Rechtfertigungsgründe" war im Fall *Frings* ernsthaft Notwehr als Rechtfertigungsgrund zu prüfen. Dies tat auch das FIFA-Gericht aufgrund des von ihm festgestellten Sachverhalts. Es kommt zu dem Schluss, die vorangegangenen Provokationen der argentinischen Delegation und das Touchieren an seinem Hals unmittelbar vor seiner Aktion vermögen „seinen in der Folge ausgeführten Faustschlag nicht zu „rechtfertigen". Die mögliche Tätlichkeit des argentinischen Spielers könne höchstens als Strafmilderungsgrund herangezogen werden, was aber nichts am erfolgten Grundtatbestand ändert. *„Mit Bezug auf den Tatbestand der Tätlichkeit erfülle der Spieler Torsten Frings somit die subjektiven und objektiven Tatbestandsmerkmale; das Verfahren sei als rechtswidrig zu qualifizieren.* ***Relevante Rechtfertigungsgründe (Notwehr, Notwehrhilfe) lägen keine vor.***"

(EG II, 5 – Fettdruck vom Verfasser) Über die Stellungnahme von Torsten Frings, die schriftlich erfolgt war – bei den DFB-Gerichten wäre eine solche Verhandlung immer in persönlicher Anwesenheit des betroffenen Spielers erfolgt –, ging das FIFA-Gericht in „souveräner höchstrichterlicher Art und Weise" durch Verschweigen hinweg. *Torsten Frings* hatte in seiner Schutzschrift vom 3. Juli 2006 u. a. ausgeführt:

„... Er sei zunächst völlig passiv gewesen, habe dann aber mit einer Abwehrhandlung auf die Attacke gegen seinen Mannschaftskameraden Miroslav Klose und auf die Ohrfeige gegen sich selbst reagiert. Dabei habe er mit ausgestrecktem Arm reflexartig gegen den Argentinier Cruz, der ihn unmittelbar zuvor geohrfeigt und Klose gewürgt hatte, reagiert. Cruz sei am Kinn berührt worden, aber ohne jede Heftigkeit."

Nach deutschem wie auch nach dem hier maßgeblichen Schweizer-Recht – die Schweiz ist Sitz der FIFA und legt damit das anzuwendende Recht fest – ist für Notwehr zunächst eine Notwehrlage (d. h. eine unmittelbar bevorstehende oder noch nicht abgeschlossene Verletzung eines Rechtsguts) erforderlich, was wohl vorliegend angenommen werden kann. Das FIFA-Gericht stellt kurz vor der Aktion von *Frings* dessen Berührung durch einen Argentinier an seinem Hals fest. Als Antwort von

Frings hierauf muss eine Verteidigung gewählt worden sein, die erforderlich ist, um einen gegenwärtigen rechtswidrigen Angriff von sich oder einem anderen abzuwenden (§ 32 Abs. 2 StGB). Diese kann eine bloße Schutzwehr sein, aber auch in einem Gegenangriff, sog. Trutzwehr, bestehen. Der Angegriffene muss mit Verteidigungswillen handeln, also der Rechtsverletzung entgegentreten wollen,[174] was selbst dann gegeben ist, wenn die Angriffsabwehr auch aus Wut und Streben nach Vergeltung geschieht. Bei *Frings* war bei seiner Tat die Verteidigung seiner Person und seiner Mitspieler nicht ganz nebensächlich außer seinen vorstehenden Motiven, was ausreicht. Der Faustschlag durch *Frings* muss des Weiteren nach den gesamten Umständen geeignet sein, die gegenwärtige Gefahr abzuwenden. Insbesondere braucht er dabei nicht eine schmähliche Flucht oder ein sonstiges Ausweichen unter Gefährdung eigener oder fremder berechtigter Interessen zu wählen, wobei es auf die Umstände des Einzelfalles ankommt. Zu bedenken ist nämlich insoweit, dass die Notwehr auch der Bewährung der Rechtsordnung dient. Verhältnismäßigkeit braucht dabei nur zwischen Angriff und Abwehr zu bestehen.[175] An dem Vorliegen der Kriterien des Gebotenseins und der Erforderlichkeit kann man zweifeln, wenn man berücksichtigt, dass der gezielte Faustschlag von Frings ins Gesicht des argentinischen Nationalspielers *Cruz* im Mittelkreis eines mit 70.000 Zuschauern – darunter viele Ordner und Polizisten – besetzten Fußballstadions erfolgte, wo ein Abwehren mit beiden Händen oder ein Zurseitetreten unschwer möglich gewesen wäre. Auch unter Gegnern in einem Fußballspiel ist eine mildere Handlungsalternative zu wählen. Die FIFA, die den Angriff gegen Frings als *„Touchieren an der Wange"* bezeichnet, folgert aus wohl diesen Gesichtspunkten, dass diese Aktion den in der Folge ausgeführten Faustschlag nicht rechtfertigen könne, sondern allenfalls ein Strafmilderungsgrund sein könne. Sie formuliert apodiktisch: *„... Relevante Rechtfertigungsgründe (wie Notwehr, Notwehrhilfe) liegen keine vor."* (EG II, 5 a. E.) Diesen Standpunkt kann man im Ergebnis als vertretbar ansehen.

Störend ist demgegenüber, dass die FIFA-Disziplinarkommission **mit keinem Wort** die subjektive Tatseite von *Frings* ausleuchtet, der gesagt hat: *„Ich habe nur zu meinem Schutz gehandelt."* Wenn man diese Einlassung, wie es das Gericht offensichtlich getan hat, nicht von vornherein als Schutzbehauptung behandelt, können sich nämlich davon ausgehend durchaus erörterungswürdige strafrechtliche Problemstellungen ergeben. Es könnte bei Annahme einer Notwehrsituation eine **Putativnotwehr** zu diskutieren sein, wenn *Frings* irrtümlich geglaubt hat, sein Faustschlag sei die richtige Reaktion gewesen, mit der Folge: Entfallen des Vorsatzes, aber Ahndung wegen Fahrlässigkeit. Ernsthaft zu denken ist auch an einen **Verbotsirrtum**, weil *Frings* die Grenzen der Notwehr oder der Nothilfe zu weit gezogen und angenommen hat, dass er ein erforderliches Verteidigungsverhalten anwende.

174 BFHSt 2, 114; 5, 245.

175 *Fischer* StGB Kommentar, § 32 Rn. 31.

Nach deutschem Recht ist ferner ein Fall des **Putativnotstandes** in Erwägung zu ziehen, wenn Frings irrtümlich eine Notstandslage für einen Mannschaftskameraden angenommen hat. In den letzten beiden Fällen wären je nach Vermeidbarkeit eine Strafmilderung (§ 17 StGB) oder gar ein Strafausschluss zu diskutieren. Jedenfalls wäre die subjektive Tatseite bei *Frings* durch dessen Befragung zu eruieren gewesen. Vielleicht schwang bei den Richtern über *Torsten Frings* der Gedanke mit, dass so viele „juristische Konstruktionen" dem Fußballsport nicht geziemen und ihm vielleicht auch nicht nutzen. Einen solchen Standpunkt würde ich bei einem höchsten FIFA-Gericht nicht begrüßen, obwohl ich **im Ergebnis** auch eine Sperre von zwei Spielen – davon zur Hälfte zur Bewährung ausgesetzt – und 5.000 CHF Geldstrafe für mindestens angemessen halte. Auch hier soll wie beim *Hoyzer*-Urteil des BGH die Akte geschlossen bleiben mit der alten Rechtsweisheit: *„Roma locuta, causa finita."*

11. Schuld

Als drittes Element einer Straftat ist die **Schuld** zu prüfen. Sie ist eine durch ein Bewertungsurteil über den Täter zu beurteilende Eigenschaft: Die Tat ist zunächst dem Täter zum Vorwurf zu machen. Davon ist die Schuldfrage zu unterscheiden, die besagt, dass der Täter die ihm zur Last gelegte Tat begangen hat.

Vorweg ist die Schuld im Sinne des Verschuldens Voraussetzung der Strafbarkeit, wie oben von der ständigen Rechtsprechung der DFB-Gerichte als Folgerung aus der Unschuldsvermutung und als Wesensmerkmal der Vereinsstrafe – jedenfalls der von einigem Gewicht – abgeleitet wurde. Schuld ist dabei Vorwerfbarkeit.[176] Dabei gibt es zwei Schuldarten: **Vorsatz** und **Fahrlässigkeit** bestimmen die Art der Schuld. § 15 StGB legt fest, dass vorsätzliches und fahrlässiges Verhalten strafbar sind, wenn das Gesetz fahrlässiges Verhalten ausdrücklich mit Strafe bedroht. Letzteres Erfordernis, das Fahrlässigkeit ausdrücklich im Gesetz als strafbar herausstellt, ist in den Regelwerken des DFB (Satzung, RuVO) nicht durchgehalten. Beispielsweise ist die fahrlässige Begehung eines unsportlichen Verhaltens strafbewehrt, wenn dies auch nicht expressis verbis in den Statuten gesagt ist. Es heißt darin öfters „wer schuldhaft" – siehe u. a. § 7 Nr. 1 b, e, § 8 Nr. 1 g RuVO – handelt.

In Art. 7 Abs. 1 FDC ist dies ausdrücklich angesprochen, wenn es dort heißt: *„Unter Vorbehalt gegenteiliger Bestimmungen sind sowohl vorsätzlich als auch fahrlässig begangene Vergehen strafbar."*

A) Vorsatz

Vorsatz ist nach einer Kurzformel *„Wissen und Wollen der Tatbestandsverwirklichung"*. Damit sind verlangt Kenntnis der Normmerkmale und des Gangs der Tathandlung, ferner der Wille zur Tatbestandsverwirklichung und die Vorstellung von der Beherr-

---

176 GrSen BGHSt 2, 200.

schung der Tathandlung.[177] Beim Vorsatz unterscheidet man den unbedingten **direkten Vorsatz** und den **bedingten Vorsatz** (*dolus eventualis*). Im Vereinsrecht des DFB reichen beide Formen des Vorsatzes aus.

Im Fußballrecht taucht ferner in diesem Zusammenhang der Begriff **„Absicht“** (*dolus directus 1. Grades*) auf, wobei im Strafrecht damit gemeint ist, dass der Täter die Tatbestandsverwirklichung anstrebt – sein Wille ist auf diesen Erfolg gerichtet, es kommt ihm darauf an.

Sowohl das StGB (vereinzelt), aber oft das Fußballstrafrecht und insbesondere die Fußballregeln der FIFA verwenden demgegenüber den Ausdruck „Absicht“ dabei aber nicht immer im Sinne des Erfolgsstrebens, sondern zuweilen „nur“ im Sinne des schlichten Vorsatzes. Dabei ist bei den Fußballregeln im Auge zu behalten, dass die Urform der Regeln in englischer Sprache abgefasst ist, wobei beim Übersetzen ins Deutsche sich oft Unschärfen eingeschlichen haben (englisch: „intention“ bedeutet „Absicht“ **und** „Vorsatz“). Die konkrete Antwort, was jeweils gemeint ist, ist beim einzelnen Tatbestand zu geben. Dabei bedeutet die Wendung „um zu ...“ dasselbe wie Absicht, der Ausdruck „wissentlich“ direkter Vorsatz (*dolus directus 2. Grades*). Bei letzterer Form weiß der Täter bzw. sieht er es als sicher an, dass er den Tatbestand verwirklicht. Da er die Handlung will, will er auch, was er als deren sichere Folge ansieht.[178]

Beim **bedingten Vorsatz** strebt der Täter die Tatbestandsverwirklichung weder an, noch hält er sie für sicher, aber für möglich. Der Handelnde ist mit dem Eintreten des Erfolges in dem Sinne einverstanden, dass er ihn billigend in Kauf nimmt. Nahe verwandt damit ist die bewusste Fahrlässigkeit, bei der der Handelnde mit der als möglich erkannten Folge nicht einverstanden ist und deshalb auf deren Nichteintritt vertraut. Die Abgrenzung dieser inneren Tatseite nimmt die staatliche Rechtsprechung mit der Einwilligungstheorie vor, wobei gefordert wird, dass der Täter den Erfolg „billigt“ oder „billigend in Kauf nimmt“,[179] wobei manchmal noch hinzugefügt wird, dass er mit dem Erfolg „einverstanden ist“.

b) Fahrlässigkeit

Sie ist überraschenderweise weder im Strafgesetzbuch noch im Fußballstrafrecht definiert.

Ihre Elemente sind Pflichtwidrigkeit und Vorhersehbarkeit der Tatbestandsverwirklichung sowie Erkennbarkeit der Rechtswidrigkeit.[180] Dabei sind im staatlichen Strafrecht zwei Unterformen zu unterscheiden, die unbewusste und die bewusste Fahrlässigkeit. Bei Ersterer sieht der Täter die Tatbestandsverwirklichung nicht voraus

---

177 *Fischer* StGB Kommentar, § 15 Rn. 4.
178 *Fischer* StGB Kommentar, § 15 Rn. 9.
179 BFHSt 36, 4; 17, 262.
180 *Fischer* StGB Kommentar, § 15 Rn. 12ff.

(Erkenntnisfehler), bei der bewussten Fahrlässigkeit rechnet er mit der Möglichkeit deren Eintritts, unterschätzt aber den Grad des Möglichen.

c) Schuldformen im Fußballstrafrecht

Die einzelnen Begriffe gehen – wie gezeigt – manchmal ineinander über. Die Abgrenzung bereitet deshalb auch im Sportstrafrecht Schwierigkeiten. Sie fordert bei der Feststellung der inneren Tatseite oft schwierige Ermittlungsarbeit bei manchmal subtilen Vorgängen des Willens und des Wollens des Spielers/Vereins. Sie ist jedenfalls bei den einzelnen Tatbeständen des Besonderen Teils (§§ 6 – 12 RuVO) im Auge zu behalten.

12. Tatbestandsirrtum – Verbotsirrtum

Sie sind für das staatliche Strafrecht in §§ 16 und 17 StGB geregelt.

a) Beim Tatbestandsirrtum (§ 16 StGB) kennt der Täter tatbestandsrelevante Umstände nicht oder nimmt solche Umstände irrig als gegeben an. Bekannte Grenzfälle sind der *„error in objecto vel persona"* – Vorsatz bleibt bei Gleichwertigkeit des Tatobjekts bestehen – und der *„aberratio ictus"* – ist als versuchte primäre Tatbestandsverwirklichung in Tateinheit mit fahrlässiger Tat zu werten. Der Tatbestandsirrtum schließt den Vorsatz aus, lässt aber – wenn strafbewehrt – eine Verurteilung wegen Fahrlässigkeit zu.
b) Der umgekehrte Irrtum, d. h. die irrige Annahme eines in Wirklichkeit nicht gegebenen Tatbestands, ist strafbarer **untauglicher Versuch**, falls der Versuch strafbar ist.
c) Falls dem Täter bei Begehung der Tat die Einsicht fehlt, Unrecht zu tun, so liegt Verbotsirrtum vor (§ 17 StGB). Konnte er den Irrtum nicht vermeiden, kann die Strafe nach Versuchsgrundsätzen gemildert werden. Für die Unrechtseinsicht reicht das Bewusstsein des sittlich Verwerflichen,[181] bei Zweifeln besteht unter Umständen eine Erkundigungspflicht.
   Ernsthaft stellte sich die Frage eines Verbotsirrtums wegen fehlender Unrechtseinsicht, als der holländische Profi *Quido Lanzaat* nach Genuss von zwei Haschischzigaretten in der Millenniumsnacht 1999/2000 in Amsterdam Anfang Januar 2000 in die Bundesliga wechselte und im Finale des DFB-Hallenmasters mitspielte. Seine Urinprobe ergab 15 mg THC (Cannabinoide). Da in Holland der Genuss dieses Stoffes straffrei ist, war zu erörtern, ob *Lanzaat* zur Tatzeit (d. h. beim Masterturnier) das Bewusstsein eines Verstoßes gegen Sportrecht hatte. Das Bundesgericht[182] warf ihm vor, als langjähriger Profi in niederländischen Spitzenclubs sei er über die weltweite Dopingächtung im Sport informiert gewesen. Er

181 GrSen BGHSt 11, 266.
182 Urteil vom 31. 5. 2000, SpuRt 2001, 211 f.

habe so gewusst, dass Haschisch in vielen Fußballnationen eine verbotene Substanz ist, und hätte deshalb Sorge tragen müssen, dass er erst wieder trainiert und spielt, wenn der Wirkstoff nicht mehr in relevanter Weise in seinem Körper vorhanden ist. Ein Verbotsirrtum ist somit bereits nicht angenommen worden, hilfsweise als nicht entschuldbar angesehen worden.
Zum Irrtumsbereich ist die Abgrenzung zwischen Tatbestands- und Verbotsirrtum bereits im staatlichen Recht nicht immer leicht, was sich je nach Einlassung des Betroffenen auch im Fußballstrafrecht zeigt.

d) Um nicht dem Vorwurf ausgesetzt zu sein, in einem Kommentar zu einem Sportrechtsgebiet strafrechtliche Differenzierungen auf Seminarniveau zu praktizieren, belasse ich es bei vorstehenden Ausführungen, die später bei einigen Entscheidungsfällen nochmals aufgegriffen werden. Jedenfalls sind die verschiedenen Varianten des Irrtums auch für die Tatbestände der §§ 6 – 12 RuVO u. U. relevant.

13. Schuldfähigkeit

In § 20 StGB ist die Schuldunfähigkeit wegen seelischer Störung geregelt, die im Fußballbereich zwar selten, aber doch z. B. bei Weiterspielen eines Fußballers nach schwerer Gehirnerschütterung und Bewusstseinsbeeinträchtigung (der Torwart spielt in Trance) vorgekommen sind. Die Schuldunfähigkeit führte dabei zur Verfahrenseinstellung bei in diesem Zustand begangenen schweren Fouls oder Schiedsrichterbeleidigungen, wobei auch die Abstufung zur verminderten Schuldfähigkeit (§ 21 StGB) in der Praxis der DFB-Gerichte schon zur Debatte stand. Wohl schwerlich mit der Folge der Exkulpation, weit eher in seltenen Ausnahmefällen mit der Folge des § 21 StGB (Strafmilderung) kann – u. U. mit sachverständiger Hilfe – ein Affektsturm bzw. ein hochgradiger Affekt bei einem Fußballer in Extremsituationen angenommen werden.

14. Versuch

In § 7 Nr. 2, § 8 Nr. 2 RuVO ist jeweils ausdrücklich geregelt, dass in enumerativ aufgeführten Vorschriften der **Versuch** strafbar ist. Definiert ist der sportrechtliche Versuch nicht. Es empfiehlt sich dann wiederum eine Anleihe bei § 22 ff. StGB. Danach ist eine Straftat dann versucht, wenn der Spieler nach seiner Vorstellung vor der Tat zur Verwirklichung des Tatbestands unmittelbar ansetzt. Abgrenzungsprobleme stellen sich dabei zwischen **Vorbereitung** und **Versuch.** Anzuknüpfen ist beim Täterplan, wobei er in objektiver Hinsicht zumindest ein unmittelbares Ansetzen zur Tatbestandsverwirklichung vornehmen muss. Es sind die Handlungen, in denen der Täter subjektiv die Schwelle zum *„jetzt geht es los“* überschritten hat und objektiv oder subjektiv das geschützte Rechtsgut in eine konkrete nahe Gefahr gebracht hat.[183] Beispiel: Versuch liegt vor, wenn ein Trainer über ein vor ihm stehendes Mikrofon, von dem er irrtümlich glaubt, dass es zu einem Fernsehsender geschaltet ist, beleidigende Worte über den Schiedsrichter ruft. Auch im staatlichen Recht ist die Kasuistik zu dieser Abgrenzungsform vielfältig. So ist je nach Fallgestaltung in der Betrugsaffäre *Hoyzer* noch eine Vorbereitungshandlung anzunehmen gewesen, wenn Schiedsrichter und/oder Wettbetrüger auf der Suche auf Unterstützung durch Spieler bei der beabsichtigten Manipulation diese sondieren, anrufen, ansprechen. Je weiter dieses Bemühen durchgeführt wird, desto eher verlässt man die straflose Vorbereitungshandlung in Richtung auf den strafbaren Versuch einer Straftat, die damit als unsportliches Verhalten zu qualifizieren war (§ 1 Nr. 4 RuVO).

Die Abgrenzung zwischen bloßem Versuch und der Vollendung ist teilweise nicht einfach. § 6 a RuVO, der im Mai 2005 geschaffen worden ist, soll solche Überschneidungen und ihre schwierige Zuordnung künftig vermeiden. In dieser Vorschrift ist deshalb auf § 11 Abs. 1 Nr. 6 StGB zurückgegriffen und der Begriff des „Unternehmens" der Spielmanipulation übernommen worden, der „den Versuch und die Vollendung der Tat" umfasst.

Die rechtlich nicht uninteressanten Fälle des untauglichen Versuchs oder des Wahndelikts sind, falls eine entsprechende Konstellation im Fußballstrafrecht auftritt, anhand der diesbezüglichen speziellen Literatur in Analogie zum Strafgesetzbuch zu lösen. Es kommt auf den jeweiligen Sachverhalt und auf die innere Tatseite an.

15. Rücktritt vom Versuch

Als persönlicher Strafausschließungsgrund greift ein Rücktritt zugunsten dessen ein, der sich freiwillig und ernsthaft bemüht hat, die begonnene Tat nicht zur Vollendung kommen zu lassen. Beim Alleintäter liegt der Rücktritt darin, dass er die begonnene Handlung abbricht, was in bloßer Untätigkeit bestehen kann. Fall: Der Schiedsrichter, der eine Spielmanipulation einem Wettbetrüger zugesagt hat, gibt das betreffende Spiel beim Spielleiter zurück und meldet sich krank.

Unfreiwilligkeit des Rücktritts liegt vor, wenn ein Schiedsrichter sich sagt: *„Ich kann nicht, selbst wenn ich wollte."* (Franksche Formel). Beispiel: Ein „bestochener Schiedsrichter" erfährt, dass das Frühwarnsystem *Betradar* einen Manipulationsverdacht für das von ihm zu leitende Spiel dem DFB gemeldet und dieser eine Reihe von Beobachtern zum Spiel entsandt hat. Der Schiedsrichter pfeift dieses Spiel nach besten Kräften.

Beim beendeten Versuch, also nach abgeschlossener Tathandlung, will der Alleintäter durch eigenes Tun deren Eintritt, insbesondere deren Erfolg verhindern oder er verhindert ihn (tätige Reue). Fußballfall: Ein Wettbetrüger vereinbart mit zwei Li-

183 BGHSt 28, 163.

zenzspielern, dass das kommende Meisterschaftsspiel ihres Vereins verloren wird, wofür in der Halbzeit je 20.000 € an die Ehefrauen beider bezahlt werden. In der ersten Halbzeit spielen beide mit besten Kräften gemäß diesem Plan: einer ist Torwart und lässt einen haltbaren Ball zum 1:0 für den Gegner passieren; der andere ist Stürmer, er verschießt einen Elfmeter für seine Mannschaft. Halbzeit: 1:0 für den Gast. Während der Pause bereuen beide ihre Tat, untersagen per Handy ihren Frauen die Geldannahme – mit Erfolg – und erreichen durch verstärkten Einsatz in Hälfte 2, dass das Spiel von ihrer eigenen Mannschaft 2:1 gewonnen wird. Die Manipulation des Ergebnisses ist verhindert – der Versuch wird nicht bestraft (s. § 24 Abs. 1 Satz 1 StGB). Beide Spieler handelten zwar, weil sie ihre weitere Karriere nicht gefährden wollten, aus autonomen Motiven. Sie dachten dabei: *„Wir wollen nicht, selbst wenn wir könnten."* Wäre aber beiden das Umdrehen des Ergebnisses in der zweiten Halbzeit nicht gelungen und damit die Veränderung trotz der beiderseitigen Bemühungen nach dem Wechsel nicht eingetreten, bliebe die Strafbarkeit nach § 6 a Nr. 1 RuVO bestehen. In ersterem Fall könnte man zwar daran denken, den weit vorgedrungenen Tatbeitrag beider (Geldversprechen und absichtliches Verlieren bis zur Halbzeit) als selbständig strafbares unsportliches Verhalten (§ 1 Nr. 4 RuVO) zu ahnden, weil dieses Verhalten durch den Rücktritt nicht ungeschehen gemacht werden könne. Ein Fußballrichter oder -staatsanwalt sollte aber m. E. in einem solchen Fall gleichwohl unter Hintanstellung von konstruktiven Bedenken die **„goldene Brücke"** zur Straffreiheit gehen. Der Fair-Play-Gedanke kann einen derartigen sportlichen Weg rechtfertigen, da der Nichteintritt des Manipulationserfolgs kraft eigenen Zutuns für die volle Prämierung des guten Willens der Fußballsünder spricht.

C. Sondermoral im Fußball

I. Vereinsautonomie

Staatliches Recht und Fußballrecht müssen in Einklang stehen, was aber nicht heißt, dass beide deckungsgleich sein müssen. Manchmal geht staatliches Recht als zwingendes Recht vor, manchmal verdrängt aber Fußballrecht dispositives (§ 40 BGB) staatliches Recht. Der Schlüssel, um diesen scheinbaren Widerspruch zu lösen, ist die **Vereinsautonomie** als Unterfall der Privatautonomie. Sie ist zwar an keiner Stelle der DFB-Satzung angesprochen, ist aber das Lebenselixier eines Verbandes/Vereins. Dessen Innenleben wird mit Hilfe der Vereinsautonomie gestaltet.[184] Bei der Ausformung der Spielregeln im engeren Sinne, den Fußballregeln, die die Sportausübung „auf dem Sportplatz" betreffen, also der ureigensten Angelegenheit der Sportverbände, ist die Autonomie am weitesten – wenn auch nicht völlig unbeschränkt.[185]

184 Siehe oben Teil I, § 1 Rn. 2 a), d), e).
185 PHB/*Pfister* C Rn. 21.

Letztlich ist es der Staat, der diese Autonomie in seiner Verfassung gewährt (Art. 9 (1) GG) und daher ihre Grenzen festlegen kann. Er überlässt das Sport-Typische den Insidern, den Sportlern, und will keineswegs insoweit Oberlehrer sein.

So hat der Sport schon in seinen Gründerjahren die sog. „Tatsachenentscheidung" erfunden, die dem Schiedsrichter auf dem Spielfeld die uneingeschränkte Macht gibt, endgültig festzustellen, was tatsächlich geschehen ist, was im Nachhinein die staatlichen Gerichte/Schiedsgerichte nicht in Frage stellen können, ja nicht einmal die Gerichte des Sports selbst. Der Sport hat Selbstregelungskräfte, die Recht schaffen, Recht anwenden und das gefundene Recht sofort vollstrecken. Leitmotiv für dieses selbstgesetzte Recht bis hin zur Vollstreckung ist, durch den „Schnellrichter" auf dem Spielfeld die Chancengleichheit zu erreichen und Wettbewerbsverzerrungen zu verhindern.[186] Insbesondere soll durch die Tatsachenentscheidung gewährleistet sein, dass ganz **schnell** feststeht, was rechtens ist und wie die Entscheidung ausgeht, was im staatlichen Strafrecht seit den Zeiten des Reichskammergerichts bis heute nur schwerlich gelungen ist. Weise Juristen sagen, schnelles falsches Recht sei wichtiger als spätes richtiges Recht. Der Sport und sein größter Verband, der Fußball, haben sich zur obersten Maxime gemacht, dass „König Zuschauer" – das sind heute dank des Mediums Fernsehen Millionen – mit dem Schlusspfiff weiß, wie das Ergebnis lautet und wie die Tabelle aussieht. Der Sport nimmt als Vorstufe für diese schnelle Entscheidung der sportlichen Wettkämpfe für sich in Anspruch, seine Regeln exklusiv festzulegen und allein zu definieren, was sportlich ist und was unsportlich.[187] Die Grenzen hierfür sind recht weit gesteckt (§§ 242, 138 BGB). Die Kontrollen durch staatliche Instanzen haben nach anfänglicher größter Zurückhaltung (bis etwa 1970) inhaltlich und zahlenmäßig zugenommen, wobei in den meisten Fällen die Einzelentscheidung eben dank der Vereinsautonomie sehr wohl meistens zugunsten des Sports ergeht. Rechthabereien – evtl. vor den staatlichen Gerichten, dank Rechtsschutzversicherungen ohne Kostenrisiko – durchzusetzen, ist jedoch auch bei manchen Sporttreibenden häufiger geworden.

Die solche Wohltaten für die Vereine beinhaltende **Vereinsautonomie ist das Lebenselixier** für diese und ihre Verbände, wie bereits oben betont, die damit ihr Innenleben gestalten, wobei sie sich größtenteils in „justizberuhigten Zonen" (*Steiner*) bewegen. In erster Linie bemühen sie sich um sporttypische Belange und Grundsätze, wobei sie im Rahmen eines ihnen zugestandenen Ermessensfreiraums agieren. Dazu gehören vorweg die Spiel- und Wettkampfregeln, wobei das Wesen eines Wettkampfes die Chancengleichheit ist, die wiederum durch die Spielregeln gesichert wird,[188] ferner auch wertende Entscheidungen wie die Vergabe von Haltungs- oder künstlerischen Noten (Turnen, Eiskunstlauf pp.). In diesem Zusammenhang ist auf die Unbedenklichkeit eines eigenen Ehrenkodex hinzuweisen, der auch verfassungsrechtlich ab-

186 *Vieweg* Faszination Sportrecht, S. 10.
187 *Steiner* Festschrift für Burmeister, S. 1236.
188 *Pfister/Steiner* aaO., S. 17 ff.

geschirmt ist. *Steiner* umschreibt dies in seiner plastischen Art damit, dass „der Sport mehr Anstand abfordern könne als Staat und Gesellschaft".[189] Ein Verband kann von seinen Mitgliedern die Verwirklichung eigener sportethischer Vorstellungen verlangen, denen die staatlichen Gerichte *„nichts anhaben können"*, insbesondere nicht ihre eigenen Vorstellungen an die Stelle der Verbandswertungen einbringen können.

Diese „edlen" Grundsätze sollen im Nachfolgenden an fünf Grenzfällen der Sportmoral einerseits veranschaulicht, aber andererseits auf ihre „Gerichtsfestigkeit" abgeklopft werden.

II. Fünf Grenzfälle der Sportmoral

Fall 1: Ball-Wende-Fall

Nach unentschiedenem Spielstand nach 120 Minuten beim Pokal-Halbfinale in Sachsen zwischen *FC Chemnitz* und *Dynamo Dresden* im Jahre 1997 war es zum Elfmeterschießen gekommen. Für einen Treffer ist nach der speziellen Regel hierfür „ein unmittelbarer Torerfolg" gefordert. Der Schiedsrichter hatte einen Schuss als nicht erfolgreich gewertet, bei dem der Torwart den Ball abgewehrt hatte, der weit ins Spielfeld zurückgesprungen war – Tormann und Schütze hatten sich bereits abgedreht, da sie glaubten, es sei kein Tor erzielt. Wegen einer starken Effet-Wirkung war der Ball aber zurück und ins Tor gesprungen. „Unmittelbarer Torerfolg oder nicht?" war die Frage. Das Landgericht Chemnitz[190] und das OLG Dresden (unveröffentlicht) wiesen die Klage auf Neuansetzung des Pokalspiels zurück, weil das Gericht bei *„diesem Geschehensablauf die Auffassung gewonnen hatte, dass der Schuss keinen unmittelbaren Torerfolg ergeben hätte."*

Beide Gerichte sind glücklicherweise zum gleichen Ergebnis gekommen wie der Schiedsrichter. In Wirklichkeit handelt es sich um den klassischen Fall der allein dem Platzschiedsrichter überlassenen Entscheidung, deren Beurteilung sich die staatlichen Gerichte nicht anmaßen dürfen (**Vereinsautonomie:** FIFA-Regel 5 X). Die Fußballregeln sprechen von einer endgültigen Tatsachenentscheidung des Schiedsrichters (Regel 5 X „Entscheidungen des Schiedsrichters" Abs. 1). Denn er kann aufgrund seines Standorts, des Verlaufs des Balles, der Boden- und Windverhältnisse und des Zeitablaufs seine Entscheidung treffen, die der staatliche Richter nicht in allen Einzelheiten feststellen kann.

Fall 2: Die Schande von Gijón

Bei der Fußballweltmeisterschaft 1982 in Spanien stand es im dritten und letzten Vorrundenspiel Mitte der ersten Halbzeit 1:0 für Deutschland gegen Österreich. Dieses

189 Zitate s. *Hilpert* Sportrecht, II 3, S. 136.

190 Urteil vom 24.4.1997, SpuRt 1998, 421.

Ergebnis garantierte beiden Teams den sicheren Weg in die Zwischenrunde mit der Folge, dass die algerische Nationalmannschaft aufgrund des schlechteren Torverhältnisses auszuscheiden hatte. **Ohne ausdrückliche Absprache** praktizierten beide Mannschaften in der Folgezeit bis zum Spielende ein „Ballgeschiebe", wobei sie fast nie in Tornähe kamen. Es ist seitens der FIFA nichts geschehen. An eine Bestrafung beider Teams wegen unsportlichen Verhaltens wäre durchaus zu denken gewesen. Ein Weg zur Ahndung war durchaus gegeben. In Art. 152 FDC heißt es in der Überschrift „Anwendungsbereich, unvorhergesehene Fälle, Gewohnheitsrecht, Rechtslehre und Rechtsprechung":

> „... 2. Bei unvorhergesehenen Fällen entscheiden die Rechtsorgane auf der Grundlage des Gewohnheitsrechts des Verbandes oder, wenn für den entsprechenden Fall kein solches existiert, nach den Bestimmungen, die sie als Gesetzgeber für den entsprechenden Fall aufstellen würden ..."

Die FIFA-Disziplinarkommission übernahm die Rolle eines *„Ersatznormgebers für den Schadensfall im Fußballbereich"* nicht. Dies lag vielleicht daran, dass ihr damaliger Präsident *João Havelange* eher zögernd und inaktiv war beim Betreten neuer Wege – ganz im Gegensatz etwa zu *Blatter*, dem großer Tatendrang nachgesagt wird und der Neuem stets aufgeschlossen gegenübersteht. Ein Signal durch eine angemessene Reaktion der FIFA auf den eklatanten Verstoß gegen den Fair-Play-Gedanken hätte dem Weltfußballverband gut zu Gesicht gestanden.

Fall 3: Hosenwerbung im Fußball

In seiner allgemeinverbindlichen „Vorschrift über die Beschaffenheit und Ausgestaltung der Spielkleidung" ließ der DFB bisher als Werbefläche ausdrücklich die Vorderseite und einen Ärmel im Oberarmbereich des Trikots zu. Werbung auf anderen Teilen, so auf der Hose, war verboten. Eine Klage eines Vereins auf Feststellung der Nichtigkeit dieser Bestimmung wurde vom Landgericht Frankfurt[191] als unbegründet abgewiesen. Es führte in überzeugender Weise aus:

> „Der Beklagte (scil. der DFB) hat im Rahmen seiner Entscheidung nicht alle Flächen der Spielkleidung als Werbeflächen zugelassen, sondern sich zwischen den denkbaren Regelungsmöglichkeiten eines absoluten Verbots bis hin zur völligen Freiheit aller Bereiche für die Regelung entschieden, die wirtschaftlichen Gesichtspunkten, aber auch sportästhetischen Erwägungen gerecht werden will. Dabei hat sich der Verband auch zulässigerweise an Wünschen von Spielern und Vereinen orientiert, die eine völlige Freigabe der Werbung auf ihrer Kleidung ablehnen."

Das Landgericht Hannover hat dagegen im April 2008 (Az.: 114/06) bei gleichem Sachverhalt umgekehrt entschieden und es den Landesverbänden des DFB überlassen, von einem Gestaltungsspielraum Gebrauch zu machen. In diesem Rahmen sollen

---

191 Urteil vom 9.11.2005, SpuRt 206, 351 (rechtskräftig).

Fußballvereine in Niedersachsen künftig auf der Hose werben können. Das Urteil ist rechtskräftig, da der DFB aus Gründen des Rechtsfriedens und der Rechtssicherheit auf ein Rechtsmittel verzichtet hat und künftig bundesweit Hosenwerbung zulassen will.[192] Das ist keine Grundsatzfrage, mag man dabei gedacht haben, zumal viele Vereine aus Einnahmegründen ohnehin dafür sind. Die Divergenz zwischen den beiden Landgerichtsentscheidungen ist jedoch evident. Die Vereinsautonomie wird jedenfalls nicht ausgeleuchtet.

In den 90er Jahren hatte der DFB in einem ernster zu nehmenden Fall die Werbung auf der Brustseite des Trikots mit dem Aufdruck *„London“* – einem Präservativ – untersagt und mit Verbandsdruck durchgesetzt. Der Rechtsweg ist damals nicht beschritten worden – er wäre übrigens, da es sich um den damaligen Bundesligaverein *FC Homburg/Saar 08* handelte, zum Ständigen Schiedsgericht für Vereine gegangen. Der DFB fühlte sich in seiner Autonomie beim Festhalten von *„nicht jugendfreier Werbung am Mann“* abgesichert. Er lässt auch keine Reklame für alkoholische Getränke auf Trikots zu.

Schwierigkeiten haben manche Fußballverbände auch mit dem richtigen Umgang mit dem muslimischen Kopftuch bei Fußballspielerinnen. Weil sie die Kopfbedeckung im Spiel nicht ablegen wollte, wurde eine Kanadierin vom Schiedsrichter des Feldes verwiesen. Aus Solidarität verließ das ganze Team den Platz. Die Spielerin *Asmahan Mansour* wurde zum Medienstar in Kanada. Quebecs Premier *Jean Charest* stellte sich auf die Seite des Schiedsrichters, sein Wahlkampfgegner auf die der jungen Kanadierin, ein Politikum im an sich liberalen Staat Kanada. Eine Entscheidung zu dieser Frage seitens der FIFA ist mir bisher nicht bekannt geworden.

Fall 4: Die Einteiler-Trikots der Kameruner

Eine mögliche Verletzung des Verhältnismäßigkeitsgrundsatzes ist dem Weltfußballverband in jüngster Zeit unterlaufen. Beim Afrika-Cup 2004 war die Nationalmannschaft von Kamerun statt in Trikots und Hosen in nicht zugelassenen einteiligen Trikots angetreten. Nicht zuletzt, weil der Sponsor der Löwen, die Firma *Puma*, den Streit über die Zulässigkeit dieser Kleidung nach den Fußballregeln auf die Spitze getrieben hatte, verhängte die Disziplinarkommission der FIFA gegen die renitenten Kameruner eine Geldstrafe von 200.000 CHF und sprach einen Abzug von sechs Punkten für die anstehende Qualifikationsrunde zur WM 2006 aus.[193] Der damalige Trainer von Kamerun, der Deutsche *Winfried Schäfer*, sah es als absolut aussichtslos an, bei einem solchen Punktabzug sich mit seiner Mannschaft für die WM zu qualifizieren. Kamerun zog vor den CAS. Der FIFA-Präsident *Joseph S. Blatter* spürte, dass man über das Ziel hinausgeschossen war. Da die FIFA gerade ihr 100-jähriges Jubiläum feierte, hob sie – wie es ausdrücklich hieß – „als „Geburtstagsgeschenk“ den Punktabzug auf und

192 NFV-Pressestelle vom 25.4.2008.

193 Urteil der FIFA-Berufungskommission vom 12.5.2004, Az: 040050 CMRZA.

beließ es bei der Geldstrafe – ein elegantes Einschwenken. Der CAS brauchte nicht mehr zu entscheiden.

Fallvarianten 5:
a) Verfälschte Spielergebnisse
Ob ein Verstoß gegen den Ehrenkodex des Sports gegeben war oder nur ein Handeln im Rahmen seiner Selbstbestimmung, fragte man sich in Deutschland jeweils im Zusammenhang mit den Bundesliga-Skandalen I und II.

Im Bundesligaskandal I wurde von Dritten eine Siegprämie für eine Mannschaft ausgelobt und sie nach Eintritt des Erfolges bezahlt, und zwar im Skandal I von einem abstiegsbedrohten Verein (A) für einen Sieg eines anderen Bundesligisten (B) gegen den Konkurrenten von A im Kampf gegen den Abstieg (C). Die Mannschaft B sollte durch den Anreiz einer ansehnlichen Geldzahlung angehalten werden, dem Gegner C keinen leichten Sieg zu ermöglichen, vielmehr zum eigenen Sieg zu kommen. Im Jahre 2005 im Skandal II wurden Siegprämien durch *Wetter* für Siege eines bestimmten Vereins versprochen und bezahlt. Der *Wetter* wollte, dass der Geldempfänger mit vollem Einsatz den Sieg erkämpft, was die Mannschaft ohne die Auslobung angesichts ihres Tabellenstandes vor dem letzten Spieltag im Mittelfeld (Niemandsland) der Tabelle mangels besonderer Motivation ohne Verbesserungs- oder Verschlechterungschancen nicht getan hätte. Die Eigengesetzlichkeit des Spielbetriebs, die zu gewissen Zeiten auch Mannschaftsleistungen unter der Höchstgrenze mit sich bringt, wird insoweit durch Zahlen der Siegprämie verzerrt.[194]

Der DFB vertrat in beiden Fallkonstellationen den Standpunkt, dass das Zahlen der Siegprämie als unsportliches Verhalten zu bestrafen sei. Dieser Rechtsauffassung wird teilweise entgegengehalten, dass die Zahlung einer Geldprämie für eine Leistung, die ein Verein bzw. die Spieler nach den sportlichen Regeln eines fairen Wettbewerbs ohnehin pflichtgemäß anzustreben haben, also für eine sportliche Selbstverständlichkeit, nicht als sportwidrig bewertet werden könne. Der Kontrollausschuss des DFB hat derartige Verhaltensweisen in ständiger Praxis sportstrafrechtlich verfolgt; die Fälle des Bundesligaskandals I sind damals mehrfach in zwei Instanzen sportstrafrechtlich abgeurteilt worden. Das DFB-Bundesgericht[195] sah sehr wohl in der Hingabe der Siegprämie wie auch in deren Annahme ein unsportliches Verhalten. Dies folge aus den Begleitumständen der Tat wie auch aus den Beweggründen der Handelnden. Ein Bundesligaverein wolle *„einen ihm in sportlicher Weise verbundenen anderen Bundesligaverein in den Abstieg schicken, indem er Spieler eines dritten Vereins vor seinen Karren spanne"*. Das dafür gezahlte Geld sei – sportlich gesehen – „schmutziges Geld". Aus der Heimlichkeit der Geldzahlung spreche „das schlechte Gewissen".

---

194 *Hilpert* Sportrecht, II 3 Rn. 99; *Vieweg* Nachprüfung von Vereinsstrafen und -entscheidungen, JZ 1984, 167 ff., S. 172.
195 DFB-Gericht, Urteil vom 27.10.1971- Az: 64/71/72.

Im Skandal II wurden Verfahren gegen Spieler nach Zahlung einer Geldbuße für eine wohltätige Institution – bei den Rädelsführern ein Mehrfaches des empfangenen Betrags – im

Hinblick auf die geringe Schuld analog § 153 a StPO mit Zustimmung des Sportgerichts eingestellt.

b) Absichtliches Verlieren aus sportlicher Kalkulation

Bei großen Sportereignissen wird immer wieder berichtet, dass Mannschaften ihr Spiel absichtlich verloren bzw. nicht versucht haben, einen sportlichen Wettkampf zu gewinnen.[196] Oft hat dieses Vorgehen bei dem jeweiligen Spielmodus dazu geführt, dass die Chancen im weiteren Verlauf von der handelnden Mannschaft dadurch günstiger gestaltet worden sein sollen.

In den Regelwerken der nationalen und internationalen Verbände finden sich konkrete Bestimmungen über die Rechtsfolgen absichtlichen Verlierens nicht. Nahe liegt es bei dem obersten sportlichen Grundsatz, dem Fair-Play-Prinzip, einen Lösungsansatz zu suchen. Ein Sportler sollte sich bei der Teilnahme an einem sportlichen Wettbewerb an die Spielregeln halten und ein anständiges und gerechtes Match austragen.[197]

Als Teilergebnis lässt sich dabei feststellen, dass absichtliches Verlieren, ohne dass dabei auf den eigenen sportlichen Erfolg im Wettbewerb abgezielt wird, vielmehr um einem anderen Teilnehmer in einer Konkurrenz zu helfen, bei jedem Turniermodus unzulässig ist (Verstoß gegen die Chancengleichheit).

c) Verlieren aus sportlicher Kalkulation

Es gibt des Weiteren eine Fallkonstellation, dass bewusst eine Niederlage gegen einen sportlich stärker eingeschätzten Gegner umgangen werden soll, um im weiteren Verlauf eines Turniers oder eines Wettbewerbs bessere Erfolgsaussichten zu haben. Wäre in dieser Konstellation ein absichtliches Verlieren nicht zulässig, wäre das verlierende Team **„geradezu genötigt, sich ins Verderben zu siegen“.** Das eigene Streben nach Erfolg ist stets der Endzweck eines sportlichen Wettbewerbs. Ein derartiges Ringen um den Sieg und ein Aufgeben des eigenen Erfolgswegs wird nach dem Fair-Play-Prinzip nicht gefordert.

Ein absichtliches Verlieren ohne die angeführten sportlichen Ziele und Motive, würde den Wettkampf aber zur Farce werden lassen. Man könnte nicht mehr von einem sportlichen Wettkampf sprechen.

---

196 So die Tagespresse.

197 *Scherrer/Muresanu/Ludwig* Sportrecht: Eine Begriffserläuterung, S. 129.

d) Verzicht auf den Einsatz von Stammspielern

Das Schonen von Stammspielern im Mannschaftssport ist eine häufige Praxis im Verlauf eines Wettbewerbs. Wenn es in bestimmten Spielen um nichts geht, wird oft den besten Kräften eines Spiels eine Erholungs- und Verletzungsphase gegönnt bzw. ein Spieler nur zeitweise in einem Spiel eingesetzt. Verbunden mit diesem Schachzug kann oft auch gewollt sein, dass Ersatzspieler Spielpraxis erhalten. Bis auf Maßnahmen, die zur bewussten Schwächung der Mannschaftsstärke abzielen, verstoßen Strategien bei der Aufstellung nicht gegen das Fair-Play-Prinzip und sind daher nicht unzulässig.

e) Erkaufte Niederlage

Der Kauf oder Verkauf einer Niederlage in einem Meisterschaftsspiel, d. h. die Zahlung oder die Annahme von Geld für die Niederlage des Annehmenden stellt eindeutig ein im besonderen Grad unsportliches Verhalten dar und ist deshalb sportrechtlich gebührend zu ahnden.

D. Wahrheitspflicht

Im Zivilrecht sind in allen Verfahren der ZPO die Parteien zur Wahrheit und Vollständigkeit verpflichtet (§ 138 Abs. 1 ZPO).[198] Dies bedeutet ein Gebot zur subjektiven Wahrhaftigkeit. Eine Partei darf nicht wider besseres Wissen Erklärungen zu ihren Gunsten abgeben, **sie darf nicht lügen.**[199] Eine Lüge kann privatrechtlich zu Schadensersatzansprüchen nach § 826 BGB führen; strafrechtlich ist Prozessbetrug denkbar.

Im **Strafrecht** besteht für die Beschuldigten Aussagefreiheit: Nach § 136 Abs. 1 Satz 2 StPO ist er zu Beginn seiner Vernehmung darüber zu belehren, dass *„es ihm nach dem Gesetz freisteht, sich zu der Beschuldigung zu äußern oder nicht zur Sache auszusagen ...“* (ebenso § 163 a Abs. 4 StPO für die Vernehmung bei der Staatsanwaltschaft und der Polizei, § 243 Abs. 4 StPO für die Hauptverhandlung). Der Hintergrund dieser Vorschriften ist der im deutschen Strafprozess von jeher geltende Grundsatz, dass niemand verpflichtet ist, gegen sich selbst auszusagen. Dieser Schutz vor Selbstbezichtigungen gilt im Strafprozess für alle Prozessbeteiligten, im Zivilverfahren jedenfalls für Zeugen (§ 384 ZPO).[200] Das bereits angesprochene Schweigerecht des Beschuldigten besteht seit langem als Ausdruck des rechtsstaatlichen Verständnisses unseres Strafrechts, das auf dem Leitgedanken der Achtung vor der Menschenwürde beruht.[201] Der Beschuldigte soll selbst entscheiden, ob er als Werkzeug

198 Ähnlich §§ 173 VWGO, 202 SGG, 46 ArbGG, 76, 155 FGO.
199 Thomas/Putzo/Reichold § 138 ZPO Rn. 1, 2.
200 BVerfG, NJW 1981, 1431.
201 BVerfGE 38, 105 ff., 113; BGHSt 14, 358 ff., 364.

der Überführung seiner selbst benutzt werden soll. Nach dem Zivilprozessrecht ist anerkannt, dass die Wahrheitspflicht der Partei dort ihre Grenzen findet, wo sie gezwungen wäre, eine ihr zur Unehre gereichende Tatsache oder eine von ihr begangene strafbare Handlung zu offenbaren.

Das hier zu diskutierende Vereinsrecht ist nach gesicherter Auffassung **Zivilrecht** und **nicht Strafrecht**; die Disziplinarstrafen, die seitens der Verbände gegen die Vereine ausgesprochen werden, sind Akte des Zivilrechts und *„müssen klar von strafrechtlichen Sanktionen abgegrenzt werden"*.[202] Wir stehen hier vor der Alternative zwischen *Skylla* und *Charybdis:* hier Wahrheitspflicht, weil Zivilrecht, – dort Schweige- und Aussageverweigerungsrecht, weil strafprozessrechtliche Erwägungen gelten, ja sogar die Menschenwürde (Art. 2 (1) in Verbindung mit Art. 1 (1) GG) tangiert sein kann. Das Problem ist in der zwischenzeitlich doch viele Bände umfassenden Sportrechtsliteratur – soweit ersichtlich – noch nicht ausdrücklich angesprochen worden. Die DFB-Gerichte belehren seit unvordenklichen Zeiten entsprechend § 136a Abs. 1 Satz 2 StPO über ein Aussageverweigerungsrecht des Betroffenen und respektieren es, falls dieser davon Gebrauch macht, anschließend. Es werden **keine** nachteiligen Folgerungen aus einem etwaigen Leugnen gezogen. Im Zivilprozessrecht ist zwar die Parteivernehmung nicht erzwingbar, aus der Ablehnung dürfen jedoch im Gegensatz zum Strafverfahren Schlüsse gezogen werden.[203] Diese ergehen unter Berücksichtigung der Weigerungsgründe in freier Würdigung und sind in der Regel nachteilig für die Partei (§ 446 ZPO). Sogar eine Parteivernehmung von Amts wegen ist als Ausnahme von dem Beibringungsgrundsatz zulässig (s. § 448 ZPO), die bei Aussageverweigerung ebenfalls Folgerungen des Gerichts zulässt.

Dieses Dilemma zwischen Zivilrecht und Strafrecht taucht auch noch bei anderen Problemstellungen im Sportstrafrecht auf. Der CAS argumentiert dabei zum Beispiel, dass das typische strafrechtliche Prinzip der „Unschuldsvermutung" ein Unterfall der Beweislast in dem auch hier streng einzuhaltenden Zivilrecht sei, wonach der Sportler darzulegen und zu beweisen habe, dass er seine Sorgfaltspflicht, seinen Körper von Dopingsubstanzen freizuhalten, beachtet habe. Der Spieler müsse sich entsprechend entlasten – das sind typische zivilrechtliche Überlegungen. Um vom vielfach umstrittenen Dopingbereich wegzukommen, wird zur Veranschaulichung der Tragweite des CAS-Standpunktes auf den Fall hingewiesen, dass gegen einen Schiedsrichter Indizien sprechen, dass er eine Spielmanipulation begangen hat. Wenn dieser in einem zivilrechtlich orientierten Vereinsdisziplinarverfahren von seinem Aussageverweigerungsrecht Gebrauch macht, können die daraus zu ziehenden Schlüsse – es soll auch keine plausible Begründung für sein Schweigen gegeben werden – ihm zum Nachteil gereichen und insgesamt zur Überführung des Betroffenen führen. Das Fußballstrafrecht erlaubt ihm dagegen die Nichtaussage, ohne dass Folgerungen

202 So wörtlich: CAS, SpuRt 2007, 24, 25.

203 BVerfG, NJW 1981, 1431 zu I 2 a.

daraus gezogen werden dürfen – jedenfalls nach der Interpretation der DFB-Rechtsinstanzen.

Hinsichtlich der dogmatischen Zuordnung des Vereinsrechts setzen die DFB-Richter rechtsstaatliche Farbtupfer auf der Basis des Zivilrechts, was ihnen nicht schlecht zu Gesicht steht. Die Begründung hierfür geht m. E. dahin, dass sicherlich das **Vereinsrecht Zivilrecht** ist, jedoch das Sportrecht auch ein Querschnitts- bzw. Mischgebiet im Recht ist und an einigen Stellen Anleihen beim Strafprozess machen **darf und soll**, insbesondere wenn diese Verfassungsgrundsätze verkörpern.

Anders ist es nach Auffassung des Autors zu sehen, wenn der Betroffene nach Belehrung freiwillig zur Sache aussagt. Wenn er gleichwohl für schuldig gesprochen wird, können ein etwaiges hartnäckiges Leugnen der Tat trotz Überführung oder eine bewusste Irreführung des Gerichts sehr wohl zu seinem Nachteil strafschärfend verwertet werden. Ein solches Vorgehen eines Zivilvereinsgerichts verstößt weder gegen verfassungsrechtliche Verbote und insbesondere nicht gegen das Urgesetz des Sports, das Fair-Play-Prinzip. Ein fairer Sportler steht zu seiner Tat und beschönigt sein Verhalten nicht in unehrlicher, d. h. unfairer Weise.

Generell gesehen ist die Problemstellung, wann im Vereinsrecht als Zivilrecht gleichwohl strafrechtliche Akzente gesetzt werden und in dieses bewährte strafprozessuale Vorschriften, die oft verfassungsrechtlich abgesichert sind, Einzug halten und zur Verbesserung der Institution Vereinsrecht insgesamt beitragen können.

E. Zusammenfassung der Vorbemerkungen

All die zur Überleitung zum Besonderen Teil des Sportstrafrechts dargelegten allgemeinen Rechtsgrundsätze und Rechtsüberlegungen (vorstehende Rn. 1–25) sind nachfolgend direkt oder analog bei der Beurteilung einer eine Disziplinarstrafe rechtfertigenden Verhaltensweise heranzuziehen. Das jahrhundertealte staatliche Recht kann dabei der noch jungen Sparte „Sportrecht" wertvolle Auslegungs- und Anwendungshilfen geben.

F. Schlussfrage zu II bis V

Ist das Sportrecht Zivilrecht oder Strafrecht?
Die Antwort auf diese Frage ist ungeschrieben, sie ist aber herrschende Meinung.

Trotz der vom Sportrecht übernommenen Begriffe aus dem **Strafrecht und dem Strafprozessrecht** bewegen wir uns bei den Sanktionen auf dem Gebiet des **Zivilrechts.** Es überrascht, dass diese unstreitige Erkenntnis von der Sportrechtswissenschaft nur am Rande behandelt und nicht näher in den Einzelheiten hinterfragt ist.

Die Problematik bedarf der wissenschaftlichen Vertiefung. Um in diesem Werk gelöst zu werden, ist es ein zu weites Feld (*Theodor Fontane*).

Deshalb nur einige Ansätze:

- Gilt im Sportrecht *in dubio pro reo* – bzw. das Selbstbelastungsverbot?
- Sind die Grundsätze des § 136 a StPO anwendbar?
- Hat eine Prozesspartei im Zivilrecht ein Aussageverweigerungsrecht?
- Wie sind diese strafrechtlichen Elemente ins Zivilrecht zu transponieren?

Der CAS[204] hat jedenfalls lapidar entschieden, dass Disziplinarstrafen, die von Vereinen/Verbänden verhängt werden, zum Zivilrecht gehören und von den strafrechtlichen Sanktionen abzugrenzen sind.

204 Siehe Fn. 36.

Teil VI Hauptteil: Materielles Fußballrecht

A. Rechtsprechung aus der Weimarer Zeit

Im Mittelpunkt des Werkes steht ein Rechtsprechungskommentar zum materiellen Fußballrecht und zum Verfahrensrecht des Fußballs. In diesen beiden Abschnitten wird die Rechtsprechung der maßgeblichen Gerichtsinstanzen im DFB-Bereich referiert, kommentiert und erläutert. Die Originaltexte (gekürzt) der Entscheidungen der staatlichen Gerichte und der Verbandsgerichte erleichtern die Einsicht und den Nachvollzug der Rechtsprechung. Zugeordnet sind die einzelnen Rechtsprechungsakte den entsprechenden Paragraphen der Rechts- und Verfahrensordnung.

Bevor die aktuellen Urteile im DFB-Bereich referiert werden, soll, um des historischen Interesses wegen ein Rückblick auf einige oberste **Verbandsurteile aus der Weimarer Zeit** (1927 bis 1932) erfolgen. Insoweit ist das Archiv des „Kickers", der in den Vorkriegsjahren das Zentralorgan des Fußball- und Leichtathletik-Verbandes war, das die Urteile der höchsten Rechtsprechungsorgane umfasste, ausgewertet worden.

I. Ein Urteil zur Vorsperre

„Die **Vorsperre** tritt mit Erlass des Urteils im ordentlichen Verfahren außer Kraft. Eine frühere Aufhebung erfolgt nur auf Antrag der untersuchenden Behörde, nachdem diese durch das eingeleitete Verfahren festgestellt hat, dass ein Irrtum des Schiedsrichters vorliegt oder, dass die zu erwartende Strafe die schon verbüßte nicht übersteigt."[205]

II. Zuschauerausschreitungen gegenüber dem Schiedsrichter

Aus den Gründen des Verbandsgerichts:

Im Spiel *Viktoria Aschaffenburg* gegen den *FSV Frankfurt* am 27.11.1927 hat *Aschaffenburg* die Platzordnung nicht in genügendem Maße gehandhabt, insbesondere dem Schiedsrichter während des Spiels und nach dem Spiel auf dem Weg zur Bahn nicht ausreichenden Schutz gewährt. Nach der Natur der Äußerungen und weil die Ausrufe in der Hauptsache dann gefallen sind, wenn der Schiedsrichter Entscheidungen gegen *Aschaffenburg* fällte, erachtete das Verbandsgericht als festgestellt, dass die Zurufe seitens der Mitglieder Aschaffenburgs und dessen Anhänger gefallen sind.

Aschaffenburg hat zwar versucht, beruhigend einzuwirken und den Schiedsrichter vor Belästigungen zu schützen. Allein der Erfolg blieb aus, weil der Platzbesitzer

205 Bayern-Urteil vom 27. 2. 1927.

https://doi.org/10.1515/9783110536416-008

nicht durchgegriffen hat. Es ist nicht nur seine Pflicht und Schuldigkeit, für einen Ordnungsdienst zu sorgen, sondern nach dem ersten Anzeichen einer beginnenden Unordnung rasch zuzugreifen und Friedensstörer, gleichwohl ob Freund oder Gegner, zu entfernen. Die Vereinsleitung und die Mitgliedschaft haben unter allen Umständen Ruhe und Ordnung herzustellen. Der Einwand, dass dies nicht möglich gewesen sei, bzw. es auf anderen Plätzen auch Ähnliches gebe, kann nicht entlasten.

Der Antrag des *FSV Frankfurt* auf Ungültigkeitserklärung des Spiels musste der Ablehnung verfallen, da nach den durchaus glaubhaften Aussagen des Schiedsrichters das Spiel ordnungsgemäß und unbeeinflusst zu Ende geführt werden konnte.

Das Verbandsgericht erachtete gegen *Viktoria Aschaffenburg* eine Geldstrafe von 500 RM für angemessen. Außerdem wurde der Platz der Viktoria für drei Monate gesperrt.

III. Auswirkungen auf die Deutsche Meisterschaft

Es kam sogar zu einer **Deutschen Meisterschaft** nach einem abgebrochenen Qualifikationsspiel:

Für das Endspiel um die Süddeutsche Meisterschaft am 1. Mai 1932 in Stuttgart hatten sich *Bayern München* und *Eintracht Frankfurt* qualifiziert. Dieses Spiel geriet beim Stande von 2:0 für die Eintracht außer Kontrolle, als nach umstrittenen Schiedsrichterentscheidungen dutzende Bayernanhänger den Platz stürmten und sich dem Unparteiischen mit erhobenen Stöcken näherten, worauf dieser die Partie abbrach. Am grünen Tisch wurde *Eintracht Frankfurt* zum Süddeutschen Meister erklärt. Für die damals ausgetragene „Meisterrunde“ hatte sich *Bayern München* als Süddeutscher Vizemeister qualifiziert und diese erfolgreich abgeschlossen.

Das Endspiel gewann *Bayern München* und errang zum ersten Mal die Viktoria, den Siegespreis für den Deutschen Meister. Diese Paarung im Endspiel hätte bei einem anderen Spruch zu dem abgebrochenen Endspiel um die Süddeutsche Meisterschaft nicht stattgefunden. Ein Punktabzug, eine Mannschaftssperre standen durchaus im Raum.

Anmerkung: Vorfälle, die in den 30er Jahren sich ereigneten, wiederholen sich auch heute wieder. Die Urteilsgründe des Verbandsgerichts sind weitgehend deckungsgleich mit den jetzigen in vergleichbaren Fällen, allenfalls könnte das Strafmaß im März 1927 noch höher ausfallen.

IV. Frühe Abgrenzung Tätlichkeit – rohes Spiel

Zum Spiel *SpVgg Fürth* gegen *ASN Nürnberg* stellte das Verbandsgericht fest, dass der Spieler *K.* nach dem Gegner laut Schiedsrichtermeldung *„in stärkster Weise getreten hat“*, obwohl der Ball bereits abgespielt war. Die Rechtsinstanz habe danach zu entscheiden, ob „Tätlichkeit“ oder „rohes Spiel“ vorliegt. Die Verfehlung des Spielers *R.*

sei jedoch unzweifelhaft als Tätlichkeit zu charakterisieren. Die Angabe des Schiedsrichters, der als Grund für den Platzverweis „rohes Spiel" angegeben habe, sei dabei belanglos, zumal der Schiedsrichter in seiner Meldung auch noch seinen Unmut geäußert habe, dass *K.* Revanchegedanken getragen habe.

Anmerkung: Die Abgrenzung zwischen den beiden in Rede stehenden Tatbeständen ist auf der subjektiven Seite vorzunehmen. Tätlichkeit verlangt insoweit bewusstes und gewolltes Handeln, d.h. Vorsatz. Bei rohem Spiel ist nach ständiger Rechtsprechung der DFB-Gerichte dagegen rücksichtsloses Verhalten im Kampf um den Ball Voraussetzung: Gleichgültigkeit im Hinblick auf die Gesundheit des Gegners ist kennzeichnend für dieses Rechtsinstitut. Eine konkrete Gefahr liegt vor, wenn eine bedenkenlose Zurückstellung der notwendigen Beachtung der körperlichen Unversehrtheit des Gegenspielers hinzukommt.

Das zuständige Verbandsgericht hat insoweit im Ergebnis eine zutreffende Subsumtion vorgenommen, wenn es den relativ knappen Sachverhalt „in stärkster Weise getreten" seiner Beurteilung als Tätlichkeit zugrunde gelegt hat. Der Argumentation des Berufungsgerichts in der aufhebenden Entscheidung ist zwar knapp, aber zutreffend. Das Urteil ist insbesondere für die Sportinstanzen in unserem Amateurbereich Richtschnur.

V. Schiedsrichter lässt sich Zeche bezahlen

Das Verbandsbericht *Nordbayern*[206] ließ den Schiedsrichter *K.* von der Schiedsrichterliste streichen.

Aus den Gründen:

Das Schiedsrichteramt ist ein hohes Vertrauensamt gegenüber allen Vereinen, insbesondere denjenigen, die an Verbandsspielen teilnehmen. Die Verbandsspiele sind neben ihrem sportlichen Wert oft Existenzkämpfe für die Vereine. Hieraus ergibt sich für jeden Schiedsrichter die Verpflichtung, alles zu vermeiden, was auch nur den geringsten Anlass zu Verdächtigungen geben kann. Wegen seines engen Freundschaftsverhältnisses zu den Spielern von Bayern Erlangen, deren Spiel er zu leiten hatte, hätte der eingesetzte Referee darauf aufmerksam machen müssen, und die Leitung durch einen anderen Schiedsrichter anregen sollen.

Bereits ein erstes Mal hatte er ein Pflichtspiel von Erlangen geleitet und sich anschließend seine Zeche durch ein Mitglied dieses Vereins *K.* zahlen lassen. In der Duldung und Annahme der Bezahlung seiner Zeche lag ein grober Verstoß des *K.* gegen seine Pflichten als Schiedsrichter. Spätestens Ende 1928 waren diese Verfehlungen der beiden oben Genannten aber nach den Feststellungen des Gerichts verjährt. *K.* ist aber des zur Weiterführung des Schiedsrichteramtes notwendigen Vertrauens verlustig. Deshalb beantragt das Verbandsgericht auf jeden Fall *K.* von der

206 Urteil vom 12.10.1931 in Kicker Nr. 35 vom 23.08.1932.

Schiedsrichterliste zu streichen. *K.* als Mitglied von *Bayer Erlangen* soll bis zu seinem etwaigen Wiedereintritt wegen Bestechung auf die Schwarze Liste gesetzt werden.

VI. Nichterscheinen des bestellten Schiedsrichters

Das Verbandsgericht in Bayern befasste sich mit Urteil vom 17.03.1929[207] mit dem Spiel *Franken-Kitzingen* gegen *Bavaria Gemünden* vom 27.01.1929, bei dem der bestellte Schiedsrichter nicht erschienen war. Die Spielführer beider Mannschaften einigten sich auf den anwesenden Zuschauer *E.* vom *FC Bayern*. Der größte Teil der Gemündener Mannschaft war damit jedoch nicht einverstanden, da *E.* keinen Schiedsrichterausweis bei sich führte und verließen den Platz.

Maßgebend aber ist, dass die beiden Spielführer sich auf die Austragung eines Verbandsspiels geeinigt hatten. Sie sind für diese Vereinbarung zuständig und für ihre Vereine bindende Personen – so das Verbandsgericht.

Das Spiel war für Gemünden als verloren zu werten, da die Mannschaft davon gelaufen war.

VII. Einschreiten eines Vereinsfunktionärs bei Feldverweis

Im Verbandsspiel *FSV Frankfurt* gegen *Spvgg. Fürth* am 27.03.1927[208] sprach der Schiedsrichter einen Platzverweis gegen den FSV-Spieler *W.* aus, wonach der Spielausschussvorsitzende *N.* des Vereins zu *W.* sagte, *„du bleibst drin, das lassen wir uns nicht gefallen“*. *N.* habe nun selber das Spielfeld betreten und dem Schiedsrichter vor 20.000 Zuschauern Vorwürfe über die Härte des Feldverweises gemacht. Nachdem der Referee den FSV-Spielführer hinzugezogen hatte – keine andere Person darf während des Spiels den Platz betreten – konnte die Autorität des Schiedsrichters gewahrt werden. Der Funktionär wurde mit einer Geldstrafe belegt, was eine zu niedrige Strafe ist.

VIII. Streichung von der Schiedsrichterliste

Der Schiedsrichter *W.* war als Zuschauer bei einem Pflichtspiel anwesend. Er hat von da aus den amtierenden Spielleiter belästigt und beleidigt. Außerdem hat er in einem von ihm geleiteten Spiel zwei Spieler des Feldes verwiesen und ihren Wiedereintritt stillschweigend geduldet. Schließlich hat er in mehreren Fällen überhöhte Spesen

---

207 Urteil Nr. 14 vom 11.6.1930.

208 Verbandsgerichtentscheidung vom 8.6.1927 im Kicker 1927, Nr. 3.

abgerechnet. Dem Antrag des *Gaues Nürnberg* auf Streichung des Schiedsrichters wurde nach alledem stattgegeben.[209]

Die Schiedsrichter sind Verbandsmitglieder, die aufgrund ihrer Ausbildung und ihres Auftrags als Vertreter des Verbandes auf dem Spielfeld wirken. Sie sind deshalb in erster Linie berufen, die Interessen des Sportes und des Verbandes zu wahren und jede Schädigung des Ansehens auf dem Spielfeld und in der Öffentlichkeit zu vermeiden. Die Äußerungen des *W.* stellen eine schwere Beleidigung der VV-Mitglieder und des Verbandes dar. *W.* hat sich dadurch für das Amt eines Schiedsrichters unmöglich gemacht, weshalb auf Streichung erkannt werden muss.

IX. Sanktionierung von Verfehlungen ohne Wahrnehmung des Schiedsrichters

Im Spiel *Stuttgarter Kickers* gegen *VfB Stuttgart* am 05.02.1926[210] versetzte der VfB-Spieler *R.* einem Zuschauer einen Faustschlag ins Gesicht und später während des Spiels einem am Boden liegenden gegnerischen Spieler einen Tritt in das Kreuz. Der Schiedsrichter hat beide Vorfälle nicht gesehen und daher auch nicht geahndet. Damit stehe fest, dass Strafbares nicht vorgefallen sei, so das Sportgericht 1. Instanz. Aus den Gründen des Berufungsurteils:

Das Verbandsgericht hat in der zweiten Instanz ausgeführt, diese Ausführungen seien rechtsirrig. Es sei zu unterscheiden, was der **Schiedsrichter selbst wahrgenommen** und was seiner Feststellung aus irgendeinem Grund entgangen ist. In ersterem Fall liegt eine **positive Tatsachenentscheidung** vor. Sollte man dann folgern, dass sich Strafbares nicht ereignet habe, so würde dies zu unhaltbaren Folgerungen führen. Auch bei **Nichtwahrnehmung durch den Schiedsrichter** müssen im Interesse des Ansehens des Sports alle Möglichkeiten aufgeklärt werden. Zurückzugreifen sei vor allem auf gänzlich Unbeteiligte von Verbands wegen mit dem betreffenden Spiel befasste oder sonst neutrale Amtspersonen. Wenn zu einem Pflichtspiel Linienrichter eingeteilt sind, so kommt diesen eine erhöhte Aufklärungsmöglichkeit zu. Mit ihnen sei nach Zurückweisung des Falles zu entscheiden.

Kommentar: Vorstehende Problematik wurde nach 60 Jahren normativ erfasst. Man schuf 1979 die Möglichkeit der nachträglichen Ahndung von Vorfällen hinter dem Rücken des Schiedsrichterteams. Der DFB kreierte § 8 (8) RuVO (krass sportwidriges Verhalten), die UEFA hat in ihrem Artikel 10, Nr. 3 RPO die deutsche Regelung übernommen. Der DFB und die UEFA haben im Hinblick auf das überragende Rechtsgut der Gerechtigkeit und der Fairness diese Rechtslücke geschlossen.

Den heutigen Sportrichtern stehen dabei anders als vor mehr als einem halben Jahrhundert die modernen Medien als Nachweis für vom Schiedsrichter unbeobachtete Täter zur Verfügung.

209 Urteil vom 3.3.1931 im Kicker Nr. 13.

210 Bezirksurteil vom 14.2.1927 im Kicker vom 29.3.1927, Nr. 13.

Der Vergleich zu den ehrwürdigen Entscheidungen aus der Weimarer Zeit ergibt aber erfreulicherweise keine wesentlichen Unterschiede in der Rechtsprechung damals und heute. Alle Achtung für die Richterpioniere der 1930er Jahre.

B. Authentischer Rückblick der Vorsitzenden der drei Rechtsorgane des DFB über die Judikatur in den Wahlperioden 2013 bis 2016

Es ist beim DFB üblich, dass dieser zum Ablauf einer Wahlperiode die Vorsitzenden der einzelnen Ausschüsse zu einem Bericht über die Arbeit ihrer Gremien in den abgelaufenen Wahlperioden auffordert – dabei erfasst er auch die Vorsitzenden der Rechtsorgane – und veröffentlicht den Gesamtbericht unter dem Motto der von ihm vorgegebenen Transparenz.

I. Der Bericht des Bundesgerichts von Achim Späth[211]

(Auszüge von den Fällen von grundsätzlicher Bedeutung)

Der Bundesgerichtsvorsitzende konstatiert einen deutlichen Rückgang der Berufungen. Er führt dies darauf zurück, dass die Arbeit des Kontrollausschusses und des Sportgerichts stärker als in früheren Jahren an präventiven Gesichtspunkten orientiert ist und in der Umsetzung des sog. „9-Punkte-Papiers" eine umfassende Analyse der Vorfälle mit ihren Sanktionen erfolgt.

- Im Berufungsfall des Trainers *Torsten Lieberknecht* ging es um die Abklärung von unsportlichem Verhalten und grundgesetzlich geschützter Meinungsfreiheit. Im Vorfeld der mündlichen Verhandlung wurde unter Erörterung der Verbandsautonomie und des gesetzlich geschützten Rechts der Meinungsfreiheit die Fallerörterung im Rahmen der praktischen Konkordanz grundlegend erörtert, was mit einer Rechtsmittelrücknahme endete.
- Gleiches gilt im Falle der Berufung des *SC Rot-Weiss Erfurt* wegen einer Verurteilung wegen Nichtabhängens eines Plakats trotz Anordnung durch den Schiedsrichter. Ein unsportliches Verhalten war hier zweifellos gegeben und die Tat nicht durch die Meinungsfreiheit gedeckt.

Wegen verbotener Pyrotechnik entschied das DFB-Bundesgericht gegen den *1. FC Magdeburg* auf einen weiteren Teilausschluss der problematischen Zuschauergruppen, der zur Bewährung ausgesetzt wurde, sowie auf eine zusätzliche Geldstrafe.

Dem *KFC Uerdingen 05* wurde vom Verbandsgericht des damaligen Westdeutschen Fußball- und Leichtathletikverbandes ein gewonnenes Meisterschaftsspiel mit

211 In DFB-Jahresbericht, S. 254–259.

0:2 als verloren gewertet, weil er – aus Unkenntnis der geltenden Regelungen _ in der Spielberechtigungsliste und im Spielbericht die vorgeschriebene Mindestanzahl von U23-Spielern nicht eingetragen hatte und dies nach Feststellen des Irrtums – technisch – nicht mehr ändern konnte. Die Revision war zurückzuweisen, da eine Abgrenzung zwischen vom Verein verschuldeten Fehlern, in Gestalt der konkreten Verletzung der ihm obliegenden Informationspflicht, und der begrenzten Möglichkeit von Korrekturen aufgrund der vom Verband als Service zur Verfügung gestellten EDV-Technik zu treffen war.

Auch eine Revision des *Rot-Weiß Lüdenscheid e.V.* blieb erfolglos, wobei Spieler, der zu ihm wechselte, ohne Anwendung der geltenden Freigabefristen die sofortige Freigabe erhielt mit der Begründung, dieser Spieler sei weder Amateur noch Vertrags- oder Lizenzspieler gewesen, so dass für diesen das Regelwerkt nicht zulässig sei.[212]

II. Der Bericht des Vorsitzenden des Sportgerichts des DFB Hans E. Lorenz[213]

Der Report weist darauf hin, dass das Sportgericht in der zu besprechenden Wahlperiode 1873 Fälle zu bearbeiten hatte, wovon 853 auf die Bundesliga und 2. Liga (Männer und Frauen) entfielen, der Rest sich auf die 3. Liga und auf die Junioren-Bundesligen verteilte. Herauszustellen ist, dass mehr als 99,5% beim Sportgericht erstinstanzlich abgeschlossen wurden (nur fünf Berufungen).

Hans. E. Lorenz bezeichnet als herausragendes Verfahren der abgelaufenen Periode das „Phantomtor" von *Stefan Kießling* in Hoffenheim für *Bayer Leverkusen*, wobei der Ball durch ein Loch im Netz von außen ins Tor ging und vom Schiedsrichter *Brych* anerkannt wurde.

Lorenz:

„Die schiedsrichterliche Tatsachenentscheidung ist Voraussetzung für einen funktionierenden Spielbetrieb. Dies gelte selbstredend auch für fehlerhafte Schiedsrichter-Entscheidungen, falls diese nicht willkürlich getroffen wurden oder Fehlerhaftigkeit für jedermann offensichtlich ist. Diese Situation war in Hoffenheim bei dem vom Platzverein durch evidente Nachlässigkeit nicht nachgebesserten Tornetzen gerade nicht der Fall. Der Sportgerichtsvorsitzende sieht sein Gremium nicht als „Reparaturbetrieb für diskussionswürdige Schiedsrichter-Entscheidungen" an.

Wesentlich ist bei dieser Zusammenfassung das Kriterium der Willkür des Ergebnisses, das in den Urteilsgründen, wenn auch als obiter dictum Erwähnung findet.

Das Sportgericht hat das Institut der Bewährung vermehrt herangezogen, dabei aber keine Freischussmentalität entstehen lassen. Diese Rechtswohltat wurde in geeigneten Fällen bei längeren Sperren (über vier Spiele hinaus) ausgesprochen. So

212 DFB-Jahresbericht, S. 257–258.
213 DFB-Jahresbericht, S. 259–263.

wurden beispielsweise im Falle *Huntelaar* (*Schalke 04*) bei sechs Spielen Sperre zwei Spiele zur Bewährung ausgesetzt.

Größere Bedeutung hat das Bewährungsmodell bei Zuschauerausschlüssen. Diese Variante ermöglicht den Klubs, unter dem Eindruck des drohenden Widerrufs auf das Verhalten der eigenen Problemfans einzuwirken. Dabei haben sich die Vereine vereinzelt zu durchaus unpopulären Maßnahmen bis hin zum Ausschluss von Fanklubs durchgerungen. So sinnvoll die Bewährungschance auch unter präventiven Gesichtspunkten ist, so unmissverständlich muss klar sein, dass das Sportgericht gravierende Bewährungsverstöße konsequent durch Widerruf der Bewährung und eine neue Sanktion zu ahnden hat.

In den Verfahren wegen Zuschauerausschreitungen hat die Verfahrensdauer in den vergangenen drei Jahren zugenommen. Dies erklärt sich dadurch, dass Kontrollausschuss und Sportgericht den Vereinen mehr Zeit zu Stellungnahmen einräumen, um eine Ermittlung der Täter zu ermöglichen. Im Ergebnis hat das dazu geführt, dass nach Beendigung von Vor- und Rückrunde Sammelverfahren gegen die jeweiligen Klubs laufen, die bei der Bemessung von Geldstrafen zu nicht unerheblichen Rabatten nach dem Prinzip der Gesamtstrafenbildung führen. Es stellt sich jedoch die Frage, ob diese Handhabung sachgerecht ist, weil gegebenenfalls zu verhängende Zuschauerausschlüsse mit erheblicher zeitlicher Verzögerung und oft erst in der neuen Spielzeit realisiert werden können.

Hans E. Lorenz hebt hervor, dass in den vergangenen Jahren durchweg das Prinzip des Fair Play regierte: in der Bundesliga und in der 2. Liga ist bei den Roten Karten ein stetiger Rückgang zu konstatieren. Hinzu kommt, dass etwa die Hälfte der Roten Karten aus „Notbremsen" resultieren.

Kennzeichnend für die Sportgerichtsbarkeit der Jetztzeit ist, dass sie in jeder Phase konsensorientiert agiert. Stets wird versucht, eine Einigung zwischen Klubs, Kontrollausschuss und Sportgericht herbeizuführen.

III. Der Bericht des Vorsitzenden des Kontrollausschusses Anton Nachreiner[214]

Er stellt in der Überschrift die Akzeptanz der Entscheidungen heraus. Ebenso erfreulich ist, dass Verfahren wegen Verstößen gegen Dopingvorschriften in der Praxis des DFB keine nennenswerte Rolle mehr spielen.

Bedauerlicherweise liegt die Hauptaufgabe des Kontrollausschusses nach wie vor in der Bearbeitung von Zuschauervergehen (Pyrotechnik, Werfen von Gegenständen, „Flitzer", Überrennen von Eingangskontrollen etc.). Dafür mussten Vereine wiederholt mit hohen Geldstrafen und Teilausschlüssen von Zuschauern (mit und ohne Bewährung) belegt werden. Von der Sanktion eines sogenannten „Geisterspiels" musste in

214 SDFB-Bericht S. 267–269.

den Lizenzligen im Berichtszeitraum nicht Gebrauch gemacht werden, jedoch in der 3. Liga.

In diesem Sanktionsbereich hat sich die Einführung von Bewährungsstrafen mit und ohne Auflagen bewährt. Dabei hat sich aber insoweit der Arbeitsaufwand für den Kontrollausschuss zum Finden einer jeweils angemessenen und sachgerechten Lösung nicht unerheblich erhöht. In geeigneten Fällen wurden im Zusammenwirken mit den jeweils betroffenen Vereinen konkrete Auflagen und Bewährungsstrafen festgelegt, die in Umsetzung des „9-Punkte-Plans" der Sportgerichtsbarkeit vorrangig das Ziel verfolgen, neue Zuschauerausschreitungen zu verhindern. Von den Vereinen müssen bei diesem Thema jedoch noch mehr Zusammenarbeit und noch intensivere Arbeit mit den problematischen Fangruppen eingefordert werden.

Eine Teilaussetzung zur Bewährung von Sperrstrafen gegen Spieler kommt nach der bisherigen Rechtsprechung regelmäßig erst bei Sperren ab vier Spielen in Betracht.

Teil VII Besonderer Teil des Fußballstrafrechts

A. §§ 6 – 12 RuVO

Die in § 1 Nr. 4 RuVO in Verbindung mit § 44 der Satzung enthaltene Grundentscheidung, dass sportliche Vergehen, d. h. alle Formen unsportlichen Verhaltens geahndet werden, ist eine General- bzw. Auffangklausel, die durch eine Reihe von Einzeltatbeständen (§§ 6 – 12 RuVO) konkretisiert wird. Sie verkörpern den **Besonderen Teil des Fußballstrafrechts.** Darin werden die eingangs ausgesprochene **Grundsatz- und Wesensentscheidungen** durch gesonderte Vorschriften spezifiziert und kommentiert, und zwar im überwiegenden Teil in Form eines Originaltextes des **Rechtsprechungskommentars.**

I. Doping

1. Die Doping-Vorschriften

§ 6 RuVO

Doping

1. **Doping ist verboten. Als Doping gilt der Verstoß gegen eine oder mehrere Anti-Doping-Vorschriften gemäß Nr. 2.**
2. **Als Verstoß gegen Anti-Doping-Vorschriften gilt insbesondere:**
   a) **Das Vorhandensein einer verbotenen Substanz, ihrer Metaboliten oder Marker in einer dem Körper entnommenen Probe.**

aa) **Es ist Aufgabe jeden Spielers, sich zu vergewissern, dass keine verbotenen Substanzen in seinen Körper gelangen. Die Spieler sind verantwortlich für verbotene Substanzen, deren Metaboliten oder Marker, die sich in den ihrem Körper entnommenen Proben befinden. Dementsprechend muss eine Absicht, ein Verschulden, eine Fahrlässigkeit oder eine bewusste Anwendung durch den Spieler nicht nachgewiesen werden, damit ein Verstoß gegen Anti-Doping-Vorschriften vorliegt.**

ab) **Die beiden nachstehenden Sachverhalte stellen einen ausreichenden Nachweis eines Verstoßes gegen Anti-Doping-Vorschriften dar:**
Das Vorhandensein einer verbotenen Substanz, ihrer Metaboliten oder Marker in der A-Probe eines Spielers, wenn der Spieler auf die Analyse der B-Probe verzichtet und die B-Probe nicht analysiert wird, oder die Bestätigung des Vorhandenseins einer verbotenen Substanz oder ihrer Metaboliten oder Marker in der A-Probe eines Spielers anhand der Analyse der B-Probe.

ac) **Mit Ausnahme von Substanzen, für die in der Dopingliste eigens quantitative Grenzwerte aufgeführt sind, begründet das Vorhandensein einer verbotenen Substanz, ihrer Metaboliten oder Marker in der Probe eines**

https://doi.org/10.1515/9783110536416-009

Spielers – unabhängig von ihrer Menge – einen Verstoß gegen Anti-Doping-Vorschriften.

ad) Als Ausnahme zu Nr. 2., Buchstabe a) können in der Dopingliste spezielle Kriterien für die Evaluation von verbotenen Substanzen festgelegt werden, die auch endogen produziert werden können.

b) Die Anwendung oder versuchte Anwendung einer verbotenen Substanz oder einer verbotenen Methode durch einen Spieler.

ba) Es ist Aufgabe jedes Spielers, sich zu vergewissern, dass keine verbotenen Substanzen in seinen Körper gelangen. Dementsprechend ist es nicht erforderlich, dass eine Absicht, ein Verschulden, eine Fahrlässigkeit oder eine bewusste Anwendung durch den Spieler nachgewiesen wird, damit ein Verstoß gegen Anti-Doping-Vorschriften wegen der Anwendung einer verbotenen Substanz oder Methode vorliegt.

bb) Es ist nicht entscheidend, ob die Anwendung oder versuchte Anwendung einer verbotenen Substanz oder Methode leistungssteigernd wirkt oder nicht. Ein Verstoß gegen Anti-Doping-Vorschriften liegt vor, wenn eine verbotene Substanz oder eine verbotene Methode verwendet wurde oder ein diesbezüglicher Versuch erfolgte.

c) Die Weigerung oder das Versäumnis, sich nach entsprechender Benachrichtigung gemäß den Anti-Doping-Richtlinien des DFB oder anlässlich von Trainingskontrollen gemäß dem NADA-Code der Abgabe bzw. der Probenahme zu unterziehen, ein Fernbleiben von der Probenahme oder zwingenden Grund oder eine anderweitige Umgehung der Probenahme.

d) Der Verstoß gegen die Anforderungen hinsichtlich der Verfügbarkeit des Spielers für Dopingkontrollen außerhalb von Wettbewerbsspielen, einschließlich der Unterlassung Angaben zum Aufenthaltsort zu liefern sowie verpasste Kontrollen, die aufgrund von zumutbaren Regeln angekündigt werden. Jede Kombination von drei versäumten Kontrollen und/oder Verstößen gegen die Meldepflicht, die innerhalb eines 12-Monats-Zeitraums erfolgt, stellt einen Verstoß gegen die Anti-Doping-Vorschriften dar.

e) Die Manipulation eines Teils des Dopingkontrollverfahrens oder der Versuch einer Manipulation.

f) Der Besitz von verbotenen Substanzen und Methoden.

fa) Der Besitz von Substanzen oder die Anwendung von Methoden, die im Wettbewerb verboten sind durch einen Spieler bzw. – außerhalb von Wettbewerben – der Besitz von Substanzen oder die Anwendung von Methoden, die außerhalb von Wettbewerben verboten sind, durch einen Spieler, es sei denn, der Spieler belegt, dass der Besitz einen therapeutischen Zweck hat, für den eine Ausnahmegenehmigung gemäß den WADA-/

NADA-Vorschriften erteilt wurde, oder er bringt eine andere annehmbare Rechtfertigung vor.

fb) Der Besitz von Substanzen oder die Anwendung von Methoden, die im Wettbewerb verboten sind, durch eine Betreuungsperson bzw. – außerhalb von Wettbewerben – Besitz von Substanzen oder die Anwendung von Methoden, die außerhalb von Wettbewerben verboten sind, durch eine Betreuungsperson, es sei denn, die Betreuungsperson belegt, dass der Besitz einen therapeutischen Zweck hat, für den eine Ausnahmegenehmigung für einen Spieler gemäß den WADA-/NADA-Vorschriften erteilt wurde, oder sie bringt eine andere annehmbare Rechtfertigung vor.

g) Der Handel oder versuchte Handel mit verbotenen Substanzen oder Methoden.

h) Die Verabreichung oder versuchte Verabreichung im Wettbewerb von verbotenen Substanzen oder die Anwendung von Methoden an Spieler oder, außerhalb von Wettbewerben, die Verabreichung oder versuchte Verabreichung von Substanzen oder die Anwendung von Methoden, die außerhalb von Wettbewerben verboten sind, an Spieler.

i) Die Beihilfe, Unterstützung, Anleitung, Anstiftung, Verschleierung oder sonstige Tatbeteiligung im Zusammenhang mit einem Verstoß oder einem versuchten Verstoß gegen Anti-Doping-Vorschriften oder einen Verstoß gegen § 8 f Nr. 1. der Rechts- und Verfahrensordnung des DFB (Teilnahmeverbot während einer Sperre) durch eine andere Person.

j) Der Umgang eines Spielers, Trainers, Betreuers, Offiziellen oder einer anderen Person, der bzw. die an die Anti-Doping-Bestimmungen des DFB gebunden ist, in beruflicher oder sportlicher Funktion mit einem Trainer oder Betreuer,

ja) der an die Anti-Doping-Regelwerke eines Fußball-Verbandes oder einer Anti-Doping-Organisation gebunden ist und gesperrt ist oder

jb) der nicht an die Anti-Doping-Regelwerke eines Fußball-Verbandes oder einer Anti-Doping-Organisation gebunden ist und der nicht aufgrund eines Ergebnismanagement- und Disziplinarverfahrens gesperrt wurde, jedoch dem in einem Straf-, Disziplinar- oder standesrechtlichen Verfahren ein Verhalten nachgewiesen oder der für ein solches Verhalten verurteilt wurde, das einen Verstoß gegen Anti-Doping-Bestimmungen dargestellt hätte, soweit diese Anti-Doping-Bestimmungen zur Anwendung gelangt wären.

Die Dauer des Umgangsverbots entspricht der im Straf-, Disziplinar- oder im standesrechtlichen Verfahren festgelegten Strafe, beträgt mindestens jedoch sechs Jahre ab dem Zeitpunkt der Entscheidung oder

jc) er als Stroh- oder Mittelsmann für eine in ja) oder jb) beschriebene Person tätig wird.

Der DFB, Die NADA oder die WADA muss den Spieler oder die andere Person im Voraus schriftlich über die Sperre oder Sanktionierung des Trainers

oder Betreuers und die möglichen Konsequenzen eines verbotenen Umgangs informiert haben, und es muss dem Spieler oder der anderen Person möglich sein, den Umgang angemessen zu vermeiden.
Der Spieler oder die andere Person muss beweisen, dass der Umgang mit dem in ja) und jb) beschriebenen Trainer oder Betreuer nicht in beruflicher oder sportlicher Funktion erfolgt.
Der DFB ist verpflichtet, seine Erkenntnis von Trainern und Betreuern, die den in ja), jb) oder jc) genannten Kriterien entsprechen, an die NADA weiterzugeben, die ihrerseits die WADA in Kenntnis setzt.

3. Verbotene Substanzen und Methoden:
Verboten sind alle Substanzen und Methoden, die in der Dopingliste aufgeführt sind, die von der WADA periodisch herausgegeben wird und vom DFB im Anhang A der Anti-Doping-Richtlinien in der jeweiligen Fassung übernommen wird. Die jeweils gültige Dopingliste ist auf der Website der WADA unter www.ada-ama.org einzusehen. Der DFB teilt den Vereinen/Tochtergesellschaften rechtzeitig per Rundschreiben alle an der Dopingliste vorgenommenen Änderungen mit.
Die von der WADA erstellte Liste von verbotenen Substanzen und Methoden sowie die Einordnung der Substanzen in bestimmte Kategorien im Rahmen der Dopingliste sind verbindlich und können nicht von einem Spieler oder einer anderen Person mit der Begründung angefochten werden, dass es sich bei der Substanz bzw. der Methode nicht um ein Maskierungsmittel handelt oder dass die Substanz bzw. die Methode nicht das Potenzial hat, die Leistung zu steigern, dass sie kein Gesundheitsrisiko darstellt oder dass sie nicht gegen den Sportsgeist verstößt.
Alle verbotenen Substanzen gelten als spezifische Substanzen, mit Ausnahme von Substanzen, die zu den Anabolika und Hormonen gehören, und den Stimulanzien, Hormonantagonisten und Modulatoren, die als solche in der Dopingliste aufgeführt sind. Verbotene Methoden gelten nicht als spezifische Substanzen.

4. Ausnahmebewilligungen zu therapeutischen Zwecken (TUE)
Einem Spieler kann eine Ausnahmebewilligung zu therapeutischen Zwecken erteilt werden, mit der die Anwendung einer in der WADA-Dopingliste aufgeführten Substanz oder Methode zugelassen wird.

5. Beweislast und Beweisstandards

a) Der DFB muss nachweisen, dass gegen eine Anti-Doping-Vorschrift verstoßen wurde.
Das Beweismaß liegt in jedem Fall über der bloßen Wahrscheinlichkeit, jedoch unter dem strikten Beweis.
Liegt die Beweislast bei dem Spieler oder der anderen Person, dem bzw. der ein Verstoß gegen Anti-Doping-Vorschriften vorgeworfen wird, genügt für den entsprechenden Beweis bereits bloße Wahrscheinlichkeit, ausge-

nommen in den Fällen, die in § 8c Nr. 1. geregelt sind und bei denen ein höheres Beweismaß zu erfüllen ist.

b) Im Zusammenhang mit dem Verstoß gegen Anti-Doping-Vorschriften kann der Sachverhalt mit allen verlässlichen Mitteln, einschließlich Geständnissen, festgestellt werden. Folgende Beweisregeln sind in Dopingfällen anwendbar.

Analyseverfahren oder Entscheidungsgrenzen, die nach Beratung innerhalb der relevanten wissenschaftlichen Gemeinschaft von der WADA genehmigt wurden und die Gegenstand einer Prüfung durch unabhängige Gutachter (Peer Review) waren, gelten als wissenschaftlich valide.

Ein Spieler oder die andere Person, der bzw. die die Vermutung der wissenschaftlichen Validität widerlegen möchte, muss zunächst die WADA und die NADA über die Anfechtung und ihre Grundlage in Kenntnis setzen.

Es wird davon ausgegangen, dass WADA-akkreditierte oder auf andere Weise von der WADA genehmigte Labors die Analysen sowie die Aufbewahrung der Proben nach dem Internationalen Standard der WADA für Labors durchgeführt haben. Der Spieler oder eine andere Person kann diese Vermutung widerlegen, indem er bzw. sie eine Abweichung vom Internationalen Standard für Labors nachweist, die nach vernünftigem Ermessen einen positiven Befund verursacht haben könnte.

Widerlegt ein Spieler oder eine andere Person die oben genannte Annahme, indem er bzw. sie nachweist, dass eine Abweichung vom Internationalen Standard für Labors vorlag, die nach vernünftigem Ermessen den positiven Befund verursacht haben könnte, muss der DFB gegebenenfalls unter Hinzuziehung der NADA beweisen, dass diese Abweichung nicht Ursache des positiven Befunds war.

c) Abweichungen vom Internationalen Standard für Dopingkontrollen, die nicht die Ursache für einen positiven Befund oder für andere Verstöße gegen Anti-Doping-Vorschriften darstellen, haben keinen Einfluss auf die Gültigkeit der Analyseergebnisse. Erbringt der Spieler oder eine andere Person den Nachweis, dass eine Abweichung von den Bestimmungen des Internationalen Standards für Dopingkontrollen erfolgt ist, die nach vernünftigem Ermessen den positiven Befund oder einen anderen Verstoß gegen die Anti-Doping-Vorschriften verursacht haben könnte, so geht die Beweislast auf den DFB bzw. die NADA über, der/die nachweisen muss, dass die Abweichung nicht die Ursache für den positiven Befund war bzw. worin der tatsächliche Grund für den Verstoß gegen die Anti-Doping-Vorschriften bestand.

6. Jeder Spieler ist verpflichtet, sich einer angeordneten Dopingkontrolle zu unterziehen. Zuständig für die Anordnung und Durchführung sämtlicher Dopingkontrollen ist die NADA.

7. Jeder Verein und jede Tochtergesellschaft hat zu gewährleisten, dass die Spieler seiner bzw. ihrer Mannschaft nicht gedopt werden und sich ange-

ordneten Dopingkontrollen unterziehen. Dem Verein oder der Tochtergesellschaft ist das Handeln der Angestellten und beauftragten Personen sowie dem Verein zusätzlich das Handeln seiner Mitglieder zuzurechnen.

8. **Im Übrigen gelten die Anti-Doping-Richtlinien des DFB.**

§§ 4 und 6 Nr. 2c DFB Satzung
Die **DFB-Satzung** enthält zwei Regelungen, die das Doping betreffen:

§ 4 Zweck und Aufgabe

Zweck des DFB ist die Förderung des Sports.

Dieser Satzungszweck wird verwirklicht insbesondere durch die nachhaltige Führung und Organisation des Spielbetriebs.

Im Vordergrund steht dabei gem. §4 k) das Dopingverbot zu beachten und durchzusetzen, um Spieler vor Gesundheitsschäden zu bewahren und Fairness im sportlichen Wettbewerb und Glaubwürdigkeit im Fußballsport zu erhalten. Der DFB stellt sicher, dass zu diesem Zweck Dopingkontrollen durchgeführt werden.

§ 6 Nr. 2 c
Die Durchführung von Dopingkontrollen auf der Grundlage der Reglemente von WADA, NADA, FIFA und UEFA sowie den Anti-Doping-Richtlinien des DFB. Seit Beginn der Spielzeit 2015/2016 ist die NADA neben den Trainingskontrollen auch für die Wettkampfkontrollen bei Bundesspielen zuständig.

Ergänzend gilt § 5 SpielO, wonach Doping im Bereich des DFB verboten ist.

2. Geschichtlicher Rückblick auf das Doping im Fußball

Bereits von den Olympischen Spielen in Athen im Alten Griechenland sind gewisse Formen des Dopings überliefert. Man trank damals Kräuter und Tee sowie aß Stierhoden. Die Trainer und die Athleten glaubten, ein Geheimmittel zur Leistungssteigerung entdeckt zu haben. Verbote von Dopingmaßnahmen in der damaligen Zeit werden aber von den Historikern nicht berichtet. Man hatte wohl noch kein Problembewusstsein.

In der Neuzeit ist Doping seit den 1920er Jahren zur großen Seuche im Sport geworden. Die Bekämpfung dieser zum Teil tödlich verlaufenen Berufskrankheit (Radprofi *Tom Simpson*, Fünfkämpferin *Birgit Dressel*) wurde laut *Udo Steiner* als *„Elchtest für alle redlichen Kräfte des Sports und auch des Staates“* bezeichnet.

Der bekannteste Fall der Doping-Geschichte ist bei den Olympischen Spielen in Seoul 1988 passiert. Im 100-m-Endlauf war *„Ben Johnson wie eine Rakete auf zwei Beinen weggeschossen“*. Der Held war ein Betrüger, er war gedopt, seine „Goldmedaille“ wurde aberkannt.

Dopingfälle im internationalen Spitzenfußball sind zwar aufgedeckt worden, sie blieben aber hinter anderen Sportarten zahlenmäßig und in der Intensität weit zurück. Die Dunkelziffern in der weiten Sportwelt sind sicherlich beträchtlich. Das letzte Doping-Beben wurde durch den McLaren-Report als staatlich orchestrierter Doping-

Betrug in Russland aufgedeckt. Während der Winterspiele in Sotschi wurden z. B. Doping-Proben durch ein Loch in der Wand in ein Hinterzimmer ein- und ausgereicht. Es stellte sich die Frage nach einer Kollektivstrafe. Man kann wohl nicht festhalten, dass die international zuständigen Gremien IOC und WADA ihren Aufgaben besonders erfolgreich nachgekommen sind.

3. Gründung der WADA

Gründung der WADA am 10. November 1998 als Stiftung schweizerischen Rechts. Ihr Zweck ist, Doping auf internationalem Niveau zu bekämpfen, insbesondere diese Aufgabe zu koordinieren und zu vereinheitlichen.

4. Zusammenfassung der Fußballrechtsprechung des DFB über ein Jahrzehnt.

Der DFB hat im Jahre 1995 systematische Doping-Kontrollen eingeführt und die Dopingsünder durch seine Rechtsprechung verfolgt.

Der erste Fall war der Bochumer Lizenzspieler *Roland Wohlfahrt*, der in einem Hallenturnier in Leipzig positiv getestet worden war. Er hatte in einer Apotheke den rezeptfreien Appetitzügler *„Recatol N"* erworben, weil er nach Anweisung seines Trainers über die trainingsfreien Tage der Jahreswende 1995/96 sein Gewicht niedrig halten sollte. Wohlfahrt hatte sich weder beim Apotheker noch beim Mannschaftsarzt nach der Unbedenklichkeit des eingenommenen Mittels erkundigt. Beide Instanzen der DFB-Gerichtsbarkeit hielten die Einlassung des Spielers, er habe nicht daran gedacht, dass es sich um ein verbotenes Medikament handelte, für glaubhaft. Er wurde wegen grob fahrlässigen Fehlverhaltens zu zwei Monaten Sperre verurteilt. Als Anklagevertreter in diesem ersten Dopingverfahren schien mir der Verfahrensablauf sachgerecht, eine Schutzbehauptung *Wohlfahrts* nicht gegeben und ein vernünftiger Start in die Dopingrechtsprechung der DFB-Sportinstanzen erfolgt.

5. Zahl der Dopingkontrollen

In der ersten Auflage dieses Kommentars sind die in den 15 Jahren nach Einführung der systematischen Doping-Kontrolle beim DFB im Jahre 1995 rechtskräftig abgeurteilten Fälle im Einzelnen ausgewertet.[215] Zugrunde lagen pro Saison Proben bei je 40 Paarungen der 1. und der 2. Liga, was 2000 Spielerkontrollen pro Jahr ergab, womit in der gesamten Zeit rund 27.000 Spieler untersucht worden sind. In 0,5 % (!) der Spielereinsätze sind in der untersuchten Zeitspanne Dopingsubstanzen festgestellt worden. Dabei lag nur in zwei Fällen Vorsatz vor, bei den restlichen zwölf Fahrlässigkeit; lediglich bei vier Proben wurden leistungsfördernde Substanzen festgestellt. In 14 Fällen wurden Strafen bis zu sieben Monaten, aber nicht höher, ausgesprochen. Als

215 *Hilpert* Das Fußballstrafrecht des Deutschen Fußball-Bundes, 1. Auflage, 2009, S. 83–90.

Fazit bleibt, dass Doping im bezahlten Fußball in Deutschland zahlenmäßig gering vorkommt und auch in der Schuldform der Spieler nicht unbedingt besorgniserregend ist. Dies deckt sich mit dem Ergebnis der Dopingkontrollen bei den Fußball-Großereignissen (EM, WM) im letzten Vierteljahrhundert, die alle negativ waren.

Zusammenfassend ist zu konstatieren, dass die 14 Fälle des DFB sicherlich 14 Fälle zu viel waren. Eine Katastrophe ist es aber nicht! Zuletzt sind im Bericht des Vorsitzenden des Sportgerichts für die Wahlperiode 2013 – 2016 keine Dopingfälle erwähnt.

In dem weiten Amateurbereich wurden bisher keine Doping-Kontrollen durchgeführt, weil eine solche Maßnahme eine völlige Überforderung der Verbände in technischer und finanzieller Hinsicht darstellen würde.

Bisher von der Wissenschaft nicht geklärt ist die Gretchenfrage, ob im Fußball Doping überhaupt etwas bringt:

> Vier Stimmen von Experten:
> Tim Meyer (DFB-Mannschaftsarzt): „Auch im Fußball gibt es Ausdauer- und Krafttraining, warum sollten Medikamente, die diese Komponenten stärken, nicht effektiv sein?“
>
> Mehmet Scholl (Fußballnationalspieler): „Wenn man es zum Muskelaufbau nimmt, dann leiden die Koordination und die Schnelligkeit. Nimmt man etwas für die Kondition, dann wird man langsamer. Im Fußball macht nichts wirklich Sinn.“
>
> Thomas Kistner[216] formuliert eine deutliche Antithese: „Doping bringt im Fußball enorm viel. Im Fußball, und gerade im Fußball!“
>
> In gleicher Richtung behauptet Franke[217] „Epo ist absolut sinnvoll im Fußball“.

Mangels medizinischer und pharmazeutischer Fachkenntnisse fehlt mir der Sachverstand, um die Streitfrage zu entscheiden. Ich enthalte mich deshalb insoweit.

6. Zweck des Dopingverbots

Klarzustellen ist, dass die Satzung des DFB in ihrem **§ 4 Nr. 1 k** vorgibt, dass es Zweck und Aufgabe des DFB ist, **das Dopingverbot zu beachten und durchzusetzen**, um Spieler vor Gesundheitsschäden zu bewahren und Fairness im sportlichen Wettbewerb und Glaubwürdigkeit im Fußballsport zu erhalten. Der DFB stellt sicher, dass zu diesem Zweck Doping-Kontrollen durchgeführt werden sollen. Diese werden ausgeübt auf Grundlage des Reglements von WADA, NADA, FIFA, UEFA und DFB. Die Analysemethoden sind zwischenzeitlich verfeinert; Trainingskontrollen zeigen ihre Wirkung. Das komplexe Verfahren wird juristisch intensiv beleuchtet.

Die nationale Rechtsprechung, insbesondere aber die internationale Judikatur des CAS haben insoweit ein materielles Dopingrecht, das sportfachlich und medizinisch präzise in der Verbandssatzung formuliert und hinreichend publiziert ist, entwickelt.[218] Das oberste internationale Schiedsgericht hat seine Rechtsprechung im Laufe

216 *Kistner* Schuss: Die Geheime Dopinggeschichte des Fußballs, 2014 S. 21.
217 *Kistner* aaO., S. 346.
218 PHB/*Summerer* S. 234.

der Zeit verfeinert. Es empfiehlt sich deshalb, in den Urteilen im Einzelfall Rat zu suchen.

7. Beweismaßstäbe

Insoweit hat der CAS in jüngerer Zeit[219] ein Urteil zur Umschreibung der WADA-Definition für den Beweismaßstab „comfortable satisfaction" erlassen. Er formuliert: Weniger als „ohne jeden vernünftigen Zweifel" und mehr als „gleich hohe Wahrscheinlichkeit" und schlussfolgernd daraus: *„je weniger wahrscheinlich der zu beweisende Umstand ist, desto überzeugender muss das Beweismittel sein."* In deutschen Doping-Verfahren ist der Königsweg des Tatrichters zum Nachweis der Zurechenbarkeit der Dopingeinnahme gegangen worden: Das Gericht hat entsprechend § 286 ZPO aufgrund des Inbegriffs der Beweisaufnahme die richterliche Überzeugung über die äußere und die innere Tatseite des Sachverhalts gesucht und gefunden.

8. Rechtsmittel

Im Instanzenzug wurden die Disziplinarverfahren wegen Dopingvergehen vor dem Sportgericht und bei Berufungseinlegung beim Bundesgericht durchgeführt. Gegen deren Entscheidung konnte gemäß Individualschiedsvertrag das Ständige Schiedsgericht für Vereine bzw. das für Spieler angerufen werden. Dies ist aber in keinem Fall erfolgt. Zwischenzeitlich wurde von der NADA als Initiatorin das Konzept für ein „Deutsches Sportschiedsgericht" präsentiert, eine Instanz, die das Doping-Problem mit neuer Seriosität und Sensibilität angehen soll.

9. Nachweis des Dopings

In Fortentwicklung seiner Rechtsprechung und seines Regelungssystems in Dopingsachen sieht der DFB drei Schritte zum Nachweis vor:

a) Eine verbotene Substanz oder eine unzulässig hohe Konzentration eines Wertstoffs ist **im Körper des Fußballspielers.**
b) Prima facie ist aus der Nähe des positiv getesteten Spielers zum eigenen Körper und der typischerweise vorliegenden Verantwortlichkeit des Sportlers für die Zuführung von verbotenen Substanzen bei ihm auf einen **schuldhaften Dopingverstoß** zu schließen. Weil jeder seinem eigenen Körper am nächsten ist, ist davon die Verantwortlichkeit zumindest in Form der Fahrlässigkeit zu folgern.
   Bei der Beweisführung im Einzelfall kommt der Anscheinsbeweis zu Hilfe.
   Wie der BGH[220] in ständiger Rechtsprechung zum Anscheinsbeweis fordert, greift

219 SpuRt 2016, 158 mit Anmerkung *Hoffmann.*
220 NJW 1996, 1828 m.w.N.

„diese Beweiserleichterung, wenn Tatbestände vorliegen, für die nach der Lebenserfahrung eine schuldhafte Verwirklichung typisch ist".

c) Die Beweisführung des Verbandes kann der Fußballer durch einen vereinfachten, aber zumutbaren Gegenweis **erschüttern.** Ihm obliegt es, nachzuweisen, dass Tatsachen vorliegen, die *„einen anderen Geschehensablauf ernsthaft als Alternative zum typischen Geschehensablauf"* nahelegen, m.a.W. es müssen Umstände gegeben sein, die einen atypischen, von der üblichen Lebenserfahrung abweichenden, nicht von dem Spieler zu verantwortenden Geschehensablauf nahelegen.

Bezüglich des Nachweises eines Befundes im Sinne von a) und bei der Beweiserschütterung, wie sie in c) gefordert ist, ist jeweils der Vollbeweis zu führen. Dabei darf ein Gericht keine unerfüllbaren Beweisanforderungen stellen und keine unmögliche Gewissheit verlangen. Der Richter muss sich mit einem praktischen Grad von Sicherheit begnügen, die den Zweifeln Schweigen gebietet, ohne sie völlig auszuschließen. Ein hundertprozentiger Nachweis insbesondere einer negativen Tatsache ist nicht zu führen, vielmehr reichen Formeln wie „mit an Sicherheit grenzender Wahrscheinlichkeit" oder „mit überwiegender Wahrscheinlichkeit" bzw. „es verbleiben keine vernünftigen Zweifel".

Die Lösung der DFB-Rechtsprechung über die differenzierte Beweisform des Anscheinsbeweises ist unter den gegebenen Umständen der beste Kompromiss zur Auflösung des Dilemmas zwischen der Notwendigkeit einer effizienten Dopingbekämpfung auf der einen Seite und dem Anspruch des Fußballers andererseits, nicht ohne Nachweis einer persönlichen Verantwortlichkeit in einem fairen Verfahren schweren disziplinarischen Maßnahmen unterworfen zu sein.

10. FIFA und UEFA

Zum Abschluss soll noch ein kurzer Blick auf die beiden dem DFB übergeordneten Verbände FIFA und UEFA geworfen werden.

Die FIFA hat in **Art. 62 FDC** folgende Regelung:

> **„... kann der Beschuldigte im Einzelfall nachweisen, dass ihn weder ein Verschulden noch eine Fahrlässigkeit trifft, so entfällt die grundsätzlich zur Anwendung gelangte Sanktionierung..."**

Die UEFA überschreibt ihren **Art. 12 RPO** mit „Doping, Beweislast" und legt in dessen Absatz 2 fest: „Die UEFA trägt die Beweislast für das Vorliegen von Doping. Der Dopingbeweis kann durch jedes verlässliche Beweismittel einschließlich eines Geständnisses geführt werden.

> **„...Das Vorhandensein einer verbotenen Substanz oder die Anwendung einer verbotenen Methode gilt als Anscheinsbeweis für einen Dopingverstoß. Es obliegt dem Spieler, den Gegenbeweis zu führen."**

Der CAS kam bisher nicht zu einer einheitlichen Stellungnahme, weil in den von ihm zu entscheidenden Fällen unterschiedliches Verbandsrecht zugrunde lag.

11. Das Anti-Doping-Gesetz vom 18.12.2015

In Deutschland sind wir derzeit an einer Stelle, bei der eine lange Zeit streitig geführter Meinungskampf zwischen Wissenschaft und Staat eine vorläufige Lösung gefunden hat. *Haas*[221] hatte die Bewältigung der Dopingfrage im Sport mit *„hoheitlichen, insbesondere strafrechtlichen Mitteln"* problematisiert. Er meint, der Staat könne mit diesen Aufgaben eher verlieren als gewinnen. Wörtlich: *„Der Gesetzgeber kann vieles... und er kann insbesondere vieles im Strafrecht, aber nicht alles, was er kann, sollte er auch tun"*. Ich schließe mich diesen Vorbehalten von *Haas* an.

12. Der Staat im Kampf gegen Doping

Doping ist die größte Herausforderung im Sport. Die Einnahme einer verbotenen Substanz stellt einen Angriff auf den Sportgeist, das Sportethos, dar. Es handelt sich also in erster Linie um ein **sportlich hohes Gut** und nicht primär um einen staatlichen Wert. In Deutschland war bisher eine Zuständigkeit schwerpunktmäßig dem Sport überlassen. Ob man dabei legislative Hilfe nötig hat, ist jahrzehntelang umstritten gewesen. Das Argument, dass zwischen Sport und Staat eine Partnerschaft besteht, hat schließlich zum **Anti-Doping-Gesetz** vom 18.12.2015 geführt. In diesem Gesetz sind zwei zentrale Eckpunkte enthalten:

a) **Selbstdoping**
   Das neue Gesetz verbietet Spitzensportlern die Einnahme von Dopingmitteln.
b) **Besitzstrafbarkeit**
   Eingeführt wurde eine Strafbarkeit bei Erwerb und Besitz von Dopingmitteln – auch bei geringen Mengen -, sofern mit diesen Selbstdoping beabsichtigt ist.

Dopingsünder müssen zukünftig mit Freiheits- und/oder Geldstrafen rechnen.

§ 11 Anti-Doping-Gesetz will eine Klarstellung in der umstrittenen Frage der **Vereinbarung einer Schiedsgerichtsabrede** in Athletenvereinbarungen herbeiführen. Es erklärt diese für zulässig.

Einen großen Vorteil als Folge der Pönalisierung der Dopingverfehlungen brachte das Instrumentarium des Kriminalstrafrechts dergestalt mit sich, dass nunmehr bei der Aufklärung und Verfolgung die dem Sport bisher nicht zur Verfügung stehenden Zwangsmittel des staatlichen Rechts eingesetzt werden können (Telefonüberwachung, Hausdurchsuchungen, körperliche Untersuchungen nach der StPO).

In der Literatur wird teilweise das Ansinnen des Gesetzgebers, einen „sauberen Sport" zu haben und mit dem Anti-Doping-Gesetz die einschlägigen Verstöße in

221 *Haas* Aktuelle Entwicklungen in der Dopingbekämpfung in SpuRt 2000, 139 ff

Deutschland in den Griff zu bekommen, positiv gewürdigt. Andererseits werden aber verfassungsrechtliche Bedenken (Deckt das GG das Verbot?) sowie Befürchtungen einer Überforderung der Gerichte und der Staatsanwaltschaft angemeldet. Wenn ein Experte wie *Bernhard Pfister*[222] vor ungeahnten Nebenwirkungen (z. B. zivilrechtliche Auswirkungen derartiger Verbots- und Strafgesetze?) warnt, sollte man dies ernst nehmen.

Zu dem Thema **Dopingbeweis bei Mannschaftssportarten** hat der CAS[223] grundlegende Ausführungen gemacht. Die Leitsätze lauten wie folgt:

> Zur Bejahung der Anwendung einer verbotenen Substanz sind keine zwingenden wissenschaftlichen Nachweise notwendig. Es genügt, dass das Panel anhand irgendwelcher Beweise (vorliegend Indizienbeweis) genügend davon überzeugt ist, dass der verbotene Stoff tatsächlich vorhanden war.
>
> Hat eine gesamte Mannschaft eine verbotene Substanz nachweislich im Rahmen eines Ergänzungsmittelprogramms angewendet, so kann jeder einzelne Spieler der Mannschaft wegen eines Verstoßes gegen die Anti-Doping-Bestimmungen verurteilt werden. Es sei denn, es gäbe Hinweise dafür, dass das Programm nicht für die gesamte Mannschaft, sondern nur für einzelne Spieler konzipiert gewesen ist, bzw. einzelne Spieler wären in der Lage gewesen, nachzuweisen, dass sie nicht an dem Programm teilgenommen haben.

13. Später Dopingfall (Wembley – 1966)

Ist es seriös, nach 45 Jahren einen Doping-Fall – einen Nicht-Doping-Fall aufzubereiten?

Da er in der Öffentlichkeit breitgetreten ist, ist die Frage zu bejahen.

Die FIFA führte die ersten Dopingkontrollen bei Weltmeisterschaften anlässlich der VIII. Fußballweltmeisterschaft in England im Jahre 1966 durch. Deren Ergebnis war durchweg negativ.

Bei drei Spielern des deutschen Teams stellte man nach dem Viertelfinale *„feine Zeichen von Ephedrin“* fest, die von Nasensprays bei der Behandlung von Schnupfen herrührten – dies ist unstreitig. Eine künstliche und unfaire Leistungssteigerungsabsicht wurde nicht festgestellt. In der Wochenzeitschrift DER SPIEGEL im Jahre 2011 (Heft 40) wurde behauptet, dass drei Spieler der deutschen Nationalmannschaft damals bei der WM 1966 gegen die damalige Art von Dopingregeln verstoßen hätten; sie seien gedopt gewesen.[224] Dieser Veröffentlichung lag ein Brief vom 29. November 1966 des damaligen Vorsitzenden des Medizinischen Komitees der FIFA Prof. *Michailo Andrejevic* an den seinerzeitigen Präsidenten des Deutschen Leichtathletik-Verbands *Max Danz* zugrunde: Darin bestätigte *Andrejevic*, dass bei der Doping-Kontrolle bei der WM 1966 *„alles ohne Befund gelaufen sei“*, jedoch zum Schluss bei der deutschen

---

222 *Pfister* in SpuRt 2016 Editorial.

223 Schiedsspruch vom 11.11.2016 in SpuRt 2016, 121.

224 *Nolte* Dopingbekämpfung anlässlich der Fußballweltmeisterschaft England 1966, *Kühn* 2014.

Mannschaft bei den Spielern *„sehr feine Zeichen von der Einnahme eines gewissen Ephedrinmittels gegen Schnupfen entdeckt worden seien"*.

Die „Glosse im Spiegel 2011" verfälschte den Inhalt des Briefes „als Dopingbestätigung", ohne dass dies nach den damaligen Anti-Doping-Regularien so gewesen ist.

Zu diesem Ergebnis kam *Martin Nolte* in einer rechtswissenschaftlichen Expertise im Auftrag des DFB.[225]

Die wesentlichen Gesichtspunkte dieser Untersuchung sollen nachfolgend wiedergegeben und kommentiert werden.

An die Spitze soll das Hauptargument aus meiner Sicht gegen einen Dopingverstoß 1966 gestellt werden:

Wenn *Andrejevic*, der kompetente Vorsitzende des Medizinischen Komitees der FIFA bei der WM 1966 in seinem Brief an *Max Danz* scheibt, *„dass alles gut gelaufen sei mit Ausnahme der sehr feinen Zeichen von der Einnahme eines Ephedrinmittels gegen Schnupfen"*, hat er dies gerade **nicht** als Doping gewertet, was aufgabenmäßig bei Befund jedoch seine Pflicht gewesen wäre. Dass er dies nicht getan hat, ist als beredtes Schweigen hinsichtlich eines Dopingvorwurfs zu werten. Der Spiegel-Artikel macht ohne effektive Beweise daraus einen Dopingfall. Der offizielle Testbericht über die Dopingkontrolle 1966 bei der WM (Autoren *Beckett, Tucker* und *James*) erklärte vielmehr das Ergebnis nach dem damaligen Regelwerk für negativ.

Klarzustellen ist, dass es falsch wäre, die heutigen Anti-Doping-Regularien auf den Sachverhalt von 1966 anzuwenden (Verstoß gegen Rückwirkungsverbot). Der entscheidende Unterschied zwischen 1966 und heute ist, dass seit 01.04.2004 (!) der objektive Nachweis einer verbotenen Substanz als Doping bezeichnet werden kann (Prinzip des strict liability). 1966 musste der Athlet dagegen auch subjektiv **in einer spezifischen Leistungssteigerungsabsicht** handeln. Dabei lag die Beweislast nach allgemeinen Verfahrensgrundsätzen für das Vorliegen objektiver und subjektiver Voraussetzungen bei der FIFA. Allein der objektive Befund reichte jedenfalls damals nicht aus, wie auch aus der Befragung der deutschen Spieler 1966 nach der Einnahme gewisser Medikamente folgt. Diese Nachfrage war deshalb notwendig gewesen, um evtl. eine künstliche Leistungssteigerungsabsicht nachweisen zu können, wobei diese der Herbeiführung unnormaler und gesundheitsschädlicher Verhältnisse dienen sollte. *Andrejevic* kam nach seiner Befragung zu der Erkenntnis, dass die Ephedrin-Spuren auf die Verwendung von Nasen-Sprays zur Behandlung von Schnupfen zurückzuführen waren. Damit war jedenfalls die im Jahre 1966 erforderliche Leistungssteigerungsabsicht nicht gegeben. Heute würde man eine medizinische Ausnahmegenehmigung erteilen.

In der Gesamtwürdigung trete ich vorbehaltslos der methodologisch geordneten Interpretation des Regelwerks 1966 durch *Nolte* nach „Wortlaut, Historie, Systematik

---

225 *Nolte* aaO.

und Zweck“ dahin bei, dass eine Leistungssteigerungsabsicht bei den Spielern nicht gegeben war.

Als Fazit meine ich, dass wenn in unseren Medien fast 50 (!) Jahre nach Wembley ein Dopingverdacht gegen die Nationalmannschaft geschürt wird, es angebracht ist, dass mit wissenschaftlichen Mitteln ein Anfangsverdacht überzeugend nachgewiesen wird.

In seinem Beitrag „Sehstörung in Wembley“[226] hat der investigative Journalist *Thomas Kistner*, die Erkenntnis von *Nolte* kritisiert: „*Wenn Nolte befunden habe, dass trotz des Fundes einer verbotenen Substanz die notwendige subjektive Leistungssteigerungsabsicht gefehlt habe*“, weil Spieler und Teamleitung glaubhaft versichert hätten, dass die „feinen Spuren“ auf den Gebrauch von Nasenspray zurückzuführen waren, dann sei dem entgegen zu treten, da Unwissenheit nicht vor Strafe schützt. Andere Forscher beurteilen das anders, wobei sie drauf abstellen, dass die gesetzlich verankerte Leistungssteigerungsabsicht verlangt, dass die FIFA beweist, dass Spieler und Teamleitung von dem Verbotensein des Mittels Kenntnis hatten.

II. Spielmanipulation § 6a RuVO

Spielmanipulation

1. **Wer es, insbesondere als Spieler, Schiedsrichter, Trainer oder Funktionsträger, unternimmt, auf den Verlauf und /oder das Ergebnis eines Fußballspiels und/oder den sportlichen Wettbewerb durch wissentlich falsche Entscheidungen oder andere unbefugte Beeinflussung einzuwirken in der Absicht, sich oder einem anderen einen Vorteil zu verschaffen, macht sich der Spielmanipulation schuldig. Dies gilt nicht für Spieler, die beim Spiel oder im Zusammenhang mit diesem durch Verletzung einer Fußballregel ausschließlich einen spielbezogenen sportlichen Vorteil anstreben; die Möglichkeit der Bestrafung als unsportliches Verhalten gemäß § 1 Nr. 4. bleibt insoweit unberührt.**
2. **Eine Spielmanipulation wird als unsportliches Verhalten gemäß § 1 Nr. 4. geahndet (§ 44 der Satzung des DFB).**

1. Geschichte der Norm des § 6a RuVO

Der Tatbestand wurde nach der *Hoyzer*-Affäre 2005 neu geschaffen. Die zuvor begangenen Verfehlungen in dem Wettskandal sind noch nach der Generalklausel des unsportlichen Verhaltens (§ 1 Nr. 4 RuVO) abgeurteilt worden. Täter der neu definierten „Spielmanipulation“ können alle Personen sein, die auf die Durchführung von Fuß-

226 *Kistner* aaO., Kap.1.

ballspielen Einfluss nehmen können, insbesondere die Spieler, Schiedsrichter, Trainer und Vereinsfunktionäre.

2. Tatbestandsvoraussetzungen

Als Begehensform kommt das „Unternehmen" in Betracht, was nach dem Strafgebrauch des StGB (§ 11 Abs. 1 Nr. 6) „Versuch oder Vollendung" bedeutet.

Ziel der Handlung ist die Veränderung des Verlaufs eines Wettbewerbs oder des Ergebnisses eines Spiels. Zwischenstände – Verlauf des Spiels – erfassen bestimmte Zeiten im Spiel. Die vielfältigen Spielsituationen können willentlich zum Zwecke der Manipulation herbeigeführt werden. Auf alle diese Spielgeschehnisse können unmittelbar Wetten abgeschlossen werden (z. B. auf einen Elfmeter in der ersten Spielhälfte, auf ein Selbsttor in der zweiten Halbzeit für den Gastverein).

Von § 6 a RuVO erfasst werden **bewusst unrichtige Entscheidungen** des Schiedsrichters oder eines Schiedsrichter-Assistenten. Bei Spielern ist eine *„Einwirkung durch nicht erlaubte Beeinflussung"* Tathandlung, wobei ausgenommen ist das Anstreben eines ausschließlich spielbezogenen Vorteils, also eines solchen ohne „Wetthintergrund". Die Übertretungen der Fußballregeln beim Spiel sind durch den Schiedsrichter zu ahnden. Die insoweit auszusprechenden persönlichen Strafen erfüllen, falls kein Manipulationsvorhaben besteht, nicht den Tatbestand des § 6 a RuVO: Wer einen Gegner foult und dadurch einen Torerfolg der gegnerischen Mannschaft verhindert oder wer ein vom Schiedsrichter wahrgenommenes oder auch unentdecktes Handtor erzielt, macht sich unter Umständen nach allgemeinem DFB-Recht schuldig und ist gegebenenfalls in den Beispielsfällen **wegen unsportlichen Verhaltens in Form der Torhand** zu bestrafen. Für eine Spielmanipulation muss der Spieler aber die Ergebnisbeeinflussung im Auge haben („Absicht der Vorteilsverschaffung") bzw. ein Interesse an der Herbeiführung von Teilsituationen haben und darauf hinwirken (Eigentor in den ersten 15 Minuten, weil er bzw. Dritte in seinem Auftrag darauf gewettet haben). Der regelwidrig erzielte „schlichte" Spielvorteil erfüllt den Tatbestand allein nicht. Der Spieler ist hierfür wegen unsportlichen Verhaltens zu belangen. Die Grenzen sind jedoch insoweit fließend. So begeht ein Verteidiger, der einen Stürmer bewusst nicht angreift, um diesem den Torerfolg zu ermöglichen, falls es zu der angestrebten Ergebnisverfälschung kommt, eine Spielmanipulation. Strafgrund ist dabei die **Vorteilsverschaffung.**

Weitere Beispiele aus dem *Hoyzer*-Verfahren: Wenige Führungsspieler einer Mannschaft bewirken durch geschicktes Taktieren – ohne dass dies erkennbar ist – dass ihre Mannschaft verliert, weil ein Dritter (Wetter) oder ein Anhänger eines Vereins, der von der Niederlage einen Vorteil hat, ihnen vor dem Spiel dafür eine Geldsumme ausgesetzt hat. Problematischer ist die oben (s. § 5 Rn. 24 c, Fall 5) bereits angesprochene Siegprämie. Der Unrechtsgehalt einer solchen Tat ist jedenfalls deutlich niedriger anzusiedeln. Der Tatbestand des § 6 a RuVO ist dabei wohl erfüllt, falls das Verhalten nach sportlichen Kriterien rechtswidrig ist.

3. Sanktionen

Als Strafen für eine Spielmanipulation steht über die Brückenvorschrift des § 1 Nr. 4 RuVO die ganze Palette des § 44 der Satzung zur Verfügung (§ 6 a Nr. 2 RuVO).

4. Nachtrag

Ein Ereignis am letzten Spieltag der Saison 2007/2008 in der Fußball-Kreisliga D Köln bietet Anlass, § 6 a RuVO noch einmal aufzublenden und auf seine Anwendbarkeit auf den Fall zu prüfen. Dort lag nach dem vorletzten Spieltag *Germania Nippes II* punktgleich mit *Rheinkassel-Langel II.* Das Torverhältnis musste, falls beide zum Abschluss siegreich bleiben, um den Aufstieg in die Kreisliga C entscheiden. Dabei hatte *Germania Nippes II* als Ausgangsposition eine um 37 Tore bessere Tordifferenz; er siegte zudem am letzten Spieltag 10:0. Bei *DJK Löwen II* endete das Spiel des Konkurrenten *Rheinkassel-Langel II* 54:1. Der Vorsitzende des Kreis-Spielausschusses äußerte sich: *„Das ist eine Schande. Ein solches Ergebnis darf keinen Bestand haben.“*

Der Spielmanipulationsparagraph (6 a RuVO) würde aber – falls DFB-Recht anwendbar wäre – **nicht** eingreifen. Eine unbefugte Beeinflussung des sportlichen Wettbewerbs steht zwar ernsthaft im Raum, der auch dem Rekordsieger einen Vorteil verschaffen sollte. Die Vorschrift greift aber nach ihrem Satz 2 nicht ein, wenn Spieler dieses Vereins im Zusammenhang mit dem Spiel **ausschließlich einen spielbezogenen sportlichen Vorteil** anstreben: Sie haben 53 Tore mehr erzielt als ihr Gegner, was sicher „spielbezogen“ ist. „Ausschließlich“ im Zusammenhang mit dem Spiel könnte man zwar anzweifeln, da dahinter eine „unredliche Absicht“ steht. Der „ausschließlich spielbezogene Vorteil“, den die Spieler anstrebten, war jedoch der Aufstieg. Wenn daran die Anwendung des § 6 a RuVO scheitern sollte, bleibt aber die Generalklausel des § 1 Nr. 4 RuVO, die in allen Landesverbänden sinngemäß gilt. Bereits nach naturwissenschaftlichen Gesetzen ist es bei ordnungsgemäßem Ballverteilen zwischen Tor und Mittelanstoß bei auch nur ganz geringer Gegenwehr in Gestalt des Ballwegtretens und „Ins-Aus-Spielen“ nicht ohne *„corriger la fortune“* beider Mannschaften in 45 Minuten schwerlich möglich, 40 Tore auf „normalem Weg“ zu erzielen. Daraus folgt ein dringender Verdacht des abgekarteten Spiels. Nach Punktabzug und Zwangsabstieg für die *DJK Löwen* sowie Sperren von jeweils einem Jahr für die Spieler, die den Kantersieg zuließen, in erster Instanz, zeigte sich die Berufungsinstanz erstaunlich milde und beließ es bei einer Geldstrafe bei dem Verein, der das Desaster über sich ergehen ließ. Dahinter steht die Überlegung, dass rein passives Verhalten der DJK-Spieler, die über Nacht bis kurz vor Spielbeginn gefeiert hatten und sich gleichwohl dem frischen Gegner stellten, nach Fußballrecht nicht strafbar sei. Auch hier zieht aber der ungeschriebene Grundsatz des Fair Play Grenzen, wenn schlichte Untätigkeit grobe Unanständigkeit bedeutet.

5. § 6b alte Fassung (Spielervermittlung)

Der frühere § 6 b RuVO wurde durch den Bundestag gestrichen.

Zwischenzeitlich hat das DFB-Präsidium am 10. März 2013 das DFB-Reglement für Spielervermittlung sowie die Ziffern 2. der dem DFB-Reglement für Spielervermittlung als Anhänge 1 und 2 beigefügten Vermittlererklärungen für natürliche und juristische Personen wie folgt geändert:

Spieler und Vereine dürfen keine Offiziellen im Sinne des Abschnitts „Definitionen" der FIFA-Statuten, d. h. insbesondere keine Vorstands-, Ausschuss- und Kommissionsmitglieder, Schiedsrichter, Schiedsrichter-Assistenten, Trainer, Betreuer sowie technische, medizinische und administrative Verantwortliche der FIFA, einer Konföderation, eines Verbandes, einer Liga oder eines Vereins, als Vermittler beauftragen.

III. Grundentscheidungen in der DFB-Satzung §§ 7und 8 RuVO

Das Sanktionsrecht des DFB enthält im Besonderen Teil der RuVO in den §§ 7 und 8 untergliedert die Grundtatbestände für Vereine und Spieler. Sie sind die am meisten verletzten Untergliederungen der verfassungsrechtlich abgesicherten Form des unsportlichen Verhaltens (§ 44 der Satzung).

Sie geben der Grundentscheidung in der Satzung Leben und Farbe. Die Vorgaben gewinnen auf diesem Wege Konturen und Anschaulichkeit. Eine wichtige Funktion erfüllen sie hinsichtlich der Straffolgen, indem die die für die einzelnen Verfehlungen möglichen differenzierten Strafrahmen vorsehen mit den jeweiligen Obergrenzen.

Klarstellung: Die nach diesem Abschnitt zu verhängenden Sanktionen sind **Vereinsstrafen** und keine Vertragsstrafen nach §§ 339 ff BGB. Sie sind Bestandteil eines eigenständigen Instrumentariums und müssen als wesentlicher Grundsatz des Vereins in der Satzung verankert sein.

1. Vorspann zu § 7 RuVO

Adressaten der Norm: Die Vorschrift bezieht sich auf Bundesspiele und betrifft dabei die Disziplinarmaßnahmen gegen Vereine und Tochtergesellschaften.

Unter dem Begriff **„Verein"** versteht man eine juristische Person des Privatrechts, für die die §§ 21 ff. BGB gelten. Mit der zunehmenden Kommerzialisierung des Fußballs wird die Frage diskutiert, ob die Bundesligavereine noch dem Grundtypus eines Idealvereins im Sinne von § 21 BGB entsprechen oder ob, im Hinblick auf die angestrebte Gewinnmaximierung, die Organisationen als wirtschaftliche Vereine zu qualifizieren sind. Es bestehen Zweifel, ob das Nebenzweckprivileg noch greift. In vielen Fällen wurden in dieser Situation nicht zuletzt aus haftungsrechtlichen Gründen die Fußballlizenzbetriebe ausgegliedert, wobei gemeinnützigkeitsrechtliche Risiken in Betracht gezogen werden. § 31 BGB rechnet dem Verein das Handeln seiner verfassungsmäßig berufenen Vertreter als eigenes zu. Der Verein haftet also nicht für fremdes, sondern für eigenes Verschulden.Seit dem sog. Eckwertepapier vom 24.10. 1998 sind am Bundesligaspielbetrieb auch **Tochtergesellschaften** zugelassen. Es wurde damit gleichgezogen mit anderen Verbänden im Ausland – z. B. hatte die Premier League in England schon seit 1982 Kapitalgesellschaften zugelassen. Die Umstrukturierung in Deutschland erfolgte durch eine Ausgliederung der Lizenzspielerabteilung aus dem e. V. in eine Tochtergesellschaft in der Rechtsform einer GmbH, AG oder KGaA gemäß § 123 UmwG. Gerade von der im sonstigen Rechtsleben wenig beliebten Rechtsform der Kommanditgesellschaft wurde rege Gebrauch gemacht – so sind z. B. *Borussia Dortmund, Werder Bremen, Arminia Bielefeld, Hannover 96, Hertha BSC, MSV Duisburg, Greuther Fürth* und *TSV München von 1860* als GmbH & Co. KGaA strukturiert. DFB und DFL haben dabei von Anfang insbesondere den Gefahren der Mehrfachbeteiligungen zu begegnen versucht. So erhält eine Kapitalgesellschaft nur eine Lizenz, wenn ein Mutterverein mehrheitlich an ihr beteiligt ist (50+1 %-Regel). Zur Aufstellung dieser und weiterer Schranken (s. § 16 c Satzung) sind beide Verbände – gestützt auf die Vereinsautonomie – bemüht, den mit der Multi-Club-Ownership (= Beteiligung an zwei oder mehr Sportkapitalgesellschaften, die zueinander in einem Wettbewerbsverhältnis stehen) verbundenen Gefahren für die sportliche Integrität und die Glaubwürdigkeit des Fußballs in Deutschland zu begegnen. Mit der Regelung in § 16 c Nr. 2 Satzung soll erreicht werden, dass der Einfluss eines Investors oder Mäzens den des Vereins nicht erreicht oder gar übersteigt. Dieses soll dadurch sichergestellt werden, dass der Verein **über 50 % der Stimmanteile zuzüglich mindestens einer weiteren Stimme** in dem Kontrollorgan der Kapitalgesellschaft verfügt (§ 16 c Nr. 2 Abs. 2 Satz 1 Satzung).

Das „50+1-Modell" ist in die Kritik geraten. Es kam zu einem Schiedsspruch[227] mit folgendem Ergebnis:

„1. § 8 Ziffer 2 (5) DFL-Satzung ist wegen Verstoßes gegen den vereinsrechtlichen Gleichbehandlungsgrundsatz rechtswidrig und nicht, soweit die in dieser Vorschrift vorgesehene Ausnahme von der 50+1-Regelung solchen Kapitalgesellschaften des Fußballs nicht gesichert werden, kann sie die erforderlichen Voraussetzungen erst nach dem 01. 01. 1999 erfüllen".

Eine sog. *„50+1-Regelung ist bei summarischer Prüfung mit dem Unionsrecht vereinbar".*

§ 7 RuVO
Strafen gegen Vereine und Tochtergesellschaften in einzelnen Fällen

1. **Bei Bundesspielen gelten für Vereine und Tochtergesellschaften unter anderem folgende Strafen:**

a) **für Spielen ohne Genehmigung Geldstrafe bis zu € 30.000,00;**
b) **für schuldhaft verspätetes Antreten oder schuldhaftes Nichtantreten zu einem Spiel Geldstrafe bis zu € 50.000,00;**
c) **für nicht ordnungsgemäße Platzherrichtung und nicht ausreichenden Ordnungsdienst Geldstrafe bis zu € 50.000,00;**

227 SpuRt 2011, 259.

d) für mangelnden Schutz des Schiedsrichters, der Schiedsrichter-Assistenten oder des Gegners Geldstrafe bis zu € 100.000,00; für schuldhaftes Herbeiführen eines Spielabbruches Geldstrafe bis zu € 100.000,000
e) für schuldhaftes Herbeiführen eines Spielabbruchs Geldstrafe bis zu € 100.000,00;
f) für Spielenlassen eines Spielers ohne Vorlage eines ordnungsgemäß erstellten Spielerpasses oder ohne Vorlage der vom DFB oder der DFL herausgegebenen Spielberechtigungsliste Geldstrafe bis zu € 1.00.00;
g) für Spielenlassen eines nicht spiel- oder einsatzberechtigten Spielers Geldstrafe bis zu € 10.000,00;
h) für nicht ordnungsgemäße Erfüllung von Auflagen Geldstrafe bis zu € 250.000,00; § 7b Nr. 4. bleibt unberührt;
i) für das Mitwirkenlassen gedopter Spieler (§ 6), die Verabreichung von Dopingmitteln, die Weigerung; Dopingkontrollen zuzulassen sowie jede Beteiligung an diesen Handlungen oder ihre Duldung und bei Verstößen gegen die Anti-Doping-Richtlinien Geldstrafe bis zu € 150.00,00 für jeden Einzelfall;
j) für aktive oder passive Bestechung Geldstrafe bis zu € 250.000,00.

2. In den Fällen der Nr. 1 Buchstaben i) und j) ist der Versuch strafbar.
3. Anstelle einer verwirkten Platzsperre kann eine Spielaustragung unter Ausschluss der Öffentlichkeit festgesetzt werden, falls dies aus besonderen Gründen zweckmäßig erscheint.
4. Bei Vergehen, die mit einer höheren Geldstrafe als € 2.500,00 bedroht sind, kann in schwerwiegenden Fällen an Stelle oder neben der Geldstrafe eine weitergehende Strafe nach § 44 der Satzung des DFB verhängt werden. Gleiches gilt in Wiederholungsfällen und in Fällen der Tatmehrheit.
5. Die Strafbestimmungen der Nr. 1. finden sinngemäße Anwendung auch auf Mitgliedsverbände, die mit ihren Mannschaften an Bundesspielen teilnehmen.

2. Die Einzelstraftatbestände des § 7 RuVO mit Kommentierung

a) Spielen ohne Genehmigung, Geldstrafe bis zu € 30.000,00

Diese Sanktionsnorm kommt in der Praxis höchst selten vor, allenfalls bei unteren bzw. bei Jugendmannschaften.

b) Für schuldhaft verspätetes Antreten oder schuldhaftes Nichtantreten zu einem Spiel Strafe bis zu € 50.000,00 Euro. Beide Tatbestände müssen nach dem Wortlaut der Norm schuldhaft bedingt sein. Sie sind nach meiner Erinnerung in den 30 Jahren meiner Zugehörigkeit zum Kontrollausschuss auf Bundesebene kaum vorgekommen.

Nach § 6 Satz 2 der Durchführungsbestimmungen zur Spielordnung sind Anreisen so rechtzeitig anzutreten, dass ein pünktlicher Spielbetrieb gewährleistet ist. Eine ausreichende Pufferzeit wird bei Auswärtsspielen schon aus Gründen des Ausgeruhtseins der Spieler eingeplant. Bei **ausreichender Vorsorgezeit** liegt jedenfalls kein Verschulden vor.

c) Für **nicht ordnungsgemäße Platzherrichtung und nicht ausreichenden Ordnungsdienst** ist **Geldstrafe bis zu € 50.000,00** vorgesehen.
   Bei diesen drei Tatbeständen ist ein Verhalten des gesetzlichen Vertreters, das dem Verein nach § 31 BGB anzurechnen ist, erforderlich. Das gleiche gilt
d) **für mangelnden Schutz des Schiedsrichters, der Schiedsrichterassistenten oder des Gegners Geldstrafe bis zu € 100.000,00** und
e) **für schuldhaftes Herbeiführen eines Spielabbruchs Geldstrafe bis zu € 100.000,00**

Nur bei letzterem Tatbestand ist das Verschuldenserfordernis in die Norm aufgenommen worden. Dass dies bei den beiden Begehensformen davor nicht geschehen ist, findet seine Erklärung in § 9a RuVO, eine vom DFB, der FIFA und der UEFA mit kleineren Abweichungen übernommenen Vorschrift, die die Verantwortlichkeit von Heim- und Gastverein im Stadionbereich regelt und die Zurechenbarkeit von Verhaltensweisen einzelner Personen regelt (s. Kommentierung zu § 9a RuVO).

3. Einige Beispielsfälle zu den angesprochenen Fallvarianten (c-e)):

a) Das Torpfosten-Urteil

Ein frühgeschichtliches Bundesligaspiel betrifft die Begegnung *Borussia Mönchengladbach./. Werder Bremen* am 3. April 1971. Diese Paarung wurde in der 86. Spielminute beim Stande von 1:1 abgebrochen, weil ein Torpfosten zwei bis drei Zentimeter unterhalb der Grasnarbe abgebrochen war. Trotz entsprechender Aufforderung durch den Schiedsrichter an den Spielführer der Heimmannschaft, konnte kein Gebälk besorgt werden. Das Spiel wurde nach 15 Minuten Wartezeit abgebrochen.

Weil *Gladbach* keinen Ersatz für die Torpfosten bereithalten konnte, wurde wegen dieses Organisationsverschuldens eine schuldhafte Herbeiführung eines Spielabbruchs abgeleitet und eine Geldstrafe von 1.500 DM verhängt und das Spiel mit 2:0 für *Werder Bremen* gewonnen und mit 0:2 für den Heimverein als verloren gewertet.

Der Nachweis eines fehlenden Verschuldens wurde als nicht geführt angesehen.[228]

228 S. Urteilsgründe bei *Rauball* Bundesliga-Skandal 1972, S. 313.

b) Das Büchsenwurf-Urteil

Am 10.10.1971 wurde im Spiel um den Pokal der Europäischen Meistervereine zwischen *Borussia Mönchengladbach* und *Internationale Mailand* der Inter-Spieler *Boninsegna* nach 20 Spielminuten von einer von einem Zuschauer geschleuderten Coca-Cola-Dose am Kopf getroffen und verletzt. Das Spiel endete 7:1 für Mönchengladbach.

Durch Urteil vom 10.11.1971[229] hat die Berufungsinstanz der UEFA das einheimische Stadion für internationale Spiele gesperrt, das Ausgangsspiel im Ausland neu angesetzt und eine Geldstrafte von 10.000 CHF verhängt. Es hieß in dem Urteil, dass *„ein unbedingter Einfluss des Werfers mit annähernd gefüllten Bechern auf das Spielfeld erfolgt sei"*.

In Deutschland hat man gemutmaßt, *Boninsegna* habe im Hinblick auf den negativen Spielstand für seinen Verein geschauspielert.

Die Neuansetzung – *Gladbach* verlor sie – ist erfolgt, ohne dass in dem Urteil etwas von einem Verschulden des Platzvereins zu lesen ist. Man nahm eine Zurechenbarkeit des Wurfes an.

c) Spielabbruch wegen Überflutung der Spielfläche

Beim Bundesligaspiel *FC Nürnberg* gegen *VfL Wolfsburg* im April 2008 brach der Schiedsrichter nach der ersten Halbzeit die Paarung wegen eines schweren Unwetters und Überflutung des Spielfeldes ab.

Das Spiel wurde wegen höherer Gewalt neu angesetzt.

Bei diesem Fall offenbarte sich eine Regelungslücke in den DFB-Vorschriften: Es ist an keiner Stelle vorgesehen gewesen, was mit Gelben, Gelb-Roten oder gar Roten Karten, die vor dem Spielabbruch gezeigt wurden, zu geschehen sei.

Es empfahl sich eine **Analogie zu Art. 18 Nr. 5 und Art. 19 Nr. 4 FDC.** Danach werden ausgesprochene Verwarnungen (Gelbe und Gelb-Rote Karten), die vor einem Spielabbruch gezeigt worden waren, annulliert, falls die Partie wiederholt wird.

Wird aber eine Spielwertung ausgesprochen, bleiben die Verwarnungen der Spieler der Mannschaft, die für den Abbruch verantwortlich ist, gewertet.

Ein Feldverweis (Rote Karte) führt dagegen in jeder Fallkonstellation zu einer automatischen Sperre für das nächste Spiel, die ja nach den Fallumständen zu verhängen ist.

d) Urteil zum Ordnungsdienst[230]

Die Tatsache, dass Gegenstände auf das Spielfeld geworfen werden, zeigt, dass der Platzverein den Gegner nicht ausreichend geschützt hat. Ob es sich bei dem gewor-

---

229 Abgedruckt bei *Rauball* aaO., S. 305.

230 Spruchkammer der 2. Liga Nord vom 22.5.1981, SportR 1981, 1218.

fenen Gegenstand um eine Flasche, eine Büchse oder – wie im konkreten Fall – um eine Apfelsine handelt, ist gleichgültig.

e) Beeinträchtigung des Schiedsrichters[231]

Wird einem Schiedsrichter in der Kabine von Zuschauern Bier über den Kopf gegossen oder wird er angespuckt und beschimpft, so hat der Verein seine Pflichten verletzt, durch einen verantwortungsbewussten und pflichtbewussten Ordnungsdienst den Schiedsrichter zu schützen.

f) Disziplinargewalt gegen Nichtmitglieder[232]

Der Disziplinargewalt eines Sportverbands können auch Nichtmitglieder unterstehen. Dies gilt jedenfalls, soweit sie seine Einrichtungen in Anspruch nehmen. Die dazu nötige Unterwerfung kann nur durch rechtsgeschäftlichen Einzelakt erfolgen. Außerhalb individueller Vertragsschlüsse kann dies rechtsverbindlich durch Teilnahme an einem nach der Sport- und Wettkampfordnung des Verbandes ausgeschriebenen Wettbewerb oder durch Erwerb einer generellen Start- oder Spielerlaubnis des zuständigen Verbandes geschehen (Sportler- bzw. Spielerausweis, Lizenz, u. ä.), bei deren Erlangung der Sporttreibende das einschlägige Regelwerk des Verbandes anerkennt. In beiden Fällen muss der Sporttreibende eine zumutbare Möglichkeit der Kenntnisnahme und den Inhalt dieses Regelwerks haben.

Die Übertragung von Ordnungsmaßnahmen gegen Nichtmitglieder erfolgt grundsätzlich anhand derselben Maßstäbe, die für entsprechende Maßnahmen gegen Mitglieder gelten.

g) Bullenköpfe im Dresdener Stadion

Während des Spiels um den DFB-Vereinspokal zwischen der *SG Dynamo Dresden* und *Rasensport Leipzig* am 20. 8. 2016 in Dresden wurden während der zweiten Halbzeit Banner und Spruchbänder, die den Gastverein in übler Weise verunglimpfen, präsentiert. Des Weiteren wurde in den Dresdener Fanblock ein abgetrennter Bullenkopf geschmuggelt und dann in den Innenraum geworfen.

In diesen Handlungsweisen hat das Sportgericht einen Verstoß gegen § 1 Nr. 4, § 9 Nr. 1 RuVO gesehen, wodurch die Leipziger Anhänger provokativ beleidigt wurden.

Zur Tatzeit stand *Dynamo* aufgrund des Urteils vom 15. 7. 2016 unter Bewährung, deren Widerruf geboten war, da keine günstige Prognose gestellt werden konnte. Das widerrufende Urteil des Sportgerichts erging am 22. 1. 2017 und bildete unter Zusammenfassung von sechs Vorfällen eine Gesamtstrafe von 40.000,00 €.

231 Urteil Spruchkammer 2. Liga Nord vom 21. 6. 1981, SportR 1981.
232 OLG Frankfurt vom 26. 4. 1973, NJW 1973, 2018.

4. Bestrafung des DFB wegen Vorfällen bei Länderspielen

Durch Urteil der UEFA-Kontroll- und Disziplinarkammer vom 9. November 2006 wurde gegen den DFB ein Disziplinarverfahren wegen des unkorrekten Verhaltens deutscher Anhänger beim Länderspiel der Nationalelf gegen die Slowakei am 11.10.2006 in Bratislava durchgeführt.

Dem UEFA-Verfahren liegt folgender Sachverhalt zugrunde:

Zwischen der 67. und 72. Spielminute des Länderspiels stürmten „deutsche Anhänger" den Abtrennungszaun zwischen dem deutschen und dem slowakischen Sektor. Die slowakischen Fans wurden dabei mit Bechern voller Bier beworfen. Danach begannen dann deutsche Anhänger damit, Schalensitze aus den Verankerungen zu reißen, wobei drei Sitze auf der Achterbahn in dem Bereich hinter den Werbetafeln landeten. Weitere acht Sitze wurden gegen die Polizei sowie gegen den slowakischen Sektor geworfen. Nach einigen Minuten gelang es einer Spezialeinheit der Polizei, die fehlbaren Zuschauer vom Zaun zurückzudrängen.

Der DFB lehnte die Verantwortung für die fraglichen Zuschauer zunächst ab, da es sich bei den Hooligans nicht um Anhänger der deutschen Nationalmannschaft gehandelt habe. Diese hätten ihre Eintrittskarten vor Ort und nicht beim DFB erworben. Sie seien von den offiziellen Anhängern getrennt im Stadion platziert gewesen. Seitens des DFB seien die möglichen Vorkehrungen zum Verhindern von Ausschreitungen getroffen gewesen.

Die UEFA-Kammer nahm gleichwohl eine Verantwortlichkeit des DFB nach Art. 6 RPO (entspricht § 7 RuVO) an. Dabei handelt es sich um eine objektive Verantwortlichkeit für Verbände und Vereine, die kein persönliches Verschulden des Verantwortlichen voraussetzt. Die Verbände seien demnach für Zwischenfälle verantwortlich, die ihre Anhänger vor, während und nach dem Spiel verursacht haben. Dies ergebe sich aus dem Zweck der UEFA, internationale Wettbewerbe zu organisieren und durchzuführen.

Die Kontrolle und Disziplinarkommission umschreibt die angenommene **Kausalhaftung** wie folgt:

> „Die reibungslose Organisation und Durchführung dieser Wettbewerbe bedarf griffiger Bestimmungen, auf deren Grundlage allfällige Störungen im Einklang mit der Verbandsordnung beseitigt werden können. Absicht des Gesetzgebers war mithin die Schaffung einer Regel zum Zweck der Prävention und Dissuasion, auf deren Grundlage Verbände und Vereine für das Verhalten ihrer **Anhänger** verantwortlich und damit fortwährend gehalten sind, sich mit den eigenen Anhängern zu befassen und geeignete Maßnahmen zu treffen, um fehlbare Fans zu disziplinieren. Im Übrigen wird der Anhängerbegriff in der Disziplinarrechtsprechung der UEFA seit jeher weit gefasst. In diesem Sinn definiert er sich nicht ausschließlich durch Kriterien wie Nationalität, Wohnsitz oder vertragliche Bindung mit einem Spielorganisator, sondern insbesondere durch die Einstellung der Anhänger im Stadion zu einer der am Spiel beteiligten Mannschaften sowie die konkrete Platzierung der Anhänger im Stadion. Die Kontroll- und Disziplinarkammer hat mithin keine Schwierigkeiten, vorliegend die randalierenden Anhänger als Anhänger der deutschen Mannschaft zu qualifizieren."

Der DFB verkenne mit seiner Argumentation, dass der Einwand des fehlenden Verschuldens bei der nach UEFA-Recht (Art. 6, Abs. 1 RPO) geltenden verschuldensunabhängigen Kausalhaftung keine Rolle spiele.

Fehlendes Verschulden sei vielmehr erst bei der Strafzumessung zu berücksichtigen. Dabei sei beim Gastverband die zu verhängende Strafe in der Regel nur halb so hoch als bei Platzvereinen zu bemessen, da er weniger Einflussmöglichkeit auf die Ordnung im Stadion habe.

Bei der Straffestsetzung wurde dem DFB seine „disziplinarische Unbescholtenheit" zugutegehalten. Bei Berücksichtigung der relevanten Gesichtspunkte ist eine Geldstrafe von CHF 20.000,00 verhängt worden (Art. 14c in Verbindung mit Art. 17 RPO).

Ferner wurde der DFB angewiesen, dem Slowakischen Verband die durch die Sachbeschädigung entstandenen Schäden zu ersetzen. Der DFB hat gegen den Teil des Urteils, der die Verpflichtung zum Schadensersatz ausspricht, Berufung eingelegt, da hierfür keine Rechtsgrundlage in der RPO der UEFA bestehe.

Der Disziplinarinspektor der UEFA hat dem entgegen gehalten, dass nach UEFA-Recht eine disziplinarische Sanktion nicht akzessorisch mit einem zivilrechtlichen Anspruch verknüpft werden könne, da dies dem Zweck des Disziplinarrechts zuwider laufen würde.

Der Disziplinarinspektor meint in seiner Berufungserwiderung, dass auf diese Weise dem oben zitierten allgemeinen Rechtsgrundsatz im Schadensersatzrecht juridisch in einwandfreier Weise zum Durchbruch verholfen werde.

Damit war die Heranziehung des im deutschen Strafprozessrecht fakultativ vorgesehenen **Adhäsionsverfahrens (§§ 403 ff StPO)** gescheitert. Dieses Institut spielte ohnehin auch im deutschen Rechtskreis keine nennenswerte Rolle.

Der DFB ist auf die Argumentation des Disziplinarinspektors der UEFA eingegangen. In diesem Sinne wurde das Verfahren dann abgeschlossen.

5. Deutscher Flitzer beim EM-Qualifikationsspiel unserer Nationalelf in Zypern[233]

Bei dem Länderspiel am 15.11.2006 lief vor Ende der 1. Halbzeit aus dem deutschen Sektor ein Zuschauer auf das Spielfeld, „behändigte den Ball" (Schweizer Deutsch im Urteil) und steckte ihn unter sein T-Shirt. Er stellte sich vor den Sektor der deutschen Fans und kickte den Ball in die Menge.

Die Kommission verhängte eine Geldstrafe von 3.000,00 CHF, da Deutschland als Gastverband keinen unmittelbaren Einfluss auf die Organisation im Stadion gehabt habe, was zwar strafmildernd, aber nicht strafverhindernd wirke. Der hier aktiv gewordene Flitzer wurde unter dem Betriff des „Anhängers des DFB" erfasst.

Zu f) bis h) RuVO

233 Disziplinarkommission-Entscheidung vom 30.11.2006.

Die unter diesen Vorschriften aufgeführten Tatbestände beschäftigten selten die Rechtsinstanzen. Sie sind aus sich heraus verständlich und bedürfen keiner besonderen Kommentierung.

Zu i)

Die Umsetzung dieser Vorschrift ist im Rahmen des § 6 angesprochen.

Zu j):

6. Aktive und passive Bestechung

Beide Tatbestände sind durch den DFB nicht näher definiert. Im staatlichen Strafrecht sind die Bestechungstatbestände in §§ 331 bis 335a StGB enthalten. Der Adressat dieser Norm ist ein **„Amtsträger“.** Übertragen auf die DFB-Regelungen ist eine Person mit einer Funktion im Verband/Verein mit einer darauf zurückzuführenden Entscheidungsbefugnis vorauszusetzen. Die ihm obliegende Handlung ist eine vom Verband abgeleitete Verpflichtung zum Tätigwerden. Die übertragene Aufgabe ist eine solche mit Entscheidungsbefugnissen, oft ein richterlicher Akt wie die des Spielschiedsrichters oder die der Mitglieder der Rechtsorgane.

Die Tathandlung besteht im Anbieten eines (geldwerten) Vorteils als Gegenleistung für eine Handlung oder Unterlassung, ferner darin, dass er sie fordert oder sich versprechen lässt.

Sie muss zu seinem Pflichtenbereich im Verband gehören, wobei es den weniger schwerwiegenden Fall der pflichtmäßigen und den gravierenden Fall der pflichtwidrigen Handlung gibt (nach dem StGB: Vorteilsannahme (§ 331), Bestechlichkeit (§ 332), Vorteilsgewährung (§ 333) und die Bestechung (§ 334)).

Außenstehende können zu diesen „Amtsdelikten“ nicht Mittäter oder mittelbare Täter sein, sondern nur Anstifter oder Gehilfe, wobei die Sanktion aber demselben Strafrahmen zu entnehmen ist, jedoch analog § 28 StGB gemildert werden kann. Diese systematische Unterscheidung sollte man wegen der Parallelität zum Sportrecht auch hier übernehmen.

Für das Sportrecht ist den DFB-Rechtsinstanzen zu empfehlen, die knappe schlagwortartige Umschreibung der Tatbestände des § 7 Nr. 1 j RuVO durch vorsichtige Analogie zu den oben angesprochenen Tatbeständen des StGB mit Leben zu erfüllen.

Im sog. *Hoyzer*-Skandal sind Vereine Täter einer passiven Bestechung geworden, als sie Geld für eine Niederlage ihrer Mannschaft bzw. auch für einen Sieg in Empfang genommen haben. Mangels spezieller Regelung der Begehensform zu der obigen Zeit ist die Generalklausel des § 1 Nr. 4 RuVO mit dem weiten Strafenkatalog des § 44 der Satzung herangezogen worden.

Die Absätze 2 bis 5 RuVO sind aus sich heraus verständlich.

Zum Abschluss der Einzeltatbestände soll ein Fall zum mangelnden Schutz eines Schiedsrichters in der Bundesliga behandelt werden, bei der unrühmlicherweise ein Vereinspräsident zur Verantwortung zu ziehen war:

Vereinspräsident sperrt Schiedsrichter nach dem Spiel in den Baderäumen ein

Hintergrund: *Jean Löring* war sein Leben lang zum Wohl von *Fortuna Köln* tätig, als Spieler, als Funktionär, als Präsident, als Hauptsponsor.

Nach einem Bundesliga-Spiel seines Vereins ärgerte er sich über die Schiedsrichterentscheidungen so sehr, dass er den Referee in den Baderäumen des Vereins einschloss und mit dem Schlüssel nach Hause ging. Nach längerer Zeit bereute er seine Tat und befreite ihn.

Wegen mangelnden Schutzes des Schiedsrichters (§ 3 Nr. 1 d RuVO) wurde sowohl der Verein (über § 31 BGB) wie der Präsident geahndet.

Es war Dezember, *Löring* umging das Verbot, das Stadioninnere bei einem Spiel zu betreten, indem er im Kostüm des Weihnachtsmannes sich unter die Zuschauer mischte. Der kauzige Mäzen *Jean Löring* ist 2005 verstorben.

7. Vorschriften §§ 7a und 7b

§ 7a

Strafaussetzung zur Bewährung

1. **Die Vollstreckung einer Strafe (§ 44 Nr. 2. der DFB-Satzung) kann zur Bewährung ausgesetzt werden, mit folgenden Ausnahmen:**

a) **Verwarnung,**

b) **Verweis,**

c) **Verbot auf Dauer, ein Amt im DFB, seinen Mitgliedsverbänden, deren Vereinen und Kapitalgesellschaften zu bekleiden,**

d) **Sperre oder Ausschluss auf Dauer (einschließlich des Zulassungs- bzw. Lizenzentzuges)**

e) **Entzug der Zulassung für Trainer auf Dauer.**
Die Entscheidung trifft die jeweils zuständige Rechtsinstanz.

2. **Die Bewährungsfrist beträgt mindestens sechs Monate und höchstens fünf Jahre. Sie kann in Ausnahmefällen verlängert oder ausgesetzt werden, wenn die verurteilte Partei vorübergehend nicht mehr der Disziplinargewalt des DFB untersteht.**

3. **Wird während der Bewährungsfrist eine weitere sportrechtliche Verfehlung begangen, so kann die zuständige Rechtsinstanz auf Antrag des Kontrollausschusses bzw. der Ethik-Kommission grundsätzlich den Widerruf der Bewährung und den Vollzug der ursprünglichen Strafe anordnen. Diese kann gegebenenfalls mit der Strafe für die neu hinzugekommene Verfehlung verbunden werden.**
   Ein Widerruf der Bewährung ist auch dann möglich, wenn ein Verein bzw. eine Kapitalgesellschaft gegen eine Auflage gemäß § 7b, die im Zusammenhang mit einer Strafaussetzung zur Bewährung festgelegt worden ist, verstoßen oder deren Erfüllung nicht fristgemäß nachgewiesen hat.
   Statt des Widerrufs kann die Dauer der Bewährungszeit um mindestens sechs Monate bis höchstens ein Jahr verlängert werden, wenn dies durch besondere Umstände des Einzelfalls ausnahmsweise gerechtfertigt ist. Mit

der Entscheidung über die Verlängerung der Bewährungszeit kann in Verfahren gegen Vereine bzw. Kapitalgesellschaften gegebenenfalls eine Auflage gemäß § 7b abgeändert oder neu erlassenwerden.

§ 7b
Auflagen

1. **Die zuständige Rechtsinstanz kann in sportgerichtlichen Verfahren gegen Vereine und Tochtergesellschaften Auflagen erteilen. Der Kontrollausschuss bzw. die Ethik-Kommission kann einen dahingehenden Antrag stellen. Mit den Auflagen soll in erster Linie darauf hingewirkt werden, zukünftige Verstöße zu vermeiden. § 5 Nr. 5. und 6. bleiben unberührt.**
   Auflagen können neben einer Strafe, im Zusammenhang mit einer Strafaussetzung zur Bewährung oder ohne einen weiteren Strafausspruch erteilt werden.
2. **Als Auflagen kommen insbesondere in Betracht:**
   a) **organisatorische Auflagen,**
   b) **sicherheitstechnische Auflagen,**
   c) **personenbezogene Auflagen,**
   d) **infrastrukturelle Auflagen.**
   Es können auch mehrere Auflagen nebeneinander erteilt werden.
3. **Die Erfüllung der jeweiligen Auflagen hat der Verein bzw. die Tochtergesellschaft binnen einer von der zuständigen Rechtsinstanz festzusetzenden Frist unaufgefordert nachzuweisen.**
4. **Auflagenverstöße können als unsportliches Verhalten gemäß § 1 Nr. 4. geahndet werden. Dies gilt nicht, wenn der Auflagenverstoß zu einem Bewährungswiderruf geführt hat.**

8. Urteil des Bundesgerichts vom 17. 8. 2016

Statt einer Kommentierung des § 7a durch den Verfasser kann in diesem besonderen Fall das **Urteil des Bundesgerichts vom 17. August 2016**[234] **als Vorlage der Interpretation** herangezogen werden. Es ist ein Musterbeispiel der Darstellung der Probleme der Vorschriften.

Im Ausgangssatz heißt es, dass

> „grundsätzlich bei einer neuen Verfehlung während der Bewährungszeit festzuhalten ist, dass die Erwartung, welche der Strafaussetzung zugrunde lag, sich nicht erfüllt hat und die Strafaussetzung zu widerrufen sei."

Die zitierte Leitentscheidung stellt differenzierende Erwägungen zu den verschiedenen Arten der Widerrufsproblematik dar:

---

234 CAS 2016, 36, Magdeburg-Entscheidung.

a) Das Werfen von Gegenständen in den Innenraum, das Entzünden von Pyrotechnik sowie das unbefugte Betreten des Innenraums und anderer Stadionbereiche, wie es in den der Verurteilung zugrunde liegenden Fällen erfolgt war, sei grob sportwidrig. Nach § 9 Nr. 1 und 2 RuVO seien Vereine und Tochtergesellschaften für das Verhalten ihrer Spieler, Offiziellen, Mitarbeiter, Erfüllungsgehilfen, Mitglieder, Anhänger, Zuschauer und weiterer Personen, die im Auftrag des Vereins eine Funktion während und im Spiel ausüben, verantwortlich.
b) Das Bundesgericht zieht bei dieser Rechtslage einen Vergleich zu den entsprechenden Vorschriften der UEFA und führt aus, dass die **verschuldungsunabhängige Zurechnung des Fehlverhaltens der Anhänger eines Vereins zum jeweiligen Verein** bereits mehrfach vom internationalen Sportschiedsgericht sowie zuletzt von dem ständigen Schiedsgericht für Vereine und Kapitalgesellschaften der Lizenzligen des DFB für rechtmäßig erklärt worden sei.
c) Angesichts des Anstehens der Gesamtstrafenbildung aus mehreren Geldstrafen und von Teilausschlüssen der Öffentlichkeit mit Aussetzung zur Bewährung sei **„eine zweifache Prognoseentscheidung“** zu treffen: einmal hinsichtlich des Widerrufs der ausgesetzten Teilbewährungsstrafe, wie zum anderen bezüglich der Frage, ob bei der letzten anstehenden Verurteilung eine Aussetzung zur Bewährung möglich ist.
d) Das Bundesgericht zeigt auf, dass nach § 7 a Nr. 1 RuVO dem Rechtsorgan ein **freies Ermessen** (die Strafe **kann** zur Bewährung ausgesetzt werden) eingeräumt ist. Nach Auffassung der höchsten Spruchinstanz des DFB wird dieses Ermessen durch Stellung einer Prognose ausgeübt, die ihrerseits die für den Aussetzungsfall durch Tatsachen begründete Wahrscheinlichkeit sportstraffreien Verhaltens verlangt. Dabei besteht kein Grundsatz, dass bei jeder neuen sportrechtlichen Verfehlung innerhalb der Bewährungszeit die Bewährung zu widerrufen sei. § 7a Nr. 3 RuVO räume dem zuständigen Rechtsorgan auch hier ein Ermessen ein (*„kann ... den Widerruf anordnen“).* Allerdings habe wegen der Aufnahme des Wortes „grundsätzlich“ eine sportstrafrechtliche Verfehlung innerhalb der laufenden Bewährungszeit eine ganz erhebliche **Indizwirkung.** Normalerweise wird deshalb davon auszugehen sein – so das Bundesgericht, dass sich bei einer erneuten Verfehlung unter **laufender Bewährung** die Erwartung, die der Strafaussetzung zugrunde lag, nicht erfüllt habe und die Strafaussetzung zu widerrufen sei: im Rahmen der Ermessensentscheidung einer dabei zu stellenden Prognose müssten schon **besondere Umstände** vorliegen, um **ausnahmsweise** von einem Widerruf absehen zu können, falls es zu einer erneuten sportlichen Verfehlung innerhalb der Bewährungszeit kommt. Der insoweit immer wieder ins Feld geführte Verhältnismäßigkeitsgrundsatz ist in dieser Entscheidungssituation nicht entscheidend. Es ist nämlich durch den ersten Tatrichter zu prüfen gewesen. Daraus sei wieder eine Ausnahme abzuleiten dahingehend, dass sehr geringe und untergeordnete sportliche Verfehlungen **ausnahmsweise zu einer günstigen** Prognose führen können und die Strafaussetzung nicht zu widerrufen ist.

e) Das Berufungsgericht legt zusätzlich zu den vorstehenden Gesichtspunkten Wert darauf, dass zu den bereits genannten Aspekten auch den spezifischen Sanktionszwecken und Gegebenheiten ein erhebliches Gewicht zukommt.
f) Im Falle *Magdeburg* sei die Besonderheit gegeben, dass die tatsächliche Handlung von einem anderen Rechtssubjekt vorgenommen wurde, als dem, das die Sanktion betrifft (§ 9 RuVO). Deshalb sei bei der Prognose nicht nur zu berücksichtigen, was der primär in Anspruch genommene Verein in Zukunft tun wird, sondern wie sich die tatsächlichen Täter in Zukunft verhalten werden.
g) Anders sei es, wenn der Verein wegen nicht ausreichenden Ordnungsdienstes in Anspruch genommen wird, denn dann sind in erster Linie seine eigenen präventiven organisatorischen und repressiven Planungen und Umsetzungen zu würdigen, wie sie nach wie vor auf der Grundlage der Rechtsprechung des CAS und des Bundesgerichts notwendig sind.
h) Bei der abschließenden Subsumtion der gewonnenen Grundsätze, die – so das Bundesgericht – im Detail nicht kodifiziert seien, sind im gegebenen Fall keine besonderen Umstände erforderlich, die ausnahmsweise ein Absehen vom Widerruf rechtfertigen könnten, noch könne das Bundesgericht im Rahmen der angestellten allgemeinen Erwägungen eine positive Prognose zugunsten des *1. FC Magdeburg* stellen.
i) Das Bild der abzuurteilenden Teile zeige schon, dass die in Frage stehenden Tätergruppen sich allein durch die Verurteilung zu einer Bewährungsstrafe nicht beeindrucken ließen.
j) In der Gesamtwürdigung aller Aspekte der Fälle könne eine positive Prognose zum jetzigen Zeitpunkt **nicht** gestellt werden. Die in Rede stehende Bewährung aus dem ersten Urteil sei deshalb zu widerrufen. Dieser Schritt betreffend die erste Bewährung könne dagegen als zusätzliche und spürbare Reaktion zusammen mit dem Umstand, dass der *FC Magdeburg* im Heimspiel am 15.3.2016 eine mobile Kamera eingesetzt habe, was zu einem ungestörten Spielverlauf geführt habe, eine günstige Prognose für die zweite entsprechende Fallkonstellation auslösen. Es könne deshalb eine Bewährung – unter Auflagen – insoweit verhängt werden.
   Hinweis:
   Die profunden Ausführungen dieser Leitentscheidung zum Bewährungsrecht sollten in vergleichbaren Fällen von den Betroffenen sorgfältig ausgewertet werden, da sie wichtige Erkenntnisse für die Rechtsprechung aufzeigen.

9. Relevanz der Gelb-Roten-Karte für Widerruf einer Bewährungszeit[235]

Nach dem Hinspiel der Champions-League-Begegnung am 20. Februar 2007 zwischen *Real Madrid CF* und dem *FC Bayern München* verhängte die Kontroll- und Disziplinarkammer der UEFA gegen den Bayern-Spieler *Mark van Bommel* eine Sperre für ein

235 Berufungssenat der UEFA, Urteil vom 21.3.2007.

Spiel, die auf Dauer eines Jahres zur Bewährung ausgesetzt wurde. *Van Bommel* hat nach einem von ihm erzielten Tor gegen die spanischen Fans die sogenannte *„Bras d'honneur-Geste"* gemacht. Diese Entscheidung ist rechtskräftig geworden.

Im Rückspiel am 7. März 2007 in München wurde der gleiche Spieler zweimal verwarnt, was seinen Ausschluss vom Spiel zur Folge hatte (gelb-rote Karte).

Am 13. März 2007 widerrief die Kontroll- und Disziplinarkammer der UEFA die für das Hinspiel verhängte Bewährungsstrafe und ordnete die sofortige Verbüßung an. Insgesamt wurde *van Bommel* für die nächsten zwei Champions-League-Spiele gesperrt. Auf die Berufung von Verein und Spieler vertrat die UEFA die Meinung, dass ein Widerruf der Strafaussetzung nur bei einem Verhalten gerechtfertigt sei, das mit **einer „reinen" roten Karte** geahndet werde, nicht jedoch bei einer Verfehlung, die eine gelb-rote Karte zur Folge habe. Diese Sanktion ahnde die Intensität eines Vergehens, vielmehr nur die Wiederholung einer Tat binnen einer bestimmten Frist. Es könne nicht im Sinne der Bestimmungen sein, dass jede gelbe Karte – auch wenn sie in einem Spiel zweimal gezogen wurde – zum Widerruf einer bedingten Strafe führe.

Der Berufungssenat kam zu der Auffassung, dass der Widerruf der Bewährung rechtmäßig und angemessen sei.

Er führt aus, dass bei einer gelb-roten Karte nicht die Art des Regelverstoßes, noch dessen Intensität, sondern allein die Tatsache, dass eine **zweite Verfehlung** begangen worden ist, maßgeblich für die Disziplinarmaßnahme sei. Es reicht insoweit ein Regelverstoß, der an sich schon eine „einfache" gelbe Karte rechtfertigt. Die Parteien verweisen darauf, dass der Regelverstoß, der die zweite Verwarnung ausgelöst habe, harmlos gewesen sei und den Widerruf der Strafaussetzung **nicht** rechtfertige.

Dabei werde nach Auffassung des Senats verkannt, das bei der gelb-roten Karte die Qualität und der Schweregrad des Regelverstoßes von untergeordneter Bedeutung sind. Allein die Wiederholung eines verwarnungswürdigen Regelverstoßes kann einen Widerrufsgrund nach § 10 Abs. 1 a Ziffer 1 RPO darstellen.

Der Gesetzgeber habe eine unterschiedliche Wirkung der beiden Kartenarten nicht vorgesehen – d. h. er habe sie nicht gewollt -.

Der Widerruf der Strafaussetzung war damit durchaus berechtigt, auf keinen Fall ermessensfehlerhaft.

Gleichwohl belässt es der Berufungssenat bei der erstinstanzlichen Entscheidung, da Art. 55 RPO bei **übereinstimmenden Anträgen beider Parteien**, wenn diese nicht unangemessen sind, also bleibt der Widerruf der Strafaussetzung aufgehoben.

Der Berufungssenat glossiert die Verfehlung *van Bommels* bei seiner zweiten Tat

> „als krasse Dummheit, wie sie im Pausenhof eines Kindergartens zu erwarten ist".

Willkür im Sinne des § 55 RPO könne also bei einer solchen Bagatelle keineswegs bejaht werden.

10. Vorschriften §§ 8 – 8 h RuVO

§ 8 RuVO

Strafen gegen Spieler in einzelnen Fällen

1. Bei Bundesspielen gelten für Spieler unter anderem folgende Strafen:

a) für unsportliches Verhalten Sperre bis zu sechs Monaten; falls kein Feldverweis zugrunde lag, kann anstatt einer Sperrstrafe oder Geldstrafe auf Verwarnung oder Verweis erkannt werden,

b) für rohes Spiel gegen den Gegner Sperre von zwei Wochen bis zu sechs Monaten; roh spielt, wer rücksichtslos im Kampf um den Ball den Gegner verletzt oder gefährdet;

c) für Tätlichkeiten gegen Gegner oder andere bei dem Spiel anwesende Personen Sperre von sechs Wochen bis zu sechs Monaten; wenn gegen den Spieler oder den sonst Betroffenen unmittelbar vor seinem Vergehen eine sportwidrige Handlung begangen worden ist oder in einem leichteren Fall der Tätlichkeit Sperre von mindestens drei Wochen;
Bei Vorliegen beider Milderungsgründe Sperre von mindestens zwei Wochen;

d) für Tätlichkeiten gegen Schiedsrichter oder –Assistenten Sperre von sechs Monaten bis zu zwei Jahren, in leichteren Fällen Sperre von mindestens acht Wochen;

e) für Beleidigung oder Bedrohung des Schiedsrichters oder der –Assistenten während des Spiels Sperre von zwei Wochen bis zu drei Monaten, in leichteren Fällen Sperre von mindestens einer Woche;

f) für Nichtbefolgung der Anordnungen des Schiedsrichters Sperre von einer Woche bis zu drei Monaten;

g) für Nichtbefolgung der Anordnungen des Schiedsrichters Sperre von einer Woche bis zu drei Monaten;

h) für schuldhaftes Herbeiführen eines Spielabbruchs Sperre von vier Wochen bis zu sechs Monaten;

i) für Spielen ohne Spiel- oder Einsatzberechtigung Sperre von vier Wochen, in leichteren Fällen Sperre von mindestens einer Woche; für Spielen ohne besondere Genehmigung für Vereine oder Kapitalgesellschaften, die nicht Mitglied in einem Verband sind, Sperre von einer Woche bis zu drei Monaten;

j) für aktive oder passive Bestechung Sperre von drei Monaten bis zu zwei Jahren.

2. In den Fällen der Nr. 1 c), d), g), h), i) und j) ist der Versuch strafbar. Die Strafe kann gemildert werden.

3. Bei Dopingvergehen gelten die in den §§ 6, 8a, 8b, 8c, 8d, 8f, 8g festgelegten Rechtsfolgen und Strafen und Nummern 4. bis 6. dieser Vorschrift: dies gilt auch für Dopingvergehen bei von der NADA angeordneten Trainingskontrollen.

4. In allen Fällen der Nrn. 1. bis 3. kann neben Sperrstrafen auch auf Geldstrafen erkannt werden.
5. Anstelle der in Nrn. 1. bis 3. genannten Strafen kann auch auf Sperre für eine bestimmte Anzahl von Kalendertagen oder von Pflichtspielen erkannt werden. In letzterem Fall kann daneben für eine festzulegende Zeitdauer auch eine Sperre für andere Spiele ausgesprochen werden.
   Eine Strafandrohung von einer Woche entspricht einer Sperre für ein Pflichtspiel. Pflichtspiele sind Spiele des Wettbewerbs, in dem die Tat begangen worden ist. Bei schwerwiegenden Sportverfehlungen ist die Sperre für Pflichtspiele in allen Wettbewerben des DFB und seiner Mitgliedsverbände und für Freundschaftsspiele auszusprechen. Noch nicht verbüßte Sperren für Vereinspokalspiele des Deutschen Fußball-Bundes auf DFB-Ebene verfallen nach Ablauf der übernächsten Spielzeit.
   Bei Feldverweisen in Freundschaftsspielen kann, wenn kein schwerwiegender Fall vorliegt, die Sperre für eine bestimmte Zahl von Freundschaftsspielen ausgesprochen werden.
6. In schweren Fällen kann neben der Sperre auch die Lizenz entzogen oder eine Sperre auf Dauer ausgesprochen werden.
7. Für Sportvergehen im Amateur-Länderpokal und im internationalen Spielverkehr kann eine Sperrstrafe nach Nr. 1. auf den jeweiligen Spielverkehr beschränkt werden.
8. Eine Ahndung ist auch dann möglich, wenn der Schiedsrichter einen Fall krass sportwidrigen Verhaltens eines Spielers nicht wahrgenommen und damit keine positive oder negative Tatsachenentscheidung darüber getroffen hat.

§ 8 a
Vorläufige Sperre bei Dopingverdacht

1. Der Vorsitzende des DFB-Sportgerichts verhängt unverzüglich eine vorläufige Sperre bei einem von der Norm abweichenden Analyseergebnis der A-Probe bei einer verbotenen Substanz, bei der es sich nicht um eine spezifische Substanz handelt. Dies gilt nicht, wenn dem Spieler für eine verbotene Substanz eine Ausnahmebewilligung zu therapeutischen Zwecken erteilt wurde oder erteilt werden wird oder wenn eine offensichtliche Abweichung vom Internationalen Standard für Labors, vom Internationalen Standard für Dopingkontrollen oder von anderen gültigen Bestimmungen in den Anti-Doping-Richtlinien des DFB vorliegt, die die Gültigkeit des Ergebnisses in Frage stellt.
2. Bei einem von der Norm abweichenden Analyseergebnis der A-Probe bei spezifischen Substanzen oder bei anderen Verstößen gegen die Anti-Doping-Richtlinien des DFB kann eine vorläufige Sperre verhängt werden.
3. Wird aufgrund eines von der Norm abweichenden Analyseergebnisses der A-Probe eine vorläufige Sperre verhängt und bestätigt das Analyseergebnis

der B-Probe das Analyseergebnis der A-Probe nicht, wird die vorläufige Sperre aufgehoben.

4. **Im Übrigen gilt § 21.**

§ 8 b

Strafen gegen Einzelpersonen bei Erstverstößen gegen Anti-Doping-Vorschriften

1. **Für Erstverstöße gegen § 6 Nr. 2., Buchstabe a) (Vorhandensein einer verbotenen Substanz, ihrer Metaboliten oder Marker), § 6 Nr. 2, Buchstabe b) (Anwendung oder versuchte Anwendung einer verbotenen Substanz oder Methode) oder gegen § 6 Nr. 2, Buchstabe f) (Besitz einer verbotenen Substanz oder Methode) ist die nachfolgend aufgeführte Sperre zu verhängen, es sei denn, die in § 8c Nrn. 1. und 2. aufgeführten Bedingungen für die Aufhebung oder Herabsetzung der Sperre sind erfüllt**

a) **Die Sperre beträgt vier Jahre, wenn**
aa) der Verstoß gegen Anti-Doping-Bestimmungen keine spezifische Substanz
betrifft, es sei denn, der Spieler oder eine andere Person weist nach, dass der Verstoß nicht absichtlich begangen wurde;

b) **bb) der Verstoß gegen Anti-Doping-Bestimmungen eine spezifische Substanz betrifft und nachgewiesen wird, dass der Verstoß absichtlich begangen wurde.**

c) **Weist im Fall von Nr. 1. a) aa) der Spieler oder eine andere Person nach, dass der Verstoß nicht absichtlich begangen wurde, beträgt die Sperre zwei Jahre. Dasselbe gilt, wenn im Fall von Nr. 1. a) bb) nicht nachgewiesen wird, dass der Verstoß absichtlich begangen wurde.**

d) **Absicht im Sinne dieser Bestimmung bedeutet, dass der Spieler oder eine andere Person wusste, dass er bzw. sie einen Verstoß gegen Anti-Doping-Bestimmungen begehen würde und dies auch wollte.**
Ein Verstoß gegen Anti-Doping-Bestimmungen, der auf Grund eines von der Norm abweichenden Analyseergebnisses für eine spezifische Substanz festgestellt wurde, die nur im Wettkampf verboten ist, gilt als nicht absichtlich begangen, wenn der Spiele nachweist, dass der Gebrauch der verbotenen Substanz außerhalb des Wettkampfs erfolgt.
Ein Verstoß gegen Anti-Doping-Bestimmungen, der auf Grund eines von der Norm abweichenden Analyseergebnisses für eine Substanz festgestellt wurde, die keine spezifische Substanz und nur im Wettkampf verboten ist, gilt als nicht absichtlich begangen, wenn der Spieler nachweist, dass der Gebrauch der verbotenen Substanz außerhalb des Wettkampfs und nicht im Zusammenhang mit der Erbringung sportlicher Leistung erfolgte.

2. **Für Erstverstöße gegen § 6 Nr. 2., Buchsstabe c) (Weigerung oder Versäumnis, eine Probe abzugeben) oder gegen § 6 Nr. 2., Buchstabe e) (Manipulation oder versuchte Manipulation der Dopingkontrolle) ist eine Sperre von vier Jahren zu verhängen, es sei denn, ein Spieler, der es unterlässt, sich einer**

Probenahme zu unterziehen, weist nach, dass der Verstoß gegen Anti-Doping-Bestimmungen nicht absichtlich begangen wurde; in diesem Fall beträgt die Sperre zwei Jahre. § 8 c Nr. 2. bleibt unberührt.

3. Für Erstverstöße gegen § 6 Nr. 2., Buchstabe g) (Handel oder versuchter Handel) oder gegen § 6 Nr. 2, Buchstabe h) (Verabreichung oder versuchte Verabreichung einer verbotenen Substanz oder Methode) ist mindestens eine Sperre von vier Jahren und im Höchstfall eine lebenslange Sperre zu verhängen, es sei denn, die in § 8c Nr. 2 aufgeführten Bedingungen sind erfüllt.
   Ein Verstoß gegen Anti-Doping-Vorschriften unter Beteiligung von Minderjährigen gilt als besonders schwerwiegend. Wird ein solcher Verstoß von einer Betreuungsperson begangen und betrifft er nicht eine spezifische Substanz, ist gegen die Betreuungsperson eine lebenslange Sperre zu verhängen.
4. Bei Erstverstößen gegen § 6 Nr. 2, Buchstabe d) (Verletzung der Meldepflicht und/oder versäumte Kontrollen) beträgt die Dauer der Sperre je nach Grad des Verschuldens mindestens ein Jahr und im Höchstfall zwei Jahre.
5. Anderweitige Verstöße gegen die Anti-Doping-Richtlinien des DFB werden mit einer Sperre von zwei Wochen bis zu einem Jahr und/oder mit einer Geldstrafe geahndet.

§ 8c
Aufhebung oder Herabsetzung von Sperren

1. Herabsetzung von Sanktionen für spezifische Substanzen oder verunreinigte Produkte bei Verstößen gegen § 8b Nr. 1.

a) Spezifische Substanzen
   Betrifft der Verstoß gegen Anti-Doping-Bestimmungen eine spezifische Substanz, und der Spieler oder eine andere Person kann nachweisen, dass kein schwerwiegendes Verschulden vorliegt, kann eine Sanktion von einer Verwarnung bis zu zwei Jahren Sperre, je nach Grad des Verschuldens des Spielers oder einer anderen Person, verhängt werden.

b) Verunreinigte Produkte
   Kann der Spieler oder die andere Person nachweisen, dass kein schwerwiegendes Verschulden vorliegt und die gefundene verbotene Substanz aus einem verunreinigten Produkt stammt, kann eine Sanktion von einer Verwarnung bis zu zwei Jahren Sperre, je nach Grad des Verschuldens des Spielers oder der anderen Person, verhängt werden.

2. Aufhebung oder Herabsetzung der Sperre aufgrund besonderer Umstände

a) Kein Verschulden (weder Vorsatz noch Fahrlässigkeit)
   Weist ein Spieler in einem Einzelfall nach, dass ihn kein Verschulden trifft, so wird die ansonsten geltende Sperre aufgehoben. Liegt ein Verstoß gegen § 6 Nr. 2, Buchstabe a) (Vorhandensein einer verbotenen Substanz, ihrer Metaboliten oder Marker) aufgrund des Nachweises einer verbotenen Sub-

stanz, ihrer Metaboliten oder Marker vor, muss der Spieler ebenfalls nachweisen, wie die verbotene Substanz in seinen Körper gelangte, damit die Sperre aufgehoben wird. Findet diese Vorschrift Anwendung und wird die ansonsten geltende Sperre aufgehoben, so wird der Verstoß gegen die Anti-Doping-Vorschriften bei der Festlegung der Dauer der Sperre bei Mehrfachverstößen nicht als Verstoß gewertet.

b) Kein schwerwiegendes Verschulden (weder Vorsatz noch grobe Fahrlässigkeit)
Wenn der Spieler in einem Einzelfall nachweist, dass ihn weder Vorsatz noch grobe Fahrlässigkeit trifft, kann die Dauer der Sperre herabgesetzt werden; allerdings darf die herabgesetzte Dauer der Sperre nicht weniger als die Hälfte der Ansonsten gültigen Dauer der Sperre betragen. Wenn die ansonsten geltende Sperre eine lebenslange Sperre ist, darf die gemäß dieser Vorschrift herabgesetzte Dauer der Sperre nicht unter acht Jahren liegen. Liegt ein Verstoß gegen § 5 Nr. 2., Buchstabe a) (Vorhandensein einer verbotenen Substanz, ihrer Metaboliten oder Marker) vor, muss der Spieler ebenfalls nachweisen, wie die verbotene Substanz in seinen Körper gelangte, damit die Sperre herabgesetzt wird.

c) Wesentliche Unterstützung bei der Aufdeckung oder dem Nachweis eines Verstoßes gegen Anti-Doping-Vorschriften
Das DFB-Sportgericht kann vor Eintritt der Rechtskraft der Entscheidung einen Teil einer in einem Einzelfall verhängten Sperre aussetzen, wenn der Spieler oder eine andere Person einer Anti-Doping-Organisation, einer Strafverfolgungsbehörde oder einem Berufs-Disziplinargericht wesentliche Unterstützung geleistet hat, aufgrund derer die Anti-Doping-Organisation den Anti-Doping-Verstoß einer anderen Person aufdeckt oder nachweist oder aufgrund derer eine Strafverfolgungsbehörde oder ein Berufs-Disziplinargericht eine Straftat oder den Verstoß gegen berufsethische Regeln seitens einer anderen Person aufdeckt oder nachweist.
Wenn bereits Rechtskraft eingetreten ist, darf das DFB-Bundesgericht nur einen Teil der ansonsten gültigen Sperre aussetzen und dies auch nur mit Zustimmung der WADA, NADA und der FIFA.
Der Umfang, in dem die ansonsten gültige Sperre ausgesetzt werden darf, richtet sich nach der Schwere des Verstoßes gegen Anti-Doping-Vorschriften, den der Spieler oder eine andere Person begangen hat, und danach, wie wichtig die vom Spieler oder der anderen Person geleistete wesentliche Unterstützung für die Bemühungen zur Bekämpfung des Dopings im Sport ist. Die ansonsten gültige Sperre darf nicht um mehr als Dreiviertel ausgesetzt werden. Wenn die ansonsten geltende Sperre eine lebenslange Sperre ist, darf der nach dieser Vorschrift nicht ausgesetzte Teil der Sperre nicht unter acht Jahren liegen. Wenn der DFB gemäß dieser Vorschrift einen Teil der ansonsten gültigen Sperre aussetzt, so übermittelt er unverzüglich allen Anti-Doping-Organisationen, die dazu berechtigt sind, gegen diese Ent-

scheidung einen Rechtsbehelf einzulegen, eine schriftliche Begründung für ihre Entscheidung. Wenn das DFB-Sport- oder das DFB-Bundesgericht anschließend einen Teil der ausgesetzten Sperre wieder in Kraft setzt, da der Spieler oder die andere Person nicht die vorhergesehene wesentliche Unterstützung geleistet hat, kann der Spieler oder die andere Person dagegen Rechtsmittel beim DFB-Bundesgericht einlegen.

d) Eingeständnis eines Verstoßes gegen Anti-Doping-Vorschriften in Ermangelung weiterer Beweise
Wenn ein Spieler oder eine andere Person freiwillig die Begehung eines Verstoßes gegen Anti-Doping-Vorschriften gesteht, bevor er/sie zu einer Probenahme aufgefordert wurde, durch die ein Verstoß gegen Anti-Doping-Vorschriften nachgewiesen werden könnte (oder im Falle eines anderen Verstoßes gegen Anti-Doping-Vorschriften, der nicht durch § 6 Nr. 2., Buchstabe a) abgedeckt ist, vor dem Erhalt der ersten Mittelung des gestandenen Verstoßes), und wenn dieses Geständnis zu diesem Zeitpunkt der einzige zuverlässige Nachweis des Verstoßes darstellt, kann die Dauer der Sperre herabgesetzt werden, muss jedoch mindestens die Hälfte der ansonsten geltenden Sperrdauer betragen.

e) Fälle, in denen der Spieler oder eine andere Person nachweist, dass er bzw. sie nach mehr als einer Bestimmung des § 8 c Anrecht auf eine Herabsetzung der Sanktion hat.
Bevor eine Herabsetzung gemäß § 8c Nr. 2., Buchstabe b) bis d) angewendet wird, wird die ansonsten anwendbare Dauer der Sperre in Übereinstimmung mit §§ 8b und 8c Nrn. 1. und 3. festgelegt. Weist der Spieler oder die andere Person einen Anspruch auf Herabsetzung oder Aussetzung der Sperre gemäß zwei oder mehr der Vorschriften gemäß § 8c Nr. 2, Buchstaben b) bis d) nach, kann die Sperre herabgesetzt oder ausgesetzt werden, muss sich aber mindestens auf ein Viertel der ansonsten geltenden Sperre belaufen.

§ 8d
Mehrfachverstöße

1. Bei einem zweiten Verstoß eines Spielers oder einer anderen Person gegen Anti-Doping-Bestimmungen wird die längste der folgenden Sperren verhängt:

a) sechs Monate,
b) die Hälfte der für den ersten Verstoß verhängten Sperre ohne Berücksichtigung einer Herabsetzung gemäß § 8 c Nr. 2., Buchstaben c) bis e) oder
c) die doppelte Dauer der ansonsten zu verhängenden Sperre für einen zweiten Verstoß, wenn dieser wie ein Erstverstoß behandelt wird, ohne Berücksichtigung einer Herabsetzung gemäß § 8c Nr. 2, Buchstaben c) bis e).
Die so festgelegte Sperre kann anschließend gemäß § 8c Nr. 2., Buchstaben c) bis e) herabgesetzt werden.

2. Ein dritter Verstoß gegen Anti-Doping-Bestimmungen führt immer zu einer lebenslangen Sperre, es sei denn, der dritte Verstoß erfüllt die Voraussetzungen für ein Absehen von einer Sperre oder eine Herabsetzung der Sperre gemäß § 8c Nrn. 1. sowie 2., Buchstaben a) und b) oder stellt einen Verstoß gegen § 6 Nr. 2, Buchstabe d) dar. In diesen besonderen Fällen beträgt die Sperre acht Jahre bis hin zu lebenslänglich.
3. Ein Verstoß gegen Anti-Doping-Bestimmungen, für den der Spieler oder eine andere Person nachweisen kann, dass kein Verschulden vorliegt, gilt nicht als Verstoß im Sinne von § 8d.
4. Zusätzliche Regeln für bestimmte mögliche Mehrfachverstöße
a) Für die Verhängung von Sanktionen gemäß § 8d stellt ein Verstoß gegen Anti-Doping-Bestimmungen nur dann einen zweiten Verstoß dar, wenn der DFB nachweisen kann, dass der Spieler oder die andere Person den zweiten Verstoß gegen Anti-Doping-Bestimmungen erst begangen hat, nachdem der Spieler oder die andere Person die Mitteilung von einem möglicherweise begangenen ersten Dopingverstoß erhalten oder nachdem der DFB einen angemessenen Versuch unternommen hat, ihn/sie davon in Kenntnis zu setzen. Sofern der DFB dies nicht darlegen kann, werden die Verstöße zusammen als ein einziger erster Verstoß gewertet. Die zu verhängende Sanktion richtet sich nach dem Verstoß, der die strengere Sanktion nach sich zieht.
b) Wenn der DFB nach der Verhängung einer Sanktion für einen ersten Verstoß gegen Anti-Doping-Bestimmungen aufdeckt, dass der Spieler oder die andere Person bereits vor der Mittelung des ersten Verstoßes gegen Anti-Doping-Bestimmungen verstoßen hat, verhängen die DFB-Rechtsinstanzen eine zusätzliche Sanktion, die derjenigen entspricht, die hätte verhängt werden können, wenn beide Verstöße gleichzeitig abgeurteilt worden wären.
5. Mehrfachverstöße gegen Anti-Doping-Bestimmungen innerhalb eines Zeitraums von zehn Jahren
Ein Mehrfachverstoß im Sinne von § 8d liegt nur vor, wenn die Verstöße gegen Anti-Doping-Bestimmungen innerhalb eines Zeitraums von zehn Jahren begangen wurden.

§ 8e
Beginn der Sperre
1. Außer in den nachstehend aufgeführten Fällen beginnt die Sperre mit dem Tag der Verhandlung, in der die Sperre festgelegt wurde, oder, wenn auf eine Verhandlung verzichtet wurde, mit dem Tag, an dem die Sperre akzeptiert oder anderweitig verhängt wurde. Jede vorläufige Sperre (unabhängig davon, ob sie verhängt oder freiwillig akzeptiert wurde) wird auf die Gesamtdauer der festgelegten Sperre angerechnet.

2. Bei erheblichen Verzögerungen während des Sportstrafverfahrens oder anderer Teile des Dopingkontrollverfahrens, die dem Spieler oder der anderen Person nicht zuzurechnen sind, kann das Rechtsorgan den Beginn der Sperre auf ein früheres Datum vorverlegen, frühestens jedoch auf den Tag der Probenahme oder des anderen Verstoßes gegen Anti-Doping-Vorschriften.
3. Gesteht der Spieler oder die andere Person den Verstoß gegen Anti-Doping-Vorschriften unverzüglich (bei Spielern hat dies in jedem Fall vor erneuter Wettkampfteilnahme zu erfolgen), nachdem er/sie vom DFB mit dem Verstoß gegen Anti-Doping-Vorschriften konfrontiert wurde, kann der Beginn der Sperre bis zu dem Tag der Probenahme oder des anderen Verstoßes gegen Anti-Doping-Vorschriften vorverlegt werden. In allen Fällen, in denen diese Vorschrift angewendet wird, muss der Spieler oder die andere Person jedoch mindestens die Hälfte der Sperre verbüßen, beginnend mit dem Tag, an dem der Spieler oder die andere Person die festgelegte Sanktion akzeptiert hat oder mit dem Tag der Verhandlung, in der die Sperre festgelegt wurde oder mit dem Tag, an dem die Sanktion auf andere Weise verhängt wurde.
4. Wenn eine vorläufige Sperre verhängt und vom Spieler eingehalten wurde, wird die Dauer der vorläufigen Sperre des Spielers auf eine gegebenenfalls später verhängte Sperre angerechnet.
5. Erkennt ein Spieler freiwillig eine verhängte vorläufige Sperre in schriftlicher Form an und nimmt infolgedessen nicht an Spielen teil, wird die Dauer der freiwilligen vorläufigen Sperre auf eine gegebenenfalls später verhängte Sperre angerechnet. Eine Kopie dieser schriftlichen freiwilligen Anerkennung der vorläufigen Sperre durch den Spieler wird unverzüglich jeder Partei zur Verfügung gestellt, die berechtigt ist, über einen möglichen Verstoß gegen Anti-Doping-Vorschriften gemäß Art. 67 des FIFA-Anti-Doping-Reglements informiert zu werden.
6. Zeiten vor dem Beginn der vorläufigen Sperre oder der freiwilligen vorläufigen Sperre werden nicht auf die Sperre angerechnet, unabhängig davon, ob der Spieler nicht an Spielen teilnahm oder von seiner Mannschaft suspendiert wurde.

§ 8f
Status während der Sperre für ein Dopingvergehen

1. Teilnahmeverbot während einer Sperre
   Ein Spieler, gegen den eine Sperre verhängt wurde, darf während dieser Sperre in keiner Eigenschaft an Spielen oder Tätigkeiten teilnehmen (mit Ausnahme erlaubter Aufklärungskampagnen zu Doping und Präventionsprogrammen), die von der FIFA oder einem Verband, einem Klub oder einem anderen Mitglied eines Verbands, dem Internationalen Olympischen Komitee, dem Internationalen Paralympischen Komitee, einem internatio-

nalen Verband oder einem seiner Mitgliedsverbände zugelassen oder organisiert werden. Ebenso darf er nicht an Wettbewerben teilnehmen, die von einer Profiliga oder einem Veranstalter eines internationalen oder nationalen Wettbewerbs zugelassen oder organisiert werden.

2. Rückkehr ins Training
   Abweichend von Nr. 1. kann ein Spieler vor Ablauf der Sperre in das Mannschaftstraining zurückkehren oder die Sportstätten eines Vereins nutzen:
   a) in den letzten beiden Monaten der Sperre des Spielers oder
   b) im letzten Viertel der verhängten Sperre, je nachdem welcher Zeitraum kürzer ist.
3. Zusätzliche Bestimmungen im Falle einer Sperre von mehr als vier Jahren
   Ein Spieler, gegen den eine Sperre von mehr als vier Jahren verhängt wurde, darf nach Ablauf von vier Jahren der Sperre in einer anderen Sportart als derjenigen, in der er gegen Anti-Doping-Vorschriften verstoßen hat, an lokalen Wettkämpfen teilnehmen, sofern diese lokalen Wettkämpfe nicht auf einer Stufe stattfinden, auf der sich der Spieler oder eine andere Person direkt oder indirekt für die Teilnahme an einer nationalen Meisterschaft oder einem internationalen Wettkampf qualifizieren kann (oder Punkte für eine derartige Qualifikation erwerben kann). Der gesperrte Spieler muss sich weiterhin Dopingkontrollen unterziehen.
4. Verstoß gegen das Teilnahmeverbot während einer Sperre
   Wenn ein gesperrter Spieler während der verhängten Sperre gegen das Teilnahmeverbot verstößt, beginnt die Sperre ab dem Tag des Verstoßes wieder von vorne zu laufen.
   Die neue Sperre kann gemäß § 8 c Nr. 2., Buchstabe b) gemindert werden, wenn der Spieler nachweist, dass ihn am Verstoß gegen das Teilnahmeverbot weder Vorsatz noch grobe Fahrlässigkeit trifft. Das DFB-Sportgericht entscheidet, ob ein Spieler gegen das Teilnahmeverbot verstoßen hat und eine Minderung der Sperre gemäß § 8c Nr. 2., Buchstabe b) angebracht ist.
5. Einbehalten von finanziellen Unterstützungen während einer Sperre
   Bei einem Verstoß gegen Anti-Doping-Vorschriften, der zu keiner milderen Sanktion aufgrund spezifischer Substanzen gemäß'§ 8c Nr. 1. geführt hat, behält der DFB alle oder einzelne sportbezogenen finanziellen Leistungen an den Spieler ein.

§ 8 g
Wiedererlangung der Spielberechtigung nach einer Sperre wegen Dopings

1. Kontrollen vor Wiedererlangung der Spielberechtigung
   a) Zur Wiedererlangung der Spielberechtigung nach Ablauf einer Sperre muss ein Spieler während der vorläufigen Sperre oder der Sperre sämtlichen Anti-Doping-Organisationen, die zur Durchführung von Kontrollen außerhalb

von Wettbewerben befugt sind, zur Verfügung stehen und diesen aktuelle und genaue Angaben zum Aufenthaltsort machen.

b) Wenn ein gesperrter Spieler seine aktive Laufbahn beendet und aus dem Pool für Kontrollen außerhalb von Wettbewerben gestrichen wird, danach aber wieder eine Spielberechtigung beantragt, bleibt dem Spieler die Spielberechtigung so lange verwehrt, bis er den DFB benachrichtigt hat und während einer Zeitspanne, die der Restdauer seiner Sperre ab Beendigung der aktiven Laufbahn entspricht, Kontrollen außerhalb von Wettbewerben unterzogen wurde.

2. Rückzahlung finanzieller Unterstützungen

a) Bevor ein Spieler nach einem Verstoß gegen Anti-Doping-Vorschriften seine Spielberechtigung wiedererlangen kann, muss er sämtliche Gelder zurückzahlen, die er von Sportorganisationen seit der Entnahme der positiven Probe oder anderen Verstößen gegen Anti-Doping-Vorschriften bis zum Beginn der vorläufigen Sperre oder einer Sperre erhalten hat.

b) Die Gelder werden zunächst zur Deckung der Kosten für die Probenahme und das Ergebnismanagement im betreffenden Fall verwendet.

§ 8 h
Strafen gegen Vereine/Kapitalgesellschaften
Wenn während der Dauer einer Spielzeit mehr als zwei Mitglieder einer Mannschaft gegen Anti-Doping-Vorschriften (§§ 6, 8a bis 8 g) verstoßen, wird zusätzlich zu den Strafen gegen die einzelnen Spieler, die gegen Anti-Doping-Vorschriften verstoßen haben, eine angemessene Strafe gemäß § 44 Nr. 2 der DFB-Satzung gegen den Verein/die Kapitalgesellschaft bzw. die Mannschaft, dem/der die Spieler angehören, verhängt.

a) Vorläufige Sperre bei Dopingvergehen § 8 a RuVO

Im Falle des Handelns mit einer Substanz aus verbotenen Wirkstoffen (§ 6 Nr. 2 Satz 3) oder im Falle der Verabreichung einer Substanz aus verbotenen Wirkstoffen oder der Anwendung einer verbotenen Methode ist eine Sperre, ein Entzug der Ausbildungserlaubnis oder ein Funktionsverbot von vier Jahren bis zu einer Sperre, einem Entzug der Ausbildungserlaubnis oder einem Funktionsverbot auf Dauer zu verhängen. Ist der betroffene Dritte ein Spieler unter 21 Jahren und ist nicht eine spezifische Substanz Gegenstand des Vergehens, ist eine Sperre, ein Entzug der Ausbildungserlaubnis oder ein Funktionsverbot auf Dauer zu verhängen.

§ 8 Nr. 3., Buchstaben e) bis g) geltend entsprechend.

b) Norminhalt

Bei den drei in § 8 Nr. 3 c RuVO unter Strafe gestellten Formen der Dopingvergehen – Handel und Verabreichung von verbotenen Wirkstoffen, Anwendung einer verbotenen

Methode – wird die Sanktionierung außer auf Spieler (§ 8 Nr. 3 RuVO) auf „Trainer, Mannschaftsbetreuer, Offizielle“ erstreckt. Dabei sind im Hinblick auf die Vorbildfunktion und die besondere Pflichtenstellung dieses Personenkreises eine Sperre, ein Entzug der Ausbildungserlaubnis und/oder ein Funktionsverbot von vier Jahren bzw. auf Dauer angedroht. Die **Lebenszeitsperre** ist zwingend vorgesehen, wenn der betroffene Spieler unter 21 Jahren ist und ihm keine spezifische Substanz verabreicht worden ist. Die Sonderregelungen zugunsten der Täter in § 8 Nr. 3 lit. e) bis g) gelten aber auch hier, sodass die hohe Mindeststrafe doch relativiert werden kann.

c) Die Einzeltatbestände des § 8 RuVO (Rechtsprechungsfälle)

Die **zentrale Vorschrift des Fußballstrafrechts ist § 8 RuVO**, der die Strafen gegen die wichtigste Person dieses Rechtsbereichs, den Fußballspieler, regelt. Zu § 8 Nr. 1 a RuVO: **Unsportliches Verhalten von Spielern.**

Der am niedrigsten sanktionierte Straftatbestand gegen Spieler ist das **„unsportliche Verhalten“**, welches nach § 8 RuVO Ziffer 1a mit „Verwarnung, Verweis, Geldstrafe bzw. bis zu sechs Monaten Sperre“ geahndet werden kann. Zu früheren Zeiten des DFB war der Text der Regel (so im Jahre 1928) deutlich weiter und damit weniger rechtsstaatlich gefasst. Die damalige Regel 24 lautete:

„Verboten ist

- *Unredliches Spiel; dazu gehört absichtliches Treten nach dem Körper, Beinstellen, Schlagen,*
- *Absichtliches Halten eines Spielers, welcher den Ball nicht führt,*
- *Regelwidriges Fassen, Anrennen, Behinderung,*
- *Wildes Benehmen“.*

Was in dieser Vorschrift damals normiert war, fällt heute weitgehend unter die Norm der „Tätlichkeit“, die im Mindestfall mit zwei Spielen Sperre zu ahnden ist. Die frühere Regelung war dagegen so, möglichst wenige persönliche Strafen zu verhängen, sondern weitgehend mit einer Spielstrafe zu reagieren. Der Satzungsgeber hat derzeit einen differenzierten Katalog von Tatbeständen aufgestellt (unsportliches Verhalten, rohes Spiel, Tätlichkeit gegen Gegenspieler bzw. Schiedsrichter, Beleidigung bzw. Bedrohung des Schiedsrichters, aktive bzw. passive Bestechung, schuldhaftes Herbeiführen eines Spielabbruchs, Dopingvergehen, Simulation, Torhand, Torverhinderung mit der Hand); bei den Strafen bestehen dabei Milderungsmöglichkeiten. Es handelt sich jeweils um feldverweiswürdige Vergehen, die der Platzschiedsrichter zu melden und sodann das Sportgericht nach rechtsstaatlichen Grundsätzen abzuurteilen hat (Bestimmtheitsprinzip).

Aus der Sammlung der Musterfälle von nationalen Entscheidungen zu § 8 Nr. 1 a RuVO sollen einige Beispiele herausgegriffen werden:

Vorweg zur Klarstellung: Die beiden Begriffe **Sperre** und **Spielrecht** sind insoweit in der sportlichen Sprache gleich, als ein gesperrter Spieler nicht befugt ist, in einem Spiel mitzuwirken, genau wie ein Spieler ohne Spielberechtigung.[236]

Sowohl im Bundesliga-Skandal I (1971 – 1973), wie auch im Bundesligaskandal II (auch *Hoyzer*-Skandal genannt), diente die Vorschrift „unsportliches Verhalten" als **Auffangvorschrift** für die fehlende Norm der aktiven und passiven Bestechung im DFB-Recht bis dahin. Auf dem Bundestag vom 29. April 2005 – vier Monate nach Aufdecken der Verfehlungen von *Hoyzer* – sind umgehend Anpassungen der Satzung und der Rechts- und Verfahrensordnung beschlossen worden, die speziell zur Wahrung des sportlichen Wettbewerbs dienen. Es wurde der Tatbestand der Spielmanipulation (§ 6a RuVO) geschaffen. Nach dieser Vorschrift können zukünftig strafbar werden alle beim Fußballspiel beteiligte Personen: Spieler, Schiedsrichter, Trainer und Vereinsfunktionäre.

Die Eingangsbestimmung des „unsportlichen Verhaltens" (§ 8 Nr. 1 a RuVO) erfasst überwiegend leichte Fälle wie wiederholtes Handspiel oder mehrfaches Ballwegtreten, Festhalten des Gegners, „taktisches Foul". Darunter erfasst wurde auch der etwas kuriose Fall, dass ein Spieler dem Schiedsrichter die Gelbe Karte aus der Hemdtasche nimmt und sie dem Gegner zeigte – dieser Fall liegt aber nahe an einer Schiedsrichterbeleidigung, da die Autorität des Referees angegriffen wird.

Strafe wegen beabsichtigter Schlichtung[237]

Bei dem Meisterschaftsspiel des *FC Bayern München* gegen *Eintracht Frankfurt* am 18.10.2016 saßen auf den Zusatzbänken u. a. der 3. Torhüter *Tom Starke*. Er betrat den Platz, um in der aufkommenden Rudelbildung zu schlichten. Er schubste einen Frankfurter Spieler nach einem Wortgefecht mit der Hand leicht nach hinten weg.

Da dies die primäre Absicht von *Starke* war, wurde wegen unsportlichen Verhaltens eine Sperre von einem Meisterschaftsspiel für angemessen und ausreichend erachtet.

Zuschlagpraxis bei Vorbelastung[238] **(Fall Boateng)**

Das Sportgericht des DFB hat den Lizenzspieler *Jerome Boateng* (*FC Bayern München*) wegen eines unsportlichen Verhaltens gemäß § 8 Nr. 1 a 1. Halbsatz RuVO mit einer Sperre von zwei Meisterschaftsspielen der Lizenzliga belegt aufgrund folgendem Sachverhalt:

In der 17. Spielminute des Bundesliga-Meisterschaftsspiels zwischen dem *FC Bayern München* und *Schalke 04* am 03.02.2015 wurde ein langer Ball aus der Schalker Spielfeldhälfte in Richtung des Bayern-Tores geschlagen. Nach einem Luftzweikampf flog der Ball zu dem alleine aufs Tor zulaufenden Schalker Spieler *Sidney Sam*. *Jerome Boateng* verfolgte *Sam* und wollte sich in Besitz des Balles bringen. Bei dem Versuch,

---

236 CDFR-Sportgericht in SportR 13/16, 107.

237 Sportgericht vom 18.10.2016 n.v.

238 Sportgericht vom 9.2.2015 n.v.

den Ball zu spielen, brachte er den gegnerischen Spieler in Höhe der Strafraumgrenze zu Fall, indem er ihn mit seinem rechten Bein traf. Durch das von *Boateng* begangene Foul wurde *Schalke 04* eine offensichtliche Torchance genommen. Der gegen *Bayern München* verhängte Strafstoß wurde von Torwart *Neuer* gehalten.

Für das Zweikampfverhalten des Spielers *Boateng* wurde eine Sperre von zwei Meisterschaftsspielen der Lizenzliga verhängt (Verhinderung einer offensichtlichen Torchance durch ein nicht schwerwiegendes Foul ohne anschließenden Torerfolg).

Bei der Strafzumessung wurde in **Abweichung von der bisherigen Rechtsprechung nicht** strafschärfend bewertet, dass *Jerome Boateng* am vorletzten Spieltag der zurückliegenden Saison eine rote Karte wegen Tätlichkeit in einem leichteren Fall nach Provokation erhalten hatte, die zu einer Sperre von zwei Meisterschaftsspielen geführt hat. Bislang hatte eine solche Vorbelastung zu einem Zuschlag von einem Meisterschaftsspiel geführt. Eine Änderung der Strafzumessungspraxis begründet das Sportgericht wie folgt:

Auf Antrag des Kontrollausschusses hat das Sportgericht an der Zuschlagspraxis, die im Grundsatz fortbesteht, für den **konkreten Fall** und vergleichbare folgende Fälle Abstand genommen. Dabei war insbesondere die Überlegung maßgeblich, dass es ebenfalls keinen Zuschlag gegeben hätte, wenn der Elfmeter zu einem Tor geführt hätte. Damit wäre der durch das Foul eingetretene Wettbewerbsnachteil für *Schalke 04* kompensiert und eine Sperre von einem Meisterschaftsspiel auszuurteilen gewesen. Dies bedeutet im Ergebnis, dass es von diesem vom beschuldigten Spieler nicht beeinflussbaren Umstand abgehangen hätte, ob *Boateng* nur ein Spiel Sperre oder drei Spiele Sperre erhalten hätte. Ein zweihundertprozentiger Aufschlag aufgrund eines vom beschuldigten Spieler nicht beeinflussbaren Umstandes erschien unverhältnismäßig und überzogen.

Daher war die Verhängung der Regelsperre für Notbremsen von zwei Meisterschaftsspielen angemessen und ausreichend.

Der Fall *Boateng* zeigt, dass das Sportgericht in Übereinstimmung mit dem Kontrollausschuss ihre Spruchpraxis stets überdenken und bereit sind, sich anderen Erkenntnissen nicht zu verschließen.

d) Unsportliches Verhalten § 8 Nr. 1 a RuVO und die Fußballregel

Im Folgenden wird § 8 RuVO Strafe gegen Spieler kombiniert mit den korrespondierenden Fußballregeln untersucht.

Die Regel 12 ist überschrieben mit „Verbotenes Spiel und unsportliches Betragen" und umfasst nachfolgende Regelungen mit Bezug auf die **Disziplinarstrafen der RuVO:**

Die **Gelbe Karte** zeigt an, dass ein Spieler, Auswechselspieler oder ausgewechselter Spieler verwarnt wird.

Die **Rote Karte** zeigt an, dass ein Spieler, Auswechselspieler oder ausgewechselter Spieler des Feldes verwiesen wird.

Rote oder Gelbe Karten können nur einem Spieler, Auswechselspieler oder ausgewechselten Spieler gezeigt werden.

Disziplinarstrafen darf der Schiedsrichter vom Betreten des Spielfelds bis zum Verlassen des Feldes nach dem Schlusspfiff aussprechen.

Wenn sich ein Spieler inner- oder außerhalb des Spielfelds eines verwarnungs- oder feldverweiswürdigen Vergehens gegenüber einem Gegner, Mitspieler, Schiedsrichter, Schiedsrichter-Assistenten oder einer anderen Person schuldig macht oder beleidigende oder schmähende Äußerungen gebracht, wird er der Schwere des Vergehens entsprechend bestraft.

e) Rote Karte

Im Anschluss an die möglichen von den Spielern verwirklichbaren Straftatbestände der RuVO werden die Strafen hierfür, die auf dem Spielfeld begangen werden, verwirklicht. In der Regel kann ohne die Ahndung dieser Verfehlungen durch die Schiedsrichter keine Sportstrafe verhängt werden.

Feldverweiswürdige Vergehen

Ein Spieler, Auswechselspieler oder ausgewechselter Spieler erhält die Rote Karte und wird des Feldes verwiesen, wenn er eines der folgenden sieben Vergehen begeht:

- Grobes Foulspiel,
- Tätlichkeit,
- Anspucken eines Gegners oder einer anderen Person,
- Verhindern eines Tors oder Vereiteln einer offensichtlichen Torchance des Gegners durch absichtliches Handspiel (gilt nicht für den Torwart im eigenen Strafraum),
- Vereiteln einer offensichtlichen Torchance für einen auf sein Tor zulaufenden Gegenspieler durch ein Vergehen, das mit Freistoß oder Strafstoß zu ahnden ist,
- Anstößige, beleidigende oder schmähende Äußerungen oder Gebärden, zweite Verwarnung im selben Spiel.

Ein Spieler, Auswechselspieler oder ausgewechselter Spieler, der des Feldes verwiesen wird, muss die Umgebung des Spielfelds und die Technische Zone verlassen.

f) Verhindern eines Tors oder Vereiteln einer Torchance

Das Verhindern einer eindeutigen Torchance des gegnerischen Teams wird mit einem Feldverweis bestraft. Dabei ist unerheblich, ob das Vergehen im Strafraum erfolgte oder nicht.

Entscheidet der Schiedsrichter bei einer klaren Torchance auf Vorteil und entsteht daraus direkt ein Tor, obwohl ein Gegner den Ball mit der Hand gespielt oder einen angreifenden Spieler gefoult hat, kann der betreffende Spieler nicht des Feldes verwiesen; er kann jedoch verwarnt werden.

Die Schiedsrichter berücksichtigen beim Entscheid über einen Feldverweis für das Verhindern eines Tors oder das Vereiteln einer Torchance folgende Aspekte:
- Distanz zwischen Vergehen und Tor
- Wahrscheinlichkeit, dass das angreifende Team in Ballbesitz bleibt oder kommt
- Richtung des Spiels
- Position und Anzahl verteidigender Spieler
- Art des Vergehens, durch das eine klare Torchance vereitelt wird, da dieses mit einem direkten oder indirekten Freistoß geahndet werden kann.

Beim Vergleich des Regelwortlauts mit den persönlichen Strafen in § 8 Nr. 1 RuVO überrascht, dass annähernde Deckungsgleichheit nur zwischen „gewaltsamen Verhalten", „Tätlichkeit" sowie beleidigenden Äußerungen und „Beleidigungen" besteht. Gleichwohl ergänzen und fügen sich die beiderseitigen Regelungen zusammen zu einem geschlossenen System.

Der am niedrigsten sanktionierte Straftatbestand gegen Spieler im Fußball ist durch das „unsportliche Verhalten", das nach § 8 Nr. 1 a RuVO mit Verwarnung, Verweis, Geldstrafe, Sperre bis zu sechs Monaten" geahndet werden kann.
An dieser Stelle soll ein Zahlenspiegel der Sportrechtsprechung eine **Quantitätsübersicht** vermitteln. Nach den Recherchen des Autors erreicht die Rechtsprechung im Fußballbereich hohe Tätigkeitszahlen: im Durchschnitt werden pro Jahr gegen Mannschaften ca. 50 000 Vereinsstrafen (Geldstrafen, Spielwertungen, Punktabzüge, Platzsperren) und ca. 250 000 Spielerstrafen (Sperren, Geldstrafen) ausgesprochen.

Insoweit leisten Vereinsfunktionäre im Rahmen der Vereinsautonomie große ehrenamtliche Arbeit, die der Fußballrechtsprechung im DFB zum besten Funktionieren verhilft. Unter Anwendung der Tatbestände und der Sanktionen der RuVO praktizieren die Verbände ein geschlossenes Rechtsprechungssystem einschließlich dessen Vollstreckung.

Im Einzelnen:

g) Unsportliches Verhalten § 8 Nr. 1 a RuVO

Der Begriff „unsportliches Verhalten" taucht an verschiedenen Stellen des Regelwerks des DFB auf. In § 44 der Satzung in der Formulierung „alle Formen unsportlichen Verhaltens" soll dort im weiteren Sinne zu verstehen sein, in § 8 Nr. 1 a RuVO schlicht als „unsportliches Verhalten" – im engeren Sinne zu interpretieren. Beide Regelungen sind nicht deckungsgleich, aber verwandt, wobei Letzteres eine Unterform des Ersteren ist, aber nicht umgekehrt. Das unsportlich Verhalten gilt zudem nur bei oder im Zusammenhang mit Bundesspielen (Definition in §§ 41, 42 SpielO).

Das schlichte „unsportliche Verhalten" wendet sich an „Spieler bei Bundesspielen". Die relativ niedrige Strafhöhe bei Sperren bis zu sechs Monaten, die bei teleologischer Betrachtung m. E. gebietet, dass die wahlweise angedrohte Geldstrafe nicht zu der theoretisch möglichen Geldstrafe bei Spielern bis zu 100.000 € (so § 44 Nr. 2 c

Satzung) reicht, und in der angemessenen Relation zu der Sechs-Monats-Strafe etwa bis zu 25.000 € zu erstrecken sein dürfte.

h) Einzelfälle

Als „Eingangs- und Sammelbestimmung" mit begrenztem Strafrahmen – bzw. sogar je nach Tatverhalten „nur" mit „Verwarnung" oder „Verweis" zu ahnden – ist die Vorschrift außerdem anzuwenden als „Auffangvorschrift", wenn speziellere Normen wie die Straftatbestände des § 8 Nr. 1 b–j nicht greifen. Sie erfasst überwiegend leichtere Fälle wie etwa „wiederholtes Handspiel" nach Verwarnung, Ballwegtreten zum Zeitgewinn, Festhalten des Gegners, damit dieser den Ball nicht erreicht u. Ä. Leichtes Ziehen an den Haaren ist von der Rechtsprechung[239] als unsportliches Verhalten gewertet worden (Sperre von drei Wochen), ein kräftiges Ziehen wäre dagegen eine Tätlichkeit nach § 8 Nr. 1 c RuVO. Unsportliches Verhalten ist bei abfälligem Abwinken gegenüber dem Schiedsrichter oder bei derben Unmutsäußerungen diesem gegenüber gegeben. Manchmal fallen darunter auch Fälle, in denen der Schiedsrichter wenig Spaß versteht. Ein Referee sagt zu dem AH-Spieler: „Hier entscheidet niemand anderes **wie** ich." Der Seniorenspieler antwortete: „Herr Schiedsrichter, nach Komparativ steht ‚**als**'!" Er sah Rot. Vorschnell zeigte ein Schiedsrichter Rot, als er einen eingewechselten Spieler fragte: „Wie heißen Sie?" Antwort: „Herr Doktor". Auch er sah Rot, weil der Unparteiische meinte, er wolle ihn auf den Arm nehmen. Der Spieler hieß tatsächlich mit Familiennamen „Doktor".

Die Zahl der Roten Karten ist schlagartig mit Einführung der Gelb-Roten Karte zurückgegangen. Wiederholungstaten mit geringerer Schuld und Unrechtsgehalt können seitdem mit dieser Strafe, die zu einer automatischen Sperre von einem Spiel führt, angemessen geahndet werden.

Auch beim Tatbestand des § 8 Nr. 1 a RuVO kann eine vorausgegangene Provokation deutlich strafmildernd wirken (Analogie zu § 8 Nr. 1 c HS 2 Alt. 1 RuVO), so wurde z. B. *Ulf Kirsten*, ehemaliger Nationalspieler aus Ostdeutschland, vom Publikum fortlaufend als „Stasi-Schwein" betitelt. Als er durch eine unsportliche Gestik (Zeigen des Mittelfingers) reagierte, wurde der Sachverhalt unter § 8 Nr. 1 a subsumiert und wegen der Vorgeschichte „nur" mit einer Geldstrafe geahndet.

i) Rohes Spiel § 8 Nr. 1 b RuVO

Nach der **Legaldefinition** des Rohen Spiels in Halbsatz 2 der Vorschrift *„spielt roh, wer rücksichtslos im Kampf um den Ball den Gegner verletzt oder gefährdet"*. „Rücksichtloses Verhalten" wird dabei von der ständigen Rechtsprechung der DFB-Gerichte[240]

---

239 DFB-Sportgericht, Urteil vom 15.4.1999 – Nr. 82/98/99.

240 DFB-Bundesgericht vom 2.5.1975 – Nr. 109/74//5, SportR 17/16/14 und vom 03.03.2017: Das Bundesgericht zitiert auch den BGHZ vom 20.12.2011: „Billigung eines pflichtwidrigen Erfolges liegt vor,

angenommen, *„wenn der Täter sich aus eigennützigen Gründen über seine Pflichten gegenüber dem Gegenspieler hinwegsetzt oder aus Gleichgültigkeit seine Bedenken unterdrückt“*. Das Grätschen in die Beine des Gegners, ohne dass die Möglichkeit besteht, den Ball zu spielen – „Blutgrätsche à la Karl-Heinz Förster“ – ist ein Schulbeispiel dafür.[241] Typische Fälle sind

überdies die Angriffe in Form des „Sliding-Tacklings“ („Liebrich-Grätsche“), wobei der Ball aber nicht erreicht wird; sie sind oft schwerwiegend, insbesondere wenn ein Eingreifen von der Seite oder von hinten erfolgt, wobei dem betroffenen Spieler schwerlich die Möglichkeit bleibt, dem Bein/Fuß des Gegners auszuweichen bzw. durch entsprechende Reaktion den Angriff abzuschwächen und ihm dadurch seine Gefährlichkeit für die eigene Gesundheit zu nehmen. Je höher der Fuß des Angreifers dabei vom Boden abgehoben ist, desto gefahrenträchtiger ist dieses Verhalten. Ein rohes Spiel deutlich oberhalb der (damaligen) Mindeststrafe von vier Wochen (derzeit zwei Spiele) hat das DFB-Bundesgericht[242] angenommen, als ein Spieler seinen Gegner zu Fall brachte, indem er *„bei nassem Rasen aus vollem Lauf mit ausgestrecktem Bein und senkrecht gestellter, mit Metallstollen bewehrter Schuhsohle, nahezu auf dem Rücken liegend in die Beine des Gegners rutscht“*, um auf jeden Fall die Annahme des Balls und das Weiterspielen durch diesen zu verhindern. Trotz der zwischenzeitlich erfolgten Annäherung der Strafhöhe an den internationalen Standard – die UEFA (Art. Nr. 1 a 2 RPO) – spricht von einem „groben Spiel“ mit einer Sperre von **einem** Spiel aufwärts und der Herabsetzung auf zwei Spiele beim DFB werden Angriffe, bei denen eine realistische Chance, den Ball kontrolliert zu spielen, nicht besteht, mit deutlich höheren Strafen (drei, vier Spiele bzw. fünf/sechs Spiele im Falle der Verletzung des Gegners) belegt. Abzugrenzen sind jeweils nach der inneren Tatseite durchaus gefährliche Verhaltensweisen, die „nur“ auf Unvorsichtigkeit ohne Inkaufnahme bzw. ohne Vorherrschen einer Gefährlichkeit beruhen. Wenn es unwahrscheinlich ist, dass der Spieler erheblich in seiner Gesundheit gefährdet oder gar verletzt wird, kann in diesen Fällen lediglich ein gefährliches Spielen aus dem Formenkreis des unsportlichen Verhaltens nach § 8 Nr. 1 a RuVO gegeben sein,[243] wenn bewusste Rücksichtslosigkeit nicht vorliegt, jedoch fahrlässiges oder gar grob fahrlässiges Fehlverhalten gegeben ist, mit der Straffolge von einem Spiel aufwärts. Ein Straferhöhungsgrund wird vom Kontrollausschuss in der Anklage nach rohem Spiel stets angenommen, wenn eine Verletzung beim Gegner eingetreten ist. War diese bis Spielende abgeklungen, so lautet der Strafantrag in der Regel auf drei Spiele Sperre. Ist eine Beeinträchtigung des Verletzten über den Spieltag hinaus erfolgt, so kann je nach innerer

---

wenn der Schädiger sein Vorhaben trotz starker Gefährdung durchführt, ohne auf einen glücklichen Ausgang vertrauen zu können und es dem Zufall überlässt, ob sich die von ihm erkannte Gefahr verwirklicht oder nicht.“.

241 Spruchkammer 2. Liga Nord vom 11.10.1979, SportR 17/16/58.

242 Urteil vom 14.9.1995, SportR 17/16/19.

243 DFB-Bundesgericht, Urteil vom 2.11.1982 – Nr. 3/82/83, n.v.

Tatseite und der Art der Ausführungshandlung auch eine spürbar höhere Sperre beantragt und vom Gericht dann auch verhängt werden.

Für einen Kung-Fu-Tritt des Berliners *Josip Šimunić* gegen den Bremer *Christian Schulz* erhielt der Hertha-Spieler eine Sperre von fünf Spielen.[244]

In der Sprache der Fußballregeln ist das „rohe Spiel" wohl unter das Merkmal „grobes Foul" zu subsumieren – manchmal aber auch unter „unsportliches Verhalten".

Mit dem früheren russischen Startorwart *Lew Jaschin* ist hinsichtlich der Gewaltentwicklung festzustellen, dass *„Fußball kein Schach"* ist oder dass wir uns auf dem Fußballplatz nicht im Konzertsaal befinden, wo nur geflüstert werden darf. Ein Fußballspiel ist Kampf, Emotion, Energie, laute Leidenschaft, Power.

Erfreulich für den Bundesligafußball ist, dass in den letzten Jahren keine länger währenden Verletzungen –oder sogar Invaliditäten – eingetreten sind als Folge eines rücksichtslosen, schwerwiegenden Fouls. Sicherlich sind die angegriffenen Spieler zwischenzeitlich auch reaktionsschneller geworden und können den Angriff oft abschwächen. Zudem bieten die medizinischen Sofortmaßnahmen eine wertvolle Hilfe gegen schwerwiegendere Folgen eines Foulspiels. Etwas gehört auch immer Glück dazu, um unversehrt Fußball zu spielen.

j) Tätlichkeit gegen Gegner oder Zuschauer § 8 Nr. 1 c RuVO

Definition: Der Tätlichkeit entspricht in den Fußballregeln das dort genannte „gewaltsame Spiel" (Regel 12 Nr. 2). Sie ist gegeben, wenn der Spieler gewollt mit körperlicher Gewalt gegen einen Gegner vorgeht.[245] Treten, Schlagen, Stoßen, ja Beißen und Spucken sind typische Begehungsformen (im Frauenfußball ist auch schon einmal ein Kratzen ins Gesicht der Gegnerin erfolgt). Unter Schlagen ist dabei der gewollte Gebrauch der Hände mit oder ohne Schlagwerkzeuge oder der Faust gegen den Körper eines anderen zu verstehen. Schläge ins Gesicht, gegen den Hals, in den Magen und gar in den Unterleib eines anderen oder Ellenbogenchecks gegen den Kopf sowie die sog. Kopfnuss (Kopf gegen Kopf) sind im erhöhten Maße strafwürdig. Ein Abzielen auf die Beeinträchtigung des körperlichen Wohlbefindens des Gegners ist erforderlich, wobei Schmerzen oder gar eine Verletzung aber nicht unbedingt ausgelöst werden müssen.

Die versuchte Tätlichkeit ist nach § 8 Nr. 2 RuVO strafbewehrt, die z. B. auch dann besonders schimpflich ist, wenn die Spucke knapp am Gesicht eines anderen vorbeifliegt.

Einzelfälle: Tätlichkeiten in die Weichteile eines Gegners, Spucken ins Gesicht, Tritt mit den Fußballschuhen oder solche mit erheblichen Verletzungen können durchaus mit sechs Wochen Sperre geahndet werden, was aber selten der Fall ist, da

---

244 DFB-Sportgericht, Urteil von 10. 5. 2007.

245 Spruchkammer 2. Liga Nord, Urteil vom 11. 09. 1980 und 10. 09. 1980, SportR 17/16/84 und 85.

meist zumindest eine der beiden Milderungsmöglichkeiten des § 8 Nr. 1 c HS 2 und 3 herangezogen wird.

Zwei berühmte Fälle aus dem Kreis der Nationalmannschaft: Bei der WM 1958 spuckte der schwedische Nationalspieler *Kurt Hamrin* dem deutschen Verteidiger *Erich Juskowiak* ins Gesicht. Es handelt sich bei einer solchen Tat meistens um eine besonders heimtückische Verfehlung, weil die Spucke ab einer gewissen Entfernung vom Schiedsrichtergespann nicht wahrgenommen werden kann. So war es auch im Falle *Hamrin/Juskowiak*, der sich durch eine Tätlichkeit revanchierte. *Sepp Herberger* ließ die schlimme Vortat *Hamrins* nicht als Entschuldigung gelten. Eine seiner berühmten Weisheiten war u. a: *„Ein Nationalspieler wird nicht vom Feld gestellt."* *Juskowiak* wurde aus dem Kader gestrichen; später revidierte *Herberger* sich aber.

Ein weiterer unrühmlicher Fall ereignete sich bei der WM 1990 im Spiel gegen die Niederlande: Das „Lama" *Frank Rijkaard* spuckte seinem Gegner *Rudi Völler* ins Gesicht, der sich auf der Stelle durch einen Stoß revanchierte. Beide wurden bestraft.

In der abgelaufenen Saison 2007/2008 führte der Vorsitzende des DFB-Sportgerichts *Hans E. Lorenz* zur Begründung des Urteils gegen den *Wolfsburger Grafite*[246] wegen bewussten Tretens mit dem Fußballschuh auf die Hand seines Gegners *Joris Mathijsen (Hamburger SV)* aus: *„Es handelt sich um ein maßvolles Urteil (fünf Spiele Sperre). Es war einer der heftigsten Tritte der diesjährigen Bundesligasaison, der eine erhebliche und heute noch sichtbare Handverletzung bei Mathijsen zur Folge hatte – bei ungünstigem Verlauf hätte der Tritt die Hand brechen können."* Die Berufung des Spielers *Grafite* wies das DFB-Bundesgericht zurück. Dessen Vorsitzender *Goetz Eilers: „Es handelt sich dabei nicht um eine Tätlichkeit, die nicht als minderschwer einzustufen ist"*. Auf eine Strafe unter sechs Wochen – dort beginnt der Regelstrafrahmen – wurde erkannt, weil unmittelbar zuvor sein Gegenspieler ihm gegenüber eine sportwidrige Handlung begangen hatte.

Milderungsfälle: Bei einer Tätlichkeit sind **zwei** Milderungsmöglichkeiten alternativ oder kumulativ zueinander möglich: wenn gegen den betroffenen Spieler unmittelbar vor seinem Vorgehen eine sportwidrige Handlung begangen worden ist oder in einem leichteren Fall der Tätlichkeit.

Bei einer solchen Milderungsmöglichkeit kann die Sperre auf bis zu drei Wochen herabgesetzt werden; bei Eingreifen beider Ermäßigungsformen beträgt die Mindestsperre zwei Wochen.

In ersterem Fall, der oft als „Provokation" bezeichnet wird, kann auch eine ungewollte Verhaltensweise oder eine unbeabsichtigte Schmerzzufügung vorangegangen sein. Häufig geschehen vor den Tätlichkeiten verbale Attacken, wobei in letzter Zeit rassistische Schmähungen eine höchst verwerfliche Vortat sind. Selbstverständlich kann in solchen Fällen das Gericht gegebenenfalls überhaupt nicht von der Milderungsmöglichkeit Gebrauch machen.

246 Urteil vom 3.4.2008.

Die Praxis zeigt aber, dass die Rechtsinstanzen eher großzügig die beiden Ermäßigungsfälle heranziehen, wenn der zeitliche Abstand zur Vortat bereits mehr als „unmittelbar zuvor" zurückliegt oder wenn auch mit Großzügigkeit eine hinsichtlich der objektiven und subjektiven Tatseite aus dem Rahmen nach unten fallende Tätlichkeit vorliegt. Die Maßstäbe werden dabei aber nicht durch den Ausspruch des früheren UEFA-Generalsekretärs *Gerhard Aigner* gesetzt, der sagte: *„Die Richter des Fußballs sind die Fans!"* Sie möchten dies häufig sein, es wäre aber unglückselig, wenn man bei einer Tätlichkeit die Höhe der wegen ihr zu verhängenden Strafe durch Befolgung der „head-lines" einer Boulevardzeitung oder gar durch demoskopische Umfragen festlegen würde. Eine sehr entscheidende Richtschnur für die eigene Glaubwürdigkeit und für die Akzeptanz der Strafen ist die **ständige Rechtsprechung der DFB-Gerichte.** Fans, die in Leserbriefen und sonstigen Kommentaren – z. B. durch Eingaben an den DFB – die Strafen gegen Spieler ihres Vereins als zu hoch und die des Gegners als zu milde kritisieren, vernebeln durch ihr Engagement oft den klaren Blick für die Realität. So kommt es, dass ständig verbreitet wird, dass *Bayern München* von den Sportgerichten bevorteilt würde.

k) Tätlichkeiten gegen Schiedsrichter oder –Assistenten § 8 Nr. 1 d RuVO

Normzweck: Allein die angedrohte Strafhöhe – im Regelfall sechs Monate bis zu zwei Jahren – zeigt, dass hier eine besonders grobe und verwerfliche Sportwidrigkeit geahndet werden soll. Das zu schützende Rechtsgut ist, die körperliche Unversehrtheit des Referees und seine Autorität zu schützen. Als Tathandlung ist die Tätlichkeit genannt, wobei auf deren Umschreibung (im Einzelnen Teil VII, A, III, 10, j) verwiesen werden kann. Ein Schuss mit dem Ball aus nächster Entfernung kann auch eine Tätlichkeit gegenüber dem Unparteiischen sein.

Strafhäufigkeit: Bei Durchsicht der Entscheidungssammlungen und bei Rückblende in die eigene Erinnerung ist festzustellen, dass Tätlichkeiten von Gewicht gegen einen Schiedsrichter nur ganz selten im deutschen Spitzenfußball erfolgt sind. Ich schätze die Zahl dieser Fälle auf weniger als zehn in den letzten 30 Jahren. Dies gilt leider nicht für die 50.000 Spiele pro Woche im Amateurfußball, von den Minis bis zu den Senioren über 70. Ausschlüsse der Täter auf mehrere Jahre oder gar auf Lebenszeit müssen dort sehr wohl ausgesprochen werden. Ein Beispiel aus dem Bereich des Saarländischen Fußballverbandes:[247] Ein Spieler wurde wegen Tätlichkeit gegen einen Schiedsrichter zu 24 Monaten Sperre verurteilt. Der Referee berichtete kurz und prägnant: *„Der Spieler stellte sich etwa fünf Meter vor mich, lief an mit dem Kopf nach unten und rammte mir den Kopf in den Unterleib"*.

Reichweite der Vorschrift: Man sollte es nicht glauben, es kommt aber zumindest im Amateurbereich vor, dass Spieler/Vereinsanhänger ihr „Mütchen" über ein vorgeblich verpfiffenes Spiel auch außerhalb der Sportanlagen an Mitgliedern des

247 Urteil der Spruchkammer Aktiv vom 4.6.2006 – 878/06/07.

Schiedsrichterteams noch nachträglich kühlen. So sah sich ein junger Schiedsrichter eine Woche nach einem von ihm geleiteten Meisterschaftsspiel zwischen zwei Bezirksligavereinen in der Diskothek „Kulturfabrik" Vereinsangehörigen der am vergangenen Wochenende unterlegenen Mannschaft gegenüber, die ihn als schlechtesten Schiedsrichter der Welt bezeichneten. Sie spuckten ihm nach einem Wortgeplänkel ins Gesicht und schlugen ihn gegen den Hinterkopf. Abgesehen davon, dass dieses Geschehen eine Angelegenheit der Staatsjustiz ist, stellt sich aber bei den Verbandsinstanzen die Frage, wie lange und unter welchen Umständen eine grob sportwidrige Handlung – wie hier – noch sportrechtlich geahndet werden kann. Unbegrenzt in zeitlicher und räumlicher Hinsicht besteht sicherlich diese Möglichkeit nicht, es kommt darauf an ... Leider ereignen sich auch manchmal besonders brutale Angriffe auf einen Unparteiischen. In der Kreisklasse-Begegnung zwischen dem *SV IKA Chemnitz* und dem Vietnamesischen *SV Chemnitz* wurde ein Gästespieler in der 44. Minute mit Gelb verwarnt. Er schlug daraufhin dem Schiedsrichter ins Gesicht und trat auf ihn ein, als der am Boden lag. Der Referee erlitt einen Kiefer- und Jochbeinbruch, eine Gehirnerschütterung und ein Schädel-Hirn-Trauma. Er wurde ins Krankenhaus gebracht und operiert. Als Signal setzte der Fußball-Kreisverband Chemnitz alle Partien im Männerbereich in der 18. Kalenderwoche 2007 ab.

Aber auch die Unparteiischen vergessen gelegentlich Fairness und Anstand, die sie von Amts wegen hüten sollen. Im Südwestdeutschen Fußball-Verband wurde ein Schiedsrichter für drei Monate wegen diskriminierender Äußerungen gesperrt. Er hatte nach dem Spiel *TSV Lingenfeld* gegen *FV Speyer* vor einem Journalisten über einen Spieler des *FV Speyer* sich wie folgt geäußert: *„Wenn ich solche Mannschaften sehe, bin ich nicht mehr stolz, Deutscher zu sein. Die gehören in den Rhein gejagt"*.

l) Beleidigung und Bedrohung des Schiedsrichters § 8 Nr. 1 e RuVO

Definition und Strafrahmen: Die für Schiedsrichterbeleidigungen ausgesprochenen Strafen pendeln sich in der Regel bei Sperren zwischen drei und vier Spieltagen, bei Beleidigungen unter der Gürtellinie auch schon einmal höher ein. In leichteren Fällen kann auch eine Sperre von einer Woche verhängt werden.

Eine Beleidigung ist nach dem Sprachgebrauch des staatlichen Strafgesetzbuches *„der rechtswidrige Angriff auf die Ehre eines anderen durch vorsätzliche Kundgebung der Missachtung oder der Missbilligung"*.[248] Sie kann wörtlich oder symbolisch oder durch entsprechende Handlungen begangen werden; eine besondere Beleidigungsabsicht ist nicht erforderlich.

Häufigkeit der Vergehen: Warum die Spezies „Schiedsrichter" zu den am meisten beleidigten Personen unserer Gesellschaft gehört, mögen Psychologen und Soziologen herausfinden. Affektives Interesse der Spieler, Erregtheit und auf dem Spielfeld, sich frei von der gewohnten Autorität (Arbeitgeber, Lehrer, Familienange-

248 BHGSt 11, 67; 16, 63.

hörige) zu fühlen wie auch ein Negativerlebnis über eine falsche oder auch nur nach subjektiver Meinung unrichtige (evtl. spielentscheidende) Entscheidung mögen Faktoren für eine Erklärung sein. Jedenfalls wehren sich die Schiedsrichter und ihre Verbände, auf diesem Weg Freiwild sein zu sollen.

Einzelfälle: Die Bedrohungen des Schiedsrichters kommen selten vor und werden zudem oft tateinheitlich mit Beleidigungen begangen. Sie können deshalb an dieser Stelle vernachlässigt werden.

Da es bei den Beleidigungen der Schiedsrichter meistens um bestimmte Wörter und Schimpfkanonaden geht, hat die DFB-Rechtsprechung eine Rubrifizierung in **schwere, mittelschwere** und **leichtere Fälle** vorgenommen. Daraus hat sich eine Kasuistik der DFB-Judikatur entwickelt, die als annähernde Orientierung für das übliche Strafmaß herangezogen werden kann.

Anzumerken sind dabei zwei Tendenzen:

- Zum einen ist die DFB-Rechtsprechung in den letzten 30 Jahren deutlich milder geworden, was naturgemäß auch unter dem Einfluss der Berufsfreiheit und -Ausübungsfreiheit nach Art. 12 GG geschehen ist.
- Gerade wegen der grundrechtlichen Schranken sind die Strafen im Amateurbereich, wo „nur“ Art. 2 GG Grenzen setzt, spürbar höher. Profis und Amateure lassen sich insoweit – trotz mancher Forderungen nach diesbezüglicher Gleichschaltung – nicht vergleichen.

Zu den drei Fallgruppen sollen einige Beispiele angeführt werden:

Sperren für drei, aber auch schon für vier Spiele sind ausgesprochen worden für gravierende Verunglimpfungen wie „Ich bringe Sie um!“, „Sie Drecksau!“, „Wir sind betrogen worden!“, „Vielen Dank, Du Dreckarsch!“, „Verbrecher!“, „Punktedieb!“, „Alte Drecksau!“ „Vollidiot!“. Das Zeigen des blanken Gesäßes und ähnliche Handlungen sind ebenfalls hier einzuordnen.

Im Übergang zur Gruppe mittelschwerer Fälle: Beschimpfungen wie „Dussel!“, „Idiot!“, „Arschloch!“, „Wichser!“ und dann als Durchschnittsfälle dieser Kategorie „Heimschiedsrichter!“, „Du hast uns um unsere Prämie gebracht!“, „Du spinnst!“, „Depp!“, „Das war eine Sauerei!“, „Hoyzer!“, „Der Kerl ist ja besoffen!“, „Wir haben gegen zwölf Mann gespielt!“, „Blöder Kerl!“, „Du Ochs!“, „Scheißschiedsrichter!“, das Götzzitat.

Als leichtere Fälle wurden nach dem Katalog der Rechtsprechung beispielsweise folgende Äußerungen angenommen: „Sie Heini!“, „Du Blinder!“, „Ordinärer Kerl!“, „Dummkopf!“, „Lassen Sie sich in die Liste der Heim-Schiedsrichter eintragen.“, „Du musst mal einen Schiedsrichterlehrgang besuchen!“, „Du hast Deine Schiedsrichterprüfung bei Neckermann gemacht!“, „Du bist die größte Pfeife auf der Welt!“ – ferner Zitate aus den Jahreszeiten: „Du Osterhase!“, „Du Weihnachtsmann!“, „Du Nikolaus!“, „Christkindchen!“. Hierher gehören auch symbolische Handlungen wie die „Scheibenwischerbewegung“, das „Vogelzeigen“, despektierliches Abwinken; das Zeichen des Geldzählens ist dagegen „mehr wert“.

Für die in die erste Kategorie eingeordneten Verfehlungen wurden drei und mehr Spiele Sperre ausgesprochen, für die mittlere Gruppe in der Regel zwei Spiele und für die unterste Gruppe meistens nur ein Spiel. Bei dieser Katalogisierung ist aber stets zu bedenken, dass entscheidend für die Strafhöhe auch die Umstände der Tat sind (Kontext. Ort des Geschehens. Fand die Beleidigung unter vier Augen oder über ein Fernsehmikrofon statt? Geschätztes Einkommen des Betroffenen? Vorbelastung?). Eine Verurteilung im letzten Jahr führt zu einer Erhöhung um ein Spiel Sperre. Eine Beleidigung gröblicher Art einschließlich einer Sachbeschädigung beging eine Spielerin, als sie unmittelbar nach Spielende schnurstracks noch in Sportkleidung auf den Parkplatz eilte und aus allen vier Reifen des Autos der Schiedsrichterin die Luft herausließ (!).

Eine Vielzahl von provokativen Missachtungen des Schiedsrichters erfolgt im Anschluss an eine Einwechslung, wenn der Unparteiische die stereotype Frage stellt: „Wie heißen Sie?“ Eine Auswahl von im Fußballgeschehen gebotenen Antworten: „Rumpelstilzchen“, „Wolfgang Amadeus Mozart“ „Johann Wolfgang von Goethe“, „Franz Beckenbauer“.

Bei Trainern, aber auch bei Spielern fallen die herabsetzenden Äußerungen öfters vor laufenden Kameras. Die Äußerungsfreiheit findet ihre Grenze im Ehrenschutz des Schiedsrichters. Insoweit ist der gewählte Ort der Missfallenskundgebung strafschärfend zu werten. Mein Hinweis an Spieler und Trainer ist von jeher, sich mit Äußerungen vor dem Mikrofon in ungeföntem Zustand zu enthalten.

Selbstredend sind auch bei Jugendlichen verbale Entgleisungen gegenüber den Schiedsrichtern höher zu bestrafen, wobei die erzieherische Absicht, aus ihnen faire Sportsleute zu machen, mitschwingen soll.

m) § 8 Nr. 1 lit. f) – g)

Diese Tatbestände werfen keine besonderen Auslegungsprobleme auf, sie sind aus ihrem Wortlaut heraus zu interpretieren. Klarzustellen ist dabei, dass allein lit. g) eine Schuldform nennt, die nach dem Zusammenhang der Norm als direkter, aber auch als bedingter Vorsatz zu verstehen ist.

Eine Ausnahme gilt nur für die Begriffe „Spiel- und Einsatzberechtigung“, die nicht synonym sind. Spielberechtigt ist „ein Spieler, wenn er nach den Vorschriften seines Mitgliedsverbands eine Spielerlaubnis für seinen Verein erhalten hat“ (§ 10 Nr. 1.1 SpielO). Im Rahmen dieser Spielerlaubnis wird die Einsatzberechtigung für die Mannschaften des Vereins bzw. nur für bestimmte Spiele oder Spielklassen erteilt (vgl. § 10 ff. SpielO). Durch eine Sperre wird die Spielberechtigung zeitweise aufgehoben.

n) Aktive oder passive Bestechung (§ 8 Nr. 1 j RuVO):

Insoweit stellen sich die gleichen Tat- und Rechtsfragen wie oben zu § 7 lit. j). Die Schwere dieser Verfehlung zeigt sich beim vorgegebenen Strafrahmen von drei Monaten bis zu drei Jahren.

Ein anschauliches Beispiel für eine aktive Bestechung soll aus dem Bereich der Triathleten übernommen werden: Eine österreichische Triathletin bot nach einer positiven A-Probe einer Mitarbeiterin des Dopinginstituts 20.000 € für die Verfälschung der B-Probe. Im Fußball könnte dieser Versuch unternommen werden durch einen Spieler nach positiver A-Probe gegenüber einem Angestellten eines mit der Doping-Probe beauftragten Instituts, das insoweit ein durch den DFB beliehenes Unternehmen darstellt. Eine solche Tat wäre als aktive Bestechung sportrechtlich zu ahnden.

o) Versuch

Kraft ausdrücklicher Normierung in § 8 Nr. 2 ist in den Fällen der lit. c), d), g), h), i) und j) der Versuch strafbar, wobei entsprechend der staatlichen Regelung die Strafe gemildert werden kann.

p) Strafe für Dopingvergehen
(§ 8 Nr. 3 RuVO):

Die Grundlagen und Maßstäbe für die im Dopingbereich auszusprechenden Disziplinarmaßnahmen im Fußball sind in der Kommentierung zu § 6 RuVO dargelegt. Daraus ergibt sich, wie die Vorgaben des § 8 Nr. 3 a) – h) RuVO umgesetzt worden sind:

- bei Nachweis von Doping, bei Weigerung, sich einer Kontrolle zu unterziehen, beiManipulation einer Dopingkontrolle einschließlich Versuch sowie bei Besitz von verbotenen Substanzen oder der Anwendung verbotener Methoden;
- in § 6 Nr. 3 a Sätze 2 und 3 ist der Anscheinsbeweis als Weg zum Beweis eines schuldhaften Verstoßes und die Erschütterungsmöglichkeit im Sinne der BGH-Rechtsprechung normiert;
- in b) sind die spezifischen Substanzen, die zu Milderungsmöglichkeiten führen genannt;
- c) Die Regelstrafe beträgt noch zwei Jahre: Eine Anpassung an den neuen WADA-Code steht an; in e) bis g) sind die bereits geltenden Milderungsmöglichkeiten angesprochen.
- d) Der Strafrahmen für Verstöße gegen die Anti-Doping-Richtlinien beträgt zwei Wochen bis zu sechs Monaten. Hierunter fallen die relativ häufigen Fälle falscher Angaben über Medikamenteneinnahmen durch den Fußballspieler gegenüber dem Dopingarzt.

§ 8 Nr. 4 RuVO

In allen bisher behandelten Tatbeständen, die für Spieler gelten (§ 8 Nr. 1– 3 RuVO), kann neben Sperrstrafen zusätzlich auf Geldstrafen erkannt werden. Dies geschieht bei Lizenzspielern häufig, indem obendrein eine nach dem Tagessatzsystem bemessene Geldstrafe ausgesprochen wird, damit er sein *Fehlverhalten „auch am eigenen Geldbeutel spürt"* und evtl. dazu gebracht wird, darüber nachzudenken.

q) Sperren nach Spielen

§ 8 Nr. 5 RuVO

In Angleichung an das Sanktionssystem der FIFA und der UEFA stellte der DFB im Jahre 2001 von Sperren für Wochen oder Monate um auf **Sperren für eine bestimmte Zahl von Spielen des Wettbewerbs**, in dem die Tat geschah. Bei schwerwiegenden Verfehlungen (z. B. bei Tätlichkeiten gegenüber dem Schiedsrichter) ist nach wie vor die Sperre auf Zeit für Pflichtspiele in allen Wettbewerben und auch für Freundschaftsspiele auszusprechen (§ 8 Nr. 5 Abs. 2 Satz 2 RuVO). Das Strafen nach Spielen führt zu größerer Einzelfallgerechtigkeit, da spielfreie Zeiten (Spielpausen, Spielausfälle, Länderspieltage) dem Spieler nicht zugutekommen. Es wird insoweit eine größere Strafempfänglichkeit und Strafwirkung als nach der vorherigen Spruchpraxis erzielt.

r) Lizenzentzug

(§ 8 Nr. 6 RuVO):

In Fällen der Höchststrafe, insbesondere bei Manipulations- oder Bestechungsfällen, kann dem Profi auch die Lizenz entzogen werden.

s) Amateur-Länderpokal

(§ 8 Nr. 7 RuVO):

Um Amateurvereine nicht in Spielen ihres Vereins wegen einer bei einer Auswahlbegegnung gegen ihren Spieler verhängten Sperre zu benachteiligen, kann die Ahndung auf Spiele in diesem Wettbewerb beschränkt werden.

t) Krass sportwidriges Verhalten

(§ 8 Nr. 8 RuVO):

Entstehungsgeschichte der Vorschrift: Bis zum Jahre 1979 galt beim DFB – übrigens damals auch bei der FIFA und der UEFA – uneingeschränkt, dass eine Ahndung durch die Sportgerichte nicht möglich ist, wenn seitens des Schiedsrichterteams die Verfehlung des Spielers nicht wahrgenommen worden war und damit **keine positive Tatsachenentscheidung** in Gestalt eines Feldverweises getroffen oder aber eine **negative Tatsachenentscheidung** vorgenommen worden ist, d. h. der Schiedsrichter das Verhalten als nicht ahndungswürdig erachtet bzw. überhaupt nicht wahrgenommen hat. Diese Verfahrensweise passte aber nicht mehr zur Realität der totalen Erfassung (fast) aller Vorfälle auf dem Spielfeld durch zahlreiche Fernsehkameras. Dies kann der Schiedsrichter nicht leisten. Tätlichkeiten *„hinter dem Rücken des Schiedsrichters"*, d. h. Verfehlungen außerhalb der Wahrnehmungen des Schiedsrichterteams, sollten auch erfasst werden. Der damalige Vorsitzende des Kontrollausschusses *Hans Kindermann* (Stuttgart) argumentierte messerscharf, dass aus **Gerechtigkeitserwägungen** der Video-Beweis nicht nur zur Entlastung der Spieler, wie es damals bereits Übung geworden war, eingesetzt werden, sondern durch die Sportgerichte auch zu **Lasten der Spieler** verwertet werden solle.

Man erkannte aber, dass dies nicht in jedem Fall geschehen könne und dürfe. Eine Flut von Sportstrafverfahren, die nach Fernsehberichten einzuleiten wären, hätte die Folge sein müssen. Der Abpfiff des Schiedsrichters zieht aus guten Gründen im Fußball einen Schlussstrich unter das Spiel. Dies muss grundsätzlich so bleiben hinsichtlich des Spielergebnisses, aber auch in Bezug auf die persönlichen Strafen gegen Spieler: Wenn solche nicht ausgesprochen worden sind, so können sie für Vorgänge im Spiel nicht mehr verhängt werden. Es gilt insoweit ein geeignetes Abgrenzungskriterium zu finden, wann eine **nachträgliche Ahndung** in diesen von der Fernsehkamera „gelieferten" Fällen gleichwohl möglich sein soll. Es gilt einzugrenzen, wann *„Vorfälle hinter dem Rücken des Schiedsrichters"* geahndet werden können und wann keine Einleitung eines Sportstrafverfahrens trotz nachweisbarer sportlicher Verfehlungen zulässig sein soll.

Krass sportwidriges Verhalten: Dieses Abgrenzungsmerkmal wurde durch den DFB-Bundestag im Jahre 1979 in Berlin in Anknüpfung an die Schwere der zu beurteilenden Tat festgelegt. In der Folgezeit ist die Verfehlung dann für verfolgbar definiert worden, *„wenn der Schiedsrichter* ***einen Fall krass sportwidrigen Verhaltens*** *eines Spielers nicht wahrgenommen und damit keine positive oder negative Tatsachenentscheidung darüber getroffen hat"*. Die Rechtsprechung[249] hat diese Vorschrift ausgefüllt: krass sportwidrige Handlungen sind gegeben, wenn **deren Verfolgung unerlässlich ist.** Die tatbestandsmäßige „Verwerflichkeit" ist zu bejahen, wenn eine Tat mit einem erhöhten Grad sittlicher Missbilligung behaftet ist und deshalb einem gesteigerten Unwerturteil unterliegt. Dies ist anzunehmen, wenn ein Verstoß gegen die sportliche Disziplin so schwerwiegend ist, dass nach allgemeiner Auffassung eine Ahndung unumgänglich ist, wozu nicht bereits jede Tätlichkeit ausreicht; vielmehr müssen weitere Umstände hinzutreten.[250] – Die UEFA hat in Art. 10 Nr. 3 RPO die deutsche Regelung übernommen: *„Disziplinarische Ahndung kann selbst dann erfolgen, wenn der Schiedsrichter krass sportwidriges Verhalten eines Spielers nicht gesehen hat und deshalb keine Tatsachenentscheidung getroffen hat."* Der DFB und die UEFA haben somit im Hinblick auf das überragende Rechtsgut der Gerechtigkeit und Fairness eine Rechtslücke erkannt und geschlossen.

In der Folgezeit sind solche üblen Fälle vom Kontrollausschuss aufgegriffen und nach Abklärung der Voraussetzungen für eine Verfolgbarkeit angeklagt worden.

249 DFB-Bundesgericht, Urteil vom 2.4.1979 – Nr. 15/78/79, SportR 16/16/14.
250 DFB-Sportgericht, Urteil vom 3.12.1998 – Nr. 48/98/99.

Darunter waren beispielsweise ein gezielter Schlag in die Hoden des Gegners, ein Stoß mit dem Ellenbogen an die Kopfseite des Gegenspielers (Ellenbogencheck), ein Schlag in den Unterleib eines am Boden liegenden Spielers, Fassen an den Geschlechtsteil des Gegners und heftiges Ziehen, Tritt mit dem Knie in den Unterleib, Stoß mit dem Kopf gegen den Kopf des Gegners – sog. Kopfnuss. Je nach subjektiver Tatseite wurden insoweit Sperren zwischen sechs und zwölf Spielen verhängt, wobei die krasse Sportwidrigkeit in jedem Fall bejaht worden ist.

Entsprechend der allgemeinen Tendenz zur Milde sind solche Gewalthandlungen in jüngerer Zeit wie auch sonstige Tätlichkeiten mit etwas niedrigeren Strafen geahndet worden:

- im Falle des Cottbuser Lizenzspielers *Vragel da Silva* (Schlag mit dem Ellenbogen ins Gesicht des Hannoveraners *Gaétan Krebs*) zu acht Spielen Sperre, wobei *da Silva* zwei einschlägige Vorbelastungen aufwies (DFB-Bundesgericht, Urteil vom 18.2.2008);
- Kopfstoß des Lizenzspielers *Zoltán Szélesi* (*FC Energie Cottbus*) beim Aufstehen gegen den Berliner Spieler *Kevin Boateng*, der zuvor an *Szélesi* eine sportwidrige Handlung begangen hatte – Strafe: drei Spiele Sperre (Urteil des DFB-Sportgerichts vom 27.3.2007 (Nr. 107/2006/2007);
- der Schalker *Cássio de Souza Soares*, genannt *Lincoln*, stieß nach dem Schlusspfiff dem entgegenlaufenden Leverkuser *Bernd Schneider* die offene Hand ins Gesicht – Strafe: fünf Meisterschaftsspiele (Urteil des Sportgerichts des DFB vom 27.2.2007, Nr. 89/2006/2007);
- der Wolfsburger Stürmer *Grafite* wurde nach vorangegangenem Foul an ihm wegen eines Tritts auf die gegen den Boden gestützte Hand des Hamburgers *Joris Mathijsen* zu fünf Meisterschaftsspielen Sperre verurteilt (Urteil des DFB-Sportgerichts vom 3.4.2008).

Sonstige Fälle des krass sportwidrigen Verhaltens: Die Rechtsprechung erfasste unter diesen Sondertatbestand nach und nach auch Nichtgewaltakte. So ist das **Hochstrecken** des **Mittelfingers** („Stinkefinger") gegenüber den Zuschauern als krass sportwidriges Verhalten geahndet worden. Das Sportgericht des DFB hat insoweit klargestellt, dass primär für eine Verfehlung des § 8 Nr. 8 RuVO das Tatbild im Sinne der definierten Verwerflichkeit entscheidend sei, wobei einem zu erwartenden Strafrahmen von zwei bis vier Spielen aufwärts Indizcharakter zukommt.

Extensive Auslegung des Tatbestands des § 8 Nr. 8 RuVO: In einem Meinungsaustausch zwischen dem damaligen Vorsitzenden des DFB-Sportgerichts *Rainer Koch* und der FIFA (Generalsekretär *Urs Linsi*) im Januar/Februar 2005 wurde anlässlich eines von einem Spieler in der Zweitligabegegnung *Wacker Burghausen* gegen *Wismut Aue* bei einem Foul an ihm erlittenen Lungenrisses mit Krankenhausaufenthalt diskutiert, ob eine nachträgliche Ahndung einer Tat auch möglich sei, wenn der Schiedsrichter ein schlimmes Vergehen „so nicht wahrgenommen habe" – dieser hatte nur „Gelb" gezeigt.

Die FIFA antwortete, eine solche extensive Auslegung sei nicht nur gefährlich, sondern auch falsch: die FIFA-Regeln basierten auf dem Verschuldensprinzip und stellten keine Erfolgsjustiz dar. Wenn ein Schiedsrichter seine Ermessensentscheidung auf dem Spielfeld mit der Gelben Karte für die Tat abgeschlossen habe, sei es – außer wenn es sich um einen offensichtlichen Fehlentscheid des Schiedsrichters gehandelt habe – nicht zulässig, nach Feststellung des Erfolges (Körperverletzung), den er auf dem Platz nicht wahrnehmen konnte, über ein Disziplinarverfahren den Fall „nachzuverhandeln" und neu bzw. zusätzlich zu sanktionieren. Die Folgen einer nachträglichen medizinischen Kontrolle einzubeziehen, die der Schiedsrichter bei der Ahnung auf dem Platz mit einer Verwarnung im Rahmen seines Ermessensspielraums nicht wissen konnte, wäre in letzter Konsequenz nichts anderes als eine „Erfolgsjustiz". Zudem könne ein Fall nur „nachverhandelt" werden, wenn es sich um einen krassen Fehlentscheid des Schiedsrichters gehandelt" habe.[251]

Bei genauem Hinsehen kommt aber in diesem Schreiben unabhängig von der Thematik der vom Schiedsrichter nicht so gesehenen Tat ein Dissens zur DFB-Praxis, zudem auch zur UEFA-Regelung, zum Vorschein. Während die DFB-Rechtsinstanzen die **schlichte Nichtwahrnehmung durch den Schiedsrichter** als Ahndungseinstieg vorsehen, setzt die FIFA eine **krasse Fehlentscheidung** des Unparteiischen voraus. Eine solche hochgradige Fehlerhaftigkeit der Schiedsrichterentscheidung war in den von der Gerichtsbarkeit des DFB in den letzten 30 Jahren abgeurteilten Fällen bei weitem nicht immer gegeben. Da auch die UEFA ungerügt von der FIFA das „schlichte Nichtsehen" durch den Schiedsrichter (Art. 10 Nr. 3 RPO) als Prozessvoraussetzung für ein Nachverfahren ausreichend sein lässt, wird die Verfahrensweise des DFB seitens der FIFA, wenn auch nicht in erster Linie gewünscht, aber doch nicht als unzulässig gewertet.

Im Sinne der sportlichen Gerechtigkeit ist die im letzten Jahrzehnt von der DFB-Rechtsprechung erfolgte Ausweitung des krass sportwidrigen Verhaltens auf andere Falltypen zu begrüßen. Ebenso verwerflich wie eine Tätlichkeit hinter dem Rücken des Schiedsrichters oder eine Kopfnuss kann nämlich auch eine Variante des Fußballspielens auf dem Spielfeld mit Ergebnisveränderung sein. Bei einer **„Schwalbe"**, die zum Torerfolg nach einem erschlichenen Elfmeter führte, oder bei einem mit der Hand erzielten Tor, das vom Schiedsrichter gegeben wird (**„Torhand"**), oder bei einer ungeahndeten Handabwehr auf der Torlinie ist nach allgemeiner Auffassung die Ahndung dieses sportlichen Unrechts, das aus dem Manipulationszweck folgt, durch die Sportgerichtsbarkeit unerlässlich.

Im Einzelnen:

---

251 *Urs Linsi* Generalsekretär der FIFA, Schreiben an den DFB vom 2.2.2005.

11. „Schwalbe"-Simulation

Nach meiner Wahl zum Vorsitzenden des Kontrollausschusses auf dem Bundestag des DFB im Oktober 1992 habe ich als vorrangiges Ziel bei meiner Tätigkeit, die von der Presse gern als die des „Chefanklägers" bezeichnet wurde, die Bekämpfung des Betrugs im Fußball, der Manipulation, der Schauspielerei auf dem Sportplatz genannt. Im Kontrollausschuss wollte ich mit den Mitteln des Sportstrafrechts Fairness anstreben. Manipulation ist das Gegenteil von Fairness. Der insoweit einzuschlagende Weg sollte in erster Linie den Fällen der absichtlichen Täuschung des Schiedsrichters bei dessen Entscheidungen im Spiel gelten. Ein entsprechender **Tatbestand des Sportbetrugs** besteht in der Rechts- und Verfahrensordnung des DFB nicht. Deshalb ist die Auffangvorschrift des unsportlichen Verhaltens (§ 1 Nr. 4 RuVO) in der Steigerungsform des krass sportwidrigen Verhaltens zugrunde zu legen. In den Fußballregeln – Regel Nr. 12 – ist in den Entscheidungen des IFAB, die Gesetzescharakter haben, als Nr. 5 normiert: *„Jede Simulation auf dem Spielfeld, deren Absicht es ist, den Schiedsrichter zu täuschen, muss als unsportliches Verhalten bestraft werden"*. Gemeint ist als persönliche Strafe auf dem Spielfeld der Ausspruch einer Verwarnung (= Gelbe Karte).[252] Damit ist aber nach der Systematik der Fußballregeln nur eine **versuchte** Täuschung des Schiedsrichters gemeint. Dies folgt daraus, dass der Referee sie während des Spiels sofort ahnden soll. Das kann er aber logischerweise nur, wenn er den Simulanten durchschaut hat. Auf die Täuschungen, auf die der Schiedsrichter „hereingefallen" ist, kann er auf dem Platz nicht reagieren, da er irrtumsbedingt gerade nicht den Durchblick auf den wahren Sachverhalt hat. Folgerichtig ist nunmehr in Regel 12 „Richtlinien für den Schiedsrichter ..." unter „Verwarnung für unsportliches Betragen" in Fallgruppe 6 ausdrücklich klargestellt, dass zu ahnden ist, wenn der Spieler *„... **versucht**, den Schiedsrichter durch Simulieren einer Verletzung oder eines angeblichen Fouls (Schwalbe) zu täuschen"*.

Damit ist durch diese Erläuterung auch den häufigen Kritikern aus Schiedsrichterkreisen an der Bestrafung der Schwalben mit Torfolge im DFB-Bereich der Boden entzogen, wobei angeführt wurde, wenn nach den Fußballregeln für eine Schwalbe nur eine Gelbe Karte zu verhängen sei, könne der Kontrollausschuss eine Simulation nicht nach Spielende zur Anklage bringen, um eine **Sperre** des Spielers zu erwirken. Nunmehr ergibt sich mittelbar aus den Richtlinien zur Regel 12, dass anklagewürdiges Verhalten nur angenommen wird, wenn

die „Täuschung des Schiedsrichters" **gelungen** ist. Diese muss überdies zu dem beabsichtigten Erfolg, nämlich Straf- oder Freistoß für einen Verein nebst Ergebnisveränderung, führen (Torerfolg bzw. Feldverweis eines Gegenspielers), weil der Schiedsrichter den Simulanten nicht entlarvt hat. Als Umkehrschluss aus der vorgesehenen Bestrafung des versuchten Simulierens mit einer Verwarnung ist abzuleiten, dass die schwerer einzuschätzende vollendete Simulation **höher**, d. h. mit einer Sperre

---

252 So Zusatzbestimmungen und Richtlinien der FIFA für Schiedsricher unter „Verwarnung für unsportliches Verhalten" Variante C.

zu ahnden ist. Die Simulation muss aber außerdem eine **erfolgsqualifizierte Handlung** sein, d. h., sie muss zu dem mit ihr erstrebten Erfolg gelangt sein.

Wenn ein Schiedsrichter auf eine Schwalbe eingegangen ist und täuschungsbedingt einen nicht gerechtfertigten Strafstoß verhängt hat, der aber verschossen wird, ist es nicht zwingend, wegen des im Ergebnis geringeren sportlichen Unwerts Anklage zu erheben. Die Bandbreite der „Schwalbenvariationen" löst stellenweise Unsicherheit bezüglich der Rechtsfolgen aus. Deshalb die vier Fallgruppen:

- Schwalben, die der Schiedsrichter gesehen hat, werden mit „Gelb" geahndet (so Regel 12).
- Schwalben, die zum Strafstoß mit Torfolge oder zum Feldverweis beim Gegner geführt haben, also zu einer vollendeten Täuschung des Schiedsrichters, werden vom Kontrollausschuss wegen krass sportwidrigen Verhaltens angeklagt.
- Schwalben im Spielfeld ohne größeren Nachteil für den Gegner, z. B. nur ein Freistoß ohne Folgen für die gegnerische Mannschaft, werden nicht angeklagt, da das Verhalten in objektiver Hinsicht **nicht** krass sportwidrig ist.
- Über Fälle zwischen Varianten zwei und drei – z. B. eine Schwalbe, die einen Strafstoß erschwindelte, der aber verschossen wird, ist nach den Gesamtumständen zu entscheiden, ob Anklage zu erheben ist oder nicht.

Das größte Problem, das bei der Simulation mit Torfolge zu bewältigen ist, stellt der Nachweis einer bewussten und gewollten, also einer **vorsätzlichen Täuschung** dar, wie dies ebenso bei der staatlichen Betrugsvorschrift oft schwierig ist. Auch der wiederholte Blick auf den (teils verlangsamten) Fernsehfilm lässt manchmal nicht zweifelsfrei erkennen, ob der Elfmeter tatsächlich verwirkt oder nur „geschunden" war. Bei vielen Schwalben, aber auch bei vorgetäuschtem Zufallbringen „gehen die Spieler ab wie Taucher", ohne jedoch berührt worden zu sein. Die Presse spricht in solchen Fällen oft von „oscarreifen Vorstellungen". Je besser die schauspielerische Darbietung ist, desto schwerer ist sie zu durchschauen und dem Spieler nachzuweisen. Es geht um die innere Tatseite bei dem Spieler. Beweisschwierigkeiten können aber niemals eine Rechtfertigung sein, einen bestimmten Typus von Unsportlichkeiten aus der Strafbarkeit im Sport ganz auszuklammern.

Diese Probleme waren beim ersten rechtskräftig von der DFB-Gerichtsbarkeit mit einer Verurteilung zu zwei Spielen Sperre wegen einer Schwalbe abgeschlossenen Fall des Lizenzspielers *Andreas Möller* (*Borussia Dortmund*) nicht vorhanden. Ihm wurde vor der Fernsehkamera vorgehalten, dass er beim Spiel gegen den *Karlsruher SC* beim Stande von 1:0 für die Gäste nach einer Attacke des Karlsruher Spielers *Dirk Schuster*, ohne von diesem berührt worden zu sein, abhob und sich fallen ließ. Der verhängte Elfmeter führte zum 1:1-Ausgleich (Endstand 2:1 für Dortmund). „Andy" erklärte angesichts der mehr als deutlichen Bilder, dass er bei jedem Trainer zum Schiedsrichter gegangen wäre und ihm gesagt hätte, dass es kein Elfmeter gewesen sei, nicht aber bei Trainer *Winfried Schäfer*. In der Begründung des Sportgerichtsurteils vom 20. April

1995[253] ist ausgeführt, dass die Täuschung besonders verwerflich gewesen sei, weil sie aus purem Eigensinn erfolgte. Die damit einhergehende Wettbewerbsverzerrung sei bewusst herbeigeführt worden, wobei die Entscheidungen über Meisterschaft oder Abstieg bzw. über die Qualifikation für europäische Wettbewerbe hätten davon abhängen können – unter Umständen mit existenzvernichtenden Folgen.

Der so erschwindelte Torerfolg, der durch den Schiedsrichter „**endgültig**" gegeben worden sei, könne, weil krass sportwidrig, nicht ungeahndet bleiben. Das relativ niedrige Strafmaß – zu der Sperre für zwei Spiele wurde eine Geldstrafe von 10.000 DM verhängt – wurde damals damit begründet, dass *Möller* der erste Spieler war, der sich vor der DFB-Gerichtsbarkeit wegen einer Schwalbe habe verantworten müssen.

Überraschend ist, dass in der Folge für rund ein Jahrzehnt dies die einzige Verurteilung wegen einer Schwalbe war. Man könnte das auf die generalpräventive Wirkung des Schuldspruchs zurückführen. Dazu neige ich nicht, sondern meine, dass damals die Zeit noch nicht reif war für eine Bestrafung der Schwalben. Ein Teil der Presse sah solche Aktionen als „Schlitzohrigkeit" oder als „Cleverness" sogar teils noch leicht positiv angehaucht an. Manchmal muss man bei Schritten in Neuland einen langen Atem haben. In den letzten vier Jahren werden jedoch regelmäßig Verurteilungen wegen Schwalben als krass sportwidriges Verhalten ausgesprochen.[254] Die vereinzelte barsche Kritik am Kontrollausschuss nach dem Fall *Möller* hat aufgehört. Die Verurteilung kann nicht mehr in Frage gestellt, sondern als zwingend geboten erachtet und gefordert. Beim Fall *Timo Werner* ist sie sogar ins Gegenteil verkehrt.

Auf dem Wege zur Bildung des Gewohnheitsrechts zur Strafbarkeit der Schwalben ist in letzter Zeit in der Rechtsprechung eine gewisse Verlangsamung eingetreten. Einige Fallvariationen des erschwindelten Torerfolges (Torhand – Handabwehr auf der Linie – Simuliertes Foul im Strafraum) sind vom Kontrollausschuss des DFB nicht angeklagt worden, vielmehr ist das Verfahren wegen „einer Tatsachenentscheidung des Schiedsrichters „eingestellt worden". *Timo Werners* Schwalbe blieb daher ungesühnt. In der Vorrunde der Saison 2016/2017 ereignete sich im Bundesligaspiel zwischen *RB Leipzig* und *Bayer Leverkusen* am 03. Dezember 2016 ein Vorfall, der in den letzten Jahren als klassisches Beispiel einer Schwalbe mit Torerfolg beurteilt worden war. Der Leipziger *Timo Werner* hat sich als „kleiner *Andy Möller*" präsentiert:

> „Der Jungnationalspieler lief nach 20 Sekunden Spielzeit auf den Schalker Torwart Fährmann zu – verfolgt von Verteidiger Nando. Er lupfte den Ball, sein Versuch flog in Richtung Toraus und dann fiel Werner. Ohne Berührung durch den Torhüter ließ er sich fallen und verzog sein Gesicht zu einer Leidensmine. Schiedsrichter Bastian Dankert nahm ein Foul des Torwarts an und entschied auf Elfmeter, den Timo Werner selbst verwandelte".
> Der Sachverhalt einer Schwalbe (s. SZ vom 05.12.2016, S. 27).

253 Nr: 130/94/95, SpuRt 1996, 210 ff.

254 Unter anderem durch Urteil des DFB-Sportgerichts vom 6.12.2006 gegen *Sven Günther* (*FC Carl Zeiss Jena*) im Zweitligaspiel beim *SC Freiburg*.

Am Wochenende danach ging ganz Fußballdeutschland nach den vielfach betrachteten Fernsehaufnahmen davon aus, dass „*die Timo-Werner-Schwalbe*" eine Eintragung ins Bundesliga-Lexikon einbringen könnte, wo die Ur-Schwalbe von *Andy Möller* aus dem Jahre 1995 den bisher prominentesten Eintrag hat.[255] Zur Anklage des Kontrollausschusses kam es aber nicht. Als Begründung wurde das Gegebensein einer Tatsachenentscheidung des Schiedsrichters angeführt.[256]

Wenn die Schiedsrichterentscheidung aber bewusst und gewollt von Spieler *Werner* durch eine **Täuschung des Schiedsrichters ausgelöst wurde**, mit der dieser einen Elfmeter provozieren wollte, was sich für ganz Fußballdeutschland am Bildschirm nachvollziehen ließ, ist es seit der Entscheidung im Falle *Andy Möller* feste Rechtsprechung der DFB-Gerichtsinstanzen, dass dieser Vorgang als **Schwalbe** zu ahnden ist. Es war ein großer Erfolg auf dem Weg zur sportlichen Gerechtigkeit, wenn ein Spieler, der eine erfolgsgekrönte Schwalbe praktiziert hat, dafür mit einer Sperre bestraft wird. Der Kontrollausschuss sollte sich insoweit tunlichst nicht hinter Beweisschwierigkeiten verschanzen: in Fällen wie dem von *Timo Werner* bestanden diese bei lebensnaher Betrachtung des Sachverhaltes nach den Fernsehbildern **nicht.**

Für die Zukunft dürften mit dem bald einzuführenden Videobeweis diese Schwierigkeiten etwas kleiner werden – zugunsten des Fair-Play und zur Bekämpfung der Manipulation im Fußballspiel – ausgeschlossen werden können sie aber nicht völlig.

12. Blick nach England

Im Mutterland des Fußballs und des Fair-Play ist man schon seit längerer Zeit zur verschärften Schwalben-Jagd übergegangen: nicht das Siegen war wichtig, sondern, sich an die Regeln zu halten und sein Bestes zu geben. Der hehre Grundsatz lautete: keine Niederlage ist so schlimm wie das Betrügen.

Auch aus diesem Grund sitzt in England an jedem Montag ein „Schwalben-Rat" zusammen, bestehend aus früheren Schiedsrichtern, Trainern und Profis, um das Videomaterial vom Wochenende zu prüfen. Kommt es zu einer einstimmigen Entscheidung, wird ein Schwalbenkönig gesperrt – bei vorgetäuschter Verletzung sein zu Unrecht verwarnter Gegner rehabilitiert.[257]

Nicht erfolgt sind bisher Verurteilungen durch die DFB-Gerichte wegen Verstoßes gegen die sportliche Ethik bei Vortäuschen schwerer Verletzungen mit dem Ziel, einen Feldverweis des Gegenspielers zu erreichen. Wenn der Spieler sich **scheinverletzt** – obwohl schmerzfrei – am Boden windet und sich „von Sanitätern erst wieder zum Leben erwecken lässt", wäre eine gleiche Sperre wie im Falle *Möller* angebracht. Zum Freispruch des angeblichen Sünders ist es schon öfters gekommen, bisher aber noch

---

255 SZ vom 5.12.2016, S. 27.

256 Kontrollausschuss, Vorsitzender *Toni Nachreiner* in SZ vom 6.12.2016.

257 SZ vom 20.5.2017, Nr. 1112.

nicht zur Verurteilung des Vortäuschers. In Zukunft sollte auch diese Fallvariante des Sportbetrugs einer Ahndung zugeführt werden.

13. Torhand – Torverhinderung mit der Hand

Als Vorbild für diese Begehensform des krass sportwidrigen Verhaltens dient die „berühmte Hand Gottes" von *Diego Armando Maradona* im WM-Viertelfinalspiel Argentinien gegen England 1986 in Mexico. *Maradona* lupfte fast schon unverschämt frech den Ball mit der linken Hand über Englands Keeper *Peter Shilton* ins Tor, das vom Schiedsrichter als regulär anerkannt wurde.

Das Bundesgericht des DFB hat in einer Grundsatzentscheidung[258] zum Spiel *1. FC Kaiserslautern* gegen *VfB Stuttgart* die Weichen für eine Ahndung dieser Art von Vorteilserschleichung gestellt. Der Kaiserslauterer Spieler *Ciriaco Sforza* legte sich ca. 35–40 Meter vor dem Tor vom Schiedsrichter unbemerkt den Ball mit der Hand vor, weil er ihn anders nicht erreicht hätte, lieft seinem Gegenspieler davon, schoss aufs Tor und brachte den abgewehrten Ball im Tor unter. Das DFB-Bundesgericht stellte fest, dass das Verhalten von *Sforza* zwar regelwidrig, somit unsportlich sei. Die Steigerungsform der krassen Sportwidrigkeit sei aber deshalb nicht gegeben, weil das Handspiel nicht **unmittelbar** zur Torerzielung geführt habe. Das fragliche Handspiel sei nicht mehr die allein ausschlaggebende Ursache für das Tor gewesen, vielmehr sei ein weiteres, ordnungsgemäßes Spielerverhalten hinzugetreten. Je mehr Spielzüge zwischen dem Handspiel und dem Torerfolg lägen, desto „entfernter" und desto geringer sei die Verwerflichkeit des Handelnden für den Torerfolg. Ausgehend von diesen überzeugenden Überlegungen stellt das Bundesgericht zwei differenzierende Grundsätze auf:

- **Unmittelbare Torerfolge** nach einem Handspiel, d. h. ohne Zwischenstation nach der Regelverletzung erzielte Tore führen, wenn der Schiedsrichter die verbotene Spielweise nicht erkannt hat, zur Strafbarkeit nach § 8 Nr. 8 RuVO.
- Eine rechtsethische und psychologische Vergleichbarkeit besteht zwischen einem Handtor und parallel gelagerten Fällen, in denen ein Abwehrspieler den Ball beim direkten Flug aufs Tor im Bereich der Torlinie mit der Hand **zur Verhinderung des Tores** aufhält, ohne dass dies der Schiedsrichter gesehen, deshalb keinen Strafstoß verhängt und auch nicht den Spieler des Feldes verwiesen hat, wie es die Fußballregeln an sich vorsehen. Auch in einem solchen Fall werde vorsätzlich mit den möglicherweise fatalen Folgen für den Gegner ein Torergebnis krass sportwidrig erschwindelt, was nicht ungeahndet bleiben dürfe.

Seit dieser Grundsatzentscheidung des DFB-Bundesgerichts werden in ständiger Rechtsprechung auch in der 1. Instanz nach diesen Vorgaben vom Schiedsrichter nicht gesehene Fälle von „Torhand" oder „Torverhinderung mit der Hand" sanktioniert. So

---

258 Urteil vom 9.1.1995 (Nr. 4/94/95).

flog beispielsweise im Spiel der 2. Bundesliga zwischen *SpVgg Unterhaching* und *FSV Zwickau* ein einheimischer Spieler Richtung Ball, um ihn ins Tor zu köpfen. Als er merkte, dass er den Ball zum Flugkopfball nicht erreichen konnte, schlug er ihn mit der blitzschnell vorgezogenen rechten Hand ins Tor. Der getäuschte Schiedsrichter erkannte auf Tor zum 1:0. Das Sportgericht verurteilte den Spieler wegen krass sportwidrigen Verhaltens zu einer Sperre von zwei Meisterschaftsspielen. Eine gleiche Sperre sprach das Sportgericht[259] gegen den Spieler *„Zecke" Neuendorf* (*Hertha BSC*) aus, der im Spiel seines Vereins gegen den *VfB Stuttgart* in der Mitte des Strafraums stehend sich den Ball absichtlich mit der Hand vorlegte und ihn unmittelbar danach mit dem Fuß über den Stuttgarter Torwart hinweg ins leere Tor zum 2:0 hob.

In diesen Fällen ist diskutiert worden, ob auf Reklamation der benachteiligten Mannschaft hin der Schiedsrichter den „Torschützen" befragen sollte, ob seine Hand im Spiel war oder nicht. Sollte der Angesprochene das Handspiel zugeben, ist keine Ergebnisverfälschung und damit kein krass sportwidriges Verhalten erfolgt; der Spieler bliebe straffrei. Wenn der befragte Spieler aber bei der Antwort nachweisbar lügt, wird ihn der Kontrollausschuss nach Worten seines Vorsitzenden *Toni Nachreiner* wegen unsportlichen Verhaltens anklagen.

14. Das Rätsel Handspiel im Fußball[260]

Ein Handspiel liegt vor, wenn ein Spieler den Ball mit seiner Hand oder seinem Arm absichtlich berührt. Der Schiedsrichter achtet bei der Beurteilung der Situation auf

- die Bewegung der Hand zum Ball (nicht des Balls zur Hand),
- die Entfernung zwischen Gegner und Ball (unerwartetes Zuspiel),
- die Position der Hand (das Berühren des Balls an sich ist noch kein Vergehen),
- das Berühren des Balls durch einen Gegenstand in der Hand des Spielers (Kleidung, Schienbeinschoner usw.), was ein Vergehen darstellt,
- das Treffen des Balls durch einen geworfenen Gegenstand (Schuh, Schienbeinschoner usw.), was ein Vergehen darstellt.

Hilfestellung für die Schiedsrichter bei der Verhinderung eines Tors oder der Verurteilung einer Torchance:[261]

- Distanz zwischen Vergehen und Tor
- Wahrscheinlichkeit, dass das angreifende Team im Ballbesitz bleibt oder kommt
- Richtung des Spiels
- Position und Anzahl verteidigender Spieler
- Art des Vergehens, durch das eine klare Torchance vereitelt wird, wo dieses mit einem direkten oder indirekten Freistoß geahndet werden kann.

---

259 Urteil vom 15.4.1999 (Nr. 81/98/99).

260 Regelheft S. 84.

261 DFB-Regelheft S. 92.

15. Ein Rückblick auf die Rechtsgeschichte

Der jahrzehntelang als Altmeister der Regelkunde anerkannte internationale Schiedsrichter *Carl Koppehel* hat in seinem weit verbreiteten Kommentar zu den Spielregeln[262] ausgeführt, dass entscheidend für die Bestrafung einer regelwidrigen Handlung nach Regel 12 ist, **dass die Regelwidrigkeit „absichtlich" erfolgt ist.** Weiter wörtlich:

> „… Die Absicht kann man nicht messen; sie liegt also im Ermessen des Schiedsrichters, der eine gute Spielauffassung haben muss. Die in der Regel 12 festgelegte Absichtlichkeit kann nicht mit dem gewöhnlichen Maßstab für den Begriff ‚Absicht' gemessen werden. Die Absicht im regeltechnischen Sinne ist gleichzusetzen mit Fahrlässigkeit und mangelnder Voraussicht der Folgen des Spielerverhaltens. Seinem Handeln fehlen das Bewusstsein und der klare Wille, also die volle Absicht. Wer in diesem Sinne absichtlich einen Gegner tritt, zu Fall bringt oder schlägt, muss bestraft werden, weil ein solches Betragen nicht mit der sportlichen Haltung vereinbar ist …"

Die sprachlichen Widersprüche *Koppehels* sind nicht nur unjuristisch, sie springen als widersprüchlich und verwirrend ins Auge.

Eine klare Grundlage für die Regelwidrigkeit des Handspiels ist im Rahmen dieser Interpretation *Koppehels* nicht zu finden. Er verbindet bei der Auslegung mit dem Begriff „Absicht" Fahrlässigkeitselemente und setzt sogar ausdrücklich „Absicht" mit „Fahrlässigkeit" gleich – eine Sünde bei der Auslegung.

Die Kommentierung zur RuVO über „feldverweiswürdiges Vergehen" ist mit Hilfe der klaren Grundregel in den Zusatzbestimmungen und Richtlinien der FIFA für die Schiedsrichter „Abschnitt: Fahrlässigkeit" vorzunehmen, die unzweideutig vorschreiben, dass **„fahrlässige Fouls keine disziplinarischen Maßnahmen nach sich ziehen".** Daraus ist logisch abzuleiten, dass Disziplinarmaßnahmen nach Fouls in subjektiver Hinsicht in jedem Fall ein **Verhalten oberhalb der Fahrlässigkeitsgrenze erfordern**, d. h. entweder bedingter Vorsatz, direkter Vorsatz oder Absicht, wobei zu prüfen sein wird, ob diese Ausdrücke im Sinne des Sprachgebrauchs des Strafgesetzbuches zu interpretieren sind. Zudem gibt es in der englischen Sprache, in der die Fußballregeln verfasst sind, für die Begriffe „Vorsatz" und „Absicht" **einen** einheitlichen Ausdruck („intention"), der **beides** bedeutet; getrennte Begriffe kennt die englische Sprache nicht.

Ebenfalls ist es sowohl in der englischen Muttersprache, wie auch in der deutschen Regelfassung nicht zulässig, Absicht und Fahrlässigkeit gleichzusetzen.

In der Praxis wird viel zu oft auf Hand erkannt, wenn der Ball **ohne Wissen und Wollen des Spielers** den Arm/die Hand berührt oder sie anspringt. Eine „unnatürliche Bewegung" muss nicht zwingend als Handspiel gewertet werden, so etwa, wenn der ausgestreckte Arm von hinten angeschossen und der Spieler in eine andere Richtung schaut. Nicht zwingend als Kriterium ist auch der Umstand, dass der Spieler durch das Handspiel einen Vorteil erlangt hat. Die Regel verlangt in den „Zusatzbe-

---

262 DFB-Regelheft S. 94.

stimmungen und den Richtlinien der FIFA für Schiedsrichter", dass ein Handspiel vorliegt, wenn ein Spieler den Ball mit seiner Hand oder seinem Arm absichtlich berührt.

Das Dilemma liegt dabei in dem Begriff „Absicht". Der IFAB gibt insoweit Hilfestellung, die aber nicht zwingend zur Absicht führen:
- die Bewegung der Hand geht zum Ball (nicht der Ball zur Hand),
- die Entfernung zwischen Gegner und Ball (unerwartetes Zuspiel),
- die Position der Hand (das Berühren des Balls mit der Hand ist an sich noch kein Vergehen).

Diese drei Kriterien können **indizielle Bedeutung** auf die subjektive Tatseite beim Spieler haben, die entscheidend ist.

Die Gleichsetzung des Berührens des Balles mit der Hand mit absichtlichem Handspiel ist also falsch.

Allen verbreiteten Reportermeinungen zum Trotz liegt des Rätsels Lösung darin, festzustellen, **ob der Spieler das Handspiel wollte.** Dieses Merkmal, das sich im Innern des Fußballers vollzieht, ist nach dem Geist der Regel und den Gesamtumständen des Spielvorgangs mit dem Gespür für die Bewegungsabläufe in einem Fußballspiel durch einen geschulten Schiedsrichter festzustellen, und zwar endgültig – so die Regel 5 „Entscheidung des Schiedsrichters".

Die vielen verbreiteten Hilfskriterien sind einzig und allein solche, die oberste Richtschnur ist aber die **subjektive Seite des Spielers.** Diese aus Indizien herauszuarbeiten und zielsicher festzustellen, ist die Kunst des Schiedsrichters bei seiner Entscheidung „Hand oder nicht". Es gilt nicht, dass der Journalist oder Reporter erklärt, „nach meiner Ansicht war es Hand", sondern maßgebend ist, **ob der Spieler Hand gewollt hat.** Die zuständigen Schiedsrichtergremien als kompetente Instanzen sind aufgerufen, auf diesem Sektor Klarheit und Übersicht zu schaffen – auch für die Fußballfans auf der Tribüne oder vor dem Fernsehapparat.

Umdenken könnte man insoweit allenfalls, wenn man entgegen dem Sprachgebrauch unter „Absicht" auch „Fahrlässigkeit" verstehen würde. Wenn man seitens der FIFA dies wollte, sollte man es sagen und umsetzen.

16. Beispiele für umstrittene Handspiele der jüngsten Zeit:

- Das ungewollte Berühren des Balles durch *Jerome Boateng* im eigenen Strafraum mit ausgestreckten Armen beim EM-Spiel 2016 gegen Italien und von *Bastian Schweinsteiger* in der Halbfinalbegegnung gegen Frankreich sind Beispiele, bei denen die „Absicht" durchaus in Frage zu stellen ist – die veröffentlichte Meinung hat dies aber jedenfalls nicht getan.
- Im Spiel *FC Ingolstadt* gegen *Borussia Mönchengladbach* (0:2) in der Bundesligasaison 2016/2017 sprang dem Gästestürmer *Lars Stindl* kurz vor der Torlinie stehend, der Ball von der Brust an die Hand und von dort ins Tor. Ohne *Stindl*'s Hand wäre der Ball zur Eckfahne weitergeflogen.

- Die Meinung in der Öffentlichkeit, ob Hand oder kein Hand, war geteilt: Viele hielten den Treffer für richtig, da der Ball aus allzu **kurzer Entfernung** an die Hand geflogen war, so dass es sich kaum um den Tatbestand „Absicht" handeln konnte.
- Der DFB-Schiedsrichterchef *Lutz Michael Fröhlich* hielt das Tor für tendentiell irregulär; der Arm war zum Ball gegangen, was der „wesentliche Aspekt der Regelauslegung" sei.
- An dem Fall *Stindl* zeigte sich die Regelunschärfe und Interpretationsanfälligkeit der Handregel 12. Das Tor war zu 51 % regelwidrig und zu 49 % regelkonform.
- Trainer *Thomas Tuchel* kommentierte letztlich lebensnah den Sachverhalt mit den Worten: *„Was Handspiel sei und was nicht, das wisse er schon lange nicht mehr"*.
- Im April 2017 ereignete sich im 172. Revierderby zwischen *Schalke 04* und *Borussia Dortmund* eine Situation, in der dem Dortmunder Spieler *Bartra* der Ball vom rechten Fuß an die ausgestreckte linke Hand sprang. Schiedsrichter *Felix Zwayer* erkannte trotz des königsblauen Protestes nicht auf Handelfmeter, der den Schalker die Chance zum Derbysieg eröffnet hätte. Nur BVB-Geschäftsführer *Hans-Joachim Watzke* war anderer Meinung: Das war keine Absicht, es war wie beim Pingpong. Der Ball war *Bartra* vom rechten Fuß an die ausgestreckte linke Hand gesprungen. *Zwayer* selbst hielt die Situation für diskutabel.
- Ein weiterer Fall einer auch von Schiedsrichter *Stegemann* eingeräumten Fehlentscheidung beim Handspiel erfolgte beim Anschießen von hinten beim Relegationsspiel *VfL Wolfsburg./. Eintracht Braunschweig* im Mai 2017
- Abschließend ein vom Autor erfundener Fall, bei dem 90 % aller Fußballfans – wenn er im Strafraum war – mit Handelfmeter sanktioniert hätten: Ein Spieler steht mit beiden ausgestreckten Armen mit dem Rücken zum Ball, der aus drei Meter Entfernung an die Hand geschossen wurde. Der Spieler hatte die Situation nicht gesehen und keine Reaktion gezeigt.

Auch wenn die „Körperfläche" vergrößert worden war, was teilweise als Hinweis auf Handspiel interpretiert wird, ändert dies nichts an dem fehlenden Handspiel. Der Autor hält die Hilfsregeln für durchaus nützlich, der Schiedsrichter muss sie aber als solche verstehen und prüfen, ob in der konkreten Situation daraus zu schließen ist, dass der Spieler den Ball mit der Hand spielen **wollte.** Bei der Schlussfolgerung ist naturgemäß eine erhebliche Unsicherheit für den Schiedsrichter gegeben – oft hätte ein Spitzenschiedsrichter bei der gleichen Situation eine umgekehrte Entscheidung gefällt. Dies ist systemimmanent und unvermeidbar – entscheidend ist dies aber auch nicht durch den Videobeweis zu verbessern. Diese Unsicherheit kann durchaus beim Schiedsrichter nach seiner Entscheidung zu Zweifeln führen. Damit muss er leben – als Schiedsrichter in unserem Fußballsport, in dem Menschen die Entscheidungen zu fällen haben und nicht etwa Computer.

Abschließend soll zur Rechtfertigung dieser in den Regeln vorgesehenen Problemsituation die Erwägung angeführt werden, dass nur, wenn der Spieler ein verbotenes Handspiel gewollt hat, er schuldhaft gehandelt, was ihm der Geist der

Regel vorwerfen will – auch zur General- und Spezialprävention soll eine Übelzufügung erfolgen, d. h. eine Strafe, die einen gewollten Verstoß gegen die Regeln voraussetzt. Somit ist es unerlässlich, dass das Handspiel absichtlich erfolgt ist, wenn es als verbotene Handlung geahndet werden soll.

IV. § 9 RuVO

Diskriminierung und ähnliche Tatbestände

1. **Eines unsportlichen Verhaltens gemäß § 1 Nr. 4. macht sich insbesondere schuldig, wer sich politisch, extremistisch, obszön, anstößig oder provokativ beleidigend verhält.**
2. **Wer die Menschenwürde einer Person oder einer Gruppe von Personen durch herabwürdigende, diskriminierende oder verunglimpfende Äußerungen oder Handlungen in Bezug auf Hautfarbe, Sprache, Religion, Herkunft, Geschlecht oder sexuelle Orientierung verletzt, oder sich auf andere Weise rassistisch und/oder menschenverachtend verhält, wird für mindestens fünf Wochen gesperrt. Zusätzlich werden ein Verbot, sich im gesamten Stadionbereich aufzuhalten und eine Geldstrafe von € 12.000,00 bis zu € 100.000,00 verhängt. Bei einem Offiziellen, der sich dieses Vergehens schuldig macht, beträgt die Mindestgeldstrafe € 18.000,00.**
   Verstoßen mehrere Personen (Trainer, Offizielle und/oder Spieler) desselben Vereins/Kapitalgesellschaft gleichzeitig gegen Absatz 1 oder liegen anderweitige gravierende Umstände vor, können der betreffenden Mannschaft bei einem ersten Vergehen drei Punkte und bei einem zweiten Vergehen sechs Punkte abgezogen werden; bei einem weiteren Vergehen kann eine Versetzung in eine tiefere Spielklasse erfolgen. In Spielen ohne Punktevergabe kann ein Ausschluss aus dem Wettbewerb ausgesprochen werden.

1. **Wenn Anhänger einer Mannschaft bei einem Spiel gegen Nr. 2., Absatz 1 verstoßen, wird der betreffende Verein/Kapitalgesellschaft mit einer Geldstrafe von € 18.000,00 bis zu € 150.00,00 belegt.**
   In schwerwiegenden Fällen können zusätzliche Sanktionen, insbesondere die Austragung eines Spiels unter Ausschluss der Öffentlichkeit, die Aberkennung von Punkten oder der Ausschluss aus dem Wettbewerb ausgesprochen werden.
2. **Eine Strafe aufgrund dieser Bestimmung kann gemildert werden oder von einer Bestrafung kann abgesehen werden, wenn der Betroffene nachweist, dass ihn für den betreffenden Vorfall kein oder nur ein geringes Verschulden trifft oder sofern anderweitige wichtige Gründe dies rechtfertigen. Eine Strafmilderung oder der Verzicht auf eine Bestrafung ist insbesondere dann möglich, wenn Vorfälle provoziert worden sind, um gegenüber dem Betroffenen eine Bestrafung gemäß dieser Bestimmung zu erwirken.**

1. Geschichte der Norm

Während vor einiger Zeit die im Stadion versammelten Zuschauer relativ harmlose kollektive Ausrufe in Richtung Schiedsrichter im Sinne von „Schiedsrichter, ans Telefon“ u. ä. tätigten, sind an deren Stelle im letzten Jahrzehnt bedauerlicherweise oft das Ausstoßen von Urwaldlauten, teils begleitet von dem Werfen von Bananen, und insbesondere gegenüber farbigen und ausländischen Spielern rassistische und herabwürdigende Äußerungen in Bezug auf Rasse, Hautfarbe, Sprache, Religion oder Herkunft getreten.

In seinem Sonderband über „Diskriminierungsverbote im Fußball – ein Handbuch für die Praxis“ führt *Nolte*, „ausgehend von der frühesten einschlägigen Normierung in der Charta der Vereinten Nationen vom 29. Juni 1945“ über die Erklärung der Menschenrechte vom 10. Dezember 1948 bis hin zu den „Diskriminierungsverboten nach Art. 3 Abs. 3 des Grundgesetzes“ zu der hier zu besprechenden Konzeption der Diskriminierungsverbote des organisierten Sports. An der Spitze aller Diskriminierungsverbote, die den umfassenden Schutz der Menschenwürde und eine wechselseitige Bindung aller Sportbeteiligten (Spieler, Trainier, Schiedsrichter, Offizielle) bezwecken, steht die **Olympische Charta des Internationalen Olympischen Komitees.**

2. FIFA-Regelung

Im Jahre 2006 hat der Weltfußballverband in dem Zirkular Nr. 1026 vom 26. März 2006 Art. 55 seines Disziplinarreglement (FC) revidiert und weltweit von seinen Nationalverbänden dessen Umsetzung gefordert. Nach Art. 55 Abs. 6 FDF sind diese mitgliedschaftlich verpflichtet, die Vorschrift in ihr Satzungswerk aufzunehmen und die Sanktionen zu vollziehen. Lapidar folgt der Satz:

> „Bei Verletzung dieser Bestimmung wird der betroffene Verband für zwei Jahre vom *gesamten internationalen Spielbetrieb ausgeschlossen.“*

Diese Strafe ist drakonisch und besonders deshalb zusätzlich problematisch, weil die Umsetzung bzw. die ganz oder teilweise unterbliebene Sanktionierung auf nationaler Ebene oft nicht eindeutig festgestellt werden kann. Die hohe Regelstrafe verliert aber möglicherweise an Schärfe, weil in Abs. 4 eine weitgefasste Milderungsmöglichkeit bis zum Nullpunkt eröffnet ist, wenn der Betroffene *„nachweist, dass ihn für den betreffenden Vorfall kein oder nur ein geringes Verschulden trifft, oder sofern anderweitige wichtige Gründe dies rechtfertigen“.*

3. Regelungsinhalt

a) Die FIFA hat den Nationalverbänden eine „Kurzkommentierung“ des Art. 55 FDC (= § 9 RuVO) übersandt. Darin heißt es, dass die Vorschrift „eine klassische Sanktionsnorm“ sei, die dem Recht der „Vereinsstrafen“ nach schweizerischem

Recht unterliege – mit Ausnahme von der Regelung über das Stadionverbot für zuwiderhandelnde Zuschauer.

b) Sanktionsbetroffene sind Spieler, Klubs, Verbände, Offizielle und Mannschaften, wobei
c) bei Spielern deren Verhalten zu anderen Spielern erfasst sein soll.
d) Bei Klubs (Zuschauer/Anhänger einer Mannschaft) ist beispielhaft das Entrollen von Transparenten mit rassistischen Aufschriften vor, während und nach einem Spiel im Stadion aufgeführt.
e) Falls solche Zuschauer keiner Mannschaft zugeordnet werden können, ist der Verein/Verband, der das Spiel organisiert hat, „auf jeden Fall zu bestrafen".
f) Die Sanktionsarten
   - für Spieler: mindestens fünf Spiele Sperre, Stadionverbot, Geldstrafe von 12.000 € bis 100.000 €;
   - für Vereine (Klubs): Geldstrafe von 18.000 € bis 150.000 € mit der Auflage, das nächste Pflichtspiel unter Ausschluss der Öffentlichkeit auszutragen;
   - für Mannschaften: Abzug von drei Punkten, im Wiederholungsfall von sechs Punkten, Relegation;
   - für Offizielle: mindestens fünf Spiele Sperre, Stadionverbot und Geldstrafe ab 30.000 €.

Die Sperren für Spieler und Offizielle können für alle Ebenen ausgesprochen werden, wobei die FIFA die Sperren für internationale und nationale Begegnungen verhängt.

4. Umsetzung im DFB-Bereich

Der DFB hat die Vorschrift weitgehend wortgetreu in seine RuVO übernommen. Weisungsgemäß hat er seinen Mitgliedsverbänden für deren Spielbetrieb auferlegt, die Regelung bei sich einzuführen und zu vollziehen. Es besteht eine Meldepflicht an den DFB für Entscheidungen, die diskriminierendes und/oder menschenverachtendes Verhalten betreffen (§ 50 Nr. 3 Abs. 2 Satzung). Der Kontrollausschuss kann insoweit die Sache nach Maßgabe des § 50 Nr. 3 Abs. 3 Satzung auf DFB-Ebene gerichtlich weiterverfolgen.

5. Sanktionen auf Bundesliga-Ebene

Die meisten Verfahren wegen rassistischer und/oder menschenverachtender Verfehlungen werden nicht auf Bundesebene, sondern auf Landesebene – leider sogar bis in den Jugendbereich – durchgeführt und schließen nach gewissen Eingewöhnungsproblemen der Richter mit durchaus angemessenen Sanktionen ab.

Auf Bundesebene wurden beim DFB-Pokalspiel *Rostock II* gegen *Schalke 04* am 9. September 2006 rassistische Rufe bei jeder Ballberührung durch *Gerald Asamoah* fortwährend gemacht (Affenrufe). Das DFB-Sportgericht[263] verhängte eine Geldstrafe von 20.000 € und verpflichtete *Rostock II*, sein nächstes Meisterschaftsspiel unter Ausschluss der Öffentlichkeit auszutragen. Das Verschulden des Platzvereins wurde darin gesehen, dass die vom Schiedsrichter in der Halbzeitpause veranlasste Stadiondurchsage eine spürbare Einschränkung der Exzesse bewirkte, woraus dann geschlossen wurde, dass dieser Erfolg bei entsprechender Maßnahme auch schon vorher eingetreten wäre.

Kurze Zeit nach Bekanntgabe dieser drastischen Sanktion des Sportgerichts ereignete sich beim Bundesligaspiel *Alemannia Aachen* gegen *Borussia Mönchengladbach* Folgendes:

In der zweiten Spielhälfte wurde jeweils bei Ballkontakten des farbigen Gästespielers *K.* aus dem Aachener Fanblock der Begriff „Asylbewerber" gerufen. Andererseits fielen aus dem Gästebereich jedes Mal, wenn der dunkelhäutige Aachener Spieler *S.* am Ball war, fremdenfeindliche Ausdrücke. Der Schiedsrichter unterbrach das Spiel für zehn Minuten und veranlasste eine Lautsprecherdurchsage, dass die Partie im Wiederholungsfall abgebrochen werden würde. Im weiteren Verlauf unterblieben die Äußerungen. Der Kontrollausschuss ist in der Anklage gegen beide Vereine davon ausgegangen, dass der Nachweis eines Verschuldens gegen beide geführt sei. Hilfsweise hat er ausgeführt, dass jedenfalls der Entlastungsbeweis nach § 9 Nr. 6 Satz 1 RuVO a.F. nicht erbracht sei, und weiter hilfsweise, dass ein Verschulden sowohl des Heim- wie auch des Gastvereins diesen nach den Grundsätzen des Anscheinsbeweises anzulasten sei. Da beide Vereine schließlich erfolgreich zur Einstellung der verbalen Entgleisungen beigetragen haben, wurde von den weiteren für den Regelfall angedrohten Sanktionen „Geisterspiel" und „Punktabzug" abgesehen. Für den Wiederholungsfall sind aber beiden Vereinen diese Strafarten in der Anklage angedroht worden. Gegen den Platzverein wurde eine Geldstrafe von 50.000 €, gegen den Gast eine solche von 19.000 € verhängt. In diesem Fall waren zudem Hinweise aufgetreten, dass Zuschauer im Trikot des gegnerischen Vereins randalierten, um eventuell einen Spielabbruch zu dessen Nachteil auszulösen. Diese besonders verwerfliche Verhaltensweise kann nach § 9 Abs. 4 letzter Satz RuVO zum Verzicht auf die Bestrafung des vorgetäuschten Vereins führen.

Zwischenzeitlich sind erfreulicher Weise wenige rassistischen Vorfälle von Gewicht aufgetreten, wobei nicht zu beweisen ist, dass dies u.U. auf die Präventionswirkung der Sanktionen im Falle Aachen/Gladbach in Verbindung mit den in der Folgezeit vom DFB, den Landesverbänden und den Vereinen durchgeführten Aufklärungs- und Informationsveranstaltungen sowie die Sicherheitsmaßnahmen zurückzuführen ist.

Leider ist die Bandbreite von rassistischen und rechtsradikalen Sprechchören selbst bis hin auf die Ebene der Kreisklasse groß: „Auschwitz ist wieder da", „Wir bauen eine Autobahn von Chemnitz bis nach Auschwitz", Zeigen des Hitlergrußes

263 Urteil vom 14.9.2006 (Nr. 19/2006/2007).

oder „Hier regiert die NPD, nicht der DFB“, „Scheiß-Nigger“ sind nur ein Ausschnitt der Schmähungen auf unseren Sportplätzen. Besonders verwerflich war ein in Dresden gezeigtes Transparent beim Spiel gegen *St. Pauli* mit der Aufschrift: *„Arthur Harris* kommt wieder!“ (*Harris* war der englische Fliegerkommandant beim Angriff auf Dresden im Februar 1945 mit 20 000 Toten).

Die meisten Verfahren wegen Verstoßes gegen die Menschenwürde einer anderen Person durch herabwürdigende diskriminierende oder verunglimpfende Äußerungen in Bezug auf Rasse, Hautfarbe, Sprache, Religion oder Herkunft oder ähnliche Tatbestände beziehen sich auf einschlägige Verfehlungen auf **Landesebene.**

Zur Bekämpfung dieser Diskriminierung in der Praxis hat *Nolte* sein Handbuch über „Diskriminierungsverbote“ im DFB als größtem Fachsportverband herausgegeben, welches auch *„Strahlkraft für die gesamte Gesellschaft habe und damit einen Mehrwert über den Fußballsport hinaus bewirke“.*[264] Die von der Verwerflichkeit der Handlungsweise ausstrahlende abschreckende Wirkung von Ausbildungspersonal auf die Aktiven soll durch das von *Nolte* zusammengestellte Anschauungsmaterial untermauert werden.[265] Das Handbuch will „rechtspraktische Hinweise“ geben.

Die Interpretation der Tatbestandsmerkmale der Norm ist nachstehend übernommen worden. Sie ist insbesondere für die Sportbeteiligten mit Richterfunktionen (Schiedsrichter, Strafrichter) bei der Rechtsprechung vor Ort und am Grünen Tisch von großem Nutzen. *Nolte*[266] definierte in seinem Werk folgendes:

a) Herabwürdigend *„wirkt eine Äußerung, wenn den Menschen auf verletzende Weise nicht mit dem nötigen Respekt bzw. seiner Würde entsprechend begegnet wird, sondern dieser abqualifiziert, abgewertet oder herabgesetzt wird“.*
b) Diskriminierende Äußerungen *„zeichnen sich vor allem dadurch aus, dass sie die Gleichheit von Menschen leugnen. Personen werden wegen bestimmter Eigenschaften, Merkmale oder Ansichten stigmatisiert oder gebrandmarkt“.*
c) Verunglimpfend wirkt eine Äußerung, wenn sie *„jemanden diffamiert oder mit schmähenden Worten kränkt. Dieses Verbot richtet sich insbesondere gegen den Schutz des Ansehens des Einzelnen in der Öffentlichkeit“.*

Zu diesen von der FIFA vorgegebenen und vom DFB sowie den Landesverbänden übernommenen Tatbestandsmerkmalen sollen einige Spezialfälle aus letzter Zeit zusammengestellt werden:

Die Äußerungen stellen dabei öfters Überschneidungen und fließende Übergänge hinsichtlich des Unwertsgehalts der Verfehlungen dar.

Zu a)

„Scheiß-Jude“, „Judensau“,

„Halt die Fresse, du Scheiß Neger“, „Blinder“,

264 *Nolte* Sport und Recht, S. 20, 21.
265 *Nolte* aaO., S. 20 ff.
266 *Nolte* aaO., S. 36.

Aufforderung an Trainer des Gegners: „Leg das Äffchen an die Kette"

„Schitzie-Fitschie" ... „ Iss Deinen scheiß Reis", sagte ein Spieler zu seinem vietnamesischen Gegner beim Gang aus der Umkleidekabine.[267] Hinzu kommen abfällige Gesten: Fingerzeigen vor den Augen soll eine verengte Augenstellung als Kennzeichen für asiatische Menschen darstellen. Dieses verbale und manchmal manuelle Verhalten erfüllt kumulativ die drei kennzeichnenden Merkmale des § 9 Abs. 2 Abs. 1 Satz 1 RuVO („herabwürdigend, diskriminierend, verunglimpfend"). Diese Kriterien müssen nach dem ausdrücklichen Wortlaut des § 9 Nr. 2 Abs. 1 Satz 1 RuVO einen der nachstehenden ranggleichen Bezugspunkte „Rasse, Hautfarbe, Sprache, Religion, Herkunft, Geschlecht, sexuelle Orientierung" betreffen. Obige Fallbeispiele von *Nolte* beziehen sich jeweils auch auf die Rasse, wobei auch die Äußerung zu einem Gegenspieler „Du stinkst wie ein Zigeuner" einzuordnen ist.

Beispiele für den Bezug auf die „Hautfarbe" sowie die „Herkunft" sind oft auch solche, die die Rasse betreffen: „Du gelbe Sau" für einen Asiaten, oder: „Du schwarze Sau".[268] In Bezug auf das Merkmal führt *Nolte* die „Uh-Uh-Uh-Rufe" (Affenlaute) an, die sich auf die afrikanische Muttersprache eines dunkelhäutigen Spielers beziehen. Vergleichbar ist auch der Ausspruch „Gegen Dreckspole habe ich keine Lust zu spielen".

Der Gesetzgeber hat vorsorglich zum Tatbestand des § 9 Nr. 2 Satz 1 RuVO nach Aufzählung der gewollten Schutzgüter die Auffangklausel „...oder sich auf andere Weise rassistisch oder menschenverachtend verhält", angefügt. Ein Fall aus dem Herbst 2016 schiebt sich möglicherweise in eine gleichwohl verbliebene Lücke: im Stadtderby *Lazio Rom* gegen *AS Rom* (0:2) sagte der Lazio-Spieler *Senach Lulic* im Anschluss an die Partie zu dem deutschen Nationalspieler *Antonio Rüdiger*, *„dass dieser vor zwei Jahren in Stuttgart noch Strümpfe und Gürtel verkauft habe"*.

Wegen weiterer Verfehlungen gegen die anderen Schutzgüter des § 9 Nr. 2 Abs. 1 RuVO wird auf die zahlreichen Fallbeispiele in dem bereits zitierten Handbuch von Nolte (S. 45 ff) verwiesen.

Anzumerken ist, dass es bei einer Äußerung nicht darauf ankommt, ob der Adressat diese tatsächlich wahrgenommen hat oder ihren Inhalt subjektiv als despektierlich verstanden hat; entscheidend ist die objektive und vernünftige Wahrnehmung eines Dritten. Auch die Einwilligung der diskriminierten Person ist unmaßgeblich.[269]

In dem *Nolte*'schen Handbuch wird ferner darauf hingewiesen, dass die Verletzung der Menschenwürde einer Person oft verbunden ist mit der Verletzung der Menschenwürde ganzer Personengruppen: so bei der Wortverbindung „Scheiß Jude" oder „Steh auf, du Zigeunerkind". Leider gerade in den unteren Klassen in Deutschland sind rechtsradikale Verhaltensweisen festzustellen, wie das Zeigen des Hitler-

267 *Nolte* aaO., S. 37 aus einem Urteil des Sächsischen Fußballverbands vom 08.11.2008 (Az: 019/08/09).

268 *Nolte* aaO., S. 43.

269 *Nolte* Sport und Recht, S. 53.

grußes oder der Ruf „Heil Hitler“ oder „Sieg Heil“, was als unmittelbarer Ausdruck rassenideologischer Vorstellungen zu verstehen ist. Sprüche, wie „Auschwitz ist wieder da“, „hier regiert die NPD und nicht der DFB“ sind ähnlich ausgerichtet. Zum Tatbestand des § 9 Nr. 2 RuVO soll ergänzt werden, dass die darin genannten beiden letzten Bezugsgrößen „Geschlecht, sexuelle Orientierung“ nachträglich von FIFA bzw. DFB in die Norm eingefügt worden sind. Als Rechtsfolge ist als Mindeststrafe für diese Verfehlungen eine Sperre für Spieler von fünf Wochen von der FIFA vorgegeben. Stadionverbote und Geldstrafen haben hinzuzutreten.

Anhänger einer Mannschaft, die vor, während oder nach dem Spiel im Stadion Transparente mit rassistischen Aufschriften entrollen oder sich auf andere Weise rassistisch und/oder menschenverachtend verhalten, werden durch Geldstrafen gegen den entsprechenden Verein bzw. durch Anordnung eines Pflichtspiels unter Ausschluss der Öffentlichkeit sanktioniert. Außerdem kann Punktabzug bis hin zu einer Versetzung in eine niedrigere Spielklasse verhängt werden.

Bei den Rechtsfolgen hat die FIFA hohe Regelstrafen vorgegeben (Art. 55 FDC) und in eine mitgliedschaftliche Verpflichtung geformt, diesen aber durch weitgefassten Milderungsmöglichkeiten bis hin zum Nullpunkt (Abs. 6) die Schärfe genommen. Weisungsgemäß hat der DFB für sich selbst und seine Mitgliedsverbände für deren Spielbetrieb diese Strafen vorgesehen. Nach § 50 der DFB-Satzung hat der Kontrollausschuss des DFB die Einheitlichkeit der Rechtsprechung auf allen Ebenen zu überwachen und Abweichungen durch entsprechende Maßnahmen zu unterbinden.

Die Präventionswirkung der Sanktionen (z. B. im Bundesligaspiel *Aachen* gegen *Gladbach*), der Aufklärungs- und Informationsveranstaltungen sowie eingehender Sicherungsmaßnahmen haben zwischenzeitlich spürbare Wirkung gezeigt.

Zu der Verhängung eines Geisterspiels bzw. einem Punktabzug ist es bisher jedenfalls auf Bundesebene bisher noch nicht gekommen.

Bei der Strafzumessung im konkreten Fall sind die allgemeinen Bemessungsgründe des Deutschen Fußballrechts zugrunde zu legen und dabei zwischen den von der FIFA eröffneten minderschweren Fällen, Regelfällen sowie schwerwiegenden Vorkommnissen zu differenzieren. Hinsichtlich rechtspraktischer Hinweise wird auf das bereits zitierte *Nolte*'sche Handbuch verwiesen.

V. § 9a RuVO

Verantwortung der Vereine

1. **Vereine und Tochtergesellschaften sind für das Verhalten ihrer Spieler, Offiziellen, Mitarbeiter, Erfüllungsgehilfen, Mitglieder, Anhänger, Zuschauer und weiterer Personen, die im Auftrag des Vereins eine Funktion während des Spiels ausüben, verantwortlich.**
2. **Der gastgebende Verein und der Gastverein bzw. ihre Tochtergesellschaften haften im Stadionbereich vor, während und nach dem Spiel für Zwischenfälle jeglicher Art.**

1. Internationaler Ausgangspunkt

Im Verhältnis zu den überregionalen Verbänden UEFA und FIFA kommt es zu Überschneidungen, aber auch zu Abweichungen zum DFB-Recht.

2. Ausgangslage in Deutschland bei Heim- und Gastspielen

Die DFB-Gerichtsbarkeit geht hinsichtlich der Haftung des Heimvereins davon aus, dass § 7 (1) c) und d) RuVO nach ihrem Wortlaut voraussetzen, dass der Heimverein Ausschreitungen in seinem Stadion zu vertreten hat.[270]

Dies findet seine Erklärung in § 9 a RuVO, einer im Jahre 2004 seitens des DFB von FIFA und UEFA mit kleinen Abweichungen übernommenen Vorschrift, die die Verantwortlichkeit bei Heim- **und** Gastverein regelt und die Berechenbarkeit des Verhaltens einzelner Personen normiert und zwar nicht anders als die Rechtslage bei den internationalen Verbänden.[271] § 9a RuVO normiert, dass einem Verband oder einem Verein ohne Vorliegen eines eigenen Verschuldens eine objektive Verantwortlichkeit für das Fehlverhalten ihrer Anhänger zuzurechnen ist („strict liability"). Selbstverständlich braucht dieser Weg nicht begangen zu werden, wenn ohnehin primär bei einem Club Verschulden gegeben ist. Unter Interpretation des § 9a RuVO werden in Fußball-Deutschland mehrere unterschiedliche Grundpositionen im Disziplinarrecht, in Rechtsprechung und Rechtslehre vertreten:

- In der Rechtslehre ist nach ganz überwiegender Meinung ein Verschulden Voraussetzung für eine Sportstrafe.
- Die bisherige Rechtsprechung des BGH in Zivilsachen fordert außer „für kleinere Vereinsstrafen „keine Strafe ohne Schuld".[272]
- Das für den Landgerichtsbezirk Frankfurt und für den DFB zuständige Oberlandesgericht Frankfurt rechnet das Verschuldensprinzip zum ordre public im deutschen Rechtsbereich und damit wegen fehlender Revision in Eilsachen in einstweiligem Verfügungsverfahren für abschließend.
- Das ständige Schiedsgericht für Vereine und Kapitalgesellschaften hat als letzte einschlägige DFB-Entscheidung im Schiedsbereich des DFB im Verfahren *Dynamo Dresden* gegen den DFB wegen Ausschreitungen bei dem DFB-Vereinspokal am 31.10.2012 entschieden:[273]

> „§ 9a DFB-RuVO steht jedenfalls mit staatlichem Recht in Einklang, wenn auf der Grundlage dieser Zurechnungsvorschrift gegen einen Verein wegen **schuldhaften Verhaltens seiner Anhänger** Sanktionen und Maßnahmen im Sinne des § 44 DFB-Satzung ausgesprochen werden, deren vorrangiges Ziel die Verhütung künftigen unsportlichen Verhaltend der Anhänger ist."

---

270 Ständige Rechtsprechung des DFB-Sportgerichts: so Urteil von 3.4.2009.

271 DFB-Sportgericht vom 19.3.2014 n.v.

272 BGH 2, 29, 352.

273 Schiedsspruch vom 14.5.2013, SpuRt 2013, 208.

– Weitere beachtliche Lösungswege von anerkannten Sportrechtlern in der Sportrechtsliteratur.

Die Autoren *Haas* und *Jansen*[274] gehen von einem existenziellen Problem für den organisierten Sport durch Gewalt und Rassismus in den Stadien aus, insbesondere für den Fußball. Die Verbände müssten deswegen repressiv weniger gegen Einzelpersonen vorgehen, sondern durch Ordnungsmaßnahmen die beteiligten Clubs, Vereine und Verbände bekämpfen – wie z. B. durch § 9 a RuVO. Die darin vorgesehene **reine Kausalhaftung** mit ihrer Zurechnung **ohne Vermeidbarkeit** der Zwischenfälle sei jedoch im Rahmen einer intensiven Inhaltskontrolle zu prüfen. Auch wenn dem Verein im Rahmen seiner Autonomie ein weiter Ermessensspielraum hinsichtlich der Ausgestaltung seines Innenlebens zukomme, könnten dadurch die Grenzen bei § 9 a RuVO überschritten sein. Im Rahmen des **zivilen Haftungsrechts** wird eine Parallele zur zivilrechtlichen Gefährdungshaftung[275] wegen des geschlossenen Kreises der Fälle der Gefährdungshaftung von vornherein abgelehnt. Außerhalb dieses Bereichs wird von den Autoren eine verschuldensunabhängige Einstandspflicht in Zusammenhang mit dem Beseitigungsanspruch nach § 1004 BGB bejaht. Dieser Anspruch knüpfe wie in den Sportrechtsfällen allein an objektive Voraussetzungen an, nämlich an die Beeinträchtigung des Eigentums. Insoweit passten die gängigen Verbandsstrafen als vergangenheitsorientierte Maßnahmen weniger gut, sehr wohl aber Schritte wie die Disqualifikation von Sportlern. Hieraus ergebe sich eine „gewisse Nähe" zu § 1004 BGB. Wenn die Ordnungsmaßnahme den Zweck verfolge, eine Störung zu beseitigen, stehe die Analogie zu § 1004 BGB auf einer belastbaren Grundlage.

In einer interessanten Lösungsvariante stellen *Weller/Benz/Wolf*[276] darauf ab, dass die Vereinsgerichte des DFB nicht mit staatlichen Gerichten verwechselt werden dürfen, sondern als **Vereinsorgane** lediglich Texte der **privaten** – inneren – Ordnung des Vereins sind. Für ihre Rechtsprechungsakte ist deshalb die Heranziehung der nur für diesegeltenden Gewährleistung und Prinzipien verfehlt. Grundlage ist aber andererseits, dass Vereinsstrafen im **Zivilrecht** wurzeln. Die Autoren weisen darauf hin, dass im Zivilrecht das Verschulden keine zwingende Voraussetzung einer **Pönalhaftung** ist. Unbestritten kann auf rechtsgeschäftlicher Basis eine verschuldungsunabhängige Verwirkung von Vertragsstrafen vereinbart werden. Die Vertragsstrafe hat dann eine „garantieähnliche Funktion". Entsprechendes gilt auch für Vereinsstrafen. Damit kann auch eine Garantie für Fremdverschulden übernommen werden; **dies ist eine autonome Entscheidung, die dem für die heteronome Haftung maßgeblichen Verschuldensprinzip vorgeht.** Die zitierten Autoren leiten deshalb aus dem

---

274 *Haas/Jansen* Verbandsstrafen zur Bekämpfung von Zuschauerausschreitungen im Fußball, CaS 2007, S. 316 ff.

275 BGHZ 54, 332, 336.

276 *Weller/Benz/Wolf* in JZ 2017, 27 ff, zugleich eine Besprechung des BGH-Urteils vom 29.9.2016.

BGH-Urteil ab, dass Vertragsstrafenregelungen, wonach der Verein für ein Verhalten von Zuschauern einzustehen hat, zulässig sind.[277]

Zu dieser Ansicht könne die Zurechnungserwägung aus dem Bereich der Gefährdungshaftung unterstützend herangezogen werden.

Fazit:
Angesichts der üblichen Auslegungskriterien kann in dieser Gefährdungssituation die **Entstehungsgeschichte** der Norm als Kriterium der Auslegung **grundsätzlich vernachlässigt** werden.

Diese Prinzipien gelten nicht nur für die Vereinszugehörigen im Dauerverhältnis, wozu insbesondere die „Anhänger“ im Sinne der ständigen CAS-Rechtsprechung zählen.

Es ist an anderer Stelle dieses Werkes ausgeführt, dass der BGH im letzten Jahr Gelegenheit gehabt hat, zu der doch in Rechtsprechung und Literatur recht kontrovers diskutierten Frage der Verschuldenshaftung bei Zuschauerausschreitungen Stellung zu nehmen; er hat aber die Problematik lediglich aufgezeigt und keine Lösungsansätze geliefert bzw. auch nur angedeutet. Die Streitfälle sind zahlreich und solche mit hohem Streitwert.

Die Vereine haben bisher keinen Mut zum Gang zu der höchsten Instanz gezeigt, der DFB sieht in der bisherigen Rechtslage eine Friedenszeit, in der er und seine Vereine gut leben können.

Als ehemaliger Instanzrichter in der Zivilgerichtsbarkeit möchte der Autor an die Kollegen an der Front im Gerichtssaal bei der Sachverhaltsermittlung appellieren, gegebenenfalls bei denen von ihnen im Rahmen des § 286 ZPO zu treffenden Schuldfeststellungen – insbesondere bei der Fahrlässigkeit – Mut zur Sachverhaltsermittlung zu zeigen und sodann, dass die vom BGH eröffnete Regressmöglichkeit gegen Störer mit **spezial- und generalpräventiver Wirkung** eingesetzt wird. Zivilrechtliche Forderungen sind nach allgemeiner Erfahrung oft bei den Stadionfans wirksamer als strafrechtliche Schritte, wo viele Schutzvorschriften den „oft gesetzlich eingerichteten Störern“ die Flucht aus der Verantwortung ermöglicht ist.

3. Weitere Wege im Stadion zum Wohl des Fußballs:

Vizepräsident des DFB Rainer Koch: *„Erst wenn die Mehrheit der friedliebenden Fans dem Nachbarn in der Kurve bei Entgleisungen auf die Finger klopft bzw. auf den Mund schaut, haben wir eine Aussicht auf dauerhaften Fanfrieden in der Stadionkurve“*.

VI. § 10 RuVO

Verjährung

277 BGH 2 vom 22.9.2016.

1. **Verstöße nach §§ 7, 8 und 9 verjähren in sechs Monaten. Verstöße nach § 6a, § 7 Nr. 1. j) und § 8 Nr. 1 j) 3. verjähren in acht Jahren. Verstöße nach § 6, § 7 Nr. 1. i), § 8 Nr. 3. und §§ 8a, 8b, 8c, 8d, 8e, 8f und 8 g verjähren in zehn Jahren. Verstöße anderer Art verjähren in fünf Jahren.**
   Die Einleitung eines Verfahrens durch den Kontrollausschuss bzw. die Ethikkommission sowie jede das Verfahren fördernde richterliche Anordnung des Vorsitzenden des zuständigen Rechtsorgans und jede Entscheidung des Gerichts unterbrechen die Verjährung. Maßgeblicher Zeitpunkt ist der Eingang bei der DFB-Zentralverwaltung oder einem Organ des DFB.
   Übergangsregelung:
   Sämtliche Verstöße in nicht verjährter Zeit, die in den Zuständigkeitsbereich der Ethik-Kommission nach § 46a der DFB-Satzung fallen, werden durch die Ethik-Kommission behandelt. Dies gilt insbesondere auch für Sachverhalte, die zeitlich vor der Einführung der Ethik-Kommission auf dem DFB-Bundestag 2016 liegen.
2. **Entzieht sich ein Betroffener durch Vereinsaustritt einem Strafverfahren, so wird dieses nach Erwerb einer neuen Mitgliedschaft eingeleitet oder fortgesetzt.**
   Der Austritt unterbricht die Verjährung bis zu diesem Zeitpunkt.
3. **Auf Punktverlust oder Spielwiederholung im Zusammenhang mit Pflichtspielen der abgelaufenen Spielzeit kann nach dem 30. 6. nicht mehr erkannt werden, es sei denn, es war bis dahin ein Verfahren eingeleitet. In diesen Fällen kann jedoch für die nachfolgende Spielzeit auf Aberkennung von Punkten oder auf Versetzung in eine tiefere Spielklasse erkannt werden.**
4. **Auf Spielverlust oder Spielwiederholung kann in einem Vereinspokalspiel des Deutschen Fußball-Bundes auf DFB-Ebene nicht mehr erkannt werden, wenn das Spiel der betreffenden Mannschaft der nächsten Pokalrunde ausgetragen worden ist, es sei denn, dass vorher ein Verfahren eingeleitet worden war.**
   Im Falle einer rechtskräftigen auf Spielverlust erkennenden Entscheidung tritt der Gegner an die Stelle der aufgrund der Spielwertung ausgeschiedenen Mannschaft. Dies gilt auch für eine bereits erfolgte Auslosung der nächsten Pokalrunde, wobei das Heimrecht eines Amateurvereins gemäß § 46 Nr. 2.1.1 der DFB-Spielordnung unberührt bleibt, es sei denn, bei dem der ausgeschiedenen Mannschaft für die nächste Pokalrunde zugelosten Gegner handelt es sich ebenfalls um einen Amateurverein.

1. Inhalt

Die RuVO spricht nur von einer Form der Verjährung, gemeint ist dabei die Verfolgungsverjährung – die Vollstreckungsverjährung kennt die RuVO nicht. Die Folge des Verjährungseintritts ist nicht ausdrücklich angegeben. Entsprechend der staatlichen

Regelung stellt sie ein **Verfahrenshindernis** dar und schließt die Ahndung eines Verstoßes aus; das Verfahren ist einzustellen.

2. Verjährungsfristen

(Nr. 1): Die regelmäßige Verjährungsfrist beträgt fünf Jahre. Die Taten nach den am häufigsten verwirklichten Vorschriften der §§ 7 bis 9 RuVO, die sich auf den schnelllebigen Spielbetrieb beziehen, verjähren in kurzen sechs Monaten und Verfehlungen im Zusammenhang mit Doping in acht Jahren. Im Einzelnen richtet sich die Frist nach der Höhe der angedrohten Strafe für die Verwirklichung des betreffenden Tatbestandes.

Der Verjährungsbeginn ist nicht ausdrücklich festgelegt. Er ist auf die Beendigung der Tat festzulegen (s. § 78 StGB), d. h. mit der Verwirklichung des Tatbestandes.[278]

Wie im staatlichen Strafrecht kann die Verjährung unterbrochen werden – d. h. Beseitigung des schon abgelaufenen Teils einer Verjährungsfrist. Bestimmte Prozesshandlungen (Einleitung eines Verfahrens durch den Kontrollausschuss, verfahrensförderliche richterliche Anordnungen und jede Entscheidung des Gerichts) heben den bisherigen Verlauf der Verjährung mit der Wirkung auf, dass die Frist von neuem voll zu laufen beginnt.

3. Austritt aus Verein/Verband

(Nr. 2): Wenn ein Betroffener aus dem Verein austritt, wird die Verjährung unterbrochen. Falls er später erneut eintritt, wird ein Verfahren nach Wiedererwerb der Mitgliedschaft eingeleitet oder fortgesetzt (s. oben).

4. Spielwertungsfolgen

(Nr. 3 und 4): Im Hinblick auf die Schnelllebigkeit des Spielbetriebs und insbesondere das Bedürfnis nach Endgültigkeit einer abgeschlossenen Spielsaison können nach dem 30. 6. nur noch eingeschränkt Maßnahmen beschlossen werden. Falls nicht zuvor ein Verfahren eingeleitet worden ist, kann auf Punktverlust oder Spielwiederholung im Zusammenhang mit Pflichtspielen einer abgelaufenen Spielzeit nicht mehr erkannt werden, sehr wohl kann strafweise für die nachfolgende Spielzeit die Aberkennung von Punkten oder auf Versetzung in eine tiefere Spielklasse ausgesprochen werden. Eine Spielumwertung ist natürlich nicht mehr möglich.

---

278 BGH-Rechtsprechung in BGHSt 36, 117, 16, 20.

5. Pokalspiel

Eine besondere Schnelllebigkeit bringt der Pokalwettbewerb mit sich. Nach Austragung einer weiteren Pokalrunde würde eine Spielumwertung oder ein Wiederholungsspiel erhebliche Auswirkungen auf die übrigen teilnehmenden und eventuell auch die ausgeschiedenen Vereine mit **Neuauslosungen** auch für am Verfahren nicht beteiligte Vereine bedingen. Deshalb kann außer bei vorheriger Einleitung eines Verfahrens hierauf nicht mehr erkannt werden. Bei einer rechtskräftigen Entscheidung auf Spielverlust tritt der Gegner an die Stelle der am grünen Tisch ausgeschiedenen Mannschaft, und zwar auch bei einer bereits erfolgten Auslosung der nächsten Pokalrunde.

VII. § 11 RuVO

Feldverweis nach zwei Verwarnungen (gelb/rot) – Einspruch

1. **Wird ein Spieler in einem Bundesspiel, einem Qualifikationsspiel zum DFB-Hallenpokal oder während dieses Endturniers infolge zweier Verwarnungen (gelb/rot) im selben Spiel des Feldes verwiesen, so ist er für das Bundesspiel oder das Hallenspiel der gleichen Wettbewerbskategorie, das dem Spiel folgt, in welchem er des Feldes verwiesen worden war, gesperrt.**
   Der Vollzug der Sperre wegen eines Feldverweises nach zwei Verwarnungen ist nach Ablauf des nachfolgenden Spieljahres nicht mehr zulässig.
2. **Wird ein Spieler in einem Meisterschaftsspiel der Lizenzligen, 3. Liga, Regionalliga, Frauen-Bundesliga oder Junioren-Bundesligen (A- und B-Junioren) infolge zweier Verwarnungen (gelb/rot) im selben Spiel des Feldes verwiesen, ist er bis zum Ablauf der automatischen Sperre auch für das jeweils nächstfolgende Meisterschaftsspiel jeder anderen Mannschaft seines Vereins/Tochtergesellschaft gesperrt, längstens jedoch bis zum Ablauf von zehn Tagen.**
3. **Gegen eine nach Nr. 1. verwirkte Sperre ist ein Einspruch beim DFB-Sportgericht nur dann zulässig, wenn ein offensichtlicher Irrtum des Schiedsrichters nachgewiesen wird.**
   Einspruchsberechtigt ist der betroffene Spieler.
   Der Einspruch des Spielers muss schriftlich eingelegt werden und spätestens an dem Spieltag folgenden Tag bei der DFB-Zentralverwaltung eingegangen sein. Ist dieser Tag ein Samstag, Sonntag oder gesetzlicher Feiertag, läuft die Frist um 10.00 Uhr am ersten darauffolgenden Werktag ab. Das DFB-Sportgericht entscheidet endgültig.

1. Rechtsmittel gegen Gelb-Rote Karte

In der Sprache der Journalisten bringen Schiedsrichter im Spiel durch ihnen zustehende Sanktionsarten „Farbe ins Spiel“, so durch die Gelb-Rote Karte, die den Ausschluss für den Spielrest und eine Sperre für das nächste Pflichtspiel nach sich zieht. Sie ist die „automatische Folge“ zweier Verwarnungen, d.h. zweier Gelber Karten. Lange Zeit war die Gelb-Rote Karte unanfechtbar. Im Zuge der nach und nach vollzogenen Liberalisierung und größeren Rechtsstaatlichkeit des Fußballrechts hat die FIFA und ihr folgend der DFB eine **beschränkte Anfechtungsmöglichkeit** des betroffenen Spielers eröffnet. Der Einspruch ist nach § 11 Nr. 3 RuVO spätestens an dem dem Spieltag folgenden Tag schriftlich einzulegen – bei einem folgenden Samstag, Sonntag oder gesetzlichen Feiertag bis 10.00 Uhr des darauffolgenden Werktags.

2. Anfechtungsgrund

Ein Einspruch ist nur zulässig, wenn ein **offensichtlicher Irrtum des Schiedsrichters** nachgewiesen wird. Nach der Entscheidung des DFB-Sportgerichts im Falle des damaligen HSV-Spielers *Sergej Barbarez*[279] ist ein offensichtlicher Irrtum dann anzunehmen, „*wenn die Entscheidung des Schiedsrichters ohne jeden Zweifel objektiv unrichtig und die Folge eines den Schiedsrichter täuschenden Verhaltens eines anderen Spielers war*“, wobei Letzteres aber nicht zwingende Voraussetzung ist. Die FIFA[280] fordert für einen offensichtlichen Irrtum des Schiedsrichters, dass dieser „schon per Definition sofort feststellbar sein muss“. Wenn Zweifel bestehen bleiben, so ist die Schiedsrichterentscheidung nicht offensichtlich falsch. Insbesondere ist in diesem Bereich für die Anwendung des Grundsatzes „in dubio pro reo“ kein Raum. Im Zweifel geht die Rechtssicherheit der Gerechtigkeit im Einzelfall vor. In den von den DFB-Rechtsinstanzen insoweit bisher entschiedenen Fällen – durchschnittlich ca. drei pro Spielzeit – ergab sich die Evidenz der Fehlentscheidung meistens auch daraus, dass der Schiedsrichter bei eigener Inaugenscheinnahme der Fernsehaufnahme selbst und spontan nachträglich zur Erkenntnis gelangt ist, dass er geirrt hat, und dies eingestanden hat.

3. Nebenwirkung der Gelb-Roten Karte

Bis zum Ablauf der automatischen Sperre nach § 11 Nr. 1 Abs. 1 RuVO ist der Spieler auch für das jeweils nächstfolgende Meisterschaftsspiel jeder anderen Mannschaft seines Vereins gesperrt, längstens jedoch bis zum Ablauf von zehn Tagen. Es soll mit dieser Regel erreicht werden, dass der Spieler eine echte Spielsperre einhalten muss und nicht zwischendurch für eine andere Mannschaft auf Torjagd gehen kann, was ihn die Strafe gar nicht spüren lassen würde.

279 Urteil vom 10.5.2001, SpuRt 2001, 258.
280 Zirkular Nr. 866 vom 24.9.2009.

VIII. § 12 RuVO

Einspruch gegen eine Verwarnung
Gegen eine nach Regel 12 in Meisterschaftsspielen der Lizenzligen, 3. Liga, Regionalliga, Frauen-Bundesliga, 2. Frauen-Bundesliga, Junioren-Bundesligen (A- und B-Junioren) sowie in Vereinspokalspielen des Deutschen Fußball-Bundes auf DFB-Ebene gegen eine(n) Spielerin/Spieler verhängte Verwarnung ist ein Einspruch beim DFB-Sportgericht nur dann zulässig, wenn sich der Schiedsrichter in der Person der Spielerin/des Spielers geirrt hat. Der Einspruch muss schriftlich eingelegt werden und spätestens an dem auf den Spieltag folgenden Tag bei der für das DFB-Sportgericht zuständigen Geschäftsstelle eingegangen sein. Einspruchsberechtigt ist nur der am Spiel beteiligte Verein bzw. die Tochtergesellschaft. Das DFB-Sportgericht entscheidet endgültig.

1. Anfechtungsvoraussetzungen

Eine Gelbe Karte führt nach weiteren **vier Karten gleicher Couleur** zu einer Sperre von einem Spiel.

Gegen eine Gelbe Karte ist spätestens bis zu dem auf den Spieltag folgenden Tag ein Einspruch zulässig, wenn der Schiedsrichter sich in der **Person des Spielers geirrt** hat. Hier ist **nicht** von einer Offensichtlichkeit des Irrtums die Rede. Deswegen ist ein Einspruch bei einer evidenten Fehlentscheidung in der Sache nicht zulässig. Allein der error in persona ist, weil er einem Unschuldigen, den der Schiedsrichter nicht einmal gemeint hat, widerfahren ist, anfechtbar. Diese Verwechslung kommt auch bei Spitzenschiedsrichtern mit Gespann und 4. Offiziellen schon gelegentlich vor, insbesondere bei größeren Ansammlungen von Spielern beider Vereine auf dem Spielfeld. Der Schiedsrichter ist der Gefahr ausgesetzt, bei der Wahrnehmung oder bei der Anfertigung seiner Notizen die Rückennummer zu verwechseln, was das allgegenwärtige Fernsehen im Nachhinein oft unproblematisch nachweist. Ein Schritt mehr an Gerechtigkeit ist somit durch die moderne Technik möglich, wobei aber sonstige Fehlerquellen bei der relativ unwichtigen Gelben Karte nicht korrigierbar sind. Damit müssen die Betroffenen leben – minima non curat praetor.

Übrigens: „Der wahre Täter“ bleibt nach der ständigen Rechtsprechung der DFB-Gerichte straffrei, es sei denn, es liegt ein krass sportwidriges Verhalten vor.

2. Ein Fall der Verwechslung eines Spielers[281]

In der 69. Spielminute des Meisterschaftsspiels zwischen *Bayer 04 Leverkusen* Fußball GmbH und dem *SC Freiburg* am 31. März 2012 verwarnte Schiedsrichter *Hartmann* den Spieler *Ginter* wegen eines angeblichen von ihm begangenen Foulspiels.

---

281 Urteil des Sportgerichts vom 5.4.2012 n.v.

Der Einspruch des Spielers *Ginter* stützt sich darauf, dass die vom Schiedsrichter geahndete Regelwidrigkeit tatsächlich von dem Freiburger Spieler *Schuster* begangen worden sei.

Die vom Schiedsrichter verhängte Verwarnung war aufzuheben, da sich der Schiedsrichter in der **Person des Spielers** geirrt und einen falschen Spieler verwarnt hat (s. § 12 RuVO).

3. Kann man Poldi verwechseln? (§ 13 Nr. 2 RuVO)

Im Bundesligaspiel zwischen dem *1. FC Köln* und *Hertha BSC Berlin* am 10. März 2012 kam es zu Vorhaltungen zwischen Spielern beider Vereine, darunter auch einem Gerangel zwischen *Lukas Podolski* und *Riethan Kobiashvili.* Dieser legte seinen linken Arm um „Poldi", welcher mit seiner linken Hand an das Trikot des Berliners greift und dieses leicht drehte. Dann führte *Podolski* seinen Kopf nach unten und stieß *Kobiashvili* mit der linken Hand gegen den Oberkörper, um sich aus dessen Griff zu befreien.

Schiedsrichter *Winkmann* nahm das Gesamtgeschehen nicht in allen Details wahr. Er wurde von Schiedsrichter-Assistent *Mike Pickel* dahingehend informiert, dass *Podolski* dem Spieler *Kobiashvili* an den Hals gegriffen und eine Bewegung mit dem Kopf in Richtung *Kobiashvili* zu dessen Kopf gemacht habe. Auf Empfehlung von *Pickel* zeigte Schiedsrichter *Winkmann Podolski* die rote Karte.

Nach Einsicht in die Fernsehbilder erklärte *Winkmann*, dass diese Entscheidung falsch war. Hätte er die Situation so wahrgenommen, wie sie sich im Fernsehen darstellt, hätte er *Podolski* für seine Beteiligung an der Schubserei mit *Kobiashvili* nur die gelbe Karte gegeben.

Nach seiner Beweiswürdigung hat das Sportgericht festgestellt, dass *Podolski* seinen Gegenspieler nicht gewürgt hat und damit keine Tätlichkeit begangen hat. Gleichwohl hat er sich durch seine Beteiligung an der Rudelbildung und durch den Griff ans Trikot seines Gegners unsportlich verhalten.

Zur rechtlichen Würdigung führt das Sportgericht aus, dass die vom Schiedsrichter verhängte rote Karte eine Tatsachenentscheidung sei, an die die Rechtsinstanzen grundsätzlich gebunden sind. Dieses Prinzip gelte auch für irrtümliche Entscheidungen. Im vorliegenden Fall ist es unstreitig, dass die Verhängung der roten Karte auf einem Irrtum des Schiedsrichters und seines Assistenten beruhte. Das belegt die Fernsehaufzeichnung, die auch von beiden Unparteiischen bestätigt wurde. Nach der Rechtsprechung (§ 13 Nr. 2 RuVO) könne eine Tatsachenentscheidung des Schiedsrichters nur abgeändert oder aufgehoben werden, wenn einen Irrtum in der Person oder eine **offensichtlich gravierende Fehlentscheidung** getroffen worden ist.

Lukas Podolski hat keine Tätlichkeit nach § 8 Nr. 1c RuVO begangen, sondern sich wohl eines unsportlichen Verhaltens nach § 8 Nr. 1a RuVO schuldig gemacht. Er ging seinen Gegner konfrontativ an, trug damit zur Rudelbildung bei und fasste ihn am

Trikot. Im Hinblick auf das bisherige straffreie Verhalten von *Podolski* wurde die Mindeststrafe von einem Spiel verhängt.

Die in der Vergangenheit in einigen wenigen Ausnahmefällen eines offensichtlichen Fehlers des Schiedsrichters gehandhabte Verfahrenseinstellung ist vorliegend aber nicht am Platze.

Teil VIII Das Verfahrensrecht des DFB

A. §§ 13 – 44 RuVO

I. Allgemeines

Im staatlichen Strafrecht hat sich der Gesetzgeber für **getrennte Gesetze** für das **materielle Strafrecht** (Strafgesetzbuch – StGB) und das **Verfahrensrecht** (Strafprozessordnung – StPO) entschieden, wobei es zudem noch einige spezielle Sondergesetze aus beiden Gebieten gibt, die für das Fußballrecht weniger bedeutsam sind. Der Gesetzgeber im Fußball hat eine **Einheitslösung** getroffen.

Nach dem materiellen Fußballstrafrecht (§ 1 bis § 12 RuVO) folgt dann in §§ 13 – 40 RuVO das Fußballverfahrensrecht, wobei einige Bestimmungen materiellen **und** formellen Charakter haben (z. B. die Normen über Spielwertungen). Nach den Regelungen der RuVO sitzen „Sportler über sich selbst zu Gericht", vielleicht eine der vornehmsten Aufgaben eines Sportlers, wobei dies in erster Linie den inaktiven bzw. den nicht mehr aktiven Fußballern obliegt.

1. Ziel des Verfahrens

Der Fußballprozess hat vom staatlichen Verfahren die Förmlichkeiten des Rechtsgangs mit der obwaltenden Ordnungsfunktion übernommen. Der Altmeister des staatlichen Verfahrensrecht *Eberhard Schmidt* (Heidelberg) hat die Formulierung „Schützende Form der Verfahrensschritte" geprägt. Auch im Fußballverfahrensrecht gewährleisten die formellen Akten beim „Procedere" das Rechtsstaatsprinzip im Verfahrensablauf. Sie realisieren in erster Linie die Rechtsstaatlichkeit und die auf dieser beruhenden Unschuldsvermutung (s. nachfolgend Art. 6 (2) MRK).

Ziel der Rechts- und Verfahrensordnung des DFB (RuVO) ist es, die Grundsätze der Integrität, Loyalität, Solidarität und Fairness umzusetzen und für Recht und Ordnung im Fußball zu sorgen (§ 1 Nr. 1 RuVO). Sie gestalten das Innenleben des Verbands/Vereins und streben für dieses Rechtsfrieden und Gerechtigkeit an.

Ein wesentlicher Bestandteil des Verfahrensablaufs ist der Schuldspruch bei einem, der gegen die Vorschriften verstoßen hat, aber auch die Rehabilitation des Unschuldigen.

2. Fair Trial

Dabei ist dem Fußballsport das unmittelbar und zwingend geltende staatliche Recht des Art. 6 MRK vorwegzustellen. Für einen Sportler ist es die schönste Pflicht, das dem Sport erwachsene Fair Play zu seiner edelsten Aufgabe zu machen und, falls er eine Richtschnur für das Leben, hier das Verfahrensrecht in Fußballstreitsachen beachten will, ein Fair Trial darin zu garantieren.

https://doi.org/10.1515/9783110536416-010

Dies hat der DFB in seiner Rechts- und Verfahrensordnung in den §§ 13 ff. getan, indem er die von der Praxis des Spielbetriebs und in den Rechtsprechungsakten nach und nach entwickelten und stets verbesserten Grundsätze festgeschrieben hat.

Als staatliche Generalvorschrift hierfür kann Art. 6 MRK herangezogen werden. Die Konvention zum Schutz der Menschenrechte und Grundfreiheiten (MRK) ist **unmittelbar geltendes innerstaatliches Recht** und gilt für das Verfahren in der Straf- und Zivilgerichtsbarkeit – und damit auch für die Vereinsgerichtsbarkeit. Art. 6 MRK lautet:

Artikel 6 MRK – Recht auf ein faires Verfahren

1. **Jedermann hat Anspruch darauf, dass eine Sache in billiger Weise öffentlich und innerhalb einer angemessenen Frist gehört wird, und zwar von einem unabhängigen und unparteiischen, auf Gesetz beruhenden Gericht, das über zivilrechtliche Ansprüche und Verpflichtungen oder über die Stichhaltigkeit der gegen ihn erhobenen strafrechtlichen Anklage zu entscheiden hat. Das Urteil muss öffentlich verkündet werden, jedoch kann die Presse und die Öffentlichkeit während der gesamten Verhandlung oder eines Teiles derselben im Interesse der Sittlichkeit, der öffentlichen Ordnung oder der nationalen Sicherheit in einem demokratischen Staat ausgeschlossen werden, oder wenn die Interessen von Jugendlichen oder der Schutz des Privatlebens der Prozessparteien es verlangen, oder, und zwar unter besonderen Umständen, wenn die öffentliche Verhandlung die Interessen der Rechtspflege beeinträchtigen würde, in diesem Fall jedoch nur in dem nach Auffassung des Gerichts erforderlichen Umfang.**
2. **Bis zum gesetzlichen Nachweis seiner Schuld wird vermutet, dass der wegen einer strafbaren Handlung Angeklagte unschuldig ist.**
3. **Jeder Angeklagte hat „mindestens“ (englischer Text) „insbesondere“ (französischer Text) die folgenden Rechte:**
   a) **in möglichst kurzer Frist in einer für ihn verständlichen Sprache in allen Einzelheiten über die Art und den Grund der gegen ihn erhobenen Beschuldigung in Kenntnis gesetzt zu werden;**
   b) **über ausreichende Zeit und Gelegenheit zur Vorbereitung seiner Verteidigung zu verfügen;**
   c) **sich selbst zu verteidigen oder den Beistand eines Verteidigers seiner Wahl zu erhalten und, falls er nicht über die Mittel zur Bezahlung eines Verteidigers verfügt, unentgeltlich den Beistand eines Pflichtverteidigers zu erhalten, wenn dies im Interesse der Rechtspflege erforderlich ist;**
   d) **Fragen an die Belastungszeugen zu stellen oder stellen zu lassen und die Ladung und Vernehmung der Entlastungszeugen unter denselben Bedingungen wie die der Belastungszeugen zu erwirken;**

e) **die unentgeltliche Beiziehung eines Dolmetschers zu verlangen, wenn der Angeklagte die Verhandlungssprache des Gerichts nicht versteht oder sich nicht darin ausdrücken kann.**

Zusammengefasst ist in § 6 MRK geregelt, dass in billiger Weise zu verfahren und zu entscheiden ist. Dabei garantiert die MRK nur einen **Mindeststandard** an Rechten: den Grundsatz der Waffengleichheit, die Gewährung rechtlichen Gehörs, das Recht auf Verteidigung, die Aussagefreiheit des Beschuldigten, dessen Schweigen allein nicht als belastendes Indiz gewertet werden kann, ferner das Prinzip der freien Beweiswürdigung, die Einräumung von Rechtsmitteln und einen Anspruch auf Rechtsmittelbelehrung. Außerdem sichert sie die Öffentlichkeit des Verfahrens, den Anspruch auf dessen Beschleunigung, auf einen unabhängigen und unparteiischen Richter und die Unschuldsvermutung, ferner ein Recht des Betroffenen auf Bekanntgabe der Beschuldigung in einer für ihn verständlichen Sprache, auf den Beistand eines Verteidigers bzw. bei Bedarf eines Dolmetschers sowie auf die Heranziehung und Befragung von Zeugen.

Diese Zusammenstellung und Ansammlung soll anhand ihrer in den §§ 13 ff. RuVO vorgenommenen Umsetzung nachfolgend aufgeschnürt und analysiert werden:

3. Mindeststandard an Rechten

Dabei ist vorweg klarzustellen, dass die Vorschriften bei weitem nicht vollständig den Mindeststandard an Rechten für die Verfahrensbeteiligten garantieren. Es gibt daneben noch eine Reihe von ungeschriebenen Vorschriften des Deutschen Verfahrensrechts, es gibt noch einzelne gewohnheitsrechtliche Bestimmungen des Fußballrechts und auch gesicherte Grundsätze der Rechtsprechung, die für den Spielbetrieb und seine Regelung gelten (s. unten).

II. Einleitung von Verfahren§ 13 RuVO

Einleitung von Verfahren

1. **Verfahren können nur schriftlich eingeleitet werden. Die Einleitung geschieht insbesondere durch:**
   a) **Anklage des Kontrollausschusses bzw. der Ethik-Kommission bei Verstößen gegen die Satzungen von DFB und Ligaverband sowie gegen deren Ordnungen,**
   b) **Anrufung des Sportgerichts durch den Kontrollausschuss wegen der Vorfälle, die sich im Zusammenhang mit Bundesspielen ereignet haben,**
   c) **Anzeigen von Verstößen gegen die Satzungen und Ordnungen des DFB und des Ligaverbandes sowie wegen unsportlichen oder sportschädigenden Verhaltens der Spieler oder anderer Personen, auf die das DFB-Recht Anwendung findet,**

d) Einsprüche von Vereinen, Tochtergesellschaften und Mitgliedsverbänden gegen die Wertung eines Bundesspieles, die sich auf die Spielberechtigung eines Spielers, auf einen entscheidenden Regelverstoß des Schiedsrichters oder auf besondere das Spiel beeinflussende Vorfälle stützen.

2. Bei einem offensichtlichen Irrtum des Schiedsrichters im Falle eines Feldverweises eines Spielers können der Einzelrichter oder das Sportgericht das Verfahren auf Antrag des Kontrollausschusses einstellen. Mit der Einstellung ist eine Vorsperre aufgehoben.

1. Inhalt

Eine Einleitung des Verfahrens kann nur schriftlich erfolgen, wobei insbesondere vier Formen der Einleitung bestehen, davon zwei „von Amts wegen" und zwei auf private Initiative:

- Anklage des Kontrollausschusses bei Verstoß gegen das Regelwerk des DFB und der DFL,
- Anrufung des Sportgerichts durch den Kontrollausschuss wegen Vorfällen bei Bundesspielen,
- Anzeigen wegen Satzungs- bzw. Ordnungsverstößen sowie wegen unsportlichen Verhaltens durch Personen, auf die das DFB-Recht anwendbar ist,
- Einsprüche gegen Spielwertung, gestützt auf die fehlende Spielberechtigung eines Spielers, wegen eines entscheidenden Regelverstoßes des Schiedsrichters oder eines besonderen, das Spiel beeinflussenden Vorgangs. Diese Fallvariante ist in § 17 RuVO näher ausgeführt und wird dort eingehend kommentiert werden.

Dabei beherrscht gemäß dem Anklagemonopol des Kontrollausschusses die Offizialmaxime in den beiden ersten Fällen die Einleitung eines Verfahrens: sie ist auch bei dessen weiterem Betreiben maßgeblich, sodass der Kontrollausschuss Herr des Verfahrensablaufs bis hin zu dessen Rechtskraft ist. In den beiden anderen Fällen sind Vereine und natürliche Personen Initiatoren des Verfahrens, wobei nach der Anzeigenerstattung wiederum die Anklageinstanz ihnen Unterstützung angedeihen lässt.

2. Offensichtlicher Irrtum des Schiedsrichters

Der im Jahre 2002 eingeführte offensichtliche Irrtum des Schiedsrichters führt zur Einstellung des Verfahrens durch Einzelrichter/Sportgericht als Rechtsfolge, wobei dieser Verfahrensschritt auch die Aufhebung einer Vorsperre bewirkt.

Diese Vorschrift ist eine wesentliche Neuerung, die der DFB im Anschluss an die entsprechende Regelung der FIFA im Zuge der von dieser vollzogenen Liberalisierung des Rechts übernommen hat, und zwar für eine Gelb/Rote Karte (§ 11 Nr. 1 und 3 RuVO) und im Falle eines Feldverweises eines Spielers (§ 13 Nr. 2 RuVO), wobei in beiden Fällen „ein offensichtlicher Irrtum des Schiedsrichters" gegeben sein muss.

Insoweit gehen Zweifel nicht zu Gunsten des Spielers, vielmehr ist die Rechtssicherheit vorrangig gegenüber der Gerechtigkeit im Einzelfall.

III. § 14 RuVO

Benachrichtigung der Betroffenen
Von der Einleitung eines Verfahrens sind die Betroffenen unter Darlegung des Vorwurfs und Aufforderung zur Stellungnahme mit Fristsetzung unverzüglich zu benachrichtigen. Nach Feldverweisen können Benachrichtigung und Aufforderung unterbleiben.

1. Inhalt

Der Betroffene hat Anspruch auf unverzügliche Unterrichtung über den Grund der Anklage, d. h. über die tatsächlichen Vorkommnisse, die ihm zur Last gelegt werden, und über die Art der Anklage, d. h. über die rechtliche Würdigung dieser Vorfälle (siehe § 6 III a MRK). Die Mitteilung muss die Einzelheiten enthalten, die für den Betroffenen erforderlich sind, um seine Verteidigung vorzubereiten. Weder nach Art. 6 MRK noch nach § 14 RuVO sind notwendigerweise die Beweismittel zu nennen, auf die die Anklage gestützt wird. Die Aufforderung zur Stellungnahme hat aufgrund dieser Basis unter Fristsetzung zu erfolgen.

2. Feldverweis

Die Mitteilungspflicht nach § 14 Satz 1 RuVO und die Aufforderung gemäß dieser Vorschrift kann bei einer Roten Karte unterbleiben, da dies dem Spieler durch die Eintragung des Sachverhalts durch den Schiedsrichter auf dem Verein nach dem Spiel überlassenen Spielbericht bekannt geworden ist.

IV. § 15 RuVO

Entscheidung durch den Einzelrichter

1. **Das Sportgericht entscheidet durch den Einzelrichter in allen Fällen ohne mündliche Verhandlung. Die Einzelrichtertätigkeit wird vom Vorsitzenden, im Falle Verhinderung durch seinen Stellvertreter oder einem vom Vorsitzenden benannten Beisitzer ausgeübt.**
2. **Nach einem Feldverweis in Meisterschaftsspielen der Bundesliga, der 2. Bundesliga, Liga und in Vereinspokalspielen des Deutschen Fußball-Bundes auf DFB-Ebene stellt der Kontrollausschuss bis 14.00 Uhr des dem Spieltag nachfolgenden Werktags schriftlich Strafantrag beim Einzelrichter. Dabei hat er zu erklären, ob der betroffene Spieler mit dem Antrag einverstanden**

ist oder nicht. Antrag und Erklärung sind gleichzeitig dem vom Feldverweis betroffenen Lizenzverein bzw. dessen Tochtergesellschaft mitzuteilen.
Im Falle des Einverständnisses hat der Einzelrichter dem Strafantrag zu entsprechen, wenn ihm keine grundsätzlichen Bedenken entgegenstehen. Bestehen solche Bedenken, ordnet der Einzelrichter eine mündliche Verhandlung an.

3. **Besteht kein Einverständnis, soll die vom Antrag des Kontrollausschusses und Spielers unabhängige Entscheidung des Einzelrichters bis spätestens 10.00 Uhr des folgenden Werttages ergehen. Eine Verschärfung über das vom Kontrollausschuss beantragte Strafmaß hinaus ist unzulässig.**
   In Fällen grundsätzlicher Bedeutung ordnet der Einzelrichter eine mündliche Verhandlung an.
4. **Gegen die Entscheidung des Einzelrichters können der Kontrollausschuss, der Spieler, sein Lizenzverein bzw. dessen Tochtergesellschaft binnen 24 Stunden nach Zugang der Entscheidung Verhandlung vor dem Sportgericht gemäß § 16 Nr. 1. beantragen, sofern der Einzelrichter von dem jeweiligen Antrag abgewichen ist.**
5. **In allen anderen Verfahren gelten die vorstehenden Fristen nicht. Der Betroffene kann unter Bestimmung einer kurzen Frist zur Stellungnahme aufgefordert werden. Für das weitere Verfahren gelten Nrn. 2. bis 4. entsprechend.**
6. **In Verfahren, die beim Sportgericht auf Antrag der Ethik-Kommission anhängig gemacht werden, entscheidet das Sportgericht stets in einer Besetzung aus drei Mitgliedern. Nr. 5 gilt entsprechend.**

1. Einzelrichterverfahren

Im Jahre 2000 haben die DFB-Juristen bei den führenden europäischen Fußballnationen Spanien, Italien, Frankreich, Holland und England deren Sportstrafrechtsbestimmungen zur Information über deren Rechtslage angefordert. Interessant war dabei in prozessualer Hinsicht das in Italien praktizierte Verfahren, das im Regelfall einen Verfahrensabschluss nach einem Wochenendspieltag bis zum Montag gewährleistet.

Um dies beim DFB auch zu erreichen, ist die Richterbank möglichst klein zu gestalten. Das ist in § 15 Nr. 1 RuVO dadurch geschehen, das in allen Fällen ohne mündliche Verhandlung – d. h. also im Normalfall – der Einzelrichter entscheidet. Diese Tätigkeit wird durch den Vorsitzenden des Sportgerichts, im Verhinderungsfall durch ein anderes Mitglied des Spruchkörpers ausgeübt.

2. Verfahrensablauf nach Feldverweis

(Nrn. 2 und 3): Es ist sodann ein Instrumentarium mit Zeitraster vorgegeben, das gewährleisten soll, dass zeitnah eine Entscheidung gefällt werden kann.

Information über den Sachverhalt
Voraussetzung für den nachfolgenden Ablauf des Verfahrens ist die Umsetzung der mit dem Vorsitzenden des Schiedsrichterausschusses getroffenen Vereinbarung, dass am ersten Werktag nach dem Spieltag, also im Normalfall am Montag bis 08.00 Uhr, der Schiedsrichterbericht mit Schilderung des Feldverweises bei der Rechtsabteilung des DFB ist, bei Sonntagsspielen bis 10.00 Uhr am Montag.

Der Kontrollausschussvorsitzende oder sein Vertreter haben zuvor die Feldverweise in den Sportsendungen freitags, samstags und sonntags bereits einmal bzw. mehrfach betrachtet, sie analysieren durch Wiederholungen und Verzögerungen des Films und haben sich so einen vorläufigen Eindruck über die begangenen Verfehlungen verschafft. Ähnliche Wahrnehmungen haben gezielt der Vorsitzende des Sportgerichts und der Abteilungsleiter Recht beim DFB vorgenommen. Ein schnelles Vorgehen montags setzt voraus, dass die drei Verfahrensbeteiligten auf DFB-Seite auf dem gleichen Kenntnisstand über die Taten, die zu Feldverweisen führten, sind. Böse Zungen bezichtigen die Beobachter am Wochenende des Voyeurismus. Wenn dann am Montag der Spielbericht vorliegt, bildet sich der Kontrollausschuss unter dessen Einbeziehung eine verfestigte Meinung über den verwirklichten Tatbestand, wobei insbesondere die Strafhöhe, die verständlicherweise den Spieler am meisten interessiert, festzulegen ist.

3. Rechteverteidigung des Spielers

Parallel zu diesen Verfahrensschritten des Kontrollausschusses bis zur endgültigen Antragstellung – etwa in der Zeit von 10.00 Uhr bis 13.00 Uhr am Montag – besteht für Spieler, was nicht ausdrücklich in § 15 RuVO erwähnt ist, aber als selbstverständlich aus dem Grundsatz des rechtlichen Gehörs (Art. 103 (2) GG) und aus Art. 6 Abs. 3 c MRK – dem Recht auf konkrete und wirkliche Verteidigung – folgt, die Möglichkeit, in einem eigenen Schriftsatz oder in einem solchen seines Vereins oder Verteidigers zu dem im Spielbericht geschilderten Vorwurf sich in tatsächlicher und rechtlicher Hinsicht schriftlich zu äußern. Oft findet in dieser Phase auch ein Rechtsgespräch am Telefon zwischen Verteidigung und Anklageinstanz – manchmal auch unter Einschaltung des Gerichts – statt. Wegen des möglichen Ergebnisses in Richtung auf den sog. „Deal im Strafverfahren" wird am Ende der Kommentierung zu § 15 a.E. zurückzukommen sein.

4. Erhebung der Anklage

Nach diesem Zwischenverfahren folgt bei einem Feldverweis in Meisterschafts- und Vereinspokalspielen auf DFB-Ebene die Erhebung der Anklage seitens des Kontrollausschusses beim Einzelrichter bis 14.00 Uhr des dem Spieltag folgenden Werktags, wobei er einen genau umschriebenen schriftlichen Antrag stellt. Das Ergebnis des zuvor dazu eingeholten Einverständnisses oder Nichteinverständnisses ist zur Klarstellung mitzuteilen. Der Strafantrag und die Erklärung des Spielers sind gleichzeitig dem Verein des Betroffenen mitzuteilen.

5. Reaktionsmöglichkeiten des Einzelrichters

Bei Einverständnis des Einzelrichters mit dem Antrag hat dieser ihm zu entsprechen, es sei denn, grundsätzliche Bedenken stehen entgegen;

- bei fehlendem Einvernehmen soll die Entscheidung des Einzelrichters bis 10.00 Uhr des folgenden Werktags ergehen. Sie kann vom Antrag des Kontrollausschusses abweichen, jedoch diesen nicht verschärfen;
- in Fällen grundsätzlicher Bedeutung ordnet der Einzelrichter eine mündliche Verhandlung an: dies geschieht bei bisher nicht entschiedenen Rechtsfragen von Bedeutung oder bei großem Interesse der Öffentlichkeit an dem Fall;
- gegen die Entscheidung des Einzelrichters kann die mündliche Verhandlung beantragt werden, und zwar vom Kontrollausschuss bzw. Spieler/Lizenzverein, falls der Einzelrichter von deren Anträgen abgewichen ist, also Beschwer des Rechtsmittelführers gegeben ist. Die Beschwerdefrist beträgt 24 Stunden nach dem Zugang der Entscheidung – § 15 Nr. 4 RuVO.

6. Rechtsbehelf

Es ist also im Fußballrecht ein Rechtsbehelf eigener Art für die Verfahrensbeteiligten – Beschwer vorausgesetzt – eröffnet, was in der MRK (Art. 13) nicht als originäres Recht vorgesehen ist (s. aber Anrufung der Kommission nach Art. 25 MRK).

7. Sonstige Verfahren

Das besondere Beschleunigungsgebot (§ 15 Nr. 2 und 3 RuVO) gilt nicht für alle anderen Verfahren: so nicht gegen Spieler nach Freundschaftsspielen sowie Verfahren gegen alle anderen denkbaren Beteiligten. Hier ist der Betroffene unter Bestimmung einer kurzen, d. h. aber den Umständen nach angemessenen, jedenfalls knapp bemessenen Frist zur Stellungnahme unter Übermittlung der Anklage mit Strafantrag aufzufordern.

Auch in dieser Verfahrensart gestaltet sich der weitere Ablauf der Streitsache entsprechend den Nummern 2 bis 4 des § 15 RuVO.

8. Beschleunigungsgebot

Es kann als Überschrift für die Nummern 1 bis 4 des § 15 RuVO gelten. Die hierfür als Vorbild gewählte europäische Konventionsvorschrift des Art. 6 MRK umschreibt die Beschleunigung mit den knappen Worten auf Aburteilung „binnen angemessener Frist“ (Art. 6 Abs. 1 Satz 1, 5 Abs. 3 Satz 2 MRK). Die Umstände des Falles bestimmen „die angemessene Frist“, wobei der Umfang und die Schwierigkeit des Verfahrens, die

Art der Ermittlungen (z. B. Sachverständigengutachten in Dopingverfahren, Vernehmung im Ausland) zu berücksichtigen sind. Bei Verfahren mit Fernsehbeweis ist in der Regel ein besonderes Beschleunigungsmittel vorhanden. Im staatlichen Recht eröffnet die Verletzung des Beschleunigungsgebots kein Verfahrenshindernis,[282] und zwar auch nicht in Extremfällen. Zwar sei ein Anspruch des Betroffenen auf ein rechtsstaatliches und faires Verfahren (Art. 2 (1) in Verbindung mit Art. 20 (3) GG) verletzt,[283] daran knüpfe der staatliche Gesetzgeber jedoch keine Rechtfolgen, etwa die der Verfahrenseinstellung; allenfalls könne bei zu missbilligender Verfahrensweise eine Berücksichtigung bei der Strafzumessung stattfinden oder bei einem Gnadenerweis Rechnung getragen werden.

9. Fußballspezifische Beschleunigung

Die im staatlichen Recht geschichtlich seit dem Reichskammergericht verschriene „lange Richterbank" ist beim Fußballstrafrecht keine „Krankheit". Im Gegenteil werden die wie z. B. in § 15 Nrn. 3 und 4 angesprochenen Fristen sogar in Stunden bemessen, was manchmal als Trend zur Überbeschleunigung kritisiert wird. Fast ganz überwiegend wird aber das beschleunigte Verfahren beim DFB bei Feldverweisen sehr gelobt. Im Sport besteht nämlich ein erhöhtes Bedürfnis für zeitnahen Verfahrensabschluss, sodass die sportlichen Ergebnisse oder Tabellen nicht erst nach Wochen oder gar Monaten feststehen. Aus diesem Gesichtspunkt geboren, wird teils die Rechtssicherheit sogar der Gerechtigkeit vorgezogen. So werden, wie zu § 10 Abs. 3 und 4 RuVO dargelegt, nach Abschluss einer Meisterschaftsrunde oder nach Austragung der nächsten Pokalrunde Ergebniskorrekturen gänzlich ausgeschlossen. Rechtsklarheit in Form von Tabellenaktualität und -genauigkeit wird in den Vordergrund gestellt, damit ein Verein bei einer Begegnung weiß, was er tun muss, um den erstrebten Aufstiegs- und/oder Qualifikationsplatz zu erreichen oder von einem Abstiegsplatz wegzukommen. Die Gerechtigkeit kann dabei durchaus im Einzelfall zurücktreten müssen, was augenscheinlich wird beim Ausschluss der Wiedereinsetzung in Einspruchsverfahren (§ 16 Nr. 12 RuVO).

Aufgrund der Erfahrungen eines staatlichen Richters bleibt aber sehr wohl darauf zu achten, dass dem Sport nicht ein „kurzer Prozess" dienlich ist, sehr wohl aber ein kurzes Verfahren. „Der schnelle Rechtsfrieden ist ein hohes Gut" (Robert Weise, DFB-Abteilungsleiter), wobei er auf wichtiges Handwerkszeug im Büro der Rechtsabteilung wie Computer mit Internet-Anbindung, TV-Geräte inklusive Abspielmöglichkeiten für Video und DVD, aber auch ein klassisches Strafarchiv in Holzkarteikästen zurückgreift.

282 BGHSt 21, 81; 27, 274.
283 BVerfG, NJW 1984, 967.

10. Konsensualverfahren

Ebenso wenig wie in der RuVO ist auch im staatlichen Strafprozess eine neu geschaffene Verfahrensweise ausdrücklich angesprochen und beschrieben, die sich gerade im Fußballstrafverfahren als geeigneter Weg zur Gestaltung eines Fair Trial anbietet.

Während des Ermittlungsverfahrens nach der StPO bzw. parallel zur Hauptverhandlung wird seit einiger Zeit ein Konsens über die Strafrechtssanktionen zwischen Gericht, Verteidigung und Staatsanwaltschaft angesteuert. Zwar werden insoweit Bedenken gegen diesen „Handel mit der Gerechtigkeit" vielerorts geäußert. Dabei ist sicherlich einzuräumen, dass das deutsche Strafprozessrecht von Grund auf vergleichsfeindlich ausgestaltet ist – ebenso die RuVO. Das Bundesverfassungsgericht[284] hält solche Absprachen aber nicht grundsätzlich für unzulässig, stellt jedoch rechtsstaatliche Schranken dafür auf. Der Bundesgerichtshof in Strafsachen[285] hat eine solche Verfahrensweise akzeptiert, aber für diese Praxis Grenzen und

Schranken entwickelt, wobei die einzelnen Schritte der Verständigung unter den verschiedenen Strafsenaten und auch in der Praxis der Instanzgerichte unterschiedlich sind. Die abwertende Bezeichnung **„Deal im Strafverfahren"** soll sich auf unzulässige Absprachen beziehen. Die Einigungsvoraussetzungen, die sich insbesondere auf die Wirkungen eines zugesagten Geständnisses beziehen, sind auf das Sportstrafverfahren nicht alle übertragbar. Nachdem der Große Senat des BGH[286] die Vorgaben für eine solche Praxis nochmals festgeschrieben hat, kann man daraus auf das Fußballstrafverfahren ein eigenständiges konsensuales Verfahren neben dem „streitigen Verfahren" mit einigem Recht übertragen und es dort handhaben.

Nach Feldverweisen im Fußball sollten solche Annäherungsbestrebungen, wenn sie auf beiden Seiten von dem Fair-Play-Gedanken geleitet werden, nicht ausgeschlossen werden. Solche Absprachen können in einem frühen Verfahrensstadium Rechtssicherheit gewährleisten für den Spieler, dessen Verein und den Trainer, der die Trainingsausrichtung auf die Länge der Sperre abstellen kann. Wenn im Strafprozess die Verständigung sich inzwischen als „strafprozessuales Faktum"[287] insbesondere zur Bewältigung von zeitraubenden Großverfahren erwiesen hat, wird auch in den Verfahren des DFB eine frühe Annäherung hinsichtlich der Strafhöhe zwischen Kontrollausschuss und Verteidigung mit Billigung des Gerichts als segensreich erachtet, wobei ein gewisser „Strafrabatt" als Gegenleistung für den frühzeitigen Verfahrensabschluss nicht versagt bleibt. Der Begriff „Deal" passt hierfür nicht, vielleicht ist der eines **„Agreements unter Sportlern!"** angebracht. Zu meiner Zeit als Kontrollausschussvorsitzender sind eine Reihe von Feldverweisen auf diesem Weg abgeschlossen worden, wobei die Konsenshöhe zwischen kundigen Sportstrafverteidigern

---

284 NJW 1987, 2662.
285 BGHSt 43, 195.
286 NJW 2005, 1440.
287 *Meyer-Goßner* StPO Kommentar, Einleitung Rn. 119 e.

und „Chefankläger“ keiner längeren Diskussion bedurfte, weil jeder wusste, „woran er war“.

V. § 16 RuVO

Allgemeine Verfahrensvorschriften
Für die Verhandlung und Entscheidung durch die DFB-Rechtsorgane gelten folgende Bestimmungen:

1. **Entscheidungen des Sportgerichts in der Besetzung mit drei Richtern und Entscheidungen des Bundesgerichts ergehen aufgrund mündlicher Verhandlung.**
   Im Einverständnis aller Beteiligten sowie bei der Entscheidung über Rechtsfragen bei unstreitigem Sachverhalt kann auf Anordnung des Vorsitzenden ohne mündliche Verhandlung entschieden werden.
   In Verfahren, die beim zuständigen Rechtsorgan auf Antrag der Ethik-Kommission anhängig gemacht werden, findet grundsätzlich keine mündliche Verhandlung statt. Das zuständige Rechtsorgan entscheidet in solchen Verfahren unter Beachtung allgemeiner Verfahrensgrundsätze auf Grundlage der Akten. Auf begründeten Antrag einer Partei kann das zuständige Rechtsorgan eine mündliche Verhandlung ansetzen, die nicht öffentlich ist.
2. **Teilt eine Partei einen triftigen Grund für ihr Nichterscheinen mit, so kann nach dem Ermessen des Gerichts dennoch die Verhandlung durchgeführt werden, wenn dies zwingend geboten ist. Die Entscheidung kann auch in einem neu anzuberaumenden Termin oder durch Zustellung des Urteilstenors an die Parteien erfolgen.**
3. **Der Vorsitzende bestimmt den Termin zur mündlichen Verhandlung und verfügt die Ladungen. Zu laden sind die Parteien, Zeugen und die Sachverständigen. Die Ladungen sollen dem zu Ladenden 48 Stunden vor der Verhandlung zugehen. Bei Nichterscheinen zu einer mündlichen Verhandlung kann eine Ordnungsstrafe nach § 20 verhängt werden.**
4. **Die Verhandlungen der Rechtsorgane sind öffentlich für Zuhörer, die den Vereinen der Mitgliedsverbände des DFB oder einem Vertretungs- oder Kontrollorgan einer Tochtergesellschaft angehören. Medienvertreter können zugelassen werden. Während der mündlichen Verhandlung sind Film- und Tonaufnahmen mit Ausnahme der Verkündung des Urteilstenors nicht zulässig. In Ausnahmefällen kann die Öffentlichkeit durch Beschluss des Rechtsorgans ausgeschlossen werden.**
5. **Für eine Partei sind höchstens zwei Vertreter zugelassen. Für die Vertretung ist schriftliche Vollmacht erforderlich. Mitglieder von Rechtsorganen des DFB sind als Vertreter nicht zugelassen.**

6. Der Vorsitzende leitet die Verhandlung. Er gibt nach der Eröffnung die Besetzung des Gerichts bekannt und stellt die Anwesenheit fest. Er ermahnt die Zeugen zur Wahrheit und entlässt sie bis zu ihrer Vernehmung aus dem Verhandlungsraum. Er vernimmt anschließend die Parteien und Zeugen und führt die sonstigen Beweismittel ein. Zeugen können bei Vorliegen besonderer Umstände auch schriftlich oder vorab durch den Vorsitzenden oder ein von ihm beauftragtes Mitglied des Sportgerichts befragt werden. Das Vernehmungsergebnis ist in die mündliche Verhandlung einzuführen. Es kann auch eine telefonische Befragung während der Verhandlung vorgenommen werden.
   Die Verfahrensbeteiligten können Fragen stellen. Die Beschuldigten und die Parteien haben das Schlusswort.
   Über die Verhandlung ist ein Kurzprotokoll zu führen.
7. Die Urteilsberatung ist geheim und unterliegt der Verschwiegenheitspflicht. An der Beratung dürfen nur die in dem Einzelfall beschließenden Mitglieder des Rechtsorgans sowie mit Erlaubnis des Vorsitzenden dem DFB zur Ausbildung zugewiesene Rechtsreferendare oder Praktikanten teilnehmen. Stimmenthaltung ist unzulässig. Bei Stimmengleichheit gibt die Stimme des Vorsitzenden den Ausschlag. Bei Abstimmungen über Schuld- und Straffragen ist jedoch eine Mehrheit erforderlich.
   In Verfahren, in denen sowohl gegen Vereine, Lizenzspieler und Vereinsmitglieder bzw. Tochtergesellschaften als auch gegen Trainer und Junioren verhandelt wird und daher die Besetzung der Rechtsorgane nach den entsprechenden Satzungsbestimmungen unterschiedlich sein muss, gilt das Beratungsgeheimnis als gewahrt, wenn alle beteiligten Mitglieder der Rechtsorgane miteinander beraten und bei den zu treffenden Entscheidungen anwesend sind.
   Ergeht das Urteil aufgrund mündlicher Verhandlung, ist es von allen beteiligten Sportrichtern, im Übrigen nur vom Vorsitzenden zu unterschreiben.
8. Das Urteil ist außer im Falle von Nr. 2. Satz 2 im Anschluss an die Urteilsberatung vom Vorsitzenden zu verkünden und kurz zu begründen. Außerdem wird es mit der Begründung zugestellt, sofern die Parteien hierauf nicht verzichten. Die Urteilsbegründung ist vom Vorsitzenden zu unterschreiben. Die Verkündung kann entfallen, wenn die Beratung nicht in angemessener Zeit nach Schluss der Verhandlung beendet werden kann oder andere wichtige Gründe dies angezeigt erscheinen lassen; in diesem Fall ist das Urteil zuzustellen.
9. Entscheidungen, die dem Urteil vorausgehen, erfolgen durch Beschluss, der nicht selbstständig angefochten werden kann.
10. Die Verfahrensbeteiligten und Rechtsorgane sind an die Einhaltung von Fristen gebunden. Fristenversäumnis zieht Rechtsverlust eines Antragstellers nach sich.

Alle Verfahrenshandlungen, die an Fristen gebunden und schriftlich einzubringen sind, müssen postalisch, durch Telefax oder durch quittierte Abgabe beim DFB bewirkt werden. Die Verfahrenshandlung gilt am Tage der Aufgabe zur Post als vorgenommen. Der Nachweis über die Einhaltung der Frist wird durch den Aufgabestempel eines Postamtes erbracht. Freistempler reichen zum Nachweis nicht aus.
Soweit Verfahrensgebühren oder andere Zahlungen innerhalb einer Frist zu leisten sind, ist ihre rechtzeitige Absendung ausreichend. Der Nachweis der Rechtzeitigkeit ist durch die Vorlage ordnungsgemäßer Bank- oder Postbelege zu erbringen.

11. **Gegen Fristversäumnis kann einem Verfahrensbeteiligten auf seinen Antrag hin Wiedereinsetzung in den vorigen Stand gewährt werden, wenn der Antragsteller durch einen unabwendbaren Zufall an der Einhaltung der Frist verhindert worden ist. Der Antrag ist innerhalb von zwei Wochen nach Wegfall des Hindernisses zu stellen.**
12. **Gegen eine Versäumung der Einspruchsfrist nach § 17 ist eine Wiedereinsetzung nicht zulässig.**

1. Richterbesetzung

(Nr. 1): Wenn nach der RuVO Sport- bzw. Bundesgericht mit mehreren Richtern zu entscheiden haben, ist eine **mündliche Verhandlung** durchzuführen.

Davon kann bei Einverständnis aller Beteiligten sowie bei Entscheidungen über Rechtsfragen, falls der Sachverhalt nicht streitig ist, abgewichen werden und auf Anordnung des Vorsitzenden die schriftliche Verfahrensweise angeordnet werden.

2. Anwesenheitsrecht des Betroffenen

(Nr. 2): Grundsätzlich findet die mündliche Verhandlung in Anwesenheit des Betroffenen statt. Falls dieser einen triftigen Grund (in der Definition anzusiedeln unterhalb einem „wichtigen Grund“) angibt, kann er von dem Erscheinen entbunden und nach dem Ermessen des Gerichts die Verhandlung ohne ihn durchgeführt werden, wenn dies nicht zwingend notwendig ist (Gesichtspunkt der Waffen-, Chancengleichheit, des rechtlichen Gehörs). Dabei kann die zu treffende Entscheidung in einem neu anzusetzenden Termin oder durch Zustellung des Urteilstenors erfolgen.

3. Rechte des Vorsitzenden vor dem Termin

(Nr. 3): Die Vorbereitung des Termins obliegt im Wesentlichen dem Vorsitzenden: so die Terminanberaumung, d. h. die Festsetzung von Ort, Tag und Stunde der mündlichen Verhandlung – aus Gründen der zentralen Lage und damit der besseren Erreichbarkeit findet in Fußballsachen die Verhandlung meistens in **Frankfurt in den DFB-Räumen** statt. Zu laden sind Parteien, Zeugen, gegebenenfalls Sachverständige, wobei durch Sollvorschrift eine Ladungsfrist von 48 Stunden vorgesehen ist – bei Strafandrohung bei Nichterscheinen.

4. Mündlichkeit – Öffentlichkeit – Unmittelbarkeit

(Nr. 4): Aus dem prozessualen Urrecht „rechtliches Gehör“ kann ein Anspruch auf eine **mündliche Verhandlung** abgeleitet werden. Diese ist ausdrücklich in § 15 in den Verfahren ohne Einzelrichter und denen von grundsätzlicher Bedeutung (s. § 15 Nr. 3 Unterabs. 2 RuVO) vorgesehen, außerdem findet in Berufungsverhandlungen grundsätzlich eine mündliche Verhandlung statt.

Im Regelfall ist bei der Beweisaufnahme auch das **Unmittelbarkeitsprinzip** einzuhalten. Nur ausnahmsweise („bei Vorliegen besonderer Umstände“) können Zeugen auch außerhalb der Verhandlung vernommen werden.

Gemäß § 16 Nr. 4 RuVO sind die Verhandlungen der Rechtsorgane **öffentlich** für Zuhörer, die einem DFB-Verein angehören. Medienvertreter können nach Satz 2 dieser Vorschrift zugelassen werden, was regelmäßig geschieht. Ähnlich der Praxis bei publikumswirksamen Verfahren bei den staatlichen Gerichten können beiden Personengruppen Platzkarten angeboten und so eine räumlich bedingte Einschränkung vorgenommen werden. Während der mündlichen Verhandlung sind Film- und Tonbandaufnahmen nicht zulässig. § 169 Abs. 2 GVG, der grundsätzlicher Überprüfung durch das Bundesverfassungsgericht in medienwirksamen Verfahren standgehalten hat, erklärt Aufnahmen im Gerichtssaal für unzulässig. Als Konzession für die interessierte Öffentlichkeit kann die **Verkündung des Urteilstenors** auf Bild- und Tonträger aufgenommen werden.

In höchst seltenen Fällen wird beim DFB von der zum Schutz wichtiger Individualinteressen in § 16 Nr. 4 Satz 4 RuVO eröffneten Möglichkeit, dass das Rechtsorgan die Öffentlichkeit ausschließt, Gebrauch gemacht.

5. Vertretung durch Rechtsbeistände

(Nr. 5): Bis zur grundlegenden Neufassung der RuVO zum 30. April 2001 war in § 10 Nr. 5 RuVO a. F. vorgesehen, dass der für den Betroffenen auftretende Beistand Mitglied in einem dem DFB angehörigen Verein sein muss. Eine solche Regelung ist von der höchstrichterlichen staatlichen Rechtsprechung[288] nicht beanstandet worden, da sich ein Vereinsmitglied in vereinsinternen Konfliktfällen selbst mit dem Verein bzw. einem Vereinsorgan interessengemäß auseinandersetzen könne und deshalb seine Vertretung durch einen vereinsfremden Dritten grundsätzlich nicht geboten sei. Eine Ausnahme wurde aus Gründen der Waffengleichheit gemacht, wenn der Verein sich selbst anwaltlich beraten bzw. vertreten ließ; dann stand dem Vereinsmitglied eben-

288 BGH, NJW 1984, 1884 und NJW 1971, 830.

falls ein Recht auf einen Rechtsbeistand zu. Zwischenzeitlich kann auch ein vereinsfremder Beistand die Verteidigung übernehmen.

Die jetzige Begrenzung auf höchstens zwei Vertreter ist sinnvoll. Einzelvollmacht ist schriftlich vorzulegen. Mitglieder von Rechtsorganen des DFB sind aus Gründen der Neutralität und im Hinblick auf das Ansehen der Strafrechtspflege ausgeschlossen.

6. Gang der Verhandlung

(Nr. 6): Aufgabe des Vorsitzenden in der mündlichen Verhandlung ist grundsätzlich die gesamte Prozessleitung. Er beginnt mit der Bekanntgabe der Besetzung der Richterbank und der Feststellung der Präsenz. Sodann ermahnt er die Zeugen zur Wahrheit und entlässt sie vorläufig aus dem Sitzungssaal. Es folgt die Vernehmung der Parteien und der Zeugen und die Einführung der sonstigen Beweismittel (insbesondere der Inaugenscheinnahme der Videoaufnahme).

In Ausnahmefällen kann die schriftliche Vernehmung von Zeugen bzw. deren telefonische Befragung während der Verhandlung durchgeführt werden – auch per Telefonschaltung. Es besteht ein Recht zu Fragen und Vorhalten an die Zeugen. Die Parteien haben das letzte Wort (Schlusswort). Über die Verhandlung ist ein Protokoll zu führen.

7. Das Beweisverfahren

Insoweit ist die Verfahrensordnung des DFB sicherlich etwas **rudimentär** ausgestaltet, sodass gleichsam als Einschaltung an dieser Stelle die Probleme dieses Verfahrensabschnitts – auch die **ungeschriebenen Teile** – näher angesprochen werden. Nachstehend sollen die Verfahrensregeln kommentiert werden, die nicht expressis verbis in der RuVO Erwähnung finden, wie

- die Unschuldsvermutung (a),
- das rechtliche Gehör (b),
- die Beweismittel im Einzelnen (c),
- die freie Beweiswürdigung (d).

8. Die Unschuldsvermutung

Die Unschuldsvermutung, die für das Vereinsrecht aus Art. 2 (1) GG folgt und nach Art. 6 Abs. 2 MRK gilt, folgt außerdem aus dem Rechtsstaatsprinzip (Art. 20 (2) GG). Sie will verhüten, dass jemand als schuldig behandelt wird, ohne dass ihm in einem gesetzlich geregelten Verfahren seine Schuld nachgewiesen ist. Die Unschuldsvermutung gebietet eine unvoreingenommene Behandlung des Betroffenen in Sportstrafverfahren. Sie berührt jedoch nicht die Zulassung von vorläufigen Verfolgungsmaßnahmen – wie die systemimmanente **automatische Vorsperre** im Fußball – bei entsprechenden Feststellungen durch einen berufenen und sachkundigen Schnellrichter wie den Schiedsrichter auf dem Spielfeld. Sie ist im Rahmen der Vereinsautonomie (§ 25 BGB, Art. 9 (1) GG) gerechtfertigt, da sie verhindert, dass ein des Feldes verwiesener Spieler mit der Wirkung einer Wettbewerbsverzerrung am folgenden Spieltag teilnehmen darf und dabei eventuell entscheidende Tore erzielt oder verhindert. Oben (Teil I, § 4 RuVO) ist sie als unbestreitbarer Bestandteil einer lex sportiva des Fußballs für gerichtsfest erklärt worden. Sie widerspricht nicht der Unschuldsvermutung, wie diese auch nicht der Zulässigkeit von Strafverfolgungsmaßnahmen nach der StPO aufgrund bestimmten Verdachts (vorläufige Festnahme, Untersuchungshaft) entgegensteht. Die Vermutung der Unschuld endet schließlich mit der Rechtskraft der Entscheidung.

Der für das staatliche Verfahren aus der Unschuldsvermutung abzuleitende Grundsatz **in dubio pro reo** bedeutet, dass für den Fall, dass das Gericht nicht die volle Überzeugungskraft von der Täterschaft des Betroffenen gewinnt, die diesem günstigste Rechtsfolge eintreten muss. Er gilt nicht für die Disziplinarstrafen des Vereinsrechts, die zum Zivilrecht gehören und klar von strafrechtlichen Sanktionen abzugrenzen sind.[289] Dort herrschen die Grundsätze der Beweislast, die aber im Ergebnis nichts anderes ergeben, als dass bei bestehen bleibenden Zweifeln an der Schuld des vom Feld gestellten Spielers der beweispflichtige Verband nicht auf einer Sperre bestehen kann.

9. Rechtliches Gehör

Ein Unterfall dieses verfahrensmäßigen Grundrechts (Art. 103 (1) GG) ist in § 16 Nr. 6 Abs. 2 RuVO geregelt, wonach die Verfahrensbeteiligten Fragen stellen können und, damit ihr Standpunkt bis in die Beratung nachdrücklich wirkt, das **Schlusswort** haben.

Das rechtliche Gehör ist nach BGH[290] ein Gebot der natürlichen Gerechtigkeit, das dem Betroffenen seine Verteidigung ermöglicht. Die erste Voraussetzung hierfür ist die umfassende Information über den Verfahrensgegenstand (§ 14 RuVO), die bei Feldverweisen durch die Aushändigung des Spielberichts bzw. der Anklageschrift des Kontrollausschusses geschieht.

Während des Verfahrens werden, wenn eine Veränderung des rechtlichen Gesichtspunkts eintreten sollte, dem Betroffenen vom Vorsitzenden entsprechend dem **Rechtsgedanken des § 265 StPO** veränderte tatsächliche und rechtliche Umstände bekannt gegeben. In der mündlichen Verhandlung kann eine zeitweise Aussetzung des Verfahrens zur entsprechenden Einstellung der Verteidigung erfolgen.

Richter und Anklagevertreter in DFB-Verfahren haben wichtige staatliche Grundsätze aus ihrer beruflichen Tätigkeit verinnerlicht und wenden sie, falls sie wesentlich zu einem fairen Verfahren beitragen, mehr oder weniger routinemäßig als

289 Siehe oben Teil I, § 2 Rn. 16.

290 BGHZ 29, 355.

selbstverständlich an. Dazu gehört auch, dass eine Reaktion auf eine **Gegenvorstellung** des Betroffenen erfolgt. Wenn eine sportgerichtliche Entscheidung unsachgemäß ist und insbesondere, wenn ein prozessuales Unrecht geschehen ist, kann ein fehlerhafter Verfahrensabschnitt auf diesem Weg widerrufen bzw. wiederholt werden.

10. Gang der Beweisführung

Die mündliche Verhandlung hat den Verfahrensgegenstand herauszuarbeiten und festzustellen sowie in rechtlicher Hinsicht abschließend zu würdigen. Eine Unterscheidung in Streng- und Freibeweis kennt die RuVO dabei nicht. Ihr zentrales Anliegen ist die Ermittlung des **wahren Sachverhalts**, der dem Urteil zugrunde liegt. Den Umfang des Verfahrensgangs bestimmt das Gericht, wozu die Verfahrensbeteiligten mit beitragen können, indem sie gegebenenfalls Beweisanträge stellen. Grundregel im Zivilverfahren ist: jede Partei trägt die Behauptungs- und Beweislast dafür, dass der Tatbestand der ihr günstigen Rechtsnorm erfüllt ist. Bei Feldverweis ist es das Anliegen des Spielers, zu verhindern, dass sich eine Überzeugung über das Vorliegen der Gründe des Feldverweises herausbildet; ist dies nicht der Fall, so ist er freizusprechen.

Als zentrale Vorschrift kann als Anleihe für die Beweisaufnahme im Sportstrafverfahren **der § 244 StPO** herangezogen werden, der nach der Rechtsprechung des BGH auch in Zivilsachen entsprechend gilt.[291] Nach dessen Abs. 2 der Norm hat das Gericht zur Erforschung der Wahrheit die Beweisaufnahme von Amts wegen auf alle Tatsachen und Beweismittel zu erstrecken, die für die Entscheidung von Bedeutung sind. Hinsichtlich der Ablehnung der Beweisanträge der Verfahrensbeteiligten gelten auch im Zivilprozessrecht die klassischen Gründe des § 244 Abs. 3 und 4 StPO (Verbot der Beweisantizipation, Unzulässigkeit, Offenkundigkeit, Bedeutungslosigkeit, Erwiesensein der Beweistatsache, völlige Ungeeignetheit des Beweismittels, Unerreichbarkeit, Verschleppungsabsicht).

11. Freie Beweiswürdigung:

Spezielle Vorschriften über die Beweisaufnahme und den Abschluss derselben enthält die RuVO nicht, sodass gemäß den Grundregeln der §§ 286 ZPO, 261 StPO der Inhalt (der Inbegriff) der Verhandlung auch **nach der freien Überzeugung des Gerichts** zu ermitteln ist. Ein Sachverhalt ist danach erwiesen, wenn das Entscheidungsgremium von seiner Wahrheit überzeugt ist. Hierfür genügt, da eine absolute Gewissheit nicht zu erreichen und die Möglichkeit des Gegenteils nie auszuschließen ist, ein für das praktische Leben brauchbarer Grad von Gewissheit.[292] Die Rechtsprechung umschreibt diese Sicherheit mit einem für einen vernünftigen, die Lebensverhältnisse

291 BGHZ 53, 245, 259 = NJW 1970, 946.
292 BGH, NJW 1993, 935.

klar überschauenden Menschen **so hohen Grad von Wahrscheinlichkeit**, dass den Zweifeln Einheit geboten ist, ohne sie richtig auszuschießen.[293] Das Gericht kann dabei die einzelnen Beweismittel unter Berücksichtigung der ihnen eigenen Fehlerquellen[294] beurteilen, die Zeugenaussagen würdigen und Schlüsse aus Indizien ziehen. Der Beweis muss mit lückenlosen, nachvollziehbaren, logischen Argumenten geführt werden. Das Ergebnis ist die **„persönliche Gewissheit"** des Richters, der im Sinne der Beweisregeln der ZPO den Nachweis der Schuld des Betroffenen als geführt ansehen lässt. Da auch im staatlichen Recht das Prinzip der gesetzlichen Beweisregeln längst abgelöst ist, gibt es weder im staatlichen noch im Fußballrecht Vorschriften, die besagen, unter welchen Voraussetzungen der Richter eine Tatsache für bewiesen (wahr) bzw. für nicht bewiesen (nicht wahr) zu halten hat – es gilt vielmehr der Grundsatz der **freien Beweiswürdigung.** Die persönliche **Gewissheit** des Richters ist für die Entscheidung notwendig, es genügt nicht eine bloße Wahrscheinlichkeit. Dabei braucht der Richter nicht eine von allen Zweifeln freie Überzeugung zu gewinnen, was eine Überziehung der Anforderungen darstellen würde. Auch wenn andere Personen Zweifel und eine andere Auffassung erlangt haben würden, ist dies nicht maßgeblich. Die häufig gebrauchte Formulierung, dass eine an Sicherheit grenzende Wahrscheinlichkeit genügt, ist ungenau: Der BGH[295] formuliert in der **Anastasia-Entscheidung:** *„Der Richter darf und muss sich in tatsächlich zweifelhaften Fällen mit einem für das praktische Leben brauchbaren Grad von Gewissheit begnügen, der den Zweifeln Schweigen gebietet, ohne sie völlig auszuschließen."*

Zu diesem Überzeugungsbild bietet die ZPO – anstelle der insoweit schweigenden RuVO – im Zweiten Buch, 1. Abschnitt in den Titeln fünf bis elf (§§ 355 bis 477 ZPO) Vorschriften für die Beweisaufnahme (§§ 355 bis 370 ZPO) an und stellt vier auf das Fußballverfahren übertragbare Beweisarten zur Verfügung:
- den Beweis durch Augenschein,
- den Zeugenbeweis,
- den Beweis durch Sachverständige,
- den Beweis durch Urkunden.

12. Beweis durch Augenschein – „Videobeweis"

Es ist im staatlichen Verfahren ein seltener Fall, den sich der Richter dort wünscht, nämlich, dass er das Geschehen, das er zu beurteilen hat, in seinen Augenschein nehmen kann (§ 371 ZPO). Filme, Videoaufnahmen und Lichtbilder sind Gegenstände der Inaugenscheinnahme; das sind technische Beweismittel, die den menschlichen Beweismitteln in vielen Fällen überlegen sind. Bevor die Fernsehaufnahmen vom Sportgericht eingesehen werden, ist sicherzustellen, dass an diesen keine Manipula-

---

293 BGHZ 53, 245, 256.
294 BGH, NJW 1998, 2279.
295 NJW 1970, 946, 948.

tion durch interessierte Kreise vorgenommen ist, was bei Betrachtung der Bildfolge unter Heranziehung von anderem Filmmaterial über das gleiche Spiel unschwer festzustellen ist.

13. Vom Fernsehbeweis über die Torlinientechnik zum Videobeweis

Der **„Fernsehbeweis“:** Seit Beginn der 70er Jahre hat die Fernsehaufnahme Einzug in den „Fußballgerichtssaal“ gehalten. Nach anfänglichen Bedenken hinsichtlich des Beweiswerts des Mediums ohne dritte Dimension, ferner Einwänden wegen möglicher Manipulation („Gefahr des Kumpeljournalismus“) und allzu menschlichen Bedenken gegen die Allmacht der Technik wurden die Geburtswehen nach und nach überwunden. Der DFB hat als erster international bedeutsamer Verband 1978/79 endgültig den Rubikon zur uneingeschränkten Wahrheitsfindung in Fußballstrafverfahren überschritten.[296]

Als letzte der Gegner des Fernsehbeweises wurden verbandsintern die Spitzenschiedsrichter überzeugt, die – zum eigenen Schutz vor der Aufdeckung von Fehlentscheidungen – das fadenscheinige Argument von dem Verstoß gegen den Gleichheitssatz anführten: Es sei ungerecht, dass ein Spieler in einem vom Fernsehen aufgenommenen Spiel freigesprochen werde, während ein anderer Spieler die Chance der Widerlegung der Schiedsrichteraussage mangels Fernsehens im Stadion nicht habe. Auf Fortbildungsveranstaltungen bei Schiedsrichtern habe ich diesem Einwand entgegengehalten, man möge an den Bankräuber denken, der von der Videokamera im Kassenraum abgebildet wird; dieser könne vor dem Strafrichter nicht auf den unentdeckten „Kollegen“ in Bankräumen **ohne** Kameras verweisen.

Die Zulässigkeit eines Beweismittels im Einzelfall kann nicht davon abhängen, ob ein anderer Beschuldigter eine ähnliche Chance wegen Fehlens der Technik zufällig nicht hat.

Natürlich ist aber weiter der Gesichtspunkt des Berührens der Autorität des Schiedsrichters nicht von der Hand zu weisen, der früher der unumschränkte Kronzeuge im Sportgerichtssaal gewesen ist. Man ist sich seitens der Sportjuristen – die DFB-Gerichte betonen dies immer wieder bei der Vorführung von Videoaufnahmen – im Klaren, dass an die physischen und psychischen Fähigkeiten des Schiedsrichters im Hexenkessel eines Fußballstadions höchste Anforderungen zu stellen sind und sich Fehlbeobachtungen nicht ausschließen lassen. In einer Stresssituation hat der Schiedsrichter binnen Sekundenschnelle zu beobachten (wie ein Polizist), zu bewerten (wie ein Staatsanwalt), zu entscheiden (wie ein Richter) und auch noch zu vollstrecken (wie ein Justizbeamter). Die Fernsehkamera steht ihm dabei **nicht** zur Vergewisserung zur Verfügung. Wer es beim ersten (einzigen) Mal nicht gesehen hat, hat keine zweite, dritte Chance mit Hilfe einer „Zeitmaschine“, die in Slow Motion oder Super Slow Motion eine Reproduktion der Vorgänge ermöglicht. Deshalb darf der

---

296 *Hilpert* Tatsachenentscheidung und Fernsehbeweis in Sportgerichtsverfahren, WFV Nr. 38, S. 25 f.

Schiedsrichter subjektiv sehen und dabei irren, da Irren menschlich ist. Seine Autorität verliert er bei „Widerlegung" im Gerichtssaal keineswegs, er gewinnt und bewahrt diese durch sein Auftreten auf dem Spielfeld und danach. Deshalb gebietet zumindest für das Disziplinarverfahren das Gebot der Gerechtigkeit, das dem Geist des Sports immanent ist, die Verwertung **aller** zur Verfügung stehenden Beweismittel einschließlich des Fernsehbildes. Einem Beweismittelverbot kann man deshalb nicht die Sprache reden, allenfalls in Nichtdisziplinarfällen einem Beweisthemenverbot.

Seit der Weltmeisterschaft 1994 in den USA ist die Fernsehaufnahme auch im Sportgerichtsverfahren über Strafen gegen Spieler die ständige Praxis der FIFA. Sie darf aber – wie es weltweit Konsens ist – nie Korrektor oder gar Oberschiedsrichter sein, sondern ein Hilfsmittel für das Sportgericht und nach den Vorstellungen der FIFA als Ultima Ratio in Disziplinarverfahren herangezogen werden.

Aber auch der Fernsehfilm kann „irren". Im Gerichtssaal beim DFB kann man hin und wieder erleben, dass nach dem zunächst vorgeführten Bild eine klare Tätlichkeit eines Spielers erwiesen zu sein scheint; unverhofft zeigt sodann ein von dritter Seite aufgenommener Film aus einer völlig anderen Kameraperspektive, dass der Gegner nicht einmal annähernd berührt worden ist, sodass allenfalls eine Verurteilung wegen versuchter Tätlichkeit möglich ist.

Anlässlich des *Hoyzer*-Verfahrens fragte der DFB beim Weltfußballverband an, ob nicht im Rahmen eines Ermittlungsverfahrens eine Nutzung des Fernsehens dann zulässig sein kann, wenn eine vorsätzliche **Spielmanipulation** durch den Schiedsrichter erfolgt ist. Der Generalsekretär der FIFA *Urs Linsi* antwortete am 4. März 2005, dass bei Spielmanipulationen durch den Schiedsrichter die Fehlentscheidungen offensichtlich seien. Sie seien von diesem willentlich herbeigeführt. Allein aus diesem Grund erhebe die FIFA in den beschriebenen Fällen *„keine Einwände, TV-Bilder als echte Beweismittel heranzuziehen"*. Es heißt weiter wörtlich:

> „... im Gegenteil. Wir erachten es als eine Notwendigkeit, mit Hilfe des Videobeweises Spielmanipulationen und damit einhergehenden gewollt verursachten Fehlentscheidungen konsequent entgegenzutreten, um gegen die betroffenen Schiedsrichter zu ermitteln wie auch um einen manipulierten Spielausgang in das richtige Licht zu rücken (z. B. durch Spielwiederholung)."

14. Die Torlinientechnik

In der Folgezeit haben IFAB und ihre Ratgeber Wege zum Finden der materiellen Gerechtigkeit durch neue Techniken gesucht. Zu beachten war dabei, dass das Spiel möglichst nicht zur Umsetzung der Technik unterbrochen werden soll. Seit der Jahrhundertwende wird dabei die Diskussion um die Torlinientechnik und schließlich üb er den Videobeweis geführt.

Man hat lange Zeit das Wembley-Tor erörtert, aber war einer Torlinientechnik erst näher getreten nach den Fehlentscheidungen bei *Frank Lampard* bei der WM 2010 zum Nachteil von England im Spiel gegen Deutschland und von *Viktor Kassai* für die Ukraine bei der Europameisterschaft 2012 gegen England; in Deutschland „nach den Toren" von *Thomas Helmer* und *Stefan Kiessling*, die keine waren, und einem *Hum-*

mels-Tor im Pokalendspiel 2015, das nicht gegeben wurde. Zumindest für den Fall, ob der Ball im Tor war oder nicht, hat die IFAB bereits am 15. Juli 2012 für den Fall, ob der Ball im Tor war oder nicht, den Nationalverbänden den Weg zur Wahrheit in Gestalt von drei Systemen wahlweise eröffnet:

- der Goal Control aus Würselen in Deutschland, bewährt bei der WM 2014 in Brasilien.
- das Hawk-Eye-System (übersetzt: Falkenauge), das in der Premier League bereits zum Einsatz gekommen ist.
- das Goal-Ref, bei dem ein Magnetfeld im Tor berechnet, ob der Ball im Tor ist; dieses System ist vom Fraunhofer-Institut auf den Markt gebracht worden.

Die DFL hat die Einführung der Torlinientechnik Hawk-Eye zu Beginn der Saison 2015/2016 für die erste Liga beschlossen. Sie ist aus dem Tennis bekannt. Bei ihr sind sieben Hochgeschwindigkeitskameras pro Tor auf dem Dach des Stadions angebracht. Sie erfassen den Spielball im Tor ständig aus verschiedenen Winkeln und funken die Bilder an einen Zentralcomputer. Dieser kombiniert sie und stellt fest, ob der Ball in vollem Umfang hinter der Linie war. Dieses Signal wird auf die Armbanduhr des Schiedsrichters gesandt.

Nach einer Ablehnung im ersten Anlauf ist auf Antrag von *Bayern München* beim zweiten Beraten für die erste Spielklasse die Torlinien-Technik eingeführt worden. Die Gerechtigkeit im Fußball hat sich durch die Wahrheit mittels der Technik verbessert:

> „Tor ist Tor, kein Tor ist kein Tor!“[297]

Der Fair-Play-Gedanke hat sich durchgesetzt.

Mit der Einführung des auf die Torlinie beschränkten Hawk-Eye zu Beginn der Spielzeit 2015/2016 schien beim DFB ein wichtiges Ziel erreicht. Der Bewährungsfall ereignete sich am 22. November 2015 beim Spiel *Hertha BSC* gegen *TSG Hoffenheim.* Mit Hilfe der Torlinien-Technik, die an Schiedsrichter *Winkmann* via Armbanduhr signalisierte, dass der Ball im Tor war, wobei die Technik zeigte, dass er die weiße Linie überschritten hatte, die im dicksten Schneetreiben nur zu erahnen war. Das 1:0 wurde zu Recht gegeben.[298]

In der ersten Saison nach Einführung der Torlinientechnologie wurden die Schiedsrichter in 23 Fällen unterstützt.

15. Der Videobeweis

In den Bundesliga-Strafräumen sind in diesem Herbst Seltsamkeiten passiert: u. a. das „maradoneske Handspiel“ des Hannoveraners *Leon Andreasen*, das zum 1:0-Sieg in

---

297 *Hilpert* Nationale und internationale Rechtsprechung, S. 148.
298 SZ Nr. 271 vom 24.11.2015.

Köln führte. Vorsitzender *Heribert Fandel* nahm diese Vorfälle zum Anlass, auf das niederländische **Videosystem** auch bei uns hinzuweisen, bei dem ein fünfter Schiedsrichter das Spiel am Rande über einen Monitor verfolgt: binnen 15 Sekunden muss er seine Entscheidungshilfe dem Schiedsrichter übermitteln. Bei der WM 2018 und in der Saison 2017/2018 soll dies im DFB-Bereich eingeführt werden.

Die Einzelheiten dieses Systems sind noch nicht abschließend geklärt. Das soll in den verschiedenen Versuchsphasen geschehen. Eines scheint mir aber ziemlich festzustehen:

In dieser **zweiten technischen Revolution** im FIFA-Bereich konzentriert sich die Video-Überwachung auf vier Untersuchungsbereiche, auf die **Torerzielung** (inklusive Abseitsfrage), auf **Elfmeter-Szenen** und auf **Platzverweise** sowie auf **Feldverweise mit Spielerverwechslungen.** Nicht jede Petitesse im Mittelfeld soll Gegenstand des Videobeweises werden können. Zumindest in der Testphase soll das Schiedsrichter-Team in Gänze Herr des Geschehens bleiben.[299] Bei der Torlinientechnik blieb man demgegenüber beschränkt auf die Torerzielung.

Warnen darf man aus Erfahrung, dass höchste Vorsorge vor technischen Problemen getroffen werden sollte. Ein Warnschuss ist ein auf etwas anderem Sektor liegender technischer Defekt: Beim Bundesligaspiel *Eintracht Frankfurt* gegen *FC Augsburg* am 16. März 2014 hat der Augsburger *Dominik Kohr* im Strafraum der Eintracht das Trikot von *Václaw Kadlec* (*Eintracht Frankfurt*) in die Länge gezogen. Die Frankfurter Spieler schrien, aber der Schiedsrichter *Manuel Gräfe* sieht es nicht; sehr wohl sieht es der vierte Offizielle *Patrik Ittrich.* Dieser drückt das Headset, das ihn mit dem von *Gräfe* verbindet. Aber das klappt nicht, technischer Defekt! Diese Panne führt zu einer Fehlentscheidung – unterbliebener Elfmeter *Gräfes.*[300] War dies ein Regelverstoß?

16. Der Preis des Systems

Diskutiert wird bei dem praktizierten System auch der Preis: 8000 Euro pro Spiel und damit 136 000 für die gesamte Saison muss jeder Verein für die Installations- und Wartungskosten sowie die Betreuung der Technik bezahlen.

Das System hat bisher den Begriff „Phantomtor“ zum Relikt werden lassen.

17. Der Video-Schiedsrichter

In der derzeitigen, noch nicht abgeschlossenen Versuchsphase soll ausprobiert werden, in welcher Form der Videobeweis als Hilfe für den Schiedsrichter dienen soll. Auf jeden Fall ist man sich auf Seiten der obersten Regelhüter (IFAB) einig dabei, dass der Videobeweis lediglich als Hilfe für den Schiedsrichter herangezogen werden soll,

299 DPA vom 3.3.2016.

300 SZ vom 15.3.2014.

nicht aber als Eingriffsmöglichkeit für Trainer. In der Versuchsphase soll sich der Assistenz-Schiedsrichter die Videobilder anschauen und entweder eine Szene auf Bitten des Schiedsrichters prüfen oder sich aktiv an diesen wenden, wenn der Unparteiische auf dem Platz etwas übersehen hat. Die Technologie ist derzeit noch nicht so weit, dass der **Schiedsrichter** in allen Szenen das Material direkt selbst sehen kann.

Mehrere Testphasen wurden dabei bereits durchgeführt. Erstmals wurde der „Video Assistant Referee" im Länderspiel zwischen Italien und Frankreich im September 2016 eingesetzt. Der Video-Assistent *Manuel de Sousa* konnte schwerwiegende Fehlentscheidungen (Tore, Rote Karten, Elfmeter, nicht geahndete Tätlichkeiten) korrigieren.

Bei der Klub-WM in Japan im Herbst 2016 wurde der Video-Beweis beim Halbfinalsieg von *Real Madrid* gegen *Club America* eingesetzt und löste deutliche Kritik aus. Reals Coach *Zinedine Zidane* äußerte sich: „Das Ganze muss klarer sein." Es spielte sich folgendes ab:

In der Nachspielzeit hatte *Cristiano Ronaldo* zum 2:0 getroffen, die Mexikaner protestierten wegen vermeintlicher Abseitsstellung. Schiedsrichter *Cáceres* annullierte zunächst auf Hinweis des Videobeobachters das Tor. Die Mexikaner führten den Freistoß aus. Doch dann hieß es plötzlich Kommando zurück, „das Tor gilt doch!" *Zidane:* „Da muss einiges noch besser gemacht werden.[301]

Schon in dem ersten Halbfinale zwischen *Kashima* und *Atlético de Medellin* (3:0) war das 1:0 der Japaner einem Foulelfmeter entsprungen, der nach Überprüfung durch Videoaufnahme verhängt wurde. Der Referee *Viktor Kassai* hatte das Foul zunächst übersehen und das Spiel 44 Sekunden weiterlaufen lassen, bis ihn der Hinweis aus dem Videoraum erreichte. *Kassai* zeigte nach Betrachten eines Bildschirms auf dem Elfmeterpunkt – unglücklicherweise übersah er daher, dass der Gefoulte vor der Ballannahme im Abseits stand.[302]

Malheurs zu Beginn sind keine eigentlichen Fehler des Systems, vielmehr unglückliche menschliche Pannen.

In der Bundesliga ist zwischenzeitlich der Ruf nach dem Video-Beweis zuletzt immer lauter geworden. So hatte *Herbert Fandel*, der Vorsitzende des Schiedsrichterausschusses des DFB, gesagt, dass die viel diskutierte Schwalbe vom Leipziger *Timo Werner* beim 2:1 Heimsieg gegen *Schalke 04* Anfang Dezember 2016 vom Video-Beweis **„entlarvt worden wäre"**. Der für Schiedsrichter zuständige Vizepräsident des DFB *Ronny Zimmermann* berichtete, dass bis zur Winterpause der laufenden Saison 44 klare Fehlentscheidungen unterliefen, von denen die Video-Schiedsrichter 33 hätten aufklären können.

In Deutschlands Spitzenklasse wurde der Video-Beweis zunächst noch Offline getestet. In der neuen Saison werde, so *Hellmut Krug*, ehemaliger FIFA-Referee, jetzt

---

301 Bericht der SZ vom 17.11.2016.

302 Bericht der SZ vom 17.11.2016.

Schiedsrichter-Manager des DFL, die Verbindung zwischen Schiedsrichter und Video-Assistent hergestellt und damit die Online-Pilotphase eingeleitet. *Krug* lässt in der laufenden Saison im Cologne Broadcasting Center in Köln proben und intensiv üben. Die Devise für das Großprojekt ist: **Genauigkeit geht vor Schnelligkeit. Mensch vor Maschine**, Video-Assistent und Technik müssen einwandfrei funktionieren, das Zusammenspiel muss perfekt sitzen.[303]

Der größte Störfaktor bei der ersten Erprobungsphase beim Confed-Cup war, dass in mehreren Fällen das Umsetzen der Neuerung durch den Schiedsrichter teils sehr lange dauerte. *Lukas Brud*, Geschäftsführer des IFAB, gab sich zwar zu 100 % zufrieden, räumte aber ein: „Es gibt noch Bedarf bei die der Kommunikation."

Das Problem ist, dass nicht festgehalten ist, wie lange bei Torerzielung zurückgespult wird; dies ist nicht festgehalten; sondern Ermessenssache. In den fraglichen Szenen des Confed Cup dauerte die Zeit, bis die endgültige Entscheidung des Schiedsrichters fiel, 56, 129, 68 bzw. 65 Sekunden.[304] Das ursprüngliche Ziel war 15 Sekunden bis zum Entscheid des Referees.

18. Stimmen von Prominenten: das Testverfahren in Köln

Nach der Darstellung der modernen Entwicklung zum Wohle des Fußballs noch einige Stimmen von Fußball-Prominenten:

Bundestrainer Joachim Löw: „Wenn das System ausgereift ist, kann man es akzeptieren."

Weltstar Marco van Basten, heute FIFA-Direktor für Technische Entwicklung: „Der Fußball soll durch den Video-Beweis noch ehrlicher werden. Das Resultat am Ende eines Spiels soll auf reguläre Weise zustande gekommen sein."

FIFA-Präsident Gianni Infantino, der dem ersten Testlauf beim Länderspiel Italien gegen Frankreich (1:3) beiwohnte, zog ein positives Fazit: „Wir sind zufrieden. Natürlich ist noch nicht alles perfekt, aber wir testen ja." Bei dem vom FIFA-Boss besuchten Spiel wurde nach einem vermeintlichen Handspiel von Frankreichs *Layvin Kurzawa* das Spiel unterbrochen. Zwei Schiedsrichter außerhalb des Stadions überprüften die Szene auf einem Bildschirm und entschieden **gegen Handspiel.** *Infantino* schaute die Bilder ebenfalls an. Er bestätigte das Urteil.

Bundesliga-Schiedsrichter Felix Zwayer nach seiner Erfahrung bei der Erprobung des Videobeweises befragt: „Wir sind in allen Fällen zur richtigen Bewertung der jeweiligen gelangt." *Zwayer* war bei Spaniens 2:0 im Testspiel in Frankreich im Einsatz. Zweimal korrigierte er nach Zuhilfenahme des Video-Assistenten. Er gab ein Tor von *Antoine Griezmann* auf Hinweis des Videoschiedsrichters nicht.

Zum Abschluss des pro und contra des Video-Beweises darf man auf eine positive Entscheidung des IFAB über seine Einführung bei der FIFA vertrauen, weil – so glaube

303 Bundesliga-Magazin 2017, Heft ½, S. 38.
304 SZ vom 20.6.2017, S. 27.

ich – damit ein großer Schritt in Richtung Fair-Play, dem höchsten Prinzip unseres beliebten Fußballsports unternommen wird.

19. Das Videotestverfahren in Köln

Die Tests in Köln wurden mit hoher Intensität und mit großem Aufwand durchgeführt. Alle 23 Schiedsrichter, die derzeit in der Bundesliga im Einsatz sind, haben inzwischen an Bundesliga-Spieltagen mindestens zweimal am „Trainingslager CBS“ teilgenommen. Im Review-Center wurden hier von den beiden ausgewählten Bewerbern als Technikdienstleiter neben dem Hawk-Eye-System vier Boxen nebeneinander gestellt. Dabei kann ein Quartett von Schiedsrichtern wertvolle Eindrücke gewinnen und inklusive Sprechfunkverbindung simulieren, wann ein Eingriff auf das Spielgeschehen **richtig wäre und wann nicht.**[305] Eine wichtige Vorgabe dabei ist, dass der technische Fortschritt zur Korrektur ausschließlich für klar zu bewertende Situationen herangezogen wird, wenn also keinerlei Zweifel bestehen.

DFB und DFL sind gerichtet, wenn der IFAB über die Einführung des Video-Beweises entscheiden wird. Sie sehen eine klare Fehlerminimierung bei Einführung der neuen Technologie und eine große Hilfe für unsere Referees vor Ort. Nach Auffassung der Veranstalter und der Teilnehmer ist die halbjährige Testphase in Köln erfolgreich verlaufen. Sie hat nach Meinung der Experten ergeben, dass das Video-System nach weiterer Reife reüssieren kann. Wert darauf gelegt wird dabei, dass „der Schiedsrichter nach wie vor Chef auf dem Platz ist“.[306] Deshalb soll dem Unparteiischen am Spielfeldrand eine Zone eingerichtet werden, wo er auf einem Bildschirm die strittige Szene noch einmal anschauen kann.

Es ist bereits jetzt geplant, dass in der Domstadt auch in der nächsten Saison das Video-System für 306 Partien vorgehalten wird.

Anmerkung:

Zukünftig wird nicht alles eindeutig richtig gelöst, aber zumindest das Offensichtliche: Das, was jeder Fan daheim am Fernsehschirm spätestens mittels Zeitlupe erkennt. Das System ist eine wertvolle Hilfe bei dem immer rasanter werdenden Fußballspiel, insbesondere gegen Schauspielerei und Regelbruch.

20. Der Schiedsrichter bleibt der klassische Zeuge

Andererseits kann man aber nicht außer Acht lassen, dass immer noch über 99 % unserer Fußballbegegnungen ohne Fernsehaufnahmen ablaufen und der Schiedsrichter in dem Spiel der klassische Zeuge für alle Vorkommnisse ist. Mit seiner Aussage steht und fällt ein ausgesprochener Feldverweis und wird danach abgeurteilt.

---

305 So der Umfassende Bericht im Bundesliga-Magazin aaO.

306 *Zimmermann* im Bundesliga-Magazin aaO.

Daneben können alle natürlichen Personen taugliche Zeugen in einem Fußballstrafverfahren sein.

Wie beim Polizeibeamten im staatlichen Prozess genießt der Schiedsrichter in Fußballstrafverfahren einen **erhöhten Beweiswert**, da keine vernünftigen Gesichtspunkte erkennbar sind, warum er ein Interesse haben sollte, einen Vorgang subjektiv falsch zu berichten. Insoweit müsste man allenfalls Vorsicht walten lassen, wenn Anhaltspunkte bestünden, dass der Schiedsrichter eventuell eine ihm unterlaufene falsche Entscheidung durch Verdrehen der nur ihm zugänglichen inneren Vorgänge zu kaschieren versuchen könnte. Fehlerquellen können auch ein erhöhter Erregungsgrad durch turbulente Situationen, Rudelbildung um ihn herum, Werfen von Gegenständen in seine Nähe sein. Wenn ein Schiedsrichter tätlich angegriffen worden ist, ist es nicht unwahrscheinlich, dass er in der Erregung im Nachhinein seine Erinnerung mit Schlussfolgerungen unbewusst vervollständigt, welche eventuell falsch sein können.

Grundsätzlich haben die Schiedsrichteraussagen einen erhöhten Glaubwürdigkeitsgrad. Es müssen schon stichhaltige Gründe gegeben sein, um dies in Frage zu stellen. In früheren Verfahrensordnungen standen teils verblüffende Regelungen: *„Wahrnehmungen, die der Schiedsrichter getroffen hat, sind eines Gegenbeweises nicht zugänglich.“* Gerade der Fernsehbeweis führt auf einen Vorhalt des Bildes an den Schiedsrichter oft zu einer Annäherung an das tatsächliche Geschehnis. Zur Bildung der Überzeugung des Gerichts kommen außer dem Schiedsrichterteam als Zeugen in Betracht Mannschaftskameraden des Betroffenen und insbesondere des Gegenspielers, der Ziel einer Beleidigung oder einer körperlichen Attacke war. Um die Intensität einer Beeinträchtigung oder deren Fortdauer festzustellen, werden diese gehört – wenn auch recht selten. Wie generell bei der Würdigung von Zeugenaussagen sind Unsicherheit hinsichtlich der Wahrnehmung, Belastungseifer oder sonstige erkennbar werdende Fehlerquellen – z. B. Zugehörigkeit zu einer Mannschaft, die in Konkurrenz zu dem Team des Betroffenen spielt – Kriterien, die neben dem in erster Linie maßgebenden persönlichen Eindruck des Gerichts von dem Zeugen heranzuziehen sind. Eine gute Kontrollmöglichkeit für die Exaktheit des Erinnerungsbildes über einen Vorgang, der zum Feldverweis führte, ist die Fernsehaufnahme, die meistens sogar die Zeugenvernehmung zu dem maßgeblichen Vorfall entbehrlich macht. Für die Präzision einer Zeugenaussage ist oft eine Erklärung darin zu sehen, dass der Zeuge sich in Vorbereitung auf die Vernehmung die Videoaufnahme des Geschehens eingehend vor Augen geführt hat, was nicht verboten, aber auch nicht der Idealfall ist – es ist die Realität in unserem visuell überlagerten Fußballleben.

21. Kronzeugenregelung

Die entsetzlichen Dopingverfahren haben den Begriff des Kronzeugen ins Spiel gebracht. So lautet **§ 8 Nr. 3 g RuVO:**

> **„Führt die Unterstützung des Spielers zum Aufdecken oder zum Nachweis eines Dopingvergehens einer anderen Person, kann die Sperre auf maximal die Hälfte des nach Buch-**

staben a) bis c) vorgesehenen Strafmaßes gemildert werden. Eine Sperre auf Dauer kann höchstens auf eine Sperre von acht Jahren reduziert werden.“

Eine solche „Kronzeugenregelung“ ist geboren aus dem Aufklärungsdefizit, das seit Jahren bei der Bekämpfung von Dopingvergehen in anderen Sportverbänden besteht. Nach heftiger Diskussion um das Pro und Kontra einer entsprechenden Dopingregelung hat auch der DFB in Anlehnung an den WADA/NADA-Code die obige Vorschrift eingeführt. Beobachter der Anwendung der Kronzeugenregelung mutmaßen, dass der von *Gaius Iulius Caesar* stammende Satz *„Den Verrat liebe ich, aber die Verräter nicht.“*[307] bei der Verbandsinstanz im Umgang mit Kronzeugen mitschwingen könnte.

Das bisher beim DFB praktizierte Kontrollsystem hat ohnehin niedrige Verfahrenszahlen mit einem Fall pro Jahr ergeben, sodass diese Maßnahme in erster Linie **präventiv** zu verstehen ist. Dieser Effekt könnte in der Verunsicherung einer illegal handelnden Gruppierung bestehen.[308] Diese braucht für ihr Agieren ein Fundament an Sicherheit, damit der Einzelne unentdeckt bleibt und keiner der Versuchung erliegt, auszupacken. Durch die Kronzeugenregelung könnte dieses Grundvertrauen durchlöchert werden. Aus der Praxis der Staatsanwaltschaft[309] wird der Wirksamkeit der Kronzeugenregelung entgegengehalten, dass sie dann zu Erfolgen führt, wenn mit Hilfe von V-Leuten, verdeckten Ermittlern, Telefonüberwachung, Beschlagnahme der Fakten, Querverbindungen, Mittelsmänner, Geldbriefträger mit staatlichen Zwangsmitteln aufgespürt werden können, was der Sport allein nicht leisten könne. Dies sei die „Achillesferse der Kronzeugenregelung im Sport“,[310] die den Wahrheitsgehalt einer Kronzeugenaussage doch nicht hinterfragen und aufdecken könne. Im DFB-Bereich ist in den vergangenen 15 Jahren bisher kein Kronzeuge aufgetreten.

22. Beweisverbot

Am Ende des Zeugenbeweises ist die Frage des Beweisverbotes in Fußballstrafverfahren zu beleuchten: Die StPO kennt Beweisthemen-, Beweismittel- und Beweismethodenverbote. Die FIFA schaltet weiter die rote Ampel für das Beweismittel „Fernsehen“ im Einspruchsverfahren, stellt also ein beschränktes **Beweismittelverbot** und damit auch ein Beweisthemenverbot auf, das sie gegenüber ihren Nationalverbänden unnachgiebig und notfalls mit strengen Sanktionen bis hin zum Ausschluss aus internationalen Wettbewerben durchsetzt, und zwar auch dann, wenn ein Vorgang einer nationalen Meisterschaft zur Aburteilung steht. Die FIFA will rigoros im Spielwertungsverfahren die Autorität des Schiedsrichters schützen. Diese starre Grundhaltung wird nicht auf Dauer durchzuhalten sein.

---

307 *Nolte* Bericht über 2. Stuttgarter Sportgespräch, CaS 2008, 86.
308 *Wüterich/Breucker* aaO., S. 133, 134.
309 *Körner* Kronzeugenregelung zur Dopingbekämpfung nur durch die Justiz, in SpuRt 2002, S. 226 ff
310 *Körner* in SpuRt 2002, S. 227.

Als Beweismethodenverbote kommen die Fälle des § 136 a StPO, aber auch der Verstoß gegen das Fair Trial-Prinzip in Betracht, wenn die Willensentschließung und -betätigung von Vernehmungspersonen durch unzulässige Mittel, wie z. B. Irreführung oder Vorspiegelungen bzw. durch heimliche Tonbandaufnahmen, ausgeschaltet wird. Lügendetektoren **(Polygraphen)** sind selbstverständlich in Fußballstrafverfahren nicht zulässig, und zwar auch nicht mit Einwilligung des Betroffenen. Verbote stehen der Verwertung von Beweiserhebungen entgegen, die gegen ein Beweisthema- oder Beweismittelverbot verstoßen haben.

23. Mündliche Verhandlung

Ein in den staatlichen Verfahrensgesetzen (§§ 355 ZPO, 250 StPO) streng durchgeführter Grundsatz, nämlich das Unmittelbarkeitsprinzip, wird in § 16 Nr. 6 Satz 5 RuVO ausdrücklich aufgelockert, wenn Zeugen bei Vorliegen besonderer Umstände auch schriftlich vernommen werden können. Kommt es entscheidend auf die Glaubwürdigkeit an, ist der Zeuge vom erkennenden Gericht zu vernehmen.

Wenn die Beweisaufnahme geschlossen ist, was durch den Vorsitzenden ausdrücklich festgestellt wird, erhalten die Beteiligten Gelegenheit zum Schlussvortrag, wobei der Betroffene das „letzte Wort" hat. Im Schlussvortrag kann er zum Ergebnis der Verhandlung in tatsächlicher und rechtlicher Hinsicht Stellung nehmen. Es muss nicht beantragt werden, sondern ist von Amts wegen zu erteilen. Der Anklagevertreter muss einen bestimmten Antrag stellen, den Betroffenen ist es freigestellt. Privates Wissen darf von keiner Seite eingeführt werden, wogegen öfters verstoßen wird. Der Anklagevertreter hat seinen Schlussvortrag objektiv und unvoreingenommen zu halten, wozu er sich gegebenenfalls von dem Inhalt der Anklageschrift lösen muss. Der Verteidiger darf dagegen einseitig die zugunsten des Betroffenen sprechenden Umstände hervorheben, zur objektiven Würdigung des Sachverhaltes ist er nicht verpflichtet. Bei Missbrauch des Sachvortrags – inhaltlich oder der Länge nach – kann der Vorsitzende eingreifen (§ 238 StPO). Das Recht auf Erwiderung steht dem Anklagevertreter zu. Das letzte Wort des Angeklagten ist nicht übertragbar. Der Betroffene kann sich jedoch statt seines letzten Wortes seinem Verteidiger anschließen, was oft geschieht.

24. Urteilsberatung

(Nr. 7 Abs. 1 und 2): Nach dem Gang der Verhandlung (§ 16 Nr. 6 RuVO), die mit dem letzten Wort endet, folgt gemäß Nr. 7 die **Urteilsberatung.** Sie ist kein Teil der mündlichen Verhandlung, sondern vollzieht sich im Beratungszimmer geheim. Über die Beratung herrscht Verschwiegenheitspflicht. An ihr können nur die Mitglieder des Rechtsprechungskörpers teilnehmen (außerdem die Personen, die zu Ausbildungszwecken zugelassen werden).

Bei der Abstimmung über Schuld- und Strafrahmen ist eine Mehrheit erforderlich, bei anderen Fragen gibt bei Stimmengleichheit der Vorsitzende den Ausschlag. Eine qualifizierte Mehrheit (zwei Drittel bei Schuldspruch, § 263 Abs. 1 StPO) ist nicht geboten, es entscheidet vielmehr die absolute Mehrheit der Stimmen (§ 196 Abs. 1 GVG). Es ist gute Übung beim DFB, dass in Analogie zu § 197 GVG nach „Dienstalter", bei gleichem „Dienstalter" nach dem Lebensalter, der Jüngere vor dem Älteren abstimmt. Ein etwaiger Berichterstatter stimmt zuerst ab, auf jeden Fall zuletzt der Vorsitzende.

Der Sonderfall der Befassung des Spruchkörpers mit unterschiedlicher Zuständigkeit mit daraus folgender variabler Besetzung ist hinsichtlich des Beratungsgeheimnisses speziell geregelt.

(Nr. 7 Abs. 3): Bei mündlicher Verhandlung unterschreiben das Urteil alle mitwirkenden Richter, ansonsten nur der Vorsitzende.

25. Urteil

(Nr. 8): Im Anschluss an die Urteilsberatung ist der **Tenor** zu verkünden und eine kurze Begründung vorzunehmen. In Fällen von Bedeutung und großem Medieninteresse sieht der Vorsitzende von dem Privileg der Kurzbegründung ab und begründet die Entscheidung ausführlich und eingehend. Für das Verständnis einer Entscheidung in der Öffentlichkeit ist die erste Übermittlung der tragenden Gründe am wirkungsvollsten. Das Urteil wird den Parteien – außer diese verzichten – zugestellt.

Die schriftlichen Urteilsgründe haben den vom Gericht angenommenen Sachverhalt, die Würdigung einer eventuell durchgeführten Beweisaufnahme, die rechtliche Subsumtion und die Strafzumessungserwägungen zu enthalten. Gerade in den Fällen, in denen der Betroffene seine Erwägungen, ob er ein Rechtsmittel einlegen will, noch nicht abgeschlossen hat, sollen sie ihm die Nahtstellen des Verfahrens – gegebenenfalls unter Angabe von Rechtsprechungshinweisen – darlegen. Die Verfahrensbeteiligten und deren Rechtsbeistände können die Entscheidung damit nachvollziehen und eventuell bestehende Fehler in der tatsächlichen und rechtlichen Bewertung ausmachen.

Bei einem Berufungsurteil ist die Kenntnis von den tragenden Urteilsgründen die Grundlage für die Entscheidung des Betroffenen, ob er eventuell ein staatliches Gericht oder ein Schiedsgericht zur Überprüfung heranziehen will. Der Verband kann aber dort keine Gründe nachschieben.[311]

Zwischenentscheidungen

(Nr. 9): Wie im staatlichen Verfahren ergehen **Zwischenentscheidungen**, die dem Urteil vorausgehen, in Beschlussform und sind nicht selbständig anfechtbar.

---

311 PHB/*Summerer* II, 234.

26. Fristen und Termine

(Nr. 10): Die RuVO sieht für Verfahrenshandlungen bestimmte Fristen vor, deren Versäumnis Rechtsverlust nach sich zieht. Befristete Verfahrenshandlungen, für die Schriftform vorgesehen ist, können postalisch, durch Telefax oder durch quittierte Abgabe beim DFB erfolgen. Fristwahrung ist am Tag der Aufgabe zur Post vorgenommen, wobei der Aufgabestempel, nicht aber ein Freistempler, als Nachweis gilt. Innerhalb einer Frist an den DFB zu leistende Zahlungen sind rechtzeitig, wenn sie fristgerecht abgesandt sind (Nachweis durch Bank- oder Postbelege).

27. Wiedereinsetzung in den vorigen Stand

(Nr. 11): Durch eine Wiedereinsetzung wird eine versäumte Prozesshandlung als rechtzeitig fingiert. Wiedereinsetzung wird gewährt bei Verhinderung an der Fristwahrung durch einen **unabwendbaren Zufall.** Die Wiedereinsetzung muss binnen einer zweiwöchigen Frist beantragt werden (wie § 234 Abs. 2 ZPO). Während im staatlichen Recht (§ 233 ZPO bzw. § 44 StPO) der Antrag bei unverschuldeter Fristversäumnis begründet ist, verlangt die RuVO ein unabwendbares Ereignis. Ein solches liegt vor, wenn das Verstreichen der Frist durch äußerste Sorgfalt weder abgewehrt noch verhindert werden konnte, wobei das geringste eigene Verschulden die höhere Gewalt ausschließt.[312] Dabei ist bei Beförderungen von Briefen durch die Post deren Verschulden höhere Gewalt. Verschulden des Verteidigers ist dem Betroffenen nicht zuzurechnen. Im Übrigen ist hinsichtlich Einzelheiten die staatliche Rechtsprechung zum Wiedereinsetzungsrecht heranzuziehen. Im Sportbereich ist die Wiedereinsetzung öfter gewährt worden, wenn im Verbandsverfahren der Verfahrensmangel der Nichtgewährung des rechtlichen Gehörs begangen worden ist.[313]

28. Versäumung der Einspruchsfrist

(Nr. 12): Gegen die Versäumung der Einspruchsfrist nach § 17 RuVO (Spielwertung) ist eine Wiedereinsetzung nicht zulässig. Sie wäre bei Heranziehung der absoluten Frist für die Hindernisbehebung von einem Jahr (so § 234 Abs. 3 ZPO) über das Saisonende hinaus möglich und könnte Tabellenstände, Auf- und Abstiegsentscheidungen im Nachhinein in Frage stellen und womöglich auf den Kopf stellen. Der schnelllebige Fußball fordert auch hier Rechtssicherheit vor Gerechtigkeit.

29. Parallelen zum staatlichen Recht

a) Die Anlehnung an die jahrhundertlange Praxis des staatlichen Verfahrensrechts ist vom DFB-Gesetzgeber gern gesucht worden. Einige Prozessvorschriften, bei

---

312 OVG Berlin, NJW 1965, 1151.

313 Bundesgericht des DHB, SpuRt 2007, 421.

denen man auch an eine Übernahme hätte denken können, sind bewusst nicht übernommen worden:
- das Kreuzverhör (§ 239 StPO) – wird aber auch im Strafprozess höchst selten praktiziert,
- das Klageerzwingungsverfahren (§ 172 StPO),
- das Strafbefehlsverfahren,
- das Adhäsionsverfahren.

b) Ungeschriebenes in der RuVO, aber gleichwohl praktiziertes Verfahrensrecht des Sports sind:

30. Aussageverweigerungsrechte

Aussageverweigerungsrechte der Zeugen/Sachverständigen im Sinne des staatlichen Rechts aus persönlichen Gründen werden selbstverständlich durch die Vorsitzenden der DFB-Gerichte eingeräumt. Eine Vorstufe davon ist in § 16 Nr. 6 Satz 3 RuVO enthalten, nämlich die Ermahnung des Zeugen zur Wahrheit. Sonstige Verfahrensfeinheiten werden von den Vorsitzenden gleichsam als Bestandteil von deren Hausapotheke praktiziert. Sie können beim DFB in der heutigen Prozesssituation durchweg beim Sitzungsleiter wegen dessen entsprechender Praxis als Zivil-/Strafrichter und/oder als Staatsanwalt vorausgesetzt werden. Sie können ferner aus ihren Erfahrungen heraus die in der RuVO nicht geregelte Akteneinsicht des Betroffenen bzw. seines Verteidigers sachgerecht handhaben – gleichsam als Teil des rechtlichen Gehörs. Berufliche Erfahrungen sind gerade in Sportstrafverfahren, die ein großes öffentliches Interesse finden, auch im Kontakt mit Presse und Fernsehen nützlich. Im Bundesligafußball hatte die aktuelle Berichterstattung etwa in gravierenden Manipulationsfällen Vorrang vor dem Persönlichkeitsschutz der Betroffenen, deren Namen genannt werden durften.

Die DFB-Gerichtsbarkeit sucht bei ihren Lösungswegen auch einmal strafrechtliche „Rosinen“ heraus. So wurde im Verfahren gegen den Kölner Co-Trainer *Roland Koch* (Anklage vom 5.9.2007 – Nr. 23/2007/2008) das Rechtsinstitut der Wahlfeststellung mit Tatsachenalternativität[314] bemüht – bei folgendem Sachverhalt:

Gegen den Trainer des *1. FC Köln Christoph Daum* war rechtskräftig ein Aufenthaltsverbot im Innenraum des Stadions ausgesprochen worden. Dies beinhaltete das Verbot der Kontaktaufnahme mit Dritten, insbesondere mit dem Co-Trainer *Roland Koch*. Dieser erklärte in einem Interview mit dem Fernsehsender Premiere, dass eine telefonische Kontaktaufnahme in der Halbzeitpause mit *Daum* stattgefunden habe. Im eingeleiteten Sportstrafverfahren ließ er sich ein, dass er nur ein Telefongespräch zu führen versucht habe. Die in der Anklage gewählte tatsächliche Wahlfeststellung erstreckte sich einerseits auf den Sachverhalt der verbotenen telefonischen Unterredung mit *Christoph Daum* und andererseits auf die in der Schwere der Pflichtverletzung

---

314 BGH, NStZ 81, 331.

gleichwertige Verhaltensweise, dass er vor einem Millionenpublikum sich dahin äußerte, die Sportgerichtsentscheidung bewusst missachtet zu haben. Da beides den Tatbestand eines unsportlichen Verhaltens nach § 30 Nrn. 1, 2 c Ausbildungsordnung des DFB in Verbindung mit § 1 Nr. 4 RuVO erfüllt, wurde insoweit eine Verurteilung nach wahlweiser Tatsachenfeststellung zu 6.000 € Geldstrafe beantragt und vom Sportgericht antragsgemäß erkannt – das Urteil wurde rechtskräftig.

VI. § 17 RuVO

Einspruch gegen Spielwertung

1. **Einsprüche gegen die Wertung von Bundesspielen müssen innerhalb von zwei Tagen nach Ablauf des Tages, an dem das Spiel stattgefunden hat, bei der DFB-Zentralverwaltung schriftlich eingelegt und in kurzer Form begründet werden. In besonderen Fällen kann der Spielausschuss/Ligaverband die Einspruchsfrist abkürzen.**
   Der Einspruch kann nur mit Zustimmung des DFB-Kontrollausschusses zurückgenommen werden.
   Innerhalb der Einspruchsfrist muss die Einspruchsgebühr von € 500,00 an den DFB eingezahlt sein; sonst ist der Einspruch unwirksam.
   Einspruchsberechtigt sind die Vereine bzw. Tochtergesellschaften der an einem Spiel beteiligten Mannschaften, bei Spielen von Verbandsmannschaften die jeweiligen Mitgliedsverbände.
2. **Einsprüche gegen die Spielwertung können unter anderem mit folgender sachlicher Begründung erhoben werden:**
   a) **Mitwirkung eines nicht spiel- oder einsatzberechtigten Spielers bei der gegnerischen Mannschaft.**
      Nicht einsatzberechtigt ist insbesondere ein Spieler, der nicht auf der von der DFL herausgegebenen Spielberechtigungsliste der Lizenzspieler-Mannschaft, auf der Spielberechtigungsliste für die 3. Liga, die Regionalliga, der Frauen-Bundesliga, der 2. Frauen-Bundesliga oder der Junioren-Bundesligen aufgeführt ist.
      Wird ein Spieler, der auf der Spielberechtigungsliste steht, nicht innerhalb der nach den Bestimmungen vorgesehenen Frist auf dem Spielberichtsbogen eingetragen, entscheiden im Einzelfall die Rechtsinstanzen des DFB über die Spielwertung oder darüber, ob lediglich eine andere Maßnahme angemessen ist. § 12 b der DFB-Spielordnung bleibt unberührt.
   b) **Schwächung der eigenen Mannschaft durch einen während des Spiels eingetretenen Umstand, der unabwendbar war und nicht mit dem Spiel und einer dabei erlittenen Verletzung im Zusammenhang steht.**

c) **Regelverstoß des Schiedsrichters, wenn der Regelverstoß die Spielwertung als verloren oder unentschieden mit hoher Wahrscheinlichkeit beeinflusst hat.**

d) **Spielmanipulation**
In Abänderung von Nr. 1. ist der Einspruch innerhalb von zwei Tagen nach Kenntnis von Tatsachen, die einen hinreichenden Tatverdacht ergeben, spätestens jedoch bis zum Vortag des viertletzten Spieltages, einzulegen. Die nachträgliche Erlangung der Kenntnis weiterer Tatsachen oder neuer Beweismittel setzt keine neue Frist in Gang.
Für die letzten vier Spieltage der jeweiligen Spielklasse verbleibt es bei der Frist des § 17 Nr. 1. Auf Spielwiederholung abzielende Einsprüche sind in diesen Fällen nicht mehr zulässig.

3. **Über den Einspruch entscheidet in erster Instanz das Sportgericht, als Berufungsinstanz das Bundesgericht. Für die Berufung gilt Nr. 1., Absatz 2 und 3 entsprechend, mit der Maßgabe, dass die Berufungsgebühr € 1.000,00 beträgt.**
4. **War in einem Spiel ein Spieler nicht spiel- oder einsatzberechtigt, so ist das Spiel für die Mannschaft, die diesen Spieler schuldhaft eingesetzt hatte, mit 0:2 verloren und für den Gegner mit 2:0 gewonnen zu werten, es sei denn, das Spiel war nach dem Einsatz des nicht spiel- oder einsatzberechtigten Spielers noch nicht durch den Schiedsrichter fortgesetzt. In diesem Fall bleibt die Spielwertung bestehen. Nr. 2. a), Absatz 3 bleibt unberührt.**
5. **Wird auf Spielwiederholung erkannt, ist das Spiel grundsätzlich am gleichen Ort neu auszutragen.**

1. Formalien des Einspruchs
(§ 17 Nr. 1 RuVO):

Gegen die Wertung von Bundesspielen – das sind Meisterschafts-, Pokalspiele sowie Entscheidungsspiele über Auf- und Abstieg – ist innerhalb von zwei Tagen nach Ablauf des Spieltages Einspruch zulässig. Er ist bei der DFB-Zentralverwaltung schriftlich mit kurzer Begründung einzulegen. Die Frist kann in besonderen Fällen (etwa bei dichter zeitlicher Folge eines anderen Spiels, das mit dem ersten in Zusammenhang steht) durch den Spielausschuss bzw. den Ligaverband abgekürzt werden.

Das Einspruchsverfahren ist ein **„Parteiverfahren"**, an dem beide Spielpartner beteiligt sind; der Einspruch kann aber vom Einspruchsführer nur mit Zustimmung des Kontrollausschusses zurückgenommen werden. Dieses Erfordernis ist aufgenommen worden, um zu verhindern, dass in Einspruchsfällen, die für den Einspruchsführer nach der Tabellensituation zur Zeit des Urteils nicht mehr von Vorteil waren, sehr wohl aber für einen **dritten** Verein, das Aufrechterhalten von einer Leistung dieses Vereins an den nicht interessierten Verein abhängig gemacht wurde. Die Folge hieraus ist, dass der Kontrollausschuss, um die Ausübung seines Zustimmungsrechts sinnvoll zu ermöglichen, in Einspruchsverfahren die Rechte der Partei mit Ausnahme des eigenen Rechtsmittelrechts hat (Fragerecht, Beweisantragsbefugnis, Plädoyer).

Innerhalb der Einspruchsfrist muss die Einspruchsgebühr von 500 € an den DFB eingezahlt werden, ansonsten der Einspruch unwirksam ist. Berechtigt zur Einlegung des Einspruchs sind die Vereine (Tochtergesellschaft), die an einem Spiel beteiligt sind, nicht aber durch dessen Ergebnis unmittelbar betroffene dritte Vereine; wenn bei positivem Ausgang des Einspruchs ein dritter Verein eine besondere tabellarische Besserstellung (Qualifikationsplatz, Nichtabstieg) erreichen würde, berechtigt diese Situation nicht zum Einspruch gegen die Wertung des Spiels zweier anderer Mannschaften.

2. Einspruchsgründe § 17 Nr. 2 RuVO

Die Vorschrift zählt die Einspruchsgründe nicht abschließend auf, sondern nennt vier Fallgruppen beispielhaft, zu denen mit diesen in der Spielbeeinflussung und der Folge vergleichbare Fallkonstellationen hinzukommen können. (Es heißt: „u. a.").

a) § 17 Nr. 2 a)

Ein Fall, den auch die FIFA (§ 14 Nr. 1 WM-Reglement) kennt, ist die Mitwirkung eines **nicht spielberechtigten Spielers** bei der gegnerischen Mannschaft, wobei zu differenzieren ist zwischen fehlender Spiel- oder Einsatzberechtigung. **Spielberechtigt** ist ein Vereinsmitglied, das gemäß den Vorschriften seines Mitgliedsverbands eine Spielerlaubnis für seinen Verein erhalten hat (§ 10 Nr. 1.1 SpielO), wobei diese für Pflicht- und Freundschaftsspiele erteilt wird. **Einsatzberechtigt** ist ein Spieler, der auf der Spielberechtigungsliste für die Lizenzspielermannschaft bzw. die 3. Liga sowie auf der entsprechenden Liste für die Regionalliga, die Frauen-Bundesliga, die 2. Frauen-Bundesliga und den Junioren-Bundesligen aufgeführt ist.

In Fällen, in denen ein Spieler nicht rechtzeitig auf dem Spielberichtsbogen eingetragen wurde, entscheiden die Rechtsinstanzen, ob überhaupt eine Spielwertung oder lediglich eine minderschwere Maßnahme angebracht ist. Insoweit ist eine Sonderregelung in § 12 b SpielO getroffen worden.

Zu dieser Fallgruppe ist – soweit ersichtlich – bisher noch nicht von Oberinstanzen auf Relevanz der Austauschmöglichkeit eines Ersatzspielers entschieden.

b) § 17 Nr. 2 b)

Hundebissfall

Ein Ausfall eines Spielers, ohne dass eine spieltypische Verletzung vorliegt, kann ein Einspruchsgrund unter **„Schwächung einer Mannschaft"** sein. So wurde das Spiel *Borussia Neunkirchen* gegen *1. FC Saarbrücken* am 10.12.1978 neu angesetzt, weil ein Saarbrücker Spieler von der Schäferhund-Dame Ina des Ordnungspersonals gebissen wurde und nicht mehr weiterspielen konnte (Hundebissfall).[315] Beim Auswärtsspiel in Gladbach traf eine von einem Zuschauer geworfene Kastanie den Torwart des Gastvereins am Kopf; er blieb trotz der Beeinträchtigung im Kasten (Kastanienfall). Das Sportgericht des DFB wies den Einspruch wegen fehlender Schwächung zurück, weil der Torwart in der Folgezeit keinen Fehler gemacht hatte.[316] In einem anderen Fall, als ein Gästespieler nach einem Wurfgeschoss 20 Minuten nicht einsatzfähig war, entschied das Sportgericht,[317] dass der Einspruch begründet ist.

Schwächung trotz Einwechselung eines Austauschspielers?
Sachverhalt: Am 24. September 2016 kam es beim Meisterschaftsspiel der Oberliga Rheinland-Pfalz-Saar zwischen *TUS Mechtersheim* und *FC Karbach* nach einer Rudelbildung zwischen beiden Mannschaften am Spielfeldrand dazu, dass der Karbacher Zuschauer *Fellberg* auf den Platz lief und den Mechtersheimer Spieler *Dominik Bach* zu Boden schlug. *Bach* konnte trotz medizinischer Versorgung das Spiel nicht fortsetzen und musste ausgewechselt werden; er wurde ins Krankenhaus eingeliefert. Zur Zeit des Vorfalls (82. Spielminute) stand das Spiel 1:2 für *Karbach* – es endete 1:3. Ein Mechtersheimer Austauschspieler wurde eingewechselt. Es wurde 11 gegen 11 weitergespielt; in der Restspielzeit wurde ein Spieler aus *Mechtersheim* wegen Tätlichkeit mit der Roten Karte vom Feld gestellt.

Nach § 25 (1, 2) RVO Regionalverband Südwest kann eine Neuansetzung eines Spiels begehrt werden, wenn *„besondere, das Spiel beeinflussende Umstände eingetreten sind, die nicht in einem Zusammenhang mit dem Spielgeschehen stehen und nicht abwendbar sind."*

Die entsprechende Vorschrift des DFB **§ 17 RuVO Nr. 2b** lautet:

> **„Schwächung der eigenen Mannschaft durch einen während des Spiels eingetretenen Umstand, der unabwendbar war und nicht mit dem Spiel und einer dabei erlittenen Verletzung in Zusammenhang steht."**

Das zuständigeVerbandsbericht hat durch Urteil vom 23. 11. 2016 auf den Protest des *FC Karbach* das Spiel neu angesetzt mit der tragenden Begründung: Die Verletzung des Spielers *Bach* stellte für den weiteren Verlauf des Spiels eine Schwächung seiner Mannschaft dar, die durch Einwechslung des Spielers *Ester* nicht ausgeglichen wurde.

Dieser lapidare Behauptungssatz leuchtet die Fallproblematik nicht aus. Wäre die Einwechslung eines Austauschspielers ohne jede Relevanz, hätte der betroffene Verein zwei Chancen: er könnte mit dem Einwechselspieler weiterspielen und bei einem Sieg risikolos die Begegnung beenden. Könne er das Ergebnis nicht drehen, bliebe ihm die zweite Chance über den Protest. Solche zwei Möglichkeiten sind untypisch für ein Fußballspiel. Diese Erwägung deutet darauf hin, dass die Frage „der Schwächung

315 DFB-Sportgericht, Urteil vom 19. 3. 1985, SportR 15/16/9.
316 Urteil vom 5. 6. 1989, SportR 15/16/16.
317 Urteil vom 30. 9. 1993, SportR 15/16/19.

trotz Einwechslung eines Ersatzspielers“ näher untersucht und ausgelotet werden sollte.

Die lapidare Formulierung, *„dass die Schwächung der Mannschaft durch die Einwechslung nicht ausgeglichen wurde“* bedeutet, dass die Schwächung durch den Ausfall des verletzten Spielers ausreicht – die Einwechslung des Ergänzungsspielers bleibt irrelevant – , um einen Einspruch begründet sein zu lassen.

In dieser Situation könnte es sportgerecht sein, dem protestführenden Verein aufzuerlegen, eine Schwächung „trotz Austauschspielers“ darzulegen und zu beweisen. Kriterien einer Minderung der Mannschaftsleistung trotz Einwechseln kann er am ehesten wegen seiner Nähe zum Geschehen darlegen – ansonsten treffen ihn die Nachteile.

Bei der Würdigung der Gesamtumstände können viele Kriterien in Erwägung gezogen werden:
- die restliche Spielzeit ab dem Vorfall,
- der Stand des Ergebnisses zu der Zeit,
- tragende Rolle des Verletzten im Spiel seiner Mannschaft pp.

Wenige Sekunden auf jeden Fall, aber auch einige Minuten können bei deutlichem Zurückliegen der protestführenden Mannschaft die Kausalität für das Ergebnis entfallen lassen. Es bleibt der Verbandsinstanz überlassen, das richtige Gespür für ein Fußballspiel und seine Abläufe wie die Imponderabilien dabei zu entwickeln. Grenzfälle gehen dabei zum Nachteil des betroffenen Vereins, m. E. aber nicht im Sinne eines Umdrehens der Darlegungs- und Beweislast. Wenn ein erfahrener Fußballer der Meinung ist, dass das Spiel ohne den Verletzungsvorfall mit einiger Wahrscheinlichkeit ein anderes Ergebnis gehabt hätte, ist dem Protest stattzugeben – aber dabei sollen keine großzügigen Maßstäbe angelegt werden.

c) § 17 Nr. 2 c) Regelverstoß des Schiedsrichters

Vorbemerkung:

Der Weltfußballverband legt großen Wert darauf, dass Streit- bzw. Problemfälle, die sich im Fußballsport ergeben, entsprechend dem von ihm eingeführten Universalitätsprinzip einheitlich behandelt und gelöst werden. Deshalb überrascht es, dass es zu dem wichtigen Bereich des **Einspruchs-/Protestverfahrens** zwischen der FIFA und einer Fußballweltmacht wie Deutschland oder gar zu einer Konföderation der FIFA wie der UEFA kein einheitliches Grundverständnis oder gar Regelwerk gibt.

(1) FIFA-Recht

Der Grund für den Dissens zu dem deutschen Rechtssystem besteht in erster Linie darin, dass die FIFA die Fußball-Regel 5 („Seine – scil. des Schiedsrichters – Entscheidungen über Tatsachen, die mit dem Spiel zusammenhängen, sind endgültig“) sehr extensiv auslegt. Die Amtliche Entscheidung Nr. 3 der IFAB ergänzt diese absolute Haltung dahingehend, dass zu den Tatsachen, die mit dem Spiel zusammenhängen,

„auch das Ergebnis eines Spiels oder die Entscheidung, ob ein Tor erzielt wurde oder nicht“, gehören. Das FIFA-Disziplinarreglement (FDC), das für alle von der FIFA organisierten Spiele und Wettbewerbe gilt (Art. 2 FDC), enthält **keine Vorschrift über den Rechtsbehelf des Einspruchs** gegen eine Spielwertung. Auf meine Anfrage an die FIFA antwortete der Director Legal Division *Heinz Tännler* durch Schreiben vom 10. Oktober 2006, dass Grund für das Fehlen einer Protestregelung sei **„die Unantastbarkeit der Tatsachenentscheidung des Schiedsrichters** – vgl. IFAB Regel 5, Entscheidungen des Schiedsrichters“. Es gebe nur das Reglement der FIFA für ihre Wettbewerbe, insbesondere das Reglement für die Weltmeisterschaften „Proteste“, das *„Beanstandungen jeder Art in Bezug auf Ereignisse, die sich auf die Durchführung von WM-Spielen auswirken (Zustand des Spielfelds, Markierungen auf dem Spielfeld, Spielausrüstung, Spielberechtigung von Spielern, Stadioninstallationen, Bälle etc.“* (§ 14 Abs. 1), behandele.

Das totale Auslassen einer Regelung über einen Verstoß gegen die Spielregeln durch die FIFA bestätigt **Art. 67 Abs. 3 der FIFA-Statuten** über die Zuständigkeit des CAS, der lautet:

> **„Das CAS behandelt keine Berufungen im Zusammenhang mit:**
> **Verstößen gegen die Spielregeln;(..)“.**

(2) UEFA-Recht

Die UEFA führt demgegenüber in **Art. 44 RPO** den **„Protest“** auf; Abs. 1 und 3 dieser Vorschrift lauten:

> **„[1]Der Protest richtet sich gegen die Wertung eines Spiels. Er stützt sich auf die Spielberechtigung eines Spielers, auf einen entscheidenden Regelverstoß des Schiedsrichters oder auf andere das Spielergebnis wesentlich beeinflussende Vorfälle.**
> **...**
> **[3]Gegen Tatsachenentscheide des Schiedsrichters kann nicht protestiert werden.**
> **...“**

(3) DFB-Recht:[318] Regelverstoß

Im DFB-Recht taucht der Begriff des **Regelverstoßes** des Schiedsrichters auf, der für diesen Fall die Regel 5 „Unantastbarkeit der Tatsachenentscheidung des Schiedsrichters“ einschränkt und aufhebt. Es ist ein Gebot der Logik, dass, wenn man einen Regelverstoß als Grundlage für einen Protest zulässt, dies eine Ausnahme von der Endgültigkeit einer **Entscheidung** des Schiedsrichters darstellt. Ein sprachlicher Gegensatz zwischen dem Regelwortlaut (Regel 5 – Entscheidungen des Schiedsrichters) bzw. dem Text des FIFA-WM-Reglements (Art. 14 Abs. 4 – Entscheidungen über

---

318 *Hilpert* Tatsachenentscheidung und Fernsehbeweis in Sportgerichtsverfahren, WFV 38, S. 25 ff.; *ders.* Tatsachenentscheidung und Regelverstoß im Fußball – Neuere Entwicklungen und Tendenzen, SpuRt 1999, S. 49 ff.

Tatsachen) einerseits und dem Wortlaut des Textes der obigen Regelungen von UEFA und DFB über den Regelverstoß andererseits, ist dabei gegeben. Nach allgemeinen Auslegungsgrundsätzen (Umkehrschluss) ist aus der Formulierung „Entscheidungen über Tatsachen ... sind endgültig" abzuleiten, dass nur diese Entscheidungen des Schiedsrichters unantastbar sein sollen, nicht aber Entscheidungen von ihm über andere Vorgänge seiner Amtsausübung, wie hier über die Regeln im Spiel, erfasst sein sollen. Im Bereich des Deutschen Fußball-Bundes ist es Rechtstradition, dass eine **begriffliche Zweiteilung** zwischen Tatsachenentscheidung und Regelverstoß besteht. Demnach sind nach Regel 5 nicht generell **alle** Entscheidungen des Schiedsrichters, die mit dem Spiel zusammenhängen, endgültig. Wenn der Schiedsrichter wahrnimmt, dass z. B. ein Ball im Aus oder hinter der Torlinie ist bzw. dass ein Tritt gegen den Oberschenkel des Gegners erfolgt ist oder die Spielzeit abgelaufen ist, hat er *„jeweils Entscheidungen über Tatsachen, die mit dem Spiel zusammenhängen, getroffen, und zwar auf Einwurf, Tor, Freistoß oder Spielende erkannt"*. Nach der Entscheidung des IFAB Nr. 3 zu Regel 5 sind Tatsachenentscheidungen in diesem Sinne auch die Feststellung des Ergebnisses des Spiels (z. B. 2:1) oder ob ein Tor erzielt wurde (also Ergebnisfortschreibung nach Tor); beide sollen endgültig sein. Außer in der Fußballregel stellt die FIFA auch in Art. 14 Abs. 4 WM-Reglement 2006 fest, dass diese Entscheide endgültig sind, sodass Proteste dagegen unzulässig sind.

(4) Tatsachenentscheidung

Die FIFA differenziert dabei **nicht** zwischen der Feststellung des Sachverhalts, die auch nach Auffassung des DFB endgültig ist, **und** der Umsetzung dieser Wahrnehmung gemäß den Fußballregeln. Lauten die Entscheidungen bei Ball im Aus auf Einwurf, bei Ball hinter der gegnerischen Torlinie auf Abstoß, bei Ablauf der 90 Minuten auf Abpfiff, so ist die Entscheidung regelrecht. Es liegt kein Regelverstoß im Sinne des § 17 RuVO vor. Ist die Entschließung des Schiedsrichters, wie absurde Fälle zeigen, bei Ball im Aus: Freistoß, bei Überschreitung der Torlinie: Schiedsrichterball, beim Foul: z. B. Mittelanstoß oder lautet sie nach Ablauf der 90 Minuten ohne Sonderregelung auf Elfmeterschießen, so liegt jeweils ein eklatanter Regelverstoß vor, der nach DFB-Rechtsverständnis einen Protestgrund darstellt – bei Kausalität für das Spielergebnis. Nach FIFA-Praxis handelt es sich demgegenüber um Entscheidungen über spielbezogene Tatsachen, die „endgültig sind". Aus dem Dilemma kann man unschwer zu einer sprachlich einleuchtenden Auslegung mit einem sinnvollen und sportgerechten Ergebnis kommen, wenn man bei Anwendung der **falschen** Rechtsfolge auf der Basis der tatsächlich richtigen Feststellungen des Schiedsrichters, die absolut gelten sollen, einen Regelverstoß und damit einen **Protestgrund** annimmt. Der Schiedsrichter hat in diesem Fall aus einer getroffenen endgültigen Tatsachenfeststellung die **falschen Schlüsse** gezogen. Er hat einen Rechtsfehler bei der Subsumtion unter die Tatsachen begangen, der nicht auf einer hinzunehmenden menschlichen Fehlbeobachtung, sondern auf einem im Einzelfall vorwerfbaren Regelverstoß beruht, der eine Privilegierung der Endgültigkeit nicht unbedingt gebietet.

Man kann das Regelungsziel der FIFA – keine Spielwiederholungen wegen falscher Entscheidung des Schiedsrichters aller Art – mit guten Gründen für den Fußball als sinnvoll ansehen. Eine häufige nachträgliche verbandsseitige Abänderung eines Spielergebnisses würde aber zu einem Durcheinander, ja zu einer teilweisen Lähmung des Spielbetriebs führen. Wenn die FIFA die Regelverstöße nicht hinnehmen will, dann sollte sie es sprachlich zum Ausdruck bringen, indem man in der Fußballregel unzweideutig schreibt: **„Die Entscheidungen des Schiedsrichters sind endgültig."** Beim DFB würde man eine solche Fußballnorm zwar nicht für unbedingt ideal halten, weil dem Gerechtigkeitsgedanken in Einzelfällen widerstrebend, man müsste sie aber als FIFA-Recht hinnehmen, da bei solch eindeutigem Wortlaut eine andere sprachliche Auslegung nicht möglich wäre. Formuliert man aber wie derzeit in der Regel „... seine Entscheidung über Tatsachen ...", so bleibt nach allgemeiner Wortinterpretation durchaus noch eine **Alternative: „Entscheidungen über die Rechtsanwendung".** Diese Fallkonstellationen nennt man beim DFB, wenn sie fehlerhaft sind, „Regelverstoß", in der Schweiz „technischer Fehler". Wenn es in einer Regelung sprachlich „Entscheidungen über Tatsachen" heißt, die unangreifbar sind, darin Entscheidungen über andere Entscheidungsgegenstände nicht erwähnt werden, so sollte nach dem allgemeinen Sprachgebrauch (Umkehrschluss) damit zum Ausdruck gebracht werden, dass Letztere nicht unantastbar sein sollen. Diese Interpretation des FIFA-Rechts lässt die deutsche Regelung (so auch die UEFA) über die Nachprüfbarkeit des Regelwerks jedenfalls für Spiele im DFB-Bereich, da nicht durch die FIFA verboten, zu. Denn was der Weltfußballverband nicht verboten hat, ist erlaubt.

(5) Keine FIFA Verbotsnorm zu Nr. 61 und Nr. 63
Zu beachten ist jedoch, dass die FIFA in **Art. 152 FCD** festgelegt hat:

> „Im Sinne der Harmonisierung im disziplinarrechtlichen Bereiche sind die Verbände verpflichtet, ihre Bestimmungen diesem Reglement anzugleichen."

Bei der Tatsachenentscheidung und dem Regelverstoß handelt es sich aber um **keine Disziplinarreglemente.** Es folgen in Art. 152 Abs. 2 und 3 FDC zwingend bzw. dem Sinne nach zu übernehmende Regelungen, wo aber die einschlägige Bestimmung des Art. 14 Abs. 4 Reglement über die Weltmeisterschaften nicht aufgenommen ist. Somit besteht also **keine Verbotsnorm** der FIFA, es sei denn, man sieht diese in den einschlägigen FIFA-Zirkularen. Inwieweit diese Rechtsquelle für die Nationalverbände sein können, ist den FIFA-Statuten nicht zu entnehmen.

(6) Wortinterpretationen
Zu den gleichen Ergebnissen kraft Wortinterpretation wie der DFB kommt die UEFA mit ihrer Regelung in § 44 RPO, die als Protestgrund u. a. **„einen entscheidenden Regelverstoß des Schiedsrichters"** nennt. Es heißt dann weiter in § 44 Abs. 3 RPO: „Gegen Tatsachenentscheide des Schiedsrichters kann nicht protestiert werden."

3. Lösungsweg national und international

Im Folgenden sollen die Folgerungen aus der Textinterpretation zu den FIFA-, UEFA-, DFB-Vorschriften rechtsgeschichtlich national und international untersucht werden (a), um sodann das bekannt gewordene nationale und internationale Fallmaterial zu behandeln (b) sowie die Rechtsprechung im In- und Ausland zu untersuchen, wobei dann der Versuch unternommen wird (c), zu einem den Zielen der FIFA gerecht werdenden Ergebnis (Endgültigkeit der Entscheidungen während des Spiels), das grundsätzlich zu begrüßen ist, zu kommen.

a) Rechtslehre in der Vergangenheit

Der Protest gegen die Wertung eines Spiels (auch Einspruch genannt) ist ein ewiger weltweiter Streitpunkt, insbesondere bei den Ballsportarten. Anfang der 70er Jahre hat zu dieser Thematik der Schweizer Rechtslehrer *Max Kummer* in seinem bis heute wegweisenden Werk *„Spielregel und Rechtsregel"* eine für die Sportrechtslehre und für den Sport wegweisende Abgrenzung vorgenommen.[319] Er hat die Gefahr aufgezeigt, dass es tödlich für den Sport sei, wenn eine Intervention von staatlichen Richtern oder Schiedsrichtern in den Spielregelbereich erfolge, der ein unverrückbares Tabu bleiben müsse. Elfmeter oder Torentscheide sowie damit zusammenhängende Einsprüche gegen die Spielwertung erfolgten im rechtsfreien Raum, während sehr wohl die nachträglich von den Sportinstanzen gefällten Sanktionen gegen einen vom Feld gestellten Spieler **justitiabel** seien. Wenn hinsichtlich der Regeln über den Spielverlauf der staatliche Richter an die Stelle des Spielleiters trete, sei dies für das Spiel verheerend. Die Spielregeln seien dann Nichtregeln.[320] Es gebe also nicht justitiable Spielregeln und justitiable Rechtsregeln.

b) Fallanwendungen im Ausland

Dieses strikte Herausnehmen aller Entscheidungen des Schiedsrichters auf dem Spielfeld konnte im Bereich der Schweiz mit deren liberalem Vereinsrecht einerseits und dem Sitz der großen Weltsportverbände andererseits Verbreitung und Anerkennung finden. Späte Anhänger ihres *„begnadeten Rechtslehrers Kummer"*[321] konnten noch nach der WM 2006 stolz verkünden, dass die vor Gericht beantragte Wiederholung des WM-Finales 2006 einen sportlichen Supergau bedeutet hätte, der glücklicherweise verhindert worden sei. So haben Klagen von zwei Organisationen „Association Justice Mondiale 2006" und „Collectif National pour la verité de la Coupe du Monde 2006" beim Pariser Landgericht keinen Erfolg gehabt. Sie wollten eine Wiederholung des WM-Endspiels 2006 erreichen, weil der Feldverweis von *Zinédine Zi-*

---

319 Abhandlungen zum Schweizerischen Recht, ASR, Heft 426, 1973.

320 Entscheidung des Richteramts III Bern vom 15.12.1981, Deutsches Anwaltsblatt 2001, 638 ff.

321 So *Scherrer* Spielregel und Rechtsregel, Bestandsaufnahme und Ausblick, CaS 2008, S. 181.

dane entgegen den Fußballregeln nach der Konsultation von Videoaufnahmen im Stadion erfolgt sei. Das Pariser Landgericht wies beide Klagen ab.[322] *Scherrer*[323] nennt die Gründe „schroff" und „ohne in Detailjuristerei zu verfallen". Den Klägern sind jedenfalls die Gerichtskosten auferlegt worden; außerdem müssen sie an FIFA und FFF eine Prozessentschädigung von 10.000 € bezahlen.[324]

In Deutschland besteht in § 17 Nr. 2 c RuVO ein Einspruchsgrund gerade für den Spielregelfall „Regelverstoß". Wenn diese Regelung nicht, wie die IFAB bzw. FIFA-Disziplinarkommission es wohl sieht, wegen Verstoßes gegen höherrangiges FIFA-Recht, das einen solchen Einspruchsgrund nicht kennt, nichtig ist, muss bei diesbezüglichen schlüssigen Behauptungen in die Fallprüfung eingetreten werden.

Angesichts des stringenten Ausschlusses des Regelverstoßes als Protestgrund überrascht nicht, dass kaum internationale Präzedenzfälle bekannt geworden sind. Ein Protestgrund, der die regelgerechte Durchführung eines Fußballspiels betrifft, ereignete sich am 30. September 1997 beim UEFA-Pokalspiel *Spartak Moskau* gegen *FC Sion*. Kurz vor Spielbeginn wurde auf Protesterklärung des Gastvereins *FC Sion* festgestellt, dass beide Tore in der Mitte nur 2,29 m hoch waren (statt wie vorgeschrieben 2,44 m). Letztinstanzlich wurde durch die Berufungsinstanz der UEFA[325] die **Wiederholung des Spiels** angeordnet. Die vom *FC Sion* beantragte Umwertung des Spiels wurde abgelehnt, da diese Rechtsfolge nach dem Grundsatz der Verhältnismäßigkeit nur bei einem erheblichen Verschulden des Platzvereins ausgesprochen werden könne. Hier sei aber nur Fahrlässigkeit zu bejahen. Von Seiten der UEFA-Verantwortlichen vor Ort hätte zudem eine angemessene Frist zur Korrektur der Torhöhen gesetzt werden müssen, was nicht geschehen sei. Bei diesen Umständen sei eine Spielwiederholung in Moskau angemessen; mangels Verstoßes gegen Sicherheitsbestimmungen sei eine Platzsperre bzw. eine Ansetzung in einem neutralen Land nicht geboten.

Eine in Deutschland unbekannte Rechtsfolge wurde nach dem spanischen Erstligaspiel *Betis Sevilla* gegen *FC Sevilla* am 1. März 2007 getroffen, bei dem eine Flasche an den Kopf des Trainers des Gastvereins geworfen worden ist: Die Heimmannschaft wurde mit drei Spielen Platzsperre belegt und zudem angeordnet, dass das abgebrochene Spiel auf neutralem Platz **ab dem Zeitpunkt des Abbruchs** (57. Spielminute) zu Ende gespielt wird. Diese Fortsetzung einer „Hängepartie" – wie im Schach bekannt – erscheint zwar im Sinne einer Naturalrestitution (§ 249 BGB) naheliegend, ist aber mit dem wahren Verständnis eines Fußballspiels, das über 90 Minuten mit zwei Halbzeiten ununterbrochen läuft, schwerlich vereinbar.

Aus der Schweiz wird der Protest nach dem Meisterschaftsspiel der Nationalliga A zwischen dem *FC Luzern* und dem *FC Zürich* am 8. März 1998 (Ergebnis 2:2) berichtet, in dem der Ball dem FC-Torwart von einem Gästestürmer aus den Händen zum 2:0 geköpft worden ist. Der Schiedsrichter hatte den Vorgang nicht gesehen und auf Tor

---

322 Tribunal de Grande Instance de Paris vom 15.12.2006, CaS 2006, 610.

323 Siehe Fn. 306.

324 Siehe Fn., 307.

325 Urteil vom 10.10.1997.

erkannt. Der Protest wurde darauf gestützt, dass eine Entscheidung des Schiedsrichters ohne Wahrnehmung des Sachverhalts keine unabänderliche Tatsachenentscheidung darstelle, sondern „ein regeltechnischer Fehler" sei. – **Anmerkung:** Damit ist das Gleiche gemeint wie im DFB-Bereich mit „Regelverstoß". Die zuständige Disziplinar- und Sicherheitskommission[326] wies den Protest zurück, da eine Tatsachenentscheidung des Schiedsrichters vorliege. Wie bei einem übersehenen Foul oder Abseits liege eine mit einem Mangel behaftete Entscheidung eines Schiedsrichters vor, die nicht zu einer Spielwiederholung führen könne, sondern als falsche Tatbestandsaufnahme zu werten sei. Sie beziehe sich eindeutig auf den Sachverhalt, mithin auf Tatsachen. Dieser Entscheidung ist von deutschen Fußballjuristen uneingeschränkt beizupflichten.

Ein Fall einer Teilwahrnehmung des Schiedsrichters wird aus der 3. brasilianischen Liga vom September 2006 geschildert: Ein Balljunge stand einen Meter neben dem Tor und lenkte den auf die Torauslinie zu rollenden Ball mit dem Fuß um den Pfosten ins Tor. Die Schiedsrichterin hatte infolge Unaufmerksamkeit dies nicht gesehen und auf Tor zum 1:0 erkannt. Wie über den Protest entschieden worden ist, ist nicht bekannt.

Hier liegt aber ebenfalls eine Teilwahrnehmung der Schiedsrichterin vor, die wie eine falsche Wahrnehmung vom Privileg der Tatsachenentscheidung abgedeckt ist.

4. Vier Fallanwendungen in Deutschland

Im DFB-Bereich sind in den letzten 30 Jahren vier Grundsatzentscheidungen über Protestfälle durch die DFB-Gerichtsinstanzen ergangen – teilweise aufgegriffen durch die FIFA bzw. durch diese gar korrigiert:

Fall1: Im Zweitligaspiel zwischen *Borussia Neunkirchen* gegen *Stuttgarter Kickers* am 21. Oktober 1978 hat der Schiedsrichter ein Tor gegeben, bei dem der Ball seitlich am Torpfosten vorbeigeflogen war, an der Torhalterung abgeprallt und auf der hinteren Tornetzkante entlanggelaufen war, jedoch nie im Tor war („Außennetz-Tor").[327]

Fall2: Das „Phantom-Tor" im Spiel *Bayern München* gegen *1. FC Nürnberg* am 23. April 1994,[328] bei dem der Ball seitlich am Torpfosten vorbei ins Aus gegangen war und niemals die Torlinie überquert hatte.

Fall 3: Das „Nicht-Tor" vom *Spiel Schalke 04* gegen *Hamburger SV*, in dem der HSV-Torwart den Ball eindeutig hinter der Torlinie herausholte und der Schiedsrichter auf Weiterspielen entschied.[329]

Fall 4: Am 5. August 1997 unterbrach der Schiedsrichter im Bundesligaspiel *1860 München* gegen *Karlsruher SC* durch einen Pfiff wegen eines Foulspiels eines Müncheners die Partie. Auf den erst **nach** dem Pfiff erfolgten Schuss eines Karlsruher

---

326 SpuRt 1998, 132.

327 Urteil des DFB-Bundesgerichts 7/78/79, SportR 16/16/17.

328 Sportgerichts-Urteil vom 26.4.1994.

329 Urteil des DFB-Bundesgerichts vom 19.10.1994, n. v.

Spielers ins Tor erkannte der Referee auf Tor, weil er den Vorteil dem KSC nicht nehmen wollte, wobei ihm bewusst war, dass dies nach der Regel nicht zulässig war,[330] weil er zuvor unterbrochen hatte („Vorteils-Tor").

In allen vier Fällen wurde Einspruch gegen die Spielwertung eingelegt, auf den hin die DFB-Rechtsinstanzen in den Fällen 1, 2, und 4 das Spiel neu ansetzten, im Fall 3 den Protest zurückwiesen.

Im Fall 4 kassierte die FIFA die DFB-Entscheidung und beließ es bei der Spielwertung wie ausgegangen.

a) Analyse der Problematik

Für die abzuhandelnde kontroverse Diskussion um eine richtige Lösung der angesprochenen Fallgruppen ist unstreitiger Ausgangspunkt, der von allen Seiten – von der FIFA über die UEFA und den DFB bis hin zu den Bundesligavereinen – anerkannt wird, die **Unangreifbarkeit der Tatsachenentscheidung des Schiedsrichters.** Wenn ein Verein mit den Fehlern seiner Spieler (verschossener Elfmeter, Eigentor, Über-den-Ball-Treten) leben muss, so hat der Fußball mit den Fehlern des 23. Mannes auf dem Spielfeld zu leben. Der Reiz des Fußballsports für Aktive und Zuschauer besteht zu einem großen Teil darin, dass das Spielergebnis mit dem Schlusspfiff des Schiedsrichters grundsätzlich feststeht. Das Ergebnis bestimmt den Tabellenstand eines Vereins, sodass nicht nur der jeweilige Gegner, sondern auch die übrigen Vereine der Liga von einer möglichen Änderung desselben betroffen sind. Die Tabellen müssen jederzeit richtig sein. Mit dem letzten Spieltag einer Saison haben Meister und Absteiger wie auch die für internationale Wettbewerbe Qualifizierten festzustehen. Zudem hängen davon auch Veränderungen in anderen Klassen ab. Unsicherheiten würden zumindest für die Dauer eines sportgerichtlichen Verfahrens heraufbeschworen. Sollte auch über den Schiedsrichterentscheidungen und den darauf beruhenden Ergebnisfeststellungen das Damoklesschwert ihrer sportgerichtlichen Aufhebung schweben, so würden erfahrungsgemäß die Schiedsrichter auf dem Spielfeld weniger ernst genommen werden. Die Wahrung der Autorität der Referees ist aber eine gewichtige Garantie für einen geordneten Spielbetrieb.[331] Wegen dieser breit gefächerten denkbaren Folgen besteht ein besonderes Bedürfnis für die Bestandskraft des Spielergebnisses, das der Schiedsrichter am Spielende verkündet hat.[332]

Dabei ist bei der Bindungswirkung der im Spiel erfolgten Tatsachenfeststellungen zu unterscheiden zwischen den Entscheiden für die Dauer des Spiels und denen über das Spielende hinaus. Wenn der Schiedsrichter den Ball an der Hand des Abwehrspielers gesehen hat und Absicht bei diesem feststellt, so ist die Strafstoßentscheidung und das damit erzielte Tor unangreifbar, auch wenn der Ball nicht an der Hand

---

330 Urteil des DFB-Bundesgerichts vom 27.10.1997, SportR 15/16/28.

331 *Hilpert* Sportrecht II, 4, Rn. 108.

332 *Wolf* In dubio pro arbitro, Schriftenreihe WFV Nr. 19, S. 81,

des Abwehrspielers, sondern an der des danebenstehenden Angreifers gewesen ist. Das Letzteres eindeutig dokumentierende Fernsehbild bleibt sportrechtlich ohne Relevanz, wie etwa auch die durch Videoaufnahme nachgewiesene Feststellung, dass das Foul an einem Stürmer eindeutig außerhalb des Strafraums gewesen ist, wenn der Schiedsrichter irrtümlich den Tatort innerhalb des 16-m-Raums verlegt und auf Elfmeter mit Torfolge entschieden hat. So brachte auch das durch die berühmte „Hand Gottes" erzielte „Tor" von *Diego Maradona* bei der WM 1986 in Mexiko sein Land Argentinien eine Runde weiter und ließ England ausscheiden, obwohl alle Welt die Manipulation (sprachlich: manu pellere = Schlag mit der Hand) am Fernsehschirm gesehen hat. Der Schiedsrichter hatte sie, als er auf Tor für Argentinien entschied, nicht bemerkt und auf Tor erkannt. In dieser Fallvariante besteht Konsens zwischen FIFA, UEFA und DFB.

Die Privilegierung der Tatsachenentscheidung bezieht sich auf die **Spielentscheidungen** des Schiedsrichters nach der Fußballregel (z. B. auf „technische Strafen" wie Strafstoß oder Eckball) sowie auf Spielerstrafen für die Dauer des Spiels (Feldverweise). Art. 20 RPO der UEFA lautet: *„Die vom Schiedsrichter auf dem Spielfeld ausgesprochenen Spielstrafen sind endgültig und können von den Disziplinarinstanzen nicht überprüft werden."* – Eine ausdrückliche entsprechende Vorschrift des DFB fehlt. Falls die Spielerstrafe zu Unrecht erfolgte und der Spieler anschließend vom Sportgericht wegen eines offensichtlichen Irrtums des Schiedsrichters freigesprochen würde, war er wirksam bis zum Spielende ausgeschlossen, sein objektiv zu Unrecht erfolgtes Nichtmitwirken für einen Teil der Spielzeit kann auf das Spielergebnis keinerlei Auswirkung haben. Dieses ist unantastbar, weil eine endgültige Tatsachenentscheidung des Schiedsrichters erfolgt ist, aber auch der Teilausschluss des zu Unrecht vom Feld gestellten Spielers bleibt für die Vergangenheit unberührt; er kann allenfalls mit Ex-nunc-Wirkung aufgehoben werden. Diese fußballimmanente **Zweispurigkeit** ist zur Wahrung der sportlichen Gerechtigkeit hinzunehmen. Der Feldverweis wirkt in Gestalt der Vorsperre gegen den Spieler über das Spielende hinaus fort, kann aber jederzeit durch die Rechtsinstanzen aufgehoben werden (bei offensichtlichem Irrtum des Schiedsrichters oder bei *error in persona*). Dies gilt beim DFB als ungeschriebener Rechtsgrundsatz; auch die UEFA stellt die Möglichkeit der Aufhebung dieser Folge des Feldverweises expressis verbis in Art. 20 Abs. 2 RPO klar.

Die oft abfällig als „heilige Kuh" bezeichnete Tatsachenentscheidung des Schiedsrichters ist ein Lebenselixier des Fußballspiels.

b) Ergebnisse der vier Grundfälle

Im Falle 1) *Borussia Neunkirchen* gegen *Stuttgarter Kickers* („Außennetz-Tor") setzte das DFB-Bundesgericht[333] das Spiel neu an. Dies sei in einem extremen Ausnahmefall zulässig, *„wenn die Fehlerhaftigkeit der Tatsachenentscheidung des Schiedsrichters*

333 Urteil 7/78/79, SportR 16/16/13.

***offenkundig** sei"*. **Offenkundigkeit liege vor,** *„wenn für jeden Spieler und Zuschauer, welcher die Spielszene ohne Sichtbehinderung verfolgen konnte, unmittelbar und beweisbar feststand, dass der Ball die Torlinie außerhalb der Torpfosten überquert hatte und hinter dem Tor liegen blieb."* Diese Begründung ist ganz im Sinne von *Palmström*, dass nicht sein kann, was nicht sein darf. Das Oberlandesgericht Saarbrücken[334] machte sich in einem Rechtsstreit über den Ausgang eines Kampfes zweier Ringer-Clubs – streitig war der Zeitpunkt des Schlussgongs – dieses Kriterium zu eigen, indem es eine Ausnahme von der grundsätzlichen Unantastbarkeit der Tatsachenentscheidung eines Schiedsrichters angenommen hat, „wenn die Fehlerhaftigkeit der Tatsachenfeststellungen des Kampfgerichts offenkundig ist". Der Entscheidung des Bundesgerichts des DFB steht aber der Wortlaut der Regel 5 entgegen, wonach die Entscheidung des Schiedsrichters über Tatsachen – hier: der Ball war im Tor – endgültig ist. Im Urteil heißt es dazu, dass der absolute Zwang, auch in diesem Fall der Regel 5 zu folgen, **die Regel zur Farce** werden ließe. Die Entscheidung hat viele Befürworter gefunden.[335]

Wohl im Hinblick auf die ebenso zahlreiche Kritik an der „Einzigartigkeitsentscheidung" konstruierte im Eingangsfall 2) („Phantom"- oder „Helmer-Tor") das DFB-Sportgericht einen Regelverstoß, obwohl die Offenkundigkeit der Fehlerhaftigkeit der Entscheidung des Schiedsrichters in diesem Fall noch klarer war als im „Fall Neunkirchen". Der Rechtsfehler des Schiedsrichters wurde darin gesehen, dass er keine Kontaktaufnahme mit dem Linienrichter gesucht habe, der angesichts seiner eigenen Unsicherheit über das Nichttor ihn hätte aufklären können. Dieser Versuch, eine Konstruktion zu finden, die das richtige Ergebnis („kein Tor") nicht der Kassation durch die FIFA aussetzt, wurde teilweise kritisiert.[336] Die FIFA nahm Akteneinsicht und erklärte, da der DFB bei der Neuansetzung des Spiels im Rahmen seiner Kompetenzen gehandelt habe, „bestehe kein Grund zum Eingreifen". Näheres ist aber nicht gesagt.

Das dritte Musterbeispiel aus dem Spiel *Schalke 04* gegen *Hamburger SV* („Nicht-Tor") ist der klassische Fall einer unerschütterlichen Tatsachenentscheidung des Schiedsrichters. Auch wenn der Ball in vollem Umfang die Torlinie überschritten hatte, ist die Feststellung des Referees, *„er habe den Ball in Richtung Hamburger Torhüter genau verfolgt und sei zur Überzeugung gekommen, dass der Ball nicht die Torlinie überschritten hatte, als er ins Spielfeld zurück abgewehrt wurde"*, unabänderlich, weshalb der Protest zurückgewiesen worden ist.[337] Ebenso wie im Falle des „Phantom-Tors" waren die Fernsehbilder aus dem Gerichtssaal verbannt, da nach FIFA[338] die Tatsachenentscheide des Schiedsrichters nicht aufgrund von Videoauf-

---

334 Urteil vom 30.1.1982, SportR 16/16/32.

335 PHB/*Summerer* II 5, Rn. 331: „... eine mutige Entscheidung"; *Waske* Die Angst des DFB-Sportgerichts vor der Tatsachenentscheidung, SpuRt 1994, S. 189.

336 PHB/*Summerer* II, Rn. 338.

337 Urteil des DFB-Bundesgerichts vom 19.10.1994, n. v.

338 Zirkular Nr. 546 vom 25.11.1994.

nahmen modifiziert werden dürften. Dieser Standpunkt ist nicht ganz aufrichtig: man will die falsche Schiedsrichterentscheidung nicht revidieren, deshalb schließt man von vornherein aus, dass festgestellt wird, dass sie falsch ist. Wenn das angestrengte Ziel gerechtfertigt ist, braucht man die Vorstufe zu dem Ergebnis der Aufrechterhaltung der Entscheidung des Referees nicht zu scheuen. Bilder anzusehen, kann dabei nicht schädlich sein.

Wenn es sich um Entscheidungen des Schiedsrichters über **Tatsachen** handelt, lassen die DFB-Gerichte diese unangetastet und weisen in **ständiger Rechtsprechung** hiergegen gerichtete Einsprüche ab. Manchmal kommt es vor, dass ein Schiedsrichter eine Regel in einem momentanen Blackout falsch interpretiert hat, dies aber umgehend merkt und dann einen Sachverhalt konstruiert, der die getroffene Entscheidung regelgerecht erscheinen lässt. Es erstaunt, dass die FIFA – aufgeregt und einen relativ unbedeutenden Fall dramatisierend – einen vom Sportgericht des DFB am 14. Juni 1995 entschiedenen Protestfall betreffend die Neuansetzung des Zweitligaspiels *VfB Leipzig* gegen *FC Chemnitz* wegen eines festgestellten Regelverstoßes sofort aufgriff, da sie vom IFAB beauftragt sei, die Einhaltung der Tatsachenentscheidung des Schiedsrichters rigide zu überwachen.[339] Die FIFA-Disziplinarkommission führte am 19. Juli 1995 eine eigene Beweisaufnahme durch, wobei sie anders als das Sportgericht zu der Annahme kam, dass der Schiedsrichter den Sachverhalt, der seiner Entscheidung zugrunde lag, richtig angegeben hat, und entschied, dass

- der DFB angewiesen wird, dass das fragliche Spiel als gültig zu bewerten ist,
- dem DFB ein Verweis erteilt wird,
- für den Wiederholungsfall dem DFB eine Strafe bis zum Ausschluss aus dem Weltpokal-Wettbewerb der FIFA angedroht werde.

Diese Entscheidung wurde für nicht berufungsfähig erklärt.

Anzumerken ist, dass die FIFA für Spielwertungsfälle ihre Vorschriften nicht für allgemeinverbindlich erklärt hat. Eine solche Harmonisierung ist nach Art. 152 Abs. 2 und 3 FDC nur für Disziplinarreglemente der Verbände vorgeschrieben, für **Spielwertungsfälle** enthält der FDC **keine Regelungen**, die als Vorgaben für Nationalverbände angesehen werden könnten.

Unter Wahrung der gebotenen Zurückhaltung bei einer Kritik an einer Entscheidung des Weltfußballverbandes bleibt bezüglich der Intervention der FIFA anzumerken, dass die für den Wiederholungsfall dem DFB angedeutete Sanktion den Verhältnismäßigkeitsgrundsatz eklatant verletzt haben dürfte. Zudem geht die Missbilligung des Verhaltens des DFB-Sportgerichts in die falsche Richtung. Auf der Grundlage des von der FIFA-Disziplinarkommission festgestellten Sachverhalts – keine Sachverhaltsunterschiebung durch den Schiedsrichter bei der angefochtenen Entscheidung – hätte das DFB-Bundesgericht natürlich ebenso entschieden und den Einspruch zurückgewiesen. Dem DFB wird damit in diesem Fall vorgeworfen, dass die

339 Telefax der FIFA vom 16.6.1995.

im Rahmen der freien Beweiswürdigung durch sein Sportgericht getroffene Sachverhaltsfeststellung zu missbilligen sei. Obergerichte können naturgemäß Sachverhalte der Vorgerichte abändern – tadelnswert ist deshalb die Feststellung der Vorinstanz als ureigener Vorgang in einem gerichtlichen Verfahren, nämlich nach bestem Wissen eine tatsächliche Grundlage für die Entscheidung zu ermitteln und darauf das Recht anzuwenden, sicherlich nicht.

Dabei wird von DFB-Seite natürlich nicht der FIFA-Disziplinarkommission die Befugnis abgesprochen, andere tatsächliche Feststellungen zum Sachverhalt zu treffen. Wäre dies die Begründung der FIFA-Entscheidung gewesen, wäre viel Aufregung im DFB-Rechtsbereich nicht eingetreten.

Im Falle 4) („Vorteils-Tor") wiederholt sich dieses Phänomen der Rüge der Sachverhaltsfeststellung der DFB-Rechtsinstanzen durch die FIFA nochmals. Die DFB-Sportgerichte[340] gingen dabei davon aus, dass der Schiedsrichter einen bewusst falschen Sachverhalt seiner Entscheidung zugrunde legte, damit diese schlüssig ist. Konkret wusste er, als er auf Tor für Karlsruhe entschied, dass er vor Abgabe des Schusses gepfiffen hatte, um einen Freistoß für den KSC zu geben. Um aber diesem den Vorteil nicht zu nehmen, gab er Tor und sagte, er habe zur Zeit der Schussabgabe noch nicht gepfiffen gehabt, was aber die Umherstehenden beider Vereine strikt in Abrede stellten. Die DFB-Instanzen setzten das Spiel neu an mit der Begründung, wenn der Schiedsrichter bewusst einen falschen Sachverhalt seiner Entscheidung zugrunde legt, könne die Privilegierung der Unangreifbarkeit der Tatsachenentscheidung nach Regel 5 nicht eingreifen. Ein bewusstes Schlüssigmachen der Schiedsrichterentscheidung auf Tor – in Wahrheit wäre auf Freistoß für den KSC zu erkennen gewesen, da bevor der Schuss erfolgt war, der Schiedsrichter das Spiel bereits unterbrochen hatte – stelle eine unrichtige Regelanwendung (= Regelverstoß) dar, der nur durch eine Neuansetzung korrigiert werden könne.

Dieses Mal reagierte die FIFA in der Form moderat, im Ergebnis aber unnachgiebig. Sie verhängte keine Sanktion gegen den DFB und drohte keine an, teilte diesem aber durch den FIFA-Generalsekretär in einem Schreiben vom 11. November 1997 mit, dass es sich bei dem Entscheid zum 2:2 um eine Tatsachenentscheidung handele. Der Entscheid der DFB-Gerichte über die Neuansetzung des Spiels wurde für nichtig erklärt (Pressemitteilung der FIFA Communication Division vom 12. November 1997). Dem DFB blieb nichts anderes übrig, als es bei dem auf dem Spielfeld festgestellten Ergebnis von 2:2 zu belassen und die Ergebniskorrektur in der Tabelle rückgängig zu machen.

Verwunderlich ist, dass die FIFA-Entscheidung sich nicht mit der Begründung des DFB-Bundesgerichts auseinandersetzt, wonach eine manipulationsfreie Tatsachenentscheidung die Autorität des Schiedsrichters stärke und der Glaubwürdigkeit des fairen Fußballsports diene.

---

340 SportR 15/16/28.

Die FIFA stellt ex cathedra fest, es liege eine unangreifbare Tatsachenentscheidung vor. Die Unaufrichtigkeit des Schiedsrichters, die die DFB-Rechtsinstanzen in ihrem Urteil festgestellt hatten, wird von der FIFA totgeschwiegen. Da man aber den FIFA-Juristen schwerlich unterstellen kann, dass sie bewusst ein solches Verhalten decken wollen, kann die FIFA-Entschließung nur so interpretiert werden, dass von vornherein nicht untersucht werden soll, ob eine versehentlich falsche Tatsachenentscheidung des Schiedsrichters vorliegt oder ob der Schiedsrichter – was sicherlich äußerst selten vorliegt – durch eine falsche Aussage über seine Tatsachenwahrnehmungen sich in die Privilegierung der Tatsachenentscheidung nach der Regel 5 flüchtete, obwohl er eine falsche Regelanwendung vorgenommen hat. Die inneren Vorgänge bei der Entscheidungsfindung des Schiedsrichters sollen wohl nach der FIFA-Vorstellung tabu sein. Darüber soll nicht in einem Verfahren gestritten werden. Ein so verstandenes **Beweisthemenverbot** der FIFA wahrt die Autorität des Schiedsrichters als Institution und sichert die Endgültigkeit des Spielergebnisses mit dem Schlusspfiff. Mit dieser Argumentationsweise könnte man unter Umständen einverstanden sein.

c) Kausalität des Regelverstoßes

Bevor eine eigene Lösung der Regelverstoßproblematik versucht werden soll, ist die zusätzliche Voraussetzung für einen Erfolg des Einspruchs zu behandeln. Der Regelverstoß muss die Spielwertung als verloren oder unentschieden **mit hoher Wahrscheinlichkeit** beeinflusst haben (§ 17 Nr. 2 c HS 2 RuVO). Das Fußballspiel ist so variationsreich, und ein Torerfolg darin hängt von so vielen Faktoren und Imponderabilien ab, dass die Fälle von vornherein auszugliedern sind, die sich fast in jedem Spiel – oft sogar mehrfach – ereignen, nämlichdass der Schiedsrichter als Folge eines Beobachtungsfehlers einen falschen Sachverhalt feststellt, darauf aber eine richtige Regel anwendet. Das ist ein klassischer Fall der Tatsachenentscheidung des Schiedsrichters, die nach Regel 5 endgültig ist. Wenn der Schiedsrichter auf seine Wahrnehmung die richtige Regel anwendet, ist fußballrechtlich alles unbedenklich. Beispiele: Er sieht den Fall hinter der Torlinie, obwohl dies nicht der Fall ist = Tor. Er glaubt, ein absichtliches Handspiel im Strafraum gesehen zu haben und gibt Elfmeter, was ebenfalls unangreifbar ist. In beiden Fällen handelt es sich um nach einhelliger Meinung in der Fußballwelt endgültige (falsche) Tatsachenentscheidungen, die bestandskräftig sind, weil Fehlentscheidungen im Fußball zu diesem Sport ebenso gehören wie Fehlleistungen der Spieler.

Es bleiben die Fälle auf ihre Einspruchsrelevanz zu prüfen, in denen auf der Basis einer richtigen oder auch einer falschen Tatsachenfeststellung vom Schiedsrichter eine falsche Spielregel angewandt worden ist. Auch dies geschieht relativ häufig, im Amateurfußball wohl vielleicht fast in jedem Spiel. In fast allen Fällen sind alle diese hunderttausende kleine und größere Verstöße der Referees gegen die Spielregeln folgenlos, da das Spielergebnis dadurch nicht mit hoher Wahrscheinlichkeit beeinflusst worden ist.

Der hohe Grad der Ursächlichkeit ist bei einem **unmittelbaren Zusammenhang** zwischen der Fehlentscheidung des Schiedsrichters und einer Ergebnisveränderung zu bejahen. Dazu gehört, dass ein Tor in direkter zeitlicher Folge erzielt worden ist, wobei mehrere Zwischenstationen des Spielgeschehens bzw. verschiedene Ballberührungen, falls sie dessen Richtung verändern, schädlich sind. Dabei scheiden vielfältige Spekulationen über die Folgen des Regelverstoßes aus; das Ergebnis muss ohne die Regelverletzung nach aller Erfahrung ein anderes gewesen sein.

d) Fallentscheidungen zur Kausalität

Das Bundesgericht des Deutschen Fußball-Bundes hat am 23.1.2008[341] auf die Revision des *FC Germania Dattenfeld* die ursprüngliche Wertung des Oberligaspiels gegen *SV 19 Straelen* (4:0) wiederhergestellt. Bei dem Spiel waren beide Tore 20 cm zu niedrig. Das Bundesgericht hat einen regelwidrigen Platzaufbau vorbehaltlos bejaht. Es hat dabei im Ausgangspunkt eine Tatsachenentscheidung des Schiedsrichters insoweit verneint, als dieser trotz Kenntnis der Höhendifferenz der beiden Tore das Spiel anpfiff und durchführte. Der Schiedsrichter hat damit nicht einen von ihm falsch beurteilten Sachverhalt seiner Entscheidung über die Spielaustragung zugrunde gelegt, weshalb eine unantastbare Tatsachenentscheidung des Schiedsrichters nach Regel 5 nicht gegeben ist. Es liege nach Auffassung des Bundesgerichts auch kein Regelverstoß vor. Die Fußballregel 1 enthalte kein Verbot, das Spiel bei festgestellter zu niedriger Torhöhe anzupfeifen. Der Schiedsrichter habe zwar zuvor den Platzverein zur Beseitigung des Mangels binnen 30 Minuten auffordern müssen, was aber lediglich eine Anweisung des DFB ohne Regelcharakter sei. Im Wege der Rechtsfortbildung sei ein Verstoß gegen eine Fußballregel, die keinen Regelverstoß des Schiedsrichters darstelle, hinsichtlich der Kausalität des Fehlers für den Spielausgang – wie in § 17 Nr. 2 c RuVO vorgesehen – daraufhin zu prüfen, ob das Ereignis mit hoher Wahrscheinlichkeit die Spielwertung als verloren oder unentschieden beeinflusst hat. Hier habe der fehlerhafte Platzaufbau auf das Spielergebnis keinen ersichtlichen Einfluss ausgeübt, sodass kein Anspruch auf Spielumwertung bestehe.

Interessanterweise prüft das DFB-Bundesgericht nicht die Frage eines Verschuldens des Platzvereins und den Gesichtspunkt der Verhältnismäßigkeit einer Spielumwertung, was die UEFA-Disziplinarkommission im Falle *Spartak Moskau* gegen *FC Sion* durchaus getan hatte (s. oben). In ähnlicher Weise wurde eine Ursächlichkeit für ein Spielergebnis verneint, als in einem Amateurspiel einer der beiden einbestellten Schiedsrichter-Assistenten sich kurz vor Spielbeginn verletzte und kein Ersatzmann zu finden war. Ob insoweit ein Regelverstoß (Regel 6: „Es sind zwei Schiedsrichter-Assistenten zu bestimmen ...“) vorlag, konnte oft offenbleiben, da nicht zu beweisen war, dass der unterlegene Verein, der Protest einlegte, dadurch benachteiligt worden ist,

341 Az.: 4/2007/2008, SpuRt 2008, 173 ff.

dass der verbliebene „Linienrichter“ eine Halbzeit auf der einen Seite, die zweite auf der anderen Seite winkte, eine Seite jeweils aber unbesetzt blieb.

In einem Frauen-Pokalspiel im Amateurbereich zwischen *SV Bardenbach* gegen *SV Karlsbrunn* am 24.11.2007 hatte der Schiedsrichter beim Elfmeterschießen gestattet, dass ein Spieler, der unter den ersten Fünf seiner Mannschaft bereits einen Strafstoß geschlossen hatte, für einen verletzten Spieler zum Strafstoß antreten durfte (er erzielte das 9:8-Endergebnis), was nach FIFA-Vorgehensweisen zur Ermittlung eines Siegers erst zulässig gewesen wäre, wenn alle geschossen hatten, was nicht der Fall war. Der somit gegebene Treffer war conditio sine qua non für das Spielergebnis, weshalb die Spruchkammer des Saarländischen Fußballverbandes (Urteil vom 5.12. 2007 – Az.: 1496 – 07/08) das Spiel neu ansetzte. Hier stellt sich die Frage, ob nicht wie im spanischen Fußballbereich (s. oben) nur eine Fortsetzung des Elfmeterschießens hätte angeordnet werden sollen. Eine Neuansetzung der Spielrestzeit ist aber nach DFB-Recht noch nicht zulässig.

e) DFB zum Regelverstoß nach FIFA-Intervention:

In DFB-Kreisen stand nach der FIFA-Entscheidung im Falle 1860 München gegen den Karlsruher SC ernsthaft im Raum, den Protestgrund des Regelverstoßes in § 17 Nr. 2 c RuVO zu streichen. Einen solchen Schritt halte ich für vertretbar, da die Endgültigkeit der Entscheidungen der Schiedsrichter in tatsächlicher **und** rechtlicher Hinsicht sicherlich dem Fußballsport nicht empfindlich schaden und einen Meilenstein in Hinsicht auf die Rechtssicherheit bei Spielwertungen darstellen würde.

Der DFB hat nach der FIFA-Intervention vom November 1997 einen salomonischen Ausweg aus der Vorgabe der FIFA und dem traditionellen deutschen Rechtsverständnis zu Regel 5 gefunden. Durch Beiratsbeschluss vom 18. April 1998 unterwarf sich der DFB der Letztentscheidung der FIFA, ohne den DFB-Rechtsstandpunkt von vornherein aufzugeben: § 18 Nr. 6 Satz 2 RuVO lautet:

> „Die Entscheidung über die Spielwertung treffen die Rechtsorgane des DFB. Wird auf Spielwiederholung gemäß § 17 Nr. 2 c RuVO erkannt, wird die rechtskräftige Entscheidung zur abschließenden Bewertung der FIFA vorgelegt.“

Diese Kompromisslösung ist ab der Spielzeit 1998/99 in Kraft. Verwunderlich ist, dass seitdem keine Einspruchserhebung wegen eines Regelverstoßes im Bundesligabereich erfolgt ist. Die Vorschrift über die Vorlagepflicht konnte noch nicht auf ihre praktische Tauglichkeit getestet werden. Jedenfalls ist durch die gewollte Unterwerfung des DFB die vorher noch nicht ausdrücklich bejahte Vorfrage geklärt, ob die FIFA überhaupt eine Zuständigkeit zur Intervention bei internen DFB-Spielen hat.

Eine weitere Unsicherheit bei Regelverstößen ist durch die 1999 erfolgte Neufassung der Entscheidung Nr. 3 der IFAB zu Fußballregel 5 heraufbeschworen. Dort heißt es:

> „Zu den Tatsachen, die mit dem Spiel zusammenhängen, gehören auch das Ergebnis eines Spiels sowie die Entscheidung, ob ein Tor erzielt wurde oder nicht."

Man könnte darin eine Legaldefinition der Tatsachenentscheidung oder gar eine Fiktion sehen oder aber einen simplen Trick, wonach zu den Tatsachen, die mit Endgültigkeitscharakter vom Schiedsrichter auf dem Spielfeld getroffen werden, die Verkündung des Spielergebnisses gehören soll und damit ex cathedra alle vorherigen richtigen oder falschen Entscheidungen des Referees unmaßgeblich und überholt sein sollen. Man könnte daraus folgern, dass zum Thema Regelverstoß nach § 17 Nr. 2 c RuVO das letzte Kapitel geschrieben sei;[342] die Vorschrift wäre obsolet, und durch einen Federstrich des IFAB wären die zahlreichen Abhandlungen im In- und Ausland über den Regelverstoß zur Makulatur geworden und in die noch junge Disziplin „Sportrechtsgeschichte" verabschiedet worden.

Auf Landesebene ist teilweise[343] entsprechend judiziert worden, darüber hinaus sind mir keine diese Vorschrift interpretierenden Entscheidungen – aber auch kein aussagekräftiges Zirkular der FIFA – bekannt geworden. Es gilt zuzuwarten, bis eine Grundsatzentscheidung zu dieser diskussionswürdigen Frage ergeht.

Die FIFA sieht insoweit auch ohne die obige Entscheidung Nr. 3 des IFAB keinen Diskussionsbedarf. So heißt es in der Media-Kommission der FIFA-Kommission für rechtliche Angelegenheiten vom 12. Dezember 1997 (zum Fall 1860 gegen KSC), dass die Kommission einstimmig bekräftigt habe, dass *„Entscheidungen, die ein Schiedsrichter während einer Begegnung fällt und die den Verlauf des Spieles betreffen, Tatsachenentscheidungen sind"*, was heißt, dass sie nach Regel 5 endgültig sind. Man ist damit bei dem obigen Ansatz, dass eine Formulierung, „alle Entscheidungen des Schiedsrichters sind endgültig", jegliche Interpretationsakrobatik um das Institut des Regelverstoßes illusorisch machen würde. Der Fußballsport könnte mit einem Dogma der absoluten Unantastbarkeit aller Schiedsrichterentscheidungen, auch wenn diese im Einzelfall enorme wirtschaftliche Bedeutung haben, leben. Man könnte zum Trost auf die alte Weisheit des Fußballphilosophen **Sepp Herberger** zurückgreifen: *„Im Fußball gleicht sich alles im Laufe einer Saison aus!"* In dieser Skepsis könnte man auch als Sportjurist sich an dem Gedanken erfreuen, dass endlich der Fußball triumphiert hat (*„Der Ball ist rund."*) und „etwas Profanes wie Gerechtigkeit" ein flüchtiger und unsteter Begleiter desselben ist.

Dem Autor schwebte immer schon vor, dass die Streitfrage durch ein reinigendes Gewitter bei einem totalen Blackout eines Schiedsrichters bei einem WM-Endspiel gelöst werden könnte. Der Gau stand nach der WM 2006 fast vor der Tür, als aufgrund der zeitlichen Zusammenhänge beim Feldverweis von Zidane plausibel die Behauptung aufgestellt wurde, dass der 4. Offizielle seine späte Meldung über den Kopfstoß des Weltstars gegenüber *Marco Materazzi* **nach Blick auf die Videokamera** auf der

342 *Hilpert* Sportrecht II 4 Rn. 111.

343 Ständige Praxis der Spruchkammer Aktiv des Saarländischen Fußballverbandes.

Aschenbahn gemacht hätte. Dieser bestritt eine solche nach FIFA-Recht strikt verbotene Informationsquelle während des Spiels, sodass die Akte geschlossen blieb.

Die FIFA hat unabhängig von diesem Fall aus ihrer Warte geschickt und umsichtig eine doppelte Sicherung für ihre Auffassung zur Problematik eingebaut. Außer der von ihr vertretenen Interpretation („kein Regelverstoß") hat sie in formeller Hinsicht in Art. 61 Nr. 3 der FIFA-Statuten festgeschrieben: *„Das CAS behandelt keine Berufungen im Zusammenhang mit Verstößen gegen die Spielregeln ..."*

Hier taucht der von Kummer 1973 aufgestellte Begriff Spielregel im Schweizer Rechtsbereich auf.

Klagen gegen die FIFA sind zudem – falls das Schiedsgericht nicht zuständig ist – an ihrem Sitz in Zürich zu erheben, wobei die FIFA von dem liberalen Schweizer Vereinsrecht profitieren könnte. Videant consules! An dieser Stelle taucht die nicht einfach zu beantwortende Frage auf, ob durch die FIFA-Regelung in Art. 61 Nr. 3 FIFA-Statuten der Rechtsweg total ausgeschlossen ist – also die letztinstanzliche FIFA-Entscheidung endgültig ist – oder ob dann wegen des Ausschlusses des Schiedsgerichtsweges **subsidiär** die staatliche Gerichtsbarkeit zuständig ist, was sich dann als Eigentor der FIFA-Regelung herausstellen könnte.

Bevor ein eigener Lösungsvorschlag zur Diskussion gestellt werden soll, wird überprüft werden, ob in der für das Sportrecht bisher so effektiven Rechtsprechung des CAS zu anderen Sportarten insoweit Hilfestellung zu finden ist, auch wenn eine FIFA-Streitsache beim CAS über Spielregelverstöße ausgeschlossen ist. Nach ständiger Rechtsprechung schützt der CAS Spielfeldentscheidungen und erklärt, dass die Spielregeln („Rules of the game"), welche den korrekten Ablauf des Wettkampfs festlegen, nicht Gegenstand einer richterlichen Überprüfung sein können. Nur wenn die Schiedsrichterentscheidung „willkürlich" oder „treuwidrig", d.h. „in böser Absicht" getroffen worden ist, gelte eine Ausnahme.[344] Nicht jeder unrichtige Schiedsrichterentscheid sei auch willkürlich. Im berühmten Fall des brasilianischen Marathonläufers *Vanderlei Cordeiro de Lima* definiert der CAS[345] den Ausnahmefall dahin, dass ein Sportler erwiesenermaßen bevorteilt oder benachteiligt worden sein muss, z. B. als Folge einer Bestechung. Die Hürde für einen solchen Nachweis ist hoch. Wäre sie jedoch niedriger anzusetzen, so fährt der CAS fort, bestünde das große Risiko einer Flut von Klagen enttäuschter Wettkämpfer, die nichts unversucht lassen, ihr Resultat am grünen Tisch zu verbessern.

Interessant ist, dass auch der EuGH[346] in der Meca-Medina-Entscheidung den Begriff der „Spielregeln" anspricht als eine rein sportliche Regelung, die „ihrer Natur nach nicht unter den Geltungsbereich der Art. 39 und 49, 81, 82 EG falle (z.B. betreffend die Dauer des Spiels, die Anzahl der Spieler), weil der Sport nur im Rahmen bestimmter Regeln bestehen und ausgeübt werden könne". Als insoweit oberstes

344 CAS, Urteile vom 8.9.2005 und 30.4.2006, SpuRt 2006, 32f., 162ff.

345 SpuRt 2006, 32f.; *Hilpert* Sportrecht II 4 Rn. 112.

346 SpuRt 2005, 20ff.

Gebot im Sinne des Fair-Play-Gedankens wird vom EuGH das Dopingverbot genannt, das eine rein sportliche Natur habe.

Auf der Suche nach rechtlichen Anknüpfungspunkten für die Regelung des Komplexes um den Problemkreis Tatsachenentscheidung/Regelverstoß wird man auch im traditionsbeladenen BGB fündig, wo in § 661 Abs. 2 BGB die Entscheidung des Preisrichters beim Preisausschreiben für die Beteiligten als bindend und gerichtlich auf ihre sachliche Richtigkeit nicht überprüfbar erklärt wird. Eine ähnliche Situation wie bei den Entscheidungen des Schiedsrichters im Fußball ist also gegeben.[347] Das BGB schließt dabei nicht nur Tatsachenfehler, sondern sogar Rechtsfehler für die Nachprüfung aus.

f) Lösungsansatz aus meiner Sicht

Das ausgewertete Fallmaterial zeigt, dass weitgehend Konsens besteht, dass bei der Bewertung der Erfolgschancen eines Einspruchs wegen eines Regelverstoßes restriktiv vorzugehen ist, wobei zwei Kriterien eine wichtige Bedeutung haben:

- die innere Tatseite beim Schiedsrichter – bewusst falsche Entscheidung,
- die Offensichtlichkeit/Offenkundigkeit des Regelverstoßes.

Ich füge ein drittes Kriterium hinzu:

- Eine Korrektur eines unerträglichen Ergebnisses muss eröffnet bleiben.

FIFA und CAS begegnen sich bisher schon in einem Punkt, nämlich bei „einer bewusst falschen Entscheidung des Schiedsrichters" (FIFA-Schreiben vom 4. März 2005 an den DFB im *Hoyzer*-Verfahren, s. o.) bzw. mit den Worten des CAS „bei einer willkürlichen Schiedsrichterentscheidung, die in böser Absicht getroffen worden ist". Unter diesem Aspekt lassen sich der obige Fall 4 und das Verfahren *VfB Leipzig* gegen *FC Chemnitz* – jeweils bei Zugrundelegung der von den DFB-Gerichten festgestellten Sachverhaltsversion, dass der Schiedsrichter bewusst die Regel falsch angewandt hat – unschwer subsumieren. Hinzu kommt die bewusste Ergebnisverfälschung in den *Hoyzer*-Fällen (s. nachfolgend Rn. 38). Hier liegt jeweils eine treuwidrige und in böser Absicht getroffene Maßnahme des Schiedsrichters vor, bei der die FIFA eine Ausnahme zulässt und der CAS ebenso judiziert. Wenn ein Richter das Recht bricht, stürzen die Dämme einer Rechtsordnung ein. Man kann nicht untätig bleiben.

Eine zweite Fallgruppe lehnt sich an den im FIFA- wie im DFB-Recht zwischenzeitlich aufgenommenen offensichtlichen Irrtum des Schiedsrichters (s. § 84 b FDC und § 13 Nr. 2 RuVO) an, der zur Aufhebung von Disziplinarentscheidungen desselben für die Zukunft führt. Die FIFA hat für diese Fallkonstellation erkannt und akzeptiert, dass bei Evidenz eines Fehlers eine Korrektur zulässig sein soll, ja muss. Der Schritt von dieser Ansicht ist nicht weit zu der Einzigartigkeitsentscheidung des DFB-Bun-

347 Siehe BGHZ 89, 153.

desgerichts betreffend einen Spielwertungsfall im Spiel *Borussia Neunkirchen* gegen *Stuttgarter Kickers* („Außennetz-Tor"), wo der Begriff der Offenkundigkeit, der eng verwandt mit dem der Offensichtlichkeit ist, als Lösungsansatz gewählt worden ist mit dem erklärten Ziel, die Regeln nicht zur Farce werden zu lassen. Auch im parallelen Recht des Staates wird von *Gustav Radbruch*[348] postuliert, dass die Rechtssicherheit grundsätzlich den Vorrang hat, *„solange der Widerspruch des positiven Rechts zur Gerechtigkeit nicht ein so unerträgliches Maß erreicht hat, dass das Gesetz als unrichtiges Recht der Gerechtigkeit zu weichen hat"*.

Bisher nicht diskutiert, m. E. aber notwendig, um die Fußballwelt nicht zu erschüttern, ist ein „umgekehrter Radbruch". Wenn die Neuansetzung nach einem Regelverstoß im konkreten Fall für den Fußballsport zu einem unerträglichen Ergebnis führt, bedarf es einer Korrekturmöglichkeit, einer Bremse bzw. eines Rettungsankers, damit ausnahmsweise das Ergebnis trotz eines Regelverstoßes bestehen bleiben kann: etwa wenn überragende Gesichtspunkte zur Wahrung des Ansehens des Fußballsports eine Beibehaltung des Ergebnisses gebieten. Eine solche Ausnahme von der Ausnahme ist zu diskutieren und könnte auch in ähnlicher Form und mit einem etwas anderen Ansatz – etwa allein „auf die Unerträglichkeit nach dem Verständnis des herkömmlichen Fußballsports" gestützt werden. *Urs Scherrer*[349] plädiert dafür, zwar die Differenzierung von justitiablen Rechtsregeln und injustitiablen Spielregeln im Kern weiterhin beizubehalten, jedoch zu prüfen, ob in Berücksichtigung des zweifelsfrei allgemein bestehenden Interesses, dass der Sport in seinem Gesamtwesen durch richterliche Intervention nicht gefährdet bzw. zerstört werden soll, bei einer Einspruchseinlegung wegen eines Regelverstoßes auf das „Rechtsschutzinteresse" abzustellen sei. Dies könne den Bedürfnissen des Sports als auch derjenigen der Rechtsuchenden gerecht werden, indem das Rechtsschutzinteresse verneint *„und ein Spielschutzinteresse bejaht würde in den Fällen, in denen der Sport im Bestand und in der Durchführung* ***durch richterliches Eingreifen*** *gefährdet wäre"*. Nach *Urs Scherrer* könne dann auf eine solche Klage in Ermangelung der Prozessvoraussetzung **„Rechtsschutzinteresse"** nicht eingetreten werden. *Scherrer* nennt kein Beispiel für seine Ausnahmekonstruktion. Alle Beispiele hinken. Auch ich möchte deshalb Zurückhaltung bei der Nennung von Ausnahmefällen üben, glaube aber, dass ein solcher Fall gegeben gewesen wäre bei Anfechtung der Wertung des WM-Finales 2006 wegen eines Regelverstoßes des Schiedsrichters: wenn Schiedsrichter *Horacio Elizondo* aus Argentinien im Zusammenwirken mit dem 4. Offiziellen bei der Hinausstellung von *Zinédine Zidane* nach dessen Kopfstoß gegenüber *Marco Materazzi* den Feldverweis aufgrund der Fernsehaufnahme gemacht hätte – was nach wie vor streitig ist – was aber nach FIFA-Recht strikt untersagt ist. Eine von FIFA-Gremien deshalb angeordnete Wiederholung des WM-Spiels hätte „einen sportlichen Super-Gau"[350]

---

348 *Radbruch* Einführung in die Rechtswissenschaft, 1952, S. 105.

349 *Scherrer* Spielregel und Rechtsregel, Bestandsaufnahme und Ausblick, CaS 2008, S. 184.

350 *Scherrer* aaO., S. 181.

bedeutet. Hinzu kommt, dass materiell-rechtlich der Feldverweis *Zidanes* eindeutig gerechtfertigt gewesen ist, weshalb über die formelle Schiene eine inhaltlich falsche Entscheidung getroffen worden wäre. In einem solchen Fall könnte eine Ausnahme vorliegen von der Überprüfung des Regelverstoßes wegen des überragenden Interesses des Fußballsports und aus diesem Anlass ein WM-Finale nicht wiederholt werden. Da das Leben immer wieder neue Problemfälle entwickelt, würde es der Rechtsprechung überlassen bleiben, das Kriterium der Unerlässlichkeit der Ausnahmeregelung nach und nach zu umschreiben und mit Leben zu erfüllen. Auch die FIFA würde wohl ihre Vorbehalte gegen die Heranziehung des Regelverstoßes zurücknehmen, wenn eine **Rückausnahme** bei geeigneten Fällen, mit der vernünftige Ergebnisse im Einzelfall aus sportlichen Gesichtspunkten erzielbar sind, bestehen würde.

Mein Vorschlag de lege ferenda für eine FIFA-Regel 5 (Entscheidung des Schiedsrichters Nr. 1) lautet:

> „Seine Entscheidungen, die mit dem Spiel zusammenhängen, sind endgültig, es sei denn, es liegt ein spielentscheidender offensichtlicher Fehler oder eine bewusste Fehlentscheidung des Schiedsrichters vor." In jedem Fall bleibt es bei der Entscheidung des Schiedsrichters, wenn eine Spielwiederholung nach dem wohlverstandenen Interesse des Fußballsports unerträglich ist."

– oder wahlweise:

> „... wenn eine Spielwiederholung wegen überragender Gesichtspunkte des Fußballspiels untunlich ist."

Es gibt sicherlich von jeher unter den Sportlern Vorbehalte gegen die Juristen, wenn diese sich in das schöne Fußballspielen mit ihren Paragraphen einmischen. Auf dem Sektor „Regelverstoß" sollten diese Juristen aber Wege finden, um ihren schlechten Ruf abzubauen und durch die Schaffung einer flexiblen Regelung das Erzielen vernünftiger und für die ganze Fußballwelt akzeptabler Ergebnisse zu ermöglichen. Der Zwillingsbruder der Gerechtigkeit ist auch im Sport die Billigkeit. Erst sie ermöglicht das richtige Ergebnis im Einzelfall! Dabei braucht niemand zu befürchten, dass der Sport auf dem Altar des Rechts geopfert wird oder eine Verfahrensflut von Regelverstößen zu erwarten sei. Die Erfahrung des DFB, dass in den letzten zehn Jahren kein „Einzigartigkeitsfall" auftrat, belegt dies.

5. Ein Fall zur eventuellen Wende der Rechtsprechung: Kiessling schießt durch ein Loch im Tornetz ins Tor

Möglicherweise hat das Sportgericht des DFB[351] einen Schritt in die Zukunft zur Öffnung von Einspruchsentscheidungen bei deren Unerträglichkeit vorgenommen:

---

351 Urteil vom 28.10.2013, SpuRt 2013, 291.

In dem Spiel der *TSG Hoffenheim* gegen *Bayer 04 Leverkusen* im Oktober 2013 trifft der Spieler *Stefan Kiessling* durch ein Loch im Tornetz ins Tor. Das Netz, das im Januar 2011 am Torgestänge eingebracht und seitdem nicht mehr gewechselt worden war, war bereits vor Spielbeginn entsprechend beschädigt.

Nach einigen Spielerbefragungen gab Schiedsrichter *Brych Tor* für Leverkusen (soweit der **Tatbestand** des Urteils des Sportgerichts).

Die *TSG Hoffenheim* hat gegen die Wertung des Spiels (Ergebnis 2:1 für Bayer) Einspruch eingelegt.

a) Aus den Gründen des Urteils des Sportgerichts

Wer zurechenbar als Platzverein mit **defekten Materialien** ins Spiel geht, kann nicht hinterher darauf einen Protest stützen. Bei der gebotenen Sorgfalt der Hoffenheimer Vereinsmitarbeiter hätte vorliegend das Loch im Netz auffallen müssen.

Weiter das Urteil:

> „Bei der Torentscheidung des Schiedsrichters handelt es sich grundsätzlich um eine **unumstößliche Tatsachenentscheidung** im Sinne der Regel 5, wobei unerheblich ist, ob sie sachlich richtig oder falsch ist. Diese Bindungswirkung erstreckt sich auch auf das Sportgerichtsverfahren. Dabei ist für eine analoge Anwendung des § 17 (2) RuVO („u.a.“) **kein** Raum.“

Demgegenüber ist als Fakt die unstreitige Tatsache zu registrieren, dass der Ball durch ein Loch im Tornetz eingedrungen ist.

Im Fußballspiel sind aber manchmal durchaus extreme Konstellationen denkbar, die ein Festhalten am Prinzip der Tatsachenentscheidung **„unerträglich bzw. absurd“** erscheinen lassen. Daran könnte man vorliegend denken, was auch das Sportgericht getan hat. Hier hat aber eine Art **„überholende Kausalität der Fehlerquelle“** zu einer Änderung für das Ergebnis geführt.

Entscheidend für die Abweisung des Einspruchs war nämlich, dass die maßgebende Ursache für die falsche Schiedsrichterentscheidung die fehlerhafte Beschaffung des Tornetzes war, woran die *TSG Hoffenheim* als Heimverein schuld gewesen ist“.

Dieses Urteil, das für die Beteiligten überzeugend schien, da es im Termin rechtskräftig wurde, hat Neuland **angekündigt**, was überraschenderweise von der Fußballrechtswelt nicht im besonderen Maße registriert worden ist. Es hat die Gesichtspunkte der **„Unerträglichkeit“** bzw. der **„Absurdität“** bei Festhalten an dem Ergebnis nach Regel 5 gemessen. Ansatzpunkt: „Die Regel 5 darf nicht zur Farce werden“. Seit dem „Einzigartigkeitsurteil“ aus dem Jahre 1978 sind solche Erwägungen in der DFB-Rechtsprechung nicht mehr Entscheidungsgrundlage gewesen. In der Literatur war dies häufig jedoch anders.[352]

---

352 *Hilpert* Nationale und Internationale Rechtsprechung, 2016, S. 174 – 176.

Im Grundsatz besteht weitgehende Übereinstimmung zwischen Rechtsprechung und führender Literatur, wobei weiter problematisiert wird, was die Kunst sein dürfte, welche tauglichen Kriterien zu finden sind, mit deren Hilfe die korrekturbedürftigen von den alltäglichen (bestandskräftigen) Entscheidungen abzugrenzen sind.[353] Eine glatte Formel, auch kein Lösungswort gibt es dafür. Vielleicht: „... es kommt darauf an!"

b) Anmerkung zum Kiessling-Fall

Die Fußballrechtsprechung versucht fortwährend, durch ihre Tätigkeit Verbesserungen auf dem Gebiet der **Wahrheit** – **Gerechtigkeit** – **Rechtssicherheit** zu erzielen. Mit dem Weg zur Wahrheit ist durch die Video- und die Torlinientechnik ein zusätzlicher Schritt zu einer **Erkenntnisverbesserung** gemacht. Wie im staatlichen Rechtsleben sollte auch in der Sportwelt ein oberster Grundsatz dahin lauten:

> „Ohne Wahrheit kein Recht!"

Im Hinblick auf diese Einsicht könnte man meinen, dass das Einspruchsverfahren dem verpönten Ziel diene, dass der Sport dem Recht weichen müsse. Das wäre aber ein falsches Verständnis des Einspruchs nach § 17 RuVO. Dieser will nämlich keineswegs dem Recht im Fußball auf Kosten der Wahrheit zum Durchbruch verhelfen.

Der Zuschauer soll, nach wie vor, samstags um 15.30 Uhr den ehrlichen Fußball ohne Verfälschungen beim Spiel erleben dürfen. Ist dies nicht möglich – auch nicht durch die Videotechnik– verbleibt ein allerletzter Weg, den das Sportgericht im *Kießling*-Verfahren als obiter dictum aufgezeigt hat. Nach langen Diskussionen und Unsicherheiten scheint nun bei den DFB-Gerichtsinstanzen der Gordische Knoten zerschlagen zu sein: **Bei Unerträglichkeit bzw. bei Absurdität einer Torentscheidung soll die Regel 5 nicht zur Farce werden.** Die aufgezeigten beiden Sonderkriterien stellen für eine **exzeptionelle Ausnahmesituation** eine Öffnungsklausel im Streit um die Gerechtigkeit und die Rechtssicherheit im Fußballsport dar, aber auch um das **Fairplay.** Die DFB-Rechtsinstanzen sollten in Zukunft davon so nötig und problembewusst wie möglich, aber auch nicht ohne Mut Gebrauch machen.

Mit dem DFB-Sportgericht ist als Ergebnis im Verfahren der TSG Hoffenheim um den Ball, der „durch ein Loch im Netz ins Tor ging", ein erster Schritt aufgezeigt worden, wenn das Festhalten am Prinzip der Tatsachenentscheidung „unerträglich bzw. absurd" ist:

Ein Einspruch kann danach erfolgreich sein, wenn bei einer Torentscheidung diese Kriterien erfüllt sind. Ist dies der Fall, sollte nach meiner Meinung noch eine weitere Überprüfung nach dem höchsten Prinzip des Sportrechts angeschlossen

353 *Hilpert* Tatsachenentscheidung und Fernsehbeweis im Fußball, in SpuRt 1999, S. 49ff.

werden, nämlich die, ob das so gefundene Zwischenergebnis dem „Fair-Play-Prinzip" entspricht.

Dieser Weg zeigt seit der **„Einzigartigkeitsentscheidung"** vom Jahre 1978 einerseits, dass ein Ergebnis im Einspruchsverfahren höchst selten korrigiert werden muss und andererseits der Schritt zur Gerechtigkeit auf dem Spielfeld am grünen Tisch erzielbar ist.

6. Weitere Protestgründe: Gedopter Spieler als Protestgrund (§ 17 Nr. 2d RuvO)

Interessant ist, dass § 17 Nr. 5 a.F. keinen Nachweis der Beeinflussung des Spielergebnisses verlangte. Nach altem Recht ist in zwei Instanzen und in einem anschließenden Schiedsgerichtsverfahren der Einspruch des Finalisten des DFB-Hallenmasters 2000 *SpVgg Greuther Fürth* gegen das von *Borussia Mönchengladbach* gewonnene Endspiel erfolgreich gewesen. Bei dem Spieler *Quido Lanzaat* war bei der Dopingkontrolle ein Befund von 15 mg THC (Cannabinoide) festgestellt worden; er wurde wegen Dopings bestraft (zum Sachverhalt s. oben § 6 Rn. 30 Fall 5). Mönchengladbach hatte seine Rechtsverteidigung darauf gestützt, dass den Verein kein Verschulden treffe und *Lanzaat* nur kurzzeitig am Spiel teilgenommen habe, wobei das Ergebnis von 3:2 **nicht** verändert worden ist. Das Bundesgericht des DFB[354] stellte fest, dass es sich um eine Spielwertungsfolge handele, bei der es auf ein Eigenverschulden des Vereins nicht ankomme. Im Übrigen sei unerheblich, dass während *Lanzaats* Teilnahme am Spiel das Ergebnis sich nicht verändert habe. Auf den ersten Blick ist eine solche rigorose These auffallend, insbesondere, wenn man den Fall so zuspitzt, dass der gedopte Spieler beispielsweise nur eine Sekunde fern vom Ball auf der Spielfläche gewesen sein soll. Die Mitwirkung eines wegen Dopings bestraften Spielers war somit nach dem Wortlaut des § 17 Nr. 5 RuVO a. F. ein **„absoluter Einspruchsgrund"**. Seit 1.7.2006 ist erfreulicherweise in der Neufassung des § 17 Nr. 5 a RuVO eine flexiblere Lösung im Einspruchsfall eröffnet (s. unten VII.).

7. Zuständige Gerichte § 17 Nr. 3 RuVO

Entsprechend dem üblichen Gerichtsaufbau entscheidet über den Einspruch erstinstanzlich das Sportgericht, als Berufungsinstanz das Bundesgericht.

8. Einsatz von Spielern ohne Spiel- bzw. Einsatzberechtigung § 17 Nr. 4 RuVO

Diese Vorschrift regelt die Rechtsfolge bei einem schuldhaften Einsatz eines nicht spiel- oder einsatzberechtigten Spielers: grundsätzlich 0:2 verloren und 2:0 für den Gegner gewonnen. Aufgrund des Spiels 1. FC Kaiserslautern gegen VfL Bochum im November 1998, bei dem ein nicht einsatzberechtigter Spieler wenige Sekunden auf

354 SpuRt 2001, 257.

dem Spielfeld war, der Trainer Otto Rehhagel den Fehler umgehend bemerkte und ihn wieder herausholte, ist die Vorschrift geboren, dass der „Einsatz“ eines Spielers, der schon vor Spielfortsetzung wieder beendet war, auf die Spielwertung keinen Einfluss hat.

VII. § 17 a RuVO

Einspruch bei Spielmanipulationen

1. **Ein Einspruch gegen die Spielwertung ist zusätzlich zu Sanktionen mit der Begründung statthaft, dass eine Spielmanipulation vorliegt, die das Spielergebnis beeinflusst hat (§ 17 Nr. 2., Buchstabe e); der Einspruchsberechtigte hat den Nachweis der Spielmanipulation zu führen.**
2. **Bei einem infolge nachgewiesener, ergebnisbeeinflussender Manipulation begründeten Einspruch gegen eine Spielwertung (Nr. 17 Nr. 2., Buchstabe e) kann entweder auf Spielwiederholung oder Spielwertung entsprechend § 17 Nr. 5. der Rechts- und Verfahrensordnung des DFB, § 12 b Nr. 2. der Spielordnung des DFB erkannt werden. Hat die Manipulation ausschließlich auf die Höhe des Spielergebnisses, jedoch nicht auf den Ausgang des Spiels Einfluss, so führt dies in der Regel nicht zu einer Spielwiederholung oder Spielwertung. § 10 Nr. 3. bleibt unberührt.**

Der in § 17 Nr. 2 d) erwähnte Einspruchsgrund der Spielmanipulation setzt eine Ergebnisbeeinflussung voraus, und zwar im Sinne eines positiven Nachweises und nicht bloß eines Nachweises eines minderen Grades (hohe Wahrscheinlichkeit), wie dies beim Regelverstoß der Fall ist. Außerdem wird die Selbstverständlichkeit klargestellt, dass der Einspruchsberechtigte den Nachweis der Spielmanipulation zu führen hat. Ein Einspruchswilliger wird insoweit oft durch die Arbeit des Kontrollausschusses unterstützt, der von Amts wegen bei Spielmanipulationsverdacht ermittelt und ihm die Arbeit teilweise abnimmt. Eine Verurteilung eines Spielers, Schiedsrichters, Trainers oder Funktionsträgers nach § 6 a RuVO kann insoweit Hilfestellung sein. Es gibt Fälle, in denen ein Geständnis des Täters den Verfahrensablauf erleichtert. Wertvoll für den Einspruchsführer kann aber insbesondere eine Ermittlungsarbeit der Staatsanwaltschaft in einem Betrugsverfahren sein.

Auch im Fall der Manipulation besteht nach den Erfahrungen im *Hoyzer*-Skandal das Bedürfnis, die **Einspruchsfrist** erst ab dem Tag der Kenntnis von den Tatsachen, die einen hinreichenden Tatverdacht begründen, laufen zu lassen; sie ist grundsätzlich auf zwei Tage bemessen, jedoch längstens bis zum Vortag des viertletzten Spieltags einer Saison. Spätere Kenntniserlangung ändert an der Verfristung nichts.

Für die letzten vier Spieltage der jeweiligen Spielklasse läuft nur die Zweitages-Frist ab Spieltag. Zudem sind Einsprüche auf Spielwiederholungen dann nicht mehr zulässig, demnach nur noch solche auf Spielumwertung. Auch diese Regelung dient dem rechtzeitigen Abschluss des Tabellenbildes und des Auf- und Abstieges.

Rechtsfolge
(§ 17 a Nr. 2 RuVO):
Bei einem nach Nr. 1 begründeten Einspruch kann entweder auf Spielwiederholung oder auf Spielwertung wie bei Dopingverfehlungen (§ 17 Nr. 5 RuVO, § 12 b Nr. 2 SpielO), also mit 0 Punkten und 0:2 Toren gegen den schuldigen Verein entschieden werden. Wenn die Manipulation allein auf die Ergebnishöhe, jedoch nicht auf den Ausgang des Spieles Einfluss hatte, treten die Wertungen nach Satz 1 in der Regel nicht ein. Das in § 10 Nr. 3 RuVO festgelegte Veränderungsverbot nach dem 30. 6. eines Spieljahres gilt auch hier.

VIII. § 18 RuVO

Verfahren bei Nichtaustragung eines Bundesspieles (Verzicht, Nichtantreten, verspätetes Antreten, Spielabbruch)

1. **Der Verzicht auf ein Bundesspiel durch einen Teilnehmer ist ausgeschlossen.**
2. **Wer schuldhaft zu einem Bundesspiel nicht antritt, ist Verlierer, sein Gegner Sieger des Bundesspiels. Das Spiel wird mit 2:0-Toren für den Sieger gewertet. Das Nichtantreten kann nicht damit entschuldigt werden, dass der Nichtantretende vorbringt, unter Benutzung nicht öffentlicher Verkehrsmittel angereist und dabei durch Unfall aufgehalten worden zu sein.**
   In einem Wettbewerb, der nach dem Pokalsystem mit Hin- und Rückspiel durchgeführt wird, scheidet eine schuldhaft nicht angetretene Mannschaft in jedem Fall aus; der Spielgegner ist qualifiziert.
3. **Tritt eine Mannschaft zu einem Spiel nicht rechtzeitig an, so hat der Gegner die Pflicht, bis zu 45 Minuten zu warten. Nach Ablauf dieser Zeit ist er berechtigt, das Spiel nicht auszutragen. Das Spiel wird für die säumige Mannschaft mit einem Torverhältnis von 0:2 als verloren gewertet. Außerdem kann das Sportgericht gegen den säumigen Verein bzw. die säumige Tochtergesellschaft auf eine Geldstrafe und Ersatzleistung zugunsten des Gegners für entstandene Unkosten – insbesondere Reise-, Reklame-, Schiedsrichter- und Platzkosten – erkennen. Wird das Spiel gleichwohl nach Ablauf dieser 45 Minuten noch ausgetragen, so wird es entsprechend seinem Ausgang gewertet.**
   Fällt ein Spiel aus, weil eine Mannschaft durch höhere Gewalt an der Austragung gehindert ist, so ist es vom Spielleiter neu anzusetzen. Ob höhere Gewalt vorlag, entscheidet im Zweifelsfall das Sportgericht.
4. **Wird ein Bundesspiel ohne Verschulden beider Mannschaften vorzeitig abgebrochen, so ist es an demselben Ort zu wiederholen. Trifft eine Mannschaft oder einen Verein oder beide Vereine ein Verschulden an dem Spielabbruch, ist das Spiel dem oder den Schuldigen mit 0:2-Toren für verloren, für den Unschuldigen mit 2:0-Toren für gewonnen zu werten. Hat**

der Unschuldige im Zeitpunkt des Abbruchs ein günstigeres Ergebnis erzielt, so wird dieses Ergebnis gewertet. Dies gilt entsprechend, wenn eine Tochtergesellschaft beteiligt ist.

5. **Ist ein auf dem Spielfeld verlorenes Spiel für den Verlierer nachträglich rechtskräftig als gewonnen gewertet worden, so wird als Spielergebnis 2:0 eingesetzt. Gleiches gilt, wenn ein unentschiedenes Spiel für eine Mannschaft als gewonnen und die andere als verloren gewertet wird. Ist ein Verein oder eine Tochtergesellschaft gesperrt und damit gehindert, angesetzte Spiele auszutragen, so werden die dadurch ausgefallenen Spiele für den Verein bzw. die Tochtergesellschaft mit 0:2 verloren gewertet.**
6. **Die Entscheidung über die Spielwertung treffen die Rechtsorgane des DFB. Wird auf Spielwiederholung gemäß § 17 Nr. 2 c) erkannt, wird die rechtskräftige Entscheidung zur abschließenden Beurteilung der FIFA vorgelegt.**

1. Regelungsinhalt

Die Vorschrift regelt die spieltechnischen Folgen von sportlichen Vergehen im Zusammenhang mit der Austragung eines Spiels, die als Straftatbestände in §§ 7 und 8 RuVO aufgeführt sind.

2. Verzicht

Einleitend zu dem Regelungskomplex ist klargestellt, dass der Verzicht auf ein Bundesspiel durch einen Teilnehmer ausgeschlossen ist. Eine Rechtsfolge bei einer erfolgten Verzichtserklärung ist nicht angegeben; als Strafe bleibt eine Ahndung wegen unsportlichen Verhaltens nach § 1 Nr. 4 RuVO, als Verzichtsfolge der Spielverlust.

3. Nichtantreten § 18 Nr. 2 RuVO

Bei schuldhaftem Nichtantreten zu einem Bundesspiel ist das Spiel verloren und für den Gegner als gewonnen zu werten (Torergebnis 2:0 für den Sieger). Bei Nichtbenutzen der öffentlichen Verkehrsmittel entschuldigt ein Unfall mit einem anderen Fahrzeug nicht.

Bei einem Wettbewerb mit Hin- und Rückspiel ist der nicht schuldige Verein qualifiziert, während der schuldige ausscheidet.

3. Verspätetes Antreten § 18 Nr. 3 RuVO

Bei nicht rechtzeitigem Antreten einer Mannschaft muss der Gegner 45 Minuten warten. Danach ist er berechtigt, das Spiel nicht auszutragen. Liegt höhere Gewalt vor, so ist das Spiel neu anzusetzen. Ein säumiger Gegner kann außer zu einem Spielverlust zu einer Geldstrafe und zum Tragen der Unkosten des Platzvereins verurteilt werden. Eine verspätete Austragung der Spiele führt immer zur Wertung wie ausgetragen.

4. Abbruch eines Spiels § 18 Nr. 4 RuVO

Ein ohne Verschulden beider Mannschaften abgebrochenes Spiel (bei Witterungsgründen, so das Spiel *1. FC Nürnberg* gegen *VfL Wolfsburg* im April 2008) ist an demselben Ort zu wiederholen, d. h. von Anfang an neu auszutragen (anders in Spanien, wo die Restspielzeit nachgeholt wird). Für einen am Spielabbruch schuldigen Verein ist das Spiel mit 0:2 Toren als verloren, für den unschuldigen mit 2:0 Toren als gewonnen zu werten, falls das Ergebnis zum Zeitpunkt des Spielabbruchs für den unschuldigen Verein nicht noch günstiger war.

5. Spielergebnis bei Spielwertungen § 18 Nr. 5 RuVO

Das Ergebnis eines am grünen Tisch umgewerteten Spiels, das auf dem Spielfeld verloren oder unentschieden gestaltet war, lautet 2:0 bzw. 0:2. Gesperrte Mannschaften verlieren die Spiele in der Sperrzeit jeweils mit 0:2.

6. Zuständigkeit § 18 Nr. 6 RuVO

Spielwertungsfragen werden von den Rechtsorganen des DFB entschieden. Eine Besonderheit ist die selbst auferlegte Vorlagepflicht des DFB an die FIFA bei Urteilen, die auf einen Regelverstoß hin eine Neuansetzung oder eine Spielumwertung vornahmen.

IX. § 19 RuVO

Befangenheit von Richtern

1. **Ein Mitglied eines Rechtsorgans darf in einem Verfahren nicht mitwirken, an dem es selbst oder sein Verein unmittelbar beteiligt ist, oder wenn es sich für befangen hält und das Rechtsorgan ohne Beteiligung des betreffenden Mitglieds entsprechend beschließt.**
2. **Über Ablehnungen entscheidet das Rechtsorgan gleichermaßen.**
   Eine Beschwerde gegen diese Entscheidung ist nicht zulässig.

1. Regelungsinhalt

Über die in § 3 Nr. 2 gewährleistete persönliche und sachliche Unabhängigkeit der Sportrichter ist bereits in der Kommentierung zu dieser Vorschrift (Rn. 25, 26) berichtet worden. Die dort aufgestellte Verpflichtung auf die „geschriebenen und ungeschriebenen Regeln des Sports" erinnert zwar noch leise an Turnvater *Jahn* und klingt zudem etwas pathetisch. Es handelt sich um eine generelle Vorgabe für die richterliche Tätigkeit, während § 19 Folgerungen für ein bestimmtes Verfahren, an dem der Richter beteiligt ist, zieht. Ist er oder sein Verein an einem Verfahren unmittelbar beteiligt (Ausschlussgrund) oder hält er sich selbst für befangen, kann das Rechtsorgan durch Beschluss festlegen, dass er daran nicht mitwirkt. Ein guter Gradmesser für die

Rechtsstaatlichkeit eines Rechtssystems ist, ob Befangenheits- und Ausschlussgründe für die Richter großzügig oder streng ausgerichtet sind, da es sich eine wahrhaft unabhängige Institution durchaus leisten kann, nicht einmal den bösen Schein einer Voreingenommenheit seiner Richter aufkommen zu lassen.

Entsprechend guter staatlicher Tradition in ZPO und StPO differenziert § 19 RuVO – wenn auch nicht ausdrücklich, so doch inhaltlich – zwischen Ausschluss des Richters und seiner Befangenheit. Es fehlt die Ablehnung des Richters durch einen Verfahrensbeteiligten. Im Hinblick auf den allgemeinen Verfahrensstandard und wohl abzuleiten aus der Formulierung in Absatz 2 „Ablehnungen" ist die Drittablehnung als zulässig anzusehen.

2. Ausschluss

Der Ausschluss erfolgt, wenn der Richter oder sein Verein an dem Verfahren beteiligt, d. h. von dessen ideellen, sportlichen oder wirtschaftlichen Ausgang betroffen sind. In Analogie zu den vergleichbaren staatlichen Rechtsgrundsätzen sollte ein Hinderungsgrund auch anzunehmen sein, wenn die gebotene Unvoreingenommenheit der Gerichtsperson wegen naher Verwandtschaft, Freundschaft oder auch Feindschaft gefährdet ist. Es soll Vorsorge getroffen werden, dass ein erkennender Richter nicht die erforderliche Distanz eines Unbeteiligten zu dem rechtlich zu würdigenden Sachverhalt oder zu dem Betroffenen in dem Verfahren hat. Analog zu den staatlichen Kriterien sind ferner die Fälle heranzuziehen, wenn der Richter bereits in dieser Sache selbst als Zeuge oder Sachverständiger vernommen worden ist (§ 22 Abs. 5 StPO, § 41 Abs. 5 ZPO) oder wenn er in derselben Sache in höherer Instanz oder in der Vorinstanz als Richter oder Prozessbeteiligter tätig war (§ 23 Abs. 1 StPO, § 41 Abs. 4, 6 ZPO).

Die Folge der unzulässigen Mitwirkung eines ausgeschlossenen Richters ist nicht die automatische Unwirksamkeit der Entscheidung, vielmehr besteht eine Anfechtbarkeit im Wege eines Rechtsmittels.

3. Befangenheit

Bei einem Befangenheitsantrag ist zu prüfen, *„ob ein Grund vorliegt, der geeignet ist, Misstrauen gegen die Unparteilichkeit eines Richters zu rechtfertigen"*. Dies ist vom Standpunkt eines vernünftigen Betrachters aus zu beurteilen, wobei es aber keine Rolle spielt, ob der Richter tatsächlich parteiisch oder befangen ist. Ebenso wenig kommt es darauf an, ob er sich für befangen hält[355] oder Verständnis für Zweifel an seiner Unbefangenheit aufbringt. Eine Strafanzeige gegen den Richter führt nicht zwingend zur Begründetheit eines Ablehnungsgesuchs, sonst hätte es ein Verfahrensbeteiligter in der Hand, sich nach Belieben jedem Richter zu entziehen. Ein bekannter Rechtsprechungsgrundsatz ist ferner, dass eine Ablehnung nicht darauf ge-

355 BVerfGE 20, 14; 32, 288, 290.

stützt werden kann, dass der Richter beleidigendes Verhalten des Angeklagten (Betroffenen) und seines Verteidigers nicht unbedingt hinnimmt. Nach der Rechtsprechung des BGH[356] ist Misstrauen in die Unparteilichkeit des Richters gerechtfertigt, wenn der Ablehnende *„bei verständiger Würdigung des ihm bekannten Sachverhalts Grund zu der Annahme hat, dass der abgelehnte Richter ihm gegenüber eine innere Haltung einnimmt, die seine Unparteilichkeit und Unvoreingenommenheit störend beeinflussen kann"*. Rein subjektive, unvernünftige Vorstellungen und Gedankengänge des Antragstellers scheiden aus. Im Zweifel soll einem nicht von vornherein unvernünftigen Ablehnungsgesuch stattgegeben werden, um auch im Einzelfall das Vertrauen in die DFB-Rechtsprechung zu erhalten oder den Richter persönlicher, schwer erträglicher Kritik zu entziehen, auch wenn sie ungerechtfertigt ist.[357] Beispiele für begründete Ablehnungen sind unsachliche, insbesondere auf Voreingenommenheit gegen eine Partei deutende Äußerungen verletzender Art, ferner Besprechungen des Richters mit Zeugen über den Prozessstoff, wenn sie nicht in Anwesenheit der Parteien erfolgten, oder in wesentlichen Punkten falsche Tatsachendarstellung in dienstlicher Äußerung. Unbegründet sind Ablehnungsgründe u.a. bei bloßer Häufung von Verfahrensfehlern, unrichtigen Rechtsansichten des Richters, wenn sie nicht auf Willkür oder unsachlicher Einstellung beruhen, Würdigung der Prozessaussichten oder richterliche Ermahnungen, bei der Wahrheit zu bleiben.

4. Missbrauch

Die leider in Großverfahren bzw. in solchen von öffentlichem Interesse häufig praktizierte Serienablehnungen der Gerichtspersonen aus nichtigen Gründen zu Beginn eines Verfahrens, die oft der Prozessverschleppung dienen sollen, sind bisher vor den Rechtsorganen des DFB nicht praktiziert worden. Sollten solche Unsitten unternommen werden, ist zu empfehlen, dass jeweils schnell darüber befunden und eine kurze Begründung geliefert wird, um nicht aus der Begründung einen neuen Ansatz zu Befangenheitsanträgen zu liefern und auf reiner Show bedachten Rechtsvertretern Einhalt zu gebieten.

5. Endgültigkeit der Entscheidung

Über Ablehnung entscheidet das Rechtsorgan ohne Beteiligung des betroffenen Richters (§ 19 Nr. 1 RuVO). Eine Anfechtung der stattgebenden wie auch der das Gesuch ablehnenden Entscheidung ist nicht statthaft. Im staatlichen Verfahren ist gegen einen Beschluss, durch den die Ablehnung für begründet erklärt wird, kein Rechtsmittel zulässig, sehr wohl aber gegen zurückweisende Entscheidungen. Aus Gründen der Prozessökonomie und um Zeitverluste durch Anrufung höherer Instanzen zu

356 BGHSt 21, 334; 24, 336, 338.
357 Thomas/Putzo § 42 ZPO Rn. 9.

vermeiden, hat sich der DFB-Ordnungsgeber gegen jegliches Rechtsmittel in Ablehnungsverfahren entschieden, was sicherlich durch die Vereinsautonomie gedeckt ist.

X. § 20 RuVO

Sitzungsordnung
Zur Aufrechterhaltung der Ordnung bei mündlichen Verhandlungen können vom Vorsitzenden Ordnungsstrafen verhängt werden. Diese können in Verwarnungen, Verweisen, Geldstrafen oder Ausschluss von der mündlichen Verhandlung bestehen. Beschwerden hiergegen sind nicht zulässig.

1. Sitzungspolizei

Auch in Sportstrafverfahren hat sich erwiesen, dass es ganz ohne ordnungspolizeiliche Maßnahmen nicht geht. Dem Vorsitzenden ist deshalb bei mündlichen Verhandlungen zur Aufrechterhaltung der Ordnung die Befugnis zur Verhängung von Ordnungsstrafen eingeräumt. Als solche können verhängt werden Verwarnungen, Verweise, Geldstrafen oder ein Ausschluss von der mündlichen Verhandlung.

Die im staatlichen Recht als Sanktion mögliche Ordnungshaft kommt in DFB-Verfahren selbstverständlich nicht in Betracht. In § 20 RuVO sind zusammengefasst die beiden ebenfalls im GVG geregelten Arten der Störung Ungebühr oder Ungehorsam (§§ 177, 178 GVG). Anknüpfungspunkt für Reaktionen des Vorsitzenden ist die Ordnung in der Sitzung, d. h. der Zustand, der dem Gericht mit den Verfahrensbeteiligten eine störungsfreie Ausübung ihrer Funktion ermöglicht, die Aufmerksamkeit der übrigen Anwesenden in der öffentlichen Verhandlung nicht beeinträchtigt und allgemein deren gebührlichen Ablauf sichert.[358] Den störungsfreien äußeren Sitzungsablauf – letzten Endes im Interesse der Wahrheitsfindung – zu sichern, gehört zur Sitzungspolizei.[359] Sie obliegt dem Vorsitzenden als eigene Aufgabe, und zwar als Teil der Verhandlungsleitung, also als Ausfluss der richterlichen Gewalt.[360] Darauf zu achten ist, dass vor Verhängung der Ordnungsstrafe dem Betroffenen zu dem Sachverhalt rechtliches Gehör zu geben ist.

2. Vorgehen des Sitzungsleiters

Konkret kann der Vorsitzende Verwarnungen und Verweise erteilen, wobei es ratsam ist, dass bei erstem Auftreten von ungebührlichem Verhalten eine Ermahnung dahin

---

358 *Meyer-Goßner* StPO Kommentar, § 176 GVG Rn. 4.
359 BVerfGE 50, 234, 242.
360 BGHSt 17, 201, 204.

erfolgen sollte, dass im Wiederholungsfall Ordnungsstrafen ausgesprochen werden. Dies ist insbesondere

dann sinnvoll, wenn – was häufiger geschieht – Beifalls- oder Missfallenskundgebungen im Sitzungssaal erfolgen, die durch einen Hinweis des Vorsitzenden auf Folgen meistens unterbunden werden können. Dabei ist anzumerken, dass der Ausschluss von der mündlichen Verhandlung im Gegensatz zu den anderen Ordnungsmaßnahmen nicht in der Grundregelung des § 44 der Satzung verankert ist. Wenn man Ordnungsstrafen überhaupt als Grund- und Wesensentscheidungen im Sinne der BGH-Rechtsprechung ansieht, müsste man den Ausschluss unter § 1 Nr. 4 RuVO subsumieren und von § 44 Nr. 2 g „Ausschluss auf Zeit“ erfassen.

3. Zeugenbeeinflussung

§ 20 erfasst auch das Entgegenwirken gegenüber einer konkret festzustellenden Gefahr, dass Zuhörer Aussagen vor dem Sitzungssaal wartenden Zeugen unzulässigerweise mitteilen[361] oder dem Beschuldigten oder einem Zeugen durch Handzeichen Informationen vermitteln.

4. Betroffene Personen

Der Sitzungspolizei unterstehen auch der Verteidiger und der Vertreter des Kontrollausschusses. Nach staatlichem Recht (§§ 177, 178 GVG) sind Maßnahmen wegen Ungehorsams, Ungebühr, die bei erheblichen Angriffen auf die Ordnung in der Sitzung grundsätzlich in Betracht kommen, bei „diesen Organen der Rechtspflege“ nicht statthaft.

5. Kein Rechtsmittel

Entscheidungsträger ist der Vorsitzende. Sein Beschluss ist endgültig, d. h., eine Beschwerde ist nicht zulässig, auch kann nicht das erkennende Gericht angerufen werden. Auch hier ist diese Verfahrensgestaltung aus rechtsstaatlichen Gründen unbedenklich. Es gibt nach deutschem Prozessverständnis keinen Anspruch auf mehrere Instanzen. Die Vereinsautonomie deckt die Einstufigkeit des Ordnungsstrafverfahrens ab.

XI. § 21 RuVO

Einstweiliger Rechtsschutz

361 RG 64, 385.

Der Vorsitzende eines Rechtsorgans ist berechtigt, im Rahmen der Zuständigkeit seines Organs schriftlich begründete einstweilige Verfügungen zu erlassen, soweit dies zur Aufrechterhaltung eines geordneten Rechtswesens oder der sportlichen Disziplin notwendig erscheint. Gegen die einstweilige Verfügung ist innerhalb einer Frist von einer Woche Widerspruch zulässig, über den das jeweilige Rechtsorgan entscheidet.

Die vorbezeichneten Entscheidungen können ohne mündliche Verhandlung ergehen. Der Widerspruch hat keine aufschiebende Wirkung.

1. Bedeutung der einstweiligen Verfügung im Sport

Einstweiliger Rechtsschutz spielt im Sport in gehäuftem Maße eine Rolle, da im Hinblick auf den Fortgang von Wettbewerben bzw. von terminlich festgelegten Sportereignissen gerichtliche Entscheidungen nur, wenn sie rechtzeitig erlassen werden, einen Sinn für den Antragsteller haben. Nur der **Eilrechtsschutz** bringt einem Kläger in vielen Sportsituationen Hilfe. Er kann verhindern, dass der rechtsuchende Sportler allein durch Zeitablauf vor vollendete Tatsachen gestellt ist. Dabei sind mittlerweile die Grenzen zwischen Amateur- und Profisport nicht nur im Fußball weitgehend aufgehoben. Auch auf den Dörfern wird um Sieg oder Niederlage gekämpft. Im Zeitalter der Rechtsschutzversicherungen und von Anwälten, die für Mandate dankbar sind, insbesondere aus dem populären Bereich des Sports, wird der Kampf ums Recht vor den staatlichen Gerichten in allen sportlichen Bereichen geführt, wobei die Entscheidungen zumeist äußerst schnell ergehen müssen.[362] Ein normales Zivilverfahren,

u.U. über mehrere Instanzen, hat dabei wenig Sinn: das Urteil kommt zu spät! So nimmt die Zahl von einstweiligen Verfügungsverfahren im internationalen Bereich wie auch bei Amts- und Landgerichten bzw. Schiedsgerichten ständig zu. In allen Fällen ist aber nur ein rascher Rechtsschutz ein effektiver Rechtsschutz.[363]

2. Rechtlicher Rahmen – effektiver Rechtsschutz

Der staatliche Eilrechtsschutz ist eine Ausprägung des verfassungsrechtlich garantierten **effektiven Rechtsschutzes.**[364] Im Bereich der ZPO ist die einstweilige Verfügung eine Ausgestaltung desselben, wobei die **Leistungsverfügung** als Unterfall der Regelungsverfügung oder als durch Rechtsfortentwicklung geschaffene dritte Eilform die für die sportlichen Belange geeignete Klageform ist. Sie wird gestützt auf § 940 ZPO und dient der vorläufigen Befriedigung des Gläubigers, indem sie ein Rechtsverhältnis regelt, wobei zur Begründung jede Art von Anspruch möglich ist.[365]

---

362 PHB/*Pfister* aaO., II 3 Rn. 141.

363 *Haas* SportR VI 3, Rn. 141.

364 BVerfGE 35, 263, 274; 46, 166.

365 Zöller/*Vollkommer* § 940 ZPO Rn. 1.

Nach herrschender Meinung[366] kann das Eilverfahren nicht erst nach Erschöpfung des verbandsinternen [Eil-] Rechtsschutzes angestrengt werden, da ansonsten der Verein den Eilrechtsschutz hinauszögern könnte.[367] Andererseits gibt es gewichtige Stimmen, die im Rahmen der vom Gericht bei der einstweiligen Verfügung anzustellenden umfassenden Interessenabwägung zu dem Ergebnis kommen, dass es im Einzelfall dem Sportler durchaus zuzumuten sein kann, falls ein effektiver vorläufiger verbandsseitiger Rechtsschutz gewährleistet ist, diesen **vor** Anrufung des ordentlichen Gerichts zu beschreiten.[368] Hinzu kommt, dass nach der Schiedsrechtsreform ein statuarischer Ausschluss des staatlichen Eilverfahrens zugunsten eines Eilrechtsschutzes im schiedsgerichtlichen Verfahren möglich ist.[369]

Jeder Zivilrichter sollte, falls er einen Antrag auf Erlass einer einstweiligen Verfügung zu bearbeiten hat, nach den alten Amtsrichter-Devisen: „Eine einstweilige Verfügung ist im Zweifel zu erlassen." Der Eilrechtsschutz im Sport ist ein besonders sensibles Rechtsgebiet, da meistens nicht nur die zwei Parteien des Rechtsstreits, sondern oft eine Reihe von Dritten unmittelbar betroffen sind,[370] was ein restriktives Vorgehen bei dem Erlass von Eilmaßnahmen empfehlenswert erscheinen lässt.

Die nachfolgenden Ausführungen beruhen zum Teil auf dem Beitrag des Verfassers „Eilrechtsschutz im Sport", SpuRt 2007, 224 ff. und 2008, 18 ff.

3. Verfügungsgrund

Er besteht bei objektiv begründeter Besorgnis, dass die begehrte Maßnahme notwendig ist, um wesentliche Nachteile für den Sportler abzuwenden (sog. **Dringlichkeit**). Der Verfügungsgrund ist zu bejahen, wenn die Leistungsverfügung u. a. zur Abwendung einer dringenden Notlage unumgänglich ist. Das Gericht hat vor Erlass der einstweiligen Verfügung die schutzwürdigen Interessen beider Parteien im Rahmen des gerichtlichen Beurteilungsspielraums gegeneinander abzuwägen.[371] „Nötig" ist die Verfügung in der Regel nur dann, wenn sie nicht ihrerseits gewichtigere Interessen des Schuldners verletzt.[372] Jedenfalls darf der Vorteil des Gläubigers nicht außer Verhältnis zum Nachteil des Schuldners stehen **(Grundsatz der Verhältnismäßigkeit).** Typische Anwendungsfälle für § 940 ZPO sind z. B. aus dem nichtsportlichen Bereich die Forderung auf Anschluss an ein Beatmungsgerät oder auf Beschäftigung in einem Arbeitsverhältnis während eines Kündigungsschutzprozesses. Ein Eilrechtsschutz ist nicht gerechtfertigt, wenn die Erwirkung eines Titels im or-

366 *Reichert* aaO., Rn. 2922; *Haas* SportR, B II Rn. 220; *Röhricht/Vieweg* Sportgerichtsbarkeit, Bd. 22, S. 37

367 *Reichert* aaO., Rn. 3149.

368 *Haas* SportR B II, Rn. 228

369 Streitig, s. unten.

370 *Haas* SportR B II, Rn. 226.

371 Zöller/, § 940 ZPO Rn. 4.

372 OLG Hamm, NJW-RR 2001, 107.

dentlichen Verfahren rechtzeitig möglich ist, was im Sportstrafverfahren wohl nur selten der Fall sein wird. Auf jeden Fall entfällt der Verfügungsanspruch von vornherein, wenn der Fußballer durch eigenes Zuwarten die Eilbedürftigkeit selbst herbeigeführt hat. In besonderen Fällen kann die Leistungsverfügung sogar zur teilweisen Befriedigung zugelassen werden, wenn der Gläubiger auf die sofortige Erfüllung so dringend angewiesen ist, dass er ein ordentliches Verfahren nicht abwarten kann, ohne einen unverhältnismäßig großen, gar irreparablen Schaden zu erleiden.[373] Ein erfundenes Beispiel: Antrag auf Starterlaubnis im olympischen 100-m-Endlauf, der am folgenden (!) Tag stattfindet. Der Grad der Gefährdung der materiellen Rechtslage ist jeweils zu berücksichtigen. Bei der Interessenabwägung ist je nachdem, wenn eine summarische Prüfung der Rechts- und Beweislage bereits mit großer Wahrscheinlichkeit zu einem Anspruch führt, umso eher eine teilweise Befriedigung herzustellen, als wenn bereits ein Anspruch bei einer solchen Vorwegprüfung nicht unbedingt wahrscheinlich ist.

In vorstehendem Sinne ist eine Zurückhaltung des angerufenen Gerichts – zuletzt auch im Hinblick auf die zu berücksichtigende Vereinsautonomie – zur Wahrung des Rechtsfriedens durch Gewährung eines präventiven Rechtsschutzes in geeigneten Fällen zu befürworten. Einerseits besteht im Sport kein rechtsfreier Raum, wohl aber gibt es nach *Udo Steiner* „justizberuhigte Zonen", andererseits ist aber Vorsicht vor Schnellschüssen anzumahnen.

4. Verfügungsanspruch

Eine Regelungsverfügung ist bei jeder Art von Anspruch möglich.[374] Die Ansprüche aus dem Rechtsverhältnis müssen noch nicht bestehen, sie müssen aber entstehen können. Es hat eine volle, nicht nur eine eingeschränkte Schlüssigkeitsprüfung stattzufinden. Der Sportler hat Umstände vorzutragen, die es überwiegend wahrscheinlich erscheinen lassen, dass die verbandsgerichtliche Maßnahme rechtswidrig ist. Hierin ist eine beträchtliche Hürde zu sehen. Ein erfahrener Kenner des Sportrechts wie *Volker Röhricht*[375] verlangt – zumindest für den einstweiligen Rechtsschutz in disziplinarrechtlichen Streitigkeiten –, dass die **Rechtswidrigkeit der Verbandsmaßnahme mit den Händen zu greifen sein muss**, jedenfalls aber höchst wahrscheinlich sein muss, um eine einstweilige Verfügung zu rechtfertigen. Es ist darauf zu achten, dass die Welt des Sports nur in seltenen Ausnahmefällen von außen regiert wird.

373 OLG Köln, NJW-RR 1995, 546 und 1088; OLG Düsseldorf, NJW-RR 1996, 123.
374 Zöller/*Vollkommer* § 940 ZPO, Rn. 2.
375 *Röhricht* Sport und Recht, Heft 22, Sportgerichtsbarkeit, S. 39.

5. Glaubhaftmachung

Die den Verfügungsanspruch ergebenden Tatsachen sind glaubhaft zu machen (§§ 940, 936, 920 Abs. 2, 294 ZPO), d. h. der Antragsteller muss Umstände dafür vortragen, dass die verbandsrechtliche Maßnahme rechtswidrig ist. Dabei ist zu berücksichtigen, dass in Verbandsangelegenheiten das **Entscheidungsprärogativ des Verbands** besteht – wenn auch mit einigen Ausnahmen.

Zwischenbemerkung:

- Die Konkurrenz des staatlichen Eilrechtsschutzverfahrens zum schiedsrichterlichen Verfahren nach §§ 1025 ZPO weist mehrere Facetten auf, die in der Kombinierung des Schiedsverfahrens im Speziellen abgehandelt werden.
- Während bisher die Rechtsausführungen zum Eilrechtsschutz wegen der besseren Ausleuchtung der Problematik auf den Sport insgesamt ausgerichtet waren, beziehen sich die folgenden Darlegungen vorrangig auf den Fußballsport.

a) Grenzen der Vereinsautonomie

Vorweg als für alle Fallgruppen einschlägig ist ein Gesichtspunkt zu behandeln, der durchaus für alle Vereinsmaßnahmen von entscheidender Bedeutung ist, in den einschlägigen Gerichtsentscheidungen jedoch höchst selten bzw. überhaupt nicht Erwähnung findet, obwohl er in vielen Fällen den entscheidenden Ansatz für die Lösung des Falles darstellt.

Anders als in den meisten Regelungsbereichen, die bei staatlichen Eilrechtsschutzverfahren dem Streitgegenstand zugrunde liegen, begegnen wir im Sportrechtsverfahren einem verfassungsrechtlichen Vorbehalt bzw. einem Freiraum in Gestalt der **Vereinsautonomie.** Diese ist Teil der Vereinigungsfreiheit nach Art. 9 (1) GG. Der für Vereinsrecht zuständige Zivilsenat des BGH hat in dem berühmten *Reiter*-Urteil[376] Leitgedanken für das Vereinsleben, aber auch für die Gerichte, die sich mit Verfahren aus dem Innenleben eines Vereins zu befassen haben, aufgestellt:

> „... Die Schaffung, Fortschreibung, Überwachung und Durchsetzung der Regeln eines Vereins ist keine staatliche Aufgabe ... Sie ist vielmehr eine von den Verbänden ... in Ausübung ihrer Verbandsautonomie (Art. 9 GG) zu erfüllende Aufgabe. Diese haben im Rahmen dieser Garantie das **Recht zur autonomen Rechtssetzung**, insbesondere in Gestalt von Sport- und Spielregeln in ihrer Satzung (§ 25 BGB) und bei Grundlage darin in sonstigen Vereinsordnungen ...“

Darin dürfen sie diese eigenen, aus der Gemeinschaft hervorgehenden sportbezogenen Werte und Maßstabsbildungen verwirklichen.[377] Der Staat, einschließlich seiner Gerichte, ist verpflichtet, die Eigengesetzlichkeit und Eigenständigkeit des Sportvereins zu respektieren. Eine Anpassungspflicht des Sportrechts an den ethischen

376 BGH, NJW 1995, 583, 585.

377 *Hilpert* Organisation und Tätigkeit von Verbandsgerichten, BayVBl. 1988, 161 ff., 198 f.

Standard der Durchschnittsgesellschaft besteht nicht, weshalb die Entscheidung darüber, was „sportlich" oder was „fair" ist, gegenüber staatlichen Ingerenzen grundrechtlich abgeschirmt ist.[378] Deswegen sind in manchmal voreilig gewährtem Rechtsschutz hohe Hürden aufzubauen. Insbesondere bei Leistungsverfügungen, die teilweise endgültige Zustände bewirken, ist Zurückhaltung bei deren Erlass angebracht. **Das Sport-Typische haben die Verbände und nicht die Gerichte festzulegen.**

Gleichwohl bedeutet Autonomie nicht, dass die Verbände aufgrund von staatlichen Befugnissen Regelungen beliebigen Inhalts erlassen dürfen. In ständiger Rechtsprechung hat der BGH[379] die Gestaltungsfreiheit der Vereine teilweise eingeschränkt und Vereinsakte einer richterlichen Kontrolle in formeller und materieller Hinsicht unterworfen, wobei eine solche Kontrolle in der Satzung nicht ausgeschlossen werden kann. Im Einzelnen sollen nachfolgend stichwortartig die Kontrollmaßstäbe angedeutet werden: Grundlage in der Satzung – ordnungsgemäßes Verfahren – Kontrolle auf Gesetzes- oder Satzungsverstoß – grobe Unbilligkeit oder Willkür. Bei sozial mächtigen Verbänden ist zusätzlich die inhaltliche Angemessenheit zu prüfen (Kontrollmaßstab: § 242 BGB). Der verbleibende Freiraum wird darauf zurückgeführt, dass die Vereinsgerichtsbarkeit ein Stück außerstaatlicher Rechtskultur ist, der die staatlichen Gerichte nur bei Missbrauch und Wildwuchs bei den Vereinsmaßnahmen Einhalt gebieten können, m. a. W. die Kontrolle restriktiv ausüben müssen. Aufgrund dieses rechtlichen Freiraums ist den Vereinen/Verbänden ein Beurteilungsspielraum zuzubilligen.[380] Der Verein hat im Rahmen seines Ermessens ein **Bewertungsvorrecht**,[381] und zwar auch hinsichtlich der Subsumtion der Ordnungsbestimmungen auf den konkreten Sachverhalt oder bei der Ausfüllung von Wertmaßstäben wie „unsportlich", „vereinsschädigend", „unkameradschaftlich".[382] Die Tatsachenfeststellungen des Falles sind dabei überprüfbar.

b) Gerichtspraxis

Für die Bindungswirkung von Gerichtsentscheidungen ist vorweg klarzustellen, dass nach § 542 ZPO in einstweiligen Verfügungsverfahren die Revision nicht statthaft ist, sodass zu dem interessierenden Fragekreis nur Urteile von Amts-, Land- und Oberlandesgerichten vorliegen, nicht aber höchstrichterliche Erkenntnisse.

---

378 *Steiner* Verfassungsfragen des Sports, NJW 1991, 2729.
379 Palandt/*Heinrichs* § 25 BGB Rn. 27.
380 BGH, NJW 1995, 583, 585.
381 *Westermann* Korrektur einer offensichtlich unrichtigen Tatsachenfeststellung, S. 58.
382 PHB/*Summerer* II 5, Rn. 330 ff.

c) Zustimmung zu Vereinswechseln – Freigabeerklärungen im Eilrechtschutz[383]

Lange Zeit war die Berechtigung zur Forderung von **Ablöseentschädigungen** nach Vertragsende von Berufsfußballern heftig umstritten, bevor auf europäischer Ebene das sog. *Bosman*-Urteil des EuGH sowie durch BGH und BAG[384] mit zwischenzeitlicher Rechtsbereinigung durch den DFB dieser Bereich hors de combat gestellt wurde. Eine Freigabeverweigerung ist bei fehlender vertraglicher Bindung und bei Vertragsabschluss bei einem neuen Verein unzulässig (Art. 12 GG).

Zu den Freigabeverweigerungen wegen Nichtzahlung der im **Amateurbereich** festgelegten Ablöseentschädigungen ist nach zahlreichen Eilverfahren mit unterschiedlichen Ergebnissen und mannigfaltigen Begründungen[385] über eine lange Zeit hinweg eine Vielfalt von Entscheidungen ergangen, bei denen überrascht, dass in fast keiner dieser Entscheidungen die Vereinsautonomie als Grenze der Kontrollbefugnisse der Gerichte angesprochen worden ist. Es wird nicht in die Überlegung einbezogen, dass das Recht des ersten Zugriffs auf die Interpretation und Durchsetzung des Verbandsrechts den Verbänden vorbehalten ist und die staatliche Gerichtsbarkeit eine Reservegerichtsbarkeit darstellt, die aber bei Verstoß gegen Grundrechte eine originäre Prüfungszuständigkeit hat.[386] Hier ist ein justizresistenter Bereich der Autonomie nichtstaatlicher Organisationen gegeben.[387]

6. Sonderfall

Verfahren auf Zulassung russischer Athleten zu den Paralympics in Rio

Zu dieser Thematik soll eine höchstrichterliche Entscheidung in einem (isolierten) Verfahren auf **Erlass einer einstweiligen Anordnung** vor dem Bundesverfassungsgericht – ohne dass ein Hauptsacheverfahren anhängig ist – beleuchtet werden.[388] Das Verfahren betrifft die nachträglich begehrte Zulassung von fünf russischen Athleten zu den paraolympischen Spielen 2016 in Rio de Janeiro **(„Paralympics“).** Aufgrund einer Suspendierung des russischen paralympischen Komitees (RPC) konnten die fünf Sportler nicht an den Paralympics 2016 teilnehmen.

Zwischenbemerkung:

---

383 Zu den nachfolgenden Fallgruppen sind zahlreiche Entscheidungen von Instanzgerichten ergangen, die – falls nicht auf sie im Folgenden eingegangen wird – in dem Beitrag des Verfassers in SpuRt 2007, 224 und 2008, 18 ff. zitiert sind.

384 EuGHE 1995 I, 492 = NJW 1996, 505 = SpuRt 1996, 59 f.; BGHZ 142, 304 ff.; vgl. Kienass-Urteil des BAG, SpuRt 1997, 92; OLG Oldenburg, SpuRt 2005, 164.

385 *Hilpert* SpuRt 2007, 236.

386 *Schickhardt* aaO., S. 68 ff.

387 *Steiner* Die Autonomie des Sports, Bd. 17, 228.

388 BVerfG, Beschluss vom 15. 9. 2016 in SpuRt 2017, 63.

Die angesprochene Gerichtsentscheidung wird wegen ihrer besonderen **Bedeutung zum Eilverfahren** in Sportrechtsachen in dieses Werk aufgenommen, obwohl Verfahrensgegenstand keine fußballrechtliche Frage ist.

Die Suspendierung war erfolgt aufgrund eines von der Welt-Anti-Doping-Agentur (WADA) eingeholten Berichts des Sachverständigen *Richard MacLarren* über Unregelmäßigkeiten bei Dopingkontrollen im russischen Sport („MacLarren-Report“). Die Anträge waren vom Landgericht und Oberlandesgericht abgelehnt worden. Mit ihrem Antrag beim Bundesverfassungsgericht auf Erlass einer einstweiligen Anordnung rügen die Antragsteller die Verletzung ihrer Grundrechte aus Art. 2 in Verbindung mit Art. 1 Abs. 1 GG, ferner aus Art. 2 Abs. 1 GG, Art. 3 Abs. 1 GG sowie ihres Anspruchs auf effektiven Rechtschutz aus Art. 2 Abs. 1 in Verbindung mit Art. 20 Abs. 3 GG.

In dem Verfahren nach § 32 Abs. 1 BVerfG kann eine vorläufige Regelung aus den in der Vorschrift genannten gewichtigen Gründen getroffen werden.

Das Bundesverfassungsgericht führt dazu aus, dass im Regelfall die Nachteile **abzuwägen** sind, die entstünden, wenn eine einstweilige Anordnung erlassen würde, der Verfassungsbeschwerde aber der Erfolg versagt bliebe.

Das Bundesverfassungsgericht hat in ständiger Rechtsprechung[389] dieser **Goldenen Regel** im Eilrechtschutzverfahren höchstrichterliche Weihen verliehen. Zur Entscheidung ist im Verfassungsgerichtsverfahren wie im Verfahren der ordentlichen Gerichtsbarkeit diese Folgeerwägung durchzuführen, es sei denn, das Hauptsacheverfahren ist **offensichtlich unzulässig oder offensichtlich unbegründet.** Vorliegend hat das höchste Gericht ausgeführt, dass die anzustellende Folgeabwägung zu Ungunsten der Antragsteller ausfällt: bei Erfolglosigkeit der späteren Verfassungsbeschwerde hätte diese erhebliche Auswirkungen für die noch ausstehenden Wettkämpfe sowie eine Signalwirkung für den paralympischen Sport, **sondern für den Sport insgesamt.** Eine Zulassung einzelner Athleten griffe erheblich in die **Verbandsautonomie** der internationalen Sportgerichtsbarkeit ein.

Unterstellt man die einstweilige Anordnung und die Verfassungsbeschwerde hätten später Erfolg, hätten die Interessen der Antragsteller **weit weniger Gewicht** als das der internationalen Instanzen, die den Einsatz von Dopingmitteln im Sport nachhaltig und effektiv zu bekämpfen trachten.

Die Entscheidung wurde für unanfechtbar erklärt. *Hoffmann*[390] kommentiert den Beschluss des BVerfG **„als ein Statement, das die Interessen des sauberen Sports“** stärkt.

Anmerkung:

Der CAS[391] hat durch Schiedsspruch vom 21.3.2016 69 russische Leichtathleten von den Olympischen Spielen in Rio 2016 ausgeschlossen, weil ihnen vorgeworfen worden

389 BVerfGE 132, 342, 361; 131, 47, 55.

390 Anmerkung zu dem BVerfG-Urteil S. 67.

391 CAS 21.3.2017, SpuRt 2017, 110 ff.

war, dass sie systematisch, zudem von staatlichen Institutionen unterstütztes Doping betrieben hatten.

7. Begehren auf Einsatz in Pflichtspielen

Dieses Anliegen scheitert im Leistungssport am Trainer. Dieser übt das Direktionsrecht des Arbeitgebers aus, wobei ihm nach der Auffassung der Arbeitsgerichte ein großer Spielraum einzuräumen ist, der nur der Missbrauchskontrolle unterliegt.[392] Der Trainer hat die Verantwortung für die Funktionsfähigkeit und letztlich für den Erfolg der Mannschaft. Sollte aber ein völliger Ausschluss auch vom Training ausgesprochen werden, ist eine einstweilige Verfügung auf Zulassung zum Trainingsbetrieb einer unteren Mannschaft zur Erhaltung der Leistungsfähigkeit des Sportlers einhellig bejaht worden.[393]

8. Aussetzung von Spielsperren

Hinsichtlich der vorübergehenden Aussetzung einer Sperrstrafe ist große Zurückhaltung angebracht. Zu Recht ist jedoch eine Aufhebung ausgesprochen worden, wenn ein Sportgericht seine Verurteilung nicht umgehend oder sonst nachvollziehbar begründet hat.[394] Gerechtfertigt ist, wie zu § 4 RuVO dargelegt, eine Vorsperre bis zur Entscheidung des Sportgerichts, die natürlich zeitnah zu ergehen hat. Die weltweite Verbreitung dieses Rechtsinstituts sollte bei Angriffen dagegen eine rote Ampel gegenüber Aufhebungsbemühungen darstellen.

9. Starterlaubnis – Nominierungsproblematik

Die in anderen Sportarten von Athleten auf § 242 BGB in Verbindung mit Art. 3 GG gestützten Nominierungsbegehren tauchen im Fußballbereich (z. B. Aufstellung im Pokalendspiel) nicht auf, da das Direktionsrecht des Trainers hinsichtlich der Mannschaftsaufstellung alle Verfügungsanträge zu Fall bringt.

Aus der Bundesligageschichte ist aber über eine Entscheidung des Landgerichts Berlin im Bundesliga-Skandal I zu berichten, die durch einstweilige Verfügung die wegen Korruption ausgesprochene verbandsseitige Sperre gegen den Spieler *Zoltán Varga* aufgehoben hat. *Hertha BSC* setzte diesen Spieler daraufhin im DFB-Pokalspiel gegen *Schalke 04* ein und gewann. Dieser Sieg wurde vom Sport- und vom Bundesgericht des DFB aberkannt und *Schalke 04* in die nächste Pokalrunde gesetzt. Kurioserweise wurden die Knappen, die auf dem grünen Rasen ausgeschieden schienen, in diesem Jahr (1972) deutscher Pokalsieger. Die DFB-Richter haben Mut bewiesen, sie

392 LAG Hamm, SportR 33/16/23.
393 *Hilpert* Sportrecht, II 6.
394 LG Hamburg, SpuRt 2001, 73.

argumentierten einmal hinsichtlich des Vorwurfs, das Landgerichtsurteil missachtet zu haben, messerscharf, dass das Landgericht **dem DFB** untersagt habe, *Varga* am Spiel zu hindern, nicht aber sei **seinem Verein** *Hertha BSC* erlaubt worden, *Varga* spielen zu lassen.

10. Aufnahme eines Fußballvereins in einen Stadtsportverband

Bei Aufnahmeersuchen eines Vereins in einen Monopolverband hat ein Verfügungskläger die Darlegungs- und Beweislast dafür, dass keine sachlich gerechtfertigten Gründe für die Ablehnung des Mitgliedschaftsbewerbers bestehen.[395] Der BGH[396] hat „einem kleinen Fußballverein" durch Auflösung sportrechtlicher Grundrechtskollision im Wege der **praktischen Konkordanz** einen Anspruch auf Aufnahme in einen Stadtsportverband, der eine überragende Marktstellung durch Verteilung von Fördergeldern und Vergabe von Hallenzeiten hat, bejaht. Die Aufnahme war verweigert worden, weil Fußball bereits von einem anderen Verein im Verband angeboten wurde. Dem Interesse des Vereins an der Teilhabe an den organisatorischen und finanziellen Leistungen des Stadtverbands, ohne die ein Kleinverein mit begrenzten Mitteln keine effektive Vereinsarbeit ausüben könne, räumte der BGH den Vorrang gegenüber den gewichtigen Interessen des Verbands an der Einhaltung des „Ein-Platz-Prinzips" ein.

11. Spielwertung – Wiederholungsspiel – Einordnung in eine höhere Spielklasse (Der Fall Makkabi)

Diese drei Ziele sind bei einem Verfahren aus der Kreisliga B in Berlin im Wege der einstweiligen Verfügung angestrebt worden. Wegen der unendlichen Verfahrensodyssee dieses Falles ist er in juristischen Fachkreisen, aber auch von den großen Tageszeitungen bundesweit begleitet worden. Der Sachverhalt: Das Ausgangsspiel *TuS Makkabi II* gegen *VfB Altglienicke II* hatte am 23. September 2006 stattgefunden und war wegen rassistischer Äußerungen von Zuschauern abgebrochen worden. Das verbandsseitig eingesetzte Wiederholungsspiel gewann *Altglienicke II* mit 4:1. Wegen Einlegung eines Protestes und verschiedener Rechtsmittelverfahren stand das Endergebnis verbandsseitig rechtskräftig erst nach 10 (!) Monaten Anfang August 2007 fest. Von Seiten des Berliner Fußballverbandes wird ein Verstoß gegen den Beschleunigungsgrundsatz, nach dem Verbandsgerichtsentscheidungen zeitnah sach- und fachgerecht zu treffen sind, vorbehaltlos eingeräumt. Die dabei aufgetretenen Verfahrensfehler (u. a. Nichtgewähren des rechtlichen Gehörs an *Makkabi II* in einem Verfahrensteil) waren alle beseitigt bzw. durch Nachholung versäumter Rechte geheilt worden.

---

395 *Reichert* aaO., Rn. 2005; OLG Düsseldorf, SpuRt 1999.
396 SpuRt 1999, 159.

Nach der Tabellensituation zum Ende der Saison 2006/2007 war *TuS Makkabi II* auf der Basis der Wertung (4:1 für *VfB Altglienicke II*) mit 56 Punkten und einer Tordifferenz von +53 Tabellenvierter hinter *SV Berolina Mitte II* mit 58 Punkten und einer Tordifferenz von 63 geworden, was zum Aufstieg des Tabellendritten führte. Bei einem unterstellten Sieg von *Makkabi II* gegen *Mariendorfer SV II* (0:0) am letzten Spieltag hätte Punktgleichheit zwischen *TuS Makkabi II* und *SV Berolina Mitte II* bestanden.

In einem einstweiligen Verfügungsverfahren Ende August 2007 erkannte das Landgericht Berlin[397] gemäß dem Hilfsantrag von *TuS Makkabi*, dass das letzte Punktspiel der Saison 2006/2007 zwischen *TuS Makkabi II* und *Mariendorfer SV II* noch einmal anzusetzen sei und bei einem Sieg von *TuS Makkabi II* diese Mannschaft als 17. Mannschaft vorläufig in der Kreisliga A zuzulassen sei. Entgegen den Verbandsbestimmungen sei *Makkabi* nicht die Berufungseinlegung gegen das Urteil 1. Instanz, die das Spiel mit 6:0 für *TuS Makkabi* gewertet hatte, mitgeteilt worden (Versagung des rechtlichen Gehörs). Deswegen habe der Verfügungskläger vor dem letzten Spiel der Saison 2006/2007 angenommen, bereits aufgestiegen zu sein, und habe deshalb nicht zur Sicherung des Aufstiegs sämtliche Spieler der 1. Mannschaft eingesetzt. Wegen der Verletzung des „Urrechts" des rechtlichen Gehörs sei *TuS Makkabi* so zu stellen, in Kenntnis der Tatsache, dass das letzte Spiel sehr wohl für den Aufstieg relevant sei, frei über seine Spielaufstellung für dieses dann maßgebliche Spiel zu entscheiden. Dies sei die Folge der Pflichtverletzung hinsichtlich der Sonderverbindung BFV zum Verein. Jedoch bestehe kein Anspruch auf Einordnung in die Kreisliga A (so Hauptantrag), weil der unstreitige Verfahrensfehler des Berliner Verbandes nach §§ 280 Abs. 1, 249 Abs. 1 BGB zwar einen Anspruch des Gläubigers auf Naturalrestitution begründe, der aber nicht in der Höhergruppierung in die Liga A bestehen könne. Um den Verein *Makkabi* so zu stellen, als hätte er die nachteiligen Dispositionen vor dem Saisonfinale nicht getroffen, sei das letzte Spiel vom 3. Juni 2007 neu anzusetzen, um *TuS Makkabi* zu gestatten, frei über seine Spieldisposition zu entscheiden und u.a. Spieler seiner 1. Herrenmannschaft einzusetzen. Bei Erfolg in einem Wiederholungsspiel sei *TuS Makkabi* zum Spielbetrieb der Kreisliga A zuzulassen, was keinen unzulässigen Eingriff in die Verbandshoheit darstelle, weil wegen des schweren Verfahrensverstoßes im Verfahren der einstweiligen Verfügung zur Sicherung effektiven Rechtsschutzes eine dahingehende Leistungsverfügung geboten sei. Ohne die einstweilige Verfügung wäre nach dem unmittelbar bevorstehenden Beginn der Saison 2007/2008 später bei Obsiegen in der Hauptsache bei fortgeschrittener Saison keine Möglichkeit zur Aufnahme in den Spielbetrieb mehr gegeben.

Das Urteil zeigt, dass Zivilrichter naturgemäß nicht allwissend sind und deshalb eine Verkennung von verbandsrichterlichen Grundnormen möglich ist, was aber ein kräftiges Argument für die Prüfung der Vereinsautonomie in allen Vereinsstreitigkeiten ist. Dieses Rechtsinstitut war dem Landgericht durchaus bekannt, da es an anderer

---

397 SpuRt 2007, 219 mit Anmerkung von *Hilpert* in SpuRt 2007, 223 ff. und 2008, 18 ff.; s. ferner CaS 2007, 441.

Stelle des Urteils zur Lösung herangezogen worden war. Vorliegend bestand schon schwerlich ein Verfügungsgrund. Auch wenn in den unteren Klassen Leistungsdenken besteht und sportlicher Ehrgeiz gezeigt wird, ist ein unverhältnismäßig großer Schaden oder gar eine drängende Notlage nicht ersichtlich, weil nennenswert höhere Einnahmen oder Zuschauerzahlen nicht glaubhaft gemacht worden sind.

Schwerwiegend ist, dass nicht geprüft wurde, ob *TuS Makkabi II* überhaupt einen verbandsrechtlichen Anspruch auf Spielwiederholung nach den Bestimmungen des Berliner Fußballverbandes (BFV) hatte. Für die gegebene Fallgestaltung (fehlende Dispositionsfreiheit für ein Spiel) ist in der einschlägigen Rechts- und Verfahrensordnung des BFV kein Anspruch auf Neuansetzung eines Spiels vorgesehen. Neuansetzungen von Spielen sind darin die große Ausnahme. Die Spiele werden vielmehr nach ihrem Ergebnis endgültig gewertet. Zudem ist spätestens vier Tage nach Ende einer Saison ein Einspruch ausgeschlossen (§ 6 Abs. 5 Rechts- und Verfahrensordnung BFV), sodass der Einspruch auf jeden Fall verfristet war. Die Vereinsautonomie gebietet, dass diese Rechtslage verfügungsfest ist. Zudem ist eine **doppelte Chance** nach einem Spiel mit ungünstigem Ausgang nicht fußballimmanent. Eine zweite Chance nach einem ausgetragenen Spiel ist nur in seltenen enumerativ aufgezählten Ausnahmefällen, die hier nicht vorliegen, möglich. Im Fußballwettstreit ist im Vorhinein ein Erfolg nie sicher – der Ausgang ist semper incertus. Wie das Ergebnis des ersten Spiels mit den Spielern der 1. Herrenmannschaft ausgegangen wäre, weiß niemand. Stammspieler höherer Mannschaften garantieren keinen Sieg bei Mitwirkung in unteren Mannschaften. Ein frischgebackener deutscher Fußballmeister hat mit seiner Stammelf schon einen Pokal-K.O. in der ersten Runde gegen einen Amateurclub erlitten. Warum sollte Ähnliches beim Wiederholungsspiel gegen *Mariendorfer SV II* nicht möglich sein? Jegliche Annahmen sind insoweit Spekulation. Da das Wiederholungsspiel erst in der neuen Spielzeit 2007/2008 eingesetzt werden konnte, hätten evtl. auf Seiten beider Vereine wegen vollzogener Vereinswechsel, Wegzugs oder Beendigung der Laufbahn, „alte“ Spieler nicht mehr, „neue“ aber spielberechtigt sein können oder formschwache oder erkrankte Spieler wieder formstark oder gesund sein können oder umgekehrt. Zudem könnte beim Spielen in der neuen Saison auf Seiten des Gegners jede Bereitschaft zum Kämpfen und Siegen fehlen. Deshalb ist der Zustand vom 30.6.2007 nicht im Sinne der Naturalrestitution (§ 249 BGB) wiederherstellbar, sodass auch nach der „BGB-Lösung“ des Landgerichts kein Anspruch besteht.

Um die fußballimmanenten Grundsätze festzustellen bzw. die Verbandsregeln zu ermitteln, hätte gegebenenfalls zur Anwendung der Vereinsautonomie ein Sachverständiger als präsentes Beweismittel gehört werden können.

Fußballrechtlich unhaltbar ist die vorläufige Einordnung in die höhere Spielklasse A bei einem Sieg im Wiederholungsspiel. Die dadurch entstehende ungerade Vereinszahl (17) bietet überdies erhebliche Nachteile für die übrigen Vereine (ungerade Vereinszahlen haben freie Tage für je eine Mannschaft und schiefe Tabellenlagen zur Folge). Diese Drittbetroffenheit stellt bei Erlass einer einstweiligen Verfügung ein gewichtiges Gegenargument in Eilrechtsschutzverfahren dar.

Eine gewisse Ironie liegt darin, dass das Wiederholungsspiel im Sinne einer höheren Fußballgerechtigkeit von *Mariendorfer SV II* mit 2:1 gewonnen worden ist. Den gerichtlichen Schlussstrich unter die Verfahrensserie des *TuS Makkabi II* setzte am 9. Juli 2008 das Kammergericht, das den Antrag dieses Vereins auf Erlass letztinstanzlich zurückgewiesen hat.[398] Das Kammergericht ließ offen, ob jemals ein Verfügungsanspruch im beantragten Sinne bestanden hat. Ein etwaiger Verfügungsanspruch – abgeleitet aus § 280 Abs. 1 BGB, §§ 823 Abs. 1 in Verbindung mit § 31 BGB – wäre jedenfalls spätestens mit Beginn der Spielzeit 2007/2008 im September 2007 erloschen (§ 275 BGB). Der nachfolgende Satz der Begründung des Kammergerichts ist bundesweit eine wichtige Klarstellung:

> „Ab dem Zeitpunkt (Beginn der folgenden Spielzeit) war eine Durchführung von Wiederholungsspielen und die Berücksichtigung der darin erzielten Ergebnisse bei der Feststellung der aufstiegsberechtigten Mannschaften sowie die Bestimmung des Spielplanes für die Saison 2007/2008 auch im Hinblick auf die Rechte der anderen Mannschaften nicht mehr möglich.“

Das Kammergericht kommt damit – obwohl es von der Vorschrift wohl keine Kenntnis hatte – fast zu demselben Ergebnis, wie die DFB-Regelung in § 10 Nr. 3 RuVO kommt, wonach auf Spielwiederholung bei Pflichtspielen nach Ablauf einer Saison (30. 6.) nicht mehr erkannt werden kann. Gedanklich deckt sich dieser Lösungsansatz mit vorstehender Kritik an der LG-Entscheidung, dass ein Wiederholungsanspruch nach § 249 BGB nicht gegeben sei, weil der Zustand wie zuvor nicht mehr bestehe.

Schlussbemerkung zum Fall TuS Makkabi II:
Nach einem langen Richterleben konstatiere ich, dass der Ausgang von Rechtsstreitigkeiten, insbesondere beim Eilrechtsschutz, oft von vielen Imponderabilien abhängt, insbesondere von den handelnden Personen hinter der Richterbank und vor dieser. Ein namentlich nicht bekannter Diskussionsteilnehmer mit großer forensischer Erfahrung sagte auf einem Sportrechtsseminar zu jungen Advokaten: *„Hütet Euch vor einem Kaspar Hauser des Sportrechts als Richter!“*

Ich glaube, nicht durch die berühmte rosarote Vereinsbrille zu blicken, wenn ich die Anwälte und Richter in Verfahren über Vereinsstreitigkeiten zu erwägen bitte, dass ein Verfügungsanspruch nur bei gebührender Berücksichtigung der Vereinsautonomie besteht. In deren Licht ist jede Verfahrenseinleitung und jeder Urteilsspruch zu hinterfragen, wobei dieses Grundrecht meistens im Ergebnis den Vorrang verdient.

XII. § 22 RuVO

Eidesstattliche und ehrenwörtliche Erklärungen sind als Beweismittel unzulässig.

---

398 Az: 11 U 9/07, n.v.

§ 22 stellt die sich nach staatlichem Recht ergebende Selbstverständlichkeit klar, dass Versicherungen an Eides Statt nur rechtsgültig sind, wenn sie in einem Gesetz zugelassen bzw. gegenüber einer Behörde abzugeben sind (dann auch strafbewehrt nach § 156 StGB). Gegenüber DFB-Instanzen abgegebene Erklärungen an Eides Statt haben keinen gesteigerten Beweiswert. Sie wirken wie jede andere schriftliche Erklärung. Für die etwas pathetisch klingende „ehrenwörtliche Erklärung“ gilt das Gleiche.

XIII. § 23 RuVO

Rechtsmittelbelehrung
Jede Entscheidung eines Rechtsorgans muss eine Rechtsmittelbelehrung oder den Hinweis enthalten, dass ein Rechtsmittel nicht zulässig ist. In der Rechtsmittelbelehrung sind die Art des Rechtsmittels, die Rechtsmittelfrist und die Stelle für die Einreichung des Rechtsmittels anzugeben. Bei fehlender oder unvollständiger Belehrung wird die Entscheidung erst nach Ablauf von drei Monaten ab Verkündung oder mangels Verkündung ab Zustellung unanfechtbar.

Der DFB bietet für seine Gerichtsunterworfenen einen Service, den staatliche Gerichtsinstanzen nicht immer leisten (so nicht in Zivilverfahren, anders als etwa in Straf- oder Arbeitsgerichtsverfahren), nämlich eine vollständige Rechtsmittelbelehrung bzw. den Hinweis, dass ein Rechtsmittel nicht zulässig ist.

Bei fehlender oder unvollständiger Belehrung wird die Entscheidung nach Ablauf von drei Monaten ab Verkündung bzw. ab Zustellung, falls keine Verkündung erfolgt ist, unanfechtbar, d. h. rechtskräftig.

Vorbemerkungen zum Berufungsverfahren

Zur Abrundung der Kommentierung über das Berufungsrecht des DFB soll das staatliche Berufungsrecht vergleichend herangezogen werden und daraus Vorschriften ausgewählt und untersucht werden, ob sie im Fußballstrafverfahren in der alltäglichen Praxis durch die Sportgerichte sinnvollerweise angewandt werden können.

Vorweg ist dabei klarzustellen, dass einige zivilprozessuale Vorschriften **nicht** auf das Sportstrafverfahren übertragbar sind:
- keine Berufungssumme (§ 511 a ZPO),
- keine Versäumnisurteile (§ 513 ZPO),
- kein früher erster Termin oder schriftliches Vorverfahren (§ 520 ZPO),
- keine Anschlussberufung (§§ 521 ff. ZPO) – sie gibt es im DFB-Verfahren nicht, dagegen kann ein Betroffener oder der Kontrollausschuss fristgerecht selbständig Berufung einlegen,
- keine Einzelrichterentscheidung (§ 524 ZPO),
- kein Ausschluss von neuem Vorbringen (§ 523 ZPO),
- keine Revision,
- keine Verwerfung der Berufung bei Ausbleiben des Angeklagten (§ 329 StPO).

Dagegen kann im Sportstrafverfahren, obwohl in der RuVO nicht ausdrücklich angesprochen, übernommen werden:
- die Regelung über die Devolutivwirkung – gilt als selbstverständlich auch im Sportstrafverfahren,
- das Erfordernis der Beschwer,
- die Zurückverweisung der Sache in die 1. Instanz, wovon aber aus prozessökonomischen Gründen höchst selten Gebrauch gemacht werden sollte.

XIV. § 24 RuVO

Berufung
Gegen die Urteile des Sportgerichts, die nicht vom Einzelrichter erlassen sind, ist die Berufung zum Bundesgericht zulässig.

XV. § 25 RuVO

Einlegung der Berufung
1. **Die Berufung ist innerhalb einer Woche nach Verkündung oder mangels Verkündung nach Zustellung des angefochtenen Urteils schriftlich beim Bundesgericht einzulegen. Sie ist spätestens innerhalb von zwei Wochen nach Zustellung der schriftlichen Urteilsbegründung schriftlich zu begründen. Der Vorsitzende kann auf Antrag für die Begründung eine weitere Frist von zwei Wochen einräumen. In dringenden Fällen kann die erste Instanz die Berufungsfrist und die Berufungsbegründungsfrist bis auf 24 Stunden (Eingang beim DFB) abkürzen. Entsprechendes gilt für die Anberaumung einer Berufungsverhandlung. Fernmündliche und fernschriftliche Ladungen sind zulässig.**
2. **Versäumnis der Frist zur Einlegung oder zur Begründung des Rechtsmittels hat dessen Verwerfung zur Folge.**

1. Berufungsformalien

Sie sind in Absatz 1 vorgegeben (Einlegungsfrist: eine Woche – Begründungspflicht zwei Wochen nach Zustellung der schriftlichen Urteilsbegründung – Verlängerung der Begründungsfrist ist möglich). In dringenden Fällen (Vorsperren, bevorstehende Spiele, die sich auf den Streitgegenstand beziehen) sind die Berufungsfrist und die Berufungsbegründungsfrist bis auf 24 Stunden (Eingang beim DFB) abkürzbar. Auch die Einlassungs- und Ladungsfrist für die Berufungsverhandlung kann bis auf 24 Stunden abgekürzt werden. Ladungen können fernmündlich oder fernschriftlich erfolgen.

2. Fristversäumnis
führt jeweils zur Verwerfung des Rechtsmittels. Das Urteil ist dann mit diesem Beschluss rechtskräftig.

XVI. § 26 RuVO:

Recht zur Berufung

1. **Zur Einlegung der Berufung sind die Betroffenen und der Kontrollausschuss bzw. die Ethik-Kommission sowie das Präsidium des DFB berechtigt, letzteres jedoch nur, wenn es Zweifel an der Rechtmäßigkeit einer Entscheidung des DFB-Sportgerichts hat.**
   Sonderbestimmungen bleiben unberührt.
2. **Das Recht zur Berufung haben auch zunächst nicht am Verfahren beteiligte Mitgliedsverbände, ihre Vereine sowie deren Einzelmitglieder und Tochtergesellschaften und Spieler, die ein unmittelbares berechtigtes Interesse an der Entscheidung nachweisen.**

Die Vorschrift als Nr. 1 ist absolut geblieben. Seit Einführung dieser Vorschrift vor mehr als zehn Jahren ist keine Anfechtung einer Sportgerichtsentscheidung durch das Präsidium erfolgt.

(Nr. 2): Es ist denkbar, dass Verbände, Vereine und deren Mitglieder durch die Entscheidung, die ohne sie ergangen ist, in einem unmittelbar berechtigten Interesse betroffen sind. Sie haben dann das Recht zur Berufung.

XVII. § 27 RuVO

Die Berufung kann sich auch gegen einzelne Teile des Urteils oder nur gegen das Strafmaß richten, jedoch nicht allein gegen die Kosten- und Gebührenentscheidung. Einer Nachprüfung unterliegt das Urteil nur insoweit, als es angefochten ist.

Im staatlichen Recht (§ 536 ZPO) kann das Urteil ebenfalls nur insoweit abgeändert werden, als es angefochten ist (ne ultra petita).

XVIII. § 28 RuVO

Verbot der Schlechterstellung
Legt ein von einem Urteil Betroffener Berufung ein, so kann das Bundesgericht auf seine Berufung hin weder eine höhere Strafe aussprechen noch eine Entscheidung fällen, die dem Berufungskläger Nachteile gegenüber der angefochtenen Entscheidung bringen würde.

Verbot der reformatio in peius

Dabei handelt es sich um einen tragenden Grundsatz unserer Rechtsordnung. Wenn ein Verurteilter Berufung eingelegt hat, so kann das Berufungsgericht, wenn nicht der Kontrollausschuss ebenfalls Berufung mit dem Ziel der Straferhöhung eingelegt hat, weder eine höhere Strafe verhängen, noch einen sonstigen Nachteil über die erstinstanzliche Entscheidung hinaus aussprechen. Durch dieses **Verbot der Verböserung** soll niemand von einer Rechtsmitteleinlegung abgehalten werden, weil er zusätzliche Nachteile erwartet. Die UEFA ließ bis vor wenigen Jahren eine Verschlechterung zu und machte auch rege davon Gebrauch. Mittlerweile hat sie sich an die kontinentaleuropäischen Rechtsregelungen angepasst.

XIX. § 29 RuVO

Wirksamkeit der Entscheidungen

1. **Die rechtzeitige Einleitung eines Berufungsverfahrens hindert die Wirksamkeit der erstinstanzlichen Entscheidung, es sei denn, die Vorinstanz hat die sofortige Wirksamkeit ihrer Entscheidung aus Gründen sportlicher Disziplin oder überwiegender Interessen des DFB angeordnet.**
2. **Sperrstrafen, die das Sportgericht gemäß §§ 8, 9 verhängt hat, sowie Aufenthaltsverbote und Sperren auf der Grundlage von § 30 Nr. 3 c) und d) der DFB-Ausbildungsordnung sind ohne besondere Anordnung sofort wirksam.**
3. **Erstinstanzliche Entscheidungen werden rechtskräftig,**

a) **wenn Rechtsmittel nicht zulässig sind, mit ihrer Verkündung, mangels Verkündung mit ihrer Zustellung,**

b) **wenn Rechtsmittel zulässig sind und diese nicht oder nicht rechtzeitig eingelegt werden, mit Ablauf der Rechtsmittelfrist oder mit dem Verzicht auf Rechtsmittel.**
Entscheidungen des Bundesgerichts werden mit ihrer Verkündung, mangels Verkündung mit ihrer Zustellung rechtswirksam.

4. **Legt ein Betroffener ein Rechtsmittel nicht oder nicht rechtzeitig ein, so gilt dies als Unterwerfung unter die erstinstanzliche Entscheidung.**

Die Vorschrift ist aus sich heraus verständlich und bedarf deshalb keiner Kommentierung.

1. Suspensiv- oder Hemmungswirkung

(Nr. 1): Die Einlegung der Berufung hindert die Wirksamkeit der Sportgerichtsentscheidung, es sei denn, die Vorinstanz hat die sofortige Wirksamkeit ihrer Entscheidung aus Gründen sportlicher Disziplin oder wegen überwiegender DFB-Interessen angeordnet.

Sofortige Wirksamkeit

(Nr. 2): Ohne eine ausdrückliche Anordnung sind Sperrstrafen nach §§ 8, 9 RuVO, Aufenthaltsverbote sowie Sperren nach der Ausbildungsordnung sofort wirksam.

Rechtskrafteintritt

(Nr. 3): Alle Entscheidungen der Rechtsorgane werden mit ihrer Rechtskraft wirksam.

Erstinstanzliche Entscheidungen werden mit der Verkündung bzw. Zustellung rechtskräftig, falls keine Rechtsmittel zulässig sind; falls Rechtsmittel zulässig sind und ein solches nicht oder nicht rechtzeitig eingelegt wird, ist die Entscheidung mit dem Ablauf der Rechtsmittelfrist oder mit dem Verzicht auf Rechtsmittel rechtskräftig.

Bundesgerichtsentscheidungen werden rechtswirksam mit ihrer Verkündung, mangels Verkündung mit ihrer Zustellung.

(Nr. 4): Die Vorschrift enthält eine Fiktion. Wenn ein Betroffener ein Rechtsmittel nicht oder nicht rechtzeitig einlegt, gilt dies als **Unterwerfung unter die erstinstanzliche Entscheidung.** Dann ist mehr als bei einer rechtskräftigen Entscheidung auch ein endgültiges Anerkenntnis der Verbandsentscheidung gegeben, das die Anrufung des staatlichen Gerichts oder des Schiedsgerichts ausschließt. Da für letztere Anrufung keine Frist besteht, bewirkt die fingierte Unterwerfungswirkung nach § 29 Nr. 4 auch eine Fixierung der Rechtskraft einer Verbandsentscheidung zu einem festen Termin.

XX. § 30 RuVO

Beschwerde

1. **Gegen Beschlüsse des Sportgerichts, die über sein Verfahren abschließend entscheiden, ist die Beschwerde beim Bundesgericht zulässig.**
2. **Für Beschwerden, über die das Bundesgericht zu entscheiden hat, gelten die Bestimmungen über die Berufung entsprechend, soweit nicht im Einzelfall etwas anderes bestimmt ist; über sie kann ohne mündliche Verhandlung entschieden werden.**
3. **Die verfahrensmäßige Behandlung anderer in der Satzung und den Ordnungen vorgesehener Beschwerden richtet sich gleichermaßen nach den Bestimmungen über die Berufung.**

1. Beschwerdefähigkeit

(Nr. 1): Beschwerden, die das laufende Verfahren betreffen, sind aus verfahrensökonomischen Gründen nicht statthaft. Zulässig sind aber Beschwerden gegen Beschlüsse des Sportgerichts, die über das Verfahren **abschließend** entscheiden.

2. Verfahrensvorschriften

(Nr. 2 und 3): Für alle Beschwerdeverfahren gelten die Vorschriften über die Berufung sinngemäß; über die Beschwerde kann ohne mündliche Verhandlung entschieden werden.

§ 31 Verwaltungsbeschwerde

1. **Gegen Verwaltungsentscheidungen des DFB nach § 43 Nr. 4 b) der Satzung kann innerhalb von einer Woche nach Bekanntgabe der letzten Verwaltungsentscheidung im Widerspruchsverfahren nach Nr. 4 schriftlich Verwaltungsbeschwerde zum Bundesgericht eingelegt werden. Die Verwaltungsbeschwerde ist zu begründen.**
2. **Zur Einlegung der Verwaltungsbeschwerde ist nur ein von der Entscheidung Betroffener berechtigt.**
3. **Soweit die Verwaltungsentscheidung rechtswidrig und der Betroffene in seinen Rechten verletzt ist, hebt das Bundesgericht die Entscheidung auf. Das Bundesgericht kann bei Spruchreife in der Sache selbst entscheiden. Trifft das Bundesgericht keine eigene Entscheidung in der Sache selbst, verweist es die Sache an die zuständige Verwaltungsstelle zurück, die unter Beachtung der Rechtsauffassung des Bundesgerichts erneut entscheidet.**
4. **Vor Einlegung der Verwaltungsbeschwerde sind Rechtmäßigkeit und Zweckmäßigkeit der Entscheidung in einem Widerspruchsverfahren nachzuprüfen. Der Widerspruch ist innerhalb von einer Woche nach Bekanntgabe der Entscheidung bei der erlassenen Verwaltungsstelle schriftlich einzulegen und zu begründen.**
   Hilft die Verwaltungsstelle dem Widerspruch nicht ab, kann der Betroffene innerhalb von einer Woche nach Bekanntgabe schriftlich Beschwerde beim Präsidium einlegen. Das Präsidium entscheidet im Widerspruchsverfahren als letzte Instanz. Das Präsidium kann die Zuständigkeit auf ein einzelnes Präsidiumsmitglied übertragen.
   Gegen Verwaltungsentscheidungen des Präsidiums ist die Verwaltungsbeschwerde sofort zulässig.
5. **Eines Widerspruchsverfahrens nach Nr. 4 bedarf es nicht, sofern in der Satzung oder den Ordnungen des DFB spezielle Beschwerdeverfahren für das Begehren des Betroffenen geregelt sind. In diesen Fällen kann der Betroffene unmittelbar nach Abschluss des speziellen Beschwerdeverfahrens innerhalb von einer Woche nach Bekanntgabe der letzten Verwaltungsentscheidung schriftlich Verwaltungsbeschwerde gegen die abschließende Entscheidung der Verwaltungsstelle beim Bundesgericht einlegen.**
6. **In dringenden Fällen kann die jeweils zuständige Stelle die Fristen nach den Nrn. 1., 3. und 4. bis auf 24 Stunden abkürzen.**
   Die in dieser Vorschrift in Bezug genommene Satzungsbestimmung § 43 Nr. 4 b lautet:

„Über die Rechtmäßigkeit von Verwaltungsentscheidungen einer nach der Satzung oder den Ordnungen des DFB zuständigen Stelle des DFB.

XXI. § 32 RuVO

Wiederaufnahme von Verfahren

1. **Ein Rechtsorgan kann ein von ihm durchgeführtes und durch rechtskräftige Entscheidung abgeschlossenes Verfahren wieder aufnehmen, wenn neue, bisher unbekannte Tatsachen oder Beweismittel vorgebracht oder bei Offizialverfahren dem Rechtsorgan bekannt werden. Ein Antrag auf Wiederaufnahme des Verfahrens kann von einer Partei, einem Bestraften, dem Kontrollausschuss, der Ethik-Kommission oder dem Präsidium des DFB gestellt werden. Über den Antrag entscheidet das Rechtsorgan, das über den Fall rechtskräftig entschieden hat, durch Beschluss.**
2. **Der Antrag kann nur innerhalb von zwei Wochen nach Kenntnis der Wiederaufnahmegründe, höchstens jedoch zwei Jahre nach Rechtskraft der betreffenden Entscheidung, gestellt werden. Im Falle des § 17 Nr. 2., Buchstabe e) ist eine Wiederaufnahme mit dem Ziel der Spielwiederholung nur bis zum Vortag des viertletzten Spieltages und eine Wiederaufnahme mit dem Ziel der Spielwertung nur bis zum Ablauf des letzten Spieltages der Spielzeit, in der das betreffende Spiel stattgefunden hat, zulässig.**

1. Zweck der Vorschrift

Wie im staatlichen Recht dient das Wiederaufnahmeverfahren nach § 32 der Beseitigung von Fehlentscheidungen, wobei in Grenzen die Durchbrechung der Rechtskraft von Verbandsgerichtsurteilen ermöglicht ist. Der Wiederaufnahmeantrag ist kein Rechtsmittel, sondern ein Rechtsbehalt eigener Art. Wird die Wiederaufnahme angeordnet, so kommt es in der Regel zu einer erneuten mündlichen Verhandlung.

Ziel der Wiederaufnahme ist die Freisprechung des Verurteilten, bzw. die Verfahrenseinstellung oder die mildere Verurteilung aufgrund einer anderen Verbotsnorm.

2. Voraussetzungen

Die Wiederaufnahme des Verfahrens bezweckt, ein rechtskräftiges Urteil zu beseitigen und die Sache mit dem Ziel einer neuen Entscheidung nochmals zu verhandeln. Dafür müssen bestimmte, abschließend aufgezählte Anfechtungsgründe vorliegen, nämlich bisher unbekannte Tatsachen oder Beweismittel vorgebracht bzw. bei Offizialverfahren dem Kontrollausschuss/Gericht bekannt geworden sein. Antragsberechtigt sind eine Partei, ein Bestrafter, der Kontrollausschuss oder das Präsidium des DFB.

Zuständig zur Entscheidung über den Wiederaufnahmeantrag ist das Gericht, das über den Fall rechtskräftig entschieden hat. Die Entscheidung ergeht durch Beschluss.

3. Fristen

Binnen zwei Wochen nach Kenntniserlangung von den Wiederaufnahmegründen ist der Antrag zu stellen, höchstens jedoch zwei Jahre nach Rechtskraft der anzufechtenden Entscheidung. Bei Spielmanipulation (§ 17 Nr. 2 e RuVO) ist ein Antrag auf **Spielwiederholung** nur bis zum Vortag des viertletzten Spieltags einer Saison und mit dem Ziel der Spielwertung nur bis zum Ablauf des letzten Spieltags der Saison, in der das manipulierte Spiel stattgefunden hat, zulässig.

Bei Dopingfällen stellt sich die Frage der langen Fristen nicht, da die Spielwiederholung wegen Dopings nur bis spätestens zwei Wochen nach dem betreffenden Spiel beantragt werden kann.

XXII. § 33 RuVO

Vorsitzender
Vorsitzender im Sinne dieser Ordnung ist der Vorsitzende des zuständigen Rechtsorgans, im Falle seiner Verhinderung der stellvertretende Vorsitzende. Sind beide an der Wahrnehmung ihrer Aufgaben nach dieser Ordnung verhindert, so bestimmt der Vorsitzende bzw. der stellvertretende Vorsitzende ein anderes Mitglied seines Rechtsorgans zur Wahrnehmung dieser Aufgaben.

Die Rechtsinstanzen haben je einen Vorsitzenden und einen stellvertretenden Vorsitzenden, der im Verhinderungsfall anstelle des Vorsitzenden handelt. Bei Verhinderung beider ist ein Mitglied des Rechtsorgans durch den Vorsitzenden/Stellvertreter zur Wahrung der Aufgaben zu bestimmen.

XXIII. § 34 RuVO

Verwendung der Geldstrafen
Die verhängten Geldstrafen werden für gemeinnützige Zwecke des DFB oder seiner Mitgliedsverbände verwendet.

Während bis vor einiger Zeit die eingehenden Geldstrafen in den DFB-Haushalt geflossen sind, ist nun festgelegt, dass sie für gemeinnützige Zwecke des DFB und seiner Mitgliedsverbände zu verwenden sind.

XXIV. § 35 RuVO

Gebühren und Kosten
Jede Entscheidung, die eine Instanz abschließt, muss einen Ausspruch über die Kosten enthalten und, wenn Gebühren zu erheben waren, auch hierüber.

XXV. § 36 RuVO

Gebühren

1. **Wird ein Verfahren vor den Rechtsorganen anhängig gemacht, so sind an den DFB Gebühren zu zahlen. Der Zahlungsnachweis ist innerhalb einer Frist von zwei Wochen zu führen. Erfolgt die Zahlung nicht innerhalb dieser Frist und einer vom Vorsitzenden zu bestimmenden Nachfrist, so wird das erstinstanzliche Verfahren durch unanfechtbaren Beschluss eingestellt oder das Rechtsmittel verworfen. Der DFB ist von der Gebührenpflicht befreit.**
2. **Die Gebühren betragen:**
   a) **in Verfahren der Lizenzligen und des DFB-Vereinspokals der Herren**
   vor dem Sportgericht € 300,00
   vor dem Bundesgericht € 500,00
   b) **in den übrigen Verfahren**
   vor dem Sportgericht € 150,00
   vor dem Bundesgericht € 300,00
3. **Unterliegt die gebührenpflichtige Partei, so sind die Gebühren verfallen; obsiegt sie ganz oder teilweise, so sind die Gebühren entsprechend zu erstatten. Eine Verrechnung mit den Kosten findet nicht statt.**

XXVI. § 37 RuVO

Kosten

1. **Die Kosten eines Verfahrens trägt in der Regel die bestrafte oder unterliegende Partei.**
2. **Ist ein Verfahren von einer DFB- oder Verbandsinstanz eingeleitet, so trägt im Falle der Einstellung oder des Freispruchs der DFB bzw. der Verband die Kosten.**
3. **Die Rechtsorgane können nach ihrem Ermessen eine andere Kostenentscheidung fällen.**
4. **§ 5 Nr. 3. Abs. 1 und Nr. 4. gelten sinngemäß.**

Gebühren und Kosten

In einer abschließenden Entscheidung ist über die Kosten und Gebühren zu befinden: Die in § 36 Nr. 2 RuVO betragsmäßig aufgeführten Gebühren sind nach dem Grad des Unterliegens aufzuerlegen bzw. zu verteilen.

Gleiches gilt hinsichtlich der Kosten eines Verfahrens.

Nach dem Ermessen der Rechtsorgane kann eine andere Kostenverteilung erfolgen.

Für gegen Spieler und Einzelmitglieder verhängte Geldstrafen haftet der Verein bzw. bei Länderpokalspielen der Verband (§ 5 Nr. 3 Abs. 1 und Nr. 4 RuVO).

XXVII. § 38 RuVO

Auslagenerstattung

1. **Geladene Zeugen und Sachverständige jeder Partei haben Anspruch auf Kostenerstattung für Fahrt und andere Auslagen nach den Bestimmungen der Finanzordnung des DFB.**
2. **Die von den Rechtsinstanzen geladenen Zeugen und Sachverständigen haben Anspruch auf Erstattung des nachgewiesenen Verdienstausfalls. Es gelten die Obergrenzen des Gesetzes über die Entschädigung von Zeugen und Sachverständigen. Über die Höhe entscheidet der Vorsitzende der damit befassten Instanz.**
3. **Auslagen der Parteien (insbesondere Anwaltsgebühren) werden nicht erstattet.**

Entschädigung Zeugen/Sachverständige

Von den Parteien geladene Zeugen und Sachverständige haben Anspruch auf Kostenerstattung gemäß der Finanzordnung des DFB. Nach deren § 7 werden Reisekosten (bei PKW-Benutzung 0,30 € pro Kilometer, bei öffentlichen Verkehrsmitteln bis 100 km die Kosten der 2. Wagenklasse, darüber die der 1. Klasse) erstattet. Es werden außerdem die steuerlich zulässigen Verpflegungs- und Übernachtungskosten bezahlt.

Den von den Rechtsinstanzen geladenen Zeugen und Sachverständigen ist der nachgewiesene Verdienstausfall zu erstatten, wobei die Obergrenzen des Gesetzes über die Entschädigung von Zeugen und Sachverständigen (ZuSEG) gelten. Die in diesem Gesetz vorbehaltene Unterschreitung des tatsächlich angefallenen Betrags ist darauf zurückzuführen, dass die Zeugenpflicht eine Staatsbürgerpflicht ist, die beinhaltet, dass bei hohen Forderungen teilweise Einbußen hinzunehmen sind. Dieser Gesichtspunkt zieht beim DFB nicht, sehr wohl aber eine ähnliche Erwägung, wenn die Schiedsrichter als Zeugen erscheinen, die bei den Spieleinsätzen angemessene Entschädigungspauschalen erhalten, die mit dazu dienen, finanzielle Einbußen als Folge der Zeugenpflicht abzudecken.

Die Höhe der Entschädigung setzt der Vorsitzende der betreffenden Instanz fest.

Parteiauslagen, insbesondere deren Anwaltsgebühren, werden auch bei Obsiegen nicht erstattet. Eine solche Regelung ist durch die Autonomie des DFB zur Regelung seines Verfahrens abgedeckt.

XXVIII. § 39 RuVO

Vollziehung von Entscheidungen

1. **Entscheidungen der Rechtsorgane werden von der DFB-Zentralverwaltung vollzogen. § 10 Nr. 2. gilt entsprechend, wenn der Betroffene nicht zivilrechtlich in Anspruch genommen wird.**

2. **Entscheidungen der Rechtsorgane des Deutschen Fußball-Bundes und seiner Mitgliedsverbände sind für letztere und deren Mitgliedsvereine sowie deren Tochtergesellschaften verbindlich.**

Verbindlichkeit der Entscheidungen
Kraft vereinsrechtlicher Wirkung sind die Entscheidungen der Gerichtsinstanzen für die Mitgliedsverbände, deren Mitgliedsvereine sowie deren Tochtergesellschaften verbindlich, was in § 39 Nr. 2 nochmals ausdrücklich normiert ist.

XXIX. § 40 RuVO

Zeitpunkt der Wirksamkeit
Die vorstehende Fassung der Rechts- und Verfahrensordnung ist am 01. Februar 2013 in Kraft getreten.

Änderungen und Ergänzungen dieser Rechts- und Verfahrensordnung sind in den Offiziellen Mitteilungen des DFB zu veröffentlichen, um von diesem Zeitpunkt an wirksam zu werden.

Veröffentlichungsorgan für Änderungen der RuVO sind die Offiziellen Mitteilungen des DFB. Änderungen sind vom Zeitpunkt der Veröffentlichung in diesem Organ wirksam.

Teil IX. Schlussbemerkung zur Kommentierung der RuVO

Ein Rechtsanwalt, der zum ersten Mal eine Strafverhandlung bei den Sportgerichten des DFB wahrzunehmen hat, braucht sich nicht auf prozessuales Neuland einzustellen. Das Verfahren läuft ab wie im staatlichen Strafprozess – vom Aufruf der Sache bis zur Rechtsmittelbelehrung nach der Urteilsverkündung –, es fehlen lediglich die staatlichen Hoheitsbezeigungen wie Beeidigung oder Verkündung „Im Namen des Volkes!“. Ein Rechtsanwalt, der im staatlichen Bereich Organ der Rechtspflege ist, kann mit dem Instrumentarium der RuVO fair, wie es dem Sport geziemt, um das Recht seines Mandanten kämpfen und dieses erreichen.

https://doi.org/10.1515/9783110536416-011

Teil X. Ausklang (Miszellaneen mit Berührung des Fußballrechts)

A. Thema 1: Die Haftung bei Sportverletzungen

I. Grundsatz

Der Sport kann grundsätzlich für seinen Bereich keine Sonderbestimmungen reklamieren, aber teilweise doch gewisse Abweichungen im Hinblick auf spezifische Eigenheiten der Sportler untereinander fordern. Eindeutig ist vorweg klarzustellen, dass gegenüber unbeteiligten Dritten, denen Schadenszufügungen an Gesundheit und Eigentum durch Sportausübende erwachsen sind, die volle Einstandspflicht aus § 823 Abs. 1 BGB gegeben ist. Bei Personen, die sich zur gemeinsamen Sportausübung verbunden haben, kann dies anders sein.

II. Haftung bei Fußballunfällen

Personen- oder Sachschadensfälle ereignen sich beim Hobby-Sport wie auch beim Fußballspielen in einem Verein. *Fritzweiler*[399] unterscheidet

- die Haftung des Sportlers gegenüber Mitspielern und Zuschauern sowie dem Veranstalter,
- die Haftung des Veranstalters gegenüber den Teilnehmern und Zuschauern,
- die Haftung von Zuschauern gegenüber dem Veranstalter und anderen Zuschauern.

Wegen der hierzu behandelnden Thematik wird zu den Problembereichen b) und c) auf die weiterführende Literatur verwiesen und lediglich die Haftung zwischen Sportlern dargestellt.

III. Haftung unter Sportlern

In erster Linie kommen insoweit deliktische Ansprüche in Betracht, wobei unterschieden wird zwischen Individualsportarten (Sport nebeneinander) und Kampfsportarten (Sport gegeneinander).[400] Das Fußballspiel gehört zwar nicht zu den von der BAG-Rechtsprechung entwickelten sog. **gefährlichen Sportarten** (z. B. Hochalpinismus, Go-Kart-Rennen pp.), sehr wohl aber zu den **Kampfsportarten.** Es ist im

---

399 PHB/*Fritzweiler* V, Einführung Rn. 3.
400 PHB/*Fritzweiler* V 2 Rn. 13 ff.

https://doi.org/10.1515/9783110536416-012

Fußball nie völlig auszuschließen, dass ein Gefahrenpotential **auch bei Einhaltung der Regeln** oder bei geringfügigen Regelverletzungen besteht. Aufgrund dieser allgemeinkundigen Tatsache geht jeder Fußballspieler bei seiner Teilnahme am Spiel, ja auch beim Training davon aus, *„dass er Verletzungen, auch solche schwerster Art in Kauf nimmt, die auch bei Ausübung nach den anerkannten Regeln nicht zu vermeiden sind"*. Der BGH sieht in seiner Grundsatzentscheidung aus dem Jahre 1974[401] in der Inanspruchnahme des Schädigers ein widersprüchliches Verhalten. Verletzungen bei einem Spieler im Rahmen der Regeln würden von jedem Teilnehmer in Kauf genommen. In höchstrichterlicher Souveränität wird die dogmatische Begründung für eine Haftungsfreistellung dahingestellt gelassen, indem es heißt, es könne offenbleiben, *„ob die Inkaufnahme der Gefährdung etwa als ‚Handeln auf eigene Gefahr' oder als ‚sozial-adäquate Verhaltensweise' anzusehen ist und damit – je nach dem rechtsdogmatischen Ansatz des Betrachters bereits die Tatbestandsmäßigkeit oder doch die Rechtswidrigkeit der in § 823 Abs. 1 BGB kodifizierten Deliktstatbestände ausgeschlossen ist"*. In dieser frühen Rechtsprechung des BGH, die aber noch immer als Leitentscheidung herangezogen wird, wird das regelgerechte Verhalten des Verletzers in den Vordergrund gestellt. Es wurde offengelassen, ob Gleiches bei geringfügigen Regelverstößen, z. B. aus Spieleifer, Unüberlegtheit, technischem Versagen, Übermüdung oder ähnlichen Gründen, gilt. Bei solchen Fällen dürfte häufig bereits das Verschulden entfallen. Die Spielstärke und die Routine des Spielers beeinflussen ebenfalls die Verletzungsgefahr bei einem Gegner. Der BGH führt aus, eine Gefährdung der sportlichen Unversehrtheit sei im Wesen des Fußballs begründet und werde durch die Teilnahme des Sportlers an einem Fußballspiel „gebilligt". Jeder Spieler ist **potentieller Schädiger** und **potentieller Verletzter.**[402] Die Fußballregeln und insbesondere die häufig tangierte Regel 12 stellen jedenfalls keine Schutzgesetze nach § 823 Abs. 2 BGB dar.[403]

Eine Haftung des Verletzers besteht dagegen evtl. stets bei vorsätzlicher oder evtl. bei grob fahrlässiger Regelwidrigkeit.

IV. Widersprüchliches Verhalten der Spieler

Im Weiteren begründet der BGH seine vorherigen Ausführungen mit dem Argument, dass Fußball ein gegeneinander ausgetragenes „Kontaktspiel" ist, bei dem es zu körperlichen Berührungen kommt – das unter Einsatz von Kraft und Geschicklichkeit geführt wird und das wegen den dieser Sportart eigenen kämpferischen Elementen bei dem gemeinsamen „Kampf um den Ball" nicht selten zu unvermeidbaren Verletzungen führt. Mit deren Eintritt rechnet jeder Spieler und geht davon aus, dass der andere

401 BGHZ 63, 140 = NJW 1975, 109.

402 BGH, NJW 1975, 109, 110.

403 *Thaler* Der Traum vom Fußballweltmeistertitel: Wieviel Einsatz und Risiko ist zulässig, um zu siegen? Eine international-haftungsrechtliche Betrachtung des Fouls, CaS 2006, S. 172, 180.

diese Gefahr in Kauf nimmt, daher etwaige Haftungsansprüche nicht erheben wird. Mit einem dennoch geltend gemachten Schadensersatzanspruch würde sich der Verletzte in rechtlich unzulässigem Widerspruch zu seinem vorhergehenden Verhalten setzen. Die von den Spielern unter gleichen Bedingungen gemeinsam in Kauf genommene Gefahr zwingt zu dem Schluss, dass bei Verletzungen, die trotz Einhaltung der Spielregeln eingetreten sind, der Spieler von seiner etwaigen Haftung voll freigestellt sein soll. Eine andere Einstellung wäre unzumutbar.

Insoweit ist die schließlich prozessentscheidende Frage, ob ein Verstoß gegen die Spielregeln vorliegt, wie immer im Zivilprozess nach den Grundsätzen der **Beweislastverteilung** zu lösen. Dabei liegt ein non liquet unter den Zeugen, die unterschiedlichen Parteien angehören, oft nahe. In dieser Situation stellt der BGH fest, **dass das verbleibende Risiko der Unaufklärbarkeit im entscheidenden Augenblick bei dem blitzschnellen Kampfspiel dem Fußball eigen ist und jeden Spieler treffen kann. Es ist dabei darauf zu achten, dass das festgestellte Prinzip, Ersatzansprüche nur im Einklang mit Treu und Glauben zu erheben, nicht umgestoßen wird.** *Heermann*[404] fasst die Beweislastverteilung wie folgt zusammen:

> „Führt ein Tritt bei sportlichen Wettkämpfen mit nicht unerheblichem Gefahrenpotential bei einem Sportler zu einer Verletzung, so kann allein aus dem Verletzungserfolg nicht darauf geschlossen werden, dass der Schädiger gegen die Spielregeln verstoßen und damit rechtswidrig gehandelt hat. Auf der Ebene der Rechtswidrigkeit muss **der Geschädigte** nachweisen, dass die Sportregeln verletzt wurden. Auch auf der nächsten Ebene, der Verschuldensprüfung, obliegt es wiederum dem Geschädigten, hinsichtlich der festgestellten Verletzung der Sportregeln das Verschulden des Schädigers zu beweisen. Den Feststellungen des Schiedsrichters im Spielbericht zur Schwere des Fouls kommt im Regelfall keine größere Bedeutung zu."

V. Die Zivilrechtsprechung und die Fußballregel 12

Eine Auswertung der Rechtsprechung der Instanzgerichte und des BGH zeigt, dass die Gerichte Verständnis für die Spielsituationen beim Fußball haben und z. B. auch bei einem Hineingrätschen in die Beine des Gegners (Sliding Tackling, auch Blutgrätsche genannt) eine grundsätzlich zulässige Abwehrmethode im Rahmen einer gesunden Härte annehmen. Dies ist nicht immer durch die Regel 12 verboten, wenn Ziel des Angriffs der Ball ist.[405] Anders sah dies richtigerweise das OLG München in einem Fall, in dem der Torwart mit vorgestrecktem Bein in Kniehöhe „nach Art eines Weitspringers" gegen das rechte Bein eines angreifenden Spielers sprang und diesen verletzte.[406] Wichtig ist auch die Klarstellung des OLG Hamm,[407] dass das Gericht die Verschuldensprüfung vorzunehmen hat, unabhängig von der jeweiligen Schieds-

404 *Heermann* Haftung im Sport, 2008, S 238.

405 So OLG München, VersR 1986, 247.

406 Nichtannahme der Revision zu OLG München, VersR 1977, 844.

407 SpuRt 1998, 156 mit Anmerkung *Fritzweiler.*

richterentscheidung auf dem Spielfeld. Ob der Verletze durch die Sportgerichte verurteilt wird, ist auch von sekundärer Bedeutung. Weitere Beispiele, in denen ein Grenzfall zwischen Haftung oder Nichthaftung erreicht wird, ist ein Angriff auf den Gegner mit beiden Beinen voran oder ein Schlag in Kopfhöhe des Gegners mit dem Fußballschuh bzw. bei Revanchefouls oder Tätlichkeiten fernab vom Ball,[408] wobei in den beiden letzten Fällen je nach Tatausführung eine Haftung eher angenommen werden kann. Ein boxender Mittelstürmer weitab vom Ball verdient schwerlich eine Haftungsprivilegierung.

VI. Die Beweislastverteilung

Entscheidend ist aber wie in vielen Zivilprozessen die **Beweislastverteilung.** Der Anspruchsteller – das sind oft auch Krankenversicherungen oder Arbeitgeber kraft übergegangenen Rechts – hat die Anspruchsvoraussetzungen einschließlich der Voraussetzung für die Rechtswidrigkeit der Verletzungshandlung zu beweisen. Das Risiko der Unaufklärbarkeit des blitzschnellen Kampfgeschehens kann jeden Spieler treffen und darf deshalb nicht dem Verletzer überbürdet werden.[409] Die Rechtsprechung ist in den Ergebnissen ziemlich gefestigt, die **Begründung** ist aber noch nicht einhellig (Ansätze: Einwilligung, Handeln auf eigene Gefahr, § 254 BGB, Grundsätze der gefahrgeneigten Arbeit, Sozialadäquanz u. a.). Es bleibt aber bei dem Obersatz: primär sind Sportler für erlittene Sportunfälle selbst verantwortlich. Seit der Leitentscheidung des BGH aus dem Jahre 1974[410] haben die Instanzgerichte, ohne dass deren Richter ein Fußballexamen absolviert haben, die Leitvorstellungen des BGH von damals fortentwickelt und einzelfallbezogene Grundsätze über die Haftung des Fußballers entwickelt. Wenn der dem Fußballsport immanente Grenzbereich zwischen Härte und Unfairness noch nicht überschritten ist, kommen sie in der Regel nicht zur Haftung des Spielers.[411]

Ergänzend ist anzumerken, dass das bei Körperverletzungen parallel zu dem Zivilverfahren oft durchgeführte Strafverfahren im Fußball höchst selten ist. Das Strafrecht hält sich insoweit weitgehend heraus und überlässt aus guten Gründen nach einem unglücklichen Verlauf eines Wettkampfs die Sportler unter sich.

---

408 *Thaler* Der Traum vom Fußballweltmeistertitel: Wieviel Einsatz und Risiko ist zulässig, um zu siegen? Eine international-haftungsrechtliche Betrachtung des Fouls, CaS 2006, 173, 191.
409 BGH, NJW 1975, 109.
410 NJW 1975, 109.
411 Siehe *Thaler* aaO., CaS 2006, 172.

VII. Anmerkung

Seit der Leitentscheidung des BGH aus dem Jahre 1974[412] haben die Instanzgerichte, ohne dass ihre Richter ein „Fußballexamen" abgeschlossen haben, fallbezogene Grundsätze für die Haftung im Fußball weiter entwickelt, die praktikabel sind und dabei meist nicht zu einer Haftung des Fußballakteurs kommen. Dabei können auch Körperverletzungen, die einem gegnerischen Spieler unter geringfügiger Missachtung der Spielregeln zugefügt worden sind, ohne juristische Folgen (Schadensersatz) bleiben.

VIII. Testfall: Hat Michael Ballack einen Schadensersatzanspruch gegen Prince Boateng?

Der **Verletzungsvorgang Ballack ./. Prince Boateng** im Englischen Cup Finale zwischen dem *FC Chelsea* und *FC Portsmouth* am 15. Mai 2010, der *Ballack* die WM-Teilnahme in Südafrika kostete, dient als Testfall.

Schall hat zu dem Thema „Haftungsansprüche nach schweren Verletzungen" acht obergerichtliche Entscheidungen[413] aus den Jahren 1975 bis 2009 ausgewertet und den nach seiner Meinung angebrachten Schluss gezogen, dass Haftung „immer nur bei schwersten Regelverstößen" in Betracht gezogen wird (Beispiel: Hineingrätschen in den Gegner – Verletzer geht gestreckt wie eine menschliche Rakete in den Gegner = Blutgrätsche). Eine Haftung kann in diesen Fällen dennoch entfallen, wenn der Angriff des Verletzers dem Ball gegolten habe und eine Chance darauf auch bestanden habe.[414] Eine solche Regel besteht aber überhaupt nicht, zumindest nicht bei „übermäßiger Härte", die bei Inkaufnahme der Verletzung des Gegenspielers als „grobes Foul" nach Regel 12 mit der „Roten Karte" zu ahnden ist. Gleichwohl ist es ein Anliegen von *Schall* bei der Auslegung der Leitentscheidungen die meisten davon im Ergebnis dem Zugriff des Zivilrichters und des Staatsanwalts zu versperren.

Schall bietet in teilweiser Abweichung von der herrschenden Zivilrechtsdogmatik[415] eine **Kombinationslösung** zwischen den Ebenen **Haftungsmaßstab und Einwilligung** an. Zu der Einwilligung in spieltypische Verletzungen komme ein besonderer Haftungsmaßstab hinzu, der schwere Verletzungen nicht frei von der Haftung stellt. Insoweit besteht weitgehende Übereinstimmung zwischen dem Lösungsweg, den Schall vorschlägt, und der herrschenden Meinung. Die verbleibenden Nuancen an Unterschied verschwinden zudem bei der Sachverhaltsinterpretation weitgehend.

412 BGH NJW 1975,

413 *Schall* Sports and torts in SpuRt 2011, S. 227

414 *Schall* Sports and torts in SpuRT 2011, S. 228.

415 Seit BGHZ 63, 141.

Schall weist ferner darauf hin, dass die Spieler die zu beurteilende Entscheidung in Sekundenschnelle zu treffen haben. Die Zeitlupe verzerrt später die maßgebliche Situation nachträglich zusätzlich. Der Spieler hat aus seiner Perspektive sich ex ante in der konkreten Situation blitzschnell zu entscheiden. Zur Prüfung steht die Vertretbarkeit seiner Risikoentschließung.[416] Eine falsche Bewertung ex-post ist durchaus denkbar – der Umgang mit der Technik ist überdies gefahrenträchtig, denn Zeitlupe und Slowmotion ergeben im Verhältnis zur Realität ein anderes Bild. In dem Aufsatz hält *Schall* als sein Ergebnis fest, dass eine von einem Spieler in vertretbarer Weise getroffene wettkampfbezogene Risikoentscheidung (= sport judgement) keine Haftung auslöst. Er meint damit eine Wettkampfentscheidung zur Erreichung des Wettkampfzwecks (z. B. Kampf um den Ball).

Interessanterweise liegt bei diesem Argumentationsschema die Beweislast für das sport judgement beim **Verletzer**, anders bezüglich der Regelverletzung (Foulspiel), bei dem sie der **Geschädigte** trägt.

IX. Anmerkung

Im Testfall lag ein „Drauflosstürmen" mit voller Körperwucht gegen *Ballack* vor, das in eine Kollision mit dem Gegenspieler münden sollte. Andererseits machte *Ballack*, als *Boateng* den Ball nach rechts außen abspielte, gleichzeitig einen Ausfallschritt nach rechts, wodurch er **erst** in den Laufweg *Boatengs* geriet. Danach könnte keine Pflichtverletzung vorliegen und die Beeinträchtigung *Ballacks* wäre ein tragischer Unfall (!). Sie war – wie auch immer – ein Grenzfall, bei der nach deutschen Beweislastgrundsätzen *Ballack* eine gesteigerte Pflichtverletzung (Regelwidrigkeit) nachweisen muss, was ihm nicht gelingen dürfte.

Nach **englischem Recht** scheint die Haftungsschwelle niedriger zu liegen. Dieses Recht ist wohl anzuwenden – was nicht vertieft werden soll, ebenso wenig wie die Subsumtion unter englischem Recht.

Der Fall **Ballack./. Boateng** ist – soweit ersichtlich – jedenfalls nicht streitig ausgetragen worden, er bleibt als Testfall für die Rechtswissenschaft.

XI. Haftung unter Sportlern nach römischem Recht

Zu vorstehender Thematik wurden bereits im römischen Recht in den Digesten[417] vor 2000 Jahren, das dem deutschen Recht sehr ähnlich ist, gestellte Ansprüche abgelehnt. *Ulpian* (ca. 170 – 227 n. Chr.) schildert, dass die **Vermutung der Schuldlosigkeit** zugunsten des Verletzers spreche, der beim Training mit dem Speer einen Sklaven

416 *Schall* aaO., S. 229.
417 9.2., 7.4. zur Lex Aquila.

getötet hat. Ähnlich restriktiv urteilte das Reichsgericht in seiner ersten Entscheidung zu Sportunfällen.[418] In den 30-er Jahren und später in der frühen Rechtsprechung der Instanzgerichte in der jungen Bundesrepublik haben die Gerichte versucht, in der Judikatur sportgerechte Maßstäbe zu entwickeln, wie eine Haftung begründet bzw. gemildert oder ausgeschlossen werden kann.

B. Thema 2: Das bundesweite Stadionverbot

Zur weiteren Sicherheit bei den Bundesligaspielen dienen die DFB-Sicherheitsrichtlinien (verabschiedet durch Beschluss des Präsidiums des DFB vom 9. Mai 2003) zuletzt geändert am 14.10.2016 in „Offiziellen Mitteilungen des DFB". Ein schlagkräftiges Mittel ist darin vorgesehen: das **bundesweite Stadionverbot.** Es ist eine Präventivmaßnahme auf **zivilrechtlicher Grundlage.** Die Wirksamkeit eines solchen Stadionverbots wird, was einleuchtend ist, nicht durch eine Eintrittskarte aufgehoben. Die Dauer der Maßnahme beträgt mindestens eine Woche und längstens drei Jahre.

Das **Stadionverbot** findet seine Rechtsgrundlage in dem Hausrecht der Bundesligavereine. Es kann nach Muster schriftlich festgesetzt werden, der Effektivität willen wird es meist zunächst mündlich ausgesprochen, worauf es schriftlich zu bestätigen ist. Zu den Einzelheiten des Verfahrens über das Stadionverbot und den Erkenntnissen der bisherigen Rechtsprechung: Hilpert 2, S. 252–245 mit weiteren Zahlenmaterialien.

Zur Aufhebung eines Stadionverbots und dessen Beschränkung Leitsätze des BGH, Urteil vom 30.10.2009;[419] während einer Spielzeit sind jeweils in ZIS[420] der Polizei enthalten. Für die Saison 2007/2008 wurden von Vereinen der 1. und 2. Bundesliga insgesamt 259 auf örtliche Stadien begrenzte und 889 bundesweit wirksame Stadionverbote ausgesprochen. Letztere resultieren aus einer Gesamtzahl von zahlreichen Prüffällen (4577 Strafverfahren, 7264 freiheitsentziehende Maßnahmen). Nach Angabe der Zentralstelle des DFB für die Erfassung bundesweit wirksamer Stadionverbote waren mit Stand vom Februar 2009 insgesamt 2874 Verbote in Kraft.[421]

Sie stammen aus den letzten zehn Jahren davor.[422]

Im Zuge der Liberalisierung der Verbote gegen die Fans hat der DFB zwischenzeitlich auch in § 6 RL n. F. die Einstellung der Ermittlungsverfahren nach §§ 153, 153 a StPO als Aufhebungsgrund geschaffen, was zuvor, da die Einstellungen nach diesen Vorschriften Schuld voraussetzten, nicht galt.

418 S. Fundstelle bei PHB/*Summerer* S. 493.

419 SpuRt 2110, 29.

420 *Haslinger* Zuschauerausschreitungen und Verbandsanktionen im Fußball, Zürich 2014, S. 140.

421 *Haslinger* aaO., S. 217.

422 Siehe weitere frühere Entscheidungen: AG Freiburg, SpuRt 2005, 257; AG Frankfurt, SpuRt 2005, 172, die jeweils die Verbote für rechtens erklärten.

Bei aller Kritik an den Richtlinien für die Stadionverbote, sie seien durch feudale Willkür und eine vordemokratische Rechtsauffassung geprägt, kann man in diesen nachlesen (§ 7), dass das Stadionverbot zudem von Anfang an oder zu einem späteren Zeitpunkt gegen Auflagen ausgesetzt werden kann (vergleichbar der Bewährungsstrafe). Selbst bei Hooligans der Kategorien B und C (schwere bzw. mittelschwere Fälle) ist dies nach Ablauf der Hälfte der Verbotsdauer bei positiver prognostischer Einschätzung des künftigen Verhaltens zulässig. Als Auflagen kommen Meldepflichten, aber auch die Auferlegung „bedeutsamer sozialer Verpflichtungen" – wie z. B. Rollstuhlfahrer zum Fußball zu begleiten – in Betracht. Demokratisierungsbestrebungen und Flexibilität einerseits, möglichst enge Orientierung an rechtsstaatlichen Grundsätzen andererseits können ernsthaft den Richtlinien Stadionverbot in der jetzigen Fassung abgesprochen werden. Die Übertragung von VIP-Plätzen für die Zukunft, um die Gewalttäter zufrieden zu stellen und von Wiederholungen ihrer Untaten abzuhalten, können diese wohl nicht erwarten.

C. Thema 3: Das Stadionverbot in der Praxis

Derzeit sind über 5.000 bundesweite Stadionverbote im Fußball in Kraft. Sie stellen für die davon betroffenen Fans die härteste Strafe dar, die sie sich vorstellen können. Sie nehmen ihnen das Liebste, was sie haben – das allwöchentliche Fußballspiel.

Das Muster eines derzeit bundesweit in Gebrauch befindlichen regionalen **ligaweiten** Stadionverbots, das bundesweit einen ähnlichen Text hat, lautet:

> „Sehr geehrter Herr XY,
> mit Schreiben vom ... hat der Verein A gegen Sie wegen Sachbeschädigung und schweren Hausfriedensbruchs anlässlich der Paarung A gegen B ein örtliches Stadionverbot bis zum Ablauf des 30. 6. 2011 ausgesprochen.
> Aufgrund der Ermächtigung des § 1 Abs. 5 der Richtlinien zur einheitlichen Festsetzung und Verwaltung von Stadionverboten in der Oberliga Südwest vom 1. 7. 2007 erstreckt das Präsidium des Fußball-Regional-Verbandes „Südwest" gegen Sie das Verbot auf alle Stadien mit Spielbetrieb der Oberliga Südwest (ligaweites Stadionverbot).
> Ihnen wird untersagt, Anlagen, auf denen Spielbetrieb der Regionalliga Südwest stattfindet, zu betreten oder sich dort aufzuhalten. Das Verbot beginnt zeitlich 2 Stunden vor Spielbeginn und endet 2 Stunden nach Spielschluss.
> Das Verbot gilt auch dann, wenn Sie eine Eintrittskarte oder einen sonstigen Berechtigungsnachweis erworben haben.
> Sie haben Gelegenheit, sich binnen einer Woche, gerechnet ab Zugang dieses Schreibens, zu dem Verbot schriftlich zu äußern. Diese Frist ist nur eingehalten, wenn Ihre Äußerung innerhalb der Wochenfrist bei der Geschäftsstelle des Fußball-Regional-Verbands Südwest ... eingeht."
> Unterschrift des Präsidenten

Dieser Musterbescheid enthält bereits die zuvor nicht vorgesehen gewesene Gelegenheit zur Stellungnahme (rechtliches Gehör).

D. Thema 4: Die rechtliche Stellung eines Trainers (Arbeitsverhältnis)

Trainer gibt es im Fußballbereich auf Vereins-, Verbands- bis hin zur DFB-Ebene – und dort von den Nationalteams der U-13 bis zur Frauen- und Herren-Nationalmannschaft. Ihr Vertragsverhältnis ist nach ganz h. M. als **Arbeitsvertrag** zu qualifizieren – ein bestimmter Erfolg, der zu einem Werkvertrag führen würde, war nicht einmal bei *Jürgen Klinsmann* Vertragsbestandteil, obwohl dieser bei seinem Amtsantritt sagte: „Wir werden Weltmeister!" Auch die oft reichlichen Entlohnungen in der Größenordnung der Bezüge der Spitzenmanager der Deutschen Bank oder von Daimler-Benz machen ihn nicht zum Selbständigen, auch wenn er oft schutzbedürftig wie ein typischer Arbeitnehmer sein mag. Ein Trainer ist persönlich abhängig, weil er in den Vereins-/Verbandsbetrieb eingegliedert ist: Zeit und Ort des Trainings und der Spiele stehen fest. Inhaltlich ist er in erster Linie Lehrer, aber auch Medienpartner, Betreuer, Motivationskünstler, Berater, Psychologe. Er ist in der Regel kein leitender Angestellter, da er höchst selten zur selbständigen Einstellung und Entlassung von Spielern befugt ist, wenn er auch oft dabei ein wichtiges Mitspracherecht hat.

- Nach einer Geschäftsverteilungsplanänderung beim BAG und einem Urteil des nunmehr zuständigen 7. Senats befürchteten die Sportjuristen, dass auch im Seniorenbereich bei Trainern, die in regelmäßigen Abständen immer wieder neue Sportler ausbilden, ein befristetes Arbeitsverhältnis nicht mehr zulässig sein könnte.
- In der mündlichen Verhandlung am 15.4.1999 hat der Senatsvorsitzende dargelegt, dass die Befristung von Trainerverträgen nur in Ausnahmefällen zulässig sei. Der Senat habe kein Verständnis für ein „Sonderrecht des Sports". So lasse z. B. auch bei Lehrern die Motivationsfähigkeit im Laufe der Jahre nach, ohne dass mit ihnen befristete Verträge geschlossen werden könnten. Dem BAG tritt ein Mann mit Kompetenz im Sportrecht mit klarer Aussage entgegen. *Udo Steiner* erklärt, *„was sportlich ist, muss der Sport selbst definieren können."*
- Die höchstrichterliche Rechtsprechung zum befristeten Arbeitsvertrag war im letzten Jahrzehnt schwankend. Grund zur Prüfung des Vertrags eines Bundesligatrainers gibt jedoch der Kernsatz des Urteils,[423] dass für den Trainerberuf *„eine spezifische Verschleißgefahr bestehe"*.
- Klar und konstant ist die Rechtsprechung zu einer Fallgruppe, die jahraus, jahrein hundertfach im Fußballbereich auftritt: die fristlose Kündigung eines Trainervertrags wegen Erfolglosigkeit. Sie setzt nach § 626 BG einen wichtigen Grund voraus (Beispiele: grobe Pflichtverletzungen des Trainers, insbesondere bei Beleidigungen des Vereinspräsidenten oder des Hauptsponsors, bei Tätlichkeit gegen einen Mitspieler). Der sportliche Misserfolg ist **kein** solcher Grund. Man bedenke: Fußballimmanent ist, dass pro Spielzeit zwei (evtl. drei) Mannschaften

---

423 Urteil vom 15.4.1999, SpuRt 1999, 254.

absteigen müssen – also müssen zwei Trainer immer **sportlichen Misserfolg** haben. Da es rechtlich nicht zulässig ist, den wichtigen Grund über das gesetzliche Maß des § 626 BGB hinaus zu definieren, hilft es auch nicht, wenn in dem Vertrag der Abstieg als Grund für eine fristlose Kündigung einverständlich „geregelt" ist. § 626 BGB ist nicht abdingbar.

– Zum Abschluss des Abschnitts über den Trainer im Bundesligafußball soll die charakteristische Umschreibung des Altmeisters der Trainer, *Sepp Herberger*, angeführt werden, der meinte:

> „Ein Trainer muss zugleich „Feldherr" und „Feldwebel" sein."

E. Thema 5: Der Schiedsrichter und sein Recht

I. Geschichtliches

1. Als der Schiedsrichter zum ersten Mal in der Literatur als Entscheider auftauchte (1887), waren ihm zwei weitere Schiedsrichter unterstellt. Erkannte einer der beiden „Unter-Richter" auf eine Unkorrektheit, hob er die Fahne und gab Meldung an den Oberschiedsrichter. Wenn dieser anderer Meinung war, befragte er den weiteren Richter, dessen Entscheidung dann maßgeblich war – eine frühe Form der Überstimmung des Hauptschiedsrichters. Dieses umständliche und nicht immer stimmige Verfahren wurde nach zwei Jahren dahin abgeändert, dass der Schiedsrichter für die Entscheidung verantwortlich ist und die beiden anderen zum Linienrichter degradiert worden sind, die heute Schiedsrichter-Assistenten genannt werden. Zu den ersten deutschen Endspielen wurden keine Schiedsrichter bestellt. Man ging davon aus, dass am Spieltag genügend sachverständige Fußballer anwesend seien, von denen einer die Spielleitung übernehmen würde. So haben damals öfters Mitglieder des DFB-Vorstands – manchmal im Zivilanzug – als Unparteiische amtiert. Das hat sich zwischenzeitlich grundlegend geändert: Ich trete heute den Mitgliedern des DFB-Vorstands nicht zu nahe, wenn ich behaupte, dass – außer dem Schiedsrichterobmann – kein anderes Vorstandsmitglied des DFB sich zutrauen würde, das deutsche Pokalendspiel zu leiten. Immerhin wäre für den Ehrenamtler nach dem derzeitigen Salär eine Gage von 6.000 Euro zu verdienen. Das ist sicherlich heute eine Vergütung, die in angemessener Weise die Gegenleistung im Blickfeld hat. Ein Spitzenschiedsrichter, der ein Bundesligaspiel leitet, hat binnen sekundenschnelle Entscheidungen von manchmal enorm wichtiger Bedeutung zu treffen und steht dabei unter großer psychischer Belastung – etwa unter dem Pfeifkonzert von 60.000 Zuschauern. Es stellt sich deshalb auch die Frage seiner Haftung bei seiner Schiedsrichtertätigkeit. Ein Fall: Ein Bundesligaspiel soll an einem Freitagabend in einem Stadion ohne Rasenheizung stattfinden. Obwohl die Spielfläche von Eis überzogen ist, lässt sich der Referee von dem Platzverein und einem Vertreter des Fernsehens,

das eine Live-Übertragung geplant hatte, zur Spieldurchführung überreden. Ein Gästespieler erleidet einen Beinbruch, der Rasen ist völlig ruiniert: Wiederherstellungskosten: 100.000 Euro. Der BGH[424] hilft den Schiedsrichtern, indem er eine Haftungsfreistellung nach § 661 Abs. 2 BGB wie bei einem Preisausschreiben heranzieht. Zu denken ist auch an eine Parallele zum Spruchrichterprivileg nach § 839 Abs. 2 BGB. Durch diese Vorschrift soll die Entscheidungsfreude bei Richtern nicht aus Angst vor einem Regress eingeschränkt werden. Diese Privilegierung gilt selbstverständlich nicht bei Vorsatz des Referees (wie im *Hoyzer*-Skandal).

2. Auch die FIFA steht nicht zurück bei der Haftungsfreistellung des Schiedsrichters. Der IFAB legt dies in der Entscheidung Nr. 1 zur Fußballregel 5 ausdrücklich fest, und zwar für Personen- wie für Sachschäden aller Art, u. a. auch für seine Entschließung darüber, *„ob der Zustand des Spielfelds oder ... die Wettbewerbsbedingungen ein Spiel zulassen oder nicht"*. Über die Wirksamkeit dieses weitreichenden Haftungsausschlusses braucht man nicht länger nachzudenken, da die FIFA-Regelung der deutschen Rechtsprechung entspricht.

Sollte es gleichwohl zu einer Verurteilung eines Schiedsrichters wegen fahrlässiger Verwirklichung eines Haftungstatbestandes kommen – in dem Beispielsfall ist diese Verschuldensform im Hinblick auf die Gefährlichkeit der Spielfläche eventuell zu bejahen –, so ist ein Freistellungsanspruch gegen den DFB entsprechend den Rechtsprechungsgrundsätzen über die gefahrgeneigte Arbeit zu erwägen.[425]

In einer anderen Prozesssituation, in die ein Schiedsrichter kommen kann, ist die höchstrichterliche Rechtsprechung gefestigt,[426] und zwar eindeutig zugunsten des Schiedsrichters. Sie betrifft die Fälle von prozessfreudigen Rechtsanwälten – oft unterstützt durch eine Rechtsschutzversicherung –, die im Namen eines des Feldes verwiesenen Spielers den Schiedsrichter auf Unterlassung oder gar auf Widerruf seines den Spieler belastenden Berichts an die Verbandsgerichtsbarkeit in Anspruch nehmen. Als Justitiar eines Landesverbandes wundert man sich, wie oft dies geschieht – wohl zur Einschüchterung (?), obwohl Rechtsprechung und BGB-Kommentare **einhellig** bereits die Zulässigkeit solcher Klagen mangels Rechtsschutzbedürfnisses verneinen. In dem Verbandsverfahren wird die Richtigkeit der Schiedsrichterangaben geprüft. Abwehransprüche greifen in unerträglicher Weise in die Sportrechtspflege ein. **Dort** haben die Betroffenen ihre Darstellung abzugeben und zur Beurteilung der zuständigen Instanz zu stellen.[427]

---

424 BGHZ 17, 366; Palandt/*Sprau* § 661 BGB Rn. 2.

425 *Pfister* Die persönliche Verantwortlichkeit des Schiedsrichters in zivil- und strafrechtlicher Hinsicht, Schriftenreihe WFV Nr. 25,S. 84.

426 BGH, NJW 1987, 3138 mit zahlreichen Nachweisen aus der BGH-Rechtsprechung.

427 So zum Schiedsrichter eines Fußballverbandes: LG Karlsruhe, NJW-RR 2003, 39; Palandt/*Sprau* § 823 BGB Rn. 104; s. ferner LG Nürnberg, SpuRt 16/16/31; AG Lahr, SportR 16/16/34.

II. Zum Status des Fußballschiedsrichters

Es gibt einige Rechtsgebiete des Profifußballrechts, die noch nicht höchstrichterlich abgeklärt sind. Gerade bei den Akteuren, die sich selbst als „Richter" bezeichnen und im Bundesligafußball als solche agieren, ist der Status noch nicht definitiv abgeklärt. Ist für sie als höchste zivilrechtliche Instanz der Bundesgerichtshof in Karlsruhe oder das Bundesarbeitsgericht in Kassel zuständig? Mit anderen Worten: Sind sie **Arbeitnehmer** oder **freie Dienstleister?**

Die Einordnung ist gemäß der maßgeblichen Definition des BAG durchzuführen, wonach *„Arbeitnehmer ist, wer aufgrund eines privatrechtlichen Vertrags abhängige Arbeit leistet, wobei er fremdbestimmt und weisungsabhängig agiert"*.

Das Kriterium „Arbeit" ist dabei sicherlich gegeben. Die Höhe des Entgeltes, die bei den Eliteschiedsrichtern recht ansehnlich ist, ist für die Abgrenzung nicht maßgeblich.

Den rechtlichen Rahmen für das gegebene Schuldverhältnis bildet ein privatrechtlicher Vertrag zwischen Verband und Schiedsrichter auf Dauer, bei dem jede Seite ihren Beitrag als vertragliche Verpflichtung erfüllt.[428]

Diesbezüglich ist eine Schiedsrichterorganisation gegeben, innerhalb der jeweils ein Schiedsrichterteam die Aufgabe hat, den Spielregeln Geltung zu verschaffen und sich stets hierfür als Leistungssportler fit zu halten. Diese Verpflichtung hat der Schiedsrichter mit seiner Anerkennung durch die Aushändigung des Schiedsrichterausweises durch den jeweiligen Verbandsschiedsrichterausschuss übernommen.

Der Referee erfüllt sie dadurch, dass er in der Profiliga seiner Aufgabenstellung gegenüber dem Verband bei den einzelnen Spielen nachkommt. Konkret wird sie reibungslos fortwährend durch den Einteiler, der dem Spielleiter den Namen des Schiedsrichters für das konkrete Spiel bekannt gibt. Der Einteiler informiert den Schiedsrichter von seinem Spiel. Dieses in der Theorie und in der Praxis ausgetüftelte System führt zu einer **Eingliederung des Schiedsrichters in die Betriebsorganisation des Verbandes**, wobei der Referee auf die Einrichtungen des Verbandes angewiesen ist. Dazu gehört auch die Zuordnung der Assistenten – oft das gleiche Paar – und des vierten Offiziellen. Diese Einbindung wird durch die periodisch stattfindenden Leistungstests und die Lehrgänge, bei denen die Teilnahme Pflicht ist, untermauert.

Der Schiedsrichter ist des Weiteren

- örtlich weisungsgebunden hinsichtlich der Zuweisung des Spiels,
- zeitlich weisungsabhängig bezüglich des Spieltermins,
- fachlich weisungsgebunden durch die Beobachter, die Fehler herausstellen können, die beim nächsten Spiel abzustellen sind,

428 *Pfister* Die persönliche Verantwortlichkeit des Schiedsrichters in zivil- und strafrechtlicher Hinsicht, Schriftenreihe WFV Nr. 25, S. 84.

- er ist auch organisatorisch weisungsgebunden, weil er über die Spielabwicklung mit seinem Gespann dem System Folge leisten muss.

Nach alledem ist er auch persönlich abhängig.

Diese Kriterien könnten den Schiedsrichter als Arbeitnehmer mit den entsprechenden Schutzvorschriften (so z. B. das Kündigungsschutzgesetz, das Entgeltfortzahlungsgesetz, aber auch die sozialversicherungsrechtlichen Vorschriften) qualifizieren.

Die alltägliche Praxis des DFB ist dies aber nicht.

Er ist also nicht Partner eines Dienstvertrages (§ 84 Abs. 1 S. 2 AGB). Diese Meinung ist vielleicht noch nicht herrschend. *Fritzweiler*[429] tritt als anerkannte Autorität im Sportrecht *Köhler* bei. Die Bundesligaschiedsrichter seien bei ihrer entgeltlichen Tätigkeit abhängig, sie seien in die formale Verbandsorganisation des DFB und die der Schiedsrichter eingegliedert und von diesen weisungsabhängig. *Fritzweiler* stellt mit meiner Zustimmung fest: *„Die Auffassung Köhlers scheint überzeugend"*. Zudem besteht kein Grund, die Spitzenschiedsrichter anders zu behandeln als die Profispieler.[430]

In der Literatur vertritt die gleiche Meinung *Buhl*.[431] Er führt für seine Ansicht eine Entscheidung des Finanzgerichts Rheinland-Pfalz vom 18.07.2014 an,[432] die beim Bundesligaschiedsrichter ein Arbeitsverhältnis bejaht trotz Fehlens von Ansprüchen auf Urlaub, Lohnfortzahlung, Überstundenvergütung und sonstige Sozialleistungen. Andererseits problematisiert auf seiner Grundansicht aufbauend Buhl die Zulässigkeit der Befristung des Arbeitsverhältnisses und insbesondere die Altersgrenze (beim DFB bei 47 Jahren, international bei 45 Jahren) (§ 7 (1), 1 AGG), die Buhl für nicht haltbar hält.

Eine Kündigung sei theoretisch aus personenbedingten Gründen denkbar, jedoch schwer durchsetzbar entsprechend dem Kernsatz des BAG:[433] *„Der Arbeitnehmer muss tun, was er soll, und zwar so gut, wie er es kann."*

Schließlich bejahen *Köhler* und *Buhl* folgerichtig bei ihrer Grundauffassung die Sozialversicherungspflicht nach dem SGB.

Buhl[434] schließt seinen Beitrag mit einer zwiespältigen Schlussthese:

> „Es ist davon auszugehen, dass der DFB seine Schiedsrichter nicht freiwillig als Arbeitnehmer einordnen wird.
> Ob zukünftig einzelne Schiedsrichter klageweise ihre aus dem Arbeitsverhältnis resultierenden Rechte einfordern werden, bleibt abzuwarten."

429 PHB/*Fritzweiler* S. 339.
430 *Köhler* Der Arbeitnehmerbegriff im Sport, Hamburg 2009, S. 7.
431 *Buhl* Bundesligaschiedsrichter als Arbeitnehmer in CaS 2015, S. 378.
432 FG Rheinland-Pfalz, Urteil vom 18.7.2014, Az: 1 K 1490/12, BeckRS 2014, 961, 19.
433 Urteil vom 17.1.2008 – 2 AZR 536/06.
434 *Buhl* aaO., S. 383.

Dieser Auffassung[435] folgt die Praxis durchweg nicht. Man argumentiert zudem, es bestehe kein Grund, die Spitzenschiedsrichter anders zu behandeln als die Profispieler.

Anmerkung:
Manche brisanten Rechtsfragen bedürfen einer angemessenen Zeitspanne, bis sie in wechselseitigem Einverständnis geklärt werden.

F. Thema 6: Der Lizenzspieler als Arbeitnehmer

- Mit der Veränderung des Amateurs zum Berufssportler („Profi") kommen die arbeitsrechtlichen Maximen ins Spiel. Damit hat sich der Fußballsport zu einem Sektor des Arbeitslebens gewandelt. Folgerichtig befasst sich die Arbeitsgerichtsbarkeit mit dem Sportler als Arbeitnehmer und dessen Rechtsbeziehungen zu seinem Arbeitgeber (Sportverein, Mäzene, Sponsor, Unternehmer).
  Beim Lizenzspieler ist als Besonderheit gegenüber dem Standardarbeitsverhältnis die stark **erfolgsbezogene** Orientierung des Vertragstypus im Auge zu behalten.
- Im DFB-Bereich sind außer den Lizenzspielern **Vertragsspieler und Amateure** tätig (§ 8 SpielO), sowie in Sondersituationen Nationalspieler und durchweg pro Verein mehrere Trainer. Neben arbeitsrechtlichen Bestimmungen kommen je nach Konstellation Dienstvertragsbestimmungen, Vereinsrecht, Verträge sui generis (§ 305 BGB) oder evtl. sogar Werkvertragsrecht als Rechtsgrundlagen für die Tätigkeit des Fußballers in Betracht, eine klare Regelung besteht für die **reinen Amateure**, für die allein das **Vereinsrecht** Anwendung findet.
- Der **Bundesligaspieler** (Lizenzspieler) steht in einem **Arbeitsverhältnis** zu seinem Verein, wofür die „Lizenzordnung Spieler" (LOS) rechtlich maßgebend ist. Zu betonen ist, dass entgegen mancher Auffassung in der Fußballwelt ein Arbeitsverhältnis zwischen Lizenzgeber (DFL) und Spieler (Lizenznehmer) **nicht** besteht (§1).
  Eine Besonderheit bei den Arbeitsverhältnissen der Lizenzspieler besteht darin, dass sie nur eine begrenzte Zeit in ihrem Beruf tätig werden (10 – 15 Jahre). Zur Anwendung des arbeitsrechtlichen Schutzstandards gehört im DFB-Bereich seit Jahrzehnten ein **„Ständiges Schiedsgericht für Lizenzspieler"**. Dieses (CAS und DIS) befasst sich mit den auftretenden Rechtsproblemen und entscheidet die Streitfälle. Kritische Fragestellungen werden dabei vereinzelt vorweg durch Instanzgerichte rechtskräftig.

Paepke, DFL-Direktor – Recht, hat unter dem Titel „Die Causa Heinz Müller" im DFL-Magazin 1217, S. 38/39 die ständige Praxis von befristeten Arbeitsverrägen im profes-

---

435 *Köhler* aaO., S. 4; PHB/*Fritzweiler* S. 339; *Buhl* aaO., S. 378.

sionellen Mannschaftssport in Deutschland und in der gesamten Fußballwelt referiert und diese nach dem deutschen Teilzeit- und Befristungsgesetz durch „die Eigenart der Arbeitsleistung“ für rechtswirksam angesehen. Er stützt sich dabei auf die jahrzehntelange Rechtsscprechung der deutschen Arbeitsgerichte von der 1. Instanz bis zum Bundesarbeitsgericht in Erfurt. Die Eigenart bestehe unter anderem auch in der zum Zeitpunkt des Vertragsabschlusses außergewöhnlich hohen Unsicherheit darüber, ob und wie der Spieler zur Verfolgung der sportlichen Ziele eines Clubs erfolgversprechend eingesetzt werden kann.

Paepke im einzelnen:

„Dies folgt zum einen aus dem mit der Tätigkeit als Fußballer typischerweise einhergehenden körperlichen Verschleiß und einer zumeist altersbedingten Minderung der Leistungsfähigkeit eines Spielers. Zum anderen ergibt sich dies aus den im professionellen Mannschaftssport bestehenden Besonderheiten. Denn ob ein Mannschaftssportler im Wettbewerb erfolgversprechend eingesetzt werden kann, hängt auch von nicht-objektivierbaren, gruppendynamischen Prozessen, von der Spielidee und dem taktischen Konzept des Trainers – der während der Laufzeit eines Spielervertrages möglicherweise wechselt – sowie von der sportlichen Situation der jeweiligen Mannschaft ab.

Dbei sind die Arbeitsplätze und Einsatzmöglichkeiten für Spieler aufgrund natürlicher Grenzen der Kadergröße (Finanzierbarkeit, effiziente Trainingsgesaltung, „Mannschaftsgeist“ muss entstehen können), der Anzahl der einsetzbaren Spieler in einer Begegnung und der begrenzten Anzahl der Spiele eines Clubs pro Saison selbst begrenzt. In der Bundesliga und der 2. Bundesliga sind derzeit 1000 Lizenzspieler beschäftigt.

Am 18. Januar 2018 wird das BAG in der Revisionsinstanz entscheiden.[436]

G. Thema 7: Julian Draxler spielt in einer Rechtslücke

– Der damals 17-jährige Schalker *Julian Draxler* wurde am 25.01.2011 im DFB-Pokal-Viertelfinale *1. FC Nürnberg* gegen *Schalke 04* kurz vor 23.00 Uhr eingesetzt und erzielte den Siegtreffer zum 3:2 für S 04.

  Julian Draxler war in der Zeit Jugendlicher im Sinne von § 2(2) JArbSchG und als Fußballprofi Arbeitnehmer und Beschäftigter im Sinne des § 1 (2) JArbSchG.[437] Nach § 14 (1) dieses Gesetzes dürfen jugendliche Arbeitnehmer lediglich in der Zeit von **06.00 Uhr bis 20.00 Uhr** beschäftigt werden (Gebot der Nachtruhe). Eine längere Beschäftigung bis 23.00 Uhr ist nach Abs. 2 dieser Vorschrift für einige Ausnahmeberufe (bei Musik- und Theateraufführungen) vorgesehen: in diese

436 AG Mainz, Urteil vom 29.3.2013 in CAS 2015, 16 ff

437 *Walker* Stadionverbot und Regressansprüche, Schriftenreihe des Instituts für Deutsches und Internationales Sportrecht, Band 4, S. 69.

Aufzählung ist der „Fußballspieler" nicht aufgenommen. Ähnliche Situationen ereigneten sich im deutschen Spitzenfußball öfters (*Nuri Sahin* oder *Mario Götze*). Bei *Draxler* lag ein Verstoß gegen das Jugendarbeitsschutzgesetz vor.
Der Treffer, den er in Nürnberg erzielte, ist nach DFB-Recht jedoch nicht zu beanstanden. Im Falle von *Schalke 04* hat ein Berufsschullehrer aus Bochum Anstoß genommen und Anzeige bei der Bezirksregierung in Münster als der zuständigen Aufsichtsbehörde erstattet. Ein bis zu 15.000,– € mögliches Ordnungsgeld ist – soweit ersichtlich ist – im Falle *Draxler* möglich, jedoch nicht verhängt worden.

– Angesichts der zeitlich größeren Feinheiten des freischaffenden Schauspielers bzw. Musikers wird in der Literatur geprüft, ob bezüglich der Fußballspieler eine analoge Behandlung möglich ist. Überwiegend nimmt die Lehre zu dieser Fallgruppe aber eine planwidrige Regelungslücke an. Eine Vergleichbarkeit der Interessenlage wird verneint. Hier liege eine Ausnahmevorschrift vor, die nach allgemeiner Auffassung eine enge Auslegung fordere. Das Gesetz erfasst sehr wohl daneben die jugendlichen Sportler in **eigenen Fallgruppen**, so z. B. ausdrücklich bezüglich der Sonntags- und Samstagsarbeit, aber gerade **nicht** bei der Nachtarbeit.[438]
Es bleibt als Ergebnis, dass de lege lata der Einsatz eines nicht volljährigen Fußballprofis **unzulässig** ist, und als Ordnungswidrigkeit bestraft werden kann.[439]
Es sind seit dem bekannt gewordenen Fall *Draxler* mehr als sechs Jahre vergangen, der Gesetzgeber hat noch nicht „nachgezogen". Ein heranwachsender jugendlicher Fußballprofi müsste aber nicht schlechter gestellt werden als z. B. ein 17-jähriger Klaviervirtuose. Der Gesetzgeber sollte eine unschöne Ungleichheit doch bald beseitigen.
Neben *Walker* sind u.a. in der Literatur *Fischinger, Heermann* der Ansicht, dass auch die DFB-Pokalspiele „eine andere Aufführung sein können", die wie Musikaufführungen und Theatervorstellungen im Wege der Analogie privilegiert zu behandeln seien.[440]

– Anmerkung: Es gab Stimmen, die für eine Spielwertung zu Ungunsten von *Schalke 04* wegen gesetzeswidrigen Spielens von *Draxler* plädierten. Die überwiegende Ansicht in der Sportliteratur ließ aber das ordnungswidrige Verhalten wegen fehlenden Verbots in den Fußball-Regeln zurücktreten. Demnach gilt, dass ein ausgetragenes Fußballspiel mit seinem Ergebnis bestehen bleibt, auch wenn nach Ordnungswidrigkeitenrecht ein Makel bestehen bleibt. Das **Verbandsrecht hält stand.**

---

438 *Walker* Stadionverbot und Regressansprüche, Schriftenreihe des Instituts für Deutsches und Internationales Sportrecht, Band 4, S. 69 ff.

439 *Walker* Stadionverbot und Regressansprüche, Schriftenreihe des Instituts für Deutsches und Internationales Sportrecht, Band 4, S. 69 ff.

440 *Heermann* S.43.

H. Thema 8: Externe Kontrollen der Vereinssanktionen durch Schiedsgerichte

I. Allgemeines

Die Bundesrepublik gewährt nach ihrer Verfassung für alle Streitsachen Rechtsschutz, wobei die rechtsprechende Gewalt den Richtern anvertraut ist (Art. 92 GG), in Vereinssachen den ordentlichen Gerichten.

Gemäß Art. 62 (3) FIFA-Statuten haben die Nationalverbände aber *„zwingend in ihre Statuten eine Bestimmung aufzunehmen, wonach ihre Klubs und ihre Mitglieder Streitfälle nicht vor ein ordentliches Gericht bringen dürfen, sondern jegliche Auseinandersetzungen den zuständigen nationalen und internationalen Instanzen unterbreiten müssen“*. Dieser Vorgabe ist der DFB in §§ 14, 17, 17 a (s. oben Teil 1) Satzung nachgekommen, wobei die Einschränkung des Vorbehalts hinsichtlich entgegenstehenden nationalen Rechts dem Umstand Rechnung trägt, dass nach deutschem Recht ein Schiedszwang nicht zulässig ist. Die Entscheidung des Schiedsgerichts ist abschließend und ergeht nach endgültiger Entscheidung der Verbandsinstanzen.

II. Die Abgrenzung zwischen Vereinsgerichten und echten Schiedsgerichten

Zwar hat das Schiedsverfahrens-Neuregelungsgesetz (SchiedsVfG, in Kraft seit 1. Januar 1998) viele Klarstellungen gebracht, aber nicht die ebenfalls erwünschte Definition des echten Schiedsgerichts und damit die Abgrenzung zu dem auf Verbandsebene oft auch Schiedsgericht genannten „unechten Schiedsgericht“, das mannigfaltige Namen tragen kann,[441] aber stets ein **Vereins-/Verbandsorgan** bleibt. Das **echte Schiedsgericht** untersteht den Regeln der §§ 1025 ff. ZPO; die von ihm geschaffene Entscheidung hat die Wirkung eines rechtskräftigen Urteils unter den Parteien. Das „unechte Schiedsgericht“ (Vereinsgericht) „judiziert“ kraft der aus der Vereinsautonomie abgeleiteten Disziplinargewalt und steht gegenüber den staatlichen Gerichten in einem Subordinationsverhältnis. Es ist der staatlichen Gerichtsbarkeit/ Schiedsgerichtsbarkeit vorgeschaltet und handelt nach dem Vereins-/Verbandsregelwerk. Die Abgrenzung zwischen beiden Institutionen ist zu treffen nach der dem Spruchkörper zugedachten Funktion: wenn er einen Rechtsstreit endgültig anstelle der staatlichen Gerichte entscheidet, ist er als Schiedsgericht zu qualifizieren.[442] Dies kann nie ein Organ eines Verbandes sein, da eine Partei nicht Richter im Sinne der §§ 1025 ff. ZPO und damit Entscheider in eigener Sache sein kann, vielmehr gelten insoweit strenge Unabhängigkeits- und Unparteilichkeitskriterien.[443]

---

441 *Hilpert* Organisation und Tätigkeit von Verbandsgerichten,, BayVBl. 1988, 161 f.
442 *Haas* Schiedsklauseln in Vereinssatzungen, SpuRt 2006, 139 ff.
443 BGH, SpuRt 2004, 159; OLG Dresden, SportR 10/16/6.

Ergebnis: wenn eine Vereinsstrafe von einem Verbandsgremium erlassen wird, handelt es sich nicht um einen Schiedsspruch im Sinne des § 1025 ZPO, weil diesen ein Verbandsorgan nicht erlassen kann.[444]

III. Das Deutsche Sportschiedsgericht[445]

Zum 1. Januar 2008 wurde gemeinsam mit der NADA das Deutsche Sportschiedsgericht ins Leben gerufen. Mehrere Sportverbände (u. a. Deutscher Leichtathletikverband und die Deutsche Triathlon-Union) haben sich zur Kooperation bereitgefunden. Es ist beim Deutschen Institut für Schiedsgerichtsbarkeit angesiedelt, also nicht bei einer Sportorganisation.

Bei Verstoß gegen Anti-Doping-Bestimmungen übernimmt das Schiedsgericht die 1. Instanz, gegen dessen Schiedsspruch können die Parteien Rechtsmittel zum CAS einlegen.

In anderen Streitigkeiten ist der Schiedsspruch des DIS endgültig, eine Berufung ist ausgeschlossen. Für die Aufnahme in die Liste der Sportschiedsrichter beim DIS sind besondere Kenntnisse im Bereich des Sportrechts und schiedsrichterliche Erfahrung Voraussetzung. Jeder Schiedsrichter muss unparteilich und unabhängig sein; diese Unabhängigkeit bezieht sich auf die Einrichtungen des organisierten Sports.

Der Ort des Verfahrens beim Sportschiedsgericht ist Köln, so dass hier die Deutsche Schiedsverfassung Anwendung findet und das OLG Köln örtlich zuständig ist. Das anwendbare Recht richtet sich vorrangig nach der Parteivereinbarung.

Einen großen Trumpf hält das Deutsche Sportschiedsgericht mit der Regelung des einstweiligen Rechtschutzes in der Hand. Danach kann das Sportschiedsgericht auf Antrag einer Partei diejenigen vorläufigen oder sichernden Maßnahmen anordnen, die es im Hinblick auf den Streitgegenstand für erforderlich hält.[446]

Im Gegensatz zu einer Klage in der Hauptsache bei einem staatlichen Gericht macht die Schiedsklausel einen Eilantrag vor einem staatlichen Gericht nicht unzulässig. Mit der Konstituierung des Sportschiedsgerichts ist aber der einstweilige Rechtschutz durch die staatlichen Gerichte ausgeschlossen. Verlangt wird somit von den Parteien ein uneingeschränktes Bekenntnis zum Schiedsverfahren. Im Hinblick auf die große Bedeutung des Eilverfahrens in der Welt des Sports reklamieren die **Sportschiedsgerichte die Entscheidungshoheit auch in Eilverfahren** weitgehend für sich.[447]

---

444 *Reichert* Erstmalige Verhängung einer Vereinsstrafe durch ein Schiedsgericht als Vereinsorgan, SpuRt 2004, 50 ff., 52.

445 *Mertens* Das Deutsche Sportschiedsgericht im Vergleich, SpuRt 2008, S. 141, 180 ff.

446 *Mertens* aaO., S. 182.

447 *Mertens* aaO., S. 183.

IV. Schiedsgericht des DFB für nationale Streitigkeiten

> „Streitigkeiten zwischen dem DFB und seinen Mitgliedsverbänden und deren Mitgliedern sowie Streitigkeiten der Mitgliedsverbände untereinander, die sich aus dem Mitgliedschaftsverhältnis ergeben, werden nach Ausschöpfung des verbandsinternen Instanzenzuges und unter Ausschluss des ordentlichen Rechtswegs durch ein Schiedsgericht entschieden" (§ 17 DFB-Satzung).

Der oben bereits dargelegte Court of Arbitration for Sport (CAS) ist dagegen das Schiedsgericht in internationalen Streitigkeiten.

Die externe Kontrolle der Entscheidungen des Ligaverbands (DFL) und/oder des DFB betreffend die Lizenzvereine/die Lizenzspieler bzw. die Kapitalgesellschaften wird in Ersetzung des ordentlichen Rechtswegs durch ein neutrales Ständiges Schiedsgericht vorgenommen (§ 17 Ligaverband). Im Verhältnis zur Zahl der Entscheidungen der DFB-Rechtsinstanzen ist die Zahl der Urteile dieses Schiedsgerichts gering (ca. eines pro Saison).

V. Persönliche Reichweite der Schiedsvereinbarung

Da der DFB bzw. seine Mitgliedsverbände und deren Einzelmitglieder (§ 14 der Satzung) an die DFB-Satzung gebunden sind, folgt daraus für sie alle, dass die Schiedsklausel verpflichtend ist.[448] Die Lizenzspieler sind für die Dauer ihrer vertraglichen Bindung für **Streitigkeiten mit DFB/DFL**, also in Disziplinarsachen, **nicht** aber für Streitigkeiten mit ihrem Verein (§ 101 Abs. 3 ArbGG) an eine Schiedsvereinbarung gebunden. Diese Bindung gilt gemäß Auslegung des Lizenzspielervertrags auch für Streitigkeiten, die bei einer Vertragsbeendigung vorher entstanden sind, für die danach geltend zu machenden Ansprüche. Aber auch bei Schiedsklauseln ist die Anordnung der Fortwirkung derselben grundsätzlich zulässig, da nach h. M.[449] darin keine unzulässige Erschwerung des Austrittsrechts nach § 39 Abs. 2 BGB zu sehen ist, die Regelung also gerade für die bei Beendigung der Rechtsbeziehungen besonders streitfördernden Situationen gelten soll.

VI. Verfahrensvorschriften

Die grundsätzliche Bindung an die staatlichen Verfahrensvorschriften kann im Schiedsgerichtsverfahren auf eine großzügige Art und Weise gelockert werden, die den staatlichen Richtern fremd ist. Die Parteien haben nach § 1051 Abs. 3 ZPO die freie Rechtswahl in formeller und materieller Hinsicht, soweit nicht der ordre public verletzt ist (Art. 6, 34 EGBGB). So könnten sie durch beidseitige Vereinbarungen wirksam

---

448 BGHZ 132, 278, 284, 285.

449 *Haas* SportR B II, Rn. 186 m. w. N.

vorgeben, dass die Schiedsrichter in einem Verfahren nach ihrem Ermessen ex aequo et de novo Recht sprechen, d. h. nach Billigkeit unter Einbeziehung neuer Sachverhaltsfeststellungen judizieren. Es kann auch ein anationales Recht gewählt werden. Diese plein pouvoir können die Parteien eines Zivilverfahrens ihrer Streitsache nicht übertragen bzw. überbürden. Von diesen besonderen, ja exotischen Befugnissen machen die Parteien normalerweise keinen Gebrauch, sondern wählen meistens die ZPO (so auch der DFB) und sehen im Rahmen ihrer Vereinsautonomie (§ 1042 Abs. 3 ZPO) eventuell noch einige Verfahrensbesonderheiten vor, wobei § 1042 Absätze 1 und 2 ZPO zwingende Schranken aufbauen (Gleichbehandlung – rechtliches Gehör – kein Ausschluss von Rechtsanwälten als Bevollmächtigte). Als Hilfsmittel bei ungeregelten Situationen greift das schiedsrichterliche Ermessen ein. Bei den DFB-Schiedsgerichten gelten natürlich in materieller Hinsicht in erster Linie zusätzlich die Regelwerke des DFB (Satzung und Ordnungen) sowie die Fußballregeln.

VII. Erschöpfungsgrundsatz

Eine weitreichende Sonderregelung, die auch bei vielen Vereinen aus dem Sport oder aus anderen Rechtsgebieten vorgesehen ist, ist die Regelung in § 17 Nr. 1 Satzung, dass ein Schiedsgericht erst „nach Ausschöpfen des verbandsinternen Instanzenzuges" tätig werden kann. Wenn das Vereinsregelwerk noch ein vereinsinternes Rechtsmittel gegen den Disziplinarakt zulässt, folgt daraus der Wille, dass vor dessen Ausschöpfen die beanstandete Vereinsmaßnahme als nicht endgültig beschlossen geltend darf, weil der vereinsinterne Meinungsbildungsprozess noch nicht endgültig abgeschlossen ist.[450] Erst nach Rechtskraft der Vereinsmaßnahme steht zudem endgültig fest, ob der Betroffene sich nicht durch Nichteinlegung eines Rechtsmittels der erstinstanzlichen Entscheidung unterworfen hat (so § 31 RuVO). Der BGH[451] begründet den **Erschöpfungsgrundsatz** ferner damit, dass vermieden werden soll, dass die Gerichte unnötig angerufen werden und in die Selbstverwaltung eingreifen sollen, solange keine abschließende Entscheidung der zuständigen Vereinsorgane ergangen ist. Die Obliegenheit zum Abwarten der endgültigen Verbandsentscheidung entfällt, wenn die Anrufung einer weiteren verbandsinternen Instanz, insbesondere das weitere Zuwarten wegen ungebührlicher Verzögerung der Entscheidung oder wegen lebenswichtiger Interessen unzumutbar ist.[452]

450 *Reichert* aaO., Rn. 2920.
451 NJW 1967, 1268, 1269.
452 *Röhricht* Sportgerichtsverfahren, S. 25; Palandt/*Heinrichs/Ellenberger*§ 25 BGB Rn. 19.

VIII. Der Schiedsspruch

1. Gesetzeslage

Nach § 1054 ZPO ist der Schiedsspruch die endgültige Entscheidung über den Streitgegenstand, der schriftlich zu erlassen und durch den Richter zu unterschreiben ist. Im Schiedsspruch liegt der Sinn und Zweck des Schiedsverfahrens. Mangels abweichender Parteivereinbarung ist eine Begründung des Schiedsspruchs erforderlich. Der Schiedsspruch hat unter den Parteien die **Wirkung eines rechtskräftigen gerichtlichen Urteils** (§ 1055 ZPO).

2. Die Anträge im Kontrollverfahren

Alle Vereinsmaßnahmen können zur gerichtlichen Nachprüfung gestellt werden. In der Regel ist dabei die Klage auf Feststellung der Unwirksamkeit zu richten (§ 256 Abs. 1 ZPO),[453] da es im Vereinsrecht keine kassatorische Anfechtungsklage gibt. Ist eine Vereinsmaßnahme nichtig, so tritt diese Wirkung kraft Gesetzes ein.[454] Die Klage ist grundsätzlich gegen den Verein zu richten, dem der Anfechtungstatbestand zuzurechnen ist.

Der Schiedsspruch befindet über die gestellten Anträge (**ne ultra petita**). Dem Schiedsspruch kommt keine „Totalwirkung" zu. Insoweit bedarf es einer Vollstreckbarkeitserklärung.

3. Kontrolle im postarbitralen Bereich

Auch nach Erlass des Schiedsspruchs besteht nochmals eine Querverbindung zur ordentlichen Justiz. Die staatlichen Gerichte haben dabei kontrollierenden Charakter, wobei die Kontrolldichte im Hinblick auf die befriedende Funktion der Schiedsgerichtsbarkeit eingeschränkt ist. In § 1059 Abs. 2 Nr. 1 und 2 ZPO sind die Gründe für eine **Aufhebungsklage**, die befristet ist, abschließend aufgezählt. Der wichtigste Aufhebungsgrund, der unabdingbar ist, ist der **Verstoß gegen den ordre public**, d. h. gegen die deutsche öffentliche Ordnung (vgl. § 328 Abs. 1 Nr. 4 ZPO, Art. 6 EGBGB). Dabei ist sowohl das deutsche Recht, aber auch das Recht der EU einzubeziehen.[455] Dazu gehören u. a. die Vertragstreue (pacta sunt servanda), das Gebot von Treu und Glauben, das Verbot des Rechtsmissbrauchs sowie der Anspruch auf rechtliches Gehör und das Diskriminierungsverbot.

Der Aufhebungsantrag ist keineswegs ein Rechtsmittel zur Überprüfung der sachlichen Richtigkeit des Schiedsspruchs.[456] In besonderen Ausnahmefällen ist jedoch ein Aufhebungsantrag analog § 1059 Abs. 2 ZPO zulässig bei Urteilserschlei-

---

453 Palandt//*Ellenberger* §25 BGB Rn. 18.
454 *Reichert* aaO., Rn. 2960.
455 *Haas* SportR B II, Rn. 217.
456 OLG Stuttgart, SpuRt 2002, 207 ff.

chung oder Gebrauchmachen von einem sittenwidrig erschlichenen Schiedsspruch (§ 826 BGB). Ein zur 2. Bundesliga nicht zugelassener Absteiger hatte eine solche betreffend die Entscheidung des Ständigen Schiedsgerichts des DFB behauptet, aber vor dem OLG Stuttgart[457] nicht durchsetzen können.

Manchmal wird von einem einen Rettungsanker suchenden Kläger nach dem Schiedsspruch der Einwand der Unzuständigkeit des angerufenen Schiedsgerichts erhoben (§ 1059 Abs. 1 c) ZPO). Schon das RG[458] hat dieser Partei entgegengehalten, wer das Schiedsgericht selbst zur Entscheidung angerufen hat, müsse daran festgehalten werden, wenn der Schiedsspruch zu seinen Ungunsten ausgefallen sei (**Arglist**).[459]

4. Vollstreckbarkeitserklärungsverfahren

Der Schiedsspruch ist zur Zwangsvollstreckung für vollstreckbar zu erklären (§ 1060 ZPO), da es keine private Vollstreckung nach deutschem Recht gibt. Die Totalwirkung ist nur nach vorheriger gerichtlicher Prüfung des Schiedsspruchs verliehen (§ 1060 Abs. 2 ZPO), wofür das OLG und im Rechtsbeschwerdeverfahren der BGH zuständig ist (§§ 1062–1065 ZPO).

5. Rechtsmittel gegen Schiedsspruch

Grundsätzlich ist ein Schiedsspruch der DFB-Schiedsgerichte endgültig. Eine Ausnahme von diesem Prinzip bilden Streitigkeiten, die einen Verstoß gegen Anti-Doping-Bestimmungen zum Gegenstand haben. Bei diesen ist nach § 17 DFB-Satzung eine Anrufung des CAS durch die FIFA vorgesehen. Es sollen danach wohl grundsätzliche Fälle auf höchster Ebene und einheitlich entschieden werden, und zwar kann dies durch eine Partei, die nicht am Ausgangsverfahren beteiligt ist, initiiert werden.

6. Rückblick auf die Schiedsgerichtsbarkeit

Der CAS ist die führende Sportschiedsgerichtsbarkeit in der Welt. Der Sport lebt von der schnellen Entscheidung seiner Streitsachen auf dem Spielfeld und wenn der Kampf ums Recht weitergeht, von einem baldigen Spruch eines Schiedsgerichts in der Folgesache. Die Schiedsrichter wie ebenso die staatlichen Richter sind Menschen mit Schwächen und Stärken wie auch mit Irrtümern. Wenn man sich dessen bewusst ist, gilt auch der Einwand *Kummers* nicht, dass mit dem Einbruch des Rechts im Spiel, das Spiel aufhört, Spiel zu sein. *Röhricht*[460] bringt die Ambivalenz zwischen Sport und Recht auf den Punkt: *„Ein privater Freundeskreis muss beliebig darüber befinden*

---

457 Siehe Fn. 445.
458 HRR 1931, 1489; so auch OLG München, SpuRt 2003, 199, 201.
459 So auch OLG München, s. Fn. 549.
460 *Röhricht* Sportgerichtsbarkeit, Boorberg, 1997.S. 60 ff

können, wer zu ihm gehören solle und nach welchen Regeln er miteinander spielt, für sozial mächtige Verbände müssen aber andere Regeln gelten". *Röhricht* hält aber unnachgiebig daran fest, dass Meisterehrungen im Fußball nach wie vor durch Repräsentanten des DFB vollzogen werden, keineswegs aber durch Verlesen einer Urteilsformel „Im Namen des Volkes" in einem Gerichtssaal durch einen staatlichen Richter.[461]

I. Thema 9: Verbandssanktionen gegen Vereine

(Schiedsverfahren im Falle Dynamo Dresden mit Ausschluss aus dem Vereinspokal)[462]

I. Leitsatz des Schiedsspruchs

§ 9 a DFB-RuVO steht jedenfalls mit staatlichem Recht in Einklang, wenn auf der Grundlage dieser Zurechnungsvorschrift gegen einen Verein wegen schuldhaften Verhaltens seiner Anhänger Sanktionen und Maßnahmen im Sinne des § 44 DFB-Satzung ausgesprochen werden, deren vorrangiges Ziel die Verhütung unsportlichen Verhaltens ist.[463]

II. Zum Sachverhalt

Die Schiedsklage richtet sich gegen den Ausschluss von *Dynamo Dresden* (Klägerin) von der Teilnahme am Wettbewerb um den DFB-Vereinspokal in der Spielzeit 2013/2014. Ausgesprochen wurde die Maßnahme aufgrund des Verhaltens der Vereinsanhänger beim DFB-Pokalspiel bei *Hannover 96*.

III. Aus den Gründen

„§ 9 a RuVO steht mit staatlichem Recht im Einklang, wenn auf der Grundlage dieser Zurechnungsvorschrift gegen einen Verein wegen schuldhaften Verhaltens seiner Anhänger Sanktionen und Maßnahmen im Sinne des § 44 DFB-Satzung ausgesprochen werden, deren **vorrangiges Ziel die Verhütung unsportlichen Verhaltens der Anhänger ist.** Nach Art. 9 (1) GG ist den Verbänden die Freiheit gewährt, eigenverantwortlich über Mittel und Wege zur Erfüllung der selbst gesetzten Aufgaben zu entscheiden. Diese Autonomie trägt auch Regelungen wie die des § 9

461 *Hilpert* Sportrecht und Sportrechtsprechung im In- und Ausland, Verlag De Gruyter, 2007, S. 263, 264.

462 Ständiges Schiedsgericht für Vereine und Kapitalgesellschaften vom 14.5.2013, SpuRt 2013, 213 ff.

463 Ständiges Schiedsgericht für Vereine und Kapitalgesellschaften der Lizenzliga vom 14.5.2013, SpuRt 2013, S. 213 ff.

RuVO, mit deren Hilfe der Sport eine juristische Antwort auf die Lösung von Problemen sieht, die sich ihm ganz spezifisch stellen."

Orth[464] hat in einer teils positiven Anmerkung zu dem Schiedsgerichtsurteil auch teils kritische Worte zur Auswertung der Verbandsautonomie eingefügt. *Orth* meint, dass der DFB sehr wohl gegenüber Wettbewerbern Ausschlüsse wie den vorliegenden aus präventiven Gründen vornehmen darf, wenn er im Rahmen von Art. 9 (3) dafür eine entsprechende Ermächtigungsgrundlage mit präventiver Rechtsfolge und rechtsethisch anerkannten Tatbestandsmerkmalen bietet.

J. Thema 10: Einstweiliger Rechtsschutz nach Erlass eines Schiedsspruchs im Falle Dynamo Dresden[465]

Trotz rechtskräftiger Beendigung des Schiedsverfahrens durch vorstehenden Schiedsspruch begehrte *Dynamo Dresden* eine einstweilige Verfügung auf **Aufhebung des Schiedsspruchs.** Der Antrag wurde zurückgewiesen, da eine einstweilige Verfügung nicht erlassen werden kann, wenn bezüglich des zu sichernden Anspruchs bzw. des zu regelnden streitigen Rechtsverhältnisses bereits eine **rechtskräftige Entscheidung** vorliegt, die das Bestehen des Anspruchs bzw. eines Rechtsverhältnisses verneint. Im vorliegenden Fall liegt eine Entscheidung des Ständigen Schiedsgerichts für Vereine und Kapitalgesellschaften vor, das ein **echtes Schiedsgericht** im Sinne des Zehnten Buches der ZPO ist. Dieser Schiedsspruch hat unter den Parteien die Wirkung eines rechtskräftigen gerichtlichen Urteils (§ 1055 ZPO). Dieser Entscheidung könnte nur in dem nach § 1059 Abs. 2 ZPO vorgesehenen Rahmen überprüft werden. Eine sachliche Nachprüfung des Schiedsspruchs auf die Richtigkeit der Streitentscheidung findet nicht statt; es gilt vielmehr das Verbot der révision au fond.

K. Thema 11: Die Bestrafung wegen provozierter „Karte" – der „Fall Ordenewitz" und seine Nachahmer

I. Rückblende auf das Jahr 1991

Lizenzspieler *Frank Ordenewitz* war bei dem DFB-Vereinsspiel des *1. FC Köln* am 7. Mai 1991 gegen den *MSV Duisburg* in der 8. Spielminute von Schiedsrichter *Merk* wegen Foulspiels verwarnt worden. Dies hatte zur Folge, dass, wenn in der Folgezeit keine weitere Verwarnung gegen ihn ausgesprochen wird, er für das Endspiel um den DFB-

464 *Orth* SpuRt 2013, 186 – 190.
465 OLG Frankfurt 13.6.2016.

Pokal am 22. Juni 1991 nach § 20 (2) SpielO automatisch gesperrt wäre. Spieler *Ordenewitz* äußerte sich im weiteren Verlauf des Spiels gegenüber seinem Trainer *Rutemöller: „Scheiße, wegen der gelben Karte bin ich in Berlin nicht dabei“. Rutemöller* erklärte ihm daraufhin: *„wenn Du in Berlin dabei sein willst, dann mache es halt“*. In der 84. Spielminute schlug *Ordenewitz* den Ball mit Wucht ins Seitenaus, nachdem der Schiedsrichter das Spiel zuvor unterbrochen hatte. Schiedsrichter *Merk* verwies ihn sodann mit Gelb-Rot des Feldes. Dieses Verhalten stellt sich nach Ansicht des DFB-Sportgerichts als unsportliches Verhalten dar. *Ordenewitz* ist deshalb für ein Spiel zu sperren und mit 2.000,–DM Geldstrafe zu belegen gewesen. Die Sperre war dabei für das nächste Spiel um den DFB-Vereinspokal, das Endspiel, zu verhängen. Dies gilt deshalb, weil – wie hier – **diese Strafe bewusst und gewollt herbeigeführt** worden ist. Als Hilfserwägung kann man bei anderer Auslegung ein strafwürdiges Verhalten „sui generis“ im Sinne von § 1 (2) RuVO annehmen.

II. Späte Nachfolgefälle zum Verfahren gegen Frank Ordenewitz

Während damals in Köln der gutmütige Trainier *Erich Rutemöller* durch die weithin vernehmbaren Worte *„Macht et, Otze“*, quasi ein öffentliches Geständnis ablegte, scheint sich ca. 25 Jahre später in Darmstadt derselbe Verstoß in fünffacher Form im Spiel gegen *Bayer Leverkusen* ereignet zu haben.

Zu Anfang des Spiels waren fünf Stammspieler der Lilien jeweils mit vier gelben Karten belastet. Gegen alle wurde in dem Spiel gegen Bayer eine weitere gelbe Karte verhängt, was bewirkt, dass sie in dem nach Vereinseinschätzung wenig aussichtsreichen Spieltag gegen *Bayern München* aussetzen müssen, aber sehr wohl im darauf folgenden Match gegen den Mitkonkurrenten um den Abstieg *Werder Bremen*, wieder spielberechtigt sind.

Das Quintett und auch sein Trainer *Dirk Schuster* haben sich über einen „Verschwörungsplan“ nicht geoutet, auch sonstige Beweismittel für eine sportwidrige Handlung sind wohl nicht ersichtlich. Eine gewollte Schwächung für das nächste Spiel gegen *Bayern München* stand wohl nicht ernsthaft zur Debatte.

Beim DFB gilt auch: *„wo kein Kläger, auch kein Richter!“* Für weiteres gilt: in dubio pro reo.

Die Erinnerung an den frühen *„Fall Ordenewitz“* wurde wach, als am 5. März 2016 beim Spiel SV *Werder Bremen./. Hannover 95* die Bremer Spieler *Clemens Fritz* und *Zlatko Junuzović* jeweils mit der gelben Karte belegt worden waren.

Fritz hatte bis dahin in der laufenden Saison neun gelbe Karten und *Junuzović* vier gelbe Karten. Sie waren deshalb für das nächste Bundesligaspiel des *SV Werder* gesperrt. Dies war die von Vereinsseite für wenig aussichtsreich eingeschätzte Partie bei *Bayern München*, während die Nachfolgepartie dann eine gegen einen Mitkonkurrenten um den Abstieg war.

Junuzović hat in einem Presseinterview nach dem Hannover-Spiel zugegeben, dass er die Karte bewusst provoziert hatte, um in der übernächsten Begegnung mit einem bereinigten Kartenkonto spielen zu dürfen. *Clemens Fritz* zog in der mündlichen Verhandlung vor dem DFB-Sportgericht nach und gestand ein gleiches gezieltes Herbeiführen der zehnten gelben Karte.

Beide Spieler wurden durch Urteil des DFB-Sportgerichts vom 11. März 2016 wegen unsportlichen Verhaltens zu je einer Geldstrafe von 20.000,–€ verurteilt, also nicht zu einer Spielsperre wie im Falle *Ordenewitz.*

Aus den Gründen:

> „Die Motivation des Spielers Junuzović, beim Auswärtsspiel in München auszusetzen und sein Kartenkonto zu bereinigen, war dieselbe wie die des Spielers Fritz. Auch er wollte ohne Belastung durch gelbe Karten in den aus Sicht von Werder Bremen eher erfolgversprechenden restlichen Meisterschaftsspielen uneingeschränkt zur Verfügung stehen.
> Die Spieler Fritz und Junuzović haben sich des unsportlichen Verhaltens gem. §§ 1 Nr. 4, 8 Nr. 1, a, 2. Alternative der Rechts- und Verfahrensordnung des DFB schuldig gemacht. Das **vorsätzliche Einhandeln gelber Karten** mit der zielgerichteten Folge einer Sperre für ein bestimmtes Spiel ist als Verstoß gegen das Prinzip des Fairplay und als wettbewerbsverzerrend einzustufen. Dieser Tatbestand ist nicht nur nach deutschem Sportrecht sanktionsbewehrt, sondern wird auch in der Rechtspflegeordnung der UEFA unter Strafe gestellt. Artikel 15 Abs. 1 c) der RPO bestimmt, dass bei offensichtlich mit Absicht provozierten Verwarnungen oder Feldverweisen Sperren für zwei Wettbewerbsspiele zu verhängen sind.
>
> Das Sportgericht ist berufen, die **Chancengleichheit** im sportlichen Wettbewerb zu garantieren und zu fördern.
>
> Es ist nicht hinnehmbar und wäre mit dem Grundsatz eines sportlich fairen Wettbewerbs nicht vereinbar, wenn Spiele gegen sportlich hoch überlegene Gegner als „Kartenlöschungsspiele" missbraucht würden. Dies hätte zwangsläufig zur Folge, dass sportlich bessere Gegner grundsätzlich gegen schwächere Mannschaften zu spielen hätten, als ihre Konkurrenten. Vor diesem Hintergrund muss einer solchen Entwicklung, so sie denn bereits eingetreten sein sollte, mit Nachdruck Einhalt geboten werden. Die Sportgerichtsbarkeit ist aufgerufen, zukünftig zu beobachten, unter welchen Umständen sich Spieler die fünfte oder zehnte gelbe Karte abholen.
>
> Grundsätzlich verdient ein derartiges unsportliches Verhalten, wie es den Spielern Ordenewitz, Fritz und Junuzović sowie anderen Spielern in UEFA-Wettbewerben zur Last gelegt wurde, die Sanktionierung mit einer Sperre. Im vorliegenden Fall hat das DFB-Sportgericht von einer Spielsperre abgesehen, da die Spieler Fritz und Junuzović ihr strategisch motiviertes Verhalten umfassend eingeräumt haben. Beide Spieler sind sportgerichtlich noch nicht in Erscheinung getreten. Daher war es ausreichend, beide mit einer – fühlbaren – Geldstrafe von jeweils 20.000,– Euro zu belegen".

Das Urteil wurde in der mündlichen Verhandlung rechtskräftig.

In der Tages- und in der Sportpresse waren während der Laufzeit des Verfahrens *Darmstadt* und *Bremen* heftige Diskussionen geführt worden. Es wurden auch Vorschläge unterbreitet, wie das bewusste **„Bereinigen des Kartenkontos"** angemessen zu sanktionieren sei. Anmerkung:

Ein gewichtiges Argument für die grundsätzliche Ahndung der taktischen „Bereinigung des Kartenkontos" im Hinblick auf die Schwere oder Leichtigkeit des zuerst nachfolgenden Spiels ist § 15 Abs. 1, 1 c der Rechtspflegeordnung der UEFA mit zwei Spielen Sperren. Dabei ist es durchaus möglich, dass diese Vorschrift einst nach dem „Ordenewitz-Urteil 1991 des DFB" bei dem Europäischen Fußballverband eingeführt worden ist. Die Norm zeigt jedenfalls einen starken Hinweis auf die Rechtsauffassung der europäischen Sportkreise mit einer Sperrvorschrift, was auch das DFB-Sportgericht im Grundsatz ebenso sieht. Zudem wurde vom Kontrollausschuss in beiden Anklagen darauf hingewiesen, dass eine unbefugte Beeinflussung des Wettbewerbs und damit ein Verstoß gegen das Fair-Play-Prinzip in diesen Fällen gegeben sei.

Auffällig ist andererseits, dass nach dem *„Mach et, Otze-Fall“* 25 Jahre lang keine mit Absicht provozierte Verwarnung zur Anklage beim DFB gekommen it. Die Vereine werden unter Umständen überlegen, dass das von Bremen praktizierte „Kartenmanöver“ auch eventuell eine „Milchmädchenrechnung“ werden könnte, wenn beim nächsten Pflichtspiel beim vorgeblich übermächtigen Gegner in Folge der bewussten Schwächung bei den Stammspielern eine **hohe** Niederlage kassiert wird, die beim Torverhältnis im Abstiegskampf eine Bedeutung erlangen könnte.

Die Rechtsfrage der grundsätzlichen Bestrafung der **„Gelb-Trickser“** und insbesondere durch welche Sanktion (Geld oder Sperre?) ist von der Rechtsprechung auszutragen, wenn sich ein freiwilliges Auf-sich-Nehmen der Sperre – mit gezieltem Tilgungseffekt fortsetzen sollte, oder – wie ich glaube – dass sich die Normallage wieder einstellt.

Vielleicht könnte eine milde Strafe (ein Spiel Sperre und eine Geldstrafe) zu einer Lösung führen.

L. Thema 12: Blick in die Zukunft der Regeländerungen

Die Weltmeisterschaft 2018 in Russland wird die erste, aber auch **entscheidende Testphase für den Videobeweis** sein. Danach werden wahrscheinlich folgende **vier** Fälle mit diesem modernsten Beweismittel überprüfbar sein: Tore – Entscheidungen über Strafstöße, direkte rote Karten, Verwechslung von bestraften Spielern. Es wird wohl mit einiger Sicherheit zur Einführung des Videobeweises in der Bundesliga kommen. Bei der UEFA und ihrer attraktiven Champions-League darf man insoweit Zweifel hegen. Das Bayern-Spiel in Madrid wäre mit Sicherheit nicht so ausgegangen, wie geschehen (so *Karl-Heinz Rummenigge*, der Bayern-Präsident).

Der Reformeifer der FIFA blüht aber weiter. Mit dem Zweck auf mehr Gerechtigkeit:

- Shoot-Out bei Gleichstand nach 90 Minuten ohne Sieger: Für diesen Fall soll nach Auffassung von *Marco van Basten*, Direktor des Fußball-Weltverbandes FIFA, jede Mannschaft fünf Versuche haben. Der Schiedsrichter pfeift, dann läuft der Spieler aus 25 m auf den Torwart zu. Innerhalb von acht Sekunden muss die Aktion abgeschlossen sein. Der Vergleich mit dem Penalty im Eishockey liegt nahe.
  Die Problematik hat sich verschärft durch die Entscheidung für die Fußball-WM mit 48 Mannschaften; daraus resultieren 16 Dreiergruppen, bei denen es leichter zu einem Gleichstand von zwei oder allen drei Teams kommen kann und sogar

eher Absprachen zu befürchten sind.[466]

Van Basten äußert noch weitere Ideen zu möglichen Regeländerungen. So könnten die letzten zehn Minuten als Netto-Spielzeit absolviert werden, um Zeitschinden zu verhindern. Zeitstrafen von fünf oder zehn Minuten statt Gelber Karten sieht der ehemalige Weltklassestürmer ebenfalls als Option. Mit dem Ziel der Erhöhung der „effektiven Spielzeit" soll evtl. die Uhr angehalten werden, wenn der Ball außerhalb des Spielfelds ist, wie beim Basketball.

Angedacht ist auch ein strengeres Vorgehen der Unparteiischen gegen Spieler, die gegenüber dem Schiedsrichter respektlos auftreten. So soll allein der Mannschaftskapitän nach kontroversen Szenen bei dem Schiedsrichter intervenieren dürfen.

- Der IFAB hat in einer Testphase den Weg frei gemacht für die **Auswechslung von vier** statt drei Spielern im Falle einer Verlängerung Die Maßnahme soll dem Gesundheitsschutz der Akteure dienen – ein Einsatz aus taktischen Gründen oder zum Zeitschinden wird aber wohl auch praktiziert werden.
- Eine Änderung steht auch bei der sog. Dreifachbestrafung nach Notbremse im Strafraum an. Ein Abwehrspieler soll künftig nur eine gelbe Karte bekommen, wenn sein Foul „ehrlich" der Balleroberung dienen sollte. Einen Strafstoß für die angreifende Mannschaft gibt es weiterhin. In allen anderen Fällen erhält der Spieler eine rote Karte inklusive Sperre und Elfmeter für die angreifende Mannschaft. Insoweit die Testphase bei der Europameisterschaft 2016 in Frankreich.
- Nationalmannschafts-Manager *Oliver Bierhoff* plädierte nach einem Treffen mit *Marco van Basten* für die **Abschaffung der Abseitsregel.** Er verweist auf die positiven Auswirkungen der Rückpass-Regel und meint, der Wegfall der Abseitsregel könne das Spiel attraktiver werden lassen. *Van Basten* fürchtet aber, dass viele Leute dagegen sein werden.
- Bei der U17-Europameisterschaft der Juniorinnen und Junioren testete die UEFA jeweils einen neuen Modus beim Elfmeterschießen. Der Modus heißt „ABBA". Danach wird nicht mehr abwechselnd – wie bisher – geschossen, vielmehr wird aus der Reihenfolge A, B, A, B und so weiter nun ABBA und so weiter. Im Klartext: zunächst schießt eine Mannschaft einen Elfmeter, dann treten zwei Schützen von Mannschaft B an, dann zwei Schützen von Mannschaft A bis jeweils fünf Spieler geschossen haben. Bei Gleichstand nach fünf Schützen geht es weiter ABBA.
  Untersuchungen haben zum bisherigen Modus ergeben, dass nach dem bisherigen Modell zu 60 % das Team gewinnt, das zuerst schießt. Die Mannschaft, die nachlegen müsse, sei benachteiligt, weil sie unter einem größeren Druck stehe. Der ABBA-Modus erinnert an die wechselnde Abwechslung beim Tie-Break im Tennis.
- Einführung einer partiellen Spielwiederholung
  Fazit: Nach 100 Jahren Stillstand bei der Regeländerung hat der IFAB nunmehr

466 SZ vom 19.1.2013.

einen **„mutigen Reformeifer" eingeschlagen.** *Van Basten:* „Wir wollen das Spiel ehrlicher, dynamischer, interessanter machen" – das Kind mit dem Bad sollte man aber dabei nicht ausschütten.

Im letzten Jahrzehnt waren im FIFA- bzw. im UEFA-Bereich **partielle Spielwiederholungen** von der Rechtsinstanz durchgeführt worden – im DFB-Bereich ist dies bisher rechtlich nicht zulässig, vielmehr gab es hier nur eine komplette Spielwiederholung.

Ein Beispiel ist die Teilwiederholung bei einem UEFA-Qualifikationsspiel der U-19-Frauen zwischen Norwegen und England. In dieser Begegnung unterlief dem Schiedsrichter ein Regelverstoß in der Nachspielzeit. Auf Einspruch hin wurde die Durchführung eines „neuen Elfmeters" in einem neuen Spiel angeordnet, der verwandelt wurde.

Es wäre wünschenswert, wenn auf FIFA- bzw. zumindest auf UEFA-Ebene diese interessante Rechtsfrage einheitlich – und damit auch für den DFB verbindlich – geklärt wird.

- Ein von *van Basten* geäußerte Spaltung eines Spiels in zwei Halbzeiten aus je 30 Minuten verdient dagegen m. E. wenig Sympathien

Diesem Projekt wird aber ohnehin von vorneherein das Fernsehen den Garaus bereiten.

Fazit: Allererste Priorität bei allen Änderungsplänen hat aber der optimierte Videobeweis!

Das Buch über das DFB-Sportstrafrecht schließt, wie zu Beginn des Werks angekündigt, mit dem **Abdruck des Grundlagenvertrags** und dessen Präambel, wobei im Folgenden die besonderen Rechte und Pflichten des DFL e.V. geregelt sind im Verhältnis zum DFB.

Präambel

Zweck und Aufgabe des DFB ist es u. a., die Bundesliga und die 2. Bundesliga als seine Vereinseinrichtungen zu organisieren (§ 4 g DFB-Satzung). Im Wege der Strukturreform sind die lizenzierten Vereine und Kapitalgesellschaften der Bundesliga und 2. Bundesliga, die bis zum 28. April 2001 als außerordentliche Mitglieder des Deutschen Fußball-Bundes diesem unmittelbar angehörten, mit Wirkung ab der Spielzeit 2001/02 ausgeschieden. Sie haben einen eigenen Verband, den Ligaverband (Die Liga – Fußballverband e.V.) gegründet, der Mitglied des Deutschen Fußball-Bundes (DFB) ist und heute den Namen „DFL Deutsche Fußball Liga e.V. (DFL e.V.)" führt. Die besonderen Rechte und Pflichten des DFL e.V. und seiner Mitglieder sind in §§ 16, 16a, b und c DFB-Satzung geregelt. Insbesondere ist der DFL e.V. berechtigt, die vom DFB zur Nutzung überlassenen Vereinseinrichtungen zu betreiben und die sich daraus ergebenden Vermarktungsrechte eigenverantwortlich und exklusiv wahrzunehmen bzw. zu verwerten.

Dies vorausgeschickt, begreift sich dieser Vertrag als Vereinbarung zur Ausgestaltung des Verhältnisses der Parteien, wie es in den jeweiligen Satzungen niedergelegt ist. Für diesen Vertrag und etwaige Folgeverträge gilt mit seinem gesamten Regelungsbereich das Schlichtungsverfahren gemäß § 16d der Satzung.

Der Vertrag gliedert sich in vier Abschnitte:

I. Mitwirkungsrechte und Befugnisse (ergänzend zu § 16a der Satzung)

II. Nutzungsentgelte und Nationalmannschaft.

III. Pflichten und Verantwortung des DFL e.V.
IV. Vertragsanpassung und Kündigung.

Literaturverzeichnis

Das Literaturverzeichnis ist in der in der juristischen Literatur üblichen Form ausgestaltet. Fundstellen aus Lehrbüchern, Handbüchern, Kommentaren, Büchern, Zeitschriften u. a. werden in alphabetischer Reihenfolge aufgeführt. Belege aus Medienberichten werden als allgemeinkundige Tatsachen nicht abgedruckt.

Adolphsen, Jens: Internationale Dopingstrafe, 2003, 561 ff.

Adolphsen, Jens: Anforderungen an Dopingstrafen nationaler Sportverbände – am Beispiel des Falles Dieter Baumann, SpuRt 2000, 97 ff.

Bachmann, Schwegler: Gilt der Mindestlohn auch für Fußball-Trainer?, BdFL-Journal 2015, 451.

Bagger, Tim, Kober, Sebastian : Haftung „zündelnder" Fans über die Rechtsfigur des Vertrages mit Schutzwirkung zugunsten Dritter, SpuRt 4/2015, 155.

Becker, Hans-Peter: Die FIFA-Zeit des Saarländischen Fußballs in Saar-Fußball 2015, 12 ff.

Bernhard, Christine: Haftung eines Störers für das Abbrennen von Bengalis im Fußballstadion in SpuRt 2013, 811.

Bernhard, Christine: Anmerkung zu LG Köln vom 08.04.2015 in SpuRt 2016, 162.

Breucker, Marius: Sicherheitsmaßnahmen für die Fußballweltmeisterschaft 2006, NJW 2006, 1233 ff.

Breucker, Marius, Thumm, Frank, Wüterich, Christoph: Der Fall Webster – Konsequenzen für Lizenzspieler in Deutschland, SpuRt 2008, 102 ff.

Breucker, Marius, Wüterich, Christoph: Quotierung von Nicht-EU-Sportlern, SpuRt 2004, 10 ff.

Buchberger, Markus: Das Verbandsstrafverfahren deutscher Sportverbände – zur Anwendung rechtsstaatlicher Verfahrensgrundsätze, SpuRt 1996, S. 122 ff. und 157 ff.

Buhl, Samir : Bundesligaschiedsrichter als Arbeitnehmer in CaS 2015, 3781.

Burmeister, Joachim: Sportverbandswesen und Verfassungsrecht, in DÚV 1978, 1 ff.

Del Fabio, Marino: Neues Gerichtsstandgesetz und sportrechtliche Sachverhalte in SpuRt 2001, 38 ff.

Dietz, Florian M.: 4. Interuniversitäre Tagung Sportrecht im Deutschen Olympischen Institut, Bericht in SpuRt 2004, 46.

Eilers, Goetz: Doppelpass mit Justitia – Sport-Rechtsprechung und Rechtsprechung zum Sport, „100 Jahre DFB", S. 538 ff.

Eilers, Goetz: Tatsachenentscheidung oder Regelverstoß? SpuRt 1994, 79 ff.

Fahl, Christian: Sportverbandsgerichtsbarkeit und Doppelbestrafungsverbot, SpuRt 2001, 181 ff.

Fischer, Thomas: Strafgesetzbuch, 55. Auflage, 2008.

Fischer, Ulrich: Ist der schwarze Mann noch weiß? Über pfeifende Wetter und wettende Pfeifer, SpuRt 2005, 45 ff.

Fischinger, Phlipp : Arbeitsschutz für jugendliche Fußballprofessionals in CaS 2011, 1501.

Fritzweiler, Jochen: Doping – Sanktionen, Beweise, Ansprüche, 2000.

Fritzweiler, Jochen: Aktuelles aus dem Bericht der EU zum Sport in SpuRt 2016, 256.

Fritzweiler, Jochen, Pfister, Bernhard, Summerer, Thomas: Praxishandbuch Sportrecht, 2. Auflage, 2006 – abgekürzt: PHB-Verfasser.

Fröhlich, Fröhlich: Sachliche Gründe für befristete Arbeitsverträge in CaS 2015, 157 ff.

Galli, Albert: Rechtsformgestaltung in der Lizenzierungspraxis – Berufsfußball in SpuRt 98, 18.

Gardiner: Sports Law, 3. Auflage.

Gebauer, Gunter: Das Leben in 90 Minuten – Eine Philosophie des Fußballs, 2016.

Giebel, Christoph M.: Frühwarnsysteme im Sportwettenbereich unter datenschutzrechtlicher Perspektive, SpuRt 2006, 7 ff.

Grüne, Hardy: Weltfußball Enzyklopädie 2 Bände.

https://doi.org/10.1515/9783110536416-013

Grundei, Andreas, Martin Karollus: Berufssportrecht I. Schwerpunkt Fußballsport, Linz/Wien 2008.
Grundei, Andreas, Martin Karollus: Berufssportrecht VII, Linz/Wien 2015.
Grunsky, Wolfgang: Sportrecht heute aus zivilrechtlicher und zivilprozessualer Sicht in WFV 47, 139.
Gudenus, Johannes Baptist: Sport ist Kampf, Wien 1948.
Haas, Ulrich: Schiedsklauseln in Vereinssatzungen, SpuRt 2006, 139 ff.
Haas, Ulrich: Zur Vereinbarkeit des FIFA Anti-Doping-Regelwerks mit dem Welt Anti-Doping Code (WADC), SpuRt 2006, 231 ff.
Haas, Ulrich: Die Vereinbarung von „Rechtsregeln" im (Berufungs-) Schiedsverfahren vor dem Court of Arbitration for Sport, CaS 2007, 271 ff.
Haas, Ulrich, Adolphsen, Jens: Sanktionen der Sportverbände vor ordentlichen Gerichten, NJW 1996, 2351 ff.
Haas, Ulrich, Haug, Tanja, Reschke Eike: Handbuch des Sportrechts, 2006, abgekürzt: SportR.
Haas, Ulrich, Jansen, Julia: Verbandsstrafen zur Bekämpfung von Zuschauerausschreitungen im Fußball, CaS 2007, 316 ff.
Haas, Ulrich, Prokop, Clemens: Zu den formellen Grenzen der vereinsrechtlichen Disziplinargewalt im Rahmen von Unterwerfungsvereinbarungen, SpuRt 1998, 15 ff.
Haas, Ulrich, Prokop, Clemens: Sind Staatsanwälte verpflichtet, gegen Dopingärzte Ermittlungsverfahren einzuleiten? SpuRt 1997, 56 ff.
Haas, Ulrich, Prokop, Clemens: Aktuelle Entwicklungen in der Dopingbekämpfung, SpuRt 2000, 139 ff.
Haas, Ulrich, Mertens, Dirk-Reiner: Sportrecht – eine Einführung in die Praxis.
Heermann, Peter W.: Mehrheitsbeteiligung an einer deutschen Fußballkapitalgesellschaft im Lichte der 50+1-Klausel, CaS 2007, 420 ff.
Heermann, Peter W.: Kartellrechtliche Betrachtungen zu Europa- und Weltmeisterschaften im Fußball, CaS 2008, 111 ff.
Hilpert, Horst: Organisation und Tätigkeit von Verbandsgerichten, Bayerische Verwaltungsblätter 1988, 161 ff., 198 ff.
Hilpert, Horst: Notwendigkeit einer Anklageinstanz, SpuRt 1996, 50 ff.; ferner abgedruckt: Schriftenreihe WFV Nr. 38, 43 ff.
Hilpert, Horst: Sport und Arbeitsrecht, RdA 1997, 92 ff.
Hilpert, Horst: Tatsachenentscheidung und Fernsehbeweis in Sportgerichtsverfahren, Schriftenreihe WFV Nr. 38, 25 ff.
Hilpert, Horst: Tatsachenentscheidung und Regelverstoß im Fußball – Neuere Entwicklungen und Tendenzen, SpuRt 1999, 49 ff.
Hilpert, Horst: Sportrecht und Sportrechtsprechung im In- und Ausland, Verlag De Gruyter, 2007.
Hilpert, Horst: Eilrechtsschutz im Sport, SpuRt 2007, 223 ff. und 2008, 18 ff.
Hilpert, Horst: Nationale und internationale Fußballrechtsprechung, Boorberg Verlag 2016.
Höfling, Wolfram, Johannes, Horst, Nolte, Martin: Fußball, Motor des Sportrechts, Köln 2014.
Holzke, Frank: Die Gleichstellung drittstaatenangehöriger Berufssportler nach der „Kolpak"-Entscheidung des Europäischen Gerichtshofs, SpuRt 2004, 1 ff.
Kistner, Thomas : Schuss: Die Geheime Dopinggeschichte des Fußballs, 2014.
Koppehel, Carl: Schiedsrichter im Fußball, Limpert-Verlag Frankfurt, 6. Auflage, 1969.
Körner, Harald Hans: Kronzeugenregelung zur Dopingbekämpfung nur durch die Justiz, in SpuRt 2002, S. 226 ff.
Kummer, Max: Spielregel und Rechtsregel, 1973.
Maihofer, Werner : Kulturelle Aufgaben des modernen Staates. In Benda, Maihofer, Vogel: Handbuch des Verfassungsrechts.
Martens, Dirk-Reiner, Oschütz, Frank: Die Entscheidungen des TAS in Athen, SpuRt 2005, 59 ff.
Mertens, Karsten: Jan Ullrich und die Unschuldsvermutung, SpuRt 2006, 177, 179.
Mertens, Karsten: Das Deutsche Sportschiedsgericht im Vergleich, SpuRt 2008, 140 ff.

Meyer, Peter: Rechtsmittel gegen vermeintliche Schiedssprüche, SpuRt 2005, 97 ff.
Meyer-Goßner, Lutz: Strafprozessordnung, 50. Auflage, 2007.
Nolte, Martin: Sport und Recht, 2004.
Nolte, Martin: Perspektiven des Sportrechts, in Beiträgen zum Sportrecht, Hrsg. Klaus Vieweg, S. 128.
Nolte, Martin: Die Aufnahme des Sports in das Grundgesetz der Bundesrepublik Deutschland, CaS 2007, 290 ff.
Nolte, Martin: Bericht über 2. Stuttgarter Sportgespräch, CaS 2008, 86.
Nolte, Martin: Diskriminierungsverbote im Fußball.
Nolte, Martin: Olle Kamellen und Dopinggeschichte à la Potjomkin.
Nolte, Martin: Dopingbekämpfung anlässlich der Fußballweltmeisterschaft England 1966, Kühn 2014.
Nolte, Martin: Was ist Sportrecht? Interview in SpuRt, Heft 2, 2014.
Nolte, Martin: Die Gewährleistung der Sicherheit bei Fußballspielen durch staatliche Sicherheitsbehörden – Thesen zum WFV-Seminar in Wangen.
Nolte, Martin: Zweisäulensystem von Justiz und Sportgerichtsbarkeit, Vortrag in Wangen am 19. 09. 2014.
Nolte, Martin, Hilpert, Horst: Was ist Sportrecht? mit Vorwort von Peter Dankert, Kiel 2010.
Orth, Jan. F., Stopper, Martin: Entscheidungsvollzug in der Verbandspyramide und Ausbildungsentschädigung in SpuRt 2015, 51 ff.
Orth, Jan. F., Stopper, Martin: Von der Strafe zur Maßnahme – ein kurzer Weg in SpuRt 2013, 186.
Orth, Jan. F., Stopper, Martin: „Gefährdungshaftung für Anhänger“ in SpuRt 2009, S. 10 ff.
Orth, Jan F., Pommerening, Patrick: Zulässigkeit und Wirksamkeit dynamischer Verweisungen in Sportrecht, 2011, 10.
Pfister, Bernhard, Steiner, Udo: Sportrecht von A – Z.
Pfister, Bernhard: Autonomie des Sports, sporttypisches Verhalten und staatliches Recht, Festschrift für Werner Lorenz zum 70. Geburtstag, 199.
Pfister, Bernhard: Die persönliche Verantwortlichkeit des Schiedsrichters in zivil- und strafrechtlicher Hinsicht, Schriftenreihe WFV Nr. 25, 61 ff.
Pfister, Bernhard: Ein grundlegendes Urteil des TAS zu Dopingregeln des IOC, in SpuRt 2003, 16.
Pfister, Bernhard: Schiedsgerichtsverfahren vor dem TAS in (Sport-)Arbeitssachen, in Spurt 2006, 137.
Pfister, Bernhard: Der Fall Webster – Überlegungen nach deutschem Recht, CaS 2008, 29 ff.
Pfister, Bernhard: Die Rechtsprechung des Tribunal Arbitral du Sport von 1986 – 1998, von 1998 – 2000, von 2001 – 2003, SpuRt 2003, 7 ff.; 2004, 17 ff.; 2008, 9 ff., 2008, 93 ff.
Pfister, Bernhard: In Lorenz-Festschrift 171 ff, 180.
Pfister, Bernhard: Anti-Doping Gesetz, ungeahnte Nebenwirkungen in SpuRt 2016, Editorial.
Prokop, Clemens: Anti-Doping-Gesetz – Pro und Contra, SpuRt 2006, 192 ff.
Platzek, Karl: Fußtümmler (Reprint) von 1898.
Radbruch, Gustav: Einführung in die Rechtswissenschaft, 1952, 9. Auflage, S. 177.
Radbruch, Gustav: Gesetzliches Unrecht und übergesetzliches Recht, SJZ 1946, 179.
Rauball, Reinhard: Bundesliga-Skandal 1972.
Reichert, Bernhard: Handbuch des Vereins- und Verbandsrechts, 11. Auflage, 2007.
Reichert, Bernhard: Erstmalige Verhängung einer Vereinsstrafe durch ein Schiedsgericht als Vereinsorgan, SpuRt 2004, 50 ff.
Reichert, Bernhard: Zur Satzungsqualität von Spielordnungen und sonstigen Ordnungen, SpuRt 2008, 7 ff.
Reinhart, Michael: Sportverbandsgerichtsbarkeit und Doppelbestrafungsverbot, in SpuRt 2001, S. 45 ff.

Reinhart, Michael: Öffentliches Strafverfolgungsinteresse bei Sportverletzungen und -unfällen, SpuRt 1998, 11ff.
Reinhart, Michael: Das Hoyzer-Urteil des BGH, Genugtuung für den Sport oder Gefahr für die Betrugsdogmatik? SpuRt 2007, 50ff.
Reschke, Eike: Erwiderung auf Reinhart (SpuRt 2001, 45ff.), SpuRt 2001, 183ff.
Röhricht, Volker: Sport und Recht, Heft 22, Sportgerichtsbarkeit.
Röhricht, Volker: Probleme des Beweisrechts im Sport – Verbandssanktionen, Schriftenreihe WFV, Heft 43, 15ff.
Röhricht, Volker, Vieweg, Klaus: Sportgerichtsbarkeit, Boorberg 1997.
Rybak, Frank: Das Rechtsverhältnis zwischen dem Lizenzfußballspieler und seinem Verein, 1999.
Saner, Eugen, Schweyer, Gerhard, Waldner, Wolfram: Der eingetragene Verein, 17. Auflage, 2001.
Scaino, Antonio: Trattato del giornardella Palla, Vinegia, 1553.
Scherrer, Urs
Dopingkontrolle während der EURO 2008, CaS 2008, 125ff.
Scherrer, Urs: Spielregel und Rechtsregel, Bestandsaufnahme und Ausblick, CaS 2008, 181ff.
Scherrer, Urs: Im Spannungsfeld: Verbandsautonomie vs. Staatliche Gerichtsbarkeit in CaS 2011, 342.
Schmidt, F.A.: Turnen und Spielen in Monatsschrift für das Turnwesen 11, 1982, S. 204–210.
Sengle, Alfred : Vorwort in WFV, Heft 25.
Sengle, Alfred : Verrechtlichung des Sports in WFV, Heft 43, S. 108.
Steiner, Udo: Verfassungsfragen des Sports, NJW 1991, 2729ff.
Steiner, Udo: Die Autonomie des Sports, Beiträge zum Sportrecht, Bd. 17, 228ff.
Steiner, Udo: Gegenwartsfragen des Sportrechts, Hrsg: Tettinger/Vieweg, 2004.
Steiner, Udo: Sport auf dem Weg ins Verfassungsrecht, Sportförderung als Staatsziel, SpuRt 2004, 21ff.
Steiner, Udo: Staatsziel „Anti-Doping-Staat“, zu den verfassungsrechtlichen Grenzen hoheitlicher Dopingbekämpfung in SpuRt 2006, 246ff.
Steiner, Udo: Die Anatomie des Sports. Schriften der Juristischen Studiengesellschaft Regensburg, R.V., Heft 26, 2008, S. 13.
Steiner, Udo: Quo vadis, Sportrecht? CaS 2009, 14f.
Stender-Vorwachs, Jutta: Sport und Kultur in SpuRt 2004, 201–204.
Stöber, Kurt: Handbuch zum Vereinsrecht, 7. Auflage, 1992.
Stopper, Martin, Holzhäuser, Felix, Knerr, F.: Kostenpflicht der Vereine für Polizeieinsätze im Fußballstadion in SpuRt 2013, 40ff., Editorial in SpuRt 2016, 229
Tännler, Heinz: Weshalb die FIFA-Abstellungsregelung unerlässlich ist, CaS 2006, 315ff.
Tettinger, Peter J.: 10 Jahre Sport in der Verfassung des Landes NRW, SpuRt 2003, 45ff.
Tettinger, Peter J., Vieweg, Klaus: Gegenwartsfragen des Sportrechts, Ausgewählte Schriften von Udo Steiner, 2004.
Thaler, Daniel: Der Traum vom Fußballweltmeistertitel: Wieviel Einsatz und Risiko ist zulässig, um zu siegen? Eine international-haftungsrechtliche Betrachtung des Fouls, CaS 2006, 172ff.
Thomas, Heinz, Putzo, Hans: Zivilprozessrecht, 26. Auflage.
Umminger, Walter: Sportchronik – 5000 Jahre Sportgeschichte, 2000.
Uebersax, Peter, Stohner, Nils: Der Fußball in der bundesgerichtlichen Rechtsprechung in CaS 2012, 150–165.
Vec, Milos: Der Einbruch des Rechts in das Spiel, in FAZ 11.11.2010, Nr. 263.
Vieweg, Klaus: Die gerichtliche Nachprüfung von Vereinsstrafen und -entscheidungen, in JZ 1984, 167ff., 172.
Vieweg, Klaus: Doping und Verbandsrecht, NJW 1991, 1511ff.
Vieweg, Klaus: Disziplinargewalt und Inhaltskontrolle – Zum „Reiter-Urteil“ des Bundesgerichtshofs, SpuRt 1995, 97ff.

Vieweg, Klaus: Faszination Sportrecht, 2007.
Villinger, Marco: Frühwarnsysteme im Wettbereich – ein wirksamer Beitrag zur Sicherung der Integrität des Fußballs, CaS 2007, 3841.
Vollkommer, Max: Zum Rechtsschutz von Lizenzspielern und Lizenzvereinen gegenüber der sog. Sportgerichtsbarkeit des DFB in RdA 1982, 16 ff, 33.
Waske, Thomas: Die Angst des DFB-Sportgerichts vor der Tatsachenentscheidung, SpuRt 1994, 189 ff.
Waske, Thomas: Offenkundigkeitsentscheidung in SpuRt 1994, 18.
Weller, Marc Philippe, Benz, Nina, Wolf, Roman: Vereinshaftung, Verbandsstrafen und Regress bei Zuschauerfehlverhalten: In JZ 2017, 237 – 243.
Westermann, Harm-Peter: Verbandsrechtsprechung und staatliches Rechtsprechungsmonopol, Schriftenreihe WFV Nr. 19, 70 ff.
Wolf, Manfred: In dubio pro arbitro, Schriftenreihe WFV Nr. 19, 70 ff.
Wüterich, Christoph, Breucker, Matthias: Plädoyer für eine Kronzeugenregelung zur Dopingbekämpfung, in SpuRt 2002, S. 123 ff.
Wüterich, Christoph, Breucker, Matthias: Das Arbeitsrecht im Sport, 2006.
Zöller, Richard: ZPO, 26. Auflage, 2007.

Sach- und Personenverzeichnis

https://doi.org/10.1515/9783110536416-014

Veröffentlichungen des Verfassers zum Sportrecht

- **Sportrecht und Sportrechtsprechung im In- und Ausland**
  Verlag de Gruyter, 2007
- **Das Fußballstrafrecht des Deutschen Fußball-Bundes (DFB)**
  Verlag de Gruyter, 2009, 1. Auflage
- **Die Fehlentscheidungen der Fußballschiedsrichter**
  Verlag de Gruyter, 2010
- **Ein packender Zweikampf zwischen Sport und Recht**
  in: **Nolte, Martin/Hilpert, Horst: Was ist Sportrecht?**
  Eigenverlag des Lorenz-von-Stein-Instituts, Kiel 2010
  Arbeitspapier Nr. 95 (Hilpert: S. 13-29)
- **Die Geschichte des Sportrechts**
  Schriftenreihe Causa Sport
  Richard Boorberg Verlag, 2011 (560 Seiten)
- **Die Olympischen Spiele der Antike und Moderne im Rechtsvergleich**
  Richard Boorberg Verlag 2014
- **Nationale und internationale Fußballrechtsprechung**
  Richard Boorberg Verlag 2016

Veröffentlichungen des Autors
Aufsätze zum Sportrecht

- **Organisation und Tätigkeiten von Verbandsgerichten**
  Bayrische Verwaltungsblätter 1988, S. 161 ff und 198 ff
- **Sport und Arbeitsrecht in Recht der Arbeit 1997, S. 92 ff**
- **Notwendigkeit einer Anklageinstanz.**
  Schriftenreihe Württembergischer Fußballverband, Heft 38, S. 43-49
- **Tatsachenentscheidung und Fernsehbeweis in Sportgerichtsverfahren Neuere Entwicklungen und Tendenzen**
  SpuRt 1999, S. 49 ff
- **Eilrechtschutz im Sport**
  in SpuRt 2007, 223 ff und 2008, 18 ff
- **Vertragsbruch kann teuer werden**
  Bundesliga-Magazin 2009, Heft 2
- **Ungeschriebenes Verfahrensrecht der deutschen Sportverbände, insbesondere des DFB**
  SpuRt 2009, 147 ff
- **Ein packender Zweikampf zwischen Sport und Recht in: Nolte, Martin/ Hilpert Horst.**
  Was ist Sportrecht? Kiel 2010, Nr. 95 (Hilpert: S. 13-29)
- **Der Weg zur Wahrheit beim (Fußball-)Tor**
  SpuRt 2012, 147 ff

„Der deutsche Fußball hat nun seine Mondlandungsfrage:
Wo warst Du beim 7:1 über Brasilien?“

Das ist für mich das Sportzeitungszitat der letzten fünf Jahre!

H.H.

www.ingramcontent.com/pod-product-compliance
Lightning Source LLC
LaVergne TN
LVHW080852300926
849162LV00003B/406
* 9 7 8 3 1 1 0 5 3 5 0 5 1 *